現代世界史

從歐洲興起到一八七〇年

A History of the Modern World

R. R. Palmer／Joel Colton／Lloyd Kramer——著
孫福生／陳敦全／周鴻臨——譯

推薦序

用「現代化」的視角解讀現代世界史[1]

用「現代化」概念來取代「西化」概念，這絕不僅是一個修辭上的問題，而是對觀察現代世界的「西方中心論」觀點的修正和突破。這在本世紀七〇年代以來西方出版的近現代世界史著作中，有明顯的轉向。在這裡，我要特別推薦美國著名歷史學家R. R.Palmer和Joel Colton合著的《現代世界史》[2]。此書的一大特色，就是以「現代世界」的形成爲主線，從「現代化」的新視角來觀察近期世界歷史的進程。作者對「現代化」的涵義沒有嚴格的界定，但做爲本書核心概念的「現代世界」（modern world）是不同於古代的「希臘世界」、「羅馬世界」、「拜占庭世界」或「阿拉伯世界」。現代世界是從近世以來，世界歷史進程的整體關聯性的觀點出發。要了解現代世界，必須從歐洲開始，因爲從十六世紀以來，歐洲在數世紀中建立了一個空前強大的、全球性的政治、軍事、經濟、技術和科學體系的綜合體，這是由歐洲及歐洲人移民後裔所組國家構成的「文明世界」。到十九世紀七〇年代，世界上確實已存在一個「以歐洲爲中心的文明世界」。[3]按作者的觀點：「歐洲是世界上首先變成現代的部分地區，世界的其餘部分則正在進行一個持續的現代化過程，而現代世界正在變成一個日益相互連結的整體。」[4]作者稱此爲「新的全球一致性」（a new global uniformity）。書中也使用了「西化」和「歐化」二詞，主要是用於俄國和日本「借助仿效西方而實現現代化」的歷史過程。[5]在區分「現代化」和「西化」兩個概念時，作者顯然把現代化理解爲一個包括西方在內的世界歷史範疇。書中寫道：

二十世紀後期，全世界各民族都還在經歷「現代化」的歷程。它有許多形式，其中最明顯的標誌是飛機、超級市場、電腦技術和城市人口稠密。……結果之一，是在文明的某些方面出現新的全球一致性。現在已不再是「西化」的問題，如過去日本和俄國經歷過的那種情況，也不是人們有時警覺地指出的世界被美國化的問題。這是一個過程，美國人和歐洲人曾經起主要作用，但它的產生畢竟是由於採用現代科學、技術、醫學、運輸以及電子通訊工具等的結果；哪裡採用這一切，哪裡便出現這種過程。看來，包括各種文化和種族的整個人類都有可能發展從事這些活動的能力，同時他們都有這種活動能夠滿足種種需要。[6]

從「西化」到「現代化」，表面上看只是修辭上的變化，但實質上是對現代世界變革趨勢的再認識。就近代中國思想界對這一認識過程的演變而言，在清末以來關於東西方文明日益激烈的爭論中，已出現所謂「新學」與「舊學」之爭。但「新」與「舊」是一個朦朧的概念。到「五四」前後，進一步認識到這是傳統東方（中國）文明與現代西方文明之爭。從朦朧的維新意識到較明確的現代意識，這在「五四」時代啓蒙思想家的著作中已經出現。例如當時陳獨秀在《法蘭西人與近世文明》等文章中即已認識到，中國的近世文明實質上仍是古代文明，而只有歐洲的近世文明才是眞正的近世文明。「『近世文明』者，乃歐羅巴人之所獨有，即西洋文明也」。[7]這是給西洋文明以明確的時代定位。到了三〇年代，在有關「全盤西化」和「中國本位文化」的論爭中，現代意識更加明確了。哲學家馮友蘭曾指出從「西化」概念到「現代化」概念，是一種思想上的「覺悟」。他寫道：

現在人常說我們要近代化或現代化，這並不是專有名詞上改變，這表示近人的一種見解上的改變。這表示，一般人也漸覺得以前所謂西洋文化之所以是優越的，並不是因為它是西洋的，而是因為它是近代的或現代的。我們近百年來之所以到處吃虧，並不是因為我們的文化是中國的，而是因為我們的文化是中古的。這一覺悟是很大的。即專有名詞說，近代化或現代化之名，比西洋化之名，實亦較不含混。基督教化或天主教化確不是近代化，或現代化，但不能不說是西洋化，……[8]

從東西文化的分野到「現代」與「前現代」的分野，可說是從文化形態史觀到社會進化史觀的分野。關於「現代」概念的爭論，過去主要是哲學和美學涵義；而今天我們對「現代」的定位主要是歷史學，是具現代發展意義的。東方的西方化是一個西方的概念；東方的現代化是一個新概念，是第三世界發展中的新概念。

北京大學教授
羅榮渠

推薦序

現代世界史的標準著作

本書《現代世界史》的作者R. R. Palmer爲美國耶魯大學教授，曾任美國歷史學會主席，他的兩個合作者J. Colton爲美國杜克大學教授，L. Kramer爲史丹佛大學教授。本書於一九五〇年初版，此後曾經多次增補修訂重版，謂爲美國出版的現代世界史書中的一部標準教科書。

和歷來許多西方（尤其是美國）的歷史書籍一樣，本書的書名雖爲世界史，但其內容基本上卻以西方（西歐和北美）爲主，對於非洲、中東伊斯蘭世界、印度、中國、東南亞以至拉丁美洲，基本上均被排除在核心敘事框架之外。西方中心主義乃是西方史學界揮之不去的一種偏見，是讀者不可不察的。當然，從另一方面說，這也向讀者們表明了西方中心論的偏頗；它有助於我們了解在西方占主流地位的歷史見解之立場和觀點。以往，「二戰」後西方有關世界歷史的著作，大多是只寫到「二戰」結束爲止，而本書則以較多的篇幅一直敘述到二十一世紀的開端；這一點有助於我們了解當今西方知識界對於「二戰」以後當今世界局勢的看法。半個多世紀對於西方知識界的歷史觀點頗爲隔膜，亦正如西方知識界並不了解我們的觀點和看法。雙方之間能夠做到更多的相互了解，這無疑是一樁有益的工作。閱讀不同思想背景之下的著作，無疑有助於我們對歷史得到一種更全面和更深入的看法。

放眼世界歷史，把具體的歷史條件置於世界歷史的整體背景之下加以考察，似乎是歷來我國史學研究領域中一個較爲薄弱的環節。缺乏了一個宏觀的世界歷史整體背景的把握，而把觀點局限於某一個特定的領域之內或某一個特定的觀點之上，終究是不可能窺見人類文明歷史的堂奧。對世界歷史的整體把握，本應是史學研究與認識中不可或缺的一環。

茲值本書中譯本即將出版之際，爰綴數語如上，藉以供讀者們參考。

何兆武

二〇〇九年一月於北京清華園

推薦序

歷史教科書的黃金標本

《現代世界史》是二十世紀後半期在美國享有盛譽的一部大學教科書。一九八七年，該書被《紐約時報》評選爲「所有時代的十九部經典教科書之一」。

該書的第一作者R. R. Palmer曾在一九七〇年被選任美國歷史學會主席。他的主要學術貢獻之一，便是這部大學教科書。二〇〇二年，R. R. Palmer去世，《紐約時報》上發布的訃文稱：美國幾代大學生是透過他的眼睛去看現代世界歷史。此言不假。

美國的大學沒有規定的政治課，但一般設有必選的通識教育課程，其中包括美國史和世界史。《現代世界史》自一九五〇年第一版問世，與時俱進，不斷修訂，到二〇〇七年已是第十版。在近六十年的時間裡，該書在世界史教科書中的銷量始終名列前茅。據相關資料顯示，到第九版時，該書總銷量已接近兩百萬冊。考慮到美國校園裡教科書使用的情況，使用過該書的學生數量就更爲龐大了。多年來，選用該教科書的大學始終超過一千所，包括許多著名學府。美國大學委員會在高中設立了一個教育項目，爲「成績優秀、天資聰穎」的高中生提供了一種可以申請大學學分的「高級課程」（Advanced Placement），其難度相當於大學的基礎課程。本書是許多學校講授AP課程之一「歐洲歷史」時選用的教材。本書作者還爲此編寫了輔導書。不難想見，美國的許多精英學生都曾接觸過這部教科書。可以說，近六十年來，本書是美國的世界史教科書中壽命最長、讀者（學習者）最多、影響最大的一本。

當然，美國的大學教科書與其教學一樣，是多元化的。據筆者所見，美國的世界史教科書迄今大抵有三個潮流，依出現時間分別是文明史、現代史、全球史。文明史出現較早，至今不衰，但文明史觀的內涵因時因人而不斷變化，其中影響較大的教科書，在二十世紀前期是海斯、穆恩、韋蘭合著的《世界史》，在後期是伯恩斯、拉爾夫等合著的《世界文明史》等。現代化史是與現代化理論一起在二十世紀中期興起，R. R. Palmer等合著的《現代世界史》可爲代表。全球史是二十世紀後期在「殖民地革命」和全球化的形勢下興起的，近來風頭頗勁，斯塔夫里阿諾斯的《全球通史》和本特利、齊格勒的《新全球史》可爲代表。

幾位美國學者曾總結說：「二十世紀的專業性歷史雖然種類繁多，但大多是在『現代化』的標誌下寫的。西方世界被定義爲這個普遍現代化過程中的表率，西方以外的世界隨後跟進。這種觀念並不令人意外，畢竟現代化的觀念自十八世紀就在塑造西方歷史的發展。……經濟學、社會學、政治學、心理學、人類學……的研究工作也和歷史學一樣，受一個主要問題引導：現代世界是如何形成的？西方走向現代化的軌跡給世界其他地區提供了什麼教訓？」[9]在各種回答中，二十世紀中期，源於德國思想家韋伯的現代化理論成爲美國最有影響的一種歷史解釋。當時的現代化史觀至少包含兩個主要觀點，一個是歐洲特殊論，一個是傳播論。歐洲特殊論強調歐洲自身的特殊因素導致歐洲成爲現代化先發地區，傳播論則強調其他地區的現代化是歐洲傳播現代文明的結果。這種史觀在主要方面是合理的，但也有嚴重缺陷，正如評論者所說，完全是在歐洲的路燈下看世界。

許多世界史教科書或多或少會受到這種現代化史觀的影響，而《現代世界史》則是其中的典型。翻開《現代世界史》第一章，迎面而來的即是：「看來奇怪，一部現代世界史竟然從歐洲中世紀說起，因爲歐洲不等於世界，中世紀又非現代……」。從全書目錄看，該書的視野幾乎完全局限於歐洲和歐洲人所涉及的地區，這種極端性確實有些「奇怪」。正是在批判「歐洲中心論」的浪潮面前，第十版前言不得不對該書的論述體系做出辯護。該書也退入「歐洲歷史」或「西方文明史」的課堂。

儘管如此，《現代世界史》依然被推崇爲「教科書的黃金標本」（美國歷史學會，二〇〇二年），亞洲世界史學界也非常看重這部著作。依筆者之見，至少有如下幾個理由：

首先，當時的現代化理論或現代化史觀雖然摻雜意識形態因素，但不是簡單的意識形態宣傳，而更多地是歷史學和其他社會科學的一種富有成果的科學化努力。即便是意識形態的因素，也需要分析，其中包含著理性進步開放的啓蒙價値觀，更不能一言以蔽之地否定。我們在倒掉洗澡水時要把嬰兒抱出來。從世界範圍看，現代化是一個未完成的工程，現代化理論也是一個開放的領域，具有很大的發展前景和解釋力。

其次，《現代世界史》不是現代化理論的圖解，而是一部出色的歷史敘事。歷史總是比理論更豐富生動。現在一些宏大敘事往往拋棄歷史學講故事的傳統，而《現代世界史》把歷時性敘事與重大論題結合起來，將法國學者布羅代爾所說的事件、局勢和結構三個層面比較合理地結合起來。讀者不難發現，該書既長於聯繫和比較，鋪張了宏大視野，又洞幽燭微，揭示歷史細節中的奧妙。該書的敘事修辭也受到一致的稱讚，閱讀中譯本也依稀能體會到其英文的典雅和雄辯風格。

第三，《現代世界史》具有超乎一般教科書的厚重學術性。Palmer和Colton本身都是傑出的歐洲史專家，他們以豐富的學術見識，博採眾長，充分吸收了歷史學科長期積累的學術成果。該書內容之豐富，論述之開闊而細密，見解之深刻睿智，閱讀起來既可能是一種享受，也可能不太輕鬆。該書還探討了許多重要學術議題和概念，像封建主義、重商主義、民族主義、波拿巴主義、帝國主義、社會主義、極權主義等。這種討論把讀者帶進了更複雜的學術領域。另外，該書行文多有反諷之詞和閃爍不定的評價，這會讓許多尋求一個答案的學子感到困惑。其實，這些「無定見」之見解都有學術研究的成果做依託，反映了學界的各種爭議和歧見。學術性在這裡不僅僅表現爲科學研究的成果，也包括尊重學術自由的態度。而讀者不僅可以學到知識，也會受到自由探討精神的薰染。

一九八八年《現代世界史》第五版中譯本問世。現在我們見到了第十版的中譯本。二十年過去了，筆者認爲，這部《現代世界史》依然值得推薦。

讀過中國的教科書，再讀這本教科書，或者再讀全球史教科書，在多元對話中，我們對世界的理解會不一樣。

清華大學歷史系教授

劉北成

第十版序

當代世界中種種戲劇性的事件——戰爭、革命、恐怖主義襲擊、毀滅性的自然災難、經濟危機和數不盡的日常新聞資訊——往往模糊了各種長期性的歷史進程，正是這些歷史進程創造出了我們所生活於其中的各種社會和我們所應付的各種問題。大衆媒體很少注意到對於我們時代迅速運行著的各種事件賦予了更深刻意義的種種更爲廣闊的歷史範型和情境。《現代世界史》此次新版可以看做是對於我們當代種種複雜而又往往是驚人的事件不斷進行歷史視角探索的一份最新的文本，因而它提供了一份引導性的設定，即認爲當代世界各種事件、文化與衝突，是由於各種不同的民族思想、體制、社會習俗、經濟交往和政治權力鬥爭而衍生的。

人類歷史的多層次創造了各種現代社會，並對全世界的人民與各種文化產生了遠大的影響。因此，本書就講述各個國家與民族的歷史，並強調諸如戰爭與革命這類突出的事件，但是它也關注在最顯赫的歷史事件之下的深層發展，並創造出了我們今天稱之爲「現代世界」的廣闊歷史潮流。我們的闡述探討了民族國家的興起，以及過去幾個世紀已深深影響世界的各種衝突；然而它把這些轉變和事件都聯繫到廣泛的歷史性影響，諸如全球經濟的演化、科學與技術的發展、工業的勃興、宗教傳統的重要性、新思想的誕生與傳播、家庭與社會生活風尚的變化，以及西方文化與世界上其他各種文化之間的複雜關係。

本書中所使用的「現代」（Modern）一詞，是指那些對於形成現代世界具有重大影響的各種社會與文化的歷史演化歷程——人類歷史的這一階段大約開始發展於五、六個世紀之前，而目前正以空前的速度在許多地方演化著。本書並不自命爲一部世界史，也不自認爲能像一部世界史那般有價值。它的計畫主要是聚焦於西方的發展，直至獨特的現代經濟、社會和政治體制的傳播在較近的過去日益成爲全球關注的焦點，正如本書後面章節所顯示的。儘管書中的敘述強調歐洲社會（也就是由歐洲人或歐洲後裔而形成的各種社會）對「現代」體制與各種社會實踐的影響，但是它也強調了世界範圍的交流、衝突與社會實踐，這些都曾經有助於當代日益增長的全球文化。

本書的結構：變更與連續性

正如已往各版，本書是由若干章所組成，它們敘述了各個不同的編年時代，一直妥切地直到當下。然而被確切規定和編排的各個章節卻要處理許多主題、事件和問題，而不是沿著簡單的編年順序展開。每一章都聚焦於一個特殊的時間架構，但也聚焦在具有持續歷史重要性的各種主題和問題上。編年的結構賦予讀者以一種廣闊的歷史結構，並對特殊的歷史題材或問題準備了進一步加以分析和探討的機會——例如，有些討論所引用的其他材料是可以從線上學習中心網站（Online Learning Center Web）上查到的（www.mhhe.com/palmer10），其中包括術語表。

儘管政治制度、革命和國際衝突的歷史，在此次新版中仍然很重要，但國家與政治史的某些細節已經加以縮減，以便增加有關社會史、文化史和思想史的探討——而這些在較近的歷史研究中極有影響。有些章節討論了婦女在各種不同的歷史場合和時代中的作用，還有從現代早期直至當前時代文化思想運動的闡述，以及對形成現代全球史的各種政治、經濟和文化的交互作用的新分析。有關科學革命和早期全球經濟的幾章次序被加以調整，爲的是更加明確地表明重大的文化發展與經濟發展在編年史上的關係。

在前幾章中，讀者可以發現對文藝復興與宗教改革時期的家庭生活討論，對文藝辯論、沙龍文化和正在形成的啓蒙運動的公衆氛圍之描述，以及對法國大革命文化方面的洞見。本書的後面那幾章包括女性主義的興起，關於科學和進步的觀念的文化辯論，以及關於現代主義與後現代主義文化運動的種種討論。

有關一九四五年以後的世界各章，已經改編並分成各節的新題材。原版中有關較近歷史事件的最長兩章，已經分成新的更爲簡鍊的四章，那將使學生們和其他讀者們更便於閱讀。新的、更短的各章編排後主題更加明確，它們表達了亞洲、非洲和中東在後殖民時代社會的發展，以及共產主義在歐洲的消逝。這些重新組裝的章節也包括較近的國際對抗，以及現代經濟生活與文化生活中不斷增長的全球化。我們相信，有關這類發展的專題歷史報導乃是歷史分析的根本出發點，它使人們對歷史的洞見以及對歷史的領會得以平衡。

我們的意圖是要鼓勵學生們和其他的讀者們理解重大事件的複雜性，諸如以往各世紀的宗教戰爭，美國、法國和俄國的革命，二十世紀的世界大戰，民主政治的傳播及其所面臨的挑戰，西方所控制的殖民帝國的建立及其瓦解，新的後殖民時代之民族國家的誕生，以及對於國際秩序的不懈追求。讀者也將看到有關各種時局問題的及時報導，諸如恐怖主義、最近中東局勢的動盪，以及全世界最窮困的一些國家爲了經濟發展而進行的不懈鬥爭。

第十版還進行了另一些修訂，以便本書更易於被新一代的讀者接受。插圖部分也由於增添了新的圖片而得到擴充，包括現代藝術家的一些重要作品，諸如畢卡索、莫里索、波洛克和亨利·摩爾。正如多種文獻與資料一樣，以往文化中的景象和藝術品提供了重要的歷史資訊。懂得如何閱讀和批判性地評估一份圖片、繪畫或照片，乃是分析思想的主要方式，對於跨文化的比較研究乃是無價之寶。所有圖片的簡短說明，都與本書所敘述的事件或問題有關。

本書新版的其他特色還包括新繪製而便於閱讀的地圖。範圍廣闊的地圖和圖表標明了歷年疆界的變遷、各國和各地區人口和經濟的變化。在修訂的地圖之外，還根據評論者的意見，在每一章中都增加了大事年表，以便讀者能夠對每個歷史時期的大事和重大日期有個粗略的了解。

《現代世界史》此次新版的改動，乃用以提高本書的可讀性，而並非取代或者削弱深受教師和學生所歡迎的體裁、內容、敘述和分析的特色。更進一步說，讀者們將會發現本書的最新版再度表達了那種強烈的信念，即歷史知識和歷史眼光對於每一個生活在此時，並且希望理解這個不斷演化著現代世界的人來說，乃是具有價值的。如果能夠通過它所可能提供的新知識或新眼光，幫助任何年齡或背景的人對他們自己和他們的世界獲取新的洞見，那麼本書就達到目的了。

致　謝

我們再次深深感謝很多人的幫助，本書的問世也有賴於他們的協助。我們特別有負於麥格羅—希爾（McGraw-Hill）出版公司的主編和編輯部，他們自第七版就一直在出版本書。我們還感謝本書早先的出版者A. A. 諾普（Knopf）公司，並感謝格林（Ashbel Green）和諾普的團隊繼續使它可能成爲公共讀者的市場版。麥格羅—希爾公司的烏爾（Lyn Uhl）、艾克曼（Monica Eck-man）、戈德貝格（Larry Goldberg）、特倫塔柯思蒂（Susan Trentacosti）、基尼伽克絲（Marianna Kinigakis）、阿貝爾（Ayelet Arbel）、阿格拜亞尼（Nora Agbayani）、尤特萊（Janean Utley）、布朗（Sonia Brown）、斯魏姆（Louis Swaim）、克勞萊（Sean Crowley）、貝德斯（Katherine Bates）的支持和協助，都是無可估計並且極爲重要的。我們也感謝布斯（Christine Buese）和布爾（Deborah Bull）在製圖方面的專業協助，以及凱楠（Bethany Keenan）協助校正有用的網站。

我們也受惠於評論家們的專業建議，他們提出了許多意見，使本書的新版得以修訂，同時我們也從很多在講課中使用過本書早期版本的同行中吸取了許多其他的意見。我們特別要提到以下的幾位評論者：霍普學院（Hope）的巴爾（Marc Baer）、北卡羅萊納（North Carolina）大學的布朗（Robert

Brown）、衛斯理（Wesleyan）大學的格林（Nathanael Greene）、福克納（Faulkner）大學的希克斯（L.Edward Hicks）、塔夫茲（Tufts）大學的馬可保羅斯（George Marcopoulos）、塔斯克齊（Tuskegee）大學的麥克斯萬（James McSwain）、亨特（Hunter）學院的美美加羅斯（Florene Memegalos）、西部高中（West High School）的尼古拉斯（Jenny Nicholas）、塔夫茲（Tufts）大學的普羅克托（David J. Proctor）、韋查塔（Wayzata）高中的魯代爾（Sarah Rudell）、加州大學諾斯里奇分校（California State University, Northridge）的翁瓦利（Tamas Ungvari）和博伊西（Boise）州立大學的澤林斯基（Michael Zirinsky）。另有其他的同行也提供了值得提及的反饋：拉薩爾（LaSalle）高等學校的柯立斯特拉（Joseph J. Colistra），林肯路（Lincoln Way）高中的柯萊（Michael Corey）、普萊森威爾（Pleasantville）高中的曼齊尼（Virginia Mancini）、德州聖馬可學校（St. Mark's School of Texas）的普羅斯特拉（Henry A. Ploegstra）和南興代爾（Hinsdale South）高中的斯托爾（Michael Stoll）。這些人絕不應爲本書的缺點負任何責任，但是他們都對它貢獻了力量。我們也希望感謝我們的同事和我們的家庭的慷慨支援和貢獻。

最後，我們以深沉的遺憾提到我們的同事和合作者羅伯特・R・帕爾默（時常被稱做R. R. 帕爾默）在完成了漫長而出色的成績之後，於二〇〇二年逝世了。他對法國革命和十八世紀與十九世紀早期大西洋兩岸歷史的傑出貢獻，已經理所當然地獲得了廣泛的認可。他那高瞻遠矚的智力、精密入微的研究、歷史的洞見和廣泛的興趣，從一開始就突顯在這次工作之中，而且他始終保持著對本書的指導性思想影響與鼓舞。同時，做爲《現代世界史》一書的長期特色，這種學術合作在這次新版中得以延續並採取了新的形式，而對於新的形式，最新的合作者是要負主要責任的。

喬・科爾頓
勞埃德・克萊默

Contents
目錄

導　論

地理與歷史

歷史乃是人們在時間中的經驗，但是那種經驗卻是發生在地理的空間之中。地理學描述並繪製了地球，但它也研究人類與他們所生活於其中的環境空間不斷變化著的交互作用。我們的地球和我們的太陽系只不過是宇宙的一小部分，宇宙現在被認爲至少已有一百二十億年之久了。大多數的科學家都認爲地球約有四十六億年之久，可是人類的全部歷史（以及史前史）僅只追溯到三百五十至五百萬年，或許只有兩百萬年——這取決於人類是如何加以界定的。我們所稱的歷史——即人類有記載的文化與活動——開始於發明了最早的書寫形式，僅僅在大約五千五百年前。

海洋和大陸是在時間的歷程之中移動著，變化其大小、形狀和地位。我們所知道的各個大陸形成它們的確切形狀，還不到一億年之久。恐龍的滅絕大約在人類最早出現的六千萬年之前，它們可以在溫暖的氣候下、在堅實的陸地上，從北美洲到歐洲（按照我們今天對這兩個大陸的稱呼）。自從最近的冰河時期結束以來，僅只有短短的幾千年。那次冰河時期大約始自兩百萬年以前，而且達到最寒的那點只是在兩萬年之前，那是由於地球繞日軌道有了一點微小移動所造成的。水結成一至二寸厚的冰，並覆蓋了地球的北方部分（在北美向南遠至今天的芝加哥，而在歐洲則覆蓋了英倫各島的大部分和附近的大陸）。這些冰塊融化便產生我們今日所知的海岸線、近海的島嶼、內海、海峽、海灣和海港，以及某些大的河流系統和湖泊。地球表面的變化過程還繼續在進行。美國和加拿大交界的尼加拉瓜大瀑布一直都在退縮，因爲不斷流瀉的瀑布侵蝕了下面的岩石。海潮和人工建築也侵蝕了我們的海岸；而且許多科學家們都相信，目前全球暖化的方式最終會改變世界上許多的海洋和海岸。

海洋目前覆蓋著地球表面約三分之二，而在其餘的三分之一中，有許多廣闊的陸地是不適合於人類或大部分其他動物或植物有機體居住的。十分之一的陸地是冰雪覆蓋的，例如在北極和格陵蘭；還有很多是凍土；沙漠，例如撒哈拉；還有許多土地處於高山的迎風坡。這些地區也像海洋一樣，對於人類歷史是很重要的，往往成爲遷徙和定居的障礙。因此人類的歷史就涉及到整個地球表面上相對說來很小且零散的幾個部分。

研究者們已發現具有說服力的實物證據，可以表明人類起源於非洲。人類屬於直立人（Homo erectus）這個物種，這一拉丁文的名字是人類學家和其他學者用於指現代人類能直立行走的祖先，他們似乎是一百八十萬年以前從非洲遷徙而來，或許是由於環境的壓力，也或許是出於單純的好奇心。我們這一智人（Homo sapiens）物種——這一拉丁文的名字是指增長的認識力與判斷力——其出現不超過十萬年以前。當人類超越了單純實用的成就，並顯示出審美與藝術的情趣，以及進一步的工具製造技術時（約三萬五千年之前），我們就稱他們爲亞種的現代人（Homo sapiens sapiens）。他們是一種非常複雜的人類家族史上的殘存者。

大冰河時期把海面降低了好幾百尺，並凍結了大量的水。英吉利海峽乾涸了。在我們現在稱之爲白令海峽的西伯利亞和北美洲之間開通了陸地橋。狩獵者們從一個大陸走到另一個大陸。當冰河融化時，森林便成長起來，而人們曾經狩獵過的許多曠野地帶便消失了，這就爲遷徙增加了動機。

我們人類的祖先終於拓展到了南極洲以外的每一個大陸。在這同時，人群以數千年計地彼此隔離，被海洋、沙漠或者高山分割開來。他們到任何一地便隨著時間而微微地在演化，發展成爲外表生理上的不同，現代文化就把它們界定爲各種不同種族的特徵。但「種族」乃是一個文化的觀念，而不是重大生理差異的一個標誌。所有的人都屬於智人（Homo sapiens）這一物種，都來自同一個生物學上的祖先，並且都能相互繁衍。只有極少的人類基因導致生理上不同，諸如皮膚的色素，相形之下大多數的基因乃是人類這個物種所有的成員都共同具有的。

現代人於基本解剖學和基因的構成上，在過去十萬年以來並沒有變化。地理上的隔離可以解釋短時期內不同文化的出現，例如前哥倫布時期的美洲、非洲、中國、印度、中東和歐洲的不同歷史和文化的發展。在更短的時間尺度上，地理上的隔離也可以解釋各種語言和方言的不同。

地理上的隔離和氣候的不同也造成了動物和植物方面的不同，從而造成了人類所依存的植物和動物的不同。小麥成爲中東和歐洲最常見的作物，小米和大米則在東亞，高粱是在熱帶非洲，玉米則在前哥倫布時代的美洲。馬從大約四千五百年前在中亞北部被馴化，在許多世紀以來就是歐洲和亞洲畜力、運輸和作戰的主力。後來在中東也慢慢使用了用處較少的駱駝，而美洲人長期以來除了美洲駝以外就沒有載重的牲畜。直迄現代早期跨洋的旅行者爲止，這一差別並沒有減少。他們帶來了各種植物和動物，並把其他的動植物帶回到它們先前從未曾生長過的環境中。

儘管有關生命的起源還存在著大量的混淆不清，各種新的發現和計算卻總是在取代舊的假說，古生物學家研究植物和動物（包括人類）的化石，已經使用了諸如C14測年法來改變我們對於地球和早期人類的知識。在地理學上，空中攝影、衛星攝影與電腦技術，已經使我們能修訂有關大陸與海洋的舊觀念。而天文物理學家目前正在研究大量有關宇宙的新資料，那是以裝在不載人的太空船上的高倍望遠鏡傳送出來的。

製圖學，即繪製地圖的技術與科學，進步非常之快，但我們卻傾向於忘記我們的地圖往往是傳統的，甚至於是狹隘的。歐洲人和歐洲人的後代設計了我們最常用的地圖，那是根據他們視野中的東西和南北方向所定位，因此反映的是他們自身的歐洲文化的設定。在其他文化的地圖中也可以發現類似的偏見。許多世紀以來，中國人把他們的國家界定並且看做是「中央之國」。而早期印度所繪製的地圖就典型地把南亞表現爲組成世界的主要部分。有一幅這樣的地圖，把歐洲大陸畫成爲一些邊緣地區，貼上了英格蘭、法蘭西以及「其他戴帽子的島」。

全球概念化的改變今天仍在持續。有一幅當代澳大利亞所繪製並出版的地圖，表現了澳大利亞「從下面看」的觀點，它把南非畫在地圖的頂端，開普敦位於頂尖上，中部是當今非洲各國的廣闊領域，歐洲各國則擁擠在底層，顯得十分微不足道。歐洲發明的「中東」一詞看來頗成問題，世界上的這一區域或許最好叫做西亞，甚至於我們傳統上把歐洲做爲七大洲（非洲、亞洲、歐洲、北美洲、南美洲、澳洲和南極洲）之一的這一概念，現在也成問題了。例如，爲什麼印度半島就應該是一個「次大陸」，既然它在規模上與歐洲「大陸」（至少是在前蘇聯西邊的那部分「大陸」）相當，且在人口和多樣性方面尤有過之呢？當然歐洲本身確實是一個半島，其方式是其他大陸所沒有的。有些地理學家就要求我們把它更加確切地看做是亞洲的一部分，即一個巨大的「歐亞大陸」板塊的西部。以這類詞語加以界定的話，歐洲就變成是一個文化上的概念，是由於與亞洲和非洲顯然易見的差異所來，而不是在嚴謹的地理學意義上的一塊大陸。

歐洲在現代史上的影響

無論我們怎樣界定歐洲在全球的地位，它都毫無疑問地塑造了現代世界歷史相當多的層面——部分是由於它的海洋擴張，和它從世界上其他地方所借取的東西，以及它決定性地在經濟上和文化上影響了日益增長的全球文明之形成。歐洲當然只是人類歷史上許多重要文化領域之中的一個。它的經濟政治體制、宗教傳統和社會制度並不是通向現代化的唯一歷史道路；世界上其他地區的人民確實也曾屢屢挑戰過或拒絕過歐洲的「現代化」模式，他們已經建立了他們自己的現代社會。然而即使是對歐洲體制的挑戰或否定，通常也需要對歐洲的發展及其在世界上的作用做出歷史的分析。例如，現代的全球經濟大多是從十六世紀以來歐洲帝國列強所控制和膨脹起來的國際貿易中產生出來。歐洲的政治思想、科學、哲學、文化風尙和人民也廣泛散布於全世界，對現代的政治、社會和文化生活提供了既有建設性、又有破壞性的典範。各種思想和人物同時也不斷地從世界各地湧入歐洲，從而歐洲社會便始終是跨文化交流與衝突的一個生死攸關的中心。

從廣泛且不同的視域並強調全然不同的歷史題材來講述一部「現代世界史」乃是可能的。然而本書自始就承認歐洲發展，並促進了許多明顯的「現代」思想和體制，它們現在就以各種形式在當今的全世界演化著。因此，對現代性的歷史理解就包括著對歐洲的一番綜合分析——雖說一部精確的現代世界史也必須堅持，歐洲僅代表形成全球現代史各種不同複雜文化中的一個。

歐洲例證了人類活動與自然環境之間常年的交互作用，對它歷史演化的研究應該從對它的地理的某種注意開始。這裡附帶的地形圖就表明了歐洲主要的地理特點及它周圍的地理空間。這幅地形圖在歷史時期中實際上始終未變，儘管歐洲社會有著經常的政治和文化的衝突。歐洲並不大，即便加上歐洲俄羅斯的部分，也僅占有世界上略大於百分之六的土地面積，和美國本土加上阿拉斯加的面積差不多，它只比澳大利亞稍大一點。它在地理上乃是由地中海與非洲相隔離，雖說地中海在歷史上曾是一個屛障又是一個通道。幾千年以前當撒哈拉乾涸的時候，才出現了眞正的屛障。這就說明了爲何北非經常與南歐相聯繫，或在文化上與中東相聯繫，正像與撒哈拉以南的非洲相聯繫一樣。至於歐洲與亞洲在地理上的隔離，就更加模糊不清了。傳統上的邊界一直是俄羅斯的烏拉爾山，但它是一串矮小而寬闊的鏈條，而且伸展得並不足以構成一道恰當的邊界。俄國人自己並不承認歐洲俄羅斯和亞洲俄羅斯之間有任何正式的區分。

歐洲確實是由亞洲伸張出來的幾個半島之一，就像阿拉伯半島和印度半島那樣。但這裡也有不同，其中一條就是地中海在全世界的水域之中是獨一無二的，它被僅有八英哩寬的直布羅陀海峽封鎖，比起其他的海洋，更加受到庇護和免於外洋極其狂暴的海洋風浪。儘管有兩千多英哩長，它卻被若干島嶼和半島分割爲若干小海，且各有其自己的特點，諸如愛琴海和亞得里亞海等；並且它也提供了往黑海的通道。由於有可能進行長距離的旅行而並不遠離陸地，所以地中海上的航行從很早的時期就發達起來，而最早的文明之一就出現在克里特島上。人們也有可能從博斯普魯斯海峽跨越歐洲和亞洲，以及在直布羅陀海峽跨越歐洲和非洲。人口由於遷徙而混雜起來，而歷史上各個不同的帝國——迦太基帝國、羅馬帝國、拜占庭帝國、阿拉伯帝國、西班牙帝國、威尼斯帝國和鄂圖曼帝國——都曾卓有成效地利用地中海來統治其各個組成部分。在十九世紀蘇伊士運河開通之後，地中海就成爲大英帝國鼎盛時期「帝國生命線」一個重要的組成部分。

在歐洲南部地中海以北，並且伸展其全長的，有一個山脈系列，它是由龐大的非洲板塊壓向小小的歐亞半島，在地質歲月中所形成的一系列山脈。庇里牛斯山從北面封鎖了西班牙，正像阿爾卑斯山之於義大利。從地中海向北方，人們想在水平面上穿行的唯一地方便是通過隆河河谷，所以法國是唯一既屬於地中海，又屬於北歐的國家。山的北部是一片廣闊的平原，從法國西部一直伸展到俄羅斯，並且經過烏拉爾山以南直到亞洲。如果要畫一條直線，從阿姆斯特丹向東經過裏海以北，一直遠至中國西部，那麼它絕不會在這三千五百英哩的旅行中高出海拔兩千英尺以上。這片平原在不同的時代曾把歐洲向蒙古和其他侵略者敞開過，使得俄羅斯人東移並創造了一個龐大的帝國，並使得波蘭成了一片多災多難的戰場。

歐洲的河流是特別值得注意的。大部分都是通航的，並且也通海。它們通過河谷提供當地高度發展的地區。歐洲最重要的古老城市都在河上——倫敦在泰晤士河上，巴黎在塞納河上，維也納和布達佩斯在多瑙河上，華沙在維斯拉河上。在北歐，往往可能把貨物從一條河運到另一條河，到了十八世紀更有了運河把它們連結起來。水運的重要性再一次由波羅的海的哥本哈根、斯德哥爾摩和聖彼得堡，以及阿姆斯特丹和里斯本的位置顯示出來，在歐洲人開始橫渡大西洋之後，這些城市迅速地成長起來。

有些重要的地理條件，例如氣候，是地形圖無法表達的。氣候有賴於緯度、洋流和帶來降雨或防止降雨的各種風。歐洲所處的位置偏北和美國北部與加拿大南部是一樣的，但是歐洲有些部分靠近海，氣候不像北美相應的那些北部地方那麼嚴酷。地中海各國比起歐洲北部或美國北部，日照更多而嚴冬更少。無論什麼地方，冬季都冷得足以防止傳染性病源和疫癘，及某些在較溫暖地區常見的傳染性疾病。暖和的夏季及其生長的季節就形成了農業每年的輪迴，而且降雨適中。歐洲是唯一沒有眞正沙漠的大陸，大部分都是土壤肥沃的地區。總之，自從冰河期結束以來，或者說自從人類學會了過冬以來，歐洲始終是地球上最適於人類居住的地方。

如果我們說氣候和環境對於人們能做些什麼不僅是限制，而且也提供機會，那麼地理決定論就站不住腳了。地理並不是宿命，所發生的一切都有賴於在任何特定的時間和地點，以及在任何特定的文化中對於知識和能力的運用。自然資源的構成是隨著技術狀態與經濟交易的種種可能性而變化的，甚至於距離上的不方便也可以由新的運輸技術之發展而改變。長期以來把人們隔絕開來的海洋，變成了葡萄牙人、西班牙人、荷蘭人、法國人和英國人以及隨後其他人的通衢大道，中國和阿拉伯的水手們也使用海洋進行跨亞洲和東非的貿易。然而就絕大部分的人類歷史而言，無論是人、資訊或命令，其傳遞都不可能快於每天三十英哩。地方主義風行，大規模的商業或者政府的組織是難以建立和維持的。因此，正如世界上大多數其他地區一樣，歐洲長期是由很小的地區單位所組成，是許多袖珍的領域，每一個都有著自己的習俗和生活方式以及語言形態，這些小單位大部分多不爲外人所知或是外人所不了解，只能照顧到自己。一個「外人」可能是來自千里之外，或者也只是十里之外。

農業也像商業和工業，有賴於人們的創新和決策。農業的情況顯然有賴於自然條件，但它也有賴於鋤頭的發明、適宜的種子、防止土壤枯竭的輪耕以及利用牲畜（牠們的糞便可以用來做肥料）。農業由於有穩定性而獲益，卻也受到人口變化的影響。如果人口增多了，就必須開墾更遠或較爲貧瘠的土地。而且，不修築道路和沒有城鄉之間的分工，農業就不可能得到改進，使得農業工人生產更多的餘糧以供應那些不從事農業的人。對農業來說，正如其他生產性產業一樣，基本的安全是至關重要的。除非從事農耕的男人們和女人們能夠得到保護，免受侵犯，否則耕作不可能進行，食物也不可能儲存過多。

本書中的地圖不可能詳盡地表明有助於形成人類歷史進程的水道、山嶽和地理障礙，但是它們確實表明了地理在政治和經濟權力的演化過程，也就是我們今天所說的「地緣政治」之中的作用。人們總是通過與自然世界的一種複雜關係來發展他們的體制和文化，而地圖提示我們，人類所有的活動都是在地理空間中進行的。讀者們也可以運用想像和地圖比例，把空間轉化爲時間，同時還要記得直至發現了鐵路爲止，人和資訊都走得比今天慢得多。若速率爲每天三十英哩，從倫敦到威尼斯就得要三個星期，而信件往返至少是六個星期。與歐洲以外的地方，交通就要更長的時間。我們今天在以超音速的速度旅行，並以毫微秒（即十億分之一秒）去測定電子交通，地理空間的障礙實際上已經不存在了。然而人類始終深深有賴於他們的自然環境，人類的歷史始終牢牢地植根於地球這顆行星的地理之中。

冰島
斯堪的那維亞半島
挪威海
法羅群島
斯堪的那維亞山脈
昔德蘭群島
奧尼克群島
赫布里底島
奧斯陸
英倫群島
格蘭扁山脈
蘇格蘭低地
大西洋
愛丁堡
北海
斯卡格拉克海峽
卡特加特海
日德蘭半島
都柏林
愛爾蘭海
愛爾蘭中部平原
哥本哈根
本寧山脈
沃什灣
赫爾果蘭島
佛里西亞群島
米德蘭平原
易北河
布里斯托爾海峽
泰晤士河
阿姆斯特丹
艾瑟爾湖
威悉河
德意志北部平原
倫敦
錫利群島
多佛爾海峽
哈茨山脈
柏林
英吉利海峽
須耳德河
馬士河
萊茵河
外桑島
布列塔尼半島
阿登高原
默茲河
摩澤爾河
厄爾士山脈
布拉格
馬恩河
巴黎
美因河
波希米亞平原
塞納河
佛日山脈
多瑙河
波希米亞森林
法蘭西平原
因河
康斯坦茨湖
維也納
比斯開灣
羅亞爾河
汝拉山脈
日內瓦湖
阿爾卑斯山
中央高原
阿迪杰河
第里雅斯特
坎塔布連山脈
加隆河
倫巴第平原
伊斯的里亞半島
羅納河
波河
伊比利亞半島
賽文山脈
庇里牛斯山脈
杜羅河
亞諾河
西班牙高原
埃布羅河
科西嘉島
厄爾巴島
台伯河
亞平寧山脈
瓜達拉馬山脈
馬德里
里斯本
塔古斯河
羅馬
亞得里亞海
義大利半島
瓜迪亞納河
莫雷納山
巴利阿里島
米諾卡島
維蘇威火山
瓜達爾基維爾河
伊維薩
馬略爾卡島
薩丁島
第勒尼安海
內華達山脈
直布羅陀
埃特納火山
直布羅陀海峽
阿爾及爾
西西里島
突尼斯
潘泰萊里亞島
小阿特拉斯山
賈茲
中阿特拉斯山
撒哈拉阿特拉斯山脈
馬爾他島
大阿特拉斯山
的黎波里
阿爾及利亞撒哈拉

0 100 200 300
烏拉爾山脈
北德維納河
奧涅加湖
莫斯科
伏爾加河
卡馬河
奧卡河
伏爾加高地
烏拉爾河
吉爾吉斯大草原
錫爾河
鹹海
都蘭尼亞平原
阿姆河
黑土地區
裏海沿岸窪地
頓涅茨河
聶伯河
頓涅茨高地
頓河
亞速海
奧德薩
克里米亞
裏海
高加索山脈
黑海
錫諾普
博斯普魯斯海峽
馬拉海
安卡拉
克濟爾河
小亞細亞
(安納托亞利半島)
亞美尼亞高地
阿拉斯河
凡湖
烏魯米耶湖
厄爾布爾士山脈
德黑蘭
底格里斯河
美索不達米亞平原
幼發拉底河
巴格達
托羅斯山脈
羅得島
塞浦路斯
扎格羅斯山脈
約旦河
敘利亞沙漠
耶路撒冷
死海
波斯灣
亞歷山大
尼羅河三角洲
蘇伊士運河
開羅
西奈半島
亞喀巴灣
內夫得沙漠
尼羅河

第一章

歐洲的興起

看來奇怪，一部現代世界史竟然從歐洲中世紀說起；因為歐洲不等於世界，中世紀又並非現代。然而，今日所說的「現代」之大多數事物，首先出現於歐洲；而要了解現代的歐洲和較之寬廣的現代世界，也必須回溯到相當久遠的年月。

前幾個世紀（一五〇〇～一九〇〇年），歐洲建立起世界上空前強大的一種政治、軍事、經濟、技術和科學體系的結合體。在建立的過程中，歐洲本身發生了根本的變化，同時對其他大陸，如美洲、非洲和亞洲的文化，產生無可抗拒的影響，有時破壞它們，有時刺激它們或促使其生氣勃勃，並且，總是向它們提出抵抗或適應的問題。歐洲的這種優勢約於三百年前逐漸開始變得明顯，到二十世紀初，隨著歐洲殖民帝國的普遍建立而登峰造極。此後，歐洲的地位相對下降，部分原因是歐洲內部發生衝突，而主要原因則是使歐洲臻於優勢的那些體系如今已出現於其他國家。有些國家，例如美國，基本上是歐洲的分支，其他國家則有著極其不同的、古老的背景。可是，不論其背景如何，無論其是否願意，二十世紀的一切民族無不捲入現代化，亦即「發展」的過程，其結果，往往意味著學到了由歐洲人首先展示出來的某些技術和力量。

因此，在我們的時代，有一種或是覆蓋在世界各傳統文化之上，或是深入它們當中的全球現代文化。這種文化是一個互相連結的整體，在這整體裡，地球一邊的情況與另一邊的情況是互相影響的。通訊聯絡幾乎可說是彈指間之事，消息於是到處傳播開去。一個國家的空氣遭到汙染，鄰國就受到影響；石油如果停止從中東流出，歐洲、北美和日本的生活可能變得非常困難。現代世界所依賴的，是精心製作的運輸工具，是科學、工業和機器，是滿足無止境需求的新能源，是科學的藥品、公共衛生以及生產食物的種種方法。國家和民族使用先進的辦法進行戰爭，透過外交手段去談判和維持和平。世界上存在著金融與貿易、貸款與債務、投資與銀行帳戶，以及由此而產生的外匯匯率和對外收支差額波動的全球性網路；由一百九十個以上大小不一而又不團結的會員國代表世界每個地區組成了聯合國。正如聯合國這個機構所體現的，國家概念本身就是起源於歐洲。

在大多數現代國家裡，都存在著日益增強的民主壓力，同時，所有的現代政府，不管其是否民主，都必須設法鼓動人民的幹勁，獲得他們的支持。在現代社會裡，舊的風俗習慣變得鬆弛，祖先的宗教受到懷疑，存在著爭取個人自由的要求，和對較高生活標準的嚮往。各地現代社會存在著追求進一步平等的傾向，要求不同性別和不同種族之間的平等、不同宗教信徒之間的平等、一國之內不同地區之間的平等，多數政府試圖減少高收入者與低收入者之間的鴻溝。要求社會變革的運動，有的是緩慢漸進，有的則表現爲革命的大變動，但某種運動的存在卻是普遍的。

以上就是幾個現代性的歷史傾向。新的「現代化」的技術、文化和經濟組織形式如今出現在世界上衆多地區。但現代化早期模式最初出現於歐洲的歷史上，或者說首先出現於包括美國在內的廣義歐洲人世界的歷史上，所以，本書主要討論歐洲社會和文化的成長，在稍後的章節裡，再逐漸談到整個地球。反對和對抗現代化運動已成爲世界歷史的一部分。它們在亞洲或非洲產生時稱爲反西方，似乎顯示歐洲和「西方」是問題關鍵。即使這些激烈挑戰西方社會和文化體制的反現代化運動，也必須面對現代歐洲史的制度、意識形態和遺產。

如果「現代」一詞特別是指某種複雜的生活方式，那麼它還有另一涵義，即單指新近的或當前的事物。「現代」一詞的時間跨度純然是相對的，隨我們正在討論的問題而定。現代廚房或許只存在了五年時間，現代物理學的出現僅不過一百多年，現代科學已有三百多年的歷史，現代歐洲語言的出現已約有一千年。現代文化（即我們正生活於其中的當代文化，或許也是正在逝去的文化），從一種意義上說，它是我們近兩個世紀的產物，但從另一種意義上說，則古老得多。一般認爲，「現代」開始於西元一五〇〇年左右的歐洲。在此以前的一千年稱爲中世紀，它約開始於西元五〇〇年；再之前的一千年爲希臘—羅馬古典文化時期。再往前，就是埃及和美索不達米亞的漫長歷史，以及東方的印度河流域和中國的漫長歷史。歐洲中世紀以前的時代，一般稱爲「古代」。不過，整個體系——古代、中世紀、現代——大抵只是用詞上和習慣上的問題，而且僅對歐洲才有意義。本書的敘述，在開始時是迅速帶過，然後逐漸放慢，時間越接近「現代」，我們的考察也越加詳盡。

古代：希臘、羅馬、基督教

歐洲人並不是人類文化的先驅者。在有文字記載的歷史已經過去一半的時候，歐洲卻還沒有一個人會讀書寫字。埃及的祭司於西元前四千年到三千年之間就已開始保存文字紀錄，可是，其後兩千年，荷馬[1]的詩歌卻仍只是用口述的方式在希臘城邦流傳。西元前三千年之後不久，法老們已在築造金字塔，而當時的歐洲人卻還在大費氣力地豎立起粗糙巨大的石塊，巨石陣[2]就是其中最爲人們所熟悉的例子。總之，一直到西元前兩千年以後，歐洲還處在新石器時代。新石器時代的確是人類歷史上的一個偉大時代，人類在這時學會製造並使用鋒利的工具，學會織布、建造房舍、馴養動物、播種和收穫作物，而且意識到年月周而復始的迴圈。然而中東——埃及、幼發拉底與底格里斯兩河流域、克里特島以及愛琴海沿岸（與其說屬於歐洲，不如說屬於亞洲）——則比歐洲早兩千年進入新石器時代。西元前四千年左右，中東已進入青銅器時代。

西元前約兩千年以後，當時朦朧而黑暗的歐洲大陸開始出現我們現在難以考察的巨大變化。歐洲人也學會如何熔煉金屬，歐洲乃於西元前兩千年左右進入青銅器時代，然後在西元前一千年左右步入鐵器時代。當時也有一些新的民族逐漸向歐洲滲透，他們所說的語言與今日印度和伊朗的語言有親緣關係——一些與他們相近的民族差不多在同一時期遷入印度和伊朗。這些語言（人們到十九世紀才了解它們之間的相互關係）現在被稱作印歐語。說這種語言的民族與古老的歐洲各民族融合，把自己的語言強加給他們。這些民族成爲古希臘人和古羅馬人的祖先，亦即現代歐洲人的祖先。今日歐洲各種語言，除了巴斯克語（人們推測，它是印歐語入侵後倖存下來的語言）、芬蘭語和匈牙利語（它們是若干世紀後從亞洲帶進歐洲的）之外，都是印歐語。對於這些入侵的印歐人，我們所知道的只是他們在歐洲傳播的那種語言，後來演變爲拉丁語、希臘語、日耳曼語、斯拉夫語、凱爾特語，以及波羅的海語。【3】

希臘世界

首先出現於現在稱作歐洲的早期歷史舞臺上的印歐人，就是希臘人。他們自北方南下，穿過巴爾幹半島，約於西元前一千九百年抵達愛琴海岸，削弱了舊的克里特文化，並於西元前一千三百年左右占領了從那時起就稱爲希臘的大部分地區。約自西元前一千一百五十年起，其他講希臘語的部落以波浪推進的方式連續南侵。新來者由各自獨立的野蠻部落所組成，他們的來臨導致了好幾百年的混亂和騷動，直至西元前九世紀才逐漸穩定並恢復正常。西元前八百年左右用文字書寫的《伊里亞德》和《奧德賽》兩篇史詩（在這之前早已創作並經口頭流傳下來），大致描寫希臘人與其他文化中心之間的戰爭，小亞細亞的特洛伊就是這些文化中心之一。人們推測，圍攻特洛伊城一事發生於西元前一千兩百年左右。

事實證明，古代希臘人是人類產生過最富有天才的民族，在思想上和文藝上都曾取得極大的成就。他們吸收了較早期的東方知識、古代加勒底人的數學知識，以及在小亞細亞和前往埃及航行途中所獲得的美術和工藝知識。他們無論學到什麼東西，都立刻加以補充和發展。正是西元前五世紀到前四世紀的希臘人，首先充分意識到人類智慧的力量，表述了西方世界長期以來所說的那種美的概念，而且首先思索了政治自由的問題。

希臘人定居以後組成了小的城邦，各城邦都是獨立的，相互間經常征戰，每邦縱橫只有幾英哩，其特點是由一個沿海城市和附近農田所組成。雅典、哥林斯、斯巴達就是這樣的城邦。許多城邦都是民主的，全體成年男性市民聚集於市場，選舉官吏，討論公共事務。奴隸、無公民身分的居民（被稱為外邦人）和婦女都被排除在政治生活之外，因此在現代意義上，這些城市並不是民主的。

在希臘小城邦，政治是動亂的。民主與貴族政治、寡頭政治、專制政治以及暴政交替實施。從豐富的政治經驗積累中，產生了成體系的政治科學，如西元前四世紀蘇格拉底[4]未用文字寫下的思想，以及柏拉圖[5]的《理想國》和亞里斯多德[6]的《政治學》。希臘人在編寫歷史時首先把歷史與神話和傳說區別開來。「歷史之父」希羅多德[7]足跡遍及整個希臘世界，甚至遠涉他邦，蒐集歷史上一切可供他學習的東西。修昔底德[8]記述了雅典與斯巴達之間的戰爭，使歷史成為啓發公民品德和培養建設國家才能的指南。

或許因為希臘人是生性好動、感情激烈的民族，所以他們很珍視由他們首先確定的「古典」美德。對希臘人來說，理想寓於溫和之中，或者說就是中庸之道。他們重視秩序、平衡、對稱、明晰和控制。理想化的男性雕像表現出他們眼中真正男子漢的形象——為人高尚，莊嚴沉著，置生死於度外，能控制自己和自己的感情。他們的建築物，如帕德嫩神廟[9]，運用了精確測量的角度

圖1-1　帕德嫩神廟是對女神雅典娜的敬意，建於西元前五世紀的古雅典，顯示尊重平衡、規則和對稱的希臘建築風格。（Scala/Art Resource, NY）

和排列成行的圓柱。古典的「秩序」，也就是按規定的間隔排列成直線的一組精心加工的柱子，它們體現了人類理智在無理性的自然物質上所留下的牢固印痕。同樣形式的觀念也施加於浩瀚的人類文字上，對書面語言進行了設計，精心安排和組織，以便增加效果。史詩、抒情詩、戲劇、演說詞以及歷史和哲學的對話，各有其寫作規則和創作原理，後來逐漸演變成爲生活於西方文化之中的作家長期用來表達自己思想的「形式」。

希臘人對周圍的世界進行思考而得出結論：除外表的世界之外，還存在著某種更爲基本的東西，眞正的實在並非目所及。在其他民族以及早期的希臘人中，與此相同的認識導致了神話的形成，此類神話所談論的是被稱做「神」強有力的無形之人，是在遙遠的山頂之上、地下深處和死後的世界。希臘思想家則不然，他們著手批判這種神話。對於所目睹的形形色色、雜亂無章的事物背後起作用的究竟是什麼東西這一問題，設法去尋求理性的，亦即合乎自然的解釋。有些思想家考察人體疾病，說疾病並非惡魔附體，而是人體種種條件的自然結果，可以識別、理解、預見，甚至可按某種自然的方式加以治療。另一些人則考察物體性質，說一切物質實際上是由極少數東西——原子或元素——組成，他們通常把這些東西說成是火、水、土與空氣。有的說，變化不過是某種幻覺，一切基本的實在皆始終如一；有的則說，只有變化才是眞實，世界就是變動。有的人，例如畢達哥拉斯【10】，在「數」或數學之中找到永恆的實在。簡言之，希臘人爲科學奠定了基礎。他們也研究智慧活動的類型或應如何活動，以便達到眞實的結論，於是，他們發展了邏輯科學。對古典時期全部學科幾乎無不精通且集希臘思想之大成者，是西元前三八四至前三二二年生活於雅典的亞里斯多德。

希臘的影響迅速廣泛地傳播開來。某些城邦一經建立起來，那裡的人民（他們擁擠於狹窄的疆界之內）立即派遣一些人，帶著裝備和給養，外出建立殖民地。就這樣，希臘人的城市很早就在義大利南部和西西里建立起來，有的甚至遠至地中海西部，並於西元前六百年建立了馬賽。後來，希臘諸城邦由於不能團結一致而屈服於馬其頓的菲利普的征伐。菲利普來自希臘世界中比較粗野的北部地方，他的兒子亞歷山大大帝，曾領兵進行了奇蹟般的遠征，進入亞洲，越過波斯，一直抵達印度。亞歷山大帝國無法免於分崩離析，然而希臘文化卻在滲入西地中海的未開化世界之後，又開始使埃及和中東諸古代民族恢復起生氣。希臘思想、藝術和語言傳播既廣且遠。與此同時，它又吸收其他古代文化的知識和創造力。西元前四世紀直到基督教時期的最初幾百年，最著名的「希臘人」通常不是來自希臘，而是來自希臘化的中東，尤其是埃及的亞歷山大。在這些晚期的希臘人當中，有古代科學藉以傳給後代的百科全書的偉大總結者和作者——地理學方面的斯特拉波【11】、醫學方面的蓋倫【12】、天文學方面的托勒密【13】，這三人都生活於耶穌誕生後的第一、二個世紀。

羅馬世界

西元前一四六年，希臘本土的希臘人被新的民族羅馬人所征服。羅馬人在保持自己拉丁語的同時，竭力迅速地吸收希臘人在知識上和藝術上的成就。經過兩、三百年，他們建立起一個囊括古代文明世界（波斯以西）的帝國。埃及、希臘、小亞細亞、敘利亞都成爲羅馬的行省，不過，在這些地方，除政治外，羅馬人幾乎沒有造成任何深刻的影響。在西部，即今日的突尼西亞、阿爾及利亞、摩洛哥、西班牙、葡萄牙、法蘭西、瑞士、比利時和英格蘭，羅馬人征服的手段儘管殘酷無情，但追根究柢仍然產生了文明使者的作用，將東方的古老成就和希臘與羅馬本身的最新文化傳播到當時還處於落後狀態的各國。在羅馬帝國西部，羅馬化極其徹底，連拉丁語也成爲當時的口語。拉丁語後來在非洲被阿拉伯語所淘汰，但是直至今日（當然隨著時間而有了變化），它仍在法、義、西、葡和羅馬尼亞諸語言中存留了下來。

圖1-2　廣場是羅馬公共生活的重要中心，也是帝國權力的象徵。羅馬傑出的榮耀與社會秩序仍依稀可從廣場的廢墟中辨認出來。廢墟如圖所示，背景是著名的競技場。（Royalty-Free/CORBIS）

羅馬帝國始自西元前三十一年，迄於西元五世紀後期，其間歷經多次盛衰。實際上，在羅馬帝國裡，整個古代西方的文明世界在政治上是統一的，並享有好幾百年的內部和平。羅馬是中心，四面八方圍繞著「環形地」，即已知世界，也就是西方當時所知道的世界，因爲那時中國的漢帝國（西元前二〇二年至西元二二〇年）也是一個高度組織起來的文化和政治整體。羅馬帝國基本上由地中海沿岸地帶所組成，地中海成爲交通運輸的大動脈。從地中海到帝國各地，除北方的高盧（法蘭西）、不列顛和萊茵蘭外，相距都不超過兩百英哩。在寬廣帝國中，精英們的文化是極其一致的，沒有明顯差別的民族特性。唯一重要的文化差別，是義大利以東希臘語占支配地位；義大利本土和以西，拉丁語則是主要語言。城市到處興起，彼此進行著忙碌的商業活動和思想交流；與其他古代文化的城市一樣，依靠奴隸勞工生活。城市仍然多分布在東部，那裡依舊集中著大多數的製造行業，人口也最稠密，但西部地區也出現了城市——的確，法蘭西、西班牙、英格蘭、西德和南德的多數古老城市，都以與羅馬統治時期有某種淵源上的關係而頗感自豪。

羅馬人的傑出才能表現在組織、行政、政府和法律方面。從來沒有哪支軍隊像羅馬軍隊那樣組織得井然有序，能維持那麼長的時間，能服從發自遠方的指揮命令，能在戰場上那麼卓有成效地加以調動；從來沒有那麼多的民族能被一個單一的中心所統治。羅馬人本來擁有自治與共和的制度，但這些制度在他們從事征服的過程中喪失了，因而在帝國時期他們所表現的管理才能屬於獨裁主義性質——不是自治的才能，而是管理、協調、統治羅馬帝國龐大體系內多樣化及分散各個地區的才能。地方上，城市和城邦享有許多自治權。但是在地方之上，建立起一個由帝國官吏和行省長官組成的金字塔，位於頂點的就是皇帝。帝國維持和平，即「羅馬和平」，甚至還爲帝國內部衆多民族之間的關係提供某種公正的仲裁。法律人員按照一整套原則進行工作，這套原則後來稱作羅馬法。

不同地區若有因地方習俗互相牴觸而產生糾紛，例如西班牙商人和埃及商人之間，羅馬法官不得不以某種方式加以排解。於是，羅馬法逐漸形成這樣的觀點：習俗未必正確，還有一種藉以做出公平決定且更高的、普遍的法則，這種高級而普遍的「自然的」法則，或稱爲「自然法」，是從人的本性和理性產生出來，因而可爲所有人所了解和接受。法律人員在這方面曾求助於希臘哲學。他們還認爲，法律的力量來自於某一正當權威所規定的東西，而不僅僅來自習俗、慣例或以前的合法判例；他們把制定法律的權力叫做「最高權力」，認爲這種最高權力屬皇帝所有。因此，羅馬人一方面把法律觀念從只不過是風俗習慣的看法中解放出來，另一方面又使它從僅僅是任性而已的看法中掙脫出來。他們認爲法律應由開明的智慧來形成，應符合理性和事物的本性；他們還把法律和官方權力的正式行動聯繫起來。但必須補充說明一點，即羅馬法所保護的是國家或政府所認爲的公共利益，而不是個人的利益或個人的自由。一般來說，它向男人提供了比女人還要多的特權。這些原則，連同關於財產、債務、婚姻、遺囑等更明確的概念，在以後若干世紀內對歐洲有著極大的影響。

基督教的出現

在希臘—羅馬文化興起和繁榮的那一千年，還有另一個對後世人類歷史更爲重要的部分，世界上幾個偉大的宗教就是在這一時期形成的。孔子和佛陀、那些重要的猶太先知以及穆罕默德，都生活在西元前七〇〇年到西元七〇〇年之間。正當這段時期的中間年分（大約西元前四年左右），在羅馬帝國的巴勒斯坦，一個名叫耶穌的人誕生了，他的信徒相信他是上帝的兒子。像耶穌一樣，最初的基督教徒是猶太人，但是，一方面由於基督教教義（認爲所有的人在精神上都是相同的）本身的衝力，另一方面由於受希臘文化薰陶的猶太血統之羅馬公民保羅強有力的領導，基督教開始贏得人們的相信。新宗教逐步將猶太人的一神教和它的倫理教導與希臘哲學的各種主題相融合，並創造出影響西方文化中大部分思想史的一種新綜合體，基督教在羅馬帝國多數地區贏得信徒。到西元一世紀中期，羅馬確實有了少量基督徒。根據教會的傳統說法，約於西元六十七年尼祿皇帝統治時期，保羅和大使徒彼得兩人就是在羅馬殉教的。【14】

基督的教導最初於窮人中間傳播，他們處於社會的底層，不受到希臘的光榮和羅馬的顯赫關注並且受到奴役的，也是現實世界中最不快樂或無希望的。婦女也被新宗教所吸引，其部分原因或許是早期基督教爲她們提供了比羅馬法和家庭的傳統家長制秩序下更多的自治，以及取得領導身分的機會。後來，基督的教導逐漸傳入上層階級，少數受過古典教育的富人也成了基督徒；西元二世紀已經有基督教主教和作家在羅馬帝國各地公開活動。三世紀，由於帝國陷入混亂，羅馬政府把社會動亂歸罪於基督教徒，對他們橫加迫害。在四世紀時（可能爲西元三一二年），君士坦丁皇帝皈依了基督教。到五世紀，整個羅馬世界正式信奉基督教，其他宗教都不爲官方所容忍。當時最深刻的思想家也都是基督徒，他們把基督教信仰和已經有一千年傳統的希臘—羅馬思想與哲學冶於一爐。

對基督教出現的重要性，無論怎樣估計都不致言過其實。舉例來說，基督教帶來了關於人類生活的全新觀念。希臘人說明了心智的力量，基督教徒則探索了靈魂。他們認爲，所有的靈魂在上帝面前都是平等的，每個人的生命都是神聖不可侵犯的，一切塵世的東西，如偉大、美麗、榮耀等都是表面的。希臘人把美和善等同起來，因而也認爲醜就是惡；他們畏懼疾病，因爲將它看做某種缺陷；也畏懼畸形之物，因爲把它視爲既可怕又可憎的。而基督徒即使在最平凡、最不悅目的外表中，也果敢地看到一種精神的美，他們竭力尋覓病人、跛足者、殘廢者，以便予以幫助。對古代人來說，愛從來沒有和維納斯女神完全區別開來；可是對於認爲上帝就是愛的基督教徒來說，愛則具有犧牲和同情的深刻意義。基督徒聲稱，受苦受難本身在某種意義上就是神聖的，因爲上帝自己就以人的形象在十字架上受難。於是，他們在世界不能醫治的苦難中發現了新的尊嚴。與此同時，基督徒爲解除苦難而工作，從來沒有人如此。他們反對屠殺戰俘，反對虐待和摧殘奴隸，反對派遣角鬥士在競技場上互相殘殺以供人取樂。希臘人和非基督教徒對人類的成就是自滿自足的，而基督教徒則要求在全能的上帝面前要謙卑。基督教徒不贊成狂妄地畫分高貴與低賤、奴隸與自由、文明與野蠻這類差別，而是堅持四海之內皆兄弟，因爲所有的人都是同一個上帝的子女。

從知識方面看來，基督教也帶來了革命。驅逐一群大大小小的神和女神，廢棄殺人血祭和以自己當祭品的蠻習，屏棄發狂似的求助於巫術、算命和魔法的做法，這些革命都是基督教所行，並非理性哲學所爲。基督徒說，只有一個上帝。關於異教地方神、部落神、民族神的概念通通消失了。於是認爲，世界只有一種靈魂拯救法和一個上帝；全體人類同出一源。從而，世界是一個整體（「宇宙」）的思想，也被證實具有新的深刻意義。基督教的不寬容（對古典世界是一個新鮮事物），就是來自這種了不起的人類統一的概念，其中包含一個主張，即所有的人必須信仰，而且應該信仰唯一眞正能夠拯救靈魂的宗教。

基督徒之所以遭受譴責和迫害，最常見的原因在於他們的政治思想。當時羅馬帝國是世界性的帝國，此外沒有其他國家：除皇帝外，活著的任何人都不能是至高無上的；在地上，不管什麼地方，誰都比不上皇帝。此外，從異教的觀點來看，諸神和人類之間並不存在明顯的差別。有些神的行爲很像人，有些人則很像神，皇帝實際上被當做神。羅馬人建立對凱撒的迷信，認爲那樣做是維護國家所必需的，而國家又等於世界。凡此種種都爲基督徒所堅決反對。基督徒因爲不肯禮拜凱撒而被羅馬官吏看做罪大惡極的社會煽動者，非加以懲處和消滅不可。

基督教有關這方面的教義可回溯到耶穌所說的話。耶穌說，凱撒的東西應當歸還凱撒，上帝的東西應當歸還上帝。聖・奧古斯丁於西元四二〇年左右寫的《上帝之城》一書，更加系統地闡述了上述二元論。在決定西方文化後來發展的進程中，幾乎沒有什麼書籍比《上帝之城》一書具有更大的影響。

「世界」，即凱撒的世界，在聖・奧古斯丁時代正瀕臨滅亡。羅馬城於西元四一〇年被多神教的野蠻人所劫掠。奧古斯丁由於自己的想像被這一事件所煩擾，才寫了《上帝之城》。他要說明的是，縱使物質世界本身滅亡了，還有另外一個更爲持久、更加重要的世界。

他說，實際上「城市」有兩個：地上的和天上的，暫時的和永恆的，亦即人類之城和上帝之城。地上之城是國家和皇帝的領域，是政治權力和政治服從的領域。地上之城是好東西，因爲它是上帝爲人類生活特意安排的一部分，但它本身並沒有自己的內在神聖性。皇帝是人。國家不是絕對的，可根據來自國家外部的各種資料對它進行評價、改進或糾正。國家縱然威嚴顯赫，實則以某種方式從屬於一個更高的精神權力，而這個權力存在於上帝之城。在奧古斯丁心目中，上帝之城意味著許許多多的東西，後代的讀者們又在其中發現了各種各樣的意義。天上之城可以指上天本身，是上帝和死後升天享受生活樂趣的有福之人的住所。它可以指塵世上某些被選定的人，即與惡人相對立的善人。更具有理論意義的是，它可以指一種理想的價值體系或理想的正義體系，與現實世界粗略的近似體相對立。

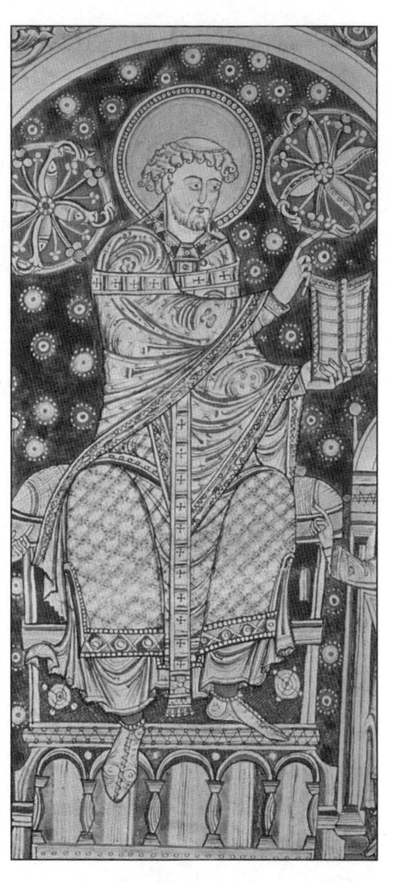

圖1-3　聖・奧古斯丁的才智和對基督教神學的影響，在整個中世紀都備受尊崇。在此幅中世紀插圖上，他似乎坐在天空寶座上佈道。（Scala/Art Resource, NY）

總之，西方世界由於有了這樣的基督教二元論，就得以避免所謂君主對國家和教會的絕對專制，即政教合一制度，而是把精神權力和政治權力分開來，各自保持獨立。在之後的年代，教皇與國王經常爭吵，教士們往往爲爭奪世俗權力而鬥爭，政府則企圖規定人們必須信仰什麼，愛什麼，祈求什麼。但從整個歐洲歷史來說，雙方都未曾徹底取勝，而且在精神與世俗彼此間的截然差別之中，還存在著西方自由的許多種子。與此同時，那種關於任何統治者、政府、機構的權力都不能大到超越道義批判的觀念，引導西方走向一種生氣勃勃、向前邁進的生活方式。

中世紀初期：歐洲的形成

在古代，實際上並沒有「歐洲」的概念。在羅馬帝國，我們可以看到一個地中海世界，甚至在帝國的拉丁語區和希臘語區，可以看到一個西方和一個東方。然而，這個西方既包括歐洲的若干地區，也包括非洲的若干地區。而我們這裡所指的歐洲，以萊茵河和多瑙河爲界線，畫分成兩部分，以南和以西是文明的羅馬行省，以北和以東則屬於文明世界一無所知的「野蠻人」。對於羅馬人來說，「亞非利加」意味著突尼西亞和阿爾及利亞，「亞細亞」意味著小亞細亞半島；羅馬人簡直完全不使用「歐羅巴」一詞，因爲此詞沒有什麼意義。後來到西元五世紀至十世紀的五百年間，才第一次出現一個歐洲，那裡的各民族在生活中結合在一起，這才與亞非兩洲截然分開來，並開始創造了最終成爲「西方」的一種文化。

羅馬帝國的解體

羅馬帝國，尤其是在西方，開始趨於瓦解。帝國的基督教化過程絲毫阻止不了它的衰落。君士坦丁皇帝也採取了另一重要的步驟。他皈依基督教，無疑是想要加強羅馬帝國體系。西元三三〇年，他在希臘古城拜占庭建立了一個新首都，並重新命名爲君士坦丁堡。此後，羅馬帝國就有兩個首都——羅馬與君士坦丁堡，分成兩半進行統治。重心日益東移，似乎回到了更古老的中東中心地區，似乎要使西方變爲文明社會的「現代」實驗將以失敗而放棄。

在漫長的歲月中，羅馬帝國幾乎四面八方都爲野蠻人所包圍（這裡所說的「野蠻人」，只是古代意義上的，凡不講希臘語或拉丁語者，均爲野蠻人）：在威爾斯和蘇格蘭，有粗野的凱爾特人；在歐洲心臟地帶，有日耳曼人；在東方，有波斯人和帕提亞人；在東南部有阿拉伯人。這些野蠻人（當然波斯除外）從來未曾進入古代希臘和羅馬文化範圍之內。羅馬人有點像中國人，後者於西元前二〇〇年左右爲了解決蠻族入侵問題曾建造了長城；羅馬人卻只是畫定一條界線，他們自己很少逾越，也不讓野蠻人越過。然而，野蠻人還是滲透了進來。早在西元三世紀，羅馬的皇帝和將領就招募成幫的野蠻人在羅馬軍隊中服役。他們在服役期滿後可獲得農田，定居下來，與當地人結婚，和當地人融合在一起。到四、五世紀，許多蠻族血統的人甚至在政府中占有高級職位。

與此同時，在西方，由於我們至今還不大了解的原因，羅馬人的城市生活開始動盪不定，商業開始衰退，地方政府變得癱瘓，租稅更具有破壞性，而自由農民則被束縛於土地之上。軍隊出面擁立皇帝或推翻皇帝。敵對的將領互相混戰。西方逐漸陷入衰落狀態，於是羅馬諸行省與野蠻世界之間的舊界線也越來越無關緊要了。

經過幾個世紀的相對穩定後，野蠻人自己被來自亞洲、更遙遠的民族所逼迫，突然地開始遷移。他們被地中海溫和氣候所吸引，或是希望分享羅馬文化的利益，有時便先設法能夠和平地進入羅馬帝國；但更經常發生的卻是，像以前一樣，日耳曼部落急速前進，憑藉武力一路上燒殺劫掠，戰鬥不停。一般而言，有時這些來自亞洲的動亂人群迅速與前羅馬帝國的其他居民融合。這些入侵者中最著名的是匈奴人，他們在「上帝之鞭」阿提拉【15】的領導下，於四五〇年左右穿過中歐和法蘭西，然後消失了。入侵並未至此結束。兩個世紀後，新的入侵突然從東南向希臘—羅馬世界逼近，那時尚屬遠離中心的一些民族從阿拉伯沙漠洶湧而來。為伊斯蘭新信仰所喚醒的阿拉伯人，征服了敘利亞、美索不達米亞、波斯，於六四〇年左右占領埃及，七〇〇年左右占領從前羅馬帝國轄下的非洲，並於七一一年到達西班牙。

由於受到上述的種種打擊，希臘—羅馬世界，亦即地中海世界被擊潰了。「環形地」分裂為三部分。三種類型的文化橫貫內海互相對峙。

拜占庭世界、阿拉伯世界和西元七〇〇年左右的西方

三部分中，其一是以君士坦丁堡為首都的東羅馬帝國，亦即後羅馬帝國或希臘帝國或拜占庭帝國（這幾個名稱指的是同一個國家），當時它僅包括小亞細亞半島、巴爾幹半島以及義大利的一部分。東羅馬帝國直接繼承了中東的古老文化，其宗教是基督教，文化和語言則屬希臘。它的人民自認為是早期基督教與早期希臘文化的眞正繼承者。在東羅馬帝國，藝術和建築、貿易和工藝、商業和航海、思想和寫作、政府和法律，均不如古典時代那樣富有創造性和靈活性，但仍然很活躍，與古代行將結束時的那幾百年水準大抵相同。對歐洲所有的基督教徒和異教野蠻人來說，東羅馬帝國皇帝是世界的最高統治者，君士坦丁堡是世界上最卓越的、近乎傳奇的城市。

地中海世界的第二部分，是阿拉伯和伊斯蘭世界，它具有前羅馬帝國土地上最有活力的文化。這部分始自庇里牛斯山脈附近，穿過西班牙和整個北非，進入阿拉伯半島、敘利亞和東部地區。其語言為阿拉伯語，這種阿拉伯語成為

自摩洛哥至波斯灣的共同語言，直至今日。其宗教爲伊斯蘭教。他們仰賴先知穆罕默德（西元五七〇年至六三二年），並將《古蘭經》奉爲宗教眞理。穆罕默德在阿拉伯半島的麥加以商人身分度過成年早期的歲月，四十歲左右，他開始擁有一系列強烈的宗教啓示。這些啓示導致穆罕默德變成一名虔誠而不屈的一神論信奉者，強調眞主[16]，即阿拉伯文中的「阿拉」的威力，以及人對眞主意志的信仰。穆罕默德將自己視爲宛如猶太人和基督教傳統中的先知，而他闡明的啓示和教導創建了一個新宗教。穆罕默德通過啓示形成的訓詞被寫入由一百一十四章組成的伊斯蘭聖書——《古蘭經》。《古蘭經》強調服從眞主，強調祈禱的重要性和助人的倫理義務。它除了爲人們提供一位威嚴而有詩意的偉大眞主外，還爲人們的日常生活提供多方面的指導。

穆罕默德的啓示在麥加未能吸引早期支持者。敵意迫使他在六二二年北遷至麥迪那。這次著名的逃亡把他帶到一個最易接受新思想的社會，在那裡，他的教導迅速獲得衆多信徒，第一批穆斯林也是從這裡出發，把新信仰擴展到包括麥加在內的整個阿拉伯世界。穆罕默德逝於六三二年，領導權最初轉到穆罕默德自己的親戚，一些哈里發[17]們手中。當穆斯林在整個中東和北非征服新領土，贏得新皈依者時，伊斯蘭土地已處於上述哈里發們的控制之下，所有穆斯林都被哈里發國家所囊括。哈里發統治者不但行使宗教和政治的權力，而且還被視爲穆罕默德本人在宗教和軍事上的眞正繼承者。

不過在穆罕默德的女婿、倭馬亞家族的領袖第三位哈里發烏斯曼時期，衝突和持續的分歧繼續發展。阿里是烏斯曼競爭對手的領袖，也是穆罕默德的女婿，他的支持者於六五六年殺死了烏斯曼，阿里終於掌權成爲第四任哈里發。暴力並未解決衝突，阿里自己也很快

圖1-4　西元六世紀，東羅馬帝國皇帝查士丁尼建造聖索菲亞大教堂，展示他對基督教的忠誠，以及首都君士坦丁堡的權力。該教堂在十五世紀拜占庭帝國敗於穆斯林入侵者後變為一座清真寺，但仍是拜占庭建築最傑出的成就。（Hirmer Fotoarchiv）

被暗殺。阿里的追隨者拒絕接受倭馬亞家族的合法性，後者重新奪回哈里發的控制權。被稱爲什葉派的少數派繼續忠於阿里，主張伊斯蘭所有眞正的領袖必須來自阿里的後代。雖然多數穆斯林支持倭馬亞哈里發，但什葉少數派在伊斯蘭界內部仍舊保留重要的地位，他們繼續紀念阿里，並對占統治地位的遜尼派（該詞在往後的時代出現）宗教合法性進行挑戰。與此同時，倭馬亞王朝在大馬士革建立它的首都，該家族一些成員甚至將權力擴展至西班牙。

阿拉伯世界與拜占庭一樣，是直接建築在希臘—羅馬遺產之上。在宗教上，早期的穆斯林把自己看做是猶太傳統和基督教傳統的繼承人，認爲一系列從亞伯拉罕開始的猶太先知是眞正的上帝代言人，並且把耶穌列入其中。然而，他們補充說，穆罕默德是最後也是最偉大的先知；《古蘭經》提出一個啓示錄，取代了猶太人聖經的啓示錄；由於耶穌不是神，基督教的《新約》是被誤解的；基督教的三位一體信仰是錯誤的，因爲從最嚴格、最精確的意義上來說，只存在一個眞正的上帝。所以，對穆斯林阿拉伯人來說，全體基督教徒都是危險和誤入歧途的異教徒。

在世俗事物方面，阿拉伯人很快就把他們所征服之地的文化接受下來。在哈里發國家，猶如在拜占庭帝國，古代世界文化不僅未曾嚴重中斷，並且還有新發展。宏偉的建築物和壯麗的宮殿建造起來；船隻往來於地中海；商人冒險越過沙漠和橫渡印度洋；宗教人士和學者遠隔數千英哩互通書信；開徵租稅，實施法律，維護各省秩序。科學方面，阿拉伯人不僅向希臘人學習，而且青出於藍而勝於藍。他們翻譯了希臘的科學文獻，其中有些正是借助於這些中世紀的阿拉伯文本才流傳至今。阿拉伯地理學者對於世界有較廣泛的知識，當時無出其右。阿拉伯數學家發展了代數，遠遠超過希臘人，幾乎可以說他們是代數的創建者（「代數」一詞就源自阿拉伯文）。他們引進「阿拉伯」數字（藉由與印度的接觸），從而使算術這個在使用羅馬數字時曾是極其困難的科學，成爲可以傳授給每個學童的知識。

第三部分爲拉丁基督教世界，它在西元七〇〇年左右尚前途暗淡。這是拜占庭無力保持、阿拉伯人又無力征服其他兩部分以外的地區。它僅包括義大利（一部分與拜占庭共有）、法蘭西、比利時、萊茵蘭和不列顛。蠻族諸王竭盡全力去統治那些小王國，但實際上，所有的政府無不分崩離析。通常的情況是，入侵的野蠻人總是處於少數，從而終被同化。只有在英格蘭以及緊靠萊茵河西岸的地區，日耳曼人的數量才超過居住在當地較久的凱爾特人和拉丁人。但是，兇猛的武裝入侵者在被羅馬統治所馴服的農民和城市居民中出現，加之在蠻族入侵前就已發生的羅馬各機構解體，使得這個地區一直混亂不堪。

如前所述，西方的野蠻人是日耳曼人，而日耳曼人對於歐洲的形成產生了重大的影響。有些日耳曼人到西元四世紀時已經信奉基督教，但闖入羅馬帝國的日耳曼人大部分仍是異教徒。他們的語言未經文字記錄，但他們擁有複雜的民間傳說和宗教，這些傳說和宗教極其崇尚戰鬥和英雄氣概。他們當時雖然處在遷徙階段，但仍是農業民族，懂得如何煉鐵，對羅馬人的工藝也有初步的知識。他們組成小部落，有著強烈的部落親屬意識。與許多原始民族一樣，這種意識支配著他們領導和法律的觀念。與羅馬帝國公民相比，他們對自己的事務享有較多的自由。許多部落大體上是自治的，全體有資格佩帶武器的自由男子聚集於田野上，舉行會議，往往是部落本身來選出自己的領袖或王。日耳曼人具有效忠他人、效忠被承認的王或酋長的強烈意識，但對於龐大或一般的機構則毫無這種意識。他們沒有國家觀念，即對於任何隱約不清的、不具人格的、連續不斷的法律和規則的本源毫不了解。他們把法律當做各個部落固定不變的風俗習慣。在不存在抽象的法理學和沒有受過訓練的法官的情況下，他們用粗野的、現成的辦法來解決紛爭。例如神裁法，凡被投入水中浮而不沉者，被判為有罪。又如戰鬥審判法，按某種儀式決鬥的勝利者，則被認為無辜。人們認為，諸神是不允許邪惡得逞的。

蹂躪羅馬舊行省的日耳曼人，發現很難維持高於地方一級的任何政治組織。治安和民間秩序幾乎蕩然無存。農民村社任憑到處漫遊、慣於打仗且結夥成幫的武士所擺布。他們經常占領農村，置農民於自己的保護下，使之免遭遠方劫掠者之害，同時依靠農民的產品生活。有時候，大武士擁有許多這類受保護的村莊，他整年帶著扈從騎兵，不停地從一個村莊跑到另一村莊，藉以大擺威風。於是產生了領主和僕人、貴族和平民、軍人階級和僕從階級這種新的區別。生活逐漸變成只囿於本地的小範圍，一切自給自足。人們吃穿住用的，無不是本人以及鄰人所能生產之物。與拜占庭和伊斯蘭相比，西方貿易陷於停頓，城市空無人居，貨幣停止流通，幾乎沒有什麼可以買賣的東西。羅馬人的大路陷於無人管理狀態，人們時常把它們當做採石場，掘取現成石塊供建造自己的粗糙房舍之用。西方不只是分裂為許多地方化的村莊，而且歷來通過地中海而進行的交往也停止了。地中海與東方諸中心隔絕了，以往它從那裡汲取文化。西方在倒退，約略從西元五〇〇年起，歐洲進入了所謂黑暗時代。

基督教會與羅馬教皇制度的產生

只剩下一種有組織的機構仍與文明的過去保持著聯繫；只有一種機構遍布整個西方，能從西方各地接到訊息，並把自己的代理人派遣到西方各地。這個

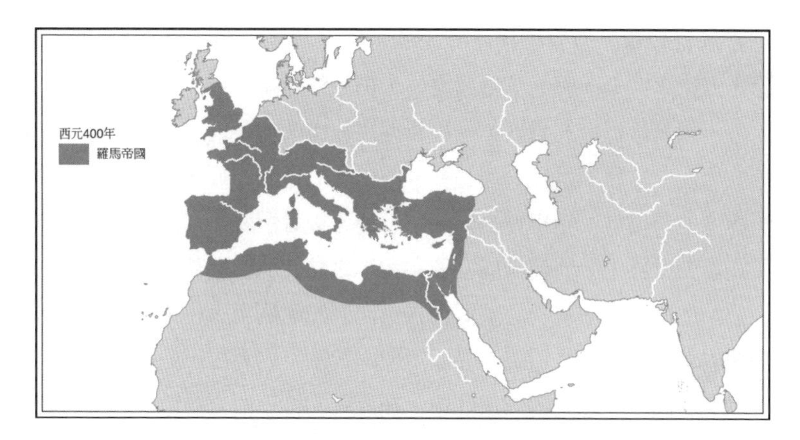

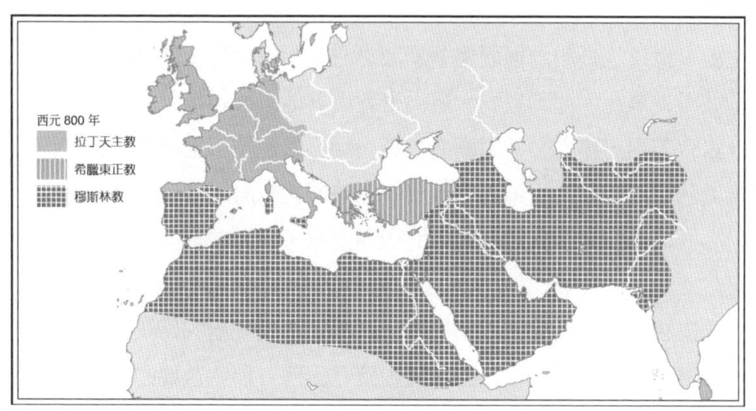

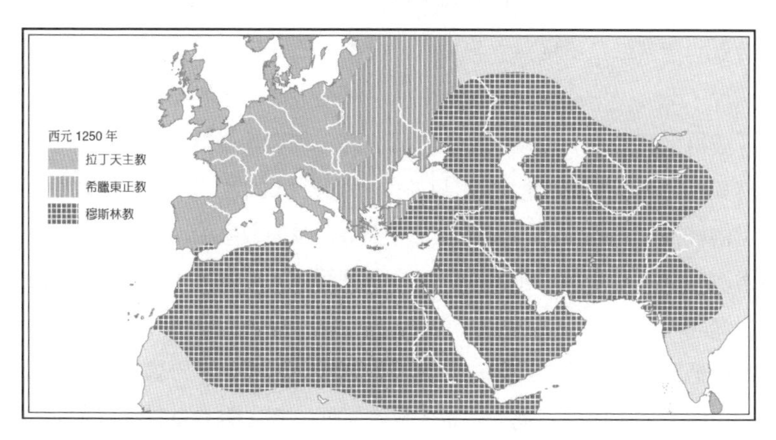

圖1-5　地中海世界，約西元四〇〇年、八〇〇年和一二五〇年

大體上以地中海爲中心的希臘—羅馬文化是正統的基督教文化，西元四〇〇年在羅馬帝國時期政治上也是統一的，但是在中世紀早期分裂爲三個部分，每一部分都發展各自的生活方式，並且向外擴展，超越了古代地中海文化的界限。到一二五〇年，拉丁基督教發展到波羅的海和更遠的地方，包括冰島乃至格陵蘭的邊緣地區。希臘基督教發展到黑海以北地區，包括俄國人。穆斯林世界延伸到亞洲內陸和非洲。一二五〇年和一四九二年以前，穆斯林，或者說摩爾人仍然占有西班牙的最南端。以上三個部分仍分散不同數量的猶太人。

機構就是基督教會。教會機構屹立不動，它在羅馬後期所建立的主教轄區系統，除了野蠻人完全征服的英格蘭之外，仍完整無缺。

此外，隨著修道院的發展，一種新型宗教機構在各地迅速建立起來。嚴肅而敏感的男女（當然不是在一起的），拒絕他們周圍的野蠻行爲，退隱於自己的團體內。他們通常不受粗野的鄰人所干擾，後者懷著對宗教的敬畏心情看待他們。在暴力世界中，他們組成安靜與和平之島。他們過著沉思默想的生活。人們相信，他們的祈禱有利於整個世界，他們的範例至少也會在任性的俗人中激起羞愧的精神痛苦。修道院一般採用聖本篤制定的教規，並由一名院長進行管理。獻身於同一理想的各修道院中，在混亂的拉丁西方各地形成促進統一的條條規線。

主教、修道院長和僧侶們懷著崇敬之心，動情地注視著羅馬，因爲第一個使徒聖彼得就是在那裡殉教的。羅馬主教與其他主教通信，派出傳教士，一有可能就對教義提出建議，並力圖從總體上關心整個拉丁世界的局勢。而且，由於羅馬城已經沒有皇帝，羅馬主教接管了該城的政府，管理公共事務。因此，聲稱對於一切基督教徒有最高權力的羅馬主教，自己並不受任何世俗權力的管轄。至於東方，重要的教會官員，即最高級主教，則受到繼續統治君士坦丁堡皇帝的影響，所以，東方逐漸形成一種絕對專制統治的傳統。而在西方則不然，當時羅馬主教的獨立性已在實踐中確立爲西方那些重要的教士一貫維護的原則，即精神權力不受政治權力或世俗權力的支配。

教皇的權威就是這樣建立起來的。後來人們又爲這種權威增添了好幾種論據。據說，聖彼得把耶穌親自賦予他的精神權力傳給他的繼承者羅馬主教們。這種「彼得至高無上」論以兩節聖經爲依據，宣稱基督指定彼得爲教會的領導者，授與他「權力的鑰匙」，用以啓閉永恆拯救之門【18】。至於教皇在羅馬城的世俗統治，人們斷言，那是君士坦丁皇帝授權教皇治理該城。這種「君士坦丁贈禮」說，自八世紀起被做爲歷史事實而爲人所接受，到十五世紀始被證明是僞造的。

教會把野蠻人吸收進入較高的生活方式，而且，某一野蠻人一經接受較高文明的生活方式，他也就進入教會。早在三四〇年，教會就曾派烏爾菲拉去勸說哥特人信教，他翻譯的聖經是第一本用日耳曼語寫下的作品。西元四九六年左右，法蘭克王克洛維改信基督教。一百年後，即西元五九七年，英格蘭東南部的肯特國王，聽從羅馬派去的傳教士坎特伯里的奧古斯丁之勸告，皈依了基督教，自此以後，盎格魯撒克遜人的基督教化逐漸有了進展。從前，羅馬帝國的基督教徒於異教野蠻人入侵時逃亡至愛爾蘭，現在，傳教士則從愛爾蘭回到不列顛和西歐大陸，傳播福音。到七〇〇年左右，經過三個世紀的動亂，基督教在西方的疆域又與羅馬時代後期的情況約略相同。後來，在七一一年，如前所述，阿拉伯人征服了西班牙，接著越過庇里牛斯山脈向中歐疾進，但於七三二年被一支基督教的法蘭克人軍隊阻於羅亞爾河畔的圖爾。伊斯蘭注定無法越出西班牙。

查理曼帝國，西元八〇〇～八一四年

居住在相當於今日法國北部和德國萊因蘭的法蘭克人當中，同時出現了許多有才幹的統治者，其中以查理曼最為偉大。法蘭克諸王採取與教皇合作的政策。教皇需要保護者，以對付近鄰野蠻人的劫掠，並對抗拜占庭帝國對羅馬城的政治要求。法蘭克諸王因為提供這種保護而贏得了教皇的支持。這使他們比較容易控制自己領土上的主教們（他們時常是騎馬外出的時間比安坐在主教椅上的時間多），同時在平定自己的領土以及在從事征服異教徒的戰爭中，也都是有好處的。西元八〇〇年，在羅馬，教皇加冕查理曼為西方的皇帝。法蘭克王和羅馬教皇雙方確信，只要羅馬帝國得以恢復，和平與秩序必將重新降臨。教會和帝國、精神與國家，將在同一神聖事業中做為兩把有力的寶劍來使用。

圖1-6　這幅在中世紀西班牙手抄本上的修道院圖象，展示了早期修道士們也以學識聞名，就像他們以宗教默禱和嚴格勞作著名一樣。（Pierpont Morgan Library/Art Resource, NY）

查理曼越過庇里牛斯山脈，奪回西班牙的東北角，使之重歸基督教統治。他推翻那些在義大利北部自立的野蠻人國王，使之臣屬於己。查理曼派軍隊由多瑙河順流而下，深入波希米亞，攻打沿易北河定居的異教日耳曼人（撒克遜人），對他們不是加以屠殺，就是迫使其改奉基督教。查理曼把上述各地區併入自己的新帝國。於是，除繼續留在帝國之外的英格蘭和愛爾蘭外，查理曼帝國的疆域就與拉丁基督教世界的疆域一樣遼闊。

西歐人民在一位皇帝統治下再次於某種程度上統一。可是，這次的統一出現了巨大的變化。西歐的首都當時不在羅馬，也不在地中海古代世界，而在埃克斯－拉－夏佩累，即萊茵河口附近的亞琛。西歐的統治者查理曼是日耳曼人，屬於處在古代文化之外的種族集團。它的人民是日耳曼人、法蘭西人、義大利人，或者說是後來發展壯大的這三個民族的祖先。在希臘—羅馬世界，北方歷來最多也不過是個行省，現在能憑自身的力量變成一個中心。查理曼把使節派到君士坦丁堡的拜占庭皇帝那裡，也派到巴格達偉大的哈倫·賴世德哈里發那邊。在知識方面，這時北方成爲一個中心。好幾百年的戰亂，毀壞了教育、學習體制以及歐洲最有權勢的家族。查理曼本人懂得拉丁語，可是幾乎不會閱讀，從未學過書寫。但他運用自己的權力去恢復差不多被人遺忘的古代學問，並且在教士之間推廣教育。他的宮廷學校裡，有來自英格蘭、日耳曼、法蘭西、義大利、西班牙等地的學者。學者們用拉丁文寫作，用拉丁語交談；拉丁語是當時可用來表達任何複雜思想的唯一西方語言。破損的古代手稿一再被抄錄下來，以便有較多抄本可供學習之用；抄本始終是手抄的，但用的是比以前書寫得較快的手寫體，即所謂卡洛林小寫字體（現代西方的小寫字母就是從這裡演變來的），只有大寫繼續使用羅馬字母。查理曼又對實際上業已消失的商業加以鼓勵，由於羅馬帝國的金鑄幣久已散失，查理曼乃製造一種較可信賴、以白銀鑄成的新錢幣。

九世紀時的入侵，到一〇〇〇年時的歐洲

正是在查理曼帝國，我們可以第一次看到歐洲的形態，它與古代地中海世界爲不同的一個社會和文化單位。查理曼帝國存在的時間不久。苦難的時代尙未結束。九世紀，新的入侵者襲擊了西方基督教世界。馬扎爾人（拉丁語爲「匈牙利人」）在九〇〇年左右於多瑙河中游定居以前，一直使歐洲很多地區感到懼怕。新的日耳曼部落傾巢而出，這次他們來自斯堪的那維亞，叫做挪威人、維京人或丹麥人。他們突然從四面八方出現，八六四年抵達俄羅斯的基輔，八七四年發現冰島，一〇〇〇年甚至到達美洲。在基督教世界，他們襲擊海岸，溯河推進，僅在英格蘭的丹麥區和法蘭西的諾曼第兩處，就有相當多的人定居下來。與此同時，阿拉伯人襲擊法蘭西和義大利沿海，占領了西西里。各地政府的力量都不足以抵擋這種攻擊。遭受反覆襲擊的當地居民，自行謀求防衛的辦法；失敗時，則被屠殺搶劫，或被擄掠，淪爲奴隸。

第二次野蠻人的浪潮，與第一次相同，在改信基督教的過程中逐步平息下來。到一〇〇〇年這個過程接近完成。一〇〇一年，教皇派人把一頂金王冠送到馬扎爾人那裡，加冕聖伊斯特萬為馬扎爾人的第一個國王，從而將匈牙利納入拉丁西方的範圍。波蘭、波希米亞以及北歐人的家鄉斯堪的那維亞，都迅速地實現了基督教化。在老基督教國家，例如法蘭西，生活在窮鄉僻壤的最後一批未信教的莊稼人——即住在「未開墾地」的「未開化人」——終於被傳教士們發現，也加入基督教信徒行列之中。在各基督教國家，基督教信仰現在已滲透到每一個角落，西歐各個歷史上的民族在拉丁教會不斷擴展的體系之內匯合在一起了。

與此同時，西方和東方繼續分道揚鑣。君士坦丁堡的希臘最高級主教，拒不承認羅馬主教擁有最高權力，他們認為羅馬主教不過是西方野蠻人之輩；羅馬教皇則否認拜占庭帝國的政治要求，因而導致東西方教會的大分裂。這一分裂經過三百年的發展，於西元一〇五四年固定下來。教會大分裂把基督教世界分為拉丁天主教會，即羅馬天主教會和希臘正教教會。基督教信仰是從君士坦丁堡傳到俄羅斯各族，所以，俄羅斯人也像巴爾幹諸民族一樣，在精神和知識交流必須透過教士來進行的那幾百年間，一直與西方沒有聯繫。確實，俄羅斯人認為，拉丁西方既屬邪惡和異端，又是傲慢且褻瀆神聖的。同時，由於教會分裂，拉丁西方割斷與古代聯繫的紐帶，從而更明確地成為他們自己文化的獨立中心。

到一〇〇〇年或其後不久，我們稱之為「歐洲」的那個統一體建立起來了。現代歐洲諸民族和國家，從希臘－羅馬文化崩潰後的動亂中產生了。出現一個法蘭西王國，東面連接邊界很不明確的德意志大塊地區。西班牙北部，有幾個基督教小王國，義大利半島則有不少城邦。在北方，當時存在著英格蘭王國和蘇格蘭王國，丹麥、挪威和瑞典也已形成。在東方，興起波蘭、波希米亞和匈牙利三大王國；在前兩個國家，斯拉夫人占優勢，在匈牙利則以馬扎爾人為主，可是三國的文化都是拉丁文化，宗教都是天主教，而且無不傾向西方。至於東斯拉夫人，即俄羅斯人，以及巴爾幹半島的斯拉夫人和其他民族，也各自組成自己的王國，但他們的語言和宗教與西歐不同。由於它們是通過拜占庭傳教士才皈依基督教的，所以它們的文化是希臘文化，宗教是正教，並傾向君士坦丁堡。

一〇〇〇年時的西歐文化，與拜占庭或巴格達更優秀的文化相比，仍然沒有什麼值得驕傲的地方。從東西方的分裂中，看來損失較重的可能是西方而非東方。可是，在這個時候，西方已經開始經歷一場非凡的運動，迎來了中世紀盛期的歐洲文化。

中世紀盛期：世俗文化

西元一〇〇〇年後的農業與封建制

某些歷史時期生機勃發、氣勢磅礴，使每個上了年紀的人都能記得自己一生中所遇到的各種劇烈變化。二十世紀就是這樣的一個時期。從十一世紀起，歐洲也曾出現過這樣的時期。人們可以親眼目睹城市的興起和成長。他們也可以觀察到商業和行政管理方面的新生事物。我們可以毫不誇張地說，所有在現代工業時代之前爲人熟諳的歐洲城市，都是在一〇五〇至一二〇〇年之間建立起來的。西歐的人口遠在羅馬帝國時期就十分稀少，到西元五〇〇年後變得更爲稀少，但到西元一〇〇〇年左右卻突然開始稠密起來，而且穩步增長，一直持續兩、三百年。生活在中世紀盛期的人們對於發展的觀念並沒有什麼發揮，因爲他們的思想專注於永恆的價值和來世拯救個人的靈魂上，然而，此時期又是各種非宗教事物（即世俗事物）得到迅速發展的一個時期，許多直至現代仍屬十分重要的事物，就是在這個時期創造出來的。

隨著農業變革而產生的人口增長過程，有可能創造出新的時代。歐洲在斯堪的那維亞人和馬扎爾人的侵襲停止後，就免除了其他入侵者的威脅，生命安全有了較大的保障。農民可以較爲放心地耕耘田地，收穫所得。男人可以建屋造宇，指望靠它安度天年並把它傳給後代，因此在歐洲種地、造房日益增多。西元一〇〇〇年以前就已發明一種重犁，能犁出一道較深的犁溝。優於古代人所知的換馬方法被發現；羅馬人向來只是把軛套在馬頸上，牲口拖拉重物時極易窒息而死。在西元一〇〇〇年前，歐洲人開始使用一種架在牲口肩上的馬軛，使用此法，單匹馬可比以前拉更重的貨物，而且還開創先例，可以把數匹馬拴在一起拉貨，使有效畜力總數成倍增長。此時除人力外，畜力是主要的動力來源。古代人不知道的風磨，到此時也在低地國家逐步推廣，提供了一種新的動力來源。因此，從專屬「歐洲人」的歷史開端之時，人們就可覺察到歐洲文明的一個特徵——擅長發明創造和善於探索新能源。

人們用這些節約勞力的方法繼續進行艱苦的勞動，但是他們的努力確已獲得較大的效果。也許，由於這些發明的應用，再加上基督教教士的影響，奴隸制在歐洲才逐步消亡，卑賤程度稍輕的農奴繼之而起。的確，中世紀的基督教徒一有可能就繼續奴役白人，如同後來他們對待黑人一樣。通常，這些奴隸是從尙未皈依基督教的部族所得之戰俘，有些奴隸還被當做商品出口到拜占庭和穆斯林世界。由於歐洲各民族都相繼成爲基督教徒，奴隸的來源遂告枯竭。中世紀的基督教徒並不互使對方成爲奴隸，奴隸制也不是任何重要的生產方式所不可缺少的。

不但人口確有增長，勞動也更富有成果，而且各居民集團彼此間的隔絕狀態也有所減輕，交通得到改善。道路雖然仍舊缺乏，或者說根本還不存在，但是許多歐洲河流上已經架起橋梁。昔日分隔居民區的荒原，如今移民麇集。他們砍樹墾荒，農村人口群集於村莊。「核心」村莊提供更多安全和家族聯繫，並且使人們能更方便地找到鐵匠和神父。它也爲產生一種村社式的有組織農業創造出可能。

「三圃」是一種較好利用土地的方法，這種耕作制度幾乎擴展到所有以穀類爲主的地區。在三圃制下，農民把他們的可耕地分爲三部分，假定某年第一塊地播一種作物，例如小麥；第二塊地播另一種作物，例如大麥；第三塊地就休耕，三塊地年年輪作。這樣，在人們還不懂得使用肥料之前，可以避免把地力一次耗盡。以前每次只能種植一半，甚至少於一半的可耕地，現在使用三圃制，三分之二的土地年年都可利用了。這一情況，再加上精耕細作和更有效地使用畜力，糧食產量獲得了巨大增長。

隨著我們稱之爲「封建主義」的各種制度發展，在缺乏有效的公共權力機構的情況下，農業所必需的和平環境與人身安全也漸漸有了保障。封建主義這個概念錯綜複雜，形式繁多，但從本質上說，就是在無健全國家組織的地方行使某種管轄權力的一種手段。查理曼帝國崩潰後，眞正的權力落到被稱爲「伯

圖1-7　中世紀大多數人在田野上勞動，就像此幅中世紀晚期插圖上的農民一樣，與影響農業生活的季節、土地、種子和牲畜打交道。（The British Library）

爵」的那些人手中。伯爵是一個方圓幾百英哩地區內的鼎要人物。為了樹立和加強自己的地位以進行反對其他伯爵的戰爭，伯爵力圖保持領地內的和平並控制各個小領主。這些小領主的領地範圍超過幾百或幾千英畝，自願或被迫接受伯爵的保護，成為他的封臣，伯爵則成為他們的「領主」。領主與封臣之間是一種互有義務的關係。領主保護封臣，使其受到公平的對待，並能穩固地占有土地。如果同一領主的兩個封臣對同一村莊的所有權發生爭端，則由領主出面仲裁，審斷案件，他把所有的封臣召來出席議事會（或者說「法庭」），按照本地區的鄉規民約進行審判。如果一名封臣年輕時死去，遺孤尚幼，領主則將其家屬置於他的「監護」或保護之下，保證其合法繼承人在適當時候能繼承財產。封臣則相應地同意在一年若干天中充當領主的戰鬥人員，還必須侍候領主，為他出謀劃策，並出席領主法庭，裁決爭端。封臣通常毋需交納錢物，但當領主被俘需要贖金時，或當領主為子女舉辦婚事時，封臣則要交納一筆貢金。封臣還要為繼承采邑交納費用，而處於監護下的地產收入則歸領主。領主就是這樣徵收各種零星收入，用來作為其較原始的政府機構資金。

這種封建體制逐步橫穿擴展到歐洲北部，伯爵領主反過來成為公爵的封臣。西元九八七年，法蘭西的大領主們推選于格．卡佩[19]為他們的國王，他們成為他的封臣。法蘭西國王在隨後的兩百年中幾乎從未享有過實際權力，然而卡佩的後裔據有王位竟達八個世紀之久，一直到法國大革命時才丟失。同樣，德意志的選帝侯們在西元九一一年選出一個國王；九六二年，如查理曼曾經做過的那樣，德意志國王被加冕為皇帝[20]，這就孕育了在以後各章都將詳加敘述的神聖羅馬帝國。

至於英國，在它形成的那幾個世紀內，國王並非透過選舉產生。英國在一〇六六年被諾曼第公爵威廉所征服。諾曼人（經過一百年基督教的薰陶和法國民族的影響而有所改觀的古斯堪的那維亞人）把他們在諾曼第發展起來的一種中央集權的有效封建制度強加於英國，因此，英國從很早之前開始，國王與其官員就擁有相當大的權力。英國也比大陸有著更好的社會秩序和人身安全；在強大的王朝組織結構內部中，各種自治制度在受到極少動亂干擾的情形下終於得到發展。

封建主義顯著的特徵就是它的相互性。在這方面，它不同於舊羅馬帝國的原則，那時皇帝依靠這些原則成為一個至高無上、為所欲為的統治者。在封建主義制度下，沒有一個人是至高無上的統治者，國王和百姓、領主和封臣都共守一種契約，每個人都對他人負有某種義務，如一人違約，義務也就中止。如果一個封臣拒絕履行他應盡的義務，國王有權強制執行。如果國王侵犯了封臣的權利，封臣們也可以聯合起來反對他。國王應按封臣們的勸告行事，後者組成國王的議事會或法庭。如果封臣們認爲國王濫用他的合法權利，可以對他加以限制。封建主義雖是一種領主和封臣的世襲制，但這種相互的性質，有助於後來歐洲立憲政府思想的形成。

嚴格說來，封建主義僅適用於軍隊或貴族。封建社會的下層是衆多的農民群衆。在村莊裡，高等貴族的最低級封臣又是他們各自臣民的領主；村莊連同居民和周圍的農地，構成領主的莊園，即「采邑」。十一世紀時，采邑的多數居民是農奴，他們「被束縛在土地上」，未經領主許可不得離開采邑。當村外的世界還是非常陌生、充滿危險，並且到處都是境況毫無區別的同類采邑時，打算離開的人是很少的。至於領主方面，他不能剝奪村民的財產或將他們驅逐出去，他必須爲村民提供保護和公正的管理。村民們輪流到領主的田裡去勞動，向領主上交一部分他們自己生產的農產品。沒有貨幣交換，因爲實際上沒有貨幣流通。采邑制是供養統治階級的農業基礎，它還供養了教士，因爲教會通過采邑制也擁有許多土地。采邑制防止對人身的暴力侵犯，爲村社生活提供組織形式；若沒有這種組織形式，農民是無法種植莊稼與飼養牲畜。

由於農業生產率的提高，領主甚至少數農民生產的作物都有剩餘，只要有市場，他們就會拿去出售。農民已能生產足夠的食物滿足當地城市人口生活的需要。由於人口隨食物供應的增加而增加，而農業方面又不需要所有新增加的人口，因此開始出現人口過剩。農民中出現焦慮不安的情緒，急著想離開采邑，許多人前往新興的城市。

城市和商業的興起

我們已經了解古代城市是怎樣衰落的。在九世紀和十世紀，除極個別的例外，西歐沒有一座城市倖存下來。到處都可看到人群聚居在大主教、大伯爵或國王的總部四周，然而，卻沒有商業中心，也沒有商人階級。紡織、金屬製造、馬具製造等簡單的手工藝都是在各個采邑裡自行進行的。偶爾會出現幾個行商，依靠驢子長途販運所能採購較爲貴重的貨物向富人兜售，如東方絲綢和某些香料。在這些早期商人中，猶太人往往占有重要地位，因爲他們的足跡遍及拜占庭、阿拉伯世界以及西方各地，從而提供一條交通線；那時在各地中海文化國家中，這樣的交通線爲數並不多。

長途貿易首先得到發展。約在西元五七〇年左右，逃避入侵者的難民在威尼斯各島定居時，威尼斯城就已經形成了。隨著時間的推移，威尼斯人把東方的貨物運到亞得里亞海，出售給來自中歐的商人。在北部的法蘭德斯，即現在的比利時，呢絨製造業得到發展。由於特殊的環境和毛紡工人的熟練技藝，法蘭德斯的各種毛織品質地精良，舉世無匹，別處無法複製。東方的貨物除非通過威尼斯人或熱那亞人和比薩人之手，也無法獲得。這些貨物本地不可能生產，但不管在哪裡，人們只要知道有這樣的貨物就競相爭購。於是，商人日益增多，他們到處推銷這些貨物。貨幣重新出現，流通領域日益廣闊。這些貨幣從哪裡來的還不太清楚，因爲直到中世紀末，金銀的開採還十分稀罕。商人在那些荒冷的、可怕的羅馬城牆裡面，或在領主和牧師的宅邸附近，開始建造永久性的商業據點，領主或教士的衆多隨從成爲他們的顧客。工匠從人口過剩的采邑遷徙到這些正在成長的中心地區，生產領主或商人需要購買的商品。此進程一旦開始，就像滾雪球似的向前推進：越來越多的人在這種聚居地區定居下來，他們就越發需要鄉村提供食物；越來越多工匠離開村莊，村民、領主和農奴也就越加需要從城市獲得衣服、簡單的工具和用品。於是，繁榮的地方貿易發展起來了。

到一一〇〇年或稍後一些，從波羅的海到義大利，從英格蘭往東遠至波希米亞，整個歐洲都出現了這種中心地區。通常，每隔二十或三十英哩就有一個中心市鎮。最小的市鎮僅有幾百位居民，較大的市鎮則有兩三千人，有的還更多些。每個市鎮與其鄰近的鄉村進行地方性的交易，向本地顧客供應遠地的貨物。市鎮的重要性不僅是經濟上的，從「市鎮」這個詞的完整意義上來看，它之所以成爲「市鎮」，在於取得了政治權利。

住在市鎮的商人和工匠絕不希望像村民那樣，依舊從屬於鄰近的封建領主。在最壞的情況下，就是封建領主把商人視爲擁有現款的方便財源，在路上攔阻商人，搶劫他們的騾隊，徵收過河稅，或藉口提供「保護」而勒索現金。在最好的情況下，本意良好的封建領主也不會管理商人的事務，因爲封建法和習慣法並不了解商業問題。商人們在商業活動過程中發展出他們自己的「商業習慣法」，以處理貨幣與貨幣交換、債務與破產、契約、發票和提貨單等事務。他們希望擁有自己的手段去追捕盜賊、債務潛逃犯或奸商。因而，他們力求使自己的法律、法庭、法官和地方行政官員能獲得承認。他們也希望能管理自己的城鎮，免去向附近的貴族交納稅金。

一一〇〇年左右，拉丁基督教世界各地的新市鎮，都在爲擺脫封建主義的包圍和將本身建成小自治共和國而努力。在許多大市鎮麇集的地方，如在高度市鎮化的商業路線沿途，在北義大利、多瑙河上游和萊茵河流域，在法蘭德斯以及波羅的海沿岸，這些市鎮都使自己獲得了最充分的自由。威尼斯、熱那亞、比薩、佛羅倫斯和米蘭，實際上都已成爲獨立的城邦，各自管轄著它們周圍的一大片鄉村。法蘭德斯的布魯日、根特等市鎮，在本地區都占有支配地位。在多瑙河上游、萊茵河、波羅的海和北海沿岸，許多市鎮成了神聖羅馬帝國內部的帝國自由城市，每座多少具有小共和國性質的城市除了對遠方不起作用的皇帝表示效忠外，不再效忠於任何人。紐倫堡、法蘭克福、奧格斯堡、斯特拉斯堡、漢堡和盧貝克就是這種類型的自由城市。法蘭西和英格蘭的市鎮在十二世紀尚不夠強大，只獲得較小程度的獨立，但它們也從國王那裡接受了自由特許狀。市鎮通過這些特許狀確保有權擁有自己的市政機構和官員、自己的法院和法律，並可用向國王交納稅金的辦法來代替通常的封建義務。

各市鎮經常組成聯盟或城市同盟，聯合各種力量鎮壓土匪和海盜，或者對付野心勃勃的君主和掠奪成性的貴族。這些聯盟中最負盛名的是漢撒同盟，主要是由德意志各市鎮所組成，在它的領導下進行過多次戰爭，直到西元一三〇〇年始終控制著北海和波羅的海的商業。各市鎮組成政治聯盟或在戰爭與外交中獨立行動的類似傾向，在英格蘭、法蘭西和西班牙卻遭到了國王的鎮壓。

中世紀時期，義大利、德意志和尼德蘭在商業上比大西洋各國更爲發達，市鎮生活也更爲集中，這種情況可能是妨礙現代早期政治統一諸多因素中的一個。在一八六〇年或一八七〇年以前，這個地區沒有建立過民族範疇的國家。在西部，雖然城鎮也建立起來，但城鄉關係較爲平穩，市鎮被併入國王領導的新興民族範圍的君主國中。中歐與西歐的這種區別，後來決定了現代史的全部進程。

市鎮所贏得的特許權是團體特許權。每個市鎮都是一個集體，市民並不擁有個人的權利，享有的只是做爲一個特定市鎮的居民才能獲得的權利。這些權利包含了人身自由權：市民不能成爲農奴；在市鎮居住一年以上的逃亡農奴，一般應被認爲是獲得了自由。但是，沒有一個市民需要現代意義上的個人自由。世界仍然太不安定，個人難以單獨活動，民眾需要共同參加一個嚴密組織，用各種規則和制約來保護自己。這種團結最顯著的跡象就是建起了將許多城市圍在裡面的城牆。混亂時期的民眾關心的是他們自身的防禦。由於市鎮的發展，他們也逐漸向外建築新的城牆。今天，在巴黎和科隆，人們仍然可以看到十至十三世紀期間使用過的各種城牆遺跡。

經濟上的團結日益重要。市鎮要求鄰近的農民只能在市鎮的市場上出售食物，如此，他們就可以保障自己的食物供應，對付其他城市的競爭。他們也會禁止在農村進行某些貿易，迫使農民到城鎮購買物品，以保障城鎮工匠的職業和生計。各市鎮對其他城鎮運進的貨物徵收關稅或捐稅，或者對外來做買賣的商人徵收特別稅金。在義大利和德意志中，他們通常鑄造自己的貨幣，典型的市鎮還固定各種貨幣兌換的比率。簡而言之，中世紀的市鎮在最自由的時期，都在本地奉行類似的保護主義和排外主義政策，後來在現代時期，各個民族政府一般也都奉行這種政策。

在每個市鎮內部，商人和工匠組成各自的聯合會或「行會」，「行家」對他們的事務進行集體監督。商人組成商人行會；石匠、木匠、理髮匠、染色匠、金匠、銅匠、織工、製帽工、成衣匠、鞋匠、食品雜貨商、藥劑師等，組成他們各自的行會。行會爲公衆服務，規定產品要由信譽可靠而又手藝熟練的工人製作，以免人們吃虧上當，如服裝以次充好，理髮的手藝笨拙，藥物有毒，房屋歪斜易損等。行會還規定職業教育的方法，爲青年人選定職業。婦女可以從事買賣並參加行會；她們在一些服裝行會中人數特別多，但仍被排除於一些社會活動之外。她們沒有獲得男人們通過行會等級制升職的特殊政治權利。想學手藝的典型培養方法是：少年去拜某行家爲師，當學徒，跟他一起生活幾年（一般爲七年），全部膳宿費用由東家負責。滿師後他就成爲工匠，即一個合格且得到承認的工匠，他可以爲任何老闆工作，領取固定工資。許多工匠，尤其是在中世紀晚期，只能做一輩子工匠。行會制也能使某些工匠改善自己的社會地位，一個年輕人如果走運，他自己還可成爲業主，開作坊、僱工匠和收學徒。只要城市繼續發展，少年便有機會。但早在一三〇〇年時，許多行會逐步凍結，行家們對接納新人入會變得越來越謹慎小心。寡婦通常可以從事她丈夫的買賣和手工製作，但婦女幾乎不可能成爲行家。總之，從一開始，保護會員就是行會的一項重要職責。業主集會在一起規定產品的質量，以保障自己的聲譽。他們在自己人當中分配活計，確定學徒期限、付給工匠的工資數額，以及貨物出售的價格。他們還採取集體措施對抗或排除附近市鎮同行的競爭。

圖1-8　中世紀城鎮的手工藝和貿易是由行會控制的，行會的標誌傳達它們工作的性質。此圖案中的羊代表佛羅倫斯羊毛行會。（Alinari/Art Resource, NY）

無論是市鎮內人與人之間，還是城鄉之間，或市鎮與市鎮之間，中世紀經濟上的風氣就是防止競爭，闖蕩、冒險、投機，統統都不需要。幾乎沒有人認爲，爲金錢利潤幹活是正當的。有這樣想法的少數鉅商大賈與許多地區有著貿易來往，但是他們無論到何處都遭到懷疑，不爲人所信任。

市鎮雖在多方面力圖使農民的利益從屬於自己，但對農村仍具有一種解放性質的影響。莊稼人遷入市鎮就可以擺脫農奴的身分。不過，市鎮的影響至爲廣泛，遠遠超出那些能夠成爲市鎮居民的數量較少的一部分人的範圍。市鎮的發展要求增加食物的供應，於是領主開始拓墾新的土地，整個西歐著手開發國內邊疆地區。以前的村莊彼此被大片黑黝黝的森林所分隔，狼群在民間傳說中的土地神、小精靈和仙女的庇護之下，恣意漫遊森林中。此時，帶著斧頭的開拓者來到這些古老森林裡開墾農田和建造村落。由於領主的農奴並非奴隸，不能隨意令其遷徙，所以通常監督闢地造村工作的領主就提出比較自由的條件來吸引農民移居新土地。在距離幾個小時路程的鄰近村莊居民享有自由時，舊村莊的領主便難以控制住自己處於農奴地位的臣民了。而且，農民現在已經可以去市鎮出售農產品以獲得少量貨幣。領主此時很需要貨幣，因爲市鎮正在生產越來越多種只有以貨幣才能購買的商品。農民每年向領主交納定額貨幣，連續若干年，以換得個人的自由身分和擁有自己的土地，這在當時已成爲很平常的事情。農奴制早在十二世紀就逐漸在法蘭西北部和英格蘭南部消失，至十五世紀，在大部分的西歐地區相繼消失。依照法律，農民此時已可以自由遷徙。但是，采邑組織繼續存在，農民還是必須向領主交納稅金，仍然受著領主的合法管轄。

君主國和政府組織的成長

與此同時，各國國王都在忙忙碌碌，試圖把自己的王國建成一個能百世不衰的組織良好君主國。君主制變成世襲的，國王與其他封建領主或莊園主一樣，他的職位是繼承的。王位實行繼承，有利於和平與秩序；在當時條件下，若進行選舉，通常就會產生騷亂和衝突。在古老的德意志遴選君主制原則仍通行的地方，如神聖羅馬帝國，就存在著週期性的混亂，國王派遣行政官員監督他在整個王國的利益。英國國王採納古老的盎格魯撒克遜的慣例，四十個郡內各設一名郡長；法國國王也設立類似的官員，稱之爲執行官。國王還建立由皇家法官領導的皇家法院，裁決財產糾紛和懲辦罪犯。爲維護合法的司法權，加上爲了對頑固貴族實行強制審判而必須建立的軍隊，這就成了皇權的主要支柱。尤其在英國（其他地方則較少），國王要求當地居民協助皇家法官，在處理特別案件時提供有關證據，他要求人們對其所了解的鄰居事務宣誓做證；正是平民與皇家法官所實行的這種合作，後來發展成為陪審團。

國王需要金錢來支付政府機構人員的薪金，與別的國王進行戰爭。羅馬帝國時期為人所熟悉的稅收，對於日耳曼傳統和封建傳統卻是完全陌生的。在封建制度下，每個人只是按期交納例錢。國王與別的領主一樣，必須依靠自己的收入維持生活，這些收入包括他自己采邑的收入、臨時由他監護的莊園收入，以及封臣向他交納的臨時貢金。即使在最有理由的情況下，也沒有一個國王能簡單地下令徵收新稅。與此同時，由於貨幣的使用日益普遍，國王必須保障自己的貨幣收入。當城市已經成長起來，做為一種新的財富和貨幣收入的新來源，國王同意接受一定數量的款項做為皇家特許狀的酬金。

皇室對金錢的需求，以及對行使司法裁判權的要求，曾被視為革新。但這些要求不斷升級，有時甚至成為濫用權力的根源，因此經常遭到全國各地的抵制。歷史上著名的事例（儘管在當時比較平常）是一二一五年英國的「大憲章」運動，那時，一群英格蘭領主及高級教會人士一致要求國王約翰批准和保證他們歷史上的自由權利。

正如前述，國王與領主一樣應該在議事會或「法庭」上與封臣一起處理事務。因此，皇家議事會宛如一個蛋，從裡面孵出諸如皇家司法部、財政部和軍事司令部等政府部門。議會機構也是從中孵化出來的。大體說來，國王一直是與他的主要家臣舉行大談判或大「晤談」（拉丁文Parliamentum的簡明涵義即「晤談」）。在十二和十三世紀，市鎮的興起為歐洲人的生活增添了一個新成分，現在除領主和主教外，又增加一個市民階級。他們雖然地位低下，但秉性固執，思想自由，富有錢財，不容忽視。市鎮代表開始正式被召喚去和領主、教士一起參加國王的大會議時，就可認為議會已形成了。

在這個意義上說，議會在十三世紀時就已如雨後春筍似地布滿了整個歐洲。在拉丁基督世界裡，唯有議會能完整說明各國制度的類似性，也可以說，要想單獨地專講某一個國家的歷史是極不恰當的。這種新穎的大會議在西班牙被稱為「議會」（cortes），在德意志稱「國會」（diets），在法國為三級會議或省三級會議（Estate General或provincial estates），在不列顛諸島為「議會」（parliaments）。通常人們用「等級」（estates）來代指它，而議會的說法則為英國專用，但就其來源看，它們在實質上是完全相同的。

國王們召開上述會議是做為宣傳和加強王權統治的一種手段。國王們認知到，有了議會就能更方便地解釋他們的政策以及索取金錢，故為此目的而召集大型會議，要比派出一百個官員到一百個地方去向居民解釋一切和討價還價方便得多。國王既不承認也不主張議會有權支配國王及其政府。但國王經常聽取議會的申訴；國王對議會施加影響，就是議會立法的開始。

議會被認爲既不代表「民族」，也不代表「人民」，更不代表個別的市民，而只代表「國土上的各個等級」，代表國民最大的集體利益。第一等級也就是最高的等級是教士，第二等級是地主或貴族階級；除去這些古老的統治階層以外，增加了擁有特許狀的市鎮自由民，他們是「第三等級」。這三種類型的等級代表通常分開開會，似乎是三個截然有別的議院。但形式因國而異，英國、波蘭和匈牙利的教士，總的說來已不再派代表，只是主教出席上院會議。波蘭、波希米亞和匈牙利的市民最後退出了國會，只留下勝利的東歐地主貴族。另一方面，卡斯提爾、符騰堡的貴族集團最後拒絕參加議會，把市民和教士留在會議上。某些國家，如斯堪的那維亞、瑞典和法國的等級會議，甚至農民也被允許有自己的代表。

在英國，議會最後按照一種獨特的途徑發展。在經過一個說不清有多麼漫長的時期之後，產生了「上院」和「下院」兩個議院。上院與匈牙利和波蘭的一樣，包括大主教和世俗貴族兩個階級。下院所展示的特點於大陸則不存在。小地主在其他國家被列入小貴族，在英國則與市鎮代表一起出席同一個下院。下院已由「騎士和市民」，或者說紳士和市民共同組成，從而大大地增強了下院的實力，因爲市鎮中等階級長期孱弱而無法單獨行動。英國各階級的混合，市民甘願服從紳士的領導和紳士對市民利益的尊重，這有助於代議制在英國扎下比中世紀其他國家深得多的根基。此外，英國在中世紀時還是一個小國，不像法國、神聖羅馬帝國或波蘭那樣設有省或地方議會機構，這種機構可能妒忌地分割中央機構的權力，而且國王可以在不違背代議制政府的原則下，通過它安排地方事務。最後，英國議會之所以強大的一個原因，就是選入下院的議員很早就獲得使其選民承擔義務的權力。如果他們投票通過一項稅收，選舉他們的那些人就必須交稅。國王爲了使事務得到處理，堅決主張表決要有約束力。選民不可以不接受他們議員的表決，也不准在議員回家時對他進行懲罰或折磨，如其他國家經常發生的那樣。因此，議會不僅行使權力，同時也行使權利。

總之，中世紀爲秩序和自由奠定了基礎。奴隸已不復存在，農奴也正在消失。在政治上，大批持有自由特許狀的城市湧現、某些地方陪審團的成長和議會在各地興起，都爲人民提供了手段，使他們可以部分參與政府的工作。古代文明從未創造出大於一個城邦的自由政治單位，希臘人也從未實行過超出人們能夠彼此當面會晤的範圍以外的民主，羅馬人也未發明這種方法，即使一個偌大地區的被統治者可以與官僚機構分擔職責。古代從未有過代議制政府的概念，即由正式選舉產生和被授權的代表在遠離家鄉之地供職的那種政府概念。此種概念絕不像它看上去那樣清楚和簡單，它首先出現於西方中世紀的君主國，而在經歷後續很大發展後，成爲現代世界多數地區政治體制的基本原則。

中世紀盛期：教會

在中世紀盛期的敘述中，我們至今爲止只談了非本質的東西，因爲除去確實非要提到教會不可外，我們已把教會撇在一邊了。在這一時期的實際生活中，教會是無所不在的，宗教滲入政治與社會生活。在封建主義制度下，領主與封臣的相互義務由宗教誓約所確認，主教和修道院院長做爲土地所有者，自己也成爲封建顯貴。在各個君主國家，國王由王國的首席教士加冕，要發誓以正義和虔敬的態度進行統治，然後塗上聖油。市鎮的各個行會充當世俗的宗教兄弟會；每個行會選擇一個守護神聖徒，宗教節日時在街上舉辦遊行。市鎮居民爲了消遣而觀看宗教戲劇，即貫穿宗教主題的道德劇和奇蹟劇。新興的市鎮如果有了一位主教，就特別關心建造一座大教堂。多年的艱苦努力和經久的宗教熱情產生出一座座哥德式大教堂，迄今仍巍然屹立，成爲中世紀文明最好的紀念物。

中世紀的教會和羅馬教皇制度的發展

但是，倘若我們回到十世紀，即西元一〇〇〇年以前的混亂年代，就會發現教會像其他一切事物一樣，處於命運未卜的環境中。教會反映了當時的生活。教會支離破碎，活動範圍有限，每個主教都各行其是。雖然教士是唯一有文化的階級，但許多教士自己既不能讀，也不能寫。基督教的信仰與舊異教徒的巫術和迷信混雜在一起。神學塑造了天主教會傳統，但大多數基督徒對神學一無所知。修道院陷入衰敗，教士們經常住在情婦家裡，而這通常是得到寬恕的。教士結婚成爲習慣，爲的是他們可以有合法的兒子，然後經過一番策畫，把他們的教會職務傳下去。由於大領主委任主教，小領主委任教區牧師，因而粗魯的俗人經常支配著他們的教士鄰居。一旦人們眞的想到羅馬時，便產生一種對傳說的遙遠事物肅然起敬的朦朧感情，其實羅馬主教即教皇的影響，在他自己的城市中並不大，且受到無禮的待遇。

事實上，羅馬天主教會在十世紀的混亂狀況下，並未得到承認。至少就人類的成果方面來說，羅馬天主教會實際上是在十一世紀與中世紀盛期的其他機構一起建立起來的。

促進改革的推動力來自多方面。有時，個別世俗統治者會著手對自己領地的狀況進行整頓，爲此，他堅持對他的教士要有嚴格的控制。九六二年，神聖羅馬帝國宣布成立。這個帝國按說是加洛林王朝與羅馬帝國的延續，像它們一樣，它在理論上與拉丁基督教世界相連，負有維護和擴大基督教信仰的特別使命。無論法國，還是英國（或者是成爲基督教國家的西班牙、匈牙利、波蘭和斯堪的那維亞）都不承認神聖羅馬帝國的這種權利。但是，神聖羅馬帝國的疆域曾一度包括德意志和義大利。十至十一世紀，神聖羅馬帝國的頭幾位皇帝譴責羅馬教會令人憎惡的局勢，力圖使教皇成爲由他們任命的人。

與此同時，興起了一場源於精神層面的宗教改革運動。嚴肅的基督徒們承擔起改革的重任。他們在法國的克魯尼建立起一座新修道院，隨即在各地有了許多分院。克魯尼派的目的在於淨化修道院的生活，樹立高尚的基督教觀念，使所有僧俗都對之尊敬。爲了使自己擺脫地方上的直接壓力、貪婪、狹隘、無知、家族野心和自滿這些腐化墮落的主要根源，克魯尼派拒絕承認除羅馬以外的任何權力機構。因此，恰恰是在羅馬處於最不利的形勢下，整個歐洲的基督徒樹立起羅馬和羅馬觀念的威信，將它做爲拯救整個拉丁基督世界免墮入深淵的一種手段。

至於那些維護獨立判斷或尊重自己職位的羅馬教皇，他們打算在既擺脫羅馬暴民和貴族的影響，又不致成爲神聖羅馬帝國皇帝的附庸。一〇五九年，教皇尼古拉二世頒布敕令，規定以後的教皇必須由紅衣主教選舉產生。當時，紅衣主教就是羅馬城各教堂的教士和鄰近主教管區的主教。教皇尼古拉將選舉未來教皇的權力委託給紅衣主教，希望排除來自教士以外的所有影響。雖然後來不時還有來自外部的影響，但從此後，教皇都是由紅衣主教選舉產生的。

第一個這樣選舉產生的教皇是格列高利七世，又稱希爾德布蘭德，他是一個生氣勃勃、意志堅強的人，於西元一〇七三至一〇八五年任職。他曾與克魯尼改革者有過聯繫，夢想能有一個普遍接受羅馬教皇指引的、經過革新而恢復生氣的歐洲。格列高利七世認爲教會應站在塵世社會以外，對人類的全部活動進行判斷和指導。教皇如果認爲國王和皇帝罪孽深重，那他可以對他們進行審判和懲處。他的想法雖不是要建立一個「世界政府」，卻是要建立一個精神上的相應機構，即世界教會，由忠誠篤信、紀律嚴明的教士負責管理，實行單一權力的中央集權。他一開始就堅持教士要擺脫塵世的糾纏，要求已婚的教士拋開妻小。教士獨身制度從未在希臘正教教會普遍確立過，後來也遭到西方新教徒的抵制，但它成爲羅馬天主教教士的教律。他還堅持教士不能接受俗人賜封教職。在他看來，只有教士才可對教士授與聖職和施加影響，教士必須獨立和自制。

格列高利立即面臨一場戰鬥，要與另一個覬覦世界最高權力和神聖使命的人——神聖羅馬帝國皇帝進行較量。當時神聖羅馬帝國的皇帝是亨利四世。在德國，主教和修道院院長擁有大量土地，在皇帝的管轄下，他們按本身的職銜做封建貴族，占有並管理土地。在這些大量的聖職職位上安插自己的人，做為可靠的封臣，這對皇帝來說是至關重要的。因此，在德國「俗人授職」乃是司空見慣的現象。所謂「俗人授職」，就是由一個俗人（即國王）把精神權力的象徵——戒指和權杖——授予新主教。格列高利禁止俗人授職。他支持反叛亨利的德國主教和貴族。他革除了頑固不化的亨利教籍，即把他逐出基督教教會，禁止任何教士爲他舉行聖禮。遭到挫折的亨利不得不到義大利卡諾薩乞求教皇赦罪。「到卡諾薩去」這句話後來成爲屈服於教皇意志的一種特別說法。

一一二二年，原來的兩位競爭者都已逝世之後，在俗人授職問題上取得了妥協：主教們承認皇帝是他們的封建首領，但在精神權威上必須向羅馬尋求。教皇與皇帝的鬥爭繼續激烈地進行下去。德意志的諸侯——世俗領主和主教——經常與教皇結盟來維護他們的封建特權，以免受到皇帝的侵害。德意志的皇帝從未能使自己的統治地位像英國和法國國王那樣鞏固。在義大利，歷代教皇和皇帝一直爭吵不休。領主和教士（還有我們已看到的市鎮）都不願各代皇帝建起一個有效的政府，卻在促進羅馬教皇統治下的拉丁基督世界中央集權的建立，以及阻礙中歐的民族統一這兩個方面，爲歐洲留下了難以磨滅的痕跡。

中世紀教皇權力最鼎盛的時期開始於英諾森三世，他的教皇任期從一一九八年一直延續到一二一六年。英諾森把格列高利欲建立一個統一的基督教世界的夢想變成了現實。他到處進行政治干預，被公認爲最高主宰者。只要他金口一開，法國國王就可娶妻，英國國王就得接受一個他並不需要的大主教，萊昂的國王則要休掉已與他成婚的表妹，而一個要求獲得匈牙利王位的人竟得聽命於他的競爭者。然而，英國、阿拉貢和葡萄牙的國王都承認英諾森在他們的領土範圍內是最高統治者。此時，大量的收益從整個拉丁基督教世界流向羅馬，在羅馬有一個龐大的官僚機構處理教廷繁多的公務。就像國王們要竭力鎮壓平民起義一樣，英諾森和他的繼承者也要竭力鎮壓異端邪說；這些異端邪說在解釋有關教會的教義方面與羅馬有著很大的分歧，而這些異端在法國南部阿爾比派信徒[21]當中卻正以令人驚恐的速度廣泛傳布。

一二一五年，英諾森召開了一次大型教會會議，這也是一次空前的盛會，到會的有五百名主教，甚至包括君士坦丁堡和耶路撒冷的最高級主教。會議在教士免受塵世誘惑這個錯綜複雜的問題上絞盡了腦汁，最後通過了禁止神父充當神裁法或戰鬥判罪法的裁判，它實際上結束了野蠻遺風。會議還通過控制迷信遺物的買賣，力圖使超自然方面的信條規範化。會議宣布聖典是上帝施恩的手段，並權威地確定了聖典的涵義。[22]對主要的聖典——聖餐或彌撒，會議頒布了聖餐變體論，認爲在彌撒儀式中，神父把聖餐麵包和酒變成了耶穌的肉和血。除去遭到壓制的異教徒外，整個拉丁歐洲都懷著滿意的心情接受了英諾森會議的改革和教義。

智力生活：大學，經院哲學

當新興的各國政府提供了更多的人身安全，城鄉的經濟也能支持人們獻身於思維活動的時候，在教會的贊助下，歐洲人的知識眼界逐漸打開了。在十二和十三世紀時，就已經出現了第一批大學。這些大學是自發產生的，教師和學生不約而同地走到一起，即使在黑暗時代也從未完全散去。到一二〇〇年，在南義大利的薩萊諾建一所醫學中心，北義大利的博洛尼亞有一所法律研究中心，巴黎有一所神學研究中心。牛津大學是在一二〇〇年左右由一批從巴黎分離出來的心懷不滿的學生和教授建立的，而劍橋大學的建立反倒稍晚一些。到一三〇〇年，在拉丁歐洲已有十二所這種類型的大學，到一五〇〇年幾乎已達一百所。

像早期商人聚集在一起，逐步發展爲有組織的城鎮和行會一樣，學生和教師非正式地匯合起來，逐步發展爲各種有組織的學校，這些學校所具有的鮮明社團標記正是中世紀盛期的特徵。中世紀的大學正因爲具有這種社團的特點，才與我們今天的大學相類似，而不同於古代雅典或亞歷山大的學校。試以早期的巴黎大學爲例，是由愛好學習的年輕人和老年人組成的團體，經法律許可定出一個集體名稱，正式得以存在。大學擁有某種特許狀所明確規定的權利，透過自己的職員管理自己的事務，並且在經常吵嚷不休的學生中維持秩序。大學講授甚至大肆宣揚各門課程，同時集體評定講課最優秀的教授。大學可以由幾個具有特色的學校或「系」組成，像在巴黎那樣，把神學、法律和醫學連結在一起是極其普遍的現象。大學舉行考試和授予學位，後者的意義與價值得到整個拉丁西方的承認。學位最初是一種教師執照，獲得者可享有一定的榮譽或類似工匠行會賦予一名特定工匠那樣的特權。教授有了學位，可以方便地從一所大學轉到另一所大學。學生也很容易轉學。大學到處都講拉丁語，學校的課程大多是一樣的。而且，大學雖一開始就有清貧的特色，卻是一個能夠擁有財產的社團機構。隨著時光的推移，樂善好施的捐贈者之贈與——常常以土地和莊園形式——累積成可觀的基金。大學有著良好的組織，擺脫了外界的控制，又享有財產收入，因而它能歷經人間滄桑，成爲一種永存於世的機構。

科學的王后是神學，這是一種宗教知識的研究。到十一世紀，歐洲許多人在反覆思考他們的宗教信仰。他們雖仍保持信仰上帝，但已不再是幼稚且盲目地信仰。例如，人們已經承認一個事實，即上帝的兒子人體化爲耶穌基督的形貌。但在十一世紀，一個名叫安塞爾姆的義大利人，他後來任坎特伯雷的大主教，曾寫過一篇題爲《上帝爲何變爲人？》的論文，言之有理地解釋了上帝爲什麼採取人的形態來拯救人類，安塞爾姆有力地提出支持信仰上帝的基督教理由。稍後不久，在巴黎教書的阿貝拉寫了一本《是與否》（即正反雙方）的書，彙集了聖奧古斯丁和教會早期著名作家發表的前後矛盾的言論。阿貝拉的目的是對繼承下來的早期基督教領袖之著作進行邏輯推理，說明基督教教義的眞諦實際上應置於何處，同時使信條合乎情理，經得住推敲。

與此同時，在十二世紀，一場新知識的洪流湧入歐洲，帶來了眞正的思想革命。這波激盪主要來自阿拉伯人，他們與西西里和西班牙的基督徒有來往；阿拉伯人接受了古代希臘科學，把希臘文著作翻譯成阿拉伯文，而且在很多方面又加上他們自己的進一步發揮。這些擁有兩種語言能力的基督徒，在不斷往來於基督教和穆斯林世界之間的學識淵博之猶太人幫助下，將上述著作譯成拉丁文。他們首先翻譯了亞里斯多德的著作；亞里斯多德是西元前四世紀著名的作家及哲學家。透過了阿威羅伊等穆斯林學者的評注，歐洲人看到他們連做夢也未曾想到過的知識領域突然被揭示出來。亞里斯多德成了獨一無二的哲學家，成了宗教以外的一切知識領域無與倫比的權威。

歐洲人的頭號問題是如何領會亞里斯多德龐大的思想內容，或者用較爲通俗的話來說，是如何吸收希臘和阿拉伯的學問，使之與基督教的信仰相一致。各個大學及其「經院」哲學家或「教師」履行了這一有益的社會職能。最傑出的經院哲學家是多瑪斯·阿奎那，他是義大利神學家，同時代人由於他講話慢條斯理、字斟句酌而稱之爲「啞巴公牛」。他的主要著作被恰當地稱爲《神學大全》，是一部百科全書。

西元前500年～西元1300年大事年表	
西元前500年～前300年	古典希臘文明有創造力的年代：柏拉圖、亞里斯多德
西元前46年	羅馬共和國征服希臘
西元前45～前31年	羅馬共和國演變爲羅馬帝國
約西元26～29年	耶穌活躍於巴勒斯坦；創建基督教

西元前500年～西元1300年大事年表	
306～337年	羅馬皇帝君士坦丁執政；容許基督教
約420年	聖・奧古斯丁著《上帝之城》
476年	羅馬帝國在西方的結束
450～750年	羅馬天主教會在西歐贏得信徒和影響
610～632年	先知穆罕默德講授新宗教伊斯蘭教
635～750年	伊斯蘭教在中東、北非和西班牙傳播擴展
800年	查理曼皇帝加冕；查理曼帝國
1000～1200年	歐洲農業的改進和城鎮的興起
1054年	羅馬天主教會的分裂和東正教
1095～1099年	在巴勒斯坦的第一次十字軍
1100～1200年	阿拉伯和希臘科學進入歐洲文化
1147～1221年	第二次至第五次的十字軍東征
1198～1216年	英諾森三世教皇：中世紀教皇統治的頂峰
1100～1300年	大學和經院哲學的發展
1267～1273年	多瑪斯・阿奎那著《神學大全》

多瑪斯・阿奎那主要的成就是他論證信仰和理性不能處於衝突之中。他把

圖1-9　聖安東尼和聖保羅的相遇

作者：沙塞塔（義大利人，一三九二～一四五〇年）

本畫傳達了抽象的中世紀思想，並不試圖描繪特定個人的肖像。他們都是典型的聖徒，帶著表明是聖人的光環。聖安東尼三處出現於畫面：單獨步行、向半馬半人的怪人說教，和擁抱聖保羅。森林和山丘代表著樹木或泥土的概念，但是這些自然的代表物並無物質的特徵。（Workshop of Sassetta & Sassetta, The Meeting of St. Anthony and St. Paul, Samuel H. Kress Collection, ©2000 Board of Trustees, National Gallery of Art, Washington D.C.）

理性釋為一種嚴謹的邏輯方法，使用的是精確的詞句和概念，如果前提被接受，就能逐步推理出緊接而來的和必然會來的事物。他的哲學被歸入「實在論」範疇。中世紀時的這個詞與今天普通習慣用法不同。中世紀哲學家認為一般概念比個別更「實在」，即「人」要比這個、那個男人或女人更「實在」；「法」也一樣，要比這個、那個的個別法律更實在，更有約束力。他從他認為是上帝、人、法律、理性和一般實體的本原東西中，推出自己的哲學。他教授一種宇宙和社會的等級觀念，這個等級系統的頂端就是上帝。而這個等級系統中的一切事物和一切人都按一個由上至下的次序隸屬於上帝，每個人都得履行其地位和本性所確定的任務。這種理論著重強調各種抽象觀念的優越實在性，使中世紀的人在攻擊個別教士之時仍能堅定不移地信仰教會，在譴責歷代教皇為惡棍時仍能相信教皇的統治，以及能夠毫無困難地接受神祕的聖餐變體論，即宣布看起來和嘗起來公認像麵包和酒的東西是實實在在的內在實體，是基督的軀體。

圖1-10　多瑪斯・阿奎那

作者：弗拉・巴特勒莫（義大利人，一四七二～一五一七年）

多瑪斯・阿奎那在他的經院神學中將亞里斯多德的學識與基督教信仰相結合，因而贏得天主教會的永久尊敬（和聖徒身分），還得到諸如弗拉・巴特勒莫等畫家在藝術上的認同。（Nicolo Orsi Battaglini/Art Resource, NY）

由多瑪斯・阿奎那所完善起來的經院哲學並不十分有利於自然科學的成長，因為它強調內部的實在，從而轉移了人們對具體事物的實際細節和情況的注意力。另一方面，經院哲學也奠定了隨後歐洲思想賴以建立的基礎。它使歐洲人養成極其嚴格而精細的作風，甚至達到吹毛求疵的地步。它要求訓練有素的思維。它使世界無損於理性。如果對歷史可做出有把握的概括，那麼可以說，任何相信理性會威脅自己基礎的社會一定會壓制理性。在阿奎那時代，有人說亞里斯多德和阿拉伯人是異教徒，他們的危險影響必須予以肅清。他們警告說，任何關於信仰的推論都是削弱信仰的一種形式。而阿奎那認為，信仰不會受到理性危害的觀點，故給予思想家進行思想的自由。

十字軍，新的入侵，到一三〇〇年時的歐洲

與此同時，歐洲正在擴張。十一世紀，歐洲對伊斯蘭發動了進攻，整個拉丁基督世界都投入十字軍遠征。戰爭本身從屬於宗教的目的。

在這些遠征中，最具野心、最難以忘懷而又最不順利的就是十字軍力圖收復聖地之戰。第一次十字軍遠征是教皇烏爾班二世在一〇九五年所發動，他希望放出好鬥的貴族和異教徒作戰，以此推進上帝的和平事業，同時締造一種由教皇領導的世界性事業。收復聖地的幾次十字軍遠征取得了多方面的成就，但有時也可悲地偏離了原來的宗教目的，斷斷續續地進行了兩百年之久。正是由於義大利在地中海航運的發展、治理較爲有方的封建君主國的興起，以及泛歐共同目標感的日益增強，當時才有可能將衆多軍隊集結起來，調往遠方。但是此類十字軍的動機，尤其在開始時，大部分來自一股使貴族和平民投身十字軍軍隊的宗教熱情。這種狂熱助燃了對整個穆斯林人口的極端暴行，諸如在安提阿和耶路撒冷那些城市裡一般，而且推波助瀾了歐洲內部對猶太團體的野蠻、致命攻擊。然而同時，十字軍也使歐洲對自己宗教領域和小市鎮經濟之外的世界有了一個新的認識。史學家爭辯說，十字軍在中世紀與阿拉伯社會接觸，促進以後的經濟發展和西方世界一個新文化實體的出現。雖然這爭辯指出十字軍的重要成果，但這次反伊斯蘭運動是出自歐洲本身經濟和軍事實力的增長，這一事實也是清楚的。拉丁基督教徒占領巴勒斯坦和敘利亞的部分地區達一個世紀之久，但到十三世紀，他們就不得不撤退，仍舊讓給了穆斯林。

其他幾次的十字軍東征取得了較爲持久的成果。一一〇〇年左右，一支諾曼第人戰勝阿拉伯人，占領了西西里。西班牙北部山區的伊比利亞基督徒與摩爾人進行了兩個世紀之久的收復失地之戰。到一二五〇年，他們奠定了葡萄牙、萊昂、卡斯提爾、阿拉貢和瓦倫西亞各基督教王國的疆域，只把最南部的格拉納達留給穆斯林，但在晚些時候，於一四九二年又征服了格拉納達。在法國南部，十三世紀發生了一場鎮壓異教徒阿爾比派的十字軍運動，這些人本來信仰基督，但卻走上了離經叛道的邪路。對殘餘的歐洲異教徒（這些人對宗教信仰一無所知，其中少數人還住在歐洲東北部）也發動了幾次十字軍征討。原在聖地戰爭中組成的一個軍事—宗教騎士團體——條頓騎士團，把自己的作戰行動轉向北方，並且將基督教和拉丁西方文明帶到了原始的普魯士和東波羅的海地區。

一二五〇年左右出現了一場來自亞洲、新的入侵威脅。如同匈奴人在五世紀突然從亞洲湧入，以及馬扎爾人在九世紀兀然崛起一樣，韃靼人出現於十三世紀，緊接著在十四世紀便是鄂圖曼土耳其人。我們將要談到土耳其人怎樣長

期不斷地威逼著中歐。但總體來看，到十三世紀，歐洲已經有能力進行抵抗了。在那之前，歐洲一直是敞開的，是一個遠離中心、落後而人煙稀少的歐亞大陸的突出部分。它在遙遠的過去原就是向到處流浪的印歐人敞開的，後來又向羅馬帝國的征服者、日耳曼野蠻人、匈奴人、馬扎爾人敞開，部分地區更曾向阿拉伯人敞開過。所有這些人都被同化了。他們的血液流入歐洲人的血管。在精神上，他們因受到下列種種影響而被同化：羅馬教會、拉丁語、共同的封建制度、君主制、城鎮自由生活、議會制度以及學校教育等。這一切，猶如一張無縫的網路，從英格蘭擴展到西西里，從葡萄牙延伸到波蘭。

到一三〇〇年，「歐洲的興起」已是既成事實。希臘—羅馬世界曾一分為三，第三部分在西元七〇〇年仍處於孤立和分割的狀態，此時雖已經過六百年，並且有了自己的文明，但仍然與伊斯蘭、拜占庭、印度和中國一樣是世界幾種偉大文化之一。它算不上出類拔萃。例如中華帝國，早在十三世紀就擁有

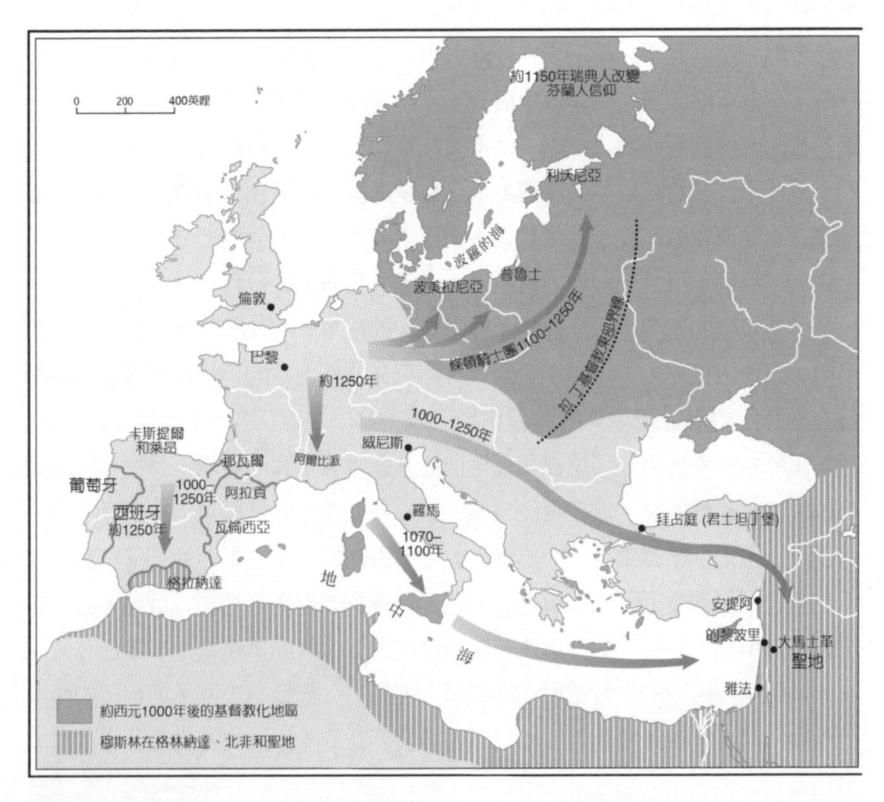

圖1-11　十字軍活動，一一〇〇至一二五〇年

直到約一二五〇年，中世紀基督教都在地理上擴展。顏色較深的區域是西元一〇〇〇年前後不久被基督教化的地區。箭頭所指是有組織的軍事宗教擴展，到一二五〇年已覆蓋了穆斯林控制的西班牙大部分地區，但在聖地巴勒斯坦未能成功。年代是大約數，極為粗略。

一些人口達百萬以上的城市。那時中國有富裕的商人階級，有巨大的紡織製造業，以及年產十萬噸以上的煉鐵工業，並且還專心致志地發展藝術和科學。中國政府實行中央集權制，而且組織龐大複雜；政府發行紙幣，通過競爭性考試來錄用文官。儘管沒有一套拼音字母，使用的是幾千個方塊字，使得文化難以廣泛傳播，但是宗教、技術和農業方面的書籍，甚至包括整部多卷的百科全書均大量印行。威尼斯的馬可波羅在一二七五至一二九二年間曾住在中國，他被當時的所見所聞搞得眼花繚亂。

許多人會問，爲什麼中國沒有像歐洲在那幾個世紀中一樣，產生出最終能導致現代科學和工業社會的各種力量呢？客觀事實給予的答案是，僅有如馬可波羅這樣的歐洲人到過中國，而不是中國人去過歐洲。發明印刷術的是中國人，但是藉由印刷書籍而引起變革的卻是歐洲人。中國人懂得火藥，而歐洲人發明了槍炮。中國商船在十二世紀就與印度通商，然而不求盈利。在十五世紀，即一四〇五至一四三三年間，明朝皇帝發動了七次大規模遠洋探險，由其

圖1-12　歐洲人以他們的十字軍軍隊而自豪，從這幅第一次十字軍於一〇九八年征服安提阿的中世紀圖畫中可以反映出來。（Art Resource, NY）

海軍將軍鄭和率領。遠航部隊歷經東南亞、印度、波斯灣和東非的多個港口，在承認皇帝的權力和威信的交易中互換禮物。但皇帝與他的顧問最後卻終止了整個探險行動。中國在海外貿易機會面前後退了，轉而向內，致力於陸地邊界的保護和擴張，直至最近再沒有進行過類似的遠征，或派船遠航至未知的海域。而歐洲人卻從事發展與印度間的貿易，並穿越大西洋發現美洲。不知出於何因，歐洲人就是更富有進取心和好動，或許是由於歐洲不像中國有一個獨攬一切的皇帝，相反的，它有許多相互競爭的國王、領主和市鎮。由於宗教、教會和國家分離，在歐洲，人們考慮如何處理生活等問題時，是比中國更少依賴政治權力的。歐洲是一片混亂，充滿各種矛盾：各個國王之間的對峙和戰爭、國王與其貴族間的爭吵、教會和國家間的爭端、領主和其農夫間的衝突。在這種混亂狀態下，歐洲同時也存在一種自由，存在一種促進變化的推動力。

一三〇〇年的歐洲文明絕非「現代」社會，但在歐洲土地上產生的古代和中世紀文化，創造了對現代世界史最新時期還保有影響的各種機構和傳統。到一三〇〇年，歐洲人民之間出現了相互分離（有時是相互競爭）的教會機構和國家機構，它們控制著不斷增長的人口；出現了促進城市商業與長途貿易的經濟機構；出現了編撰和修訂法律的司法和議會組織；還出現了教授或再界定他們知識傳統的大學。這些傳統包括普遍而持久的基督信仰，但古代基督教信仰遭到其他古代傳統，如詭辯、哲學和理性的探究等的挑戰、修正與擴大。所有這些都有助於今日稱之為早期現代歷史的出現。

第二章

西方基督教世界的動亂，一三〇〇～一五六〇年

社會從傳統形式轉向較爲現代形式的過渡時期，一切古代文明都必須重新審查它們的宗教基礎。今天我們仍可看到這一過程到處都在進行：中國人重新考慮孔夫子的古老學說；穆斯林們進行的一些活動，比《古蘭經》所記載的活動更爲廣泛；印度各民族力圖建立一種社會，使歷史相沿的印度教習俗不再是主宰一切的模式。各民族沒有必要拋棄他們祖先的宗教。對先人的宗教，也許會再次加以肯定，但他們也試圖使自己適應現代經濟和政治環境，並留個周旋空間，以便從事新的非宗教的愛好。在宗教領域以外開展形形色色的活動，這一過程被稱之爲「世俗化」。

拉丁基督教地區是世界各大主要宗教文化地區中首先「世俗化」的。從長遠的觀點看來，歐洲文明在諸如自然科學和工業技術、軍事和經濟力量等方面，都極少與基督教相聯繫。事實證明，非歐洲世界最樂意接受這些方面的文明。如果當代最終已產生一種堪稱爲世界文明的東西，那是因爲世界各大傳統文化日益世俗化的結果。雖經常受到現代世界流行宗教運動的挑戰，這種人類文化的世俗化在現代世界歷史方面仍然是一個主要的趨勢。這一趨勢始於中世紀末的歐洲。

歐洲到十三世紀起變得遼闊而昌盛，但不久後，一系列災難接踵而至。蒙古人大約在一二四〇年後征服俄羅斯，占領長達兩百年之久。發源於中亞的鄂圖曼土耳其人入侵拜占庭帝國，在一三八九年科索沃戰役中打垮中世紀的塞爾維亞共和國，將勢力擴展到巴爾幹半島各國，並於一四五三年攻占君士坦丁堡。歐洲東部的基督徒仍繼續存在，但處於外國政治統治之下。從波蘭和匈牙利延伸到大西洋的拉丁基督教世界雖巍然屹立，卻困難重重。教皇和羅馬天主教會的權威遭受質疑，爾後，更出現各種新教教會。整個中世紀文明的宗教統一消失了，與宗教傳統並行不悖或超出宗教傳統的各種新興勢力相繼出現。在政府、法律、哲學、科學、藝術、物質和經濟等方面，人們不如以往那樣尊重基督教準則了。權力、勳位、美女、財富、知識和駕馭自然，成爲人們心目中值得嚮往的東西。

在這個衰敗和復興、宗教革命和世俗化混雜的時期，早期現代歐洲世界的社會、政治和文化生活逐步從中世紀基督教世界中演變出來。

十四世紀的災難

黑死病及其後果

十四世紀期間，完全出人意料的是，歐洲近一半的人口突然死亡了。我們雖不能確切知道中世紀歐洲究竟有多少人口，但歐洲的總人口數卻從一三〇〇年近七千萬人，降到一四〇〇年的四千五百萬。有些人是死於一三〇〇年後零星出現的地方性饑荒，然而，最大的屠夫卻是淋巴腺鼠疫，即黑死病，它於一三四八年首次襲擊歐洲。鼠疫準確的醫學根源仍存在很大爭論，大多數歷史學家相信它是老鼠引起的，但這個理論無法解釋傳染病爲什麼如此迅速地橫掃歐洲？面對生活在齧齒動物身上的桿菌時，爲什麼會有那麼多人變得如此脆弱？雖然仍不能確定其生理學來源，但歷史學家都同意，鼠疫對歐洲社會生活產生決定性的後果。由於鼠疫多次流行，間隔時間不定，無法預見，它不僅消滅老年人，也消滅年輕人，從而破壞了婚姻和家庭生活，使歐洲多年無法重新達到以前的人口水平。有些地方，整個村莊都消失了。大片耕地由於缺乏強壯男女耕作而荒蕪了。城鎮特別容易遭到襲擊，因爲傳染病透過城牆內密集居住的人口而迅速蔓延。貿易來往遭到堵塞；物價、工資和收入浮動不定；饑荒使挨餓者更易染病喪生，而死於鼠疫者又使饑荒蔓延。活著的人忙於埋葬死者，對自己的前途憂心忡忡。

於是，產生了一些直接的社會和政治影響。對倖存者來說，至少有些好處：勞力不足，可以指望較高的工資。另一方面，處於普遍混亂狀態下的許多窮人，由於地主和城市雇主也大批死亡而失業，到處流浪行乞。上層階級通過政府立法，力圖控制工資和物價。不少市鎮，特別是在法蘭德斯，爆發了勞工起義。歐洲許多地方都有大規模的農民起義。在法國，農民起義叫做「札克雷」（來源於「札克」這個詞，它是一個農民的綽號），首次起義發生於一三五八年。在英國，類似的大規模起義則是一三八一年發生的，被稱爲瓦特．泰勒起義。有時，這些農民運動的發言人超出眼前不滿的範圍，提出整個廣泛的社會問題，詢問爲什麼有些人會富有，而另一些人卻貧窮。政府和上層階級對這種威脅報以殘酷的鎮壓。農民一般都返鄉重操舊業。然而，由於經濟和人口的潛在力量不斷引起作用，至少從長遠觀點看來，農村勞動者獲得了某些利益。地主或封建階級爲了他們的采邑能完成農事和保證收入，不得不提供更爲寬厚的條件，例如，給予各戶農民終身租佃權，以換取定額貨幣地租。隨著歲月流逝，許多農民的租地成爲世襲租地，貨幣貶值卻日甚一日，以致於若用先令支付的地租錢，在一四〇〇年是一筆可觀的數額，但到了一六〇〇年，對農業勞動者來說，已不算是什麼負擔了。一個小農財產所有者階級，事實上已經開始在歐洲大部分地區出現。

十一世紀以後，國王們在反對教會和封建領主的鬥爭中鞏固了自己的地位，但由於十四世紀一連串的災難，他們也遇到許多棘手的難題。儘管死亡把臣民減去許多，但他們還是需要維持自己的政府，滿足自己的野心。各國國王

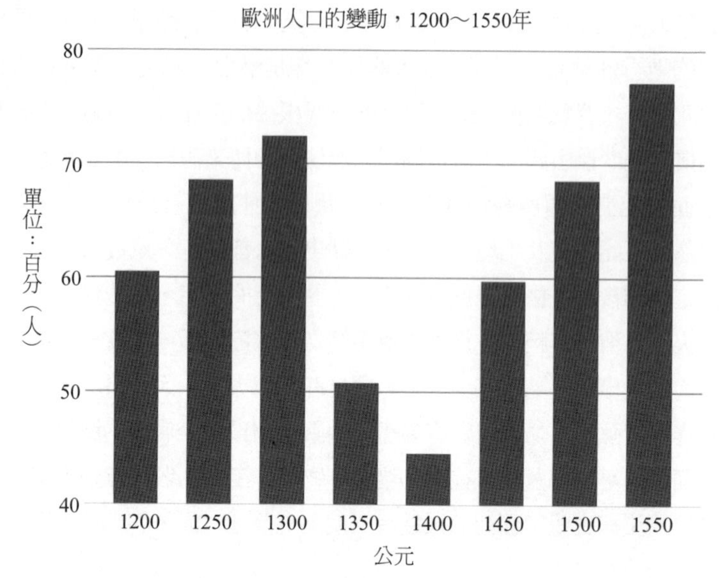

資料來源：M. K. Bennett, *The World's Food* (New York: Harper, 1954).

圖2-1　這張圖表顯示了一二〇〇年後歐洲人口的增長、十四世紀黑死病的災難性影響，以及十五世紀早期以後歐洲人口的再次增長。

雇用皇家步兵軍隊來防止封建領主可能再度起來叛亂，已成爲司空見慣之事。爲此，他們必須增加收入，於是巧立名目，弄出各式各樣提高王室揮霍能力的方法。通貨貶值就是一例，國王下令將一定重量的金或銀分割成爲更多的貨幣單位。這樣，國王雖暫時擁有更多的貨幣，卻導致通貨膨脹和物價飛漲，亦即上述的貨幣日益貶值。此外是加收新稅。一三〇〇年左右，英國和法國的國王都著手對各自王國的教士徵稅，而這兩個國家的教士都是殷實的土地所有者。國王對大貴族地主和城市商人也提出了越來越高的要求，然而這些要求不是遭到拒絕，就是被迫在代議制機構裡進行討價還價（代議制機構的來源在上一章已經敘述過）。所以十四世紀，尤其是十五世紀，人們稱之爲中世紀議會的「黃金時代」。

西元一三三七年，英國與法國之間開始了百年戰爭。每一次戰鬥都是在法國進行的。法國國內四分五裂，有些地區（如亞奎丹）長期附屬於英國王室底下。法國遭到英國士兵及追隨英國的法國人搶劫蹂躪，一直到貞德[1]領導下，法國部隊才開始取得軍事勝利。貞德是一位年輕婦女，被教會控以異教巫術之罪，於一四三一年在盧昂被燒死。這場長期而又時斷時續的戰爭，在英國沒有引起多大的分裂。使用大弓的英國士兵擊敗了騎馬的法國騎士，英國由此產生一種民眾的愛國主義。由於打仗需要花量大量金錢，國會遂擴大了自己的權力，加上大貴族也越發難以駕馭。一三九九年，他們廢黜了理查二世，爾後在不時爲蘇格蘭入侵和威爾斯起義所打斷的混亂中，彼此爭吵不休。到了十五世紀，混亂狀態更爲嚴重。公爵、伯爵及其追隨者組織私人軍隊，大動干戈；他們公然對抗皇家法庭，威脅陪審團，利用國會和政府來徇私舞弊，盤剝農民。從一四五〇年一直到一四八五年，英國一直爲上層階級的玫瑰戰爭騷亂所困擾。它之所以在歷史上被稱爲玫瑰戰爭，是因爲對立的貴族派系採用紅白玫瑰做爲其標誌。

中世紀教會的各種糾紛

在這個時期，相同的災難折磨著教會。一三〇〇年，權力集中於教皇的中世紀盛期的教會，正處於鼎盛時期。然而，正是教會的那些成就使它本身遭到削弱。它面臨困擾著各個成功機構（試舉現代的例子來說，如政體或大學）的危險，即信任危機，就是認爲某機構的存在無非是爲了主持事務的那些人謀取私利而已。居於最高地位的羅馬教皇最易受到這種危險的威脅。它已經「腐朽」，尸位素餐，聽不到公衆輿論，被一種自存不泯的官僚主義所左右。它沒有能力進行自我改革，也不願意讓任何人來改革。

英國的愛德華一世和法國的「公正王」菲利普兩人，在十三世紀九〇年代，向屬於大修道院、主教管區和教會其他機構的地主莊園徵稅。教皇鮑尼法斯八世則禁止世俗統治者向教士徵稅。在一場辯論中，他於一三〇二年頒布一道著名的教皇訓令——《至一至聖詔書》。這是所有堅持教皇擁有至高無上權力的主張中最爲極端者，它宣布羅馬教會以外不存在靈魂的拯救，「每一個人」都是「隸屬於羅馬教皇的」。[2]法國國王進行回擊，派兵逮捕鮑尼法斯。鮑尼法斯不久後去世了。由於法國對紅衣主教團的影響，選出一位從屬於菲利普的教皇。於是教皇偕同其聖職人員定居萊茵河下游，在法國邊界上的亞維儂建立教皇教廷，從而開始了對教會的「巴比倫之囚」。歐洲其他地區在整個世紀中都把亞維儂的教皇看成是法國的工具；做爲一個世界機構，教皇統治的威望已黯然失色。

爲了糾正這種狀況，曾經做過一些嘗試，卻使事情變得更糟。一三七八年，紅衣主教團內部分裂成反法和親法的兩派，選出兩位教皇。兩人都同樣合法，都是由紅衣主教團選舉產生，不同的是，一個住在羅馬，一個住在亞維儂，而且誰都不願辭職。法國人和他們的支持者承認亞維儂教皇，英國和德意志的大部分地區則承認羅馬教皇，兩個派系共存了四十多年。大分裂導致西方出現兩個教會，它們彼此疏遠。

教皇統治從來沒有在「囚禁」和「分裂」的年代那樣注重外表的富麗堂皇，亞維儂的教皇教廷比各國國王的宮廷更爲豪華。教皇的官員人數不斷擴增，他們無視於各種嚴重的問題，忙於辦理日常瑣事。教皇的收入在增長，新的稅收層出不窮，例如「第一年薪俸」，即基督教地區內的一切主教和修道院院長都必須將其機構第一年收入的大部分上交羅馬教皇。自十三世紀起，在歐洲各地向羅馬教廷不斷輸送基金的過程中，一個新的國際銀行家階級開始興起並發達起來。

但是，從未如此奢侈過的教皇統治，自十世紀以來也未發生過像現在這樣的基礎不穩。以前，人民樂於向他們信仰的宗教機構捐獻，羨慕他們所尊敬的教長們的豪華。一三七八年以前，教皇依附法國，然而一三七八年之後，卻出現兩個教皇和兩個支持他們的教會，人們對於教皇統治的揮霍浪費和世俗化的憤懣日益增長。應該記住，所有這一切都發生在被鼠疫弄得滿目瘡痍的歐洲，並且指望日益銳減的人口肩負起這日益沉重的擔子。虔誠的基督徒感到震驚無比。他們承認得到上帝的感化極爲重要，但由於有兩個教皇領導兩個教會，每一個教會都聲稱掌握了彼得的鑰匙，那麼怎能確信哪個教會給予的是眞正的靈魂拯救呢？在一個仍然以宗教居民爲主的社會中，這種宗教的不安全感就成了使人心神不定、驚恐擔憂的根源。

圖2-2　中世紀晚期在鞭笞贖罪者中出現了宗教憂慮的極端表現，這些人在城鎮中漫遊，鞭笞自己以平息神譴。此處是一幅描繪他們列隊行進的十六世紀木刻畫。（Giraudon/Art Resource, NY）

舊的信仰支撐點業已削弱，上帝的憤怒似乎要大量地向人類發洩出來，誰都不知道世界將如何變化，於是出現種種嚴重的神經機能疾病的徵兆。有些人沉溺於狂歡極樂的生活，或是窮奢極欲、放蕩不羈，以尋求慰藉。有的人則心事重重、苦思冥想，探究各種可怖的課題。一些人模仿宗教儀式，鬼鬼祟祟地舉行黑色彌撒，狂熱地希望撫慰魔鬼；而另外一些人則興奮地在墓地上表演死亡舞蹈。鞭笞贖罪團發展迅速，它的會員走街穿巷，兩個對兩個，彼此用鏈條和鞭子互相鞭笞。對宗教的擔憂以及可怕的宗教謊言還在反對猶太人的暴力、謀殺和驅趕運動中發揮作用，十四世紀時它一直蔓延到法國和德國各地。這個時期人們爲令人敬畏的巫術所迷，造成數以千計受騙上當的人（通常是老年婦女）在之後的三個世紀中遭受折磨且被處死。

不滿教會的思想，即是認爲教會不可能是拯救靈魂的眞正途徑或唯一途徑，擴大蔓延到社會各階層。不僅僅是國王們對教士的主張提出質疑，出身微賤的教區牧師因體察普通老百姓的疾苦，也開始懷疑他們上層教士的權力。這些地位低下的牧師中有一個名叫威廉・朗格蘭的人，他在十四世紀六〇年代撰寫《農夫皮爾斯》一書中，把誠實窮人的苦痛與達官貴人的僞善和腐化進行了對比。這種令人不安的思想廣泛地傳播開來。在英國，持有這些觀點的人稱爲羅拉德派。由於眞正的窮人沒有留下什麼史料記載，因而很難確切說明他們的思想包含什麼內容，但是在牛津教書的約翰・威克利夫【3】表達了某些與他們相類似的思想。一三八〇年左右，威克利夫說，眞正的教會毋需煞費苦心地占有財產就可以發揮作用，拯救靈魂也不必有一個組織良好的教會，這是因爲普通而虔誠的人們毋需牧師也能工作，自己閱讀《聖經》就可以獲得靈魂的拯救了（《聖經》是由他翻譯成英文的）。同樣的思想也在中歐波希米亞出現，它的代言人是約翰・胡斯【4】。這些思想在那裡形成一場民族運動，因爲胡斯派既是一個宗教團體，同時又是一個斯拉夫人或捷克人團體，他們反對住在波希米亞的德意志人的霸道。中歐在十五世紀有好幾十年遭到迭起的胡斯戰爭之破壞。羅拉德派、胡斯和威克利夫的思想，都被教會標明爲異教或不可接受的離經叛道的邪說。

那些有影響和有地位的人士並未改奉異教，更不用說去信奉巫術和鞭笞贖罪術了。他們解脫當時困境的辦法是召集一次歐洲範圍的大型教會會議，即全體宗教會議。在會議上，全體基督教徒提出各項改革，強使不情願和彼此對立的兩個教皇貫徹執行。

宗教會議運動

一四〇九年，這場教會會議在比薩召開。拉丁西方各地都派代表出席了會議。會議中宣布廢黜兩個在位的教皇，正式選出另一位新教皇，但是原來的兩位教皇拒絕辭職，因而現在一共有了三位教皇。一四一四年，一個規模更大、與會者更多的會議在康斯坦茨召開。會議的目的有三：結束眼下三個教皇並立的局面、根除異端邪說，以及「在首腦和成員中」（即從上到下）徹底改革教會。改革收效不大。爲了制止異端，約翰・胡斯遭到審訊、定罪並被處以火刑。教會的分裂狀態結束了。三個教皇最後都被說服引退或被迫退位，另選出一位教皇，即馬丁五世。在教皇的領導下，教會終於恢復了統一。

參加康斯坦茨宗教會議的大多數人都希望把全體宗教會議作爲教會常設機構的一部分。然而，馬丁五世當選爲教皇後不久就重申教皇職位的特權。他解散了康斯坦茨宗教會議，否定了它的各項法令。在此後的三十年中，歷屆教皇與各次宗教會議之間，持續進行著一場場意志力的較勁。

在這場權力的鬥爭中，只能採納寥寥可數的改革，且能得以實施的更少得可憐。教會生活日益遭到金錢的腐蝕。誰都不信仰行賄，但是誰都知道許多高級教士（像當時許多高級文官一樣）是會受賄的。買賣教會職務在教規上是一項犯罪行爲，被稱爲「買賣聖職罪」，但在十五世紀，它倒是一項不被禁止的罪行。教士若與情婦住在一起，即使不體面，也被認爲是可以理解的。對此，世俗人的標準並不高。但是，一個主教或其他教士若把有利可圖的教會職位授給自己的兒子（或親屬），那就是濫用職權，搞裙帶關係，但這種現象無法根除。大家都會同意，出售聖恩賺錢，不僅是錯誤的，而且是不可能的，卻在一三〇〇年，鮑尼法斯八世鼓勵頒發「贖罪券」。一個人如果已徹底懺悔自己的罪孽，得到寬恕，並眞正悔改，就可以獲得一張贖罪券，以免受到某些煉獄的世俗懲罰。要得到這樣一張贖罪券，幾乎總得捐上一筆款。事實證明，這種出售贖罪券的做法是最簡便易行的生財之道，不管人們對它如何抱怨不已。

教皇逐漸壓倒宗教會議。當強大的法國教會通過地方民族的安排達到其目的時，宗教會議運動對整個拉丁基督教世界來說已經遭到極大的削弱。一四三八年，高盧（或法國）教會在布爾日的國事詔書中，斷言宗教會議的權力勝過教皇，宣布它的行政機構獨立於羅馬教廷，不再向羅馬交納貢金，禁止教皇干涉法國高級教士的任命。如此，教皇在法國失去影響力，教會會議至上者產生了分裂。一四四九年，隨著巴塞爾宗教會議的解散，宗教會議運動終於結束。一四五〇年，舉行了盛大的五十週年紀念，慶祝教皇的勝利。

於是，威望和行動自由都得到保障的教皇職位，相繼傳給一批有文化素養的紳士，他們是世界性的人物，是符合時代潮流且具有「現代」觀點的人物——文藝復興時期的歷屆著名教皇。有些教皇，例如尼古拉五世（一四四七～一四五五年）或庇護二世（一四五八～一四六四年），都是深有造詣的學者和書籍鑑賞家。有些教皇，如英諾森八世（一四八四～一四九二年），是個和藹可親的人，是第一個在公衆場合與女士們共餐的教皇。亞歷山大六世（一四九二～一五〇三年）出身於西班牙博爾賈家族，他利用職權爲自己的親戚謀取私利，試圖使他的兒子塞薩爾・博爾賈成爲全義大利的統治者；他的女兒盧克蕾西婭・博爾賈則成爲費拉拉公爵夫人，她把文人和藝術家聚集在自己著名的文藝復興庭院內。亞歷山大六世的繼承人尤利烏斯二世（一五〇三～一五一三年）是一個有才能的將軍，利奧十世（一五一三～一五二一年）則是建築家和畫家們極好的庇護人。現在，我們就來談談義大利的文藝復興。在文藝復興時期，此類傑出人物都先後被選入羅馬教廷。

義大利的文藝復興

十五世紀在義大利，特別是在佛羅倫斯，我們不僅看到中世紀種種事物已經衰敗，也看到一種對世界抱有嶄新而又有建設性的觀念出現了。文藝復興是一個法國用語，意爲「再生」，首先採用這個名稱的是那些把中世紀視爲黑暗時代的人，他們主張擺脫這種時代，喚醒人類的精神。所謂「再生」，就是相信在經過一個漫長的中斷時期以後，人們眼下該是繼續和恢復那種類似希臘—羅馬文明的時候了。中世紀的人們認爲，亞里斯多德或西塞羅〔5〕的時代與他們自己所處的時代並無明顯不同。在文藝復興時期，根據一種新的歷史觀念，產生了「現代」和「古代」的概念，這兩個時代被一個生活方式迥然不同的、恰如其分地稱爲中世紀的漫長時期所隔開。

圖2-3　在義大利城鎮中，富人通常是銀行家，他們從事金融兌換事業以賺取錢財。此幅十五世紀的插圖就出現了這種兌換模式。（Scala/Art Resource, NY）

可以列舉幾個實際的特點。歐洲的基本風俗、各種獨特的語言和民族，以及法律、政府和經濟生產上種種集體行動的大結構，統統發端於中世紀。但是，在思想和感情上，文藝復興標誌著一個嶄新的時代，歐洲及其各種風俗追根究柢都得隨之變革。現代自然科學的發端不僅可溯源到文藝復興時期的思想家，更可追溯到中世紀的大學。但是，首先耕耘了其他思想與表現的領域者即義大利。義大利在這些方面對其他國家產生了極爲強烈的影響，前後至少長達兩百年之久。它的影響均涉及高級文化，因而與此有關的人數有限，但卻擴展到以文學和藝術爲代表的整個領域——文學意指各種的文字作品，而藝術則囊括人類技藝的全部成果。義大利文藝復興的影響，雖然隨著時光的流逝大爲減弱，但是直到二十世紀初葉「現代」藝術革命之前，在歐美的各種書籍、畫廊，以及許多城市的建築物上，仍然是很明顯的。這些影響涉及整個文化領域，既非神學，又非自然科學，主要與道德和市民的問題有關，提出了「人應該是什麼樣的」和「應該做什麼」，並且在人們的愛好、作風、舉止、禮貌、個人品格和教育上都得到反映。特別應該提到，在義大利文藝復興時期中，首次出現了一種幾乎是純粹的世俗觀念。主要的思想家們看來，人生已不再是爲尋求來世歸宿的一個短暫準備階段。

義大利城市和「人」的新概念

由於貿易多集中於地中海地區，故義大利的市鎮爲中世紀的歐洲市鎮中最大和最興旺的市鎮。義大利的手工藝包括許多精細的行業，如金匠、石雕匠等，這些行業的工匠對手藝精益求精，致使工藝變成一門藝術，而且，在各階層居民中，以美爲樂已成爲共同的愛好。商人們做生意發了財，把錢借給教皇和諸侯，然後像銀行家般更加發財。他們對金錢和賺錢不怎麼感興趣，但渴求金錢可以買到的精美物品和心理上的滿足，故他們購買昂貴的手工藝商品。

各市鎮都是獨立的城邦，並沒有一個統一的政府，而且在好幾個世代中，教皇們不是外出到亞維儂，就是忙於大分裂所引起的爭端，以致於羅馬的影響變得無足輕重。商人寡頭集團在各自的城市中享有無拘無束的活動天地，在這

圖2-4　兩位羊毛商人展示其貨物和成袋的羊毛。本插圖載於一四九二年一本論算術的書上，顯示了當時是阿拉伯和羅馬數字同時使用。（Biblioteca Riccardiana, Florence）

裡，他們追求的利益遠不止於商業上的。在類似米蘭的地方，他們不是屈從於當地的諸侯或君主，就是與其合作。在其他地方，如佛羅倫斯、威尼斯和熱那亞等市鎮，他們繼續像管理共和國一樣管理自己的一切。在爭奪公職、鎮壓民衆起義或爭取民心、慷慨解囊以興建公共工程、締結同盟、雇傭軍隊、智勝對手和指導國家事務等方面，他們均頗有經驗。總之，義大利提供了一種適宜的環境，使人類個性的許多方面都可得到發展。

所有這一切，在托斯卡尼的主要城市——佛羅倫斯中表現得最爲典型，它在中世紀晚期從羊毛生產中變得富有。十五世紀時，它擁有六萬左右人口，與其他義大利城市相比，僅是個中等規模的城市。但是，佛羅倫斯與古代的雅典一樣，在很短的時期內，天才人物輩出，非同凡響。從但丁【6】、佩脫拉克【7】和薄伽丘【8】（他們全都在一三七五年前去世）到馬基維利【9】時期（他一直活到一五二七年），義大利文藝復興的許多領導人物都是佛羅倫斯人。佛羅倫斯也類似雅典，爾後不僅喪失了創造力，也喪失了自己的共和自由。它的歷史可以扼要歸結爲梅迪奇家族的歷史。這個家族財富的奠基人是喬凡尼（死於一四二九年），他是佛羅倫斯的商人和銀行家。他的兒子科西莫·

圖2-5 這一行進的隊伍是貝諾佐·戈佐利一四六九年為梅迪奇小教堂所作的壁畫的一部分。雖然壁畫標題的意思為「三王赴伯利恆」，但它實際上表現了十五世紀佛羅倫斯的重要人物。科西莫·德·梅迪奇騎在白馬上，後面跟著一大群支持者。（Scala/Art Resource, NY）

德・梅迪奇與民衆結盟，反對共和國的某些執政家族，不久他自己成了非官方的統治者。科西莫的孫子，偉大的洛倫佐也運用他的巨額財富進行統治，但他還是一位詩人、鑑賞家，並且對藝術與學術給予慷慨贊助，而爲世人銘記。隨後的十六世紀，托斯卡尼成爲大公爵的領地，梅迪奇家族於一七三七年消亡以前，一直是這個領地的世襲公爵。由此可見，他們有著鞏固的地位，許多紅衣主教和兩位教皇均出自這個家族，另外還有兩位梅迪奇家族女子成了法國皇后。

在這樣的環境之下，義大利興起的正是關於「人」本身的新概念。這個世界已經令人激奮不已，沒有必要再去考慮來世了。人們產生的疑竇是：那種平靜、遁世或獨身的生活是否就比充滿活力的群居生活或家庭生活，乃至紛亂和冒險的生活更勝一籌呢？要叫人相信「教士比俗人好」，或是生活會導致嚴峻上帝的最後審判，這是很困難的。認爲人的意志和智力會將人引入歧途，似乎是一種陰鬱的教義。而人是脆弱的生物，需要上帝的感化和拯救，充其量不過是一種口是心非的說法罷了。強烈吸引文藝復興時期的義大利人，則是認爲人具有巨大的能力這一觀念。

從前，所謂的理想是崇尚清心寡欲，在一定程度上鄙棄塵世煩惱。此時，珍惜的還是塵世生活。從前，貧窮備受尊敬，至少在基督教義上是如此。現在，反而對正當享有財富讚頌不已。過去，人們愛慕的是一種苦思冥想或沉思隱居的生活。此時，人文主義者李奧納多・布魯尼[10]在一四三三年竟能寫道：「人類的整個光榮在於活動。」誠然，同一個人經常有著兩種觀念。有時，這些觀念把同一個城市的人分成截然不同的團體。舊的觀念頑強地與新的觀念並存，結果，可能產生心理壓力和市民的衝突。

圖2-6　偉大的洛倫佐・德・麥迪奇在審查一幢別墅的模型。這幢別墅位於佛羅倫斯郊區，約一四八〇年修建。（Scala/Art Resource, NY）

這種尊重人類活動的新觀念使得社會和個人都發生了變化。十五世紀初葉，保持共和形式的城市，如佛羅倫斯，呈現出一種新的市民意識，即社會責任感。爲此目的，人們發現西塞羅和其他古典作家的著述極爲中肯地提出一種不受基督教和中世紀傳統支配的倫理學。同時，還產生了一種之前極爲少見、對偉大古人的個體崇拜，這種崇拜很少關注集體的責任。文藝復興時期的個人主義強調非凡人物的傑出成就（但對婦女則相反，認爲其只能從事家務）。偉大人物在由財富支配的世界上塑造自己的命運，他具有做爲一個人的特性；雖然婦女也可以表現出人的特性，但在當時的社會，這種特性偏於指望出現在最富有進取心的成年男子身上。所謂特性，就是說人有能力獲得多項成功。在藝術上，在戰爭中，或在治理國務中，具有這一特性的人是知道自己正在幹什麼，他量力而行，善於利用時機，在世上不管做什麼都很出色。在藝術方面，這種精神就保存在本韋努托・徹里尼【11】的自傳裡。

這時，在義大利興起的繪畫、雕刻和建築的新形式中，可以看出對人間事物的關注與日俱增。這些藝術也反映出一種日甚一日的世俗觀念，這是不同於中世紀一種新的實在觀念和空間觀念，直至二十世紀早期，它還是歐洲人的思想基礎。空間不再是模糊的、不可知的或神聖的，它是人軀體占有的區域，至少是人可以想像在其中四處移動的區域。所謂實在，是指在此空間中可以看見或觸及的人和物，它們看起來或摸起來，對一切感觸它們的正常人來說都是一樣的，就這一點而言，實在是「客觀」的；表達這種實在則是藝術的職責，手法應使觀看者一見到圖象便認出所畫的事物，而不管畫家如何使之理想化。

建築學反映出各種新的傾向。雖然米蘭的哥德大教堂遲至一三八六年才建立完成，但佛羅倫斯和其他地方的建築師卻喜歡採用希臘—羅馬的設計原則，諸如門窗的對稱安排、古典式的圓柱、拱形和圓屋頂等。更多非宗教性質的公共建築物相繼落成，富有的商人不斷興建堅固的城鎮房屋，風格上體現富麗堂皇或「人」的重要性，使人感到實用和方便，且這類建築物大多增添了花園和陽臺。

中世紀僅用於裝飾教堂的壁龕和大門口的雕塑，此時則以一種獨立的藝術形式出現。雕塑所喜愛的題材是人，此時展現的雕像可使觀看者在其周圍徐步徘徊，從各個方向進行觀賞，從而牢牢地注入人們的內心世界。這些雕像與刻在中世紀教堂上的宗教人物有很大區別。像建築師一樣，揮別過去包袱的雕塑家，在希臘和羅馬的傳統中發現許多適用於他們宗旨的現代物品。他們創作出同時代傑出人物的半身雕像，或時而騎在駿馬上的偉大領袖人物的塑像，或取自希臘—羅馬歷史和神話題材中的人物鑄像。在神話或寓言的題材中運用裸體畫，表現出一種接近希臘傳統而遠離基督教傳統的人性概念。

圖2-7　一個雇傭兵的肖像

作者：吉奧瓦尼・貝里尼（義大利人，一四三〇～一五一六年）

此肖像為文藝復興的個人主義提供了一份強有力的說明。藝術家在此描繪了一個具體的、有堅強意志的人，而不是一種抽象的類型。畫家藉由把描繪物件置於一片黑色和無他物的背景之中，強調物件的獨立和自信。（Giovanni Bellini, Giovanni Emo, Samuel H. Kress Collection, c2000 Board of Trustee, National Gallery of Art, Washington, D.C.）

繪畫較少受到古典畫家們的影響，有賴倖存於世的古代繪畫少得可憐，在文藝復興時期多不為人所知。油畫的發明為藝術開闢了一條新的途徑，商人、教士和諸侯求畫日增。在題材方面，繪畫仍舊是保守的，最常涉及的是有關宗教的主題。新表現在概念和表現手法上，空間感非常明顯。由於出現透視數學，展現空間就與觀測者的眼力有著密切的關係。在某種意義上來說，觀畫者也進入了繪畫世界。通過物體大小的變化來悉心展現相互間的距離，以及使用色彩濃淡或光線明暗的對照手法去加深對物體體積的錯視，從而獲得了立體感（三度空間的效果）。繪製的人物畫像通常置身於色彩鮮明的建築物中，或是身臨山水或風景勝地，背景顯示出林立的城堡或連綿的山丘，似遠若近，構圖上縱橫著一個可知的界限。在這樣的畫面上，每件事物都有確定的時空位置，畫面捕捉和展現的就是現實世界的一角。與早期的宗教畫一樣，畫面的觀念既不必寓意永恆，也不表示個人的幻想或無意識的作用，猶如「超現代派」藝術所表現的那樣，但表現出的是發生在可以理解的環境中為人熟悉的主題，通常蘊含一個敘事內容，即講述一個故事。

由於對人體解剖的仔細研究，畫家與雕刻家一樣，也能表現各種不同的人及其生活態度；臉部表情更為豐富，個性也得到描繪。繪畫不似以往那般，只是象徵符號、對普遍眞理的圖解，而是成為映入眼簾的具體現實事物的畫像。在貝里尼繪製的《一個雇傭兵的肖像》的畫作上，欣賞者可以親眼目睹這位不知名的畫中人具有多麼強烈、眞實和栩栩如生的個性。同樣，許多偉大的宗教畫也都畫上人的形象。在李奧納多・達文西的《最後的晚餐》中，基督耶穌和他的門徒看起來就像一群各自有自己個性的普通人；拉斐爾的《聖母瑪利亞》似乎就是一位年輕的義大利婦女，而在米開朗基羅的各種非凡的雕像中，人的屬性浸滲天庭。

人文主義：「文學」的誕生

由於對人道文學的興趣日益增長，義大利文藝復興時期的文學運動被稱爲人文主義。的確，中世紀後期產生許多著作，其中不少著作，如神學、哲學、法律，都有專業性的特點；有些著作旨在傳授知識，例如各種編年史、歷史專著以及自然世界圖說等。那時業已創作出偉大的讚美詩；大學校園到處可聽到輕快的學生歌曲；大教堂上演戲劇；亞瑟王【12】和羅蘭【13】的古老傳說被記錄下來；偶爾也有僧侶嘗試撰寫長篇敘事詩。可是，一種新型的文學和文化首次出現在十四和十五世紀的義大利。一個把寫作視爲自己畢生事業的新社會階層，爲他們自己或稍多的一群人寫作，他們利用寫作來論述普遍性的問題，審查自己的內心世界，解決自己的難題，使用言詞來獲得藝術的效果，或純粹爲了取悅讀者。幾乎所有的作家都是男性，但也有極少量婦女進入這個新文學文化的潮流。例如克莉絲汀・德・比桑的著作在十五世紀初期就將人道主義的主題於法國傳播開來（她的家庭還因此從義大利遷至法國），顯示了婦女也可參與歐洲知識生活的討論。

義大利人文主義者像他們的前輩一樣，以拉丁文寫成許多著作。與早期文人的不同之處在於他們大都不是教士。他們抱怨拉丁文已成爲僧侶的、粗野的、「經院」的語言，變成學校和大學的行話，因而喜歡採用一種西塞羅或李維【14】的古典式語言。中世紀的拉丁文是一種具有新意的活語言，富有生氣，許多辭彙已轉化爲英語和羅曼語，成爲十分標準的詞句。然而，在古代作家的著作中，人文主義者發現了中世紀著作所沒有的特性。他們發現一系列新的愛好、新的情感，一種涉及政治和公民問題的議論，一個沒有落入宗教信仰框框的世界。此外，希臘人和羅馬人無疑講究風格——注意形式，追求雅致和警句。他們也時常爲各種現實目的而寫作，如寫下旨在勸世的對話、演說及論文等。

如果說人文主義者因此而發起一個崇古運動，那是由於他們看到其中有與自己相仿的精神。他們感到有一種與自己時代有關的東西。在中世紀從未完全銷聲匿跡的古典風格，此時又做爲一種主要力量，重新進入歐洲的高級文明。人文主義者把他們的拉丁文變得相當優美，並且越來越加強對希臘文的學習。

他們竭力蒐集尚無人知曉的古典文本，果然找到許多；當然，那是以前歷代僧侶們抄寫和保存下來的。

但是，當以整個歐洲通用的拉丁文來寫作被視爲格外有尊嚴時，許多人文主義者仍以義大利文寫作。更確切地說，他們使用的是佛羅倫斯流行的方言，這也是《神曲》中但丁所用的語言。除這首浩瀚長詩外，人文主義者此時增加許多用佛羅倫斯語或托斯卡尼語散文體撰寫的著作。結果，佛羅倫斯方言成爲現代義大利語的標準語。一種歐洲地方語言，即與拉丁文相對的普通口語，在多種多樣的方言中標準化，而且在結構和辭彙上均適合書面語言更爲複雜的需要。這種情形是第一次發生。法語和英語不久也標準化了，其他歐洲國家的語言稍後也大多如此。

圖2-8　此畫中的三人是一四九〇年左右佛羅倫斯的人文主義者。他們出現在藝術家多明尼克．基蘭達約為一座禮拜堂所畫的較大型作品上。基蘭達約追隨典型的文藝復興慣例，運用宗教故事或事件表達世俗主題和思想意識。（Alinari/Art Resource, NY）

佛羅倫斯的流亡者，弗郎西斯克．佩脫拉克一向被稱爲第一位文人。他是商人的兒子，一生走遍了法國和義大利各地。他受過律師的培訓，還當過牧師，後來卻成爲批評這兩種受人尊敬的職業者，斥它們是「繁瑣哲學」。他生於但丁之後，死於一三七四年，爲即將來臨、更充分發展的人文主義開了先聲。他的多卷著作表明了對早期文藝復興複雜而矛盾的態度。他對生活、愛情、美女、旅行以及與宗教界和政界的重要人物往來都深感興趣，但他也能把這一切全蔑視爲短暫而騙人的東西。他熱愛西塞羅，稱讚他見識豐富又致力於政治自由，且在一三四五年發現了西塞羅信件的手稿。他亦熱愛聖．奧古斯丁，稱道他《上帝之城》的來世幻想。但是在西塞羅的著作中，他發現有對宗教的深刻關注。在聖奧古斯丁身上，他看見這位做過主教的人是個有活力的人，是他那時代一名熱心於論戰的作家，更曾告誡人們，對眞正的基督徒來說，世界並不是罪惡的。

佩脫拉克用義大利文寫十四行詩，用拉丁文寫部史詩，還寫過一部反省自己的作品以及一大批信件，他曾清楚表明那些信件也都算爲文學作品。他追求文學的聲望。從這一切，我們看到一個新型的作家，他不僅把語言做爲實際的工具，而且做爲一種分外精細的表達媒介，用以進行沉思、表達沮喪或滿足的情緒、澄清疑慮，並提高自己對生活所提供的各種選擇的判斷能力。簡言之，對佩脫拉克來說，文學已成爲一種職業，也是倫理學方面的事，它雖然仍與宗教有關，但已不再從屬於它。從最廣泛的意義上說，正是倫理學提出了人如何適應於世界、什麼是美好的生活或美好的生活應該是什麼樣子，以及在哪裡才能找到眞正的、根本的生活回報等問題。

佩脫拉克是一個象徵，預示著一些事物即將到來。與他同時代的人薄伽丘也是佛羅倫斯人，以義大利文寫成《十日談》，這是一部故事集，既給人以娛樂，也傳授一些有關人性與行爲的知識。在他們之後，人文主義者的主力隊伍人數很多，但名氣都不如他們。文人開始參與公衆生活，招收門徒、創立學派，充當政府機構或諸侯的祕書，或者本人也擔任官職。人文主義者科盧西奧・薩盧塔蒂就曾於一三七五年成爲佛羅倫斯的執政官。在隨後幾十年期間，佛羅倫斯遭到米蘭人擴張野心的威脅，維斯康蒂家族在米蘭確立了諸侯般的專

圖2-9　此畫為義大利美術家拉維亞・封塔納所作，它表達了對文藝復興晚期家庭生活構成中的各代人及其社會角色的一種讚賞和認同。畫中的人按年齡和性別排列，也因此暗示了每個人與每組人之間不同的身分和命運。（Scala/Art Resource, NY）

制統治。面對這種威脅，出現了一種嶄新而強烈的市民意識。薩盧塔蒂除履行執政官的通常職責外，還用他的筆爲國服務，歌頌佛羅倫斯的自由，把它與遭凱撒破壞以前的古代羅馬共和政體的自由等量齊觀。另外兩名人文主義者，布魯尼和波焦，繼薩盧塔蒂之後成爲執政官。布魯尼寫過一部佛羅倫斯史，與中世紀的各種編年史和紀事史相比較，這部歷史標誌著歷史學上的一種新成就。他把往昔視爲輪廓分明的過去，與現在不同但又相關，並提出一種新的歷史分期。此外，又以李維這樣的古代作家爲榜樣，採用一種流暢的敘事文體，運用歷史來爲現實的政治目的服務，說明佛羅倫斯人具有長期的自由傳統，擁有值得爲反對強鄰威脅而誓死加以捍衛的價值和成就。歷史曾經對希臘人和羅馬人產生過功效，後來在歐洲以至最後在世界其他地區也都保有這種功用，即促使提高一種情感，這種情感尚不屬民族主義性質，而是市民的集體意識或群體同一感。這意味著，歷史喚醒它的讀者投身於承擔義務和參與事務的生活中。

所有這些文學寫作活動都是學術性的，作家們通過這種活動，就像讀書或親身閱歷一般，可以擴大自己的認識。而且，學術活動，即養成悉心研究所寫每一頁的眞正涵義之習慣，取得的成果遠遠超出純文學或地方愛國主義的範圍。此處產生了一種新的批判態度。布魯尼在他的歷史著作中，顯示出務求資料來源可靠的新觀念。羅倫佐・瓦拉成爲校勘學的創始人之一，他具有以歷史觀點看待拉丁文的能力，發現拉丁文的獨特單詞和表達方式隨時代的不同而發生變化。在那不勒斯國王與教皇發生爭論時，他曾用這方面的知識爲那不勒斯國王服務。瓦拉藉由對文件所使用的語言分析，指出君士坦丁捐贈不可能是四世紀君士坦丁時代所寫的，因此屬僞造文件（那時教皇卻以此爲據，提出世俗的要求）。此種學識幫助建立了評估書面文本眞實性的現代方法，也有助於對人類知識範圍和效用的人文樂觀主義之形成。皮科・德拉米蘭朵拉和其他人則尋找基督教《聖經》中未揭示的各方面眞理。他們做爲文人，在書中提出了自己的信仰；但做爲文藝復興時代的人，他們又善於接受任何人所寫的作品。佛羅倫斯科學院有一批人對研究柏拉圖極感興趣。熱情而又學識淵博的年輕人皮科，在一四八六年二十三歲時就寫了九百篇論文，對人類各門知識都提出了公開而詳盡的闡述，這些論文的素材取自「加爾底亞、阿拉伯、希伯來、希臘、埃及和拉丁哲人」的著作。

學校教育、生活風尚和家庭生活

當義大利人文主義對文學、學術和古典作品的研究，以及對現代民族語言的形成都做出許多貢獻的同時，在教育方面同樣也取得實在而持久的效果，它對於所有歐洲文明地區的影響一直保持到當前。中世紀的大學是神學、醫學和法律領域職業訓練的主要場所。除英國外，大學一直將此作為首要職能。後來出現的中等教育——即年輕人在進入大學或「生活」前做好準備的階段——更應歸功於文藝復興。有組織的婦女教育則出現得較晚。一些女孩在家裡或極少的女子小學裡學習，年輕婦女被排拒於人文主義學院和文藝復興的大學之外。

中世紀的學校教育是混亂而重複的——各種年齡的年輕人與一位教師坐在一起，每位年輕人都得在這樣亂糟糟的環境中學習拉丁文文法和辭彙，能掌握多少算多少。文藝復興運動則提出了新作法，按年齡和程度分班級，每班有不同的教室和各自的教師，學生定期升級。拉丁文仍然是主科，不過此時又增加了希臘文。拉丁文學習有許多新的目的。1.使用語言，包括學生的地方語言，為的是傳授與學習技能。2.修辭學就是運用語言來影響他人的藝術，從而加強思想交流。歷史學家兼執政官布魯尼也曾寫過一本討論教育的短篇著作，他說，「單單掌握知識是不夠的，為了有效地運用我們所知道的東西，就必須增添表達的能力」。拉丁文不僅僅是牧師、醫生和政府職員所需要的職業工具；學生學習拉丁文（以及希臘文）是為了能閱讀史詩、抒情詩、演說、信札、歷史、對話以及哲學論文等古代著作，而這些著作為每一代受教育的精英提供實用的教訓，讀者能學習到如何從羅馬共和國的興衰和希臘城邦的動亂中找到相關的歷史教訓。學習古典作品還具有汲取道德力量的能力，培養和諧的個性，塑造性格。人文主義者維多里諾曾說，不可能人人都是顯要人物或天才，但我們大家都面臨著承擔「社會責任」的生活，「大家對出自我們自身的個人影響無不負有責任」。這些目標已經深刻成為現代歐洲教育制度的組成部分。

青年人接受在日常社會生活中要有較文明行為的教育，而在上層階級中個人的風度更受注重。歐洲人的行動一向都像個大孩子，無拘無束，隨地吐痰、打嗝和擤鼻涕，用手指抓食，招惹一下就彼此大罵，或感情受到傷害就大發脾氣——正是文藝復興時期的義大利人率先教導人們要養成較有禮貌的習慣。各種講述禮儀的書籍開始出現，其中最成功的是卡斯蒂利奧內的《廷臣論》（一五二八年）。「廷臣」指的是「紳士」的祖先；「禮貌」原是適合諸侯朝廷的一種行為舉止。

「廷臣」，按照卡斯蒂利奧內的說法，應是出身高貴的人，但主要還是後天訓練的結果。「廷臣」年輕時所受的教育和壯年時所做的努力，都應是為了達到能愉快地與同等人交往的目的。他應衣著整潔，舉止優美，待人接物十分沉著，談吐敏捷，精通體育和武藝，懂得跳舞並能欣賞音樂。而且他應該懂拉丁文和希臘文。對文學和其他學科，他應顯出一定的素養，卻不太過專注，因爲有良好教養的人，說話神情總要「有點漫不經心，以掩飾自己的才藝，並且表明自己說的或做的都是毫不費力或不假思索的」。炫耀學問或心情沉重時都應有一種瀟灑的優越神態，這樣，即使「廷臣」當眞知道或認眞去做某件重大事情時，他也必須只把它當作許多成就中的一項，淡然置之而已。這部禮書的精華在於教給人如何去體諒別人的感情，論及人文主義者的一些道德觀念，旨在倡導現行社會一種值得讚揚的生活。卡斯蒂利奧內的著作被翻譯成許多種文字，到一六〇〇年以前已經印過約一百版。

卡斯蒂利奧內的理想宮廷還包括婦女，她們的文明影響被認爲是可鼓勵男人們有良好舉止、彬彬有禮的交談以及有教養的風度，而這些原本是粗魯的男人很容易忽略的。卡斯蒂利奧內希望男人培養「健壯而堅強的男性氣概」，以平衡宮廷社會中婦女柔和及纖細的傾向。上述特點使人想起文藝復興時期家庭與家事中的性別區分，包括那些遠離諸侯宮廷的家庭。

建立文藝復興時期家庭的婚姻肇始於準新郎新娘家族的仔細談判，他們尋求提高令人尊敬的社會地位，例如在佛羅倫斯，父母特別安排已至十八歲的女兒和更大年歲的男人結婚，後者的經濟與政治聯繫有利於年輕婦女的娘家。佛羅倫斯的男性通常首次婚姻是三十歲，他們在建立新家庭前已在貿易和職業上取得良好進展。這種婚姻也有賴於他們透過婚姻契約所得的嫁妝。不同年齡的丈夫與妻子增強了文藝復興家族的性別區分，男人與他們的職業同輩一起從事公職，多數妻子則在家中撫育子女。文藝復興時期城市的高死亡率顯示婦女通常比其較老的丈夫長命，所以，年輕寡婦被迫撫育孩子和管理家務。青年男子來自家族的新文藝復興學校，在那裡，母親們一般提供他們早年時期最重要的訓練。正如這時期新學校和新學院所教導的，文藝復興教育和習俗在義大利城市有特色的家庭生活中得到發展。

政治與義大利文藝復興

義大利的文藝復興儘管取得許多成就，但既沒有建立任何機構，也沒有提出任何偉大的主張，得以使生活在社會中的人民凝聚起來。的確，歐洲最大的機構是羅馬教會，歐洲人在其中生活了好幾世紀，如果沒有它，人們根本不能想像將如何生活，但在文藝復興時期歷屆教皇的統治下，這個機構卻落到全然無人管理的地步。義大利也沒有發展任何有效的政治制度。佛羅倫斯於十五世紀從一個意氣風發的共和體制轉而接受獨裁的統治。整個義大利半島的商人、銀行家、鑑賞家以及控制城邦的顯貴階層，既無法爲本身而戰，也無法激起市民爲他們而戰。因此，他們雇傭職業的戰鬥人員，雇傭兵隊長是私人武裝隊伍

圖2-10　一四九四年梅迪奇家族被驅逐後，共和政體短暫復興時期中的執政團在磋商發動反對比薩的戰爭。一位復仇女神飄飛在執政官們的頭頂上，代表了文藝復興時期義大利在政治決策上面臨的挑戰。（Alinari/Art Resource, NY）

的首領；這些人與許多城邦簽訂征戰契約，但在發生戰事的過程中卻時常提高價格或改變立場。義大利的政治變成一張錯綜複雜的蜘蛛網，亦成為一座充斥各種陰謀詭計的迷宮和偉人們展示他們個人特色的戲臺。「義大利滑頭」成了當時全歐洲的一句諺語。獨裁者興衰更迭。梅迪奇家族成為佛羅倫斯的公爵，斯福爾札【15】家族成為米蘭的公爵，而在保持共和政體的威尼斯和熱那亞，則由目光短淺的寡頭政治集團掌握政權。這些城邦連同教會轄地好比拳擊場上角逐的拳擊手，他們玩弄手段，謀取上風，維繫在一種撲朔迷離、瞬息即變而又純屬地區性的均勢之中。

義大利的愛國者，或只是所剩寥寥無幾的愛國者，見此種種情形，大失所望。尼古拉・馬基維利就是其中之一，他所寫的《君主論》（一五一三年），是義大利文藝復興時期流傳最久的著作。他幻想有一天他的出生地佛羅倫斯的市民們，甚至整個義大利公民們的表現將會像早期羅馬人一樣：政治上剛強有力；參加公民軍隊爲愛國主義事業而戰；在歐洲面前保持他們的尊嚴。馬基維利只在義大利之外，即阿拉貢的費迪南、法蘭西的路易十一和英國的亨利七世等國王身上找到了他心目中的英雄。馬基維利敬佩他們，因爲他們知道如何行使權力和締造強大的國家。在《君主論》中，他提出關於如何管理國家事務的方法，希望能對義大利起有用效果。他還寫了第一批論述政治的純世俗論文。

中世紀論述政治的著作，例如湯姆．亞奎那以及帕多瓦的馬爾西利奧的著作，在談論某些附屬問題，如正義與權利，或天理與自然法則時，都經常談及上帝對人類政府的意志。馬基維利把所有這些撇在一邊。他把政治從神學和倫理學的束縛下「解放出來」。他著力描述統治者實際做了些什麼。馬基維利說，實際上發生的，僅僅就是有力的統治者和政府按照他們自己的政治利益而採取的行動。他們守信或背信，履約或棄約，寬大或無情，直截了當或躲躲閃閃，媾和或侵略，全以他們對自己政治需要的判斷來轉移。若說這種行爲是壞的，馬基維利並不打算否認，他只堅持認爲，儘管令人遺憾，但這是成功統治者的行爲方式。即便在那個缺乏政治審愼的時代，他也被認爲是過於憤世嫉俗。然而，他以相當的洞察力對這一新時代做出了判斷。在這個時代，政治在事實上日益世俗化，不斷與宗教脫離關係，國家相繼建立起來，國家權力成爲毋需多說即自明的一種目標。

但是，這一時期最成功的國家，正如馬基維利所看到的，不是在義大利。這些國家在歷史上稱爲新君主國，它們擁有實力，並非單憑王侯的權術，而是因爲它們已經享有本國人民一定程度的自發效忠。文藝復興時期，義大利城邦國家並未能維持政府與人民間有限意義上的忠誠。義大利政治成爲個人事務或精英們的把玩之物。而且，正如局外人認識到的，義大利人不但對政治，也對自己城邦國家之間的戰爭失去了興趣。

義大利，這塊伸入地中海的土地，陽光明媚，氣候溫和宜人，擁有繁華熱鬧的城市生活、金融財富以及燦爛的藝術品，但是，它卻無可奈何地敞開門戶，忍受那些來自西班牙和北方等不那麼隨和的民族的劫掠。這些民族擁有能集中人們大規模行動的各種組織機構。在民族君主國興起的一個嶄新時代，義大利的各城邦小得無法與之匹敵。一四九四年，一支法國軍隊越過阿爾卑斯山脈，義大利遂成爲法國和西班牙爭奪的一根肉骨頭。一五二七年，一支沒有紀律的西班牙和德意志雇傭兵，與到處流浪的義大利人聯合起來，襲擊了羅馬。羅馬從未經歷過如此可怕而屈辱的浩劫，即使在五世紀哥德人侵略時也沒有如此。城市遭到洗劫，成千上萬的人橫遭殺害，成群的士兵橫衝直撞，大肆姦淫擄掠。教皇被監禁，而紅衣主教們則倒騎著騾子被拉去遊街，受盡嘲弄。

羅馬浩劫後，文藝復興消失了。義大利三百多年來，政治上依然四分五裂，成爲外國列強覬覦的馴服對象。與此同時，義大利的文化卻已滲透到歐洲其他地區。

義大利以外地區的文藝復興

義大利以外的人民沒有意識到已與中世紀突然決裂。阿爾卑斯山脈以北地區和西班牙的各種發展情形，更多是過去自然發展的結果。的確，那裡也曾有過一場義大利式的文藝復興運動。在繪畫的某些創新方面，佛蘭德斯的大師勝過義大利的大師。北方也與走得稍快的義大利一樣，作家們愛好一種新古典主義的拉丁文，不過，現代書寫語言卻開始發展起來。

可是，北方的文藝復興更多是屬於一種新舊物的相混合，尤其是北方的宗教成分比義大利的要強大。北方最重要的人文主義者是英國的湯瑪斯・摩爾[16]和荷蘭的伊拉斯莫斯[17]等人。法國人文主義既產生了樸實的弗朗索瓦・拉伯雷[18]，也產生了約翰・喀爾文[19]。

宗教學與科學

通常，歷史學家都把義大利的「異教徒」人文主義與北方的基督教人文主義區別開來。在北方，爲加深對基督教的了解和恢復它的道德活力，基督教人文主義者都細心研究希伯來和希臘文本的聖經，並閱讀早期基督教的拉丁文和希臘文著作。在並不自詡懂得人文主義學問的人物當中，宗教仍然是一股力量。中世紀的各種智慧繼續存在，鮮明的例子是：繼續創辦一所又一所大學。人文主義者一般把大學看做是一種學究式、僧侶式和「經院式」學問的中心。大學傾全力於神學或醫學和法律，很少鼓勵實驗科學，更少鼓勵純文學的研究。十五世紀在義大利並未建立任何新的大學。但在西班牙、法國、蘇格蘭、斯堪的那維亞，尤其在德國，新的大學如雨後春筍般地發展起來。一三八六～一五〇六年期間，在德國建立的大學不少於十四所。馬丁・路德[20]就是在一五〇二年最新創辦的一所大學——威登堡大學，發起新教改革運動。

這時，在宗教大動亂前夕、商業交通命脈從中歐轉移到大西洋沿海地區之前，德國是歐洲生活的一個主要中心。從政治上來看，德語的世界是一個難以名狀、組織很差的地區，組成部分又多又雜；尼德蘭和瑞士尚未分開。然而，在經濟上，西德意志和南德意志卻遙遙領先多數的西歐國家；城鎮貿易繁榮，而德意志銀行家族，例如著名的富格爾家族，控制的資本比歐洲其他地方的同行都要多。技術創造能力旺盛，礦業不斷在發展；一四五〇年左右，在萊因蘭的美因茲城裡，古騰堡使用活字模印刷出版了第一批書籍。在繪畫方面，德語世界和西部邊陲地區產生了佛蘭德斯派藝術大師，南德意志則產生了杜勒[21]和霍爾班兄弟[22]。

在智力方面，德意志在歐洲的拉丁文化中據有一席之地，可是這一點常因德國作者姓名在現代早期的拉丁化而變得模糊不清。雷喬蒙塔納斯（約翰·米勒的拉丁文名字）在他短促的一生中，奠定了數學宇宙概念的基礎。他也許是十五世紀最有影響力的科學工作者，特別是因爲李奧納多·達文西的科研工作一直無人知曉。庫札的尼古拉爲萊因蘭的教士，他的神祕哲學已成爲嗣後數學和科學發展的一部分。哥白尼就是從愛好數學的環境中脫穎而出的，他認爲地球是圍繞太陽旋轉的。雖然他是個波蘭人，卻出生在東普魯士德意志人與波蘭人混居的地區。在對數學的共同興趣的激勵下，歐洲最出名的製圖學家也都是德意志人，例如貝海姆和舍恩那，他們的世界地圖代表當時最先進的地理知識。巴拉賽爾蘇斯（霍恩海姆的拉丁文名字）在巴塞爾大學著手改革醫學。他那雜亂的預言使他成爲一個科學家和庸醫的混合體，然而，事實上，當時科學尙未與神祕學截然區別開來，在人們心中，這兩者都能駕馭各種自然力量。在文學和藝術上令人銘記的一個類似人物是著名的浮士德博士。在現實生活中，浮士德也許是十六世紀上半葉一個有學問的德國人。據說他爲獲得知識和權力，把自己的靈魂出賣給魔鬼。浮士德的故事早於一五九三年在英國就由克里斯多夫·馬洛[23]編成戲劇，晚些時候又由歌德[24]寫成詩。在浮士德的傳說中，後人可以看到現代人忘情奮鬥的象徵。

認爲人有能力了解和駕馭物質自然世界的思想，在阿爾卑斯山脈以北的地區特別得到發展，這種思想與認爲人的個性是無限豐富的那種分外純粹的義大利人文主義思想相一致。它們共同構成嶄新的文藝復興精神，雙方都強調解放人的無限潛力。這兩種思想經常互相影響；事實上，剛剛提過的科學工作者，如雷喬蒙塔納斯、庫札的尼古拉、哥白尼，大多在義大利生活多年，深受義大利思想的薰陶[25]。

神祕主義和世俗宗教

在北方，除去宗教人文主義學問，一種眞正宗教的衝動力仍然具有活力。在義大利，宗教意識就算說不上是湮滅，也似乎變成美學崇拜，變成一種用藝術品美化上帝且大衆喜聞樂見的崇拜；在北方，宗教具有一種神祕、嚴肅的道德風氣。德意志在十四世紀產生一批又一批的神祕主義者。庫札的尼古拉神祕主義傾向，業已提到過。更為典型的神祕主義者是邁斯特・厄克哈（死於一三二七年）和湯瑪斯・阿・肯皮斯（死於一四七一年，《基督的僞造》一書的作者）。神祕主義的內涵在於相信或感受到個人的靈魂在完全孤獨的狀態下可以直接與上帝聯繫。神祕主義者不需要理智，不需要言詞，也不需要與其他人一起參加公開的禮拜，甚至不需要由牧師們施授聖餐，也不需要教堂。神祕主義者沒有發難反對教會，他們採納教會拯救靈魂的方式；但事實上，他們向那些可能追隨他們的人提供一種更為玄虛的宗教，在這裡，做為社會機構的教會沒有立足之地。事實上，從神祕主義的觀點來看，個人靈魂超越一切社會機構。這種學說既深奧又帶有社會破壞性，後來為馬丁・路德所利用。

宗教在教士範圍之外還有一深刻的影響，這對教會來說也是十分重要的。那些為宗教所激動的人們，在中世紀他們可能成為牧師，現在則大多是普通信徒。教會經常需要改革，但在過去，例如在十世紀處境惡劣的時期中，教士在自己的隊伍中就曾找到改革者。因此，教會曾一再改革和復興，卻毋需革命。然而，在十五世紀和十六世紀初，教士和教士以外各階層人士之間似乎越來越明顯地出現一條不祥的界線。前者是既得利益集團，因循守舊，尸位素餐，而且依靠教會生活過得很好；後者包括虔誠的普通信徒、篤信宗教的人文主義者和作家、急性而又任性的統治者，他們比以往任何時候擁有更大的影響，也更為嚴厲地抨擊教士的陋習。

世俗宗教在荷蘭特別活躍。世俗傳道士傑拉德・格魯特，利用靈魂再生的觀念去吸引門徒。一三七四年，他創立了一個婦女的宗教團體，接著又為篤信宗教的男人設立許多機構。他們分別稱呼自己為「共同生活的姊妹會」和「共同生活的兄弟會」，取得教皇對他們生活方式的認可。他們共同生活，既非修道士也非修女，毋需立誓，穿著普通，並可隨意離開。他們從事救濟窮人和教書工作。由於入學的男孩人數上千，兄弟會學校就按學生年齡和學習進度分班教學，每個年級有自己的教室和教師。姊妹會也如此，開辦女子學校。學校除了教授讀寫之外，還教授有關品行與舉止的基督教觀念。他們灌輸謙卑、寬恕、尊敬、睦鄰以及自覺履行職責等個人品德。這種曾稱為「現代的虔誠」，在尼德蘭及與德意志毗鄰的地區傳播得非常廣泛。

鹿特丹的伊拉斯莫斯

鹿特丹的伊拉斯莫斯，就是在這種環境中發展起來的北方人文主義者中最偉大的一個，在整個人文主義運動中，他確實是最著名的人物。伊拉斯莫斯與所有的人文主義者一樣，選用一種「淨化」而常常又是複雜的拉丁文進行寫作；他把中世紀看做是愚昧的時代，嘲笑經院哲學家，深入地研究了古代的古典作家；他具有一個純文人的力量和局限性，對嚴肅哲學上的困難問題大都不感興趣，害怕老百姓的無知激情，他的觀點幾乎是完全不問政治；他很少考慮塵世的權力和利益，也很少原諒那些這樣做的人。做爲塵世文藝復興時期那些教皇中聲名最壞的同時代人，伊拉斯莫斯敏銳地看到必須在教士中進行改革。他寄望於教育、開明的討論以及道德風尚的逐步改善。沒有狂熱的改革運動，反勸告人們反對所有的暴力和狂熱。他編纂了希臘文和拉丁文《新約全書》的新版本，也竭力主張人們閱讀以本地語言撰寫的《新約全書》，希望他們藉由耶穌基督的教導而能改邪歸正。在他的《愚人頌》中，諷刺了塵世的種種自命不凡和奢望，特別是教士的自命不凡和奢望。在他的《一個基督騎士手冊》中，他指出人如何能在參與塵世事務的同時仍可不失爲做一個虔誠的基督徒。在論文《論兒童時期的禮儀》中，他提倡在日常生活的社會環境下有禮貌行爲的指導原則，如寬恕、克制、好學、聰明、熱愛和平，持有一種批判和改革的熱情，以說理的語調講話而不大聲喧嘩、勃然大怒等。這些就是伊拉斯莫斯美德。

伊拉斯莫斯得到顯赫的國際地位，這是至今任何一個單憑智力成就的人從未享有過的地位。他與歐洲的大人物一一通信。他到劍橋講學，爲巴塞爾一個出版商編書。西班牙國王任命他爲顧問，法國國王請他到巴黎做客，教皇利奧十世在他困難時給予幫助。神學家們對伊拉斯莫斯的思想百般挑剔（確實，在他的思想中，超自然的東西都是無關緊要的），但是，在教會的主要執事中，在教皇和高級教士中，他擁有許多欽慕者。必須注意的是，伊拉斯莫斯僅僅是

圖2-11　鹿特丹的伊拉斯莫斯

作者：小漢斯・霍爾拜因（德國人，一四九七～一五四三年）

此畫繪於一五二三年，當時伊拉斯莫斯五十六歲，路德派宗教改革運動正席捲德國。這是表現人文主義的古典肖像畫佳作。此畫捕捉到思想的活力，強調伊拉斯莫斯那唯一的武器——筆。（Alinari/Art Resource, NY）

攻擊教會的陋習，攻擊教士的無知或懶惰，攻擊他們生活上的道德敗壞和貪汙錢財，他從來沒有懷疑過羅馬天主教會的本質和原則。如果沒有新教的革命衝擊，單憑一五二〇年左右廣爲傳播的伊拉斯莫斯精神，是否就能夠復興教會，這是歷史上許許多多無法解答的問題之一。

新型君主國

與此同時，在義大利以外的歐洲，國王們正在積極地建立現代國家的各種機構。正是這些國家，而不是任何其他個別因素，決定了宗教革命的進程。一個國家是皈依新教，還是繼續信奉天主教，或是分裂爲兩個獨立的宗教團體，這在很大程度上取決於政治上的考量。

戰爭、內戰、階級戰爭、封建叛亂以及明火執仗的盜匪活動，在十五世紀中葉折磨著歐洲許多地區。面對這種無一定形式的暴力行爲，中央政府變得非常軟弱。各式各樣的統治者試圖加強國內治安，人們爲方便起見，一向稱他們爲新君主，但他們其實並非太新，因爲他們不過是重新進行在中世紀盛期中斷的那些國王們的工作。這樣，他們就奠定了後來民族國家或至少是擁土自立的邦國基礎。

新君主提出君王國體制，做爲法律和秩序的保證。爲了喚起對統治王朝潛在的效忠感情，他們宣布世襲君主國是公共權力的合法形式，所有人都應該接受，不得搗亂或抗拒。他們特別謀求城鎮中等階級人民的支持，這些人對封建貴族私動干戈和大肆搶劫的惡習十分厭惡。城鎮居民寧願國王控制國會，甚至置國會於不顧，因爲事實證明，國會常常成爲難以駕馭的貴族堡壘，或者國會只是一味強調階級間的衝突。由於徵收貨幣稅，國王就有可能組織軍隊，用以控制貴族。依靠使用長矛和弓箭，步兵就能對付騎兵，這裡顯然有著巨大的潛在價值。國王只要能使他的君主國組織狀況良好，財政上又有可靠的安排，就可以大量雇傭步兵，他們一般都來自人數眾多的平民階層，與由騎士組成的騎兵不同。可是，爲了組織君主國，國王必須廢除維護封建階級權利的大量封建法、繼承法、習慣法或「不成文」法。爲此，至少在歐洲大陸上，新君主使用了羅馬法，當時各大學都對此法進行積極的研究。新君主稱自己爲「寡人」，且正是從這個時候起，國王開始被稱爲「陛下」。羅馬法的專家們說，國王本人體現了他治下臣民的意願和幸福，他們還引用「人民的幸福是最高法律」的原則。他們認爲，國王可以立法，可以按其本人的權力頒布法律，可以不管以前的習慣法，甚至可以不顧歷史的特許權，爲此，他們常常引用拉丁詞語「凡使君主高興的就具有法律效力」的原則。

英國、法國和西班牙的新君主國

英國的新君主國是與都鐸王朝（一四八五～一六〇三年）一起來到的，第一代國王是亨利七世，他在依仗武力取得王位後，結束了玫瑰戰爭的內亂。在玫瑰戰爭中，英格蘭許多名門貴族都因相互火併，勢力嚴重削弱，從而爲國王和多數公民帶來較大的方便。亨利七世發布取締「私設制服和私養家兵」的法令，因爲大領主就是通過這種私設制服和私養家兵的作法來維持一支私人軍隊。亨利七世把皇家樞密院當作新法院來使用，審理有關財產糾紛和違犯公共治安的案件。由於樞密院開會的房間裝飾著星星，因此得名爲星室法院。它代表國王和樞密院的權威，並免除了陪審團。起初，尚可維護秩序，伸張正義而頗得人心，後卻淪爲專制的工具。亨利七世儘管吝嗇，其貌不揚，但他仍不失爲一位明君。英國的民族感情圍繞著都鐸家族而得到鞏固。

圖2-12　此畫題名為《訊問猶太人》，係十五世紀八〇年代一位不知名畫家所作。該畫暗示十五世紀西班牙非基督徒們面臨的危險。富裕而有影響力的訊問者質問那些人們的信仰或行為，宗教令他們「可疑」，並且讓其在不信任他們的權勢人物面前易受傷害。（Museo de Bellas Artes, Zaragoza, Spain）

在法國，新君主國是由瓦羅世系的路易十一（一四六一～一四八三年）及其繼承者所代表。從第一個法國國王加冕起的五個世紀中，王室的領地透過繼承、聯姻、戰爭、陰謀和征服等種種手段，從巴黎周圍原先的彈丸之地逐步往四面擴張，路易十一接著繼續擴展法國的邊界。在國內，他建立一支王家軍隊，鎮壓土匪，制伏反叛的貴族。他獲得比英國都鐸王朝更爲強大的權力：不經國會同意就可加徵收賦稅。法國君主國還擴大了對教士的權力。我們已經知道通過一四三八年的國事詔書，高盧教會是如何贏得相當大的民族獨立性。一五一六年法蘭西斯一世與教皇利奧十世達成一個協定，即《波洛尼亞協定》。根據這個協定，國事詔書被廢除；教皇從法國教士那裡接受「貨幣收入」；國王任命大主教和修道院院長。一五一六年後，法國國王已經控制了國內的教士，這是此後法國教士爲何不受誘惑而轉向新教的一個原因。

嚴格地說，這時候尚未有西班牙王國的存在。形形色色的西班牙小王國合併成爲阿拉貢和卡斯提爾兩個王國。阿拉貢王國位於庇里牛斯半島，瀕臨地中海的一側，巴利阿里群島、薩丁尼亞、西西里和義大利南部的那不勒斯王國都屬於這一王國。一四九二年之後，新發現的美洲屬於卡斯提爾。一四六九年阿拉貢的費迪南和卡斯提爾的伊莎貝拉結婚，於是，這兩個王國聯合了。這種聯合僅僅是私人性質的；雖然兩個王國都承認這兩位君主，但它們並沒有共同的政治、司法和行政的機構。西班牙民族情感很少，甚至沒有；的確，阿拉貢北部的加泰隆人說著一種完全不同於卡斯提爾人的西班牙語。整個西班牙的共同情感就是歸屬於西班牙天主教會的觀念；共同的回憶就是對基督教十字軍反對摩爾人的回憶；唯一共同的機構就是教會法庭，即宗教異端裁判所，它的官員對境內一切王國都具有同等權力，並一視同仁。當一四九二年，從摩爾人手中取得西班牙南端的格拉納達時，重新征服完成了。它的歸併增加了西班牙領地上的異質性。

在上述情況下，西班牙的新君主國憑藉宗教愛好辦事。統一工作圍繞著教會進行。統治者們雖然致力於中央政治集權，但在很大程度上是透過教會，特別是在宗教異端裁判所提供的方便之下所進行。「西班牙人」在最早的意義上就是與天主教的意義相連。以前，西班牙人曾躋身於最寬容的歐洲人之列，基督教徒、穆斯林和猶太人一向設法共同生活在一起。但在民族（或宗教）激情的浪潮中，隨著格拉納達的征服，猶太人和摩爾人遭到驅逐。依據一四九二年敕令驅逐猶太人，實際上是表明西班牙以往是寬容的，因爲猶太人早在一二九〇年就被逐出英國，一三〇六年被逐出法國，此後一直到十七世紀中葉之前，他們都不准到英國居住，一直到法國革命之前，也不准往法國去（有很大的例外）。看來，在許多歐洲民族的歷史上，當民族覺醒達到一定程度時，就會出現厭惡猶太人，把他們當做「局外人」的情緒。[26]

這時，西班牙境內所有的人想必都是基督徒了。然事實上，西班牙是歐洲唯一不想被認定爲基督教的國家，這是因爲許多西班牙家庭多少世紀以來一直是猶太人或穆斯林，他們皈依基督教僅僅是爲了避免被驅逐而已。因此出現一種恐懼情緒，害怕假基督徒，害怕內心敵視西班牙生活基礎而未被同化者。人們擔心摩里斯科人（摩爾人出身的基督徒）和馬拉諾人（猶太人出身的基督徒）對他們祖先的宗教仍然懷念在心，比方討厭吃豬肉或不愛在星期六工作的這些舉動，就足以讓人感到懷疑。於是這種人成千上萬地被硬拖至宗教異端裁判所，在那裡，可以像執行羅馬司法程序的民事法庭般大搞逼供。最保險的辦法是把本人的外表信仰裝得十分虔誠，唯此才足以證明自己是一個好西班牙人。

西班牙人的生活將長期存在的某種罪行推進到一十字軍運動，即在西班牙境內反對摩里斯科人和馬拉諾人的十字軍運動，是一次深入非洲反對摩爾人的十字軍進軍。西班牙人在征服格拉納達後，立即侵入非洲。這場十字軍運動越過大西洋到達南、北美洲，西班牙教會在那裡開始把成群的印第安人變爲教徒。西班牙強烈的宗教認同立即在十六世紀歐洲廣泛的政治與宗教衝突中發揮作用。不久，十字軍又向歐洲進行擴張。在新教出現之前，西班牙人就已打算將自己的國家變成羅馬天主教傳統的主要捍衛者，同時又鼓吹天主教實行改革。

神聖羅馬帝國和哈布斯堡的霸權

新君主國的觀念甚至在德國，也就是說，在神聖羅馬帝國已開始發生作用。帝國存在三種類型的國家。一種是諸侯國，即公爵領地、侯爵領地等，每一領地本身是一個小小的世襲君主國，例如薩克森、布蘭登堡和巴伐利亞。一種是教會國家，即主教轄地、修道院轄地，在轄地中，由主教或修道院院長掌政，雖然他們的統治不是世襲的；帝國大部分地區由這種教會轄地所組成。第三種是帝國的自由城市，總數在五十個左右，它們合在一起的面積並不大，但卻控制著國家的商業和金融生活。然而，實際上還存在著第四種類型的國家，它們是由幾千個帝國騎士，即擁有少數莊園的小貴族們所組成，這些貴族不臣屬任何國家，除皇帝之外，不承認任何人的最高權力。

幾個世紀以來，德意志各邦國一直阻止皇帝侵犯它們的地方特權。它們小心翼翼地保持遴選皇帝的作法，以便每次選舉時都可重申它們的地方特權。一三五六年以後，選擇皇帝的權力賦予七個選帝侯——即四個諸侯領主：帕拉丁伯爵、薩克森公爵、布蘭登堡侯爵和波希米亞國王（帝國內唯一的國王），以及三個教士領主（美因茲、特里爾和科隆大主教）。一四三八年選帝侯推選奧地利大公爵爲皇帝，他的家族稱爲哈布斯堡。哈布斯堡利用奧地利（以及後來在別處的）世襲領地上的資源，通過縱橫捭闔的微妙手段和賄賂德意志境內各種的政治力量等辦法，使得他們自己從一四三八～一八〇六年（除一代落選之外）世代都當選爲神聖羅馬帝國的皇帝。哈布斯堡皇帝還力圖將新君主國的中央集權引進缺乏施行集權權力機構的帝國。

在馬克西米連一世統治時期，這方面似乎有所進展：帝國被畫分爲幾個行政「範圍」，建立起一個帝國議會和諮詢會議，但是，在諸侯國家權利不可改變的障礙面前，這些都是注定要失敗的。馬克西米連便運用具有戰略意義皇室聯姻的方式，使他成爲讓哈布斯堡家族大走鴻運的人，使哈布斯堡控制一個更大的帝國。馬克西米連的孫子名叫查理。查理把祖父母和外祖父母四人的領地繼承下來，即奧地利、尼德蘭和部分勃根地，西班牙的卡斯提爾和阿拉貢，整個西屬美洲和散布於地中海和義大利的屬地。此外，一五一九年，他當選爲神聖羅馬皇帝，從而成爲全德意志的象徵性領袖。

就這樣，神聖羅馬帝國的查理五世（在西班牙稱爲查理一世）成爲他那個時代無與倫比的、最強有力的統治者。令人意想不到的是，尙有其他好運氣等著哈布斯堡家族。一四五三年占領君士坦丁堡的土耳其人此時正挺進匈牙利，威脅中歐。一五二六年，土耳其人在莫哈奇戰役中擊敗匈牙利人。匈牙利的議會以及毗鄰的波希米亞王國的議會，面臨土耳其人的危險，企望得到盟友，於是選舉查理五世的兄弟費迪南做爲他們的國王。費迪南很快地便將許多匈牙利領土輸給土耳其蘇丹蘇萊曼一世，但他保住了王冠並逐步將哈布斯堡的影響擴展到中歐。自從查理曼大帝以來，還沒有誰具有這種凌駕於一切對手的地位。當時人們驚呼歐洲遭到「世界性君主國」的威脅，一種使任何民族都無法保持其獨立的世界性國家的威脅。

讀者希望了解宗教革命和隨之產生的新教區，我們即將闡述。但是，對於業已概述的各種因素之間極其複雜的相互影響，讀者務須銘記在心。這些因素有：教會的衰落、世俗和人文主義感情的增長、世俗宗教在正式教士以外的傳播、希望控制自己王國內一切事物（包括教會在內）君主的崛起、封建分子對上述君主的抵抗、教皇的軟弱無力及他們對宗教會議的擔憂、德意志原子核式的分裂、土耳其人的危險、西班牙的熱情、查理五世的顯赫卓越，以及歐洲各地的擔憂心情，特別是法國擔憂自己被令人咋舌的哈布斯堡帝國併吞。

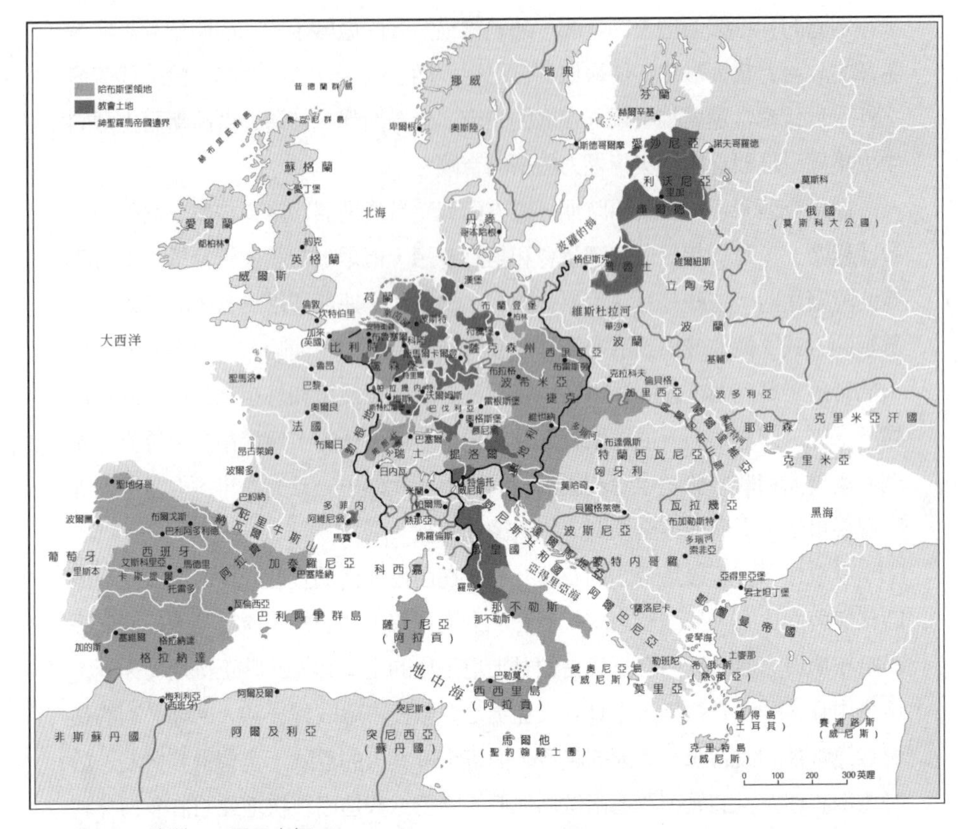

圖2-13　歐洲，一五二六年

這幅約一五二六年的歐洲政治地圖，那時哈布斯堡家族占有絕對優勢。歐洲的大部分都由哈布斯堡皇帝查理五世統治，他同時又是西班牙國王查理一世。如在圖中和在下一章中所說明的，他把奧地利、匈牙利和波希米亞的土地交給他的兄弟管轄，把西班牙、尼德蘭、義大利和美洲的土地交給他的兒子，建立起哈布斯堡王朝的奧地利分支和西班牙分支。法國幾乎全被哈布斯堡的領土所包圍，經常結成反哈布斯堡國王的同盟。

新教改革運動

有三股潮流對十六世紀的宗教動亂產生了作用。第一股潮流是出身低微的勞苦人民，他們希望從本地教士中找到代言人。他們對教會的所有顯要機構特別心懷不滿，亦即認爲教會主教和修道院院長都是富裕而專橫的統治階級一部分。對這種人來說，宗教思想與對整個社會秩序的抗議是糾纏一起的。這在十六世紀二〇年代的德意志農民大起義中已有所表現。他們當中湧現出來的各種教派，歷史上統稱爲再洗禮教徒。現代浸禮教徒、門諾教徒和摩拉維亞兄弟會教徒都是他們的後裔。第二股潮流是歐洲市鎮的中產階級，特別是德意志、瑞士和尼德蘭境內那些酷似共和國的自治市鎮的中產階級，他們構成一個文化水準較高、具有較爲寬廣的眼界階層。他們希望像管理自己的商業事務一樣來管理自己的宗教事務，認爲教會的僧侶等級制度已深深地嵌入封建的、豪華的君主制度之中，他們與這種制度很少有共同之處。出自喀爾文教的各種現代教會，大部分都源自於這個潮流。第三股潮流指的是國王與諸侯統治者。長期以來，他們與教會在財產、稅收、司法和政治影響等問題上一直存在著爭端，每一個統治者都想當領土上的主宰。最後，正是這種統治者的權力決定了何種宗教形式應該流行。路德教會和英國聖公會就屬於這種情況，在某種程度上還包括法國教會，它是羅馬天主教會的法國分支。結果，一六〇〇年左右，第二和第三股潮流取得許多勝利，但第一股潮流卻受到壓制。在聖公會、路德教、喀爾文教和羅馬天主教成爲國教的各個國家裡，社會—宗教的激進主義被迫形成一股暗流。

自從南歐持續信奉天主教，北歐改信新教之時起，整個北方似乎與昔日強有力的羅馬教會斷絕了關係。現實情況卻並不如此簡單。讓我們暫時把「新教」一詞擱下不談，來考慮做爲宗教革命家的那些新教追隨者吧。[27]他們的思想是革命的，因爲他們不僅堅持教會中的「陋習」必須糾正，而且羅馬教會本身在原則上也是錯誤的。甚至有不少人多年來一直希望能把教會的新舊觀念結合起來。許多人很不贊成走極端的方式，但在激烈的鬥爭中漸漸地也不得不做出「站在哪一邊」的抉擇。爭端不分勝負，但每一方都渴望消滅對手。一個多世紀以來，這些革命者一直沒有放棄「教皇制度」必得到處垮臺的希望，舊秩序的支持者也一直爲消滅「異端者」或者使「異端者」重新皈依而不停地工作。天主教和新教慢慢地達成默契，同意彼此的存在是歐洲社會的既成事實。雖然後來變爲永久性的宗教邊界早在一五六〇年就已顯露端倪，但直到一六四八年結束的三十年戰爭以後，才普遍爲人們所接受。

路德和路德教

第一個成功地公然對抗舊教會當局的是馬丁·路德，他在約四十歲前一直是一名熱誠的修道士。路德是一個感情熾熱、心神不安的人，性格內向，很難教人識透。路德一想到上帝無所不能、令人敬畏，就感到心驚肉跳，一想到自己渺小就苦惱不安，對魔鬼感到憂心忡忡，由於長期相信自己該入地獄而痛苦。教會提供減輕這種精神痛苦的方法，如聖餐、祈禱和參加彌撒都無法使他寬心。有一次，他讀到聖保羅的訓誡（見《聖經·新約全書》〈羅馬書〉第一章第十七節）「義人必因信得生」，經過沉思默想，頓悟新義，心情感到平靜安適。他提出「因信稱義」的學說，認爲使人「得到救贖」的，不是教會所稱的諸如祈禱、施捨、聖餐、聖潔生活等「善行」，而是「內心的信仰」，這是上帝直接授予每個靈魂的一種內在精神皈依。路德認爲，善行只是這種內在感化的結果和外表跡象，絕不是它的根源。人不是靠做善事來「贏得」感化，他做善事是由於他具有上帝的感化。路德懷有這種觀念而滿意地生活了好幾年。甚至在以後的歲月中，一些高級教會人士都認爲，路德憑藉信仰得到救贖的學說並沒有違背天主教教義。

一五一七年一個偶然事件使路德結束了隱居生活，這時，他是威登堡大學的教授。一個名叫特策爾的托缽僧經教皇授權，在德國到處兜售贖罪券，募款建造羅馬聖彼得大教堂。信徒購買贖罪券，付一定數額的錢。路德認爲人民正在受騙上當，誰也不能以此讓自己獲得感化，或者如教會正式主張的那樣，能減輕煉獄中親戚們的痛苦。他採用當時進行學術探討的慣常方式，把〈九十五條論綱〉貼在威登堡教堂的大門上。在論綱中，他評論了天主教的贖罪聖餐。路德認爲罪人懺悔後，毋需教士的赦免，只要依靠內心的感化和獨自的信仰，就可解脫自己的負擔。教士在上帝與凡人之間似乎越來越不需要履行什麼必要的職責。

圖2-14　馬丁・路德和他妻子凱薩琳的肖像畫，為美術家老盧卡斯・克拉納赫所作，該畫顯示了新教教會中教士及宗教領袖對婚姻的接受。凱薩琳與路德結婚前在修道院中生活，婚後則承擔新教牧師家庭中宗教妻子的新任務。（Scala/Art Resource, NY）

路德首先請求教皇利奧十世糾正德意志贖罪券的陋習。但教皇拒絕採取行動，於是路德像許多人那樣，敦促召開一次全體宗教會議，認為宗教會議的權力比教皇大。可是，在公開辯論中，他又被迫承認即使是全體宗教會議的決定也可能有錯。他說，康斯坦斯宗教會議在譴責約翰·胡斯這一點上就犯錯了。但是，倘若教皇或是宗教會議都無權確定眞正的基督教信條，那要到何處去尋找這種權力呢？路德的實際回答是：不存在這種權力。他認為每個人都可以閱讀《聖經》，憑自己的良心，自由地做出自己的解釋。這種觀念對教會來說，是革命的，其革命程度一如今天提出這樣的主張：無論最高法院還是其他任何機構都無權解釋或實施美國憲法，因為每一個公民都可以按自己的方式來解釋憲法。

路德第一次公開露面就贏得了許多熱情的支持者，因為在德意志有許多人對羅馬深感不滿。他在一五一九和一五二〇年散發了一系列小冊子，鼓動公衆輿論，提出他的主要信條。他宣稱，「教士不同於俗人」的斷言是一種欺人之談。他力勸人們在《聖經》中，也只能在《聖經》中，為自己尋找基督教的眞諦。他譴責依靠齋戒、朝聖、聖徒和彌撒的主張。他不相信煉獄，把七個聖禮減少為兩個，即洗禮和他稱之為彌撒的聖餐拜授。對後面一種聖禮，他一方面否定那種新穎而「現代」的聖餐變體論，另一方面又斷言上帝仍有點神祕莫測地呈現於麵包和酒之中。他宣布教士可以結婚，譴責高級教士奢侈的生活，並要求取消修道院制度。他一方面呼籲世俗權力，即由德意志的諸侯推行這些改革，另一方面呼籲剝奪教士的權利。為此，他發出邀請，要求國家駕馭宗教。這一邀請在當時新君主國家中，是許多統治者都樂於接受的。

路德收到一份教皇訓令，威脅要把他革出教門，除非他公開認錯。路德當衆莊嚴地燒毀了這份訓令。緊接著，他被開除出教。現在輪到查理五世皇帝來負責逮捕這個異教徒和鎮壓異端邪說了。路德應召來到位於萊茵河西部的沃爾姆斯召開的帝國議會上。他說，只有《聖經》的文句或健全的理性才能令他信服，否則「我就不能，也不願承認有過什麼錯誤，因為違背良心做事是不對的，也是危險的。上帝幫助我！阿門。」他遭到帝國的取締，但是薩克森選侯和其他德意志北部的諸侯卻把他置於保護之下。他在安全的隱居中開始將《聖經》譯成德文。

路德教義，或至少說是反羅馬天主教的教義，風靡了全德意志，釀成一個民族範圍的大動亂，所有的政治革命和社會革命都與它連在一起。一個信奉路德教的帝國騎士團襲擊毗鄰——萊因蘭教會轄地，企圖通過兼併，從自己貧瘠的土地上向外擴大。一五二四年，大部分德意志的農民揭竿起義。他們受

圖2-15　一五三六年初，蒙斯特城被前統治者重新奪回控制權後，該城的再浸禮教徒運動遭到嚴厲鎮壓。此插圖描繪的是對萊頓的約翰公開嚴刑拷打和處死，對他的懲處是對整個德意志其他革命的新教徒一個強烈警告。（akg-images）

到新宗教觀念的鼓舞、傳道士們的激勵，這些傳道士在主張任何人都可以自明是非方面超過了路德。但是，他們的目標是社會性的和經濟性的：他們要求調整租稅，保障村社的各項權利，抗議莊園封建領主的苛捐雜稅和奴役統治。路德斷絕與農民的一切聯繫，稱他們爲骯髒的豬玀，催促諸侯訴諸武力，鎮壓他們。農民們慘遭鎮壓，但是普遍的騷亂繼續在困擾這個國家，以宗教時期的各種極端宗教狂熱形式呈現出來。

各類宗教領袖都有自己的追隨者，他們統稱爲再浸禮教徒。有些人說世界所需的一切都是愛；有些人說基督不久將再次降臨；有些人認爲自己是聖徒，不會做錯事；有些人認爲嬰孩洗禮毫無用處，按照《聖經》記載，需要的是成年人的浸禮。德意志各條大路上，出身低微的狂熱信徒熙來攘往，一五三四年，這種人數以萬計地聚集在蒙斯特。他們在那裡宣布聖徒統治，廢除財產所有權，推行《舊約全書》允許的一夫多妻制。一個荷蘭的裁縫約翰，宣稱自己從上帝那裡獲得權力，運用「革命的恐怖」統治蒙斯特，雖然此時已處於軍隊重重包圍之下。路德建議他的信徒：哪怕與天主教徒聯合起來，也要去鎮壓這種宗教和社會的威脅。整整一年後，蒙斯特落入他以前統治者的軍隊手中。「聖徒們」遭到無情的清算，約翰被活活打死。

宗教革命與社會革命糾纏在一起，把路德嚇壞了，他表明的立場比以往更爲保守。在良心問題上，他雖然絕不否定個人判斷的權利，但亦對此做出限制；同時他對國教教士做出更大的讓步，這些教士當然是路德教徒，但仍被認爲是高於俗人的導師。路德一向傾於世俗統治者，曾呼籲諸侯充當宗教改革者。農民和再浸禮教徒的起義使他與世俗統治者的同盟變得更爲堅定——路德教具有順從國家的特點。路德堅持認爲，基督徒的自由是一種內心自由，純屬精神範圍，只爲上帝所知。在世俗事務方面，他說，一個好基督徒應完全服從業已確立的權威。路德教看待國家，與通常無論是羅馬天主教還是那將興起的喀爾文教所接受的國家相比較，更持有一種敬畏的態度。

在這場震撼德意志的革命中，成功的不是帝國騎士們的起義，也不是農民、裁縫和雇工們的起義，而是帝國上層社會對皇帝的反叛。查理五世做爲神聖羅馬帝國皇帝應責無旁貸地支持天主教，因爲只有在天主教的世界中，神聖羅馬帝國才具有意義。帝國中的各邦國一直擔心失去地方自由，他們把查理努力鎮壓路德看做是對他們自己自由的威脅。許多帝國自由城市和北德意志的大多數諸侯國現在都堅持要在自己原有的權利和特權上，再增加決定自己宗教信仰的權利或自由。它們說，進行改革的權利或權力屬於邦國，而不屬於帝國本身。它們改信路德教，在本地設立路德教主教、教義和各種禮拜儀式。在轉向路德教的邦國中，通常會把境內的教會財產沒收，這一進程使某些路德教諸侯變得頗爲富裕，也使他們對路德教運動的成功抱有濃厚的物質興趣。在多數教會邦國中，由於天主教大主教或主教本人就是政府，天主教仍很盛行，但也有少數教會邦國轉向路德教。恰好位於帝國邊境上的東普魯士就提供了教會邦國世俗化的一個範例。這塊領地屬於條頓騎士團，這個天主教組織的大統領也是一個選帝侯，即布蘭登堡的阿貝特。一五二五年，阿貝特表示支持路德，並把東普魯士轉爲一個世俗公爵領地，他和他的後裔成爲世襲的公爵。

爲了反對皇帝，一群路德教諸侯和自由城市組成「施馬爾卡爾德同盟」。法國國王法蘭西斯一世雖然是個身分高貴的天主教徒，但他也與這個同盟結盟，予以支持。政治的利益壓倒了宗教利益。爲了反對暴發的哈布斯堡家族建立「世界君主國」，法國到處尋求盟國，他們既與路德教徒結盟，也與土耳其人結盟，建立與強大敵人均勢的同盟。保持德國宗教分裂，成爲天主教法國深思熟慮的政策。

面臨法國和土耳其軍隊的威脅以及自己帝國內部德意志諸侯們抗拒的挑戰，查理向教皇發出呼籲，敦促他召集一次歐洲範圍的宗教會議，討論所有的爭端，聽取新教徒的意見，以實現和解，恢復教會的統一和德意志的統一（如原來那樣）。法國國王在羅馬陰謀策劃，阻止教皇召開任何會議。英國和法國的國王都主張分別召開國家會議，在會上，可按各自國情來解決宗教問題。教皇一次又一次地推遲會議的召開。教皇擔心，既然天主教徒與新教徒同樣要求改革，召開全拉丁基督世界的會議就有可能失去控制。對於教皇來說，一想起康斯坦茨會議，就沒有什麼比宗教會議的念頭更使他心煩意亂的了，即使是新教徒，甚或是土耳其人也不致如此。因而歷屆教皇一再拖延，不願有召開任何會議。時光流逝，新的一代在路德教中成長起來。與此同時，與法國聯盟的施馬爾卡爾德同盟在一五四六年實際上已與皇帝交戰。德國陷入天主教邦國和新教邦國之間的內部鬥爭，呈現一片無政府狀態。新教邦國得到法國的援助。戰爭以一五五五年簽訂奧格斯堡宗教和約而告結束。

《奧格斯堡和約》的條款標誌著路德教的事業和諸侯國的權利取得完全勝利。帝國的每一個邦國都有權在信仰路德教和天主教之間任擇其一，然不允許個人有信教自由；如果一個統治者或一個自由城市決定信仰路德教，那麼所有臣民都得成爲路德教徒。在天主教邦國也一樣，所有人都得是天主教徒。《奧格斯堡和約》還規定，依據所謂教士保留條款，任何天主教的主教或其他教士，凡在將來皈依路德教（或近至一五五二年已皈依路德教）者，不應連及其轄地，只是個人改宗路德教，然後遷移他鄉，離開他自己原來的轄地和信奉天主教的居民。由於德國的各種爭端仍然遠遠沒有平息，這種限制在以後的年代裡經常遭到忽視。

1309～1555年大事年表	
1309～1378年	教會的「巴比倫之囚」：在亞維儂的教皇
1337～1453年	英法百年戰爭
1348～1350年	黑死病使大量歐洲人喪生
約1350～1500年	文藝復興的人文主義與藝術
1454年	約翰·古騰堡開始用活字模印刷書籍
1494年	法國入侵義大利，摧毀城邦的獨立
1513年	尼古拉·馬基維利著《君主論》
1517年	馬丁·路德公布〈九十五條論綱〉；新教改革開始
1545～1563年	羅馬天主教特倫托宗教會議；推動天主教改革
1555年	《奧格斯堡和約》承認德意志的新教和天主教國家

因此，《奧格斯堡和約》在宗教方面可算是新教的一次偉大勝利，同時，在德國的政治與憲政方面，也是分離的德意志進一步變成由日益分離的邦國所組成之混合體過程中的一個步驟。路德教在北德意志、南德意志的符騰堡公爵領地和由路德教自由城市所組成的各個孤立地區占有優勢。天主教在南德

意志（除去符騰堡和某些城市）、萊茵河流域，及哈布斯堡家族直轄的領地（一五五五年向北延伸到尼德蘭）占有優勢。德意志人基於神聖羅馬帝國境內的條件，在這場宗教衝突中成爲歐洲一個幾乎對半分成天主教徒和新教教徒的大民族。

《奧格斯堡和約》沒有給予另一個宗教革命團體任何權利，即約翰・喀爾文的信徒，無論路德教徒還是天主教徒都不願容忍這個宗教團體。

必須指出，路德教早在十六世紀二〇年代就被丹麥和瑞典的國王所接受。由於丹麥控制挪威，而瑞典統治芬蘭和東波羅的海地區，因此，整個斯堪的那維亞半島和波羅的海地區像北德意志一樣，都皈依了路德教。在這些地區以外，路德教未能扎下根基。像英國的聖公會（我們即將加以敘述）一樣，路德教與已確立的邦國關係過於密切，因而不易做爲一個國際運動四下蔓延。新教運動最成功的國際形式是喀爾文教。

喀爾文和喀爾文教

約翰・喀爾文是法國人，乳名尚・科萬，他用拉丁文稱自己爲喀爾文努斯。他生於一五〇九年，比路德整整年輕一代。他受過教士訓練，也受過律師訓練，具有希伯來文、拉丁文和希臘文人文主義方面的修養。在二十四歲時，他的信仰經歷一場突變，或者說頓悟出基督教的新意。與宗教革命分子通力合作，其中最知名的便是路德。三年後，一五三六年，他用國際通用語言——拉丁文出版了《基督教原理》。路德撰寫許多著作，目標不是專注於德意志的現行統治者，就是煽動反羅馬教會的德意志民族感情；喀爾文則是向全世界提出他的原理。他向人的理性本身呼籲；他以律師慣用的嚴謹、合乎邏輯的文體寫作。他所闡述的是最基本的問題，行文強勁，清晰易懂，說服力強。各國的人只要不滿意現存的羅馬教會，都可在《基督教原理》中找到適用的建議，他們可按照需要應用於本國的情況。

喀爾文同意路德對羅馬教會的批評，且對路德的基本宗教觀念也大多表示認同，如贖罪是靠信仰而不是靠善行等。但在保留他們稱之爲聖餐或最後晚餐的天主教彌撒儀式方面，路德和喀爾文產生了某些教義上的分歧。他們都反對聖餐變體論，但路德堅持認爲上帝不知怎麼確實呈現在禮拜儀式使用的麵包和酒上（「耶穌血肉同在論」），喀爾文及其信徒則更趨向於將之看作是一種虔誠行動，具有象徵性或紀念性的特點。

喀爾文和路德間的主要分歧有兩點。喀爾文格外重視預定論。他們兩人都大量吸收了聖・奧古斯丁的觀點，認爲從神的賞罰觀點看來，人依靠自己的行

圖2-16　此幅約翰．喀爾文的畫像暗示，他在新教徒中的影響力來自他嚴密的知識，以及嚴格地領導了日內瓦宗教改革者。（Snark/Art Resource, NY）

動永遠不能解救，人具有的感化只能來自上帝的自由行動。上帝萬能，對出現的一切事物都先知先覺，包括對每一生命的誕生方式。有些人能得拯救，有些人下地獄，上帝早就知道，早就做出了決定。喀爾文是一個嚴厲的人性批評家，他覺得得以獲得感化的人相對來說寥寥無幾。他們是「上帝的選民」，是「虔誠的信徒」，是那麼一小部分不靠自己的功德而早就被選定會得到拯救的人。人如果堅持過聖徒般的生活，經過一切考驗和戰勝一切誘惑，就可以在內心感到自己是在被拯救者之中，屬於上帝所選定的少數人之一。因此，他秉持預定論、上帝萬能論的觀念，而不是持宿命論和馴服論，即能成爲努力不懈的一種鞭策、一種熾熱的信念，一種站在全能上帝這邊定會最終獲得永恆勝利的信念。正是這種極其堅決的精神，使得喀爾文教具有吸引力。各國的喀爾文教徒都是富有戰鬥性、不屈不撓的至善論者，即清教徒（他們首先在英國，後來在美洲得到清教徒這一名稱）。

喀爾文教不同於路德教的第二個方面在於他們對社會和國家的態度。喀爾文教徒不承認教會從屬於國家，不承認任何政府（國王、國會和城市地方行政官員）有權制定有關宗教的法律。他們堅定主張眞正的基督教徒，即上帝的選民或虔誠的信徒，應該使國家基督教化。他們希望把社會本身改造爲宗教團體的典型。他們反對主教制（路德教教會和英國聖公會都主張保留此制），建議應由長老會（牧師和虔誠的俗人所組成的選舉機構）來管理教會。由於吸收世俗分子參與對宗教事務的管理，於是，他們打破了教士的壟斷權，促進教會的世俗化。另一方面，他們又與世俗化相反，因爲他們希望把整個社會基督教化。

喀爾文應那些趕走了主教的早期改革者之邀請，在瑞士日內瓦建立起他的基督教樣板社會。教會由牧師組成的一個機構治理，城鎭由牧師和長老組成的一個宗教法庭治理。治理嚴格，一切放蕩、輕浮或輕薄的生活均遭到壓制，心懷不滿的人被迫流亡。禮拜儀式嚴謹，講究理智甚於情感或美感。禮拜儀式大都專注於冗長的佈道，講解基督教教義，對所有引起感官快感的顏色、音樂、供香都嚴加限制；採用日內瓦的黑教士服，廢棄了較爲鮮明的教士法衣；表現聖徒、聖瑪利亞或基督的畫像都被取下銷毀；點蠟燭取代了燒香；唱讚美詩取代了聖歌；對器樂大爲反感，許多喀爾文教徒甚至認爲鐘也是「教皇制度」的一件殘存物。總的來說，喀爾文著力用《聖經》管理教會。他與路德一樣，對於任何比自己更爲激進的教義一概不予支持。有個西班牙難民米海爾・塞爾維圖斯否定三位一體，否定上帝的神威，當他到日內瓦尋求避難，喀爾文宣布他是異教徒，以火刑處死。

各國的宗教改革者都雲集日內瓦，觀摩、學習一個眞正遵循《聖經》的社會團體，以便他們也能在自己的國家裡如法炮製。日內瓦成爲新教徒的羅馬、宗教改革學說的偉大國際中心。到處都可以聽到喀爾文教徒的傳道（甚至在西班牙和義大利也可零星聽見），而各處或者可說是幾乎各處，那些自發與舊教會決裂的小團體，都能在喀爾文的《原理》中找到對教義合乎情理的解釋，以及頗有啓發的組織方法。因此，喀爾文教四處傳播。在匈牙利和波希米亞，許多人轉向了新教，而且通常是加入喀爾文教，原因之一是他們把這當作反對哈布斯堡統治之舉。波蘭有許多喀爾文教徒，他們與組織較差的再浸禮教徒以及唯一神教徒在一起。唯一神教徒就是那些當時稱之爲索西尼安教徒的人，他們反對三位一體。喀爾文教在德意志傳播，在那裡，由於他們把路德教會和天主教會當作塵世權力的邪惡欺騙加以反對，因而他們同樣遭到這兩個教會的厭惡。在法國，胡格諾派教徒就是喀爾文教徒，如同尼德蘭的新教徒。十六世紀五〇年代約翰・諾克斯把喀爾文教帶到蘇格蘭，創立長老會，並長期確立爲國教。與此同時，喀爾文教開始滲入英格蘭，後來又從英格蘭傳到英屬美洲，產生了美國的長老會和公理會。

從任何現代的觀點來看，喀爾文教義完全談不上民主，它具有頗爲濃厚的貴族觀點，因爲那些人認爲自己就是上帝所選中的少數人，可以隨心所欲地支配人類的共同進程。然而，喀爾文教在很多方面卻已經進入朝民主發展的階段。首先，喀爾文教徒絕不尊重國家，他們向來認爲國家領域和公共生活領域應受倫理的判斷。再者，喀爾文教的「感召」教義，教導人的努力具有一種宗教的尊嚴，任何一種正直行爲在上帝看來都是可愛的。喀爾文教徒在指導自己的事務方面，發展了一種自治政府形式。他們彼此締結「盟約」，設立選舉教務評議會的機構。他們不相信權力是透過一屆屆主教或一代代國王往下傳的。

他們還傾向於民主的觀點，因爲他們在大多數國家裡仍是一個非正式的少數派。只是在日內瓦、荷蘭的尼德蘭，和蘇格蘭和新英格蘭地區（以及在十七世紀的英格蘭有好幾年），喀爾文教徒一向能夠決定整個國家的生活方式和宗教。在英格蘭、法國和德意志，喀爾文教徒堅持反對現行的教會和國家當局，因而傾向贊同對現有權力實施種種限制。在波蘭和匈牙利，許多喀爾文教徒都是不喜歡王權的貴族。

英國的宗教改革

英國與衆不同，在採納新教的原則之前，政府就與羅馬教會斷絕關係。亨利八世確實對自己的正統觀念頗爲得意。當英國有些無名之輩於一五二〇年左右開始私下談論路德的觀點時，亨利自己就撰寫了《保衛七項聖禮》，加以嚴詞駁斥，一位感恩戴德的教皇爲此授予他「宗教信仰的保衛者」之稱號。然而，國王沒有男性繼承人。他回想起都鐸王朝曾經使英國得以擺脫那種無政府的狀態，並且決心做一個新君主，建立一個千秋萬代的王朝，因此他覺得，或者說過，關鍵的關鍵，就是他必須有一個兒子。爲了再娶，他請求教皇解除他與西班牙阿拉貢的凱薩琳的現有婚約。過去，歷屆教皇曾經答應過君主們類似的請求，但眼下教皇處境爲難，因爲反對解除婚約的凱薩琳是教皇斷不可得罪的查理五世之姨母。亨利可不是個有耐性的人，他加劇事態的發展，指派一個新的坎特伯里大主教，斷絕了與羅馬的聯繫，安全地取消他早先的婚約，並與年輕的安妮．博琳結婚。才不過三年，他就把不幸的安妮處死，此後又接連娶了四個妻子（他的妻子總數前後達六人之多），這就令人對他原先的動機產生很大的懷疑。

亨利行事通過議會，正如他所說，他認爲國王獨立行事遠不如與議員們合力去做更有力量。一五三四年，國會通過《至尊法》，宣布英國國王是「英國教會和教士的保衛者以及唯一的最高元首」。一切臣民在需要時都得做效忠至尊的宣誓，承認亨利的宗教領導地位，否定教皇的宗教領導地位。政治家、人文主義者以及因《烏托邦》一書而聞名的托瑪斯．摩爾爵士，由於拒絕做這種宣誓，以叛國罪被處死。過了四個世紀，他才得到一份有些延誤的回報，羅馬教會宣布他是一個聖徒。亨利在隨後的幾年裡，封閉了英國所有的修道院，搶奪大片修道院地產，把這些地產分給人數衆多的隨從，從而使在玫瑰戰爭中遭到嚴重削弱的土地貴族得到加強，重整旗鼓。新土地貴族一直是都鐸家族和英國國教的堅定支持者，教義不是他們所在意的。

亨利的意圖並非從根本上改變教義，他只想做英國天主教會的最高元首。

他一方面在一五三六年凌厲地鎮壓一次主要是天主教徒的暴動，另一方面在一五三九年又通過「六條法令」，要求每一個人相信聖餐變體論、教士應獨身、懺悔的必要，且相信天主教信仰和聖禮的其他一些檢驗項目。但是，事實證明要維持這樣的立場是辦不到的，因爲英國有許多人已開始贊同歐洲大陸宗教改革者的各式觀點，而且還有少數人願意接受整個新教立場。

政府舉棋不定達三十年之久。亨利死於一五四七年，他十歲的兒子愛德華六世繼位，愛德華六世是亨利第三位妻子簡・賽莫爾的孩子。在愛德華六世統治時期，新教取得顯赫的地位。但自愛德華死後，比他年長多歲的姊姊瑪麗繼位，她是阿拉貢凱薩琳的女兒，一個虔誠的羅馬天主教徒，對於與羅馬斷絕關係一事感到無比怨恨。瑪麗試圖使英國重新天主教化，卻適得其反，實際上她反而使天主教在英國更不得人心。一五五四年，瑪麗與西班牙的腓力結婚，腓力成爲英國國王，儘管有名無實。英國人不喜歡腓力，他們既不喜歡西班牙人，也不喜歡腓力所代表的咄咄逼人之西班牙天主教。再說，在瑪麗統治時期曾公開進行大規模的處決，把三百多人當做異教徒，公開用火刑燒死。這是英國第一次（也是最後一次）發生，曾掀起一陣恐怖浪潮。無論如何，瑪麗並沒有活多久。一五五八年由亨利的小女兒、安妮・博琳的孩子伊莉莎白繼承王位。不管伊莉莎白在宗教方面的眞正觀點如何，只知她不可能是羅馬天主教徒；因爲她是一個私生女，對天主教徒來說，她不能當女王。

在伊莉莎白統治時期，英國人以他們特有的方式漸漸地變成了新教徒。英國國教具有自己的形式。在組織上，它類似路德教會。它是國教，因爲它的存在與教義得由世俗權力決定，亦即由君主通過議會來行使權力。全體英國臣民都要皈依國教；還通過了反對「不信奉國教者」的法律。「不信奉國教者」一詞既指羅馬天主教徒，也指不承認國教、更爲激進的喀爾文教徒。除了修道院和某些其他教會機構之外，英國教會還保留了物質財產、建築物、中世紀教會的內部組織——主教和大主教（他們繼續在上院保持席位），處理婚事和遺囑的主教法庭、土地所有者交納的什一稅或教會稅、教區組織以及牛津大學和劍橋大學。

在宗教實踐上，英國國教確實是新教：英語代替拉丁文成爲禮拜儀式的語言，沒有聖徒崇拜，教士可以結婚，雖然伊莉莎白承認，一想到大主教有妻子，就感到有點窘迫。在教義方面，伊莉莎白的政策是：教理要訂得概括些、含糊些，以便持各種信仰的人比較容易適應。由一個主教委員會制定的「三十九條信綱」（一五六三年）把英國國教的宗教教條確定下來。從當時激烈爭論的各種觀點來看，許多條文雖具新教腔調，卻含糊其辭。伊莉莎白即位

圖2-17 伊莉莎白一世女王需要她的畫像傳播權力和王室尊嚴。此畫產生於十六世紀八〇年代，一般認為是納桑・希利亞德所作。女王使用的服飾和珠寶顯示了她的財富，一隻裝飾性的貂象徵了她的皇家身分。（By permission of the Marquess of Salisbury. Photograph: Photographic Survey. Courtauld Institute of Art）

時幾乎重新任命了全部的聖公會主教（除了一名以外）；這些人當中有許多在瑪麗・都鐸統治時期流亡國外，生活在歐洲大陸新教徒之中。除了通過主教（稱爲主教團）管理教會事務外，喀爾文教在伊莉莎白時代對聖公會信仰也產生強烈的影響。

愛爾蘭的基督教會也照此處理（自諾曼人征服英格蘭不久後，十二世紀以來，英國人或者說是盎格魯—諾曼征服者就移居至愛爾蘭）。愛爾蘭建立了一個與英國國教一樣的教會，稱爲愛爾蘭國教，它接收了羅馬教會在這個小島上的財產和地位。土生土長的愛爾蘭人幾乎仍然是堅定的羅馬天主教徒。如同在匈牙利或波希米亞不滿哈布斯堡家族的人民不願接受統治者的宗教而喜歡皈依新教一樣，在愛爾蘭，居統治地位的英格蘭人是新教徒這一事實，反而使愛爾蘭人更加堅定地信仰羅馬天主教。天主教神父雖被剝奪了職位，收入無著，失去教堂住宅，經常被迫躲藏，但他們卻成爲心懷不滿的人民的民族領導人。

到一五六〇年新教的鞏固

無論在英國還是在德意志，或是在深受國際喀爾文教影響的歐洲，人們並不認爲各種宗教爭端在一五六〇年已經解決了。羅馬天主教也不承認這一新形勢。但是到一五六〇年，新教的主要教義獲得肯定，而且在地理上，新教贏得了許多征服地。拉丁基督教世界的統一已經破裂。基督教世界已經瓦解，變成爲一種純然不可捉摸的理想了，取而代之的是一個由各自分離的教會、邦國和國家所構成的世界。

新教徒彼此雖各不相同，但他們有著許多共同點。他們全都反對教皇的權威。誰都不參加任何實際的國際組織；日內瓦的支配地位僅僅是精神上的，而且後來證明僅是暫時的。所有的新教徒都反對教士職位的特殊性、僧侶性或超自然性；事實上，宗教改革運動最根本或許是一場反對中世紀教士地位的起義。新教徒一般稱自己的教士爲牧師，而不稱神父。所有的新教教士都可以結婚。新教徒沒有男修道士，沒有修女，也沒有行乞的托缽僧。所有的新教教會在宗教儀式中都按具體情況使用本國語言代替拉丁語，如用英語、法語、德語、捷克語。所有的新教徒都減少了聖禮的數目，通常減到二至三種；這些保留下來的聖禮，與其說被他們看作是神感化的實際媒介物，不如說是一種象徵。所有的新教徒都相信救贖必須依靠信仰。所有的新教徒都否定聖餐變體論或彌撒奇蹟。所有的新教徒都放棄強制性懺悔以及與此相關聯的教士赦罪權。所有的新教徒都放棄煉獄觀念，不把煉獄看作天堂與地獄之間的一個暫存地區，從而也就放棄了爲死者禱告和舉行彌撒的儀式。簡直毋需贅言：類似贖罪券的東西都蕩然無存了。所有的新教徒都放棄對聖徒和聖母瑪利亞的崇拜，不再期望他們在天堂代人祈禱。所有的新教徒都宣布，基督教信仰的唯一眞正來源是《聖經》。因爲一方面，十六世紀所有成爲國教的新教教會堅決主張遵奉自己的教義，不允許個人自由；另一方面，所有的新教徒心中仍然有著路德首先點燃的小小精神火花，因此誰都沒有斷然否定在良心問題上私下做出判斷的權利。

迄今還不時有人認爲推行新教的動力之一是經濟，即一種急切的、有力的和資本主義的新動力，它把中世紀宗教所施加的種種束縛一概打破了。信奉新教的英國和荷蘭不久都經歷一段資本主義迅猛發展的時期，這一事實使上述觀點更能成立。新教政府樂意沒收教會土地，表明一種強烈的物質興趣。但事實上，無論在宗教改革運動之前或之後，政府沒收教會財產都沒有使它與羅馬天主教的關係破裂。當時正出現的深刻經濟變化，將在下一章加以闡述。然而，經濟條件所起的決定作用似乎遠比宗教信念和政治形勢的作用要小。喀爾文教不僅在城市，而且在諸如蘇格蘭、波蘭和匈牙利等農業國也同樣贏得了信徒。路德教在經濟停滯的北德意志要比在經濟繁榮的南德意志發展得更爲順利。英國人曾像法國人那樣有若干年並沒有傾向新教；而在法國，當許多封建領主和農民皈依新教時，巴黎和許多其他城鎮仍堅定地信仰天主教。新教給人們的日常事務和物質繁榮抹上一層正當的宗教光輝，爲後來信仰新教的民族取得經濟上的成就起了促進作用，這是可能的；但若說經濟動力在新教崛起的初期階段就具有異乎尋常的重要性，似乎並非如此。

新宗教運動在對待婚姻和家庭的態度上立即產生更大的影響。與中世紀天

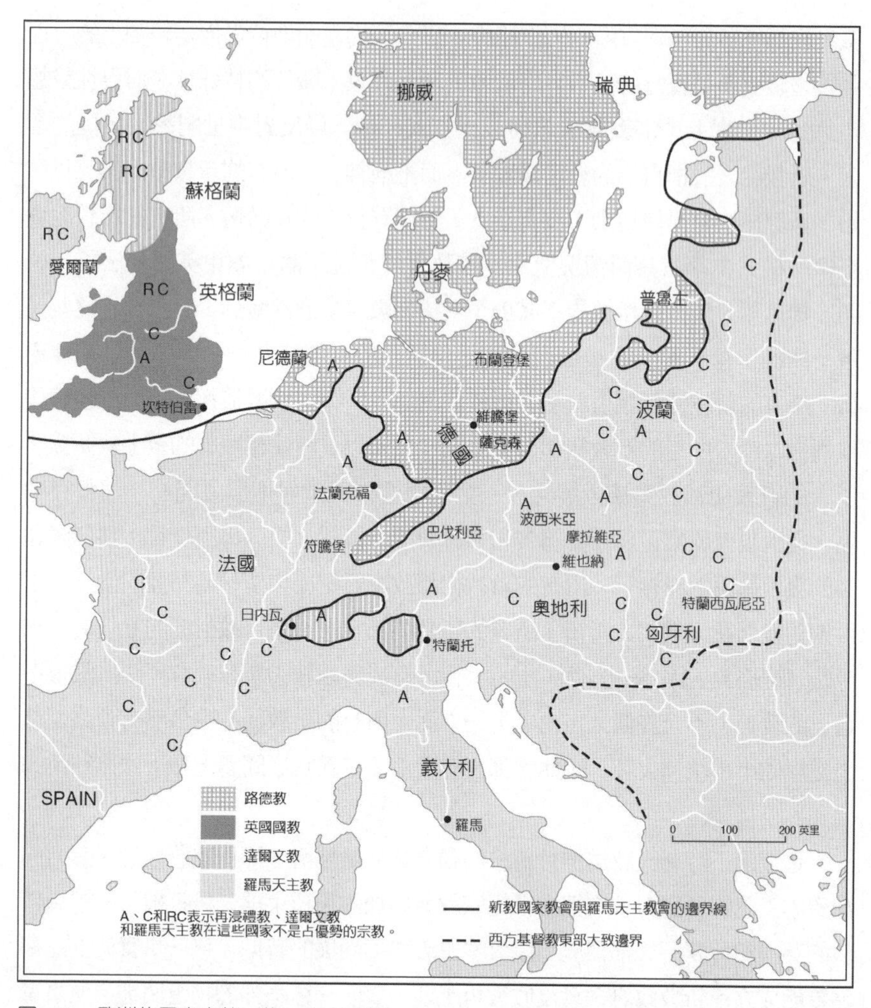

圖2-18　歐洲的國家宗教，約一五六〇年

此圖表明約一五六〇年已建立的合法權威教會，但這並不是一幅精確的宗教群體分布圖。有一些天主教會存在於粗黑線以北地區，也有一些新教徒在線南地區。最廣泛散布的是喀爾文教和更激進的新教或再浸禮教。神聖羅馬帝國統治下的德意志，每個公國和自由城市都可以選擇自己的宗教，因此，德意志是新教改革運動後出現的、幾乎可對半畫分爲天主教與新教的唯一歐洲大民族。

主教相反（天主教讚揚禁欲和獨身，並將之做爲最受讚揚的宗教人士的關鍵品德），新教強力促進婚姻，視之爲教士與俗人同樣的理想社會習俗。父母身分即使對最虔誠的新教領袖來說也是一種榮耀。婦女雖有時撰寫讚美詩或在更激進的新教教堂佈道，但標準的新教婦女是致力於宗教家庭的認眞母親。有些婦女在中世紀修道院和宗教團體中能獲得的機會（即使是有限的），已於新教社會中消失了，這就可以解釋新教領土上爲什麼修女通常是列入最後一批接受新宗教理念的人之中。

新教除在婚姻上強調外，對婦女在基督教會和更廣的社會秩序中的作用並不大。新教各宗教組織的牧師全是男人。儘管爲了閱讀《聖經》，婦女或許都具有了讀寫能力，但由於長期備受尊敬的女聖徒已在祈禱文、宗教著作和慈善機構中消失，新教的各種典禮中便很少見到婦女身影。與此同時，天主教國家修道院中的婦女正受到更嚴厲的幽閉和控制，天主教強有力的要求改革與重組的運動正在發展。

天主教的改革和改組

與新教的興起相應產生的天主教運動，人們稱之爲天主教改革運動或反宗教改革運動。前一名稱爲天主教徒所喜用，後一名稱則是新教徒所愛用。一方面，天主教進行了一場眞正的改革，即使沒有新教的刺激，這場改革想必也會以某種方式自行產生。另一方面，對新教的挑戰需要做出明確的反應，因而相應地確定了改革的性質，做出了若干決定，以及採取了某些措施；當然，還進行了大量旨在肅清新教本身、純粹的「反對」活動。

改革的要求與所要改革的弊端一樣，都是由來已久的。其特點就表現在要求召開全體宗教會議或全基督教的教會會議這一點上。一四五〇年左右被教皇挫敗的宗教會議運動，在一五〇〇年後又有東山再起的勢頭。接踵而來的就是路德教掀起的大動盪，以及查理五世的種種努力。查理五世爲了德意志統一的利益，試圖說服教皇召開一次眞正、有充分權力的宗教會議，以革除誰也不會眞正維護的教會各種弊端，從而使許多德意志人失去他們藉以轉向路德教的理

圖2-19　十六世紀一位荷蘭不知名的畫家，以描繪一名成功商人的家庭來表現理想中的新教家族。畫中男人、婦女和兒童的區分清晰明瞭，但每個人都表現出繁盛的喀爾文群體中的嚴肅與富有。（© Rijksmuseum Foundation）

由。但與此同時，法國國王卻找到支持教皇和反對皇帝的理由。法國國王法蘭西斯一世支持教皇，是因爲他已從教皇的權力中取得了他所需要的東西，即在一五一六年波洛尼亞宗教協定中獲得對法國天主教會的控制。何況他有理由反對查理五世，因爲查理五世不僅統治著德意志，還統治著尼德蘭、西班牙和義大利的大部分地區，從而包圍法國，以當時稱之爲「世界君主國」的姿態威脅著歐洲。法蘭西斯一世因此積極慫恿德國新教徒，以此做爲使德意志內訌局面持續下去的手段。他還運用對羅馬的影響，反對召開可能消除天主教世界種種紛爭的宗教會議。

在羅馬教廷，逐漸出現一個要求改革的紅衣主教集團，他們斷言宗教改革勢在必行，是當務之急，因此他們甘冒召開宗教會議的一切危險。教皇決定於一五三七年召集一次宗教會議，但法國和神聖羅馬帝國皇帝之間的戰爭迫使會議取消了。最後，在一五四五年眞的召開了一次宗教會議，開始了議事工作。這次會議是在德意志和義大利邊境阿爾卑斯山山麓上的特倫托舉行。這場決定現代天主教命運的特倫托宗教會議斷斷續續開了近二十年，間斷的時間很不規則。對特倫托會議制定的主要決議，直到二十世紀六〇年代召開第二次梵蒂岡會議時，才做了若干重大的修改。

特倫托會議

宗教會議遇到種種政治性的困難，這似乎表明，在多事之秋，國際性的宗教會議已不再是管理天主教事務的合適手段。首先，赴會者少得可憐。在早期開的國際性宗教會議上曾聚集了約五百名高級教士，然而出席特倫托會議的人數卻從沒有接近過這樣大的數字，有時人數陡降至二、三十人。在一次會議上，曾就路德提出的主要爭論點「救贖」通過一項重要教令，截至那時，有些好心的天主教徒認爲此教令是一項可能實現的妥協方案。然而即使須通過這項重要教令時，到會的高級教士也只有六十人而已。即使與會者很少，舊宗教會議上的爭端仍再次被提交討論。有個主教集團認爲，從天主教世界各地雲集而來赴會的天主教教會的主教們，集體構成的權威高於教皇的權威。設法避開這種「主教派」運動，也就成爲由教皇委派主持會議的紅衣主教使節們一項主要的職責了。

對於約束教皇權力論，歷屆教皇都設法成功地加以抵制。最後，教皇勝利了，會議用投票方式通過一項最後裁決：未經羅馬教廷的認可，宗教會議的法令一律無效。倘若宗教會議的理論觀點得逞，那麼現代的天主教教會可能像新教那樣也變得四分五裂。顯然，在特倫托會議上，各主教傾向於用民族的觀點，即依照自己對待國內問題的觀點來觀察種種事態，同時他們還經常受到各自世俗君主強有力的影響。總之，教皇派還是占了上風，也就是說，勝利的是集權分子，而不是民族分子。特倫托會議就這樣維護了做爲天主教教會統一中心的教皇制度，從而避免天主教教會分裂成一個個國家教會的那種實實在在的威脅。雖然如此，會議的成效並不是一蹴可幾的。因爲在每一個重要的國家裡，世俗統治者起初只接受合乎其心意的會議成果。只是到後來，會議的影響才逐步加強和發生作用。

特倫托會議將國家政策問題和教會政策問題加以區分，會議本身致力於兩項工作：一是闡述天主教教義，一是改革教會陋習。一五四五年，當教會會議剛召開時，新教運動已經發展到無法與之和解的地步：新教徒，尤其是喀爾文教徒，在任何情況下都絕不願意從屬於羅馬教會。總之，特倫托會議沒有做出任何讓步。

會議宣布，通過善行與信仰相結合，就可以獲得救贖。會議列舉並確定了七種聖禮，認爲聖禮是傳遞神感化的媒介物，不以接受者的精神狀態爲轉移。公布教士宣誓擔任神父職務後就是不同於俗人的特殊等級。闡明了懺悔和赦罪的過程、步驟。重申了聖餐變體論。會議把《聖經》和口傳教義等量齊觀，看作是天主教信仰的源泉。因此會議否決了新教僅從《聖經》中尋求眞正信仰的主張，並再次斷言自《新約全書》那些時代以來教會發展的合法性。會議宣布，由聖傑羅姆在西元四世紀翻譯的拉丁文《聖經》，是天主教教義可以依據的唯一文本。否定個人判斷，即否定個人有權認爲他們自己對《聖經》的解釋比教會當局的解釋更爲眞實。爲了反對民族語言，規定拉丁文爲宗教禮拜的語言，這一規定直到二十世紀六〇年代第二次梵蒂岡會議才予以取消。維護教士的獨身生活制度、堅持修道院制度、再次確認煉獄的存在、重申贖罪券的理論和正確的做法、贊成尊敬聖徒、贊成崇拜聖母瑪利亞，及贊成使用偶像、聖物和朝覲，認爲這些都是精神上有益而虔誠的行動。

對宗教會議來說，確定教義要比改革陋習容易得多，因爲後者存在於千百萬人的生活習慣中，根深柢固。然而，會議還是頒布教令，大力改革修道院制度。會議在堅持贖罪原則的同時，還採取行動反對其弊端。會議規定主教應按習慣居住在自己的主教轄區，且更悉心地恪守本職。會議給予主教更大的行政管轄權，管轄該主教區的教士。制止一人同時兼任許多教會職務（兼職）的陋習，並採取措施，以保證各級教士都能稱職。爲了提供受過教育的教士，會議規定每個主教區都應建立一所訓練神父的神學院。

反宗教改革的十字軍

法律若無輿論支持，一般效力甚微；同樣的，特倫托會議的改革教令，若不是同時有一種宗教嚴肅感重新出現並且不斷發展的話，本來也不會起什麼作用。這裡包含著天主教改革運動的內在力量。在義大利，由於文藝復興毋庸置疑地愈益具有異教徒的色彩，加上一五二七年羅馬遭到劫掠一事，表明就連天主教徒也對羅馬教士懷著深刻的仇恨，因此比較嚴肅的道德家的呼聲才開始爲人所傾聽。文藝復興時期連續幾屆的教皇職位都是由改革派教皇所繼承，第一位改革派教皇就是保羅三世。改革派教皇堅決主張教皇職位擁有最高權力，他們與前任不同的是，教皇職位被看作是一種道德和宗教的力量。在許多主教區，主教開始主動地格外嚴格要求自己。新的天主教宗教意識比新教更集中地表現在對聖禮的崇敬、對教會本身抱有神祕的敬畏（把教會看作是神的機構）等方面。男人和婦女都創立了許多新的教團，其中最著名的是耶穌會，其他還有男人的奧拉托利會和婦女的烏蘇林會。新教團獻身於各種各樣的教育活動和慈善活動。天主教徒有一個比新教徒更爲顯著的特點，即具有持久的傳教熱情。傳教熱情擴展到亞洲和南北美洲，而在歐洲則表現爲強烈地渴望使新教徒重新成爲天主教徒。傳教熱情也表現在到窮人之中去開展佈道活動，如聖萬森・德・保羅在巴黎被遺棄的下層人當中進行的佈道活動。對此，新教教會都無法做出可以與之相比的工作。在美洲，正當殖民地在十六和十七世紀不斷擴展時，新教教士對於印第安人傾向於採取俗人的觀點；天主教教士則努力勸說他們皈依宗教並保護他們。天主教教會一般都致力於減輕對淪爲奴隸的非洲人的殘暴性，而在英國和荷蘭殖民地的牧師則大都無動於衷，也許這是因爲他們更依賴於俗人的緣故。

我們已經談到過西班牙的情況，在那裡文藝復興從來沒有多大的市場，整個國家的生活是一場無休止的基督教十字軍運動。新的天主教感情大都是在西班牙首先發展起來的，傳教士精神也大都是從西班牙首先迸發出來的。西班牙作家寫出十六至十七世紀許多有影響力的天主教神祕主義報導，其中包括最著名的阿維拉的特里沙，關於他遇見基督的描繪。西班牙還誕生了聖伊格納修斯・羅耀拉。他年輕時當過兵，與路德、喀爾文一樣，也經歷過一場宗教靈性上的「感受」或「轉變」。一五二一年，那時他還未聽說過路德，而喀爾文當時還是個孩子。羅耀拉決心成爲教會的一名士兵，一名驍勇的十字軍戰士，爲教皇和羅馬教廷效力。他按照這個原則而建立了耶穌會教團，通常稱爲耶穌會。一五四〇年經保羅三世批准，耶穌會成爲一個新型的修士會，對於修道院的隱居生活不怎麼依戀，反倒是頗爲積極地參與世界事務。只有那些證明確實有毅力和智力的人才被吸收入會。每個耶穌會士都要經受一次艱苦的，甚至是恐怖的神祕訓練，這是羅耀拉在其著作《靈性操練》一書中提出的。該教團有鐵的紀律，要求會士必須將自己的頂頭上司看成是絕對正確的神聖教會。羅耀拉說，即使教會把白的東西說成是黑的，會士的心裡也應相信這是黑的。

兩百年來，他們是天主教歐洲最著名的教師，他們管理的上、中層階級子弟學校，最後竟達五百所左右。在這類學校裡，除講授宗教信仰外，還教授紳士的舉止準則（他們教授舞蹈和戲劇，引起較為拘謹的天主教徒的反感），他們還把文藝復興思想和古希臘羅馬經典著作中的人文主義思想繼承下來，作為對青少年進行教育的主要內容。耶穌會士在統治階級中從事一項特殊活動：他們成為國王們的懺悔神父，從而捲入政治上的陰謀活動。在新教徒把業已建立的教會或從屬於國家，或個人良心的時代，在連天主教徒也常以一國之見來考慮教會問題的時代，耶穌會士似乎總是把教會本身當做一個神聖機構，當作羅馬教皇在國際上組織與管轄的戰鬥教會和世界教會來崇拜。所有正式的耶穌會士都特地宣誓服從教皇。耶穌會士在特倫托會議後期的頑強戰鬥，卓有成效地維護了羅馬教廷的立場，抵制了民族主教的立場。

至一五六〇年，通過強化自己的宗教生活以及毫不妥協地重申其教義和紀律而得到復興的天主教教會，也設立了有力的機構以反擊新教。耶穌會做為一股國際性的傳教力量開展活動。他們從各國，包括政府已皈依新教的那些國家中吸收成員，例如，英國天主教徒在歐洲大陸接受訓練，成為耶穌會士後就返回英國，圖謀推翻異教徒篡位者伊莉莎白，因為他們把獻身世界教會視為一項比獻身宗教上的民族獨立更為崇高的事業。耶穌會士還湧入爭執最為激烈的地區——法國、德意志、波希米亞、波蘭和匈牙利，因為那裡的爭執仍處於相持狀態。正如每次偉大的革命發生之後那樣，許多人在經受新教的最初衝擊之後又故態復萌，倒向舊秩序，在天主教教會內那些較為顯著的弊端得到克服之後尤其如此。耶穌會使許多動搖不定的人重新皈依天主教。

對分外執拗的人，則採取其他方法。各國都審查書籍；新教當局竭力不讓虔誠的教徒看到羅馬天主教的著作，羅馬天主教當局也同樣煞費苦心封鎖一切有關「異教徒」的消息。所有的主教，英國聖公會、路德教會和天主教會全都對自己的主教轄區內的讀物加以管制。隨著教皇集權趨勢的發展，在天主教世界中特別重視羅馬主教頒印的書單，即羅馬教皇的《禁書目錄》。天主教徒非經特別許可不得閱讀目錄上開列的書籍，然得到許可的只是從事專門研究的可靠人士。直至二十世紀六〇年代，這份禁書目錄才被取消。

所有的國家，無論是新教國家，還是天主教國家，都成立了司法和員警

圖2-20 彼得・保爾・魯本斯在畫中描繪了聖伊格納修斯・羅耀拉的宗教熱忱。魯本斯的作品通常表現天主教國家的宗教與政治領袖。（Giraudon/Art Resource）

機構，強迫人們遵奉該國國教。例如，英國伊莉莎白成立了高級法院，強迫「不信奉國教的天主教徒」加入英國國教。所有的主教，無論是新教主教，還是天主教主教，都在他們自己的主教法庭中同樣擁有執行機構。但是，沒有一個法庭像宗教異端裁判所那樣令人生畏。事實上，有兩個截然不同的組織同時在使用此名稱（該詞本來只是《羅馬法》上的一個古老術語，意指審訊或調查法庭）。一個是西班牙宗教異端裁判所，它大約成立於一四八〇年，最初用以查處西班牙猶太人和穆斯林的倖存者；所有歸西班牙國王統治的國家，尤其在西屬尼德蘭這個喀爾文教派的重要中心，都成立了宗教異端裁判所。另一個則是羅馬，即教皇的宗教異端裁判所，一五四二年建於羅馬，隸屬紅衣主教組成的一個稱爲宗教法庭的常設委員會。在某種意義上說，它是建於十三世紀用以偵查和鎭壓異教的著名中世紀法庭的翻版。西班牙和羅馬的宗教異端裁判所都使用酷刑，因爲異端就是彌天大罪；所有被指控犯下罪行的人在現行法律下，不論在宗教法庭或是在民事法庭都會遭受嚴刑拷打。在用刑上，如使用判處活活燒死的極刑，羅馬宗教異端裁判所要比西班牙的宗教異端裁判所溫和一些。羅馬宗教異端裁判所原則上提供一個法庭，以保護天主教世界各地宗教信仰的純正性。但事實證明，各個天主教國家的民族抵抗是極其激烈的，幾乎沒有一個天主教徒願意讓羅馬的代理人在當地調查他們的信念；羅馬宗教異端裁判所任何時候都未曾在義大利以外起過作用。

可是，在實施宗教信仰的機構中，沒有哪一個能像國家機器和政治主權機器那樣堅強有力。在新教徒贏得政府控制權的地方，人民成爲新教徒。在天主教徒依然控制政府的地方，新教徒很快就變成了小小的少數派。而且，正是在各國政府的衝突中，也就是說，在一五六〇年後連綿一百年左右的戰爭期間，歐洲的宗教命運才見分曉。一五六〇年，歐洲最強大的國家——西班牙、法國、奧地利——全是法定的天主教國家。新教國家全是小國，至多是中等國家。德意志的各個路德教邦國，與德意志其他各邦國一樣勢孤力單，無足輕重。斯堪的那維亞各君主國又遠在他方。英格蘭是最重要的新教王國，但人口只有四百萬，北面又是獨立且抱有敵意的蘇格蘭，而當時還看不出英格蘭有成爲殖民帝國的任何跡象。在這個世紀初葉，從各國君主的社會聲望來看，英格蘭國王正排在葡萄牙國王之下，僅在西西里國王之上。顯然，如果組成一支聯合一致的龐大天主教十字軍，那麼新教本來是會被消滅掉的。發動這樣一場十字軍運動，是西班牙國王夢寐以求的事。然而，這從未成功。宗教分歧成爲歐洲文化中的常態，像文藝復興時期的人文主義與新歐洲君主國一樣，最後都有助於現代社會的逐步世俗化。

第三章

經濟重建和宗教戰爭，一五六〇～一六四八年

將一五六〇年之後差不多一個世紀的時期看作是宗教戰爭的時代是恰當的，這場戰爭隨著一六四八年威斯特伐利亞和約而告終。法國、英國、尼德蘭和神聖羅馬帝國陷入各種內部和外部的爭端，其中以宗教爭端最爲激烈，其中亦牽涉政治、憲法、經濟和社會問題。天主教徒和新教徒之間曠日持久的宗教戰爭時期，同時也是經濟重建的時期。從十六世紀初開始，由於與新發現的海外世界接觸、商路的擴展、資本主義的出現、新社會階級的形成，社會發生了變革。

這是現代全球經濟體制開始發展的時代。由於受到各種宗教政治鬥爭的影響，這些深刻變化的作用遭到阻滯，發揮不出來。在本章，我們必須先研究地理上的發現，然後考察出現的新經濟發展和社會發展情況，最後探索宗教戰爭對歐洲各個地區的影響。正如我們將要看到的，這些戰爭大大削弱了西班牙和德國，而爲英國人、荷蘭人和法國人開闢了道路，使他們從各種經濟變革中獲得利益，並且在現代早期的舞臺上扮演著主要的角色。

大西洋的開放

直到一五〇〇年以前，大西洋一直是一道柵欄、一個終點。但在一五〇〇

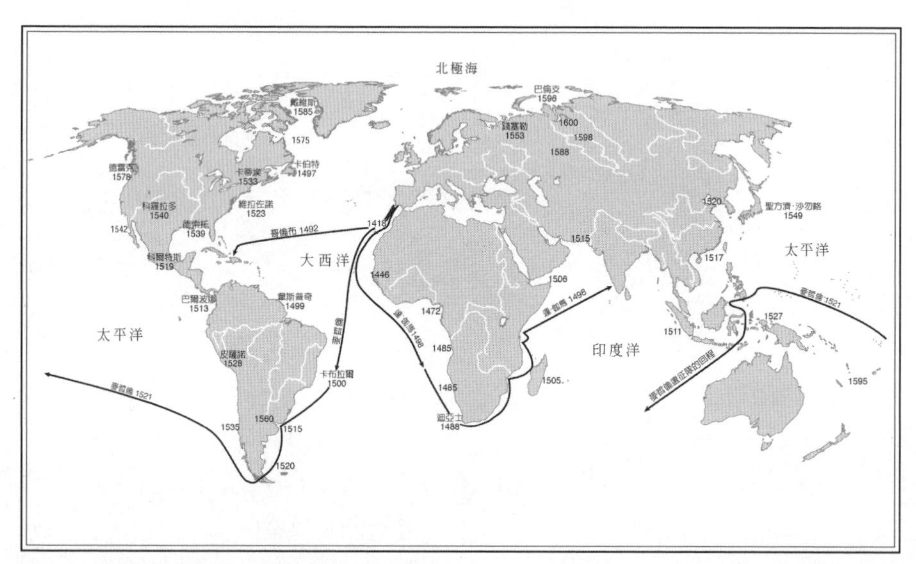

圖3-1　歐洲人的發現，一四五〇～一六〇〇年

發現，意味著將新近發現的國家納入發現者所來自的那個社會的日常知識，和持久的商業活動之中。雖然來自亞洲的航海家和旅行者長期以來曾航行到遙遠的地方，並從事橫渡印度洋或南太平洋的貿易活動，但正是歐洲人發現了如圖顯示的大部分世界。他們在一四五〇～一六〇〇年間，運用航海技術和地理知識，在地中海和較遠的大西洋沿岸發展了此種發現活動。地圖上的年分，顯示有重大意義的歐洲人第一次來到各地點的時間。

年左右，它變成一座橋梁、一個啓程之地，其巨大的影響波及各方。一般看來，這樣的變化對歐洲人是有利的，但對其他地方的人則意味著災難，如美洲，由於歐洲傳來天花等疾病使人口大量減少；非洲則出現跨大西洋的奴隸貿易；最後甚至遠到澳大利亞，導致那裡長期存在的文化和語言毀滅。因此，舊的慶祝歐洲「海外發現」價值的觀點，受到歷史學家們的廣泛挑戰，他們從土著美洲人或非裔美洲人的角度來探討歐洲擴張經歷。依據上述觀點，哥倫布於一四九二年首次出航美洲，與其說開啓歐洲人擴張和征服的英雄歷史，不如說是啓動了可怕的損失歷史。

幾乎沒有人否認，歐洲人所謂的新舊世界之間全新而複雜的交往，變成了人類歷史上的一重大事件。不斷的人口遷移、世界範圍的貿易運動，以及不同文化的交叉相遇而產生令人迷惑的經歷，都標誌著現代世界史的眞正開始。歐洲人改變，甚至毀滅了許多其他文化，但他們自己的文化也透過與世界其他地區人民、社會傳統和宗教之間的穩定而廣泛的聯繫接觸，而發生轉變。新的富裕商業階級在歐洲大西洋沿岸成長起來。海軍成爲決定性的力量。歐洲由於引進美洲的馬鈴薯而人口大增，人民開始依賴糖和菸草等進口商品。歐洲作家日益爲他們對世界的理解力感到自豪，並將其視爲他們的文化或宗教傳統的優越性。歐洲人還對人類種族與文化的多樣性進行很多的思索，有時這導致部分歐洲人的一種新種族意識，有時也導致一種文化相對主義，在其中，歐洲人的習俗被看作是整個人類舉止的唯一形式。與此同時，各種文明地區日益與跨大西洋的經濟體制聯繫在一起，當歐洲士兵、商人和傳教士進入這些地區時，美洲和非洲的人民也爲保衛自己正在發展的文化和各種習俗而奮鬥。

在東方的葡萄牙人

在史前時代，歐洲人就已沿著大西洋邊緣航行。北歐海盜九世紀已在冰島定居，不久甚至到達了北美。一三一七年，威尼斯人建造了商船隊——佛蘭德斯單層甲板大帆船，使亞得里亞海和北海之間的航路變得頻繁。十五世紀隨著造船、船帆索具和駕船技術的進一步改善，以及航海羅盤的採用，在遠離大陸的浩瀚大洋上航行已成爲可行之事。一四五〇年左右，居住在大西洋中部亞速爾群島的葡萄牙人發現穩定的西風可幫助他們返回歐洲。看起來，大西洋似乎可以將他們引領到達亞洲。

幾個世紀以來，亞洲一直是歐洲許多貴重商品的主要來源地，其中的部分製成品是歐洲無法與之競爭的，例如絲、棉織品、地毯、珠寶、瓷器和優質鋼，以及部分未加工或半成品的藥材和食物，如糖，尤其是香料。歐洲人從未親自到過東方貨物的供應地。蘇伊士以東的某個地方是別的商人們的另一個世界，這些商人經過陸地商隊或乘船通過紅海或波斯灣，把中國、印度和東印度香料群島的貨物運至地中海東部的一些市場。兩個世界的商人在亞歷山大、貝魯特或君士坦丁堡這些繁華的城市相會，並進行貿易。

一四九八年，葡萄牙航海家華斯科·達·伽馬[1]緊隨其他勇敢的探險家之後繞過非洲，發現自己處於陌生的阿拉伯商業世界之中。他在馬拉巴爾海岸（印度西南海岸）登陸，在那裡看到了整日忙碌的、有著各種宗教背景的商人。這些人對歐洲的了解與歐洲人對印度的了解相比，簡直有過之而無不及（有一個猶太人充當達·伽馬的翻譯），且他們認知了葡萄牙人的來臨會干擾原已建立的商業渠道。達·伽馬利用當地的競爭，成功地把船隻裝滿了他所垂涎的貨物。在一五〇二年第二次航行時，他準備得更爲充分，帶了一支不少於二十一艘船艦的作戰艦隊。葡萄牙人和阿拉伯商人之間爆發了一場惡戰，後者得到埃及人、土耳其人，甚至遠方威尼斯人的各種支持，他們全都想維護舊的商路。像西班牙人一樣，葡萄牙人曾經受過國內反對摩爾人的長期戰爭鍛鍊，因而任何暴行都不會使他們懼怕，他們在英勇探險的過程中是敢與接觸的異教競爭者進行戰鬥。城市遭到蹂躪，在船塢的船隻被焚毀，俘虜慘遭屠殺，他們被肢解的手、鼻子和耳朵被當做嘲弄的紀念品送了回來。一位婆羅門就被這樣凌辱之後倖存下來，拖著殘缺的身體回去見他的同胞。遺憾得很，這就是印度最初對西方人的認識。

隨後幾年，葡萄牙人在馬拉巴爾海岸的果亞、紅海口附近的亞丁、波斯灣口附近的荷姆茲和東非設立了永久性的堡壘。一五〇九年，他們到達現在新加坡附近的麻六甲。他們從那裡北上進入中國本土，東行到達恰好在新幾內亞以西的香料群島中心——安汶，從而創建了一個帝國，一個依靠火器和海上霸權威力，以及交替使用戰爭與掠奪貿易維持的歐洲人的第一個商業殖民帝國。由聖法蘭西斯·哈威爾領導的勇敢耶穌會，不久之後也緊隨早期歐洲商人到達東方，至一五〇〇年，他們在印度、印尼，甚至是日本，曾對數以千計的人施以洗禮。

舊航路需要多次轉運、裝卸、海陸聯運，並且要經過許多商人之手，此時新航路的開闢，使歐洲人購買東方貨物的價格大爲降低。一五〇四年，人們在里斯本購買的香料價格僅爲威尼斯要價的五分之一。威尼斯人（他們在絕望中甚至談到要挖掘蘇伊士運河）無奈被迫廉價出售貨物；從此以後，他們的交易只限中東的產品。對於葡萄牙人來說，從來沒有這樣迅速地建立起商業壟斷。低廉的價格大大地刺激了歐洲人的需求和消費的增長。從一五〇四年起，即達・伽馬首次返航後的五年，平均每年都有十二艘船隻從里斯本開往東方。

美洲的發現

與此同時，對東方航路的同樣探索，卻導致了使人失望的美洲大發現。與大多數此類發現一樣，這絕非個人的異想天開。貝海姆的地球儀製造於一四九二年，即哥倫布第一次航行的那一年，這就使人產生了橫越大西洋可以到達中國的念頭，因此支援了向西航行即可到達東方的想法。然而，正是克里斯多夫・哥倫布具有堅韌不拔的精神，才能破天荒地向西航行。在更精確的鐘錶發明（十八世紀）以前，海員們無法確定經度，即他們所處的東西方位；博學的地理學家們遠遠低估了從歐洲向西到亞洲的大概距離。當哥倫布發現陸地時，他理所當然地以爲那是印度的一個邊緣地區。不久，當地居民就被稱爲印第安人，而哥倫布登陸的島嶼則被稱爲西印度群島。

哥倫布的航行得到卡斯提爾的伊莎貝拉女王支持，因此，新發現的土地就成爲西班牙君主領土的一部分。由於西班牙人希望趕在葡萄牙人之前到達東方（此時達・伽馬尚未到達），所以當他們接到哥倫布最初的報告時非常興奮。他們爲哥倫布的第二次航行提供了十七艘船隻，配備了一千五百名工匠。哥倫布本人在一五〇六年逝世前一直在加勒比海周圍探查，極力想發現通往亞洲的航路和類似傳說中的東方某些地方，但卻接連遭挫。而其他人則更願意視其爲一塊全新的大陸。在西班牙，有勢力的教會人士把新大陸視爲宗教戰爭和改變宗教信仰的新場所；政府把它視爲王室金庫的黃金與白銀的來源；而那些與摩爾人的戰爭結束後無所事事、好戰成性的遊俠貴族之所以轉向美洲，則是爲了發財致富。征服者紛紛衝向新大陸。科爾特斯征服了墨西哥的阿茲提克人，皮薩羅征服了祕魯的印加人。他們掠奪了當地的一些帝國，並且馬上動手開採貴重的金屬礦藏。印第安人被迫從事強迫勞動，其中許多人死於非命，人口急劇減少。教會試圖保護改宗的印第安人信徒，王室當局也限制了對他們的剝削，結果導致非洲奴隸的輸入。到一五六〇年，估計有十萬非洲奴隸被運到美洲。這種大規模強迫非洲人的遷移延續了兩個多世紀。實際上，做爲奴隸到達美洲（包括南北美洲兩個大陸和西印度群島在內）的人數遠遠超過一八〇〇年之前移居美洲的歐洲人。

同時，探險家們開始沿著一大塊把他們與亞洲隔開的廣闊區域航行，以探索他們的航路。一五二〇年，麥哲倫[2]率領的一支西班牙遠征隊發現了一條西南航路。他們從大西洋啓航進入太平洋，穿過太平洋，發現了菲律賓群島，他們一面與敵對的葡萄牙人戰鬥，一面穿越印度洋返回西班牙。如此一來，便

圖3-2　《征服美洲的插圖》為荷蘭畫家簡・莫斯塔特畫於一五四五年左右。在此幅早期歐洲人觀察新世界的圖畫細節上可看見，美洲印第安人看來是裸體、無能和慌亂的，與歐洲極其不同。（Foto Marburg/Art Resource, NY）

實現了首次的環球航行，各個海洋的實際大小以及它們是互相聯結的概念也被帶回歐洲。地理學家們立即把新了解的情況編入地圖。不過歐洲人仍然對新發現的大陸所知甚微。同時，西班牙其他探險家的航行、英國所聘的卡伯特父子的航行、法國人雅克・卡蒂埃的航行，都爲尋找西北航線而進行了長期卻無效的探索。尋找東北航線的一支英國探險隊在一五五三年發現了白海，於是英國商人立即開始經由這條海路前往俄國。阿爾漢格爾變成爲一個海洋港口。

百年內，只有西班牙人和葡萄牙人探尋通往美洲和東方的新海路。根據一四九四年的一項條約【3】，西班牙和葡萄牙兩國對地球進行了瓜分。他們所依據的是一條想像中的南北線，從北大西洋中部的一個點通過北極穿過東亞。根據此條約，西班牙得到全部美洲，葡萄牙則擁有非洲、亞洲和東印度的全部貿易權。不過當巴西一五〇〇年被卡布拉爾【4】發現時，它被認爲處於距離東方夠遠之地，因此算是位於葡萄牙區裡；菲律賓於一五二一年被麥哲倫發現時，就被宣布屬於西班牙區。

在人口稠密和已建立長期文明的東方，葡萄牙人一直不過是爲數不多的外來人口，他們無法把自己的語言、宗教或生活方式強加於東方。而在北美洲就不同了，以前不爲人所知的瘟疫，如天花，奪取了大部分土著人的生命，西班牙入侵者便把歐洲文化強加於虛弱又疲殆的倖存者頭上。

美洲的西班牙帝國

西班牙人在第一次殘酷地征服美洲後，就在南美、墨西哥和加勒比海建立起自己的文明。在新教國家，還有法國，隨著歲月的推移，人們對西班牙在美洲的統治越發不滿。人們得知，那裡不久就建立了宗教法庭，征服者迫使土著居民處於被奴役的地位。西班牙人自己則把那種慘狀當作其對手所編造的黑人聖徒故事而不予理會。西班牙美洲帝國的眞正性質是不易描述的。西班牙政府（如同所有殖民帝國的本國政府一樣）認爲它的帝國是爲了母國的利益而存在。印第安人被迫從事苦役，在礦山或農田勞動。他們大量死於歐洲人帶來的傳染病；歐洲人經過幾百年已具有免疫力，但美洲土著卻無此種保護。同樣的情況也發生在後來成爲美國領土的極北之地。西班牙政府努力緩和對印第安勞工的剝削，它引進了莊園制，要求印第安人爲主人一星期工作若干天，留下一些小塊土地讓他們爲自己工作。至於邊遠的莊園，王室的法規能執行多少，那是另外一個問題，其答案也各不相同。在西班牙美洲，黑奴從來沒有像他們後

圖3-3　歐洲人與一位非洲酋長及其顧問們談判，或許是商量購買奴隸。歐洲人帶槍，而非洲人攜帶弓箭。但與早期歐洲人眼中的美洲印第安人形象相反，非洲人穿著完整的衣服，並以有尊嚴的姿態坐著。（Photographs and Prints Division, Schomburg Center for Research in Black Culture, The New York Public Library, Astor, Lenox and Tilden Foundations）

圖3-4　在巴西，黑奴彎腰從事金剛石的加工操作，而白人監工則攜鞭監督。（Photographs and Prints Division, Schomburg Center for Research in Black Culture, The New York Public Library, Astor, Lenox and Tilden Foundations）

來在荷蘭、法國和英國殖民地或葡屬巴西那樣重要。白人人口一直很少，卡斯提爾西班牙人看不起美洲出生的白人，即克里奧爾人。由於幾乎沒有婦女從西班牙移居美洲，因此產生了一個人數眾多的混血兒階級梅斯蒂索人，他們具有白人與印第安人的混合血統。

梅斯蒂索人和許多純印第安人一起，在很大程度上使用西班牙語，並接受西班牙教會的信條。以往在他們自己部落首領統治下沒有自由的印第安人，此時仍然沒有自由，但可免遭部落戰爭的傷害。宗教法庭雖很嚴酷，但與阿茲提克人和印加人極端殘忍的肉刑相比，還算溫和。一五四四年，印刷機傳到了墨西哥。到十六世紀中葉，西班牙美洲一共有兩個大總督管轄區，即墨西哥管轄區和祕魯管轄區，還有二十二個主教管區；每個總督管轄區有一所大學，利馬大學建於一五五一年，墨西哥大學建於一五五三年。當一六三六年哈佛學院在新英格蘭創建時，西班牙美洲已經有了五所歐洲式的大學了。

一五四五年有一個重大的發現，即在祕魯的波托西（現在是在玻利維亞）找到了蘊藏量豐富的銀礦。幾乎就在同時，用水銀從礦砂中提煉白銀的方法得到了改進，美洲貴重金屬的生產量突然驚人地猛增。十六世紀中葉之後的若干年內，每年由美洲流往歐洲的白銀約有五十萬磅、黃金一萬磅。有了波托西財富的幫助，西班牙國王得以實施歐洲計畫。祕魯的礦石、印第安人的勞力和西班牙人的管理相結合，才使反宗教改革運動有可能進入富戰鬥性的反新教徒階段。

與此同時，一五六五年初，西班牙人還在他們的殖民地墨西哥與菲律賓之間建立了一條有利

圖3-5 西班牙人毀滅了印第安宗教的許多部分，比如說偶像崇拜；不過，也是西班牙教士保留下來了不少文化被征服前的知識。此頁來自一個西班牙人用拉丁文字母寫下的阿茲蒂克語的書籍，還描繪了一個用活人做祭品的祭祀活動。（Scala/Art Resource, NY）

可圖的貿易路線。被稱爲「馬尼拉帆船」的大型船隻裝載大量來自阿卡普爾科的白銀到馬尼拉，在那裡與中國的奢侈品如香料、瓷器、絲綢和象牙進行貿易，所有中國的奢侈品均轉運回墨西哥和歐洲。此種有價值的貿易一直延續到十九世紀初葉，其間大概向亞洲運送了西班牙美洲殖民地全部白銀的三分之一。它有助於爲商品交換創立第一個現代全球網路，這部分是由於它爲那個時代的中國消費者帶來了他們希望購自歐洲的唯一商品。所以新世界礦山的白銀支撐了整個亞洲－美洲－歐洲的貿易體系，並使西班牙能控制尚處於萌芽階段的中國產品全球市場的很大部分。

大西洋的開放改變了歐洲的方向。在海洋交通時代，歐洲成爲可以到達美洲、非洲和亞洲的一個中心。在歐洲，大西洋沿岸要比中心地區享有更大的有利條件。葡萄牙人剛開始從東印度帶回香料，安特衛普就開始做爲北歐的一個中轉站而繁榮興盛起來。但在西班牙人和葡萄牙人開始興建他們帝國後的一個世紀內，歐洲北部的人民並未走向海洋。法國海盜確實已從貝庸和聖馬洛揚帆出海，而到十六世紀末，荷蘭小偷和英國「海狗」接踵而至，他們集中搶劫伊比利亞裝載金銀財寶的船隻。但西班牙人和葡萄牙人仍然保持他們的壟斷地位，直到一六〇〇年左右，北方才開始出現由各國政府支援的有組織活動。這絕不是說唯有地理因素才能決定經濟的發展。英國人、荷蘭人和法國人只有在消除國內各種困難以及擺脫宗教戰爭的危險之後，才能眞正開始利用大西洋開放爲他們所提供的機會。

商業革命

在歐洲進行的經濟大調整中，海上貿易通道的開闢雖然十分重要，但絕不是唯一的因素。其他兩個因素是人口的增長和價格長期的逐步上漲，即緩慢的通貨膨脹。

歐洲人口如同中世紀盛期一樣，在此期間再次迅速增長，一六〇〇年達到九千萬左右，其中兩千萬便是於十六世紀增長的。各國人口均有增加，但要記住的是，正如我們從晚近時期所知道的，此時人口的分布極不平衡。一六〇〇年，英國的居民不超過五百萬。法國人口幾乎是英國的四倍，而德意志各邦國人口加在一起與法國一樣多。義大利和西班牙人口都少於法國，遙遠的俄國在當時版圖內的居民可能不超過一千萬。一些城市的人口也大大增加，倫敦和巴黎都已接近二十萬；安特衛普、里斯本、塞維爾，由於海洋貿易，到一六〇〇年人口均猛增至十萬。但是小城鎮依然如故；整個說來，歐洲大概沒有比中世

圖3-6 一幅十六世紀晚期插圖描繪了波托西銀礦，它每年向西班牙運送五十多萬磅白銀。美洲的黃金和美洲印第安人勞工使西班牙政府有可能進行費用巨大的歐洲戰爭，以及在亞洲與中國商人維持有利可圖的貿易。（Courtesy of The Hispanic Society of America, New York）

紀後期更加城市化。人口增長大半都是因爲農村地區人口的密度增加了。

價格不斷上漲，也就是說某一特定的貨幣單位（例如先令）的價値不斷下降，構成逐步的通貨膨脹。這叫「價格革命」，但價格上漲極爲緩慢，很難與現代社會所知的那種通貨膨脹相比擬。一個原因似乎在於人口的增長，從而引起對食物的需求不斷增長。這意味著要開墾新土地，而這些土地不如原來的耕地肥沃、不易獲得且難以耕作。隨著生產費用的不斷增加，農產品的價格也在持續提高。例如，在十六世紀的英國，農產品的價格上漲了近四倍。由於貨幣量的增加，價格也上漲了。因爲從同樣數量的金銀塊中可獲得更多的弗洛林、里亞爾和利佛爾[5]，加上皇室有降低通貨成色的習慣，因而大量的貨幣進入流通領域。此外，從美洲流入黃金與白銀，也使得貨幣數量更爲增多（但祕魯和墨西哥礦藏的影響常常容易被誇大）。即使在美洲被發現之前，由於金銀礦的開發，增加了歐洲貨幣的供應。總之，貨幣供應量的增長只有在超過貨幣交易數量的情況下才形成通貨膨脹。因此，人口增長和商業的發展限制了通貨膨脹的威力。儘管如此，價格長期的趨勢是上升的。它影響了所有的價格，包括以貨幣價値確定的租金和其他各種支付，但僱傭勞動的價格，即工資，似乎是提高最少的。所以，價格的變化對社會各階級的福利具有不同的影響。

價格的提高和人口的增長有利於各個商業企業。商人可以指望顧客數量增加，新手可以懷著成功的希望參加貿易活動，庫存貨物的價値隨著時間的推移也提高了，借款更易於償還。就國王可以指望有更多的納稅人和兵士來說，政府也因此得到了好處。

現代早期歐洲的經濟變化被稱爲「商業革命」。一般說來，它意味著資本主義的興起和從以城鎭爲中心的經濟體系向以國家爲中心的經濟體系之過渡。這場「革命」是極其緩慢和持久的，因爲它至少早在十四世紀就已經開始，一直持續到十九世紀早期機器工業開始超過商業為止。

商業和生產上的變化

在中世紀，城鎮及其毗連的農村組成一個經濟單位。組成行會的工匠生產供本地使用的普通商品。農民和領主到本地城鎮出售他們的農產品，買回工匠生產的商品。城鎮用它自己的關稅和規章制度保護自己。在作坊裡，作坊主既擁有自己的「資本」——他的房屋、工作臺、工具和原料，又以工人的身分與六個雇工和學徒一起工作。作坊主擁有為數不多的資本，但他們很難算是資本家。他們只按訂貨生產，或起碼是為事先知道其愛好和人數的顧客生產。當時幾乎沒有什麼利潤，幾乎不需要冒虧損的風險，也沒有多大的革新。

隨著貿易地區或市場的擴大，上述一切就發生了變化。正如我們所知道的，甚至在中世紀就已經存在一定數量商品的長途貿易，這些商品都是在某地生產得最好的商品，其他地方都不能比。逐漸地，這類商品的數量增多起來。當生產是為了將來某個時候在某個遙遠的地方將物賣給陌生人的地區，當地的行東就無法管理這種生產活動了。他缺少貨幣（即「資本」），不能投放在未出售的商品存貨上；他不了解遠方顧客的需要，也不知道哪個地方的人要多少商品和願意以什麼價格來購買。於是，在這種交易中就出現了一種新形式的長途貿易。一些新型的企業家在歐洲商業生活上變得地位突出。他們最初通常都是在廣闊市場上活動的商人，最後則升為銀行家，如我們已經提到過的義大利梅迪奇家族，在文藝復興時期的銀行業和文化事業中起重要作用。同樣典型的還有德國的富格爾家族。

圖3-7　兩個黑人頭像的研究

作者：倫勃朗・馮・里因（荷蘭人，一六〇六～一六六九年）

新國際貿易的一個成果，就是將被剝奪了自由的非洲黑人運送到美洲。一些非洲人也出現在歐洲，他們的存在有助於增加對人類種族多樣化的思索。倫勃朗雖從未旅行到離他家鄉萊登二十英哩以外的地方，但他描繪湧入荷蘭的各種類型的人，其中包括上面畫的兩個人。他們必須應付已被安排於其中的陌生的歐洲人世界。（Maurithshuis, The Hague）

這個家族發跡的鼻祖約翰·富格爾原本是個小市鎮的織布工，一三六九年來到奧格斯堡。他開了一家商行，專門經營一種叫做粗斜紋布的新布料，這種粗斜紋布中摻入了棉紗，與當時人們做衣服用的毛織品和亞麻布相比有某些優點。因此，約翰·富格爾當時擁有的不僅僅是國內市場，這個家族也逐漸開始經營從威尼斯買來的香料、絲綢以及其他東方貨物。他們把很多利潤投資於別的企業，特別是採礦業。他們也把錢借給文藝復興時期的教皇。查理五世正是憑藉著他們的貸款，於一五一九年當選爲神聖羅馬帝國皇帝。他們成爲兼有德意志和西班牙的哈布斯堡王朝的銀行家。富格爾家族還與德國及法蘭德斯其他銀行家一起資助葡萄牙人的亞洲貿易，或是提供現金貸款，或是以賒賬的辦法預先供貨，葡萄牙人就拿這些貨物去交換香料。富格爾家族的財富婦孺皆知，直到十六世紀才衰敗，當時哈布斯堡王朝多次破產，德國正在發生普遍的經濟衰退。

圖3-8　早期現代歐洲的衣料生產的增長，依靠農村農舍工業的家庭勞動。紡紗成為衆多婦女重要的經濟活動，正如尚·布迪雄（一四五七～一五二一年）在此家庭作坊的插圖中顯示的一樣：男人顯然是一名熟練木工，孩子在收集可用於煮食物或取暖的碎片。堅固的牆壁和天花板表明這是一個富裕的、辛勤勞動的家庭。（Giraudon/Art Resource, NY）

其他一些名聲比第一代富格爾稍差的布商們，相繼採用別的方法脫離了城市和行會結構。直到十五世紀以前，英國仍是一個原毛輸出，以及從法蘭德斯進口毛料的國家。十五世紀，有一些英國企業家開始在英國發展羊毛的紡織和染色業。爲了逃避城市和行會的開業限制，他們把工作交給農村村民去做，並爲此提供織機和其他設備。一般來說，他們對這些設備仍保有所有權。這種外包或「家庭式」的制度在行會外廣爲流行，並且在現代早期特別依靠勞動的性別分工。婦女通常從事將羊毛紡成線（因此後來英語中「紡織工」一詞專指年齡大且未婚女子），男人通常負責將線織成布。在法國，受到新絲綢業競爭的盧昂布商研製出一種質地較輕、比較便宜且製造簡單的毛料。盧昂行會的種種規章制度為了保護本地工人，禁止製造廉價衣料，盧昂商人於是在一四九六年於農村開辦企業，在農民的村舍中安置紡織機，把工作包給農民。

資本和勞工

直到十八世紀末葉工廠建立以前，這種農村家庭工業制仍然是西歐許多行業（織布、五金等）的生產特徵。這表明資本與勞動之間出現了新的分離。一方面是工人，即雇主需要從事勞動的人們。男人和婦女按所做的工作領取工資，對自己的任務既無興趣也不了解。在需要勞動力時，依靠農業和手工業生活的人可以相應地組成一支能擴大的勞動力隊伍；當境況不佳時，他們則可留下務農或靠地方施捨過活。另一方面是管理者或企業家（通常是清一色的男性），他們與工人之間是純粹的雇傭關係。他們判斷生產多少產品，例如毛織品，以便在國內市場，甚至在國際市場上出售；他們購置所需要的原料，將羊毛交由一組農民進行梳理和紡紗，再將毛紗交給另一組農民去織，然後把織好的毛料蒐集起來，運到別處染色；他們要向提供服務的各方支付工資，同時保有原料與設備的所有權，並且掌控對整個企業的調節與管理。用這種方法建立起來的企業要比在城市和行會結構內建立的企業大得多。確實，織布行會的老闆本人往往會淪為與工資雇傭工人幾乎沒有區別的轉包工，聽命於控制商行的大「織布工」或「布商」。後者則隨著市場的擴大，成為本國甚至國際上有聲譽的人物。當然，商行越大，意味著投入的資本越多。

十五、十六世紀時一些新的或只是舊瓶裝新酒的工業，就其本性而言，從未適應過以城市為中心的體制，它們一開始就具有資本主義的特點，在獲得任何收入以前就需要有一大筆開辦費用。這種企業，一是礦業，另一就是印刷和圖書業。書籍擁有一個全國性的，甚至是國際性的市場，主要是用拉丁文寫成。一般的工匠負擔不起購買印刷機、鉛字、紙張以及儲存成品書籍的費用。所以，印刷工要向資本家借貸，或與其分享商業利益。造船業由於受到轉向海洋的刺激，幾乎成為一門新工業，而另一工業就是大炮和滑膛槍製造業。對後者的需求主要來自國家，來自正在籌建國家軍隊的各個新王朝。在資本主義上升時期，軍備需要十分重要。軍隊本來就需要許多武器，在十七世紀還需要許多制服，到了十八世紀則需要許多堅固的營房和堡壘，這些都要在早期就進行大規模的生產。而在政府本身不採取主動的那些地方，私人組織者只得插手，做為巨大需求與無數工匠之間的仲介人。在工業化時代以前，實際產品仍然是由工匠和家庭製造的。

通往東方的新航路和美洲的發現不僅是貴重物品，也爲大宗商品，諸如稻米、糖、茶和其他消費品帶來了商業上的巨大增長。舊的商業活動隨著市場的擴大而進行了改造。在穀物貿易方面，西班牙日益取代西西里的地位。尼德蘭從波蘭獲得糧食供應，法國的葡萄酒產地繼續依靠來自法國北部的糧食而生存。隨著海運的增長，木材、焦油、瀝青和其他俄國及波羅的海地區的「海軍補給品」進入商業交易，因此，出現了一個大宗重型商品日益增長的運動，而且只有控制大量資本的人才能眞正參與其事。

資本並非全都用於投資；有一些是單純的貸款，不是借給教會，就是借給政府或窮貴族，也有的是借給從事貿易與商業的人，不過這在十六世紀還不是一種普遍的借貸形式。銀行家和其他貸款人都期望在每次借貸後能收回比貸款數字更大的金額。他們希望獲得「利息」；有時收回的利息一年高達百分之三十。在中世紀，收取利息因被認爲是高利貸而遭致反對，被斥爲貪婪行爲，並遭到宗教法規的禁止。在十六世紀，除貸款者本人外，它幾乎仍遭到所有人的反對。天主教會繼續堅持它的禁令。一五三〇年，巴黎大學的神學家們否定了這一禁令。憎惡富格爾那種銀行家的路德，繼續鼓吹反對高利貸。喀爾文對此雖有保留，但遲至一六四〇年，在資本主義荷蘭本國，嚴格的喀爾文教派牧師仍然譴責收取利息的借貸。

然這樣的活動是禁止不了的。借貸雙方私下妥協，規避各種禁令，而各教會的神學家也開始將「高利貸」和「合法歸還」加以區別。由於降低了利率，興建了更多的銀行，以及債權人寧願將貸款用於生產而不願供養教士、諸侯和貴族，於是反對「合理的」利息情緒也就逐漸平息了，利息成爲一種可以接受的資本主義特徵。十七世紀時的阿姆斯特丹銀行，由於讓儲戶了解到錢存在那裡是安全的，並可隨意取回，而能用極低的利率在全世界吸引儲戶，並資助商業活動。

以上種種發展所產生的最根本的結果就是「工業的商業化」。企業方面的大人物是商人。在生產中起實際作用的工業基本上仍然處於手工業階段，從屬於買者和賣者。生產者——織布工、製帽工、五金工、軍械工、玻璃工等——爲交付商人的訂貨而工作，他們使用的資本經常是由商人提供並爲商人所有。懂得商品在何處出售的人，要比單純懂得如何生產商品的企業家高出一籌。這種商業資本主義做爲資本主義的典型形式繼續存在到一八〇〇年，此後隨著動力機器的採用，它向工業資本主義屈服，商人則依附於擁有機器、熟悉機器和製造機器的工業家。

重商主義

商業革命還包含另一個方面，即歷史上被稱爲「重商主義」的各種政府政策。正如我們談到過的，統治者嚴重缺乏貨幣，加上貨幣貶値，國王及其顧問希望金銀流入自己的王國，這就成爲重商主義規章制度出現的原動力之一。這種「金銀貨幣主義者」概念逐步被建立一個強大的和自給自足經濟的、更普遍的概念所取代。不論在哪種情況下，所採用的方法，正如英國人所言，就是「促使窮人工作」，把國家變爲一個工業繁忙的場所，且不鼓勵遊手好閒者、乞丐、流浪漢和失業者。開始採用新工藝，建立起新的製造業，給予那些爲「窮人」提供工作和向國外出售本國產品的商人種種好處。如果能增加製成品出口，減少原材料出口，削減必要原料以外的所有進口物品，從而取得「有利」的貿易差額，使其他國家不得不用金銀償付他們的債務，是再好不過的了。由於根據皇家即全國性的規章制度實行了上述各種措施，經濟領域的重商主義就成了一些新君主國政治上的國家大廈，這就標誌著社會生活由城市轉變爲國家單位。

重商主義者不贊成行會的地方主義和保守觀點。行會在英國已不再具有任何重要性。在伊莉莎白時代，議會制定了一五六三年「工匠法規」，規定出各行業的學徒年限和工資水準，如此一來，就在全國範圍內做了原來行會於地方上做的事情。在法國，王室政府保留已有的行會，因爲它們是可靠的稅收機構，但在很大程度上剝奪了它們以前的獨立性，並把它們做爲一種機構使用，藉以加強王室對工業的控制。上述兩國政府都幫助那些希望在農村建立家庭或村舍工業的商人，反對城市行會的主張，後者在他們的全盛時期曾禁止農村居民從事手工業。各國政府普遍試圖鎭壓遊手好閒者，著名的一六〇一年英國《濟貧法》（經過修改後直到一八三四年還在沿用）就是爲了強迫人們工作並緩和絕對貧困而制定的。

各國政府同樣採取措施引進新的工業。絲綢工業在王室保護下，從義大利引進法國，使法國的羊毛和亞麻業者受到打擊。英國政府將英國從羊毛原料生產國轉變爲毛織品生產國，並管理法蘭德斯熟練工人的遷移，甚至在一五八二年左右從遙遠的土耳其請來兩名熟悉中東先進染色技藝的青年。總的說來，在重商主義指導下，各國政府在禁止或阻攔那些可能向外國提供貿易祕密和「手藝」熟練工人移民的同時，還展開了相互間偷挖熟練工人的鬥爭。

依靠上述辦法，各國政府爲本國的大商人建立起一個國家市場和一支全國範圍的工業勞動力隊伍。沒有政府的這種支持，許多商人（例如布商或服裝商）就永遠不可能興旺發達。對在國外市場活動的商人，也給予了同樣的幫助。一四九六年，英國的亨利七世與法蘭德斯簽訂了一項商業條約；下一個世紀，法國國王與鄂圖曼帝國簽訂了一系列條約，法國商人據此取得了在中東的特權。一個受到國家王朝支持的商人，比一個只受到奧格斯堡或威尼斯那樣城市支持的商人，有著強大得多的地位。當國家政府對出口實行補貼，對需要鼓勵生產的貨物支付獎勵金，或樹立關稅壁壘對付進口，以保護本國的生產免遭競爭時，商人便再次獲得了這種全國範圍的支持。因此，除了省、市舊關稅體系之外，還增加了全國性的關稅體系。舊關稅體系當時被看作是「內部關稅」，重商主義者一直希望能取消它們，以便在整個國家之內建立一個自由貿易區。但是，地方勢力非常強大，以至經過幾個世紀，除英國外，重商主義者都無法取消地方關稅。

在那些荒蕪遙遠的地區，或離本國較近的異國地區，例如穆斯林地區或俄國，單個歐洲商人僅靠自己的努力是不可能進行活動的。與這些國家進行貿易的商人需要大量資本，他們通常必須取得當地統治者的特許和保護，還必須武裝自己的船隻以對付巴巴利（即北非地中海沿岸）海盜或馬來海盜，或是懷有敵意的歐洲人。商人和他們各自的政府共同決定建立官方公司以進行遠洋貿易。一五五三年英國人發現白海後不久，就建立起一家俄羅斯公司。接著，又成立一家土耳其公司。一六〇〇年後不久，許多此類公司在英國、法國和荷蘭

圖3-9　一六六五年，荷蘭東印度公司就在孟加拉建立了總部，比英國人在孟加拉獲得優勢要早得多。該總部完全由圍牆圍住，遠離周圍印度人的生活，並擁有公司雇員使用的辦公室、生活區和寬敞的花園。（© Rijksmuseum, Amsterdam）

相繼出現，其中最著名的全是幾家東印度公司，在英國創建於一六〇〇年，在荷蘭建立於一六〇二年，在法國則不遲於一六六四年。每家公司都是國家支持擁有特權的機構。每家公司都是一個壟斷組織，因爲只有屬於公司的商人才能合法地在擁有特許狀的地區進行貿易。每家公司都期望爲本國製成品找到市場，其中多數公司則指望能將金銀帶回本國。由於這些公司的建立，北歐人民開始在美洲和東方侵犯西班牙人和葡萄牙人的壟斷權。隨之，新的商業殖民帝國接連出現了。但是，正如我們已經談過的，在建立新的商業殖民帝國以前，首先必須加以解決的是某些國內和純屬歐洲人之間的衝突和爭吵。

社會結構的變化

按現在的意義來說，社會結構涉及社會各階級的組成、作用和相互關係。由於社會結構變化緩慢，很難認爲它和某個特定時期一致。然而，一般說來，由於商業革命的結果，以及人口的增長和貨幣價值的降低，歐洲各階級，從廣義上說，所具有的各種形式一直保持到十九世紀和二十世紀工業時代爲止。這些階級指的是地主貴族、農民或衆多的農業勞動者、各式各樣的中產階級和城市貧民。

在十六世紀價格上漲的各種產品中，農產品價格是漲得最兇的。任何出售農產品的人都能獲得好處。這些受益者當中就有一部分農民，他們擁有小塊土地，要向莊園主交納一筆按十四世紀，甚至是十三世紀古老價值計算的固定數量的貨幣。由於十六世紀物價騰貴，實際上，這類農民支付給地主的貨幣要比過去少得多。然而，農村中的其他勞動者不是沒有自己的土地，就是其生產僅能糊口而拿不出東西在市場上出售。這類農民和依賴工資的雇工眼見自己的境況迅速惡化，農村生活比中世紀更不平等。在英國，一個小土地所有者階級（「自耕農」）在地主鄉紳和農村貧民之間發展起來。在大陸，至少在法國、德國西部和尼德蘭，有些農民猶如英國的小土地所有者，獲得了更可靠的財產所有權。但是，在英國和大陸，龐大的無產農村勞動者依舊處在貧困之中。

地租由於農產品價格的上漲而提高，通貨膨脹和人口增長又使市鎮房屋的租金上漲。這些變化有利於不動產（例如土地和房屋）的所有者，但是在前封建領主內部，其影響相當複雜。如果一個人的曾祖父早年把土地出租，收取固定的貨幣金額，其收入實際上是下降的。但是那些從佃戶那裡接受實物地租的人，如若干蒲式耳[6]小麥或大麥，或自己經營地產者，就能按現價出售他們的實際農產品，從而增加自己的貨幣收入。

社會階級

從前的封建階級或貴族因而轉變為更現代化的貴族。如果來自他們地產的收入降低了，他們就謀求在國王的軍隊和政府中服務，或在教會中擔任更有聲望的職位。如果土地收入增加了，他們更富有。不管怎樣，他們都更關心平民事業，而且有可能更講究吃喝，以及更注意對孩子們的教育。與農民一樣，土地所有者階級分化更大，在英國，其範圍從小鄉紳直到大貴族；在法國，則從窮困的小貴族直到顯貴。有些人過著悠閒的生活，另一些人則渴望在已成立的政府中獲取高官要職。大多數窮困貴族都有著歷史悠久的高貴血統。由於他們的社會作用發生了變化，而且後來家庭背景相近的人們在受教育、參加政府工作，甚至去軍隊服役等方面展開了競爭，結果對做為地位象徵的名門出身就顯得愈益重要。在上流社會中，十七世紀和十八世紀倒是比以前更加重視高貴的出身和顯赫的祖先了，但許多貴族因為他們對國王忠誠服務和對擴大政府的貢獻而要求獲得特權。

貴族之下是「中產階級」，即「布爾喬亞」。布爾喬亞是個法國詞，與英語「自治市市民」一詞相同，原意是指生活在有特許狀的市鎮或自治市，並享有自由的人。布爾喬亞是由各個市民組成的整個社會階級。後來該詞有了新義，即按照卡爾・馬克思的使用，「布爾喬亞」專指資本擁有者階級。馬克思主義者的資產階級概念，應與該詞在馬克思之前更早時代的涵義加以區別。「布爾喬亞」早先是指介於從土地獲取收入的貴族，與依賴工資或施捨、或經常挨餓的勞動貧民之間，具有中等社會地位的人。由於貴族家庭養成了城市生活的習慣，中產階級市民開始在農村購買土地，於是階級界線趨於模糊。有些布爾喬亞因而開始依靠地租過活，但有些鄉紳和貴族（在英國則是大部分貴族），都購得海外大貿易公司的股票，或經營其他形式的商業企業。越來越多擁有大量農業地產、森林和礦山的貴族，把他們的產品拿到市場出售謀取利潤。即使貴族和布爾喬亞在經濟上變得如此更為相似，他們之間不同的社會意識仍舊繼續存在。

在十六世紀，中產階級人數增加較多，此後還繼續增長。這是一個範圍不太明確的階級，因為歐洲各國中產階級的人數多少及其重要性、階級組成及所從事的職業類型都極為不同。接近最高層的是管理城市的城市名流，他們可以從自己的農村財產、商業或政府所付的酬金中獲得收入，他們經常與地位高貴的人士通婚。尤其在那些城市力量強大、王室政府力量弱小的地方，例如在尼德蘭、德國的各自由城市或北義大利，這種城市貴族階級便自行組成了事實上的貴族統治。但從較大的範圍來看，商人、銀行家、船主的家族，和具有法律與醫學這種在傳統上為有學問的職業家族一樣，都是中產階級。一般說來，法官、稅吏和政府的其他職員也屬於中產階級，高級官員除外。在專門職業方面和政府部門中，可以發現貴族的幼子與中產階級的子弟一起共事，這種現象在英國最普遍，法國少一些，德國和西班牙則極少。

教士來自各個階級；有的是農民兒子的窮教區神父，也有出身於貴族的主教和修道院院長；但是多數教士都是來自中產階級家庭。在新教國家，那裡的牧師可以結婚，他們的子女是中產階級的重要組成部分。商業行會的會員是中產階級，雖然行會在社會地位上有著極大的區別，如有大批發商或金飾匠行會，也有某些低賤職業，如製革工和製桶工的行會等。實際上，在小零售商人、小旅館老闆、小作坊主等的社會圈子裡，中產階級逐漸消失了，在他們那裡，一般的產品都是手工製造的，即由技藝較低的商人及其雇員、短工和學徒生產。

各國的大多數人口都是由貧窮的勞動者所組成。這些人不僅包括非熟練的工資勞動者，也包括失業工人、不能被僱傭的工人和大部分轉為流浪漢和乞丐的貧民。他們不會讀，不會寫，而且經常染上使中產階級和政府官員苦惱的不正當習慣。前面已經提及，重商主義政府努力驅使窮人工作或努力使他們對國家財富做出貢獻。慈善的救濟事業到十六世紀末也得到發展，正如在一六〇一年英國《濟貧法》以及大陸類似的努力中所顯示的那樣。人們已經普遍接受這樣的觀點，即認為乞丐是公害，窮人必須被置於貧民習藝所或濟貧院中，與外界社會隔離開來。當然大多數窮人都還不是這種救濟的領受者。他們有的種田，有的看管牲畜，有的開礦，有的出海當漁民或當普通水手，有的在市鎮尋找工作，如當臨時工、搬運工、運水工、清糞工等，有的則到貴族和中產階級上層的家庭去做家務勞動，這些家庭的生活水準正在提高，因而需要更多的侍女、洗衣婦、男僕、跟班、馬車夫和馬僮等。家務勞動事實上在整個現代史早期已成為婦女最普遍的職業，而此種工作的報酬仍然很低。十六世紀工資的增長低於價格的提高。窮人，即使其境況不比以前更糟，但他們從涉及經濟歷史的偉大商業發展中所得到的也最少。社會差別的確在加劇，中產階級和上層階級獲得了如此大的好處，而窮人的處境卻相應地更為惡化了。

教育和政府的社會角色

在十六世紀下半葉，教育對社會制度具有嶄新的重要意義。新教和天主教國家宗教改革的後果之一，就是力圖向每個教區安置一名持重而有經驗的牧師，於是需要有更多受過教育的教士；商業的發展也需要有文化的職員和代理人；政府要從貴族和中產階級中吸收人才，他們應能在大機構裡工作，爲人可靠、通曉財政、會做記錄和起草建議等；同時也出現對律師的普遍需要。

對教育的新需求正遇上慈善事業的大發展，大約在一五八〇～一六四〇年期間，這種事業在英國和法國都發展到了極致，於是，設置了許多捐贈的獎學金。今天我們稱之爲中等教育的好幾百所「文法學校」，那時在英國紛紛被建立起來。在法國，專科學校的程度，是相當於英國的文法學校，再加上牛津或劍橋大學一、二年級的課程。在一七八九年革命時期仍然存在的一百六十七所法國最重要的專科學校中，僅有三十六所是在一五六〇年以前的幾個世紀內建立的，其餘九十二所都是在一五六〇～一六五〇年間建立的。女子學校的建立較爲分散，但一五三五年建於義大利的烏蘇林姊妹會，到一七〇〇年時在歐洲天主教各國，甚至在加拿大建立了三百五十所修道院，其中多數以爲女孩提供教育爲主。

荷蘭和瑞士的新教徒各自創辦了萊頓大學和日內瓦大學。在德國出現了新教和天主教的新大學。在西班牙，大學的增加顯著而出衆。中世紀時期只有兩所大學的卡斯提爾，到十七世紀初便有了二十所；薩拉曼卡大學一年入學的學生超過五千人。到一六〇〇年，西班牙美洲也有了五所大學。英國在牛津和劍橋增設了新學院，尤其在上述時期，牛津和劍橋各學院的學生人數非常之多。一五五〇年在牛津，每年允許入學的新生僅爲一百人，到十七世紀三〇年代則上升爲五百多名，之後的兩百年間，都沒有超過這一數字，甚至也沒有相等過。

圖3-10　一名十七世紀的修道士在西班牙薩拉曼卡大學上課，該校是當時歐洲最大的大學之一，同時也是一個很好的範例，表明在新教改革後的一百年期間，此類機構在天主教和新教國家都得到了擴展。（Index/Bridgeman Art Library）

學校、學院和大學從社會各階級的廣泛階層中招收學生。雖然女孩子不能受到有組織的正規學校教育，但貧苦家庭聰敏而又幸運的男孩或許比歐洲以前的任何時期都有更好的受教育機會。在西班牙，多數學生似乎都是貴族或「下級貴族」，他們渴望在教會或王室政府任職。下級貴族在西班牙人數衆多，其中一部分可能與其他國家稱之爲中產階級的那部分人差不多。法國的學院，包括耶穌會辦的，招收的學生非常廣泛，有貴族、商人、店主、手工藝匠的兒子，甚至更不尋常的是，還有農民的兒子。英國文法學校的做法與此類似；在後期，極少數學校如伊頓公學和哈羅公學卻變成了專屬的學校。至於大學，我們對牛津的情況知道得較具體，它在開學時記錄學生的身分，將他們分成「騎士」、「鄉紳」、「牧師」、「平民」。從一五六〇年到一六六〇年，牛津學生約有半數是「平民」，用那個時期的語言來說，平民包括鉅賈和具有相當地位者的整個中產階級。無疑的，牛津和劍橋在一六六〇年要比在一九〇〇年更能廣泛代表英國人民。

社會各階級的形成不僅取決於經濟力量、教育程度，還取決於政府的行動。政府可以阻止經濟的增長，如西班牙；或促進經濟的增長，如英國。國王們通過授予專賣權、向銀行家借款、向貿易公司頒布特許狀等措施，促進資本主義和商業階級的興起。在許多國家，特別在法國，很多家庭把他們的中產階級地位歸因於占有政府職位，其中有些職位可以當做世襲財產加以繼承。正是政府的行動，幾乎與經濟條件一樣，使貴族和平民，即「特權」階級和「非特權」階級之間保持著差別。在農民遭受王室稅收之苦嚴重的地方，這種痛苦的原因是政治多於經濟。國王藉由「製造」貴族，即藉由授予不能繼承貴族稱號的人以貴族頭銜，在中產階級中把極少數人提拔到較高的地位。免稅成爲高級社會地位的一種象徵。處於「社會」頂端的國王還是榮譽的源泉。王室宮廷是社會等級金字塔的頂層，各個階級相互欽慕或蔑視。受到王室恩惠的那些人輕視普通的農村貴族，這些貴族又蔑視中產階級，而中產階級對受僱的僕役、短工、窮人則以恩人自居或者加以蔑視。從低往高看，人們對地位比自己高的人表現出敬意。

東歐和西歐

對社會結構還可以從另一方面加以敘述，就是在十六世紀東、西歐之間產生了巨大的社會差別。在西歐，商業革命有利於中產階級和農民，他們舊的莊園制負擔減輕了；在東歐，卻是領主從價格的提高和穀物與林產品市場的日益發展中獲得了利益。東歐還存在著莊園體系，農民的土地使用期比西歐更不穩定，更取決於領主的意外死亡或好意，而且領主爲了滿足自己的需要和獲取利潤，與自己所擁有的勞動力一起經營著大部分莊園。

價格的提高和波羅的海航運的發展，促使領主增加他們的產品產量。在德國東北部（在該地，這樣的領主稱爲「容克」），在波蘭，以及後來在俄國、波希米亞和匈牙利，從十六世紀起，一直延續到十八世紀，出現了一個深刻變化的過程，大量農民淪爲農奴。在許多地區，由於宗教戰爭而引起的暴力行爲和不安全感促進了這一進程。其特徵是，農民喪失了他們個人的小塊土地，或者說在他們收回這些土地時，要接受條件，即無償地向領主提供勞役。通常農民一星期內有三、四天從事這種強迫勞動（在波希米亞及其毗鄰地區稱爲「羅伯特」），其餘時間才是在自己的小塊土地上自由勞動。領主時常硬把這種強迫勞動的天數增多，因爲東歐的中央王朝軟弱，而且中央集權的法律制度也幾乎無人了解，領主自己就是老百姓上訴的終審法庭。事實上，他的老百姓就是他的「臣民」。

在德國，不用農奴這個名稱，而稱爲「世襲臣民」。在整個東歐，不管他們叫什麼名稱，莊園領主的農奴或世襲臣民未經領主認可都不能離開莊園，不能結婚，不能學習做生意。領主拿走了強迫勞動的大量剩餘物，將其大部分用於農業，但也用於教授一些聰敏的青年學會莊園所需要的各式手工藝。領主把土地做爲自己的冒險事業來經營，出售產品，獲取利潤。

所以，當現代時期開始時，東歐農村的群衆已經失去了個人自由，過著西歐農民所不知曉的貧困生活，雖然西歐農民也是貧窮的。在西歐，曾經處於這種狀況的農民正變爲小所有者。他們是法律保護下的自由民。他們可以遷徙、結婚，有機會時還可以學習做買賣。擁有土地的那些人可以在王室法院保衛自己的土地，還可以自行負責種植莊稼和參與市場經濟。他們毋需向領主提供強制性的勞動，事實上也沒有這類勞動，法國部分地區仍然存在的一年十天的徭役，與東歐農民承擔的幾乎全部工作日的羅伯特是無法比擬的。

從十六世紀起，東歐的地主就在他們的領地上牢固地樹立了各自的地位，即成爲他們所劃定的一切土地上的大王，沒有討厭的布爾喬亞來煩擾他們（因爲市鎮極少），而國王和地方統治者也都關心他們的願望。從西歐來的旅行者對波蘭和立陶宛許多達官貴人的揮霍，對他們宮殿似的住宅、私人畫廊、藏書豐富的圖書館、珠寶收藏、成群的僕役、成行的小鄉紳隨從、豐盛的宴席以及大手筆的款待方式，都有深刻的印象。德國北部的容克地主生活最爲簡樸，但也享有同樣的獨立和社會優越地位。

富有的地主權力的增長和貧窮農民的衰弱地位，對普魯士、俄羅斯、波蘭和奧地利世界今後的歷史具有決定性的社會和政治後果。但是同時，在前面多頁所概述的經濟增長、社會發展和海外征服的同時，歐洲卻被宗教戰爭的毀滅性暴行弄得四分五裂。

天主教西班牙的戰爭：荷蘭人和英國人

腓力二世的野心

查理五世為維護德國宗教統一做了三十五年徒勞的努力之後，在一五五六年，即《奧格斯堡和約》後的一年，放棄了多頂王冠而隱居於修道院。他把奧地利、波希米亞和匈牙利（未被土耳其人占領的那一小部分）留給了他的兄弟費迪南，後者不久後當選為神聖羅馬帝國皇帝（見第二章圖2-13）。查理把其餘所有的領地都留給了他的兒子腓力，即西班牙的腓力二世。因此，哈布斯堡王朝繼而分為兩支：奧地利和西班牙。兩支在歐洲事務中進行合作，但西班牙這一支百年來始終占據更為重要的地位。腓力二世不僅擁有西班牙王國，而且於一五八〇年繼承了葡萄牙，以致整個伊比利半島都置於他的統治之下。他還擁有尼德蘭的十七個省和勃艮第自由郡，它們都是神聖羅馬帝國的成員國，位於其西部邊境，與法國毗鄰。北義大利的米蘭和南義大利的那不勒斯也屬於腓力，加上他還擁有一些主要島嶼以及突尼斯，所以在僅僅受到土耳其威脅的西地中海中也享有海上優勢。在一五五八年前的五年中，他是英國名義上的國王；一五八九年，他以自己女兒的名義對法國的王位提出了要求。整個美洲屬於腓力二世，一五八〇年後整個葡萄牙帝國也屬於他，所以除極少數海上膽大妄為者外，在開放的海洋上航行的所有船隻都屬西班牙國王。

腓力二世因此很自然地把自己看做為一個國際人物，尤其是他將組織新王國的方法與對各種政治和宗教爭端（這些爭端造成後宗教改革時期歐洲的分裂）的濃厚興趣結合在一起，就更是如此。他把西班牙視為歐洲天主教的領袖，並認為西班牙權力在歐洲的推進符合世界宗教事業的利益，也符合自己君主統治和西班牙人民的利益。不過他力圖保護和加強西班牙在義大利的權力，有時會導致與教皇的衝突，而且在持續進行的爭取地中海控制權鬥爭中，他大部分對外政策的矛頭指向鄂圖曼帝國。歐洲新教僅是腓力關心的許多國際事務中的一樁。

因此，腓力積極參與歐洲宗教戰爭，可視為他維護西班牙人和哈布斯堡利益更廣泛的軍事和政治運動的一部分，而不是僅為天主教進行的十字軍行為。在他的個人生活中，腓力二世是一個嚴肅、莊重和努力工作的人。他巨細地關注對廣大帝國版圖的管理，加上從南美波托西和其他礦山流入西班牙的財富，使腓力能在全歐洲和地中海地區追求他的目標。與此同時，西班牙也進入了早期現代文化上的黃金時代。

在這個時期，即大約從一五五〇年正好到一六五〇年的黃金時代，塞萬提斯【7】寫出了他的《唐吉訶德》，洛佩・德・維加【8】寫了兩百齣戲劇，埃爾・葛雷柯【9】、牟里羅【10】和維拉斯奎茲【11】創作了大量的繪畫，耶穌會修士蘇亞雷斯【12】創作出連新教國家都在閱讀的哲學和法律著作。然而，正如塞萬提斯在《唐吉訶德》中所表現的，許多西班牙人都高度意識到高尚理想與社會、政治和宗教生活的困難現實之間的持久緊張。但天主教傳統和天主教會在西班牙文化中仍舊是一股強大的力量。教會活躍於每一個社會階層——從地位高過大公而能與國王平等對話的托利多大主教，直到與最窮的人以及和大部分被剝奪繼承權的人混在一起、身無分文且到處化緣的托缽僧。

腓力二世爲自己建造了一座新的王室住宅——艾斯科里亞，所用的堅石充分表達了房屋建造者的政治與宗教決心。馬德里本身是一座新城，僅僅是一個政府中心，它遠離托利多或巴利阿多里德那些俗不可耐的逍遙玩樂處所。但是，腓力選中了這個地方，離馬德里三十英哩處，在爲峻峭山脈所俯視的卡斯提爾中部荒涼而乾旱的高原上，他建造起艾斯科里亞。這座官邸爲紀念聖勞倫斯而建，因爲他曾在聖勞倫斯節時讓法國人吃了一次敗仗。彼此相連的巨大建築群設計成爲烤架形狀，因爲按照殉教者列傳作者的說法，聖勞倫斯在西元二五八年就是被放在用煤炭燒紅的烤架上活活烤死的。艾斯科里亞陰沉而空曠，生硬而單調，用的都是意味著永恆存在的大塊花崗石，最高的塔尖離地有三百英呎；它不僅被設計爲一座宮殿，還是宗教生活和有效管理龐大帝國的中心。腓力二世總是孜孜不倦地在昏暗的環境下工作，把信使派往墨西哥、馬尼拉、維也納、米蘭，把部隊調到義大利和尼德蘭，把外

圖3-11　國王腓力二世
作者：堤香（義大利人，一四八八～一五七六年）
此幅西班牙國王肖像暗示，他高度致力於該虔誠的天主教君主國的政治、宗教和軍事目的。（Alinari/Art Resource, NY）

交使節派往各國宮廷，把間諜派到要去的所有國家——他在尋求擴大國家的影響，並（在可能的時候）促進他虔誠信奉的天主教事業。

腓力統治初期也正是伊莉莎白在英國統治的初期，英國的宗教爭端仍然處於不斷變化之中；這幾年正是喀爾文教擾亂尼德蘭的時期；當時的法國正由一群十幾歲的孩子統治，全國在無休止的內戰中分崩離析。無國界的宗教忠誠和各種政治界限全交織在一起。人們到處在國外尋求指導。英國、法國和尼德蘭熱情的喀爾文教徒感到彼此之間比他們與君主或鄰居之間更爲親密；這三國熱忱的天主教徒也歡迎國際天主教勢力——耶穌會、西班牙國王和教皇的支持。國家團結瀕於瓦解或已不復存在。生活在一起的人們相互之間的信任已消蝕殆盡；不僅生活在同一個國家，即使生活在同一城鎭、同一街道，甚至是同一所房屋內的人們，都因崇高的理由而相互敵視。

一五六七年開始的五年左右時間內，天主教事業似乎盛極一時。偉大的十字軍在各條戰線都發動了攻勢。一五六七年腓力派出一個強有力的新總督——阿爾瓦公爵，帶著兩萬西班牙士兵去往尼德蘭。公爵通過建立「除暴委員會」，對持不同宗教信仰者和不同政見者進行鎭壓。一五六九年腓力平定了西班牙摩爾人（屬於穆斯林）的暴動。同年，英國北部的天主教徒在諾福克公爵率領下，在自己的外套上縫上十字軍戰士的十字標記，掀起反對他們的異教徒女王的武裝起義。翌年，一五七〇年，教皇開除伊莉莎白的教籍，並解除她的臣民對她的效忠，以致英國的天主教徒只要願意，今後就可以問心無愧地策劃推翻她的統治。一五七一年，西班牙聯合威尼斯等，在希臘海岸外的勒潘多取得了對土耳其人的一次巨大海戰勝利。雖然這次戰鬥是當時爲爭奪地中海政治與經濟控制而進行的軍事戰爭一部分，但有些西班牙水兵在自己的帆上縫上十字，並將他們與土耳其人的戰爭描繪爲一場新的天主教對伊斯蘭的抵抗。次年，即一五七二年，法國的天主教領袖們在教皇和腓力二世的勸告下決定消滅胡格諾教徒，即法國的新教徒。單是在巴黎，在聖巴多羅買節前夕，就有三千多人被逮捕處死；在這次屠殺後，各省接著又進行了幾次規模較小的肅清運動。

上述勝利沒有哪一個是持久的。土耳其人在勒潘多遭到失敗後，立即恢復元氣並建造了一支新艦隊。事實上，土耳其人兩年後從腓力手裡奪回了突尼斯。摩爾人也未被同化（一六〇九年被逐出西班牙）。英國天主教起義被撲滅了，八百人被伊莉莎白政府處死。尼德蘭的起義與法國的胡格諾教徒一樣異常活躍。二十年後，英國成爲一個新教國家，荷蘭贏得了獨立，一名胡格諾教徒成爲法國國王，而西班牙艦隊早已在北方水域覆滅。

尼德蘭起義

尼德蘭，或稱低地國家，大致包括現代的荷蘭王國、比利時王國和盧森堡大公國的地域範圍。它由十七個省組成，十五世紀依次被勃根地公爵所繼承、購買和占領，查理五世和他的兒子腓力二世又從勃根地公爵那裡繼承了它。十六世紀中期，既不存在一個荷蘭民族，也不存在一個比利時民族。在北方各省，人們講德國方言；在南部各省，則講法國方言。然而在歐洲，無論哪裡都能感受到語言的界線與政治的疆界無關。南部各省幾個世紀以來都是繁榮的商業中心，而且我們已經看到安特衛普過去由於與威尼斯之間的貿易而興盛，現在又由於與里斯本的貿易而興旺。北方各省——更確切地說，是其中兩個對海洋最開放的省，荷蘭郡和澤蘭郡——在十五世紀發展迅速。它們擁有用自己的德語寫成的流行文學作品，他們的德語後來被稱爲荷蘭語。北方各省的財富來自深海漁業。據說阿姆斯特丹建築在鯡魚的骨頭上，而當荷蘭人在漁業之外又從事貿易時，他們還是依靠海洋爲生。

1492～1648年大事年表	
1492年	克里斯多夫·哥倫布抵達美洲
1519～1522年	費迪南·麥哲倫環球航行
1519～1533年	西班牙征服美洲的土著美洲人帝國
1556～1598年	腓力二世在西班牙的統治
1562～1598年	法國的宗教和內戰
1565年	「馬尼拉大帆船」開闢亞洲與美洲間的西班牙商路
1566年	尼德蘭爆發反對西班牙控制的起義
1588年	西班牙無敵艦隊在英格蘭和蘇格蘭海岸外被殲滅
1598年	亨利四世國王頒布《南特敕令》，給予法國新教徒宗教權利
1618～1648年	德意志三十年戰爭
1648年	《威斯特伐利亞和約》承認歐洲主權國家體系

北方各省彼此間沒有聯繫，也不覺得和南方有什麼不同。每一省都是個小國。每個省都享有中世紀典型的自由權、特權。十七省聯盟是從勃根地公爵才開始的，因爲他們有了共同的君主；然而由於有了共同的君主，他們就不時奉命派遣代表參加三級會議，從而發展了一種聯邦合作的萌芽意識。尼德蘭人的

同一性情感因腓力二世的上臺而得到加強。與他的父親不同，腓力被視爲是一個外國人，一個生活在西班牙的西班牙人。一五六〇年後，尼德蘭愈加頻繁的出現西班牙人總督、官員和部隊。而且，由於尼德蘭處於歐洲的十字路口，又有著十分熱忱的宗教傳統，所以新教意識很早就扎根，在一五六〇年後，當法國開始宗教戰爭時，有大批法國喀爾文教徒越過邊境到達尼德蘭。剛開始，喀爾文教徒在南方各省的數量也許比北方的多，也就是說，按我們現在的說法，比利時人中的喀爾文教徒要比荷蘭人中的多。

反對腓力二世的起義既是政治性的，又是宗教性的，兩者密切相連，而隨著歲月的流逝，又日益演變成一種經濟鬥爭。起義開始於一五六六年，當時各省由兩百名左右的貴族組成一個聯盟，制止「外國」（即西班牙）在尼德蘭施加影響。包括天主教貴族和新教貴族在內的這個聯盟向腓力二世請願，要求不在尼德蘭推行西班牙的宗教裁判所。他們害怕它會激起動亂；他們擔心它是一個外國法庭；他們憂慮在執行宗教裁判所的裁決過程中，各省會喪失自由權。腓力在尼德蘭的代理人拒絕了這一請願，於是一場大規模起義爆發了。一個星期內，狂熱的喀爾文教徒劫掠了四百座教堂，拆毀聖像，擊破彩色玻璃窗，損壞圖畫和掛毯，帶走金質聖餐杯，以強烈的蔑視把「教皇制度」和「盲目崇拜」的種種象徵一概摧毀了。反天主教和反西班牙的示威隊伍主要是領取計日工資的雇工，他們是被社會和經濟的苦難以及宗教信仰所激怒的。面臨這種破壞行爲，請願的多數貴族退縮了；他們之中的天主教徒和戰鬥性較差的新教徒無力控制自己的革命追隨者，便開始緩和與西班牙當局的關係。

被這場瀆聖行爲嚇壞了的腓力二世，立即派出宗教裁判所、阿爾瓦公爵，以及一支西班牙增援部隊。阿爾瓦的「除暴委員會」，綽號「血腥委員會」，判處了幾千人死刑，並徵收新稅，沒收了一批重要貴族的地產。這些措施，使得處於對立面的各階級人民團結起來。這次起義最初可能主要是一場階級衝突，現在則具有了民族對抗的性質。一個地產被沒收的貴族，奧蘭治的威廉（稱爲「沉默的威廉」）成爲這場民族對抗的首領。他是腓力二世的荷蘭郡「省長」或副總督。他要求建立一個擁有最高權力的機構，進行海戰。漁船水手、「海狗」和眞正的海盜開始襲擊尼德蘭和法國的港口小鎭。在宗教狂熱、政治仇恨和對戰利品的貪欲三者驅使下，他們在事先不做警告的情況下突然發動襲擊，褻瀆教堂，進行搶劫、拷打和屠殺。西班牙人則以加緊沒收財產、加強宗教裁判所的拷問和烙刑、絞刑做爲報復。尼德蘭備受無政府狀態、革命和內戰的折磨。無論在政治上還是宗教上，沒有一條陣線是分明的。但是在一五七六年，反西班牙的感情超過了所有的宗教分歧。全部十七個省的代表把宗教問題擱在一邊，組成了一個不惜任何代價都要驅逐西班牙人的聯盟。

英國的捲入

雖然尼德蘭革命是一場以政治獨立爲第一目標的民族革命，但它只是國際政治—宗教鬥爭的一部分。有關各方都捲入了這場革命。英國的伊莉莎白女王儘管多年來偷偷地給予尼德蘭援助，但她不希望挑起與西班牙的戰爭，也擔心英國的天主教徒在戰爭中會站在西班牙那一邊。伊莉莎白由於自己身邊有一個討厭的客人，蘇格蘭的瑪麗女王，而感到煩惱。瑪麗女王是一個天主教徒，在她丈夫逝世前曾是法國王后，在被憤怒的喀爾文教派領主驅逐前是蘇格蘭女王，如果教皇、西班牙國王、耶穌會和許多英國天主教徒能自主其事，她就有可能取代篡位者伊莉莎白而成爲英國女王【13】。由於這種種情況，伊莉莎白監禁了瑪麗・斯圖亞特。歷史上曾多次發生想把瑪麗推上英國王位的陰謀，有些是瑪麗知道的，有些則毫無所知。

西班牙勒潘多海戰勝利的勇士、腓力二世的異父兄弟唐・胡安於一五七六年成爲厲兵秣馬的尼德蘭總督。他形成一種狂妄的思想，不僅要使尼德蘭屈服，而且要使尼德蘭成爲入侵英國的基地，待西班牙部隊推翻伊莉莎白後，把瑪麗・斯圖亞特擁上王位，而他本人要與瑪麗結婚，並成爲重新天主教化的英國國王。因此，伊莉莎白和新教英國的安全，最終取決於尼德蘭戰鬥的結局。伊莉莎白與尼德蘭愛國者簽訂了同盟條約。

唐・胡安死於一五七八年，帕爾馬公爵繼任尼德蘭總督。身爲外交家，也是個能作戰的士兵，他透過武力和勸說結合的手段，打破了十七省堅固的戰線。他答應尊重各省歷史上的自由權；他不僅向最熱忱的天主教徒發出呼籲，也向對鬥爭感到厭倦和爲暴民的暴力行爲與宗教破壞行爲感到厭惡的改革派發出呼籲。在此基礎上，他把南方各省團結到自己這一邊。北方七省的回答，則是在荷蘭和澤蘭的領導下，於一五七九年組成烏德勒支同盟。一五八一年，他們正式宣布脫離西班牙國王而獨立，稱爲尼德蘭聯合省。如此，便產生了一般所稱的荷蘭共和國，或簡單稱爲「荷蘭」，因爲荷蘭在七省中處於支配地位。法蘭德斯的大城市——安特衛普、根特和布魯日，最初都支持同盟。

在原來混亂不堪的那些地方，現在畫出了一條地理界線。團結在腓力二世周圍的南方，立刻面對著繼續反叛的北方。但是，無論哪一方都不接受這種劃分。帕爾馬仍然爲重新征服北方而戰鬥，沉默的威廉領導的荷蘭則繼續爲在十七省全部肅清西班牙人而戰鬥。同時，雙方都在爭奪各個中立的佛蘭德斯城市。當帕爾馬進逼安特衛普這個仍然是北海最重要的、也是最適合入侵英國的港口時，伊莉莎白終於公開地站在反叛者一邊，介入了這場戰爭，一五八五年，她派遣萊斯特伯爵率領六千英軍開赴荷蘭。

英國現在顯然已經成爲西北歐新教和反西班牙的主要堡壘。在英國，由於對西班牙的普遍擔心，對天主教圍繞瑪麗·斯圖亞特的種種陰謀的普遍不滿，以及對「外國」和「外界」干涉英國事務的普遍義憤，遂產生了一種前所未有的民族團結感情。舉國上下團結在新教和伊莉莎白周圍，甚至天主教少數派中的大部分人也與反伊莉莎白的陰謀脫離關係。英國現在公開地、堅定地與新教荷蘭結成同盟。他們不僅在荷蘭並肩戰鬥，而且在英荷雙方的海上以快船襲擊西班牙船隻，奪取船上裝運的財寶，甚至劫掠南美北部大陸沿岸的西班牙主要

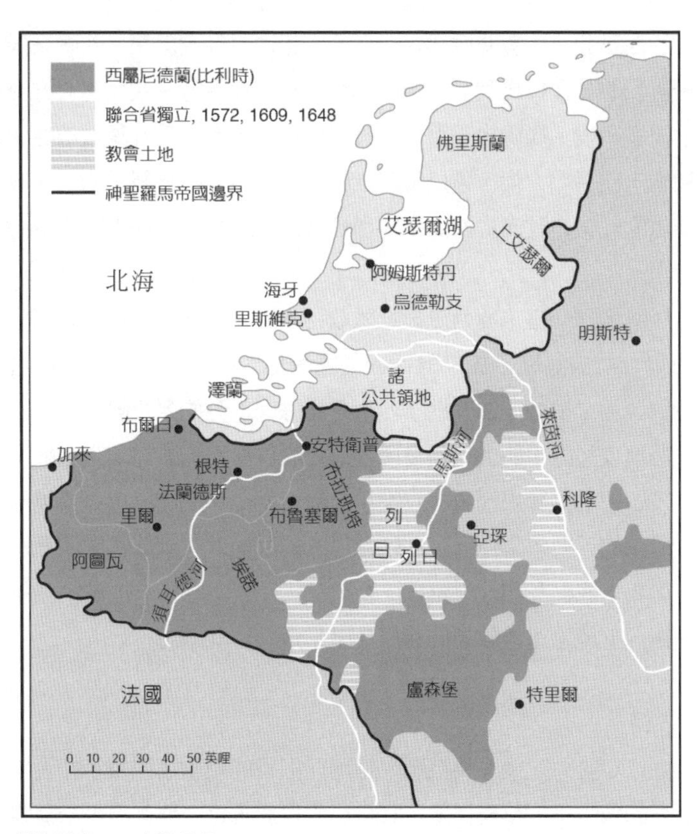

圖3-12　低地國家，一六四八年

沿萊茵河、馬茲河和須耳德河低地的這組城鎭和省分，原是中世紀神聖羅馬帝國的一部分。北方，或者說荷蘭省分，一六四八年組成獨立國家。十七世紀在「荷蘭」與「比利時」之間出現一條政治邊界線，但「比利時」一詞很晚以後才使用，南部（或者說哈布斯堡省分）在十七世紀被稱爲西屬尼德蘭，十八世紀稱爲奧屬尼德蘭。列日天主教區在法國革命前仍保留爲一獨立教會國家。語言邊界（直至今日）大約是布魯塞爾以南從東向西畫線，線南爲法語區，線北是法蘭德斯語區（一種荷蘭語，因此也屬日耳曼語系）。

據點。荷蘭開始深入東印度水域。伊莉莎白還與蘇格蘭、德國的喀爾文教派和法國的胡格諾教派進行談判。在艾斯科里亞流傳著種種說法，比如只有入侵英國才能重新獲得尼德蘭，這個異教徒的女王最終必被廢黜。無論如何，與年復一年的爲保護西班牙大帆船免遭海狗們的劫掠所付出的代價相比，對英國發動一次大的攻勢實在便宜得多。

因此，腓力二世準備入侵英國。英國對此給予有力的回擊。瑪麗·斯圖亞特被監禁了近二十年後，於一五八七年遭處死，因爲比伊莉莎白本人更爲激動的議會，要求在外國入侵前夕結束瑪麗的生命。最負盛名的海狗法蘭西斯·德雷克爵士揚帆駛入加地斯港，燒毀了恰好聚集在那裡準備參加西班牙艦隊的許多船隻。這次行動被幽默地形容爲燒焦了西班牙國王的鬍子。

巨大的西班牙天主教艦隊早在一五八八年便已準備就緒。艦隊高揚著繡有十字的船帆和鑲著聖母馬利亞肖像的旗幟，宣布要進行一次反對北方土耳其人的新的勒潘多戰役。艦隊由一百三十艘船隻組成，重量爲五萬八千噸，運載了三萬人和兩千四百門大炮，這是當時世界上前無古人、最龐大的一次海上威力集結。艦隊的計畫是駛向尼德蘭，從那裡護送帕爾馬公爵的軍隊穿越海峽，到達英國海岸。

但是無敵艦隊一直未與西班牙軍隊取得聯繫。它在英吉利海峽遇上兩百多艘英國船隻，並被包圍於加來附近。英國船比較輕便、小巧，而且速度也快些，雖然只裝備了槍炮，卻騷擾了西班牙艦隊大部分的笨重船隻，破壞了艦隊隊形，逐個進攻艦隊中的大型船隻。西班牙艦隊發現無法在加來避難，而且英國人的火攻船把它們從那裡再次趕進了大海。不久，刮起一場大暴風雨，即後來英語中所謂的「新教之風」，把被擊潰的艦隊向北吹到蘇格蘭的北端、奧克尼群島、赫布里底群島和北愛爾蘭。西班牙人不得不在沒有海圖、領航員和物資補給的情況下繞過這些險惡的海岸，結果最終浮屍遍海。

鬥爭的結局

一五九八年腓力死後，爲控制尼德蘭而進行的戰爭還繼續了好幾年。英國在與西班牙的戰爭中，首先保障了它自己的民族獨立。他們獲得一種強烈的民族精神，正如莎士比亞所描述的，這是對「另一個伊甸園，半個天堂」的熱愛，是對「嵌在銀色海洋中的寶石」的熱愛；他們成了更爲堅強的新教徒，幾乎一致地反對「教皇」。由於西班牙艦隊的覆滅，他們可以更自由地出入海洋；我們已經見識過英國東印度公司在一六〇〇年是如何建立起來的。

在尼德蘭，戰線在一六〇九年以前一直進退不定。一六〇九年達成一項十二年休戰協定。根據這一協定，尼德蘭被一分爲二。分界線要比帕爾馬時期稍微偏北一些，西班牙人重新獲得安特衛普和中部地區的其他城市。一五七九年組成烏德勒支同盟的線北七省從那以後稱爲荷蘭。線南十個省則稱爲西班牙尼德蘭。南部的新教徒不是變成天主教徒，就是逃亡北方，以致南方（現在的比利時）變成堅定的天主教地區，而北方新教徒的人數得到增加。雖然如此，荷蘭人並非是清一色的新教徒。他們之中大概有多達三分之一的人仍然是天主教徒。喀爾文教是大部分荷蘭自治市市民的宗教，也是國家支持的宗教；但在有著一個特殊的、數目很大的宗教少數派的情況下，荷蘭尼德蘭採取信仰寬容的政策。

尼德蘭南部被幾乎長達四十年的戰爭所毀壞。然而，占據須耳德河口的荷蘭人卻不允許遠洋航船上溯至安特衛普或肯特。須耳德繼續被「封閉」達兩個世紀之久，而法蘭德斯各城市再也沒有重新恢復它們昔日的地位。阿姆斯特丹成爲北歐商業和財政的中心，保持商業霸權達一個世紀，財政霸權達兩個世紀之久。荷蘭人與英國人一樣，西班牙海上威力的衰落爲他們打開了通往海洋的道路。荷蘭東印度公司於一六〇二年成立。荷蘭和英國都開始找到了海外殖民地。英國人於一六〇七年定居維吉尼亞，荷蘭人於一六一二年定居紐約。

圖3-13　一位不知其名的畫家所作的此幅插圖，展現了西班牙無敵艦隊與英國艦隊大規模的對抗。雙方船上的旗幟都畫上十字，因而都聲稱他們的事業有神支持，並表明在這場史詩般的衝突中，宗教和國家利益的重要性。（National Maritime Museum, London）

至於西班牙，雖然它做為歐洲最令人生畏的軍事強國持續了半個世紀，但政治與經濟的衰敗已經開始。在腓力死時，王朝拮据，他們習以為常地等待從西印度開出下一趟財寶船的到來。國家生產力由於通貨膨脹、稅收、移民和人口減少而衰退。例如在塞維爾，一六二一年只有四百部紡織機在開工，而一個世紀前，那裡曾擁有一萬六千部紡織機。那些使西班牙成為大國的種種條件，現在反過來使它深受其苦。西班牙從幾個世紀的宗教戰爭和對美洲進口金銀的依賴中發展起來的地位，並不能幫助這個國家建立起一個更現代化的經濟與社會體系。在對不信宗教者的討伐和對異教徒進行的十字軍中，產生了很大一批小貴族，他們通常把自己的階級地位當做逃避一切形式的世間動盪的理由。他們對新出現的事物、對歐洲商業活躍的各種機構所持的漠視態度，或許影響了整個國家。無論如何，很多有才幹的人都進入了教會，西班牙政治和經濟生活中幾乎沒有任何革新。

在費迪南和伊莎貝拉領導下所完成的統一正瀕臨瓦解。宗教裁判存在了一個多世紀以後，人們仍然害怕假基督教徒和祕密穆斯林。一六〇八年，摩爾人問題再次爆發。摩爾人包括國內一些最好的農民和大部分熟練手工的工人。他們幾乎散居在西班牙各地，絕非「外國」分子，因為他們都是西班牙人的後裔，從九百年前開始的穆斯林時代便接受了穆斯林宗教和阿拉伯語言與文化。他們現在被認為是基督徒，但是真正的、正宗的基督徒指責他們祕密地保存著伊斯蘭的習俗和對北非伊斯蘭教各國海盜的同情。他們自認為是一個部落，在他們自己人之間通婚；他們能力很強，樸素，勤勞，在競爭中遠遠超過西班牙人。一六〇九年，有十五萬摩爾人被趕出瓦倫西亞；一六一〇年，有六萬四千人被趕出阿拉貢；一六一一年，一批數目不詳的摩爾人被逐出卡斯提爾。這些人帶著他們能夠攜帶的東西，很快地被趕上小船，送走了。總之，西班牙的總人口迅速下降，如果不從宗教的正統觀念來看的話，它失去的恰是少數民族中最有社會價值的那部分人。

儘管主要政府大臣奧立佛伯爵還在施行中央集權計畫，但各基督教王國已無法和平相處。一六二一年腓力四世開始掌權後，奧立佛尋求抑制教會的獨立性，增加國王收入，控制貴族，並把軍隊派往尼德蘭，以及參與德國的宗教戰爭。他的政策引起西班牙全國各地的反對。一六四〇年，本因自己統治世系中斷而加入西班牙王室的葡萄牙，恢復了它的獨立地位。同年，加泰隆人公然發動叛亂。加泰隆戰爭持續了近二十年，在戰爭中，法國人絡繹不絕地穿越庇里牛斯山援助叛亂者。加泰隆人最後被征服，但他們保存了舊日的特權和獨立的身分。加泰隆人和卡斯提爾人相互間的敵意與日俱增。西班牙王國當時與伊莎貝拉和費迪南時代一樣，在精神上和體制上幾乎處於分裂狀態。在十七世紀，他們還身受幾代智力低下的國王之害。然而，與此同時，在德國和法國，卻仍能感受到西班牙的威力。

法蘭西的解體與重建

法國和德國在所謂的宗教戰爭中，都屬於進一步解體的國家。法國經歷了一五六二至一五九八年將近四十年的內戰，而德國在長期的國內動亂後，終於在一六一八至一六四八年爆發了三十年戰爭。十七世紀，法國從這種解體中開始復原，但德國卻沒有。

政治和宗教上的分裂

法國的宗教戰爭除去雙方宗教狂熱分子所表現出來的宗教暴行以外，既非宗教戰爭，也非政治戰爭，僅是一場新形式——反對更高的中央當局的古老封建叛亂。「封建」一詞，在中世紀以後所具有的內涵，一般不僅涉及貴族，而且涉及國內擁有權利的各類集團；不僅包括教會和貴族階級，也包括城市和行省，甚至是行會和法院。不管上述各種成分是否能夠結成一個國家，但依然可以看到封建的存在。

在法國，重新恢復中世紀國王作用的新王朝把某種統一性強加於全體國民。通常國家在對外事務中作爲一個單位而活動。國王獨自締結條約，在戰爭中，如果他的臣民當眞參加戰鬥，會一致地站在國王這一邊。在內部，王權的中央集權制主要表現在行政上；國王和爲他服務的那些人管理各種附屬機構，這些擁有職能和人員的附屬機構是常設的。根據當時的觀念，法國是一個很大的國家，它比英國大兩倍，人口則多四倍，在十六世紀人口達一千八百萬。在一個旅行者每天最多只能走三十英哩的時代，以平均步伐穿過這個王國需要三週的時間，因此地方的影響力是非常強大的。法國與神聖羅馬帝國一樣，在王權的高臺之下幾乎沒有什麼眞正的統一。神聖羅馬帝國有三百個「邦」，法國有三百多個擁有自己法律體系的地區。帝國有自由市，法國則有「好村莊」，即國王的「好城鎭」，它們個個都頑強地保衛著自己的共同權利。神聖羅馬帝國有著像巴伐利亞這樣中等規模的邦，法國則有著像歐洲的王國那樣大的不列塔尼、勃根地、普羅旺斯、蘭奎多克諸省，當然，所有省都服從國王統治，但每個省也各有與自己身分相一致的自治、法律、法庭、海關、稅收和議會（即省級會議）。除了這一切差異外，法國還像德國一樣，面臨著宗教的分歧。喀爾文自己就是法國人所生，並在其教育下長大成人的。喀爾文教在法國的傳播非常迅速。

法國既不緊緊依附於羅馬教皇，也不依附於國際天主教。法國教士為爭取本國的自由和法國天主教的自由，進行了長期抗爭；法國國王粗魯地對待教皇，無視特倫托會議，並出於各種政治理由而與路德教徒和土耳其人結盟。從一五一六年以來，法國國王擁有任命法國主教的權力。由於王朝和教士認為他們已經不受羅馬的支配，所以他們對新教才沒有採取革命性的措施。在法國傳播的新教，在沒有政府支持的前提下發展，並信奉宗教改革時期最激進教派的神學觀點，例如喀爾文教，它就向國王傳教講道，攻擊主教，搗毀宗教偶像和褻瀆教堂。即使是在已經新教化的國家，如英國、德國北部，甚至在尼德蘭，這種極端的新教教義也是少數派的學說。法國沒有中間路線的新教，沒有寬宏而輕鬆的英國聖公會，沒有受到政府鼓勵的不徹底路德教。結果正如我們將要看到的，最後，被天主教所占據。

然而最初，胡格諾教徒（對法國喀爾文教徒的稱呼）雖然一直是少數，但他們的要求既不小、也不謙虛。從階級分析上看，主要是貴族階層被新教所吸引，當然並不能因此就說大多數法國新教徒都是貴族，因為貴族畢竟只是一個人數極少的階級。在十六世紀六〇年代或七〇年代，法國貴族三分之一以上，或可能有二分之一的人都是新教徒。封建貴族，即擁有一個或數個莊園的領主，經常認為他們在自己的莊園擁有改革宗教的權力，即有權管理他們自己領地內的宗教，如同德國的諸侯決定他們自己領地的宗教一樣。因此，在法國就出現了這種情況：領主可以蔑視當地主教，把一個喀爾文教派牧師安置在他的鄉村教堂，扔掉偶像、簡化聖餐，並用法語舉行禮拜儀式。這樣一來，農民也成了胡格諾教徒。通常農民皈依胡格諾教並未得到領主的鼓勵，因在法國南部，新教以一種大規模運動地傳播，影響了整個地區。但是，在全國各地，無論是北部還是南部，許多城鎮也皈依了新教。通常這意味著一般掌握著城市政府的中產階級寡頭政治集團轉奉喀爾文教，隨即取締了天主教的禮拜儀式。賺取工資的雇工可能追隨在中產階段之後因在地方經濟內階級分歧所引起的隔閡，仍然依戀昔日的神父。一般認為，非熟練的勞工群眾可能是各階級中受喀爾文教影響最小的階級。

法蘭西斯一世和亨利二世都反對喀爾文教的傳播，就像路德教和英國聖公會的統治者一樣，因為喀爾文教是一種宗教的基層運動，是在世人和改革派牧師中自發興起的，它不僅威脅到君主政體的權力，甚至也威脅到建立全國性宗教的這種主張。在法國，貴族這個傳統上不受駕馭的階級在運動中嶄露頭角，這個事實使得運動看起來更像是一場政治的或封建的叛亂。用炮烙之刑對胡格諾教徒進行迫害，開始於十六世紀五〇年代。

一五五九年，亨利二世國王在一次比武大會上意外死亡。他遺下三個兒子，其中最大的當時年僅十五歲。他們的母親、亨利的遺孀是卡特琳．德．麥迪西，是一個把義大利文藝復興的光輝與其對政治陰謀的癖好一起帶到法國的義大利女人，她施展陰謀，試圖代替她的王子們統治這個令人操心的國家（她的王子們分別是法蘭西斯二世，死於一五六〇年；查理九世，死於一五七四年；亨利三世，一直活到一五八九年）。問題在於，因缺乏對君主政體強有力的控制，國家陷於瓦解；各個實力集團在接連不斷的混亂中，爲了各自的目的力圖控制年輕的君主。在這些集團中，既有胡格諾教徒，也有天主教徒。胡格諾教徒是一個力量極強的少數派，在遭到迫害的情況下，是不會躲藏起來的。由於他們的成員中有三分之一以上是職業的武士階級，亦即貴族，於是他們自然而果斷地拿起了武器。

內戰和宗教戰爭

法國在十六世紀的內戰並不像美國內戰或十七世紀英國內戰，國內某一個地區拿起武器反對另一地區，且任一方都保有某種政權機構。它們是在沒有政府的情況下進行內戰。沒有根據地和正常生活資料一批批流動的武裝人員在國內到處流竄，進行戰鬥和搶劫，某些團夥與其他類似的團夥時而合併一起，時而又彼此分離，隊伍組成得快，散得也快。這時期種種經濟和社會條件使許多人脫離了舊日的生活常規，而被投入另一種冒險的生活中。因此，傑出的領袖很容易獲得追隨者，而當這幫人來臨時，農民通常遁入森林，布爾喬亞則緊閉城門。或者，有些農民會組成類似治安維持會的防衛聯盟，即使是小城鎮也都有小規模的武裝隊伍。

胡格諾教徒是由一些有地位的人士所領導，如海軍大將科利尼和位於西班牙與法國之間的庇里牛斯山下的獨立王國——納瓦尼王國國王波旁家族的亨利[14]。一個明顯的天主教集團則在以吉斯公爵和洛林紅衣主教爲首的吉斯家族領導下起事。卡特琳．德．麥迪西處於中間地位，她和所有的君主一樣反對喀爾文教，但也不願置於吉斯家族的統治之下。雖說吉斯家族希望消滅異教，但他們更希望統治法國。在胡格諾教徒中，有些人是爲爭取地方宗教自由權而戰，而最激烈的人則希望把「偶像崇拜」和「羅馬天主教教義」驅逐出整個法國，甚至驅逐出全世界。卡特琳．德．麥迪西一度試圖使兩個集團相互爭鬥。但到一五七二年，由於擔心科利尼日益增長的勢力會超過國王，卡特琳遂利用胡格諾教領袖雲集巴黎慶祝納瓦尼的亨利婚禮，決定把胡格諾集團的首領

圖3-14　一五七二年發生在巴黎的聖巴薩羅繆節大屠殺中，成千上萬人遭到屠殺。此次大屠殺激起法國宗教戰爭中雙方進一步的暴行浪潮。如這幅大屠殺的圖像所示，它還成為整個十六世紀晚期分裂國家的殘暴衝突的持久標誌。（Musee Cantonal de Beaux Arts, Lausanne）

一網打盡。聖巴薩羅繆節的大屠殺致使數千名胡格諾教徒於午夜時分被人從床上拖起並隨意處死。科利尼被殺害；納瓦尼的亨利因臨時改變宗教信仰才倖免於難。

這次暴行激起了胡格諾教徒的強烈憤怒，並導致內戰的重新爆發，雙方所犯的暴行不斷升級。各個武裝集團互相殘殺，並對平民實行恐怖統治。雙方都招募雇傭兵，主要是從德國招募。西班牙軍隊應吉斯家族邀請入侵法國。盧昂、羅歇爾這樣的新教城鎮就向英國的伊莉莎白呼籲武裝支援，提醒她英國國王曾統治過法國的這些地區；但是，伊莉莎白一心忙於她自己的問題，只能提供零散的、象徵性的援助。任何一方都無法使另一方屈服，而出現了多次停戰，卻由於沒有一方擁有能強制實施和平的實力，所以停戰期間仍然不時有突發的爭鬥。

慢慢地，又出現了另一個集團，他們把自己看做是「政治家」。這些人主要來自不那麼虔誠的天主教徒，也有的是溫和的新教徒。這些「政治家」認爲，宗教問題搞得太過分了，沒有哪一種教義重要到足以證明連綿不斷的戰爭是正當的，也許終究兩種教會都要存在，國家迫切需要的是建立國內秩序。他們的觀點是世俗觀點，而不是宗教觀點。他們相信人主要是生活在國家之中，而不是生活在教會中，只要一個人效忠國王並和平地做自己的事，他們就願意寬容他的思想意識。爲了避免無政府狀態，他們寄希望於君主政體結構。現在重新成爲一個新教徒的納瓦尼亨利，本質上就是一個「政治家」。另一個是政治哲學家尚・布丹（一五三〇～一五九六），是第一個發展現代主權理論的思想家。他認爲，在每個社會中都必須有一種權力強大到足以將法律強加於其他所有的人，如果可能的話，可以預先經他們同意，但必要時則毋需他們同意。因此，王權專制主義和主權國家的觀念，是在法國宗教戰爭的混亂中萌芽發展起來的。

戰爭的結束：亨利四世領導下的重建

一五八九年，在位的國王亨利三世和力圖把他廢黜的天主教集團首領，即吉斯家族的亨利，都被彼此的黨徒暗殺了。王位隨即爲合法的繼承人、三亨利中的第三個亨利，即胡格諾派首領納瓦尼的亨利所獲得。他即位後稱亨利四世。除中世紀的聖路易外，他是法國所有值得紀念的國王中最平易近人、最和藹可親的一位；他還是波旁王朝的第一位國王，這個王朝一直綿延到法國革命。

內戰並未因亨利四世的就位而結束。天主教集團拒絕承認他，推出一個覬覦王位者來反對亨利四世，並召來西班牙人。亨利做爲一個「政治家」，意識到法國人民多數仍然是天主教徒，胡格諾教徒不僅是少數派，而且是一個三十年內戰後由於繼續做爲被頑固貴族把持的政治集團而日益不得人心的少數派。尤其在巴黎，天主教徒在整個內戰中，一直拒絕讓一個異教徒國王進入他們城內。亨利四世大概說過「爲了巴黎是値得做彌撒的」，他於一五九三年公開放棄喀爾文教信仰，參加了一場精心安排的羅馬天主教懺悔儀式。於是，「政治家」們和不那麼敏感的天主教徒同意與他合作。起先由於自己的領袖成爲國王而洋洋得意的胡格諾教徒，現在不僅因亨利的公開背叛而憤怒萬分，而且也爲他們自己的安全驚恐萬狀。他們要求個人安全的明確保證，以及宗教自由的保護。

一五九八年，亨利四世頒布《南特敕令》，對此做了回答。敕令准許每個封建貴族，即做爲莊園主的貴族，有權在他自己的領地舉行新禮拜儀式。敕令承認在新教禮拜儀式事實上已占優勢的城鎮中新教的地位，至少，全國每個「貝拉熱」（有點類似英國郡的單位）都有一個這樣的城鎮；但是，敕令把新教排除於天主教管轄的城鎮，以及包括巴黎城在內的巴黎周圍地區之外。敕令允諾新教徒享有與天主教徒同等的公民權利、同等的擔任官職的機會，並能進入天主教大學研讀。在某些高等法院中，敕令創建了由新教徒和天主教徒共同組成的「混合議事廳」，它與今天美國聯邦法院內法定地需要固定數量的少數民族代表差不多。敕令還給予新教徒自衛的手段，同意一百個左右的設防城鎮可由新教徒統率的新教徒守備隊守衛。

《南特敕令》消除了胡格諾少數派的疑慮，使他們變成了國內不那麼好鬧事的分子。而法國人民中的多數派則以懷疑的眼光看待這份敕令。巴黎、波爾多、圖盧茲、埃克斯和雷恩的議會，即最高法院，全都拒絕承認《南特敕令》是國家法律。把宗教信仰強加於國家的是國王。他壓制了議會，並藉由厚待耶穌會而平息了天主教的反對。因此，法國的主要少數派的確受到中央政府的保護，卻沒有得到人民群眾的善意。在英國，天主教少數派畢竟沒有權利；而德國的宗教問題則是透過把國家分割成一塊塊既小又互抱敵意的地區而解決；法國實現了一項妥協，新教徒藉此獲得個人的權利和地區性的權利。十七世紀當時，法國相當多的政治家、將軍和其他重要人物都是新教徒。

亨利四世在平息宗教爭論後，也竭盡所能地使國家從幾十年的內戰中逐步復原。他的理想，正如他所輕鬆表述的，希望每一個法國人都能「鍋裡有一隻雞」。他還努力使已崩潰的政府恢復原來的職能，著手徵稅、支付官員薪金、加強軍隊紀律，以及監督司法機構。開始修橋鋪路，並根據重商主義原則引進了新的製造業。在亨利四世當政的整整二十一年中，他從未召集過三級會議。在內戰中被搞得四分五裂而還不能起作用的國家，於亨利四世的領導之下，逐步爲後來波旁王朝的王權專制主義奠定了基礎。

亨利四世在一六一〇年被一個認爲他是對天主教的威脅的狂徒所暗殺。在他的遺孀瑪麗・德・麥迪西的統治下，貴族、天主教上層教士再次日益焦躁不安，他們強迫召開三級會議，但會上出現眾多互相衝突、互相猜疑的集團，以致無法通過任何法案，因此瑪麗在一六一五年解散了三級會議，使有關單位大爲寬慰。此後一直到法國革命，基本上沒有再召開過王國三級會議。全國政府是由國王和透過國王來管理的。

紅衣主教黎塞留

國家事務的控制權名義上屬瑪麗・德・麥迪西和她年幼的兒子路易十三，實際上卻一步一步地落到紅衣主教黎塞留的手中。如果在上一代，黎塞留堪稱爲一位「政治家」。他努力把國家的利益，而不是教會的利益放在第一位。他試圖透過頒發重商主義敕令，從經濟上加強國家。他力圖藉由允許紳士在不失掉貴族身分的情況下從事海上貿易，來吸引窮困的紳士經商。對於批發商，做爲一種刺激，只要他們向王室國庫交納一定的費用，就可以被封爲貴族。他還創建和支持了許多英國－荷蘭式的商業公司。

國內一度面臨再次爆發內戰的危險。貴族們仍然長期爭鬥不休，並逃避王權管轄。黎塞留禁止私鬥，命令拆毀非國王本人管理和需要的所有城堡。他甚至禁止當時推崇的一種風俗——決鬥，認爲那純係私鬥的一種殘餘。根據南特敕令而擁有自己的城鎮和武裝隊伍的胡格諾教徒，把他們的地盤變得頗像國中之國。一六二七年，羅漢公爵以羅歇爾城爲基地，領導了一次胡格諾教徒的叛亂，並接受英國的軍事援助。一年後，黎塞留鎭壓了這次叛亂，並於一六二九年通過《阿萊斯和約》以修正《南特敕令》。這位高度世俗化的天主教紅衣主教同意讓新教徒保有他們的宗教，但不允許他們在政治權力機構中分享權力。胡格諾教徒在一六二九年失去了自己的設防城市、新教軍隊、一切軍事權利和地方性權利，但在宗教和公民權利方面，他們有五十年並未受到官方的干擾。

內戰後，法國君主政體一重建，就開始重新奉行法蘭西斯一世在各條戰線上反對哈布斯堡家族歐洲霸權的老外交政策。西班牙人在庇里牛斯、地中海、勃根地自由郡（法朗士—康泰）和比利時的勢力，仍然包圍著法國。奧地利分支則謀求在德國和整個中歐的霸權。從當時開始折磨德國的內部鬥爭中，黎塞留找到了攻擊哈布斯堡的機會。

三十年戰爭，一六一八～一六四八年：德意志的解體

神聖羅馬帝國西接法國，東至波蘭和匈牙利，包括波希米亞的捷克人和操法語的現今比利時人、洛林人、東勃根地人和瑞士西部人，除上述外，帝國則是由德意志人組成的。然而，語言遠不如宗教重要，人們認爲後者是社會基礎的紐帶。帝國在宗教上幾乎是平均一分爲二。英國在開始穩定以後，羅馬天主教徒人數大爲下降，只占人口的百分之三；而在法國，胡格諾教徒人數的下降未必超過百分之五；德國則沒有眞正的少數派，因而也就沒有多數派，但宗教並未因國家實行集中制而讓步。一六〇〇年，帝國的新教徒也許比天主教徒多一些。在三百多個諸侯國中，多數國家內新教不僅是國教，而且在奧地利哈布斯堡的合法天主教諸侯國中，新教徒的人數也是衆多的。波希米亞有一個扎根於捷克人民之中的新教徒多數派，甚至在奧地利，在等級會議上，新教徒有時也較占優勢。再往東，在神聖羅馬帝國境外，匈牙利貴族主要是新教徒，而處於喀爾巴阡山脈轉彎處的外西凡尼亞則是喀爾文教的活動中心。

一五〇〇年，德國在歐洲生活中處於領導地位；而在一六〇〇年，它已失去了大部分昔日的文化創造力和領導地位。那裡的天主教徒和喀爾文教徒都承

認國際聯繫，並頗有興趣地閱讀來自其他國家的書籍，路德教徒卻對德意志和斯堪的那維亞裡路德教諸侯國家以外的世界抱有懷疑，因而他們受到文化孤立的損害。無論是天主教還是路德教的德國大學，所吸引的學生都比以前少了，他們的聰明才智都浪費在好鬥的教義學上了，每一方都論證自己觀點是正確的。許多置人於死地的大規模反巫術運動在一些小德意志帝國中發生，德國燒死的「女巫」人數也比在西歐其他國家更多。德國南部和萊茵區的商業處於凋敝狀態，因爲貿易已向大西洋轉移；荷蘭爲了自己的利益，控制了萊茵河口。諸如富格爾家族這樣的德國銀行家，在一六〇〇年後也顯得無足輕重了。正是這個時候，資本在海上貿易各中心開始形成。

三十年戰爭的背景

一五五五年奧格斯堡和約規定，每個邦政府可以決定其臣民的宗教。總之，在奧格斯堡和約後的十年期間，路德教徒獲得了相當大的成果，他們把路德教的行政人員派進各教會國家，或者使這些國家「世俗化」，把它們改變爲世俗諸侯國。此外，喀爾文教也傳入德國。雖然根據奧格斯堡和約，喀爾文教徒沒有任何權利，但不少邦卻成了喀爾文教的邦。其中之一就是巴拉底奈特，它具有橫越萊茵河中部的戰略地位，而其統治者帕拉丁伯爵是神聖羅馬帝國皇帝七名選帝侯之一，這使得該邦愈發重要。一六〇八年，在帕拉丁選帝侯的極力主張下，新教各邦組成了一個新教聯盟以保衛他們的成果。他們爲了獲得支持，還與荷蘭人、英國人以及法國的亨利四世進行談判。一六〇九年，巴伐利亞組成一個天主教德意志各邦的同盟，並從西班牙尋求援助。

德國人就這樣分裂了，或者更確切地說，是分別加入了期望進行一場宗教戰爭的兩個集團，每一方都請求外國的援助來反對另一方。其他的爭端也在逐步醞釀成熟。一六〇九年簽署的西班牙和荷蘭之間的十二年停戰協定應在一六二一年期滿，西班牙人（他們的軍事實力仍未受到國內衰落的影響）再次準備消滅荷蘭共和國；由於荷蘭人堅持他們的獨立，使荷西戰爭不可避免地要再次爆發。西班牙人希望在中歐鞏固哈布斯堡的地位，他們還希望通過取得沿萊茵河新領土和瑞士州的控制，增強它進入尼德蘭的機會。

西班牙人在萊茵區和瑞士的上述計畫自然遭到法國的反對。而且，哈布斯堡家族的奧地利分支力圖在自己領土內根除新教，甚至要把神聖羅馬帝國變成較爲現代化和民族型的國家。在德意志建立一個強國的思想使法國人感到厭惡。法國由於反對哈布斯堡，又一次把自己置於新教主要保護人的地位。正如我們已經了解到的，法國是歐洲的一個巨人，人口相當於英國的五倍，是瑞典或荷蘭共和國的十倍多，與任何單獨的德意志邦國相比，更是大得無法比擬。而法國在一六〇〇年後，終於實現了內部統一，至少是相對地統一了。正如一位法國作家在談到上述時期所提到的，法國王室鳶尾紋章在萊茵河的出現，將使反宗教改革運動的宏偉計畫失敗。

由上述各種壓力所造成的三十年戰爭，因而也就異常複雜。它是因天主教與新教爭端而進行的一場德國內戰，也是渴望建立帝國中央權力的皇帝與奮力維護獨立的各邦國之間，因體制爭端而進行的一場德國內戰。這兩種內戰絕非重合，因爲天主教和新教各邦同樣都是反對帝國控制的。它還是法國和哈布斯堡家族之間、西班牙和荷蘭之間的國際戰爭，丹麥和瑞典的國王、外西凡尼亞親王也都捲入其中。而所有這些外來人都想在做爲主要戰場的德國內部尋求盟國，大多數戰鬥都是在德國國土上進行。由於許多將軍都是爲了追求名利而從軍，使這場戰爭變得更爲複雜化。這些軍人希望建立自己的諸侯國，他們或戰或不戰，全以個人利害爲轉移。

戰爭的四個階段

戰鬥開始於波希米亞。習慣上將這場戰爭分爲四個階段：波希米亞時期（一六一八～一六二五年），丹麥時期（一六二五～一六二九年），瑞典時期（一六三〇～一六三五年），瑞典—法國時期（一六三五～一六四八年）。

一六一八年，波希米亞人（或者說是捷克人）由於擔心失去他們的新教自由權，用該國常用的方法，把哈布斯堡神聖羅馬皇帝馬蒂亞斯（也是捷克人的國王）派來的兩名使者擲出窗外。在這次「布拉格擲出窗外事件」以後，皇帝兼國王遂派遣軍隊來恢復他的權力，然後波希米亞人廢黜了他，又選出一位新國王。爲了取得新教的支持，他們選中新教聯盟的首領、喀爾文教的帕拉丁選帝侯，後者還採用了佛烈德里克五世的稱號。他帶來了新教聯盟、荷蘭人和外西凡尼亞親王給波希米亞人的援助。馬蒂亞斯的繼承者費迪南皇帝得到教皇的金錢支持，從米蘭帶來西班牙人部隊和天主教巴伐利亞的部隊，在一六二〇年的白山戰役中設法以壓倒性優勢戰勝了波希米亞人。佛烈德里克出逃，被人嘲笑或憐憫爲「冬季國王」。他在帕拉丁的世襲領地遭到西班牙人的蹂躪。

哈布斯堡開始重新征服波希米亞，並對其進行革命性改造。費迪南使自己再次當選爲國王；他沒收了幾乎一半的波希米亞貴族領地，把這些土地捐贈給天主教教堂和修道院，或賞給他隊伍裡的各外國冒險家們，這些人於是成了波希米亞的新土地貴族。

隨著新教命運的衰敗和一六二一年新教聯盟本身的解散，新教事務的領導權就為丹麥國王，同時也是豪斯坦（神聖羅馬帝國的一個邦國）的公爵所取得。他的宗旨和策略結合得很好，因為他希望獲得一些德國主教管區，為他的幼子建立一個王國。由於得到來自荷蘭人和英國人的少量援助和黎塞留的允諾，他介入了衝突。費迪南皇帝的對策是籌建了另一支軍隊，或者更確切地說，是委託瓦倫斯坦私人籌建起一支軍隊。瓦倫斯坦招募了一支包括各種國籍的職業軍人部隊，他們不是依靠軍餉，而是依靠搶劫過活。他的軍隊是他個人的工具，不是皇帝的工具，所以他奉行他自己的政策，這一政策是如此居心叵測、巧於隱蔽，以致瓦倫斯坦這名字始終是一個謎。瓦倫斯坦和其他帝國的將軍迅速擊敗了丹麥國王，推進波羅的海沿岸，甚至侵入丹麥半島。

反宗教改革運動的浪潮現在氾濫於德國。天主教不僅再次滲入巴拉底奈特，蔓延到波希米亞，而且滾滾北流至路德教各邦的內地邊遠處。根據一六二九年的歸還敕令，皇帝宣布所有從一五五二年以來世俗化的教會領地一律自動歸還給天主教教會。有些這樣的領地從最年老的人記憶起便屬於新教。恐怖席捲了新教德國。已有百年歷史的整個新教宗教改革運動，似乎已經危在旦夕。

對此感到驚恐的還有法國人和瑞典人。可是黎塞留還在繼續鎮壓倔強的貴族和胡格諾教徒，他還未把法國鞏固到稱心如意的地步，因而他認為法國毋需親自戰鬥，只要利用盟國就能制止哈布斯堡王朝的野心。他派遣外交家協助瑞典國王從對波蘭的戰爭中脫身，並允諾給予財政援助，不久之後，援助款項增至一年一百萬利佛爾，做為在德國維持四萬人的瑞典部隊的回報。荷蘭人則每月為瑞典人補貼約五萬弗洛林。

瑞典國王古斯塔夫·阿多發是一個極有才幹的統治者，他在波羅的海東岸擴展了瑞典的疆土，在瑞典博得了各個集團的好感。他利用荷蘭和其他國家的軍事專家建立起一支紀律嚴格、士氣高昂，並配有流動大炮的當時最現代化的軍隊。他本人篤信宗教，下令他的隊伍出征作戰時要高唱路德教讚美詩。他完全適合擔當新教的鬥士，此時他也樂意挺身而出，一六三〇年在德國登了陸。黎塞留除提供財政援助外，還與德國天主教各邦談判，利用他們對帝國權力集中的擔心，在德國天主教徒中散布不和，孤立皇帝，而此時瑞典的軍隊正向皇帝的一方猛攻。

瑞典人由於得到薩克森人的援助，一六三一年在勃萊騰菲爾德和一六三二年在呂岑先後取得了一系列驚人的勝利，但阿多發在呂岑陣亡。他的首相奧亨斯蒂納繼續進行戰爭。瑞典軍隊深入波希米亞，最南遠至多瑙河。瑞典人更進一步的目的究竟是什麼，並不清楚。也許他們夢想建立一個包括斯堪的那維亞

圖3-15　德意志三十年戰爭的暴行在中歐產生的恐怖、痛苦記憶和政治分歧，在一六四八年戰鬥最終結束後仍持續了很長時間。三十年戰爭的暴行在此被雅克・加洛特直率命名的一幅逼插圖「吊人的樹」（一六三三年）所描繪。（Anne S.K. Brown Military Collection, Brown University Library）

和北德意志在內的大聯邦新教帝國，一個面對南方天主教和哈布斯堡帝國的路德教帝國。但是瑞典人光輝的軍事勝利效果甚微，作戰雙方都因內部不和而遭到削弱。不喜歡西班牙人在德國影響的瓦倫斯坦，實際上停止了與瑞典人和薩克森人的戰鬥，他甚至還與他們私下談判，希望爲他自己確立一個獨立地位。他最終被皇帝所貶黜，並被他的一個參謀人員暗殺。在瑞典—薩克森方面，薩克森人決定單獨媾和。因此，薩克森與皇帝簽訂了一六三五年的《布拉格和約》。德意志其他新教各邦都贊同這個和約，撤回了它們對瑞典人的支持。皇帝主要透過取消歸還敕令而減輕了新教徒的憂慮。瑞典人在德國陷於孤立。德國各邦似乎又走到了一起，宗教戰爭有可能接近尾聲。但事實上，一六三五年，三十年戰爭才剛剛開始。無論法國，還是西班牙，都不希望德國實現和平或和解。

黎塞留向瑞典人重申他的保證，甚至向有錢的荷蘭人支付津貼，僱傭一個德國小諸侯薩克森—魏瑪的貝納德在法國軍隊中維持一支德意志人的軍隊，並促成天主教的法國最終公開地、斷然地支持德國新教徒。

雖然一開始並未獲得法國人或新教徒所希望的勝利，但鳶尾紋章終於還是指向了萊茵河方向。西班牙人從他們在比利時和法朗士—康泰郡的基地出發進攻法國。香檳省和勃根地遭到劫掠，巴黎本身也驚慌失措。西班牙人還襲擊了法國南部。法國人被回敬以他們曾經加諸德國的掠奪、屠殺、焚燒、搶劫耕牛等暴行。但不久法國就扭轉了局面。當葡萄牙和加泰隆尼亞起義反對腓力四世時，法國立即與英國、荷蘭和瑞典一樣，欣然承認了在布拉干薩新王族統治下的葡萄牙獲得獨立。法國軍隊絡繹不絕地越過庇里牛斯山進入加泰隆尼亞，照例大肆搶劫。黎塞留甚至承認了加泰隆共和國。

在德國，戰爭的最後階段，即瑞典—法國階段已不全是德國人之間進行的一場內戰，而是在德國土地上進行的一場國際鬥爭。很少有德國邦與法國人或瑞典人站在一起。甚至反對外國侵略的民族感情也似乎發展起來了。

《威斯特伐利亞和約》，一六四八年

一六四四年在威斯特伐利亞的蒙斯特和奧斯納布呂克兩個小城開始和平談判。德意志各邦呼籲和平，呼籲求得一項最終的宗教解決辦法，呼籲「改革」神聖羅馬帝國。法國和瑞典堅持德意志各邦應單獨參加談判，這一分解原則受到德國各諸侯的熱誠歡迎，皇帝反對也是徒然。於是，成百名外交家和談判者雲集於威斯特伐利亞，他們代表皇帝及帝國各成員邦、西班牙、法國、瑞典、荷蘭人、瑞士人、葡萄牙人、威尼斯人，和許多其他的義大利人和教皇。自從康斯坦斯大會以來還沒有舉行過這種歐洲人大會。一四一五年時歐洲人聚集在一起討論教會事務，而在十七世紀四〇年代，則是討論國家、戰爭和權力範圍等事務，這一事實充分說明歐洲的世俗化程度。

談判拖拖拉拉，因爲軍隊仍在戰鬥，而每一次戰役過後，總會有一方提出自己的條款。法國和西班牙一直拒絕相互媾和，戰爭實際上持續到一六五九年。但在一六四八年終於達成了關於神聖羅馬帝國的協議，它包括蒙斯特和奧斯納布呂克兩項條約，也就是歷史上所稱的《威斯特伐利亞和約》。

《威斯特伐利亞和約》表明，德國的反宗教改革運動普遍受到挫敗。和約不僅重新規定了奧格斯堡和約給予每個德意志邦有權決定其宗教信仰的條款，而且還增加了條款，承認喀爾文教和路德教與天主教一樣是可接受的宗教信仰。在一五五二年後，世俗化的教會領地爭執中，新教徒獲得了全面的勝利，天主教被迫放棄對領土的要求。

早在路德時代因爲劃定國內宗教疆界而引起的神聖羅馬帝國的解體，現在在政治上和國際法上進一步肯定了下來。帝國的邊界縮小了。荷蘭人和瑞士人不再從屬於帝國，聯合省和瑞士州（即瑞士新教徒國家）被承認爲主權和獨立的國家。法國從解體的神聖羅馬帝國西部邊界割取幾小塊土地，取得他們占領達一世紀之久的洛林三個主教管區的主權，以及在阿爾薩斯的某些權利，但這些權利很含糊，以致後來產生了麻煩。瑞典國王得到德意志北部的一些新領土，瑞典因此增加了它橫跨波羅的海的領地。

法國和他的盟國瑞典、荷蘭的最偉大勝利，表現在帝國本身的新結構上，而不在於帝國領土的變更上。三百多個德意志邦成爲事實上的主權國家。各邦獲得實施外交和與外國締約的權利。《威斯特伐利亞和約》進一步規定，皇帝未經有三百掛零的諸侯、教士和自由城市參加的帝國會議同意，不能立法、徵稅、招兵、宣戰或媾和。因爲在任何此類事務上顯然都不可能達成一致意見，自治政府的原則，即中世紀立憲自由的原則，就被用來破壞做爲一個有效的政治實體的帝國本身。當其他許多歐洲國家在王權專制主義領導下不斷得到鞏固時，德國卻墮入分裂和地方主義之中。

《威斯特伐利亞和約》不僅阻止了反宗教改革運動，不僅使奧地利的哈布斯堡家族遭到挫折，搶先約兩個世紀防止了德國民族統一運動的發展，也還標誌著國際法上現代歐洲主權國家體制的出現。聚集在威斯特伐利亞的外交家們代表著不承認有任何上級或公共約束的獨立勢力，再沒有一個人能說歐洲在宗教、政治或其他方面具有任何意義上的統一。政治活動家們因爲不再有那種使他們感到「萬能君主」威脅的任何統一而感到高興。歐洲被認爲是由大量毫無聯繫的、主權的、自由的和分離的原子，即國家所組成，這些國家按照他們自己的法律行動，他們追求各自的政治利益，組織或解散聯盟，交換大使和使節，抉擇戰爭或和平，根據均勢的變化而轉變立場。

由於三十年戰爭德國在物質上遭到了破壞，城市遭到失控於司令官們的雇傭兵之貪婪洗劫，有時甚至司令官們自己也沒有從本國政府獲得補給，而對整個地區進行有系統的掠奪，以供養他們的軍隊。馬格德堡被圍十次，萊比錫被圍五次。波希米亞有一個生產毛織品的小鎮，戰前有六千人口，卻因戰亂而市民外逃，房屋倒塌，在和平以後八年，當地還只有八百五十人。在另一個小城鎮的遺址，瑞典騎兵除狼之外什麼也找不到。農民不是遭到屠殺，就是逃亡他鄉，或遭到兵士的拷打，逼其交出他們那少得可憐的財物。農民不再注意農事；農業毀壞，饑饉接踵而至，時疫隨之而來。連現代經過修訂的估計也承認，當時在德國許多地區差不多有三分之一的人口死亡。在十七世紀，火災、疾病、營養不良、無家可歸、露宿街頭等等，由於缺乏與這些災難鬥爭的手段，其後果更爲可怕。現代戰爭的恐怖與過去的男男女女所經歷的恐怖並不是完全不同的。

德國就這樣物質上遭到破壞，政治上被分割成許多小塊，在歐洲事務中長期不能發揮作用。在中歐存在著一種政治和文化的眞空。一方面，西部和大西洋的人民——法國人、英國人、荷蘭人——在十七世紀開始取得歐洲政治、貿易和文化的領導權；另一方面，在德國東部，圍繞柏林和維也納，一個新的、僅有半個德國勢力的權力中心開始形成。這將在以下兩章加以探討。

隨著三十年戰爭的停止，宗教戰爭終於宣告結束。雖然在後來一些衝突中，宗教仍然是一個爭端，但總的說來，它在歐洲政治事務中已不再具有重要意義。一般說，到十七世紀末期，新教和天主教之間的分界已經穩定下來，再沒有哪一方期望以損害另一方來擴大地盤。新教和天主教的改革都已成爲既定事實。爭取領土、財富和戰略聯盟的政治鬥爭已經世俗化了，因爲「國家理由」如今在影響政府對外政策和主權國家軍事衝突兩方面，均已壓倒宗教忠誠而占據優勢了。

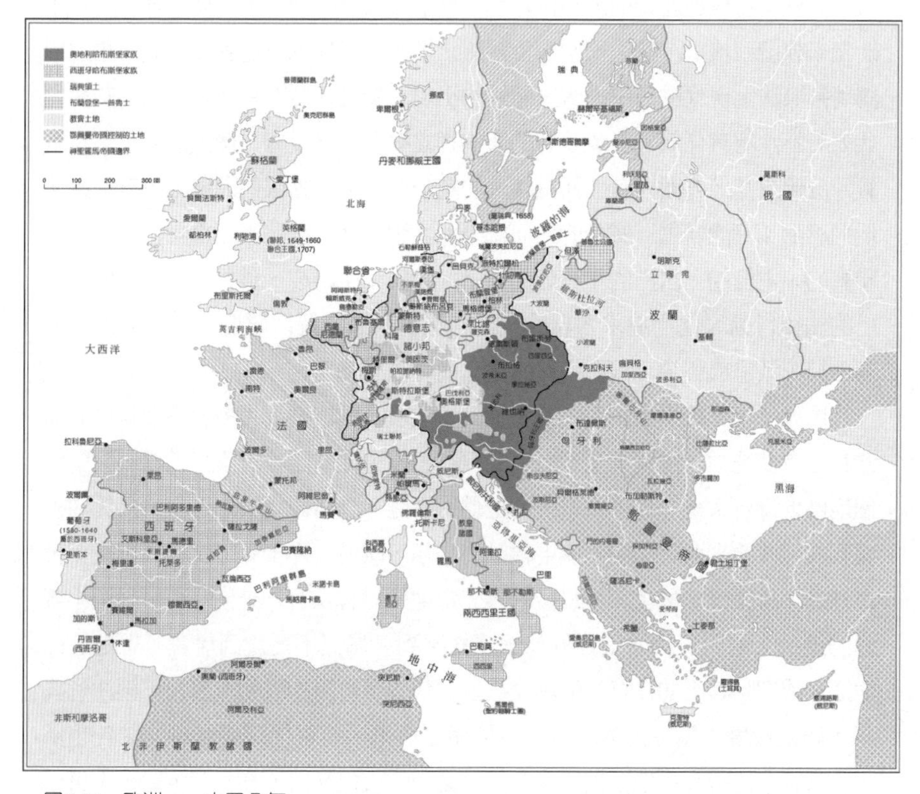

圖3-16　歐洲，一六四八年

此地圖表示《威斯特伐利亞和約》時期歐洲國家的情況。存在若干個獨立主權國家，此後被視爲正常現象。同樣，存在若干個宗教在整個歐洲來說也是理所當然的，儘管每個國家仍然想要，或至少願意在自己疆土之內有統一的宗教。由於削弱了哈布斯堡王朝和促使德國分裂，《威斯特伐利亞和約》爲法國的政治優勢開闢了道路。

第四章

西歐日益強大，一六四〇～一七一五年

倘若讀者攤開一張歐洲地圖，在巴黎市立起一個圓規，然後畫出一個方圓五百英哩的圓圈，標出一個地區，那是把大約一六四〇年以來現代「西方」文明的發祥地都囊括在內了。世俗社會、現代自然科學、發達的資本主義、現代國家、議會政治、民主思想、機械工業等，不是發端於這個地區，就是首先在這裡得到充分表現。各種最迅猛的變化都發生在圓圈內的地區。歐洲西部的邊陲地區：愛爾蘭、葡萄牙，以及西班牙，都稍微位於圓圈之外。但是，置於圓圈之內的卻有英國、南蘇格蘭、法國、低地國家、瑞士、西德意志和中德意志，以及北義大利。自十七世紀以來兩百多年間，這個地區成了人類學家稱爲文化傳布的地球核心。跟歐洲以外的人進行擴大貿易和接觸，使西歐經濟文化深得裨益。反過來看，西歐列強的日益強大，貿易公司、科學和文化機構也對歐洲各地，對南北美洲，最後對整個世界，都產生了深遠的影響。

《威斯特伐利亞和約》簽訂後半個世紀中，西歐的影響逐漸擴大。義大利文藝復興的消失、宗教戰爭的平息、神聖羅馬帝國的崩潰，以及西班牙的沒落，使歷史舞臺整個除舊布新，荷蘭、英國和法國成了主要角色。這當中，荷蘭人口稀少，而英國在十七世紀的大部分時間中，內亂頻仍，元氣大傷。因此，法國在此時期內起了舉足輕重的作用。的確，《威斯特伐利亞和約》後的整整半個世紀，人們常稱爲路易十四時代。

大君主和均勢

一六四三年，這位法國國王年僅五歲就繼承了王位；一六六一年二十三歲時躬親政事，到一七一五年去世，在位長達七十二年。他位尊權重，在位時間之長，在現代史上獨一無二。路易十四不是一個徒有虛名的一國之主。半個多世紀以來，他在成年後的整個生涯中，是一個實實在在管理國事的法國政府首腦。他承襲黎塞留十七世紀初葉發展起來的國家機構，使法國成爲歐洲最強大的國家。他用法國金錢進行種種賄賂或引誘，確實地在從英國到土耳其的每個國家裡，建立了親法勢力。他採用的策略和別人回敬他的對策，成了處理公衆事件的準繩；他躬親政務、駕馭朝臣以及處理戰爭與媾和的方法，也成了其他君主效法的榜樣。這個期間，法語、法國思想與文學、法國建築與庭園、法國服裝式樣、法國烹調方法，以及法國禮節，一概變成歐洲公認的標準。對路易十四神魂顚倒的仰慕者，稱他爲路易大帝、大君主以及太陽王。

國際上，西班牙王室仍擁有廣袤的領地，前途未卜，成爲十七世紀末葉令人煩心的政治問題（至少困擾著西歐；至於東歐的問題，我們將在下一章闡述）。西班牙好似後來的土耳其，被稱為「歐洲病夫」。它的社會和經濟每況愈下，再加上統治者連續幾代體質下降，一代不如一代。一六六五年，查理二世繼承西班牙王位，他是一個很不幸的人，體弱多病，陽痿，乃至愚笨，是哈布斯堡王朝近親聯姻的可憐產物。他的統治優柔寡斷，軟弱無能，人們從他登基為王那時起，就知道他不可能有後嗣，哈布斯堡家族在西班牙的宗脈將隨著他的去世而斷絕。因此，人們議論紛紜的問題不僅涉及西班牙的前途，而且還涉及西屬尼德蘭、西班牙在義大利的屬地，以及所有西屬美洲殖民地的前途。查理二世病痛纏身，度日如年，終於在一七〇〇年駕崩。他生前是嫉妒的目標和赤裸裸的攻擊對象；他死後將釀成一場新的歐洲戰爭。

路易十四年輕時與查理二世的一個姊姊結婚，看到這個當國王的內弟身體孱弱，便想從中撈取好處。他的擴張政策有兩個主要目標，一是把法國的疆域向東擴展，直抵萊茵河，吞併西屬尼德蘭（即比利時），吞併位於勃根地公國與瑞士之間的一個法語地區——法朗士－康泰，即勃根地自由郡（參見圖4-1）。這項政策會使神聖羅馬帝國進一步分崩離析。路易十四野心勃勃，他覬覦的另一個目標隨著時間的推移變得昭然若揭：希望把西班牙的整個繼承權攫為己有。若能把法國和西班牙的資源匯合一起，他將使法國稱霸於歐洲、美洲和海洋。為了達到此目的，路易十四暗自串通歐洲的中、小國家。他還出了一招：哪個國家的政府跟他作對，他就跟哪個國家持不同政見者（即潛在同盟者）接觸，概莫能外。

路易十四若能成功實現他的目標，將創建一個為各國外交人士聞之喪膽的「世界君主國」，也就是說，將產生一個一國頤指氣使，其他國家都得俯首貼耳的政治局面。用來對付世界君主國的策略是奉行均勢。以前，奧地利－西班牙哈布斯堡家族差點沒建成世界君主國，其主要原因就是由於法國領銜發起了一次均勢運動，遂遏止了哈布斯堡家族的稱霸；三十年戰爭和《威斯特伐利亞和約》是這次均勢的輝煌勝利。而這時，建立世界君主國的危險來自法國，因此，均勢的矛頭所指也正是法國。

均勢思想

十七世紀和十八世紀時期，各國國務活動家奉行均勢政策的目的，一般旨在盡力維護各自國家獨立行事的權力。因此，基本的準則是：聯合起來，反對任何一個企圖稱霸的國家。若有一國看來頤指氣使太過，其他國家，除非意氣相投或其他原因而甘願成為它的僕從國之外，都會避開與它結盟，而與其他較為弱小的國家結盟。這樣，它們便創立一種均勢，即抗衡力量，或者「恢復均勢」，以對抗這個因擁有優勢而使它們感到害怕的國家。寧願與弱小國家結盟，不願與強國結盟的另一條微妙理由是，在這樣的結盟中，每個成員國的領導人都能感到自己做出的貢獻既必要又寶貴；而且，以撤銷其支持來要脅，還可贏得其他國家的重視，使他們得以認眞考慮他們的政策。的確，可把均勢解釋爲一種秩序，在這一秩序中，每個國家可在最需要的地方顯示自己的力量，以期增強本國的重要性。

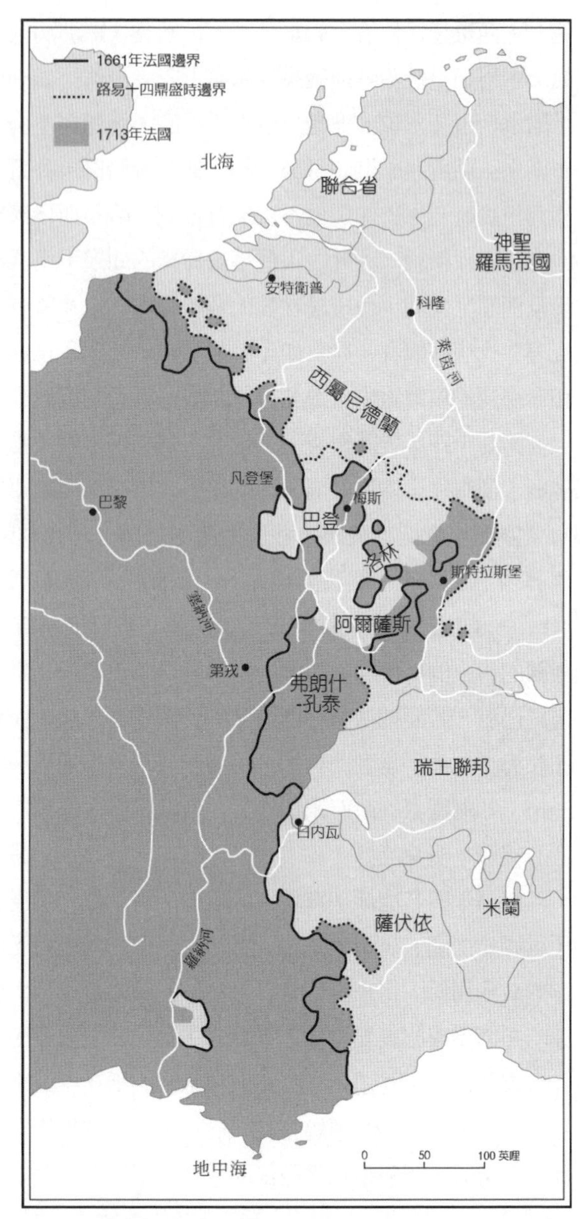

圖4-1　法國的擴張，一六六一至一七一三年

這幅地圖顯示了國王路易十四的外交政策和歷次戰爭是如何使法國邊界逐漸往東和東北延伸的，從而使法朗士—康泰、阿爾薩斯和洛林的新土地都置於法國的控制之下。路易在西屬尼德蘭還獲得了其他領土，把法國南部的屬地沿著薩伏依邊境擴展。除了這裡所顯示的擴張，路易十四還野心勃勃，企圖控制西班牙和在南北美洲的西班牙帝國。

推行均勢政治的目的，不是爲了維護和平，而是爲了維護歐洲各國的主權和獨立，或者說，是爲了維護所稱的反對潛在侵略者的「歐洲自由」。這個體系做爲達到上述目的的一種手段，在十七、十八世紀是有效的。聯盟是錯綜複雜的，各國隨著局勢的變化，隨時準備締結或解散聯盟。均勢政治之所以有效有一個原因，在於大多數國家能夠奉行一種獨立的外交政策，這些國家不僅包括奧地利、西班牙、法國、英國、荷蘭、瑞典和巴伐利亞等大、中型國家，而且還包括好多獨立小國，如丹麥、德意志各諸侯國、一六四〇年後的葡萄牙，以及薩伏依、威尼斯、熱那亞和托斯卡尼。各個國家，或與這個聯盟，或與那個聯盟，時而站在均勢這邊，時而站在均勢那邊，行動自如。它們的行動不受任何意識形態或任何惻隱之心的遏阻，尤其在宗教戰爭平息之後，更是如此；它們可以隨意選擇盟國或拋棄盟國，目的僅僅是爲了維護自身的獨立或擴大自身的利益。而且，出於當時的軍事技術水平，小國還可以指望成爲聯盟中的重要軍事夥伴。它們或者像丹麥國王那樣控制著戰略要地，或者像荷蘭共和國那樣能提供船舶或金錢，足以使一個聯盟增添足夠的力量來抗衡和壓倒對立的大國及其盟國。

由於路易十四的野心益發膨脹，加上西班牙抵制他種種欲望的能力日漸衰竭，因此，制止法國建立世界君主國就必須越來越依靠歐洲各國的聯合一致，構成反對他的均勢。這次反對路易十四的均勢主要是由荷蘭策劃。路易十四的衆敵中，最樂意與他作對的，是荷蘭人奧蘭治親王威廉三世。威廉在晚年還成了英格蘭和蘇格蘭的國王。

讓我們先來看看十七世紀的荷蘭人，然後再敘述不列顛群島；在這群島嶼上，議會和國王之間發生過重大的衝突。繼而，我們將探討路易十四治下的法國君主專制制度。在本章結尾，我們將闡述路易十四發動的戰爭，特別是西班牙王位繼承戰爭。這次戰爭中，抵制法國的野心最終恢復了歐洲的均勢。

荷蘭共和國

荷蘭文明和政府

各國國王的使節若沿著海牙的運河河畔漫步，或許會不時看到一群市民，身著素黑色的長袍，離船上岸，走到綠茵茵的草地上席地而坐，吃上一頓乳酪和鯡魚。他們個個身軀魁梧，一看便知是聯省共和國三級會議的省代表。荷蘭政府在當時的外交辭令中就是以聯省共和國三級會議著稱。雖然是住在鄉下的貴族，荷蘭人卻是所有民族中最具資產階級氣質的。在歐洲，他們並非獨一無二的共和主義者，因爲瑞士各州、威尼斯、熱那亞，乃至英國都曾一度是共和國。不過，聯省共和國在所有的共和國中，卻是當時最富有、最繁榮、在國際外交和文化領域上最舉足輕重的。

荷蘭人在反對西班牙的漫長鬥爭中，樹立起一種特有的民族感情，並且還

圖4-2　在窗前讀信的少女

作者：揚・維梅爾（荷蘭人，一六三二～一六七五年）

此畫顯示，維梅爾對高深莫測的人性，對光線明暗的微妙層次，對一幅掛簾的複雜褶痕，都特別有興趣。畫中人是一個年輕女孩。她似乎收到一則令她難堪的資訊，或者也許是一則早已有所預料的遠方消息。（Erich Lessing/Art Resource, NY）

因享有自由與獨立而自然產生一種自豪感。在抗西戰爭的後期，尤其在三十年戰爭中，他們克敵制勝，靠的是自己的財富和外交手段，甚少依賴實際戰場上的廝殺。因此，整個十七世紀期間，他們生活之舒適，文化、藝術和商業上所取得的成就之大，在歐洲都是無與倫比的。荷蘭最優秀的詩人和戲劇家就出現在這個時代，他們揮筆著書，把以前是低地德語中的一種方言變爲能筆之於書的文字語言。雨果・格勞秀斯[1]發表了《戰爭與和平法》，這是論國際法的最早的論文。巴魯赫・史賓諾莎出生於一個葡萄牙猶太難民家庭，他靜悄悄地寫出一部部哲學著作，探討現實、人的行爲、教會和國家的性質。史賓諾莎依靠磨光學鏡片來維持生活。荷蘭還有許多的鏡片磨工，其中有的磨工研製成顯微鏡，因此，雷文霍克、施旺麥丹等人透過他們的顯微鏡，首次看到微觀的生命世界，成爲現代生物學的創始人。荷蘭最偉大的科學家是克里斯蒂安・惠更斯，他擅長物理和數學，改進了望遠鏡（荷蘭的一項發明）、發明用鐘擺擺動的鐘、發現土星的多重光環，還提出光的波動理論。有一個不大知名的作家巴爾薩札・貝克爾，在他的《受蠱惑的世界》（一六九一年）一書中，對奄奄一息的巫術迷信給予了決定性的抨擊。在此期間，安娜・瑪麗亞・馮・舒爾曼這位才氣橫溢的學者兼藝術家，寫了篇頗有影響力的論文《有學問的未婚女士》，或叫做《未婚女士能否成爲學者？》，爲婦女教育而吶喊，闡明了十七世紀一個重要的論點。

但是，荷蘭人所有的創造中，最能永保青春、超越時間和語言障礙的，是畫家們的傑出油畫。佛蘭斯・哈爾斯創作了一幅幅性情率直的老百姓肖像。

揚・維梅爾所繪製的市民階級的畫像，特別是女子畫像，嫺靜端莊，富有迷人的魅力。他的許多畫作，背景都是典型的家庭場所。林布蘭的作品轉達了人類意識的奧祕，端詳他畫的《公務聚會》，迎面是一組六個男人，個個栩栩如生，好似要發表一番高論；他們的身體稍向前傾，全神貫注於他們的生意，好似法庭上的法官專注於一件件訴訟。這是負責處理荷蘭事務的那類人物，既要料理商務，也要料理政務。他們都是聰明人，老謀深算，但並不狡猾，正直老實，卻決心爭個好價錢。他們身穿翻著潔白衣領的素黑色大氅，映襯著雕花的木護牆和布廳的華麗臺布，似乎給人以這樣的啓迪：個人的虛榮務須服從集體的事業，在富裕的物質環境中要保持個人的簡樸。維梅爾繪於一六六九年的《地理學家》（圖4-3），不僅呈現出荷蘭人窗明几淨、一塵不染的內室，而且還呈現了現代世界初期的一些象徵：蒼白的北方陽光從窗櫺照射進來，地球儀和地圖，學者右手拿著的圓規，科學儀器和數學用具，鋪在桌面上的花毯（或許是來自東方的地毯），地理學家翹首陷入沉思，雙眼注視著一個蘊藏著新的發現和不斷開拓眼界的無形世界。維梅爾十七世紀五〇年代末畫的《在窗前讀信的少女》，以及可上溯到一六六五年前後畫的《維梅爾的畫室》，無論對複雜的人性，或對家居物品的細節，都呈現出相同的興趣。

這個時代的荷蘭畫顯示了十七世紀藝術風格的某些特點，較爲開闊。這種藝術風格，後來以巴洛克風格著稱。對閃電的入迷、內室多向度空間的展現、各種顏色使用之精確、色彩濃淡應用之細膩，以及對人物多按自然主義意象手法造型，都常常成爲巴洛克畫鮮明特點的具體表現。不過，跟大多數荷蘭畫家形成鮮明對照的是，許多最出名的畫家都認同天主教會或認同反宗教改革。荷

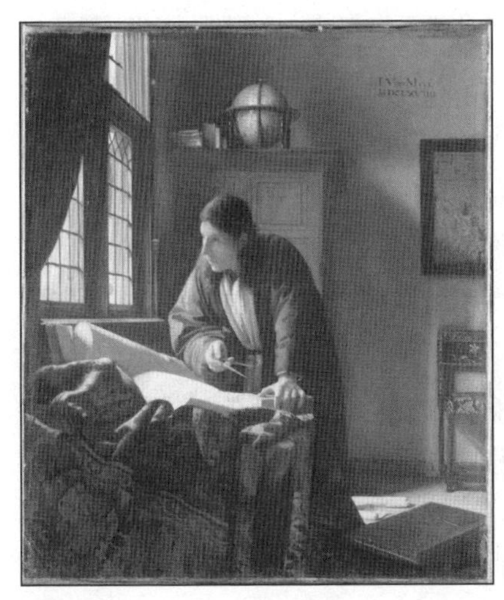

圖4-3　地理學家

作者：揚・維梅爾（荷蘭人，一六三二～一六七五年）

從此畫中，可以看到大西洋開放對歐洲的影響。在人類歷史上，第一次有可能相當準確地了解全球各個海洋和各個大陸間的關係。荷蘭人致力發展大規模的遠洋貿易，許多拔尖的製圖員都生活在尼德蘭。（Stadelshes Kunstinstitut, Frankfurt）

蘭佛蘭芒畫家彼得·保羅·魯本斯，就是低地國家中對天主教認同的一個鮮明例子（如他在一六一〇年左右畫的《藝術家與伊莎貝拉·布蘭特肖像畫》）。尼德蘭的藝術則傾向於繪製日常生活的畫面，而不是繪製狂熱的宗教激情。

宗教上，荷蘭共和國經過最初的幾回爭論以後，採取了寬容態度。十七世紀初，荷蘭的喀爾文教徒發生分裂。有一派主張對喀爾文教做些修改，把絕對的、不可變更的預定論教義之調子定低一些。這一派較有節制地主張從生活舒適的自由市民中獲得主要的支持，它的教義由萊頓的一個神學家阿明尼厄斯擬定。一六一八年召開了一次國際喀爾文教宗教會議，譴責了他的教義。但從一六三二年開始，阿明尼厄斯派教徒得到寬容。人數多的天主教少數派獲得了權利。基督教的各個異端教派，如門諾派，到處受到歧視，卻都在荷蘭找到了庇護所。儘管這些教徒誰也無法與喀爾文教徒享受同樣多的政治和經濟權利，但各種教徒雜居的結果，卻促進了這個國家的文化生活和商業的發展。

早在一六〇〇年，荷蘭人就擁有一萬條船，在整個十七世紀中，北歐的船運業大多爲荷蘭人所把持，他們成了往來穿梭於西班牙、法國、英國和波羅的海地區的運輸隊。他們在波爾多安家落戶，購買各式葡萄酒，向各家酒商貸款，不久就在法國本土擁有許多葡萄園。他們的船隻出沒在各個公海上，經由南美洲，繞過合恩角進入太平洋。合恩角就是以荷蘭地名霍恩的諧音命名的。一六〇二年，組成東印度公司，他們的商人日益活躍於印度和遠東，漸漸取代了那裡的葡萄牙商人。一六一九年，他們在爪哇建立了巴塔維亞城——荷蘭的拉丁文名稱（此城現在叫雅加達）。

一六〇〇年後不久，荷蘭人抵達日本。但是，日本人害怕基督教的滲透會產生政治後果，於是在一六四一年把所有其他歐洲人驅逐日本，只准荷蘭人到長崎鄰近的一個島上從事有限的貿易。自此兩百多年來，荷蘭人成了聯繫西方與日本的唯一紐帶。一六一二年，荷蘭人在北美曼哈頓島上建立起荷蘭人的第一個居民點，而且在一六二一年設立了荷蘭西印度公司，攫取西屬和葡屬美洲那些控制不到的財富。荷蘭人在巴西的伯南布哥和巴伊亞建立了殖民地（但隨後不久就丟失了），並在加勒比海地區的加拉加斯、庫拉索和圭亞那也建立了殖民地。一六五二年，他們從葡萄牙人手中奪得南非的好望角。不久，荷蘭移民接踵而至。他們向內陸遷移時，占領了赫伊民族的領地，把許多世紀以來祖祖輩輩就住在這裡的赫伊人趕走或使之淪爲奴隸。現代的南非白人就是這些荷蘭移民和法國胡格諾派教徒與其他人的後裔，這些人的語言和宗教信仰都反映其起源主要來自荷蘭。

一六〇九年，荷蘭人建立阿姆斯特丹銀行。當時，歐洲的貨幣金融一片混亂，不僅大的君主國鑄造貨幣，而且德意志和義大利的小小邦國和城市，乃至私人也鑄造貨幣。此外，在通貨膨脹的壓力下，各國國王以及其他人照例一面摻雜過量的合金，降低貨幣成色，一面讓舊貨幣和新貨幣同時流通，因此，理財的人都會積累一堆價值不明的雜幣。阿姆斯特丹銀行接納一切人、一切國家存放這樣的雜幣，評估貨幣的金銀成色，按照銀行自定的兌換率，讓存戶提取等值的阿姆斯特丹銀行鑄造的金弗洛林。金弗洛林，有分量，成色純，質量穩定，是衆所周知的，因此成爲搶手的國際貨幣，更是國際價值標準，到處通用。存戶還可以開立帳戶支票。這些方便，加上荷蘭政府做出提供安全的保證，吸引了各地的資金，從而有可能爲多種多樣的意圖提供貸款。阿姆斯特丹在法國革命前一直是歐洲的金融中心。

荷蘭人在他們的共和政府治理下，享有巨大的自由，但是並不意味著他們的政體就符合一個國家的所有要求。組成聯省三級會議的各位代表來自七個省分，這七個省都惟恐失掉自己的獨立；每個省都遴選一個行政長官執政，但卻沒有聯省共和國的最高行政長官。通常，各省大多推選奧蘭治家族的首領擔任行政長官，使這個困難因而得以解決。自沉默者威廉時代和獨立戰爭以來，此家族一直在共和國中享有異乎尋常的威望，奧蘭治親王除了擔任行政長官以外，也是鄉間的一個封建貴族。但是，大體上商業階級比那些較古老的貴族世家有錢，而且，日常事務一般由自由市民處理。

荷蘭共和國的政治是市民和歷代奧蘭治親王之間的蹺蹺板政治，地位互有高低。前者隨和，只管做生意，後者承擔國家軍事安全的主要責任。當面臨外國入侵的威脅時，行政長官的權力隨之加強；天下太平時，行政長官無所事事。《威斯特伐利亞和約》使自由市民產生一種過於自信的情緒，隨後是一場憲法危機，行政長官威廉二世在危機期間於一六五〇年去世。此後二十二年，再沒有遴選新的行政長官。自由市民、平民無拘無束，種種各行其是的傾向十分盛行。

一六五〇年，奧蘭治家族威廉三世在他父親去世後的第八天出生，他似乎命中注定永遠當不了行政長官，只能做個默默無聞的貴族，在自己的莊園裡度過一生。威廉三世慢慢長大，是一個儀態莊重、沉默寡言的年輕人，身體矮胖，薄唇緊抿，意志堅定。他能講一口流利的荷蘭語、德語、英語和法語，還懂得義大利語、西班牙語和拉丁語。他信奉荷蘭喀爾文教，始終不渝地認眞遵守教會的各種要求，對一切豪華或浮華的東西都十分反感。他生活簡樸，憎惡諂媚奉承，對社交不感興趣。就此而言，他與他的終生宿敵太陽王的性格迥然不同；只有在孜孜不倦地埋頭事務這一點上，他倆倒是相似的。一六七七年，他與英國國王的侄女瑪麗結婚。

外交：與英法的衝突

在此期間，事態的發展日益不利於荷蘭共和國。一六五一年，當時統治英國的革命政府通過一項航海法，此法可說是大英殖民帝國賴以建立的一系列政治措施中的第一項。法令主要針對荷蘭的航運事業，其中規定，輸入英國及其屬國的貨物必須由英國船隻或由貨物出口國的船隻運載。因爲荷蘭人口太少，本身無法成爲大宗貨物的生產者和出口者，而主要依靠運載他國的貨物來維持生計，所以荷蘭人把英國的新政策視爲他們經濟生存的一個威脅。隨後不久爆發了三場英荷戰爭，從一六五二～一六七四年之間，時斷時續地進行著；總的說來，戰事不大，只是英國人於一六六四年吞併了新阿姆斯特丹，重新命名爲紐約。

荷蘭人一方面在海上受到英國人的攻擊，另一方面在陸上也受到法國人的威脅。一六六七年，路易十四發動第一次侵略，宣稱他的西班牙妻子有權利索取西屬尼德蘭和法朗士—康泰，派兵蹂躪西屬尼德蘭。對荷蘭人來說，西屬尼德蘭是對付法國的一個緩衝地區，於是，他們採用均勢對策，暫時拋開與英國人的爭執，反而與之結盟。由於還得到瑞典的依附，遂組成足有分量的三國聯盟，迫使路易十四猶豫不前，從西屬尼德蘭撤了兵。但是，一六七二年，路易十四再度揮兵迅速穿越西屬尼德蘭，以五倍於荷蘭人的兵力發動進攻，七個省分被占領了三個。

荷蘭人群情激昂，大聲疾呼要奧蘭治的威廉出山，讓這時年方二十二歲的年輕親王就任行政長官之舊職；他的祖先就是擔任此職抵抗西班牙，保衛了荷蘭人。六個省及時遴選他爲行政長官。一六七三年，這六個省分表決通過，行政長官一職由奧蘭治家族世襲。在荷蘭的整個「統治」時期，威廉曾設法實現中央集權，鞏固中央政府，取締各個省分的封建自治權，使自己免受憲法的制約，以求最終建立君主專制制度。然而，他的最終目的未能達到，直到一七九五年，聯省一直是一個與中央分權的貴族共和國。在此期間，威廉爲了延緩路易十四迫在眉睫的威脅，採用了新的均勢對策。這次，他與丹麥和布蘭登堡（柏林附近的德意志選侯）等小國組成聯盟，並與奧地利—西班牙哈布斯堡家族結成聯盟。顯而易見，並非荷蘭人投靠哈布斯堡家族，而是法國的崛起促成新的均勢。聯盟使路易十四面對一個堅強有力的新挑戰，迫使他進入和談，結束這場擴張戰爭。一六七八年，簽訂了《尼姆維根條約》，但只有西班牙和神聖羅馬帝國蒙受損失，路易十四占去他長期覬覦的佛朗什—孔泰，還占去法蘭德斯地區的另一批城市（見圖4-1）。荷蘭人保持了領土的完整。

此後十年，是威廉生涯中大走鴻運的時期。一六八九年，他成了英國國主。這時，他能使英國加入他永恆的反法聯盟了。既然法國的眞正攻擊還在後頭，既然路易十四還要實現世界君主國的眞正意圖，既然這時英國的力量在飛快增長，那麼英國的加入，對於旨在反對法國向外擴張的均勢，就是增加一分決定性的力量。這樣一來，由於一個意志堅定的荷蘭人登上英國王位，英國的立憲糾紛也就捲入歐洲事務的主流，並且有助於確保西歐及其海外屬地不致全部都由法國控制。

英國：內戰

在打敗西班牙無敵艦隊，從而解除西班牙的威脅以後，英國人曾一度較少介入歐洲大陸的事務。他們在三十年戰爭中沒有產生任何重要的作用，大約是波蘭以西唯一沒有出席威斯特伐利亞會議的歐洲民族。十七世紀四〇年代威斯特伐利亞和談期間，他們事實上正忙著打內戰。這場英格蘭內戰是宗教戰爭的變種，但比蹂躪法國、德意志和荷蘭的宗教戰爭來得溫和。它不像歐洲大陸，是新教徒與天主教徒之間的戰鬥，而是新教徒兩派之間的鬥爭：一派較爲激進，是稱爲清教徒的喀爾文新教徒；一派是較爲溫和的新教徒，即是堅持英國國教的聖公會教徒。如同歐洲大陸上的戰爭一樣，宗教分歧與政治爭端和立憲問題糾纏在一起，難解難分。就像胡格諾教徒在某種程度上代表反對法國君主制度的封建反叛精神；就像德意志新教徒奮起戰鬥，反對帝國中央集權，爭取諸侯邦國權利；就像荷蘭喀爾文教徒揭竿而起，反對西班牙國王，爭取省分自治權，英格蘭的清教徒也挺身維護議會權利，反對日益高漲的王權要求。

英國內戰使許多人喪生，但造成的損失小於在歐洲大陸上的大多數內戰。因此，英格蘭本土避免了宗教戰爭種種慘絕人寰的恐怖。但從整體來說，不列顛群島並卻非如此。一六〇三年後，英格蘭王國和蘇格蘭王國一方面由同一個國王統治，另一方面又是各自爲政，而愛爾蘭王國像往常一樣，仍是英格蘭王室的屬國。英格蘭和信奉長老會的蘇格蘭之間，經常發生摩擦，而英格蘭和信奉天主教的愛爾蘭之間的糾紛可就嚴重極了。愛爾蘭成爲宗教戰爭的戰場，其殘酷程度與歐洲大陸上沒有兩樣。

十七世紀的英格蘭

對英國人來說，十七世紀是一個獲得巨大成就的時代，在此期間，他們首次出現於國際舞臺，成爲現代歐洲的主要民族之一。一六〇〇年，英格蘭和低地蘇格蘭地區只有四、五百萬人說英語。此後一百五十年，這個數字並沒有飛快增加，可是人口開始四處遷移。宗教不滿，加上經濟壓力，導致大量的移民出走。一六三〇～一六四〇年之間，有兩萬名清教徒移居北美新英格蘭地區，在這十年中，大約同樣多的清教徒前往巴貝多和西印度群島其他島嶼定居。第三批移民人數也大抵相同，但主要是由蘇格蘭長老會教徒組成，在政府的慫恿下，湧進北愛爾蘭定居，不是趕走當地的凱爾特人，就是剝奪了他們的財產。英國政府允許本國天主教徒到北美馬里蘭居住。這個世紀中葉的內戰期間及以後，好多聖公會教徒到北美維吉尼亞落戶，使一六〇七年建立在詹姆士敦的小小居民點擴大了。除了稱爲「移民墾殖北愛爾蘭」的這個遷移運動之外，政府很少關心上述的移民人群，他們都是以商團形式私人組織的。這個世紀中葉以後，英國政府開始認眞地著手締造一個帝國。從荷蘭人手中，奪取了紐約，後又從西班牙人手中奪取了牙買加，還建立了賓夕法尼亞和南北卡羅來納殖民地。十三個北美殖民地，除了喬治亞外，都是在一七〇〇年以前建立的；但是當時英屬北美洲仍不到五十萬人。

英國人像當時的荷蘭人、法國人和西班牙人一樣，也在創建自己的民族文化。整個西歐的各種民族語言，一方面逐漸取代了國際通用的拉丁語，另一方面也逐漸取代了地方方言，變成人們表達思想感情的合適工具。威廉·莎士比亞撰寫了許多流傳千古的偉大戲劇，其中包括著名悲劇《哈姆雷特》、《馬克白》和《李爾王》——這些戲劇都是在十七世紀初葉第一次上演與出版的，從而有助衍化中的英語定型。約翰·彌爾頓在同一世紀的後葉，於英國內戰發生許多痛苦衝突之後，出版了他頗有影響的史詩《失樂園》和《復樂園》。莎士比亞和彌爾頓以富有想像的、以新英語和古英語兩種辭彙揮筆構建的文字魅力，活脫脫地展現了他們有

圖4-4　英國戲劇作家威廉·莎士比亞，不僅對英國戲劇史和英國文學史的發展影響深遠，而且對現代英語的定型，也有相當重大的促進作用。這位文豪的此張肖像原刊登在十七世紀初葉的一部《莎翁作品全集》上。（Getty Images）

關人生閱歷、人生抱負和人生悲劇的種種觀念，振聾發聵，感人至深。英國的古典文學，形式雖然粗獷，內容卻很深厚，洞察力強而敏銳，措詞雄偉莊重、絢麗多彩、鏗鏘洪亮，幾乎與法國古典文學作品的長處適成對照：行文有條不紊，用詞簡練、得體、優雅而準確。英國人為他們有文學韻味的文化感到自豪，為他們有自己的文豪感到驕傲。此後，英國人從未全然拜倒於法國的標準，也沒有像其他民族那樣，被路易十四時代的燦爛文化弄得眼花繚亂或目瞪口呆。這一世紀，雖然沒有什麼像樣的畫家可與歐洲大陸上的相媲美，但是在音樂上，卻是湯瑪斯·坎皮恩和亨利·普塞爾享譽的時代；而在建築上，克里斯多夫·雷恩[2]設計的巨大建築物，在這個世紀末相繼落成。

經濟上，英國人的事業心很強，資源也豐富，雖然在一六〇〇年還遠不是荷蘭人的對手。他們的國土比荷蘭大，而且物產豐富，因此不像荷蘭人只能局限於從事商業和航海業。新堡周圍的煤已經開採，用途日廣，但尚未成為英國的主要財源。最大的行業是飼養綿羊、紡織呢絨，這是主要的出口商品。紡織羊毛大多採用外包的辦法，分散在農村進行，由商人按照商業資本主義的經營方式組織生產。一五五三年以來，英國人繞道白海與俄國通商，並日益活躍於波羅的海和東地中海地區。一六〇〇年建立東印度公司以後，他們與荷蘭人競相攻擊葡萄牙人在印度和遠東悠久的壟斷權。但是，上述的海外貿易儘管大有獲利，英格蘭的主要財富仍然來自土地。最富有的人不是商人，而是地主；地主貴族形成了英國最富有的階級。

內戰的歷史背景：議會與斯圖亞特王朝眾國王

十七世紀的各代英國國王，像當時歐洲各國的國王一樣，與中世紀沿襲下來的代表機構屢生衝突。英國的古老機構議會在反對國王的鬥爭中節節取勝，但這並非英國發展史上獨一無二的特點；在德意志，神聖羅馬帝國的三級會議在反對皇帝的鬥爭中也曾取得勝利，波蘭也出現過大體相同的情況，這將在下文加以闡述。不過，大陸上各個古老的代表機構一旦獲勝，大都意味著政治上四分五裂，乃至陷入無政府狀態。卓有成效的政府大都是王權日益加強的政府，這成了當時的強烈傾向。荷蘭共和國自奧蘭治的威廉於一六七二年執政後，也曾明顯地出現這種傾向。英國的獨特之處在於，議會在打敗國王後產生了一種可行的政體，政府仍然強而有力，不過得受議會的約束。這確定了現代英國的特徵，同時使自由主義和代議制相結合的偉大運動進入歐洲歷史和世界歷史的潮流。

最終產生英國新政治秩序的暴力鬥爭，發端於懷抱野心的歷代斯圖亞特國王和在議會稱雄的社會集團的較量。一六〇三年，伊莉莎白女王去世，瑪麗·斯圖亞特之子、蘇格蘭國王詹姆斯六世，因爲是亨利七世的後裔，便繼承王位成爲英格蘭國王，稱詹姆斯一世。詹姆斯是一個主張君主專制主義的哲學家，他甚至就這一課題寫了一部書——《自由君主制度的眞正法律》。詹姆斯所說的自由君主制度，是指不受議會、教士或昔日法律和風俗制約的君主制度。在這種制度下，國王儼然是臣民之父，以自己認爲合適的方式關心臣民的福利，凌駕於一切政黨、一切私人利益集團、一切壓力集團之上。他甚至宣稱，國王掌權受命於上帝，只對上帝負責。他所闡述的學說，人們稱爲「君權神授論」。

也許，任何一個繼承伊莉莎白王位的統治者都會與議會發生爭執。伊莉莎白統治的最後幾年，議會已經顯露不滿，不過考慮到她是個年事日高的老嫗，又是國家的象徵，故一再推遲，沒有向她發作。她曾維持國內的安定，擊敗西班牙人，但正是這些政績使許多人相信，他們可以無所顧忌地公開他們的抱怨。詹姆斯一世是一個陌生人，一個蘇格蘭人，他很不機敏，不善於應付英格蘭人，而且還是個王家學究，被人們苛刻地稱爲「基督教世界中最聰明的大傻瓜」。伊莉莎白對所能控制的現狀已心感滿足，可是詹姆斯一世卻意猶不足，他喋喋不休地向議會宣讀一份份令人生厭的訓諭，鼓吹王權。而且，他經常要錢。抗西戰爭已欠下一筆相當可觀的債務，詹姆斯又遠非節儉的人，再說，在物價飛漲的時代，只靠英國王室通常固定的收入過日子，那是不行的。這些具有中世紀特點的收入，在國內外新的情況下，變得離奇古怪、名目繁多。

議會不論對詹姆斯一世，還是對他一六二五年繼位的兒子查理一世，都不願給予足夠的歲入，因爲對他們兩人都不信任。許多議員都是清教徒，其喀爾文教信仰使他們對英國國教組織和教義心懷不滿。伊莉莎白曾設法平息宗教糾紛，可是詹姆斯卻威脅「要把清教徒逐出國土」，而查理竟支持大主教勞德手下的聖公會教士集團，千方百計強制實行信仰劃一，遵奉國教。許多議員也是律師，他們擔心英格蘭的習慣法，即歷史沿襲下來的法律或鄉規民約，有遭到踐踏的危險。他們厭惡特權法庭：亨利七世建立的不用陪審團審議就可斷案的星室法院；伊莉莎白建立的確保與聖公會保持一致的高級法庭。當時主張擁有實權的國王可以隨意立法斷案的新學說，使他們聞之戰慄。最後一個原因，但絕非微不足道的原因是，實際上所有的議員都是有產者。得到商人支持的地主害怕，倘若國王濫用權力、横徵暴斂得逞，那他們的財富就朝不保夕，岌岌可危。因此，進行反抗的理由是十分充足的。

英格蘭的議會組織有素，因而反抗活動很有成效。全國只有一個議會。與荷蘭共和國、西班牙、法國、德意志和波蘭不同，英國沒有省的或地方的三級會議。因此，所有的議會反對派都彙集在一個地方。在這獨一無二的議會裡，有兩個議院：上院和下院。兩個議院都被地主集團控制：大貴族控制上院，鄉紳控制下院。在下院裡，貴族中人數最多的鄉紳，與商人和市鎮的代表混合在一起。的確，市鎮常常挑選鄉紳充當自己的代表。因此，議會兩院，不像歐洲大陸上的三級會議那樣突出國內的階級區分。

也沒有出席議會的教會人士構成一支獨立勢力。亨利八世與羅馬鬧翻，斷絕關係之前，上院的絕大多數議員都是主教和修道院院長。這時，因爲沒有修道院了，故也沒有修道院院長了。這時的上院，是世俗人士占優勢。詹姆斯一世召開的第一次議會上，世俗貴族有八十二人，主教只有二十六人。大地主業已奪取了上院。下院的中小地主，由於接管了以前屬於修道院的土地而致富起來，更因爲發展飼羊業、增加羊毛產量而發家了。同樣，商人在重商主義的保護下已經崛起。議會強大有力，不僅表現在組織上，也表現在其代表的社會利益和財富上。任何違背議會意志的國王，都無法長期維持統治。

一六二九年，國王和議會鬧僵了。查理一世試圖拋開議會，逕自統治；而議會只有在國王的召集下才能合法召開。他想使英格蘭有一個又好又有效率的政府。如果他如願以償，英國的立憲發展過程就會和法國的相差無幾。然而，他在愛爾蘭推行的一些改革，引起在當地有利害關係的英格蘭地主的反感。他支持英國國教的領導權和神學，得罪了清教徒。他不經議會同意，就試圖籌款（稱爲「船稅」）使海軍現代化，弄得所有的有產者都大爲驚恐，擔心如此一來，他們將被迫爲他們所反對的政策納稅。

船稅之爭最恰當不過地亮明了雙方的觀點。戰時，沿海城鎮要爲國王軍隊提供船隻，這是英格蘭的古老習慣。新近以來，這些沿海城鎮改爲交納金錢。查理一世想在和平時期也維持一支海軍力量，因而整個國家，包括內地諸郡，都要交納船稅。從古代或中世紀的觀點來看，維持一支艦隊只是那些有直接關係的城鎮才應該履行的責任。但按照國王提出的新觀點，整個國家就是海軍賴以建立的單位，全都責無旁貸。議會的代表大多是鄉紳，他們大都住在內陸諸郡，對海軍興趣不大，說什麼也不願爲此掏腰包，除非他們能夠支配與許會用上海軍的外交政策。這個議會階級體現了源於中世紀的思想：徵稅應經議會批准。國王所體現的則是風行於歐洲大陸的較爲新穎的君主制度思想，其中包括這種信念：國王有權徵收國家所需的稅收。英國各個頗有政治分量的階級就是不接受這樣的思想。除非等到國王的統治能得到議會的信任，或是等到議會不僅願意壓低徵稅，而且在新的情況下，願意行使政府的財政職責的時候，否則是既無法維持一支海軍力量，也無法支撐任何一個有效的政府的。

蘇格蘭人率先造反。一六三七年，他們在愛丁堡暴動，反對在蘇格蘭強行使用英國國教的禱文書和強行建立英國國教組織。查理爲了籌集平定蘇格蘭人叛亂的軍費，在一六四〇年召開了英國議會，這是時隔十一年的第一次會議。由於議會對他充滿敵意，他遂下令解散，要求另行選舉。原來的議員重新當選。結果，這一屆議會，從理論上說，從一六四〇年一直持續到一六六〇年，二十年內沒有舉行新的選舉，故在歷史上被稱爲「長期議會」。議會的主要領袖不是小鄉紳就是較爲富裕的鄉紳，都擁有土地。商人階級沒有自己的領袖，便對他們提供支援。

「長期議會」不僅沒支持國王反對蘇格蘭人，反而用蘇格蘭人的叛亂做爲要脅手段，迫使國王接受自己的要求。這些要求從一開始就是革命的。議會堅持：國王的主要顧問不僅要撤掉，而且還要受彈劾、被處死。議會取消了星室法院和高級法庭。極端的喀爾文教徒，「徹底」分子即「激進分子」，強行通過一項廢除主教的議案，以改革英國國教。一六四二年，議會和國王之間公開宣戰。國王主要從北部和西部獲得支持者，議會從商業和農業發達得多的南部和東部各郡（見圖4-7）得到支持。一個又一個都是損兵折將的戰役，逐漸消耗了國王的有生力量。一六四六年，他的軍隊瓦解了。戰爭期間，議會爲報償蘇格蘭軍隊的支持，通過了《神聖盟約》。此約規定：英格蘭、蘇格蘭和愛爾蘭的宗教，應依照上帝的聖諭和改革完善的教會楷模做到統一。由此一來，長老會成了三個王國公認的合法宗教。

克倫威爾嶄露頭角

議會軍稱爲「圓顱黨」，因清教徒的短髮而得名。他們有一支衝鋒陷陣、所向披靡的新軍，叫「新模範軍」，在能征善戰的指揮官湯瑪斯·費爾法克斯的率領下，連續打贏幾次大仗。戰爭使一位名叫奧利佛·克倫威爾的沉默鄉紳躋身前列，出人頭地。他是虔誠的新教徒，在新模範軍中組建了一個新團，特別驍勇能戰，稱爲「鐵軍」。這支軍隊洋溢著激進新教徒的奮發向上精神，以此爲底氣，士氣高，紀律嚴，有頑強的戰鬥意志。到一六四〇年代末，克倫威爾已成了議會軍中權力最大的政治和軍事領袖。軍隊成爲先進民主思想的中心，因爲它所代表的階級比議會的更具有民衆性。許多士兵反對長老會，其激烈程度不亞於反對聖公會教會。他們贊同對所有「神聖的」宗教形式持自由寬容態度，不要搞淩駕於地方上志趣相投的宗教團體之上的高級教會組織。

克倫威爾斷定：不能相信戰敗的國王查理一世，各種「邪惡的」人會把希

圖4-5　處決國王查理一世，標誌激進的議會軍在一六四九年取得了戲劇性的勝利。但是，這次君主之死——十七世紀的一塊版畫在此作了刻畫——對英國社會中的政治權威和宗教激進主義的適宜限度，提出了種種前所未有的疑問。（The Granger Collection, NY）

望寄託在他身上（後世則會稱爲反革命）；他必須被處死。由於議會猶豫不決，克倫威爾便在軍隊的支持下，採取行動反對議會。長期議會始於一六四〇年時，約有五百名議員，到一六四九年已減少到一百五十名左右（這場革命和其他的革命一樣，也是由少數人促成的）；這時，克倫威爾幾乎從中又趕走了約一百名，留下一個只有五、六十名議員的「殘闕議會」。這次行動，人們稱爲「普萊德清洗」，是以率領士兵恫嚇議會的上校指揮官普萊德的名字命名的。在日後的革命中，諸如此類的逐出，通常稱爲清洗；清洗後的殘餘，有時就叫做「殘闕議會」。一六四九年，殘闕議會宣判查理一世犯了「叛國罪」，把他推上斷頭臺處死。

英格蘭，或者更確切地說，整個不列顛群島，這時宣布成爲共和國。克倫威爾竭盡全力治理國家。政府頒布了宗教寬容法令，但大有例外：不寬容一位論派教徒和無神論者，也不寬容羅馬天主教徒和極端頑固的聖公會支持者。克倫威爾被迫派出軍隊去鎮壓蘇格蘭和愛爾蘭。處決國王、褻瀆蘇格蘭民族的古老的斯圖亞特君主制度，使蘇格蘭又回到保王黨陣營。一六五〇年，克倫威爾鎮壓了蘇格蘭人。

與此同時，新教徒和喀爾文教徒的怒火蔓延至整個愛爾蘭。一六四一年，一批剛在北愛爾蘭定居的新教徒遭受屠殺，使人一想起來就餘恨難消，而現在該是復仇的時候了。杜希達和威克斯福德的愛爾蘭衛戍部隊被打敗，並遭到屠殺。數以千計的天主教徒被殺死，教士一個個被砍殺，婦孺也慘遭殺害。往日，在「移民墾殖北愛爾蘭」的運動中，整批新教徒在北愛爾蘭定居，全部取代了當地的愛爾蘭人；這時，新教徒地主散居整個愛爾蘭，取代了天主教地主，卻保留了天主教農民當佃戶。愛爾蘭當地的宗教和教士被迫轉入地下活動，代之建立起令人厭惡的外來教會；一群大多原是軍事冒險家出身的外來地主貴族，接收了鄉村地產，然而，他們一旦確信能收到地租，不久就不再居住於鄉村了。

克倫威爾在英格蘭本土的統治亦是困難重重。在尋求海外利益上，他的政權較爲成功。他不僅完全征服了愛爾蘭，而且通過一六五一年《航海法》，禁止荷蘭船隻運載其他國家與英國或其殖民地之間的貨物，他還開始了英國對荷蘭海運霸權的攻擊。在對西班牙的戰爭中，他使英國奪得牙買加，從而增強了英國在加勒比海上的商業地位；他還爲爭奪西班牙哈布斯堡家族的龐大遺產份額而發動了一場攻勢。可是，他卻無法獲得大多數英國人的支持。「清教徒革命」和其他革命一樣，也產生了極端主義者。這場革命既無法滿足狂熱分子的要求，也無法博得眞正保守分子的支持，因此克倫威爾無可奈何地發覺自己越來越獨斷專橫，也越來越感到孤獨。

這時，出現了一個稱爲平等派的黨派，他們實際上就是後世所謂的激進政治民主派。平等派在清教徒軍隊中人數衆多，然而，他們的首席發言人約翰·李爾本卻是一個平民。他們根據天賦權利和英格蘭人的權利，要求成年男子都要有普選權，要求平等的代表權，要求制定一部成文憲法，要求議會從屬於一個改良的選民機構。由此可見，對於一百多年後美國革命和法國革命的許多思想，他們已經開了先聲。還有一些人，他們既有激進的宗教思想，也有激進的社會思想，兩種思想混雜在一起，難解難分。喬治·福克斯撇開喀爾文教和長老會教派，另外創建了教友派，即「貴格教會」。他們堅持一切信徒都能有神道眞理的新天啓，否定各種社會等級和宗教等級，允許甚至鼓勵婦女在他們教徒會上佈道，而這引起了極大的驚恐。有個曇花一現的團體，「掘地派」，他們全面否定財產，而去占有和耕種公共土地或私人土地。「第五王國派」是個相信「基督千年王國」的團體，認爲世界將臨近末日。他們之所以得名，是因爲他們在閱讀聖經時擷取這樣的信仰：歷史已經經歷四個帝國，即亞述帝國、波斯帝國、亞歷山大帝國和凱撒帝國，現今的世界仍是「凱撒帝國的世界」，但不久將爲第五王國——即基督王國——所取代，那時正義終將統治一切。

克倫威爾反對上述一切運動，它們使社會的有產者都感到威脅。然而，他是個弒君者，是個清教徒，這決定了他無法轉向保王勢力和英國國教以前的領導人。他與殘闕議會也無法合作，因此在一六五三年把它解散了。此後，他和自己的追隨者策劃另行建立起代表機構，通過一部成文憲法，即《政府治國文書》，使他自己成爲護國主，但也並不成功。實際上，他迫不得已把英格蘭置於軍事管制之下，建立了「地方司令官」政權。這些將領在各自的轄區內，鎮壓不滿現實之徒、流浪者和「土匪」，關閉啤酒店，禁止鬥雞，行使一種清教徒道德與政治獨裁的混合權力。一六五八年，克倫威爾去世，而他的兒子無力維持護國主的地位。兩年之後，經過幾乎一致的同意，恢復了君主制度。已故的查理一世的兒子查理二世，成了英格蘭和蘇格蘭的國王。

克倫威爾砍掉一個國王的腦袋，使其繼承人在長達十一年內無法問津王位，給人留下一個難忘的教訓。雖然他贊成憲政，贊成議會政府，也同意實行有限度的宗教寬容，然而，他卻是個獨攬大權的獨裁者，只代表少數嚴厲的清

圖4-6　英國革命期間，在衆多突出的宗教團體中，貴格會教徒因批評宗教等級制度，願意讓婦女在他們的會議上發言，而變得聲名狼藉。這幅十七世紀法國插畫揭示了這一宗教團體的新穎之處：婦女可在貴格會信徒大會上演說。（Fotomas Index/Bridgeman Art Library）

教徒。英國人這時開始從記憶中抹掉曾有過一次眞正革命的事情。建立「神聖」英格蘭的狂熱夢想永遠破滅了。記憶猶新的是一場有關常備軍和地方司令官的噩夢，一場有關面目猙獰的清教徒和神經質的宗教狂徒的噩夢。英國各個下層階級在此後一百多年中，都不再扮演也不再理會任何政治角色，除非參與因食物短缺而引發的零星騷亂或反對羅馬天主教「教皇制度」威脅的突發事件。人們把種種民主思想當做「搞平均」來抵制。一六六〇年後，這些思想在英格蘭普遍受到屏棄，只爲一些默默無聞的個人和宗教激進分子所珍惜，可是他們的意見無人理睬。說實在的，這些思想在英屬美洲殖民地倒是延續了下去，因爲這場名譽不佳的革命的某些領導人逃到那裡避難去了。

英國：議會的勝利

王政復辟，一六六〇～一六八八年：後期的斯圖亞特國王

一六六〇年不僅恢復了君主制度，使查理二世登上王位，而且也恢復了英國國教和議會。法律上，似乎一切照舊，與一六四〇年的一樣。不同之處是：深知其父下場的查理二世，爲人謹愼，避免激怒議會，使其走向極端；有代表出席議會的各個階級，飽受以往二十年動亂的驚恐，心有餘悸，忠君的熱情一度超過一六四〇年以前，而且更加願意維護英國國教。

王政復辟時期，議會通過一些影響深遠的法案，更改了土地使用的法律基礎，廢除了地主向國王交納的一些古老的封建賦役。這樣一來，土地所有權變得與現代的私有財產權相似，地主階級更確切地成了有產貴族。議會廢除自行交納給國王的封建賦役後，安排國王以接納稅款的形式獲得收入。稅款或增或減，議會可以控制。於是，議會獲得新的權力，政府處事也有了新的靈活性。因此，貴族清除了加在他們財產權上的習慣限制和義務，同時又支持國家向他們徵稅。英國貴族的確比歐洲大陸的相應階級更願意分擔政府的大部分開支，而得到的報償便是，在一百五十年內，由英國貴族實際獨自管理政府，不容他人插手。這段期間的地主不僅通過議會管理國家事務，而且還擔任各地的治安官，處理地方事務。從每個郡的鄉紳中推選出來的治安官，負責判決小訴訟案件，懲治輕罪犯人，監督教區官員賑濟貧民，保養道路。這種地主—治安官政權，後來被人們稱爲「地主政治」。

其他階級從王政復辟中得到的現成好處就少了些。由於繼續執行一六五一年的航海法，甚至還做了補充，從而保護了商業、海運和製造業的利益。然而，在其他方面，這時掌權的地主階級對市鎭的商業階級漠不關心。許多市民

並不信奉國教，是過去的清教徒，這時仍然拒絕接受重新恢復的英國國教。議會排斥不信奉國教者參加市鎮「自治機關」，即管理機構，禁止不承認國教的牧師在學校教書或進入距離自治市鎮五英哩以內的地區，禁止所有未經英國國教教會批准、不按英國國教儀式舉行的宗教會議，即所謂「非法的祕密宗教集會」。結果，許多中產階級的市民發現他們要信奉自己選擇的宗教、要爲他們的孩子爭取受教育的機會（不論是初等的，還是高等的）、要想通過市鎮自治機關參與地方事務工作或出席下院，都十分困難，或者根本無法辦到。原因除了上述的以外，還因爲牛津大學和劍橋大學也是英國國教的一部分，還因爲自治機關通常只選擇代表市鎮的市民。按照思想狹隘、不切實際的鼓吹者的意見所制定的上述法律，也使十分窮苦的最下層階級大爲沮喪。一六六二年還通過另一項專門對付他們的法案，即《住所法》，把《濟貧法》的執行工作分散到地方，使每個教區只負責賑濟該區的貧民。這項法令如同宣判書，判處人數衆多的窮人只能困在他們所居住的教區內，使得爲數衆多的英國居民因此喪失了活動空間。

但是，王政復辟後不久，議會和國王又發生爭執。爭執點還是宗教。當時，歐洲各地出現許多新教徒自願回歸羅馬天主教的傾向。當然，這種傾向令各個新教教會感到懼怕。最令人矚目的事例是，古斯塔夫・阿多發的親生女兒、瑞典女王克利斯蒂娜拋棄王位，改宗羅馬教會獲得接納，這使清教徒世界大爲驚恐。英格蘭的民族情感是強烈反天主教的。任何措施都沒有比反對「教皇制度」的措施更得人心；那些愚忠於英國國教的議會鄉紳，懼怕羅馬天主教徒更甚於害怕不信奉國教者。國王查理二世本人傾向天主教。他羨慕路易十四的極其動人的君主制度。他很想在英格蘭也如法炮製，只要有可能的話。與議會發生衝突後，查理二世就主動向路易十四做出磋商的表示。結果，訂立了一六七〇年《多佛密約》。根據條約，查理答應參加路易十四預期發動的反荷戰爭，路易十四應允在戰爭期間每年支付英國國王三百萬銀法郎（利佛爾）。路易十四還希望，查理二世不後會在適當的時候重新加入羅馬教會。

儘管這些安排的情況在英格蘭不爲人所知，然而，查理二世完全傾向法國和羅馬天主教卻是衆人皆知的。英國又對荷蘭人開戰。國王的弟弟兼繼承人約克公爵詹姆斯公開宣告，他皈依羅馬教會。查理二世發布「容忍宣言」，宣告撤銷反對不信奉國教者的法律。國王宣稱，他贊成普遍的信教自由，不過，人們有理由害怕：他的眞正意圖是在英格蘭提倡羅馬天主教。一六七三年，議會實行反擊，通過了宣誓條例，規定所有政府工作人員務須參加英國國教的「聖餐」。宣誓條例重申執行反對不信奉國教者的立法，並迫使天主教徒無法在政府部門工作，也無法在陸軍與海軍服役。直到一八二八年，宣誓條例一直都在法令全書中。

儘管查理親法、親天主教的政策在帶有偏見而厭惡法國人的鄉紳中，以及發覺法國人越來越成其咄咄逼人的競爭者的商人中，都很不得人心，但局勢卻還不致發展到劍拔弩張的地步。可是，因為查理沒有合法的子嗣，查理的弟弟詹姆斯便成了王位的法定繼承人，他是個公開的天主教徒，明確倒向法國，這使局勢變得十分嚴重。議會出現一股強有力的動向，要依法取消詹姆斯的王位繼承權。持這種主張的議員，以及那些通常對國王、對天主教徒和法國人猜疑最重的人，綽號為輝格黨。國王的支持者俗稱為托利黨。輝格黨得到倫敦的中產階級和商人的支援，然而，主要成員卻是來自上層貴族，尤其是某些大貴族。這些大貴族期望，如果國王的權力受到削弱，那麼他們自己就能在管理國家中發揮顯著的作用。托利黨是由中、下層貴族和鄉紳組成的集團，他們對倫敦的「有錢階級」存有戒心，忠於教會、忠於國王的感情頗為強烈。這兩個黨（或者說，起碼在名義上）成了英國社會生活中長期存在的黨派。但是，把當時輝格黨和托利黨的成員全部加在一起，人數也不過數千人。

一六八八年革命

儘管輝格黨大為惱火，詹姆斯二世還是在一六八五年成了國王。不久，他還引起托利黨的反感。托利黨是強有力的英國國教徒，他們是地主，大多數的教區牧師都是由他們任命的。這些牧師把托利黨的觀點傳給農村居民，而主教、副主教、大學工作人員和其他高級教士又都是從這些牧師中挑選的。禁止不信奉國教者和天主教徒擔任公職的法律，使聖公會教徒（即英國國教徒）壟斷了地方政府、中央政府，以及陸軍與海軍的職位。詹姆斯二世卻根本不把宣誓條例放在眼內，若無其事地聲稱他有權在個別情況下暫緩執行此法，並且任命許多天主教徒擔任有權有勢和有利可圖的官職。他像他哥哥做過的那樣，提出一個普遍實行宗教寬容的綱領，准許羅馬天主教徒以及不信奉國教者參與公共生活。

如此一個綱領，不管是直言不諱地當做一項政治世俗化措施，還是暗暗地意在對天主教徒表示偏袒，都同樣使英國國教教會大為反感。有七個主教不同意此綱領，便以違抗國王的罪名被起訴，然而陪審團宣判他們無罪。詹姆斯的所做所為，侵犯了國教的特權，威脅了聖公會對教會和國家的壟斷地位，引起公眾對「教皇制度」的恐懼。他還竭力採用其祖父詹姆斯一世提出的哲學主張，認為英國國王可以隨意制定法律、廢除法律。托利黨和輝格黨合力反對。

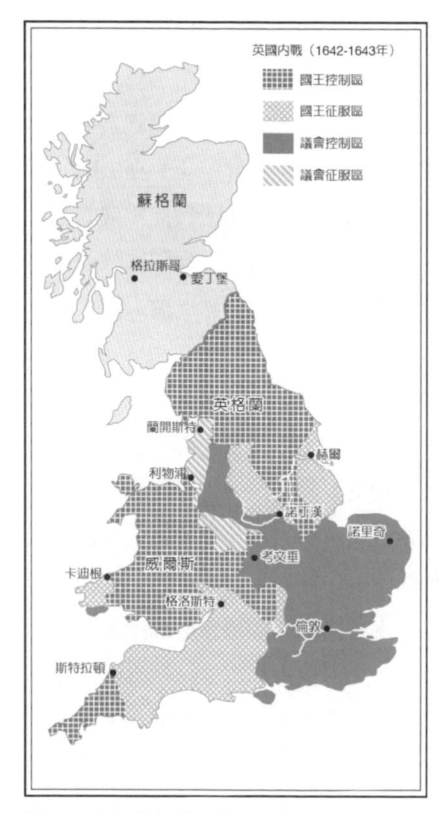

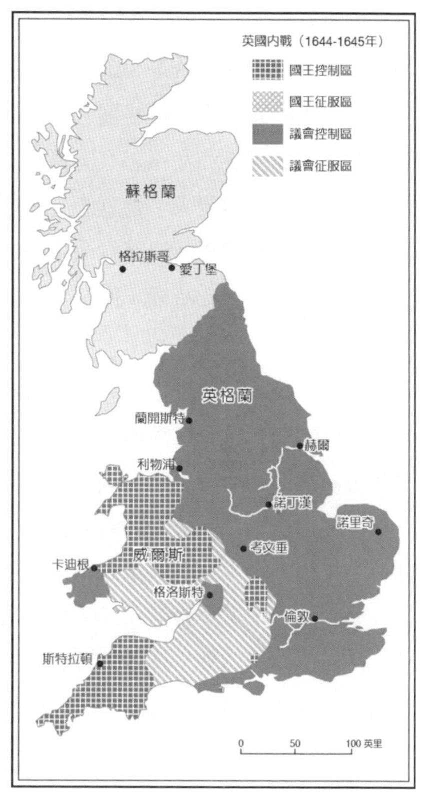

圖4-7　十七世紀英國的主要城鎮

這兩幅地圖顯示了十七世紀英國的主要城鎮，也顯示了英國內戰期間，把這個國家分成保王派地區和議會派地區的粗略分界線。國王查理一世從北部和西部得到他最強有力的支援，議會則從東南部和倫敦獲得其最強有力的支持。後來保王派「托利黨」和議會派「輝格黨」之間發生衝突，也出現相同的地區政治模式。上層貴族和倫敦商業階級，反對斯圖亞特國王查理二世和詹姆斯二世親法、親羅馬天主教的政策，通常支持輝格黨。

一六八八年，詹姆斯二世得子；經洗禮，他的兒子信仰天主教。這時展現出的前景是：一個接一個的天主教統治者，將無限期地統治英國。因此，兩黨領袖決定廢黜詹姆斯二世，請他的成年女兒瑪麗承繼王位。瑪麗在她父親改宗羅馬天主教前出生，從小信奉新教。

瑪麗是奧蘭治的威廉的妻子。上文說過，威廉成年後，曾致力於遏制法國國王的野心。上文也說過，法國國王曾試圖吞併或繼承西班牙世界，建立世界君主國，使歐洲面臨威脅。對於威廉三世來說，除非能使英國爲己所用，不然，就算成了英國女王的丈夫，抑或自己成了英國國王，也不過是形同兒戲而已。他永遠是個荷蘭人；他畢生以求的目的是拯救荷蘭，爲此就要挫敗路易十四。他對英國的主要興趣是使英國人參與他的反法均勢。因爲英國人普遍反法，對他們國王的親法傾向大爲惱怒，威廉便毫不費勁地與心懷不滿的輝格黨和托利黨達成諒解。於是，威廉憑仗英國社會名流發出的一份請求書，率領一支人數可觀的軍隊入侵英格蘭。詹姆斯二世倉皇出逃，威廉和瑪麗宣告爲英格蘭和蘇格蘭的國王和女王，共同執掌國政。翌年，即一六九〇年，在威廉三世統麾下，一支由荷蘭人、德意志人、蘇格蘭人和法國胡格諾派教徒組成的混合軍隊，在愛爾蘭波恩河河畔打敗了詹姆斯二世率領的法國—愛爾蘭軍隊，從而挽救了英格蘭的憲政特權。而且，聖公會新教仍然是英國國教。詹姆斯二世逃往法國。

當然，路易十四拒絕承認他的宿敵爲英國的統治者。在法國宮廷中，他繼續給予詹姆斯二世一切英國國王應有的禮遇。因此，在英吉利海峽彼岸恢復天主教，恢復斯圖亞特王朝，成了他策劃戰爭的主要動機之一。反之亦然，英國人更有理由抗法了。法國如若取勝，就意味著反革命，就意味著君主專制制度在英國扎根。一六八八年革命在法國發動的戰爭中危如累卵。

一六八九年，議會通過「權利法案」，規定國王未經議會同意，不得中止執行任何法律（如宣誓條例曾被暫緩執行），不得擅自加稅或維持軍隊；未按法律程式手續，不得拘捕臣民（即使是窮苦無告的也不行）。威廉三世接受這些條款做爲取得英國王位的條件，因此，國王與人民之間的關係是一種契約關係。一七〇一年，又通過「王位繼承法」，規定任何天主教徒都不能當英國國王，從而排除詹姆斯二世的子孫復位的可能性。他的子孫在隨後一個世紀中被稱爲「王位覬覦者」。一六八九年，議會還通過「寬容法案」，允許不信奉國教的新教徒信仰他們的宗教，但仍排斥他們參與政治生活和擔任公職。但不久，就找到規避這些限制的方法，並且就連天主教徒，只要不支持王位覬覦者，也不受干擾，這樣一來，在英格蘭和低地蘇格蘭，此後都沒有再發生任何嚴重的宗教糾紛。

英格蘭議會無權爲蘇格蘭制定法律，因此人們害怕詹姆斯二世有一天會在他的北部王國復辟。保衛英格蘭的議會革命，確保全島的抗法防禦工事，都需要這兩個王國組織實行聯合。然而，與英格蘭合併，蘇格蘭人並不熱中。英格蘭人用經濟利益來引誘蘇格蘭人。以往，蘇格蘭人不僅在英國東印度公司，而且在英屬殖民地，以及在推行英國重商主義和航海法的體制中，一直都沒有任何權利。他們因爲同意聯合，所以也就得以享有這些權利了。一七〇七年，大不列顛聯合王國宣告成立。蘇格蘭人保留自己的地方法律制度，保持自己的信仰長老會，但他們的政府和議會與英格蘭的合併一起。從此，「英國人」一詞，便泛指英格蘭人和蘇格蘭人。

至於愛爾蘭，人們這時害怕它會成爲斯圖亞特家族和法國人策劃陰謀的中心。一六八八年革命，標誌著曠日持久的糾紛達到頂峰。愛爾蘭從未被英格蘭完全「征服」過，儘管十二世紀以來，就有一些英格蘭家族，確切地說，是盎格魯－諾曼家族，在這裡開墾莊園。中世紀末，愛爾蘭自成一個王國，有自己的議會，臣屬於英國王室。宗教改革期間，英格蘭改信新教，而愛爾蘭仍信奉天主教，但愛爾蘭的修道院與英格蘭的一樣，都被廢除了。愛爾蘭國教本身，連同其主教機構、教區機構，以及徵收什一稅的機構，全都變成單一的聖公會教會的，而愛爾蘭土生土長的廣大民衆對此毫無好感。隨後，如前文所述，就是移民墾殖北愛爾蘭的運動：大批移民，主要是蘇格蘭人和長老會教徒，到該島北部地方定居。又如上文剛敘述過的，接著就是克倫威爾時期，在這期間，英格蘭地主階級遍布愛爾蘭其餘各地，更確切地說，形成了一個新興的盎格魯－愛爾蘭上層階級，這些擁有地產的英國家族，大部分時間都住在英格蘭，卻年年從愛爾蘭莊園中攫取收入，爲他們名目繁多的收入中再添一筆。

因此，到十七世紀末，愛爾蘭成了一個非常混雜的國家。大約有三分之二人口是天主教徒，他們大都是凱爾特人的後代；約有五分之一人口是長老會教徒，與當時的蘇格蘭人有親戚關係。其餘的少數人口是聖公會教徒，大都是盎格魯－愛爾蘭人，是現代或古代英格蘭人的後裔，他們占有大部分土地，操縱法定教會，左右愛爾蘭議會。在本質上，愛爾蘭是個地主－農民社會：長老會教徒和天主教民衆絕大多數都從事農業，城鎮規模很小，幾乎還未產生中產階級。

1642～1713年大事年表	
1642～1648年	英國內戰
1649年	國王查理一世在倫敦被處決
1649～1658年	奧利佛·克倫威爾領導英國「共和政體」，任「護國主」
1660年	英國王政復辟，國王查理二世
1661年	國王路易十四親政；統治持續到一七一五年
1685年	取消《南特敕令》；迫害法國新教徒
1688年	「光榮革命」使威廉和瑪麗登上英國王位，加強議會權力
1702～1713年	西班牙王位繼承戰爭；「均勢」限制法國擴張
1713年	《烏德勒支和約》

一六八八年革命中，詹姆斯二世在波恩河畔最終敗北；這次革命後，英國人害怕愛爾蘭會成爲危險之源，威脅英格蘭革命後的各種安排。他們還需防範被征服的愛爾蘭天主教徒起來反抗。爲此，那些在本土家園捍衛自己各種自治權利的英國精英，卻開始著手破壞愛爾蘭天主教徒的宗教自治權、政治自治權和社會自治權。在外來教會和外在地主制度的負擔之外，這時愛爾蘭人又增添一項「刑事法典」。天主教教士遭到放逐，天主教徒不准享有選舉權或出席愛爾蘭議會。天主教徒教師不准任課，天主教徒父母不准送孩子到海外天主教學校讀書。只要是天主教徒，就不可能在三一學院（都柏林大學）這所聖公會學校獲得學位。愛爾蘭天主教徒不准購置田地，租地不得超過三十一年，不准繼承新教徒的田產或擁有一匹價值超過五英鎊的馬。一個天主教徒的兒子若改宗新教，那麼，他的財產權就會受到有利於其兒子的限制。天主教徒不准擔任律師，不准當員警，在大多數行業中招收學徒也不得超過兩個。有些事情，就連愛爾蘭新教徒也無資格去做。愛爾蘭船運受到排斥，不得進入不列顛的殖民地；愛爾蘭人也不能輸入殖民地的貨物，除非通過英格蘭轉運。愛爾蘭的呢絨和玻璃製品被禁止出口。愛爾蘭議會不得對英格蘭產品徵收任何進口稅。在國際貿易中，愛爾蘭人唯一能做的，就只剩下出口農產品一項了，而由此獲得的外匯，又大部分都得用來償付在外地主的租金。

制定刑事法典，部分原因在於戰略目的，即在漫長的抗法戰爭中，削弱愛爾蘭這個潛在的敵國。另外則是爲了商業目的：排除愛爾蘭的競爭，以利於英國產品的推銷。再則也帶有社會目的：鞏固聖公會教徒的勢力地位，即後來所稱的「支配地位」。在隨後的幾十年中，法典的部分條款零零碎碎地被刪掉；在十八世紀，天主教徒的商業階級崛起，但大部分條款仍長期有效。結果，例如，直到一七九三年，天主教徒還無權投票選舉愛爾蘭議會議員，甚至在這時候也還不能被選進議會。一言以蔽之，十七世紀以來的愛爾蘭人是西歐最受壓抑的民族。

詹姆斯二世被廢黜不久，英國就參加了威廉三世的反法聯盟。英國爲聯盟帶來一支有高度戰鬥力的海軍，還有一筆十分可觀的財富。爲了籌集戰爭費用，威廉政府從一個由私人貸款者組成的財團借到一百二十萬英鎊，這些政府公債券持有者爲此得到開設銀行的特權。由此可見，英格蘭銀行和不列顛國債同時發端於一六九四年。流動資金擁有者、倫敦商人和收取大量地租的輝格黨貴族，把錢借給了新政權，不用說，這樣他們就有一切理由來保衛新政權，反對法國和詹姆斯二世。再者，他們終於有了一個他們能操縱其政策的政府，也就樂意把大筆大筆的錢交給這個政府。國債扶搖直上，然而，政府的信譽卻一直良好；不列顛政府能隨意籌集的財富之多，能源源不斷地投入歐洲戰爭的金錢數量之巨，多年來一直使歐洲大陸驚訝不已。

一六八八年的事件，英國人後來稱為「光榮革命」。經人們描述，這場革命維護了議會政府的原則，維護了法治，乃至維護了反對暴政的造反權利（雖然，如上所述，英國執政階級否定愛爾蘭享有這一切權利）。人們常把推翻詹姆斯二世和通過限制英國國王權力的議會新法案，描繪成英國立憲自治政府發展史上的頂峰。事件發生後不久，像約翰・洛克這樣的政治作家，便廣泛傳播這些觀點。這些觀點確實是有一定道理，即使最近有些作家已在貶低一六八八年革命。他們指出，這是一場由地主貴族發動並堅持的階級運動。議會雖然勇於反對國王，堅持自己的權利，同時卻又把大部分人民拒之門外。中世紀時，下院議員通常領取薪俸，這一慣例到十七世紀消失了，結果，自此以後，只有收入富裕的人才能當議員。一六八八年議會勝利後，這一傾向成了法律的依據。一七一〇年通過一項法令，要求下院議員必須擁有法定水準以上的收入，而這一水準之高，只有數千人才有資格達到。這種收入都是得自地產。一六八八年到一八三二年的英國是現代眞正貴族統治的最好樣板，換句話說，就是貴族地主階級在這個國家裡不僅享有特權，而且還管理著政府。但話又說回來，地主們是當時唯一能自覺自立的階級，有雄厚的財富，人數衆多，又有文化。「英國紳士」的統治，在其嚴加限定的社會範圍內，倒是一個享有政治自由的政權。

路易十四時代的法國，一六四三～一七一五年：專制制度的勝利

十七世紀的法國文化

我們在歐洲政治制度的外層軌道周遊一番之後，現在來到璀璨明亮、氣勢磅礴的中心，太陽王本人的領地——法國。為了對付法國，歐洲各國不得不聯合起來，因為法國的實力威脅到許多國家的利益：西班牙屬地的前途、荷蘭的獨立、英國議會革命的維護。路易十四時代的法國之所以能夠稱雄於世，多虧法國人民的數量與素質。十七世紀是法國飽受饑荒、瘟疫和農民起義之折磨的最後一個世紀，在這個世紀中，人口停滯不前，甚至還有所下降。一七〇〇年，法國有一千九百萬居民，人口仍然比其他國家多，是英國的三倍多，是西班牙的兩倍。法國土地肥沃，在農業時代，這使法國成為一個富饒之國。然而，財產分配非常不均勻。

法國大得足以包容許多矛盾。數以百萬計的法國人民窮困潦倒，然而，卻

有許許多多的人生活安逸舒適，甚至窮奢極欲。既有謹小愼微的鄉村貴族，也有見多識廣的顯貴。中產階級包括數量衆多的律師、官員和官僚。法國的商業活動不如荷蘭或英國，然而就絕對數字而言，法國的商人比其中任何一個國家的都多。新教徒是個每況愈下的少數派，然而在十七世紀中葉，法國的胡格諾派教徒仍然比荷蘭喀爾文教徒多。法國是一個自給自足的國家，然而在這個世紀中，法國人已經開始在印度和馬達加斯加發展貿易，建立加拿大殖民移居地，深入五大湖區和密西西比河流域，在西印度群島建立大農場，擴大他們與地中海東部諸國之間的悠久商業往來，擴充商業船隊，並曾一度擁有歐洲首屈一指的海軍。

法國之稱雄，不僅是說它的力量雄厚，還指它的民族是大多數歐洲人公認居於十七世紀文明前列的。他們發揚了義大利文藝復興時期的博學多才。他們產生了以尼可拉斯・普桑[3]和克勞德・洛倫[4]爲代表的一派畫家，他們的建築爲歐洲各地競相仿效，他們在軍事防禦工程和一般工程方面都勝過別人。他們的文學，雖然常常出自資產階級作家的手筆，卻大多是爲貴族和宮廷顯貴的讀者構思的，因此，一改往昔笨拙粗野的文風，而以情趣優雅、觀察細膩自詡。高乃依[5]和拉辛[6]寫出一部部悲劇，風格簡樸，剖析了人生的各種人際衝突和社會關係。莫里哀創作的喜劇，諷刺屢出差錯的醫生、資產階級暴發戶和浮華的貴族，把「侯爵」一詞幾乎變成了法語中的笑話。拉封丹[7]把他的動物寓言獻給世界。拉洛奇福高[8]奉獻給世界的是他的格言警句，情趣橫溢，辛辣犀利，闡發了一個偉大貴族對人性的公正評價。法國產生了笛卡兒這樣一個偉大的數學家和科學思想家；還有帕斯卡，既是科學家，也是基督教淵博的雄辯家；還有貝爾，他是懷疑論之父。十七世紀席捲歐洲世界的，不僅僅是路易十四的軍隊，還有法國的思想和法語。

圖4-8　法國劇作家莫里哀常在他撰寫的戲劇中上場演出，其中有在路易十四宮廷裡上演的一些戲劇。此圖描繪的是他在《太太學堂》中扮演的一個角色。這部流行喜劇描寫的是男男女女之間的種種衝突和欺詐。（Giraudon/Art Resource, NY）

路易十四明白，法國在歐洲稱雄所需要的，遠不止是龐大的軍隊；即使這個國家業已是最富有或最有實力的主權國家，還需要欣欣向榮的文化生活，才會大大提高其國際聲譽。因此，他對他所喜愛的作家和藝術家，尤其是爲他的凡爾賽新王宮生產作品的御用文人，給予慷慨大方的資助。他還把藝術和科學納入國家行政管理體系，建立各個皇家研究院。在這些研究院裡，各門理論專家講授藝術、文學、音樂、舞蹈和研究科學知識的正確要領。在學院裡，受到垂青的或官方欽定的美學理論，人們稱爲古典主義，一種強調有序、和諧及古代藝術成就的理論。年輕藝術家仿效普桑等畫家的榜樣，學習以和諧勻稱和近乎完美的幾何精度，來描繪取材於古羅馬歷史或羅馬神話的畫面。那時偉大的文學理論家尼可拉斯·布瓦羅，敦促作家去模仿古代作家的詩作，因爲這些古代作家已經彰顯，文學是如何表達人類知識這些不受時間影響的題材，而不是表達日常生活的雞毛瑣事。因此，法國藝術家和作家的古典主義，跟太陽王對秩序、和諧與等級的欣賞，是一拍即合的。

然而，法國的藝術活動和智力活動，無論是國王或是他的官方研究院都無法全部控制。有些文學評論家（之後稱爲「現代派」）開始爭辯說，現代文學和現代知識，其實已超過古代的成就；布瓦羅的研究院作家（之後稱爲「古代派」）太過屈從古代權威，已到僵化程度。在此期間，其他智力生活中心出現在皇家研究院之外，在巴黎新沙龍裡。沙龍（salon）在十七世紀下半葉得到迅猛發展，成爲巴黎貴族、有錢的專業人士、有創造天賦的作家或藝術家的非官方聚會場所。喜歡邀請這些人到家裡做客的上層社會婦女，出面把他們組織起來，討論哲學，討論文學和藝術——這些全都可以爭辯，沒有研究院那樣的死板拘謹和一本正經。沙龍招來政府和研究院一些人士的批評，甚至挖苦，究其原因，一是因爲沙龍是由精力充沛的婦女創建的，二是因爲沙龍竟在國家官方文化機構外頭備受矚目。但是，巴黎沙龍，一如皇家研究院，成了法國文化生活中一種持久的、很有特色的機構。這些沙龍也歡迎著名的外國來訪人士參加，從而爲法國思想和法國社會風俗傳遍歐洲各地做出貢獻。巴黎式沙龍最終也連同法國的時尚、法國的生活方式和法語，在歐洲其他的城市出現了。

法國專制主義的發展

法國文化取得這種支配地位，與一個輕視政治自由的政權息息相關。這種文化裝飾美化了歷史學家口中所謂的路易十四「君主專制制度」，儘管這位國王從來就沒有做到「專制制度」一詞使人認爲的那樣：「權力大無邊」。太陽王必須獲得貴族和其他社會階級的合作；他的權力各個方面都受到各種地區機構的制約、各種法國法律傳統的制約和一種支離破碎的地方經濟制度的制約。從封建觀點來看，法國具有政治自由傳統。它與歐洲其他各國一樣，也有過相同的封建自治歷史。法國有三級會議，雖然從一六一五年以後就一直沒有召開過，但在法律上也從未被取締過。有些地區，省三級會議仍經常舉行，保有一定程度的自治和課稅的權力。大約有十二個機構稱爲「Parlements」。這些議會（Parlements）與英國的議會（Parliament）不同，已經發展成法院，每一個都是國內某一地區的高等法院。這些高等法院堅持一些它們認爲國王不能違反的「基本法」，並常常拒不執行它們宣稱爲違法的國王敕令。揭開外表，法國的內部結構幾乎與德意志一樣四分五裂（見圖4-12）。法國市鎮持有特許狀，享受公認的權利；許多大省依據與王室達成的古老協議，享有自治特權。這些地方自治權是釀成制度一片混亂的主因。大約有三百種「習慣法」或地區法律制度；人們發現，出外旅行，途中有時更換法律比更換馬匹還要頻繁。古老的省界上，內地稅卡林立。莊園領主徵收形形色色的通行稅。國王徵稅，在有些地方輕一些，在其他地方就重些。全國既沒有統一貨幣，也沒有統一度量衡。法國是一塊塊擁土自立的領地，憑效忠國王的紐帶連結在一起。

當這種較爲古老的封建自由在德意志取得勝利，從而把神聖羅馬帝國弄得分崩離析的時候；當它在英國成功地過渡到較爲現代的政治自由形式，即帶有貴族色彩的議會國家的時候；在法國，它卻是自毀信譽，不受重視。這種中古時代的或地方的自由，在法國成了混亂的同義詞。上文已經講述過，十六世紀宗教戰爭動亂以後，人民是怎樣如釋重負地轉向君主制度，亨利四世以及隨後的黎塞留是如何著手加強君主制度的。「投石黨」動亂更激發了人們對法國中央集權制度的渴求。

《威斯特伐利亞和約》剛剛簽署，就爆發了「投石黨」動亂，那時路易十四還是個小孩，動亂的矛頭直指攝政的紅衣主教馬薩林。這是一場未遂革命，領導革命的是高等法院和貴族，與一七八九年發起法國大革命的領導成分相同。一六四八年，各地高等法院，尤其是巴黎高等法院，力主它們有權宣布一些敕令違法。巴黎驀地壘起路障，爆發了街頭巷戰。像往昔經常發生的那樣，貴族起來叛亂了。領導權操在一些領頭貴族手中，他們財雄勢大，相信一旦遏制國王的權力，就可掌握國家的治理大權。貴族要求召開三級會議，期望在會議中能夠控制資產階級和教士。《威斯特伐利亞和約》訂立後，失業的士兵帶著武器，在貴族的率領下成群結隊地流竄農村，騷擾農民。倘若貴族能爲所欲爲，那麼莊園制度將可能會更加沉重地壓在農民身上。東歐的情況就是如此。那兒得勝的領主此時此刻正榨取農民，迫使他們提供更多的勞役。後來，

圖4-9　史詩詩人的靈感

作者：尼古拉斯·波斯恩（法國人，一五九四～一六六五年）

這幅畫顯示，波斯恩對古典主義的題材和形象都饒有興趣。畫中人是一個詩人。他渴望獲得桂冠詩人的榮譽，因爲他正神遊於希臘神阿波羅（手持豎琴者）和司史詩的繆斯女神卡利歐碧之間。此畫顯示了十七世紀許多法國藝術十分注重對稱平衡的特點。（Scala/Art Resource, NY）

反叛貴族還把西班牙軍隊引進國內，儘管法國與西班牙處於交戰狀態。到這個時候，資產階級和高等法院一起，撤銷他們對反叛貴族的支持。這場騷動以徹底失敗告終，究其原因，是因爲資產階級和貴族不能一起工作，因爲貴族引進西班牙士兵參與反叛，激起全法國人民的憤懣，還因爲「投石黨」分子沒有系統的或建設性的綱領，尤其在高等法院拋棄他們以後更是如此。他們的目的只在推翻不得人心的紅衣主教馬薩林，爲自己撈取一官半職和好處而已。

「投石黨」動亂以後，如同宗教戰爭過後一樣，法國的資產階級和農民爲了保護自己，反對貴族的種種要求，有心歡迎國王行使強權。而年輕的路易十四正是這樣的人物，他是惟恐不能把一切大權獨攬在手的。一六六一年，馬薩林一死，年方二十三歲的路易就宣布，他要親自治理國家。他是波旁家族的第三代國王。亨利四世和黎塞留曾經確立的波旁家族的傳統，是要收拾鬧獨立的貴族，不許他們搗亂，路易十四也照此辦理。他並不是一個有非凡才幹的人物，然而他卻具有在能幹的執政者身上往往找得到的那種能力：從與專家談話中學到許多東西。他所受的教育，因爲原來特意安排得淺一些，所以並不是很好的。然而，他自有自己的本事，就是能夠理解和堅持執行確切的政策路線。他在日常工作中特別井井有條、勤勤懇懇，終生謹愼小心，躬親朝政。他孤芳自賞，很愛他的國王地位，極願人家諂媚奉承。他喜歡大擺排場，喜歡繁文縟節，然而，在一定程度上，這只是他使用的策略手段，而不是個人的靈機一動。

由於路易十四的統治，現代形式的「國家」取得了長足的進步。國家的抽象概念，對英語世界的人來說，向來似是玄之又玄的。我們不妨簡單地說：國家就是正義與權力的一種融合體。一個主權國家在其領土範圍內，對施行正義和使用武力擁有壟斷權。個人既不能私設公堂，對他人做出法律判決，也不能保有自己私人的軍隊。因爲在一個秩序井然的國家中，凡未經認可而這樣做的個人，就構成謀反罪行。這與早些時候的封建慣例適成對照。根據那種慣例，封建領主設有莊園法庭，率領侍從參加戰鬥。路易十四極力反對這種封建慣例，爲此不斷努力工作，雖然並未十分成功。他聲稱他本人是至高無上的統治者，對立法程序和王國的武裝軍隊擁有壟斷權。這就是他那句著名的誇大之言——「朕即國家」——的內在涵義。在階級對立和地區割據的十七世紀法國鞏固國家權力，說實在的，除了大家服從一人之外，別無他法。

國家，儘管在國內象徵法律與秩序，但在與別國的關係上，卻處於一種無法無天的混亂狀態，因爲國與國之間並不存在行使法律和武力的高級壟斷權。做爲法國化身的路易十四，對別國或別國統治者的要求毫不尊重。他常常處於與鄰國交戰，或正準備與它們開戰的狀況中。的確，現代國家是爲了在國內保持安定、在國外策動戰爭的需要而創建的。路易十四等人設計的政府機構，就是維持國內治安的一種工具，也是招募、供養、控制軍隊，以對付別國的一種工具。

由合法國王來壟斷國內的法律和軍隊的思想，是十七世紀專制制度學說的精髓。路易十四時代，這個學說的首席理論家是波舒哀主教。他發展了古老的基督教學說，認爲一切權力來自上帝，所有掌握權力的人在如何運用權力方面只對上帝負責。他認爲國王是上帝處理世間政務的代表。按波舒哀的觀點，王權是專制的，但不是專橫的。不是專橫，因爲王權務須合理、公正，宛如所反映的上帝意志；是專制，因爲王權不受高等法院、三級會議或國內其他從屬機構的支配。因此，法律就是至高無上的國王意志，只要這種法律符合原是上帝意志的那種更高的法律。

這種肯定「君權神授」的學說，當時在法國廣爲人們接受，並在教堂做爲講道內容加以傳授。「專制主義」和「君主專制政治」在十七和十八世紀成了風靡歐洲大陸許多地方的政府觀念。可是，務須記住，這些術語多是用來表示法律原則，而不是事實。統治者是「專制的」，因爲他在法律上不受國內任何人或任何組織機構的約束。實際上，他得依賴一大群顧問和官僚，常常得與既得利益集團妥協，僅僅是地方風俗的壓力就可使他遭受挫折；他還可能遭遇律師、教士、貴族、顯貴、世襲官員和形形色色的要人的反抗。而且，那時的交通速度和通訊速度都太慢，根本無法使現代早期「專制」統治者能像現代國家的政府一樣，又快又有效地控制他們的國民。

政府與行政機構

也許，路易十四所採取的最爲關鍵的步驟，是確保自己對軍隊的控制權。以前，軍隊幾乎是一項私人事業。率領自己的軍隊去打仗的軍事家，如何爲政府效勞，全憑個人的愛好，他們不是爲了撈取賞金，就是爲了追求自己的政治目的。這在中歐尤其平常，不過，即使在法國，大貴族對軍隊也有強大的私人影響；在動亂時期，貴族率領武裝侍從巡守各地。團長實際上都是獨立行事的。他們憑政府一紙平常的委任狀和一些開辦費，就招募、訓練、裝備他們自己的團，常常用掠奪毗鄰的資產階級和農民的財物來供養自己的軍隊。遇到這樣的情況，往往就很難說士兵到底是爲誰在打仗。政府很難調動軍隊，也很難使他們停止戰鬥，因爲指揮官是爲自己的利益而戰，是依仗自己的力量而戰的。戰爭不是「政策的繼續」，不是國家的一項行動，倒像在三十年戰爭時一樣，很容易蛻化成爲一種漫無目的、曠日持久的暴力活動。

路易十四使戰爭成爲國家的一項行動。他要使法國所有的武裝人員只爲他而戰。法國因而產生了社會安寧的局面，對付別國的戰鬥力也因而增強。在往常的情況下，不同部隊、不同兵種中也很少有協同作戰。步兵團和騎兵隊大多是各打各的；炮兵是由承包訂約的民間技師充任的。路易十四創建了一個強有力的統一控制機構，把炮兵列入軍隊建制，把軍銜、軍階系統化，確立指揮系統等級，使自己居於首位。政府監督招募軍隊工作，要求各團團長確保士兵的編制定額；政府還要承擔裝備、供養軍隊，爲軍隊提供軍服、營地等大部分責任。如此一來，高級軍官得依賴政府，得受軍紀的約束。士兵要穿制服，要接受佇列操練，要住在兵營裡；這樣一來，嚴明軍紀，整治軍容也容易多了。

軍隊對於本國人民不再是那般可怕了，它成爲政府手中更爲有效的武器。軍隊通常被用來對付別國政府，有時也用來鎮壓國內叛亂。路易十四還擴充了法國軍隊，從十萬人左右增加到約四十萬人。軍隊之所以在數量上和受政府控制的程度上都有所改觀，是由於發展了一個龐大的文官行政機構的緣故。路易十四領導下的這個機構的各個長官，都由文職人員擔任。事實上，他們是第一批軍事部長；而他們的助手、官員、監察員和職員則構成第一個有組織的軍事部。

路易十四不僅僅是一個愛虛榮的人，而且要用自己的奢華懾服全國，這已經成了他的一項政治原則。在距巴黎十英哩左右的凡爾賽舊村莊土地上，他爲自己建造了一整座嶄新的城市。若說西班牙的艾斯科里亞具有寺院的肅穆氛圍，那麼凡爾賽宮就是人間豪華的一座豐碑。凡爾賽宮規模宏大，宮內鑲嵌面面明鏡，懸掛盞盞枝形吊燈，閃閃發亮，陳設華麗多彩的花毯，往外通向一個格局勻稱的花園，點綴著一座座噴水池，交織著一條條林蔭小徑。這是歐洲的奇蹟，是小國國王們妒忌的對象。其實，這是一座公共建築物，大部分用做政府辦公場所，貴族、教士、資產階級的知名人士，以及公務員，在這裡爲王事整日忙碌不堪。對於高級貴族還備有專門的賓館。國王對自己起床、進餐、就寢等日常活動，都規定有一套非常繁瑣的儀式，細緻入微，十分考究。譬如，起床時，侍候人得六進國王起居室，每趟工作都不相同；當國王要脫掉長睡衣時，有個專職的侍從得在特定的時刻提住睡衣的右袖子。那些最得意的人都覺得，能這樣侍候一個威嚴的國王，也使自己更加高人一等了。有此榮幸，同時也爲得到較多的物質利益，許多大貴族都眼巴巴地希望能常常住在王宮裡。這裡，在國王的跟前，他們也許會參與宮廷陰謀，但是眞正的政治危害活動他們是不得過問的。凡爾賽宮對法國貴族產生了一種削弱作用。

與挑選國王的侍從人員不同，路易十四喜歡起用新近變爲上層階級的人來擔任政府的大多數職位。這些人與世襲貴族不同，沒有自己獨立的政治勢力可求。他從未召開過三級會議。這樣的會議，除某些貴族需要之外，別人是不感興趣的。由於地方和貴族的壓力，他允許一些省三級會議繼續發揮作用。他曾暫時挫敗高等法院的獨立，要求它們接受他的敕令，就如亨利四世要求它們接受南特敕令一樣。他建立一種強有力的行政協調制度，成爲他親自參加的許多國務會議的中心，同時也成爲出席這些會議的全國各地的「行政長官」的中心。國務評議員和地方行政長官大多是資產階級出身或新封貴族。每個地方行政長官在其管轄區域內，都是國王政府的化身：監督稅款順利徵收和徵募士兵；監視地方貴族；對付市鎮和行會；控制或多或少是世襲的官員；維持市場治安；賑災；監管並經常參與地方法庭。就這樣，在這個龐雜的古

圖4-10　路易十四

作者：海阿辛思・里高德（法國人，一六五九～一七四三年）

里高德繪製的這幅畫，表達了太陽王的豪華氣派。他採用國王的衣服、站立姿勢和王室各種徽記紋章，來表示法國君主的權力。（Giraudon/Art Resource, NY）

老法國，增設了一個穩固統一的行政機構。與英國適成對照的是，所有地方問題都由中央政府的代理人處置。他們通常爲人正直，勝任工作，但本質上都是官僚，凡事總得向凡爾賽宮的上司請示報告。

經濟和財政政策：柯爾貝

爲了供養經過整編擴大的軍隊，爲了支付凡爾賽宮豪華陳設的費用，也爲了維持日益擴大的文職行政機構，路易十四需要大量金錢。財政一向是法國君主制度的弱點。收稅的方法代價高，效率低。直接稅得經過許多中間官員；間接稅是由得到特許的包稅人收集的，他們可從中謀利。國家向來收到的稅款比納稅人實際交納的少得多。但主要弱點卻起因於法國王室與貴族之間由來已久的討價還價；國王只要不向貴族課稅，就可隨便加稅，毋需徵求貴族的同意。只有「非特權」階級才交納直接稅，而這些階級幾乎就是指農民，因爲許多資產階級用這樣或那樣的方法取得了免稅權。這個制度把納稅的重擔全壓在貧苦無靠之人身上，眞是太不公平了。路易十四很樂意向貴族課稅，但又不願落入他們的控制之下，只是到了他統治的末期，迫於戰爭的極爲沉重的壓力，才在法國歷史上破天荒第一次向法國貴族徵收直接稅。這是朝著法律面前人人平等和健全的公共財政邁出了一大步，然而，貴族和資產階級獲得的特許權和免稅權是如此之多，以致這一改革的價值實在不值一提。

路易像他的先王一樣，不擇手段，增加歲入。他提高稅率，結果總是大失所望。他使貨幣貶值。他向野心勃勃的資產階級出賣貴族爵號。他還鬻賣政府官職、法官職位、陸海軍的軍官委任狀。出於財政和政治的雙重原因，國王利用他至高無上的權力廢除市鎮的特許權，然後把有所減少的權利再作價賣回去。這樣雖然增加了一點收入，然而卻敗壞了地方政府和民氣。金錢不足，根本原因在於未能向有錢人課稅。這難題反映了專制制度的弱點和局限，因爲這種政體拒絕與有產階級分享統治權，使法國人民的公衆生活和政治才能大受其害，糟蹋了法國人民的政治才能。

路易十四希望使法國成爲經濟強國，即便只是爲了他自己的目的也罷。爲此，他偉大的財政總監柯爾貝工作了二十年。柯爾貝推行重商主義政策的勁頭超過黎塞留，目的在於使法國成爲一個經濟自給自足的國家，擴大法國貨物出口，增加政府稅源財富。對農業這個王國的主要行業，他能做的不多。法國農業的發展仍比英國和荷蘭差。他設法在法國中部的一個大地區內降低地方關稅，建立一種關稅聯合，古怪地取名爲「五大包稅區」（因爲捐稅是由包稅人收集）。雖然既得利益集團和享有自治權的地方勢力仍十分強大，使他未能取

圖4-11　營建宏偉的凡爾賽宮時，三萬雇工同時工作。上圖是十七世紀油畫，展現工地的複雜勞動和匠心安排。下圖是十八世紀初葉的油畫，顯示凡爾賽宮周圍的活動：國王、政府大臣、貴族在偌大的建築群和花園中聚會。這些建築氣勢豪華，規模壯觀，旨在象徵國王的權力，令前來晉見國王或其顧問的外國使節敬畏之情油然而生。（Reunion des Musees Nafionaux/Art Resource, NY; and The Royal Cllection c2000, Her Majesty Queen Elizabeth II）

消一切內地關稅，然而，「五大包稅區」本身就是歐洲一個最大的自由貿易區，其面積大小相當於英格蘭。

爲了方便商人，柯爾貝頒布《商業法》，取代了地方上的許多習慣法，爲商業慣例和商業法規樹立了一個新的標準。他修建道路，開鑿運河，改善交通。他透過各個行會做工作，要求手工業者生產具有特色的優質產品，相信如果法國政府能使他們確信質量可靠的話，外國人會更加放手購買法國產品。他大力發展絲織、花毯、玻璃器皿和呢絨生產，給予補助、免稅和專賣權。他贊助建立殖民地、創建海軍、設立法國東印度公司。有些貨物，特別是糧食，則禁止輸出，因爲政府希望壓低麵包價格，以穩定民心。其他貨物，主要是製造業產品，卻鼓勵出口，部分原因是做爲國家吸收外幣的一種手段，以便這些錢財能彙集到國王的金庫裡。軍隊的擴大，以及在路易十四領導下，政府爲給士兵提供軍服和裝備，因而生產制服、大衣和武器彈藥的訂單之多是空前的，這就使織工、裁縫和軍械工人就業的人數大爲增加，並且發展了組織這些勞工生產的商業資本主義。因此，貿易和製造業的發展，在法國比在英國更直接地受到政府的指導。法國長期成爲英國極其活躍的競爭對手。直到煤鐵時代，法國經濟才開始落在後頭。

總體而言，這個政體（回想起來可稱爲舊政權），在經歷兩個世紀發展的波旁家族統治下，是這樣的一個社會：許多類型的團體可把它們自己的特殊利益與「專制」君主制度的特殊利益掛靠一起。但是，這種掛靠反覆無常，險象環生，是靠不住的。一方面，這個王廷政府通過其行政長官和官僚機構的工作，可以限制各省、各貴族和其他人的特權。另一方面，它又在永遠需要錢的驅動下，倍增和保護這些特權及其他特權。這種反覆無常的狀況直到一七八九年革命才得以解決。這場革命用權利平等的原則取代了特權政治。

宗教：取消《南特敕令》，一六八五年

在路易十四領導下，鞏固法國的工作的高潮體現在他的宗教政策上。在對待羅馬天主教的問題上，路易支持法國天主教會關於應保有一定民族自主不受羅馬教廷約束的老要求。他鎮壓稱爲詹森教派的運動，即天主教會內的一種喀爾文教派，此派大約已持續了近兩百年。詹森教派既批評耶穌會的宗教影響，也批評高層教士的道德敗壞。因此，當國王採取行動，取締所有詹森教派神學主要中心時，在凡爾賽宮得到了廣泛的支援。但是，在這次新的宗教迫害浪潮中，受迫害最深的卻是新教徒。

法國在路易十四統治的早年，仍比歐洲任何其他大國容許有更多的宗教信

仰自由。胡格諾派教徒在黎塞留時期已經喪失獨立的政治地位，但在一五九八年《南特敕令》的保護下，他們還能過著相對安全的生活。然而，從一開始，宗教寬容就是一項王室政策，而不是民眾政策，而在路易十四時期，這項王室政策改變了。英國天主教徒落在得勝的議會手中的厄運告訴人們，法國新教徒如果人數更多的話，對天主教徒也不會好到哪裡去。

路易十四要所有的人都唯命是從，因此對他臣民中竟有異教徒一事感到憤恨。他認爲，他的統治要有力量，要有尊嚴，實現宗教統一是不可缺少的。他完全受到一些天主教徒顧問的影響，他們對於有些新教徒在懺悔心情的驅使下委實正在重新信仰天主教的情況仍感不夠滿足，而希望加快這種進程，好爲他們增添更大的榮光。於是，開始了有組織的迫使胡格諾派教徒改宗的運動。新教徒家庭的生活漸漸變得無法忍受。最後，他們實際上是「被迫就範」，龍騎兵被安置在胡格諾派教徒的家中，爲傳教士的勸導助力。一六八五年，路易取消了《南特敕令》。迫害期間，有好多新教徒逃離法國，移居荷蘭、德意志和美洲。這些人的出走，對法國的經濟是一個沉重的打擊，因爲法國社會的各個階層都有新教徒，尤以工商業階級中的新教徒最有活力。取消了《南特敕令》，法國官方開始對宗教持不寬容的態度，前後達一百年之久（做法上慢慢有所收斂）。在此期間，法國新教徒的地位與大不列顛群島上的天主教徒的地位極其相似。但在一百年以後，當新教徒又得到寬容時，人們發現他們之中有許多人既是商業上的佼佼者，也是政治上的保王分子，這表明他們的生活比愛爾蘭天主教徒好過得多。

綜觀一切，路易十四的統治給中產階級和下層階級帶來相當多的好處。對他抨擊最凶的人，除了理所當然的新教徒之外，就是像聖西蒙公爵[9]那樣的不滿的貴族。他們認爲，他對社會地位低下的人偏愛太過。因爲新教徒是不得人心的少數派，他加以鎮壓倒獲得人們的讚許。柯爾貝的經濟管理制度以及行會的長期存在，意味著發明與私人企業沒有像在英國那樣得到充分的發展，但一七〇〇年的法國經濟比一六五〇年要增強許多。農民必得交納很重的賦稅，支付路易十四的戰爭費用；一六九〇年後，災荒不斷，田園荒蕪（戰爭也是肇因之一），農民艱難度日。但是，農民沒有陷入在東歐日益發展的農奴制。與後來的年代相比，法國仍是一個大雜燴，充斥著互相抵觸的司法權、特權和官僚無能的現象。事實上，路易十四遠非「專制」，然而法國仍然是歐洲大陸上各大君主國中最有組織的國家。路易十四在把舉國上下各階層變成爲各盡本分的臣民的過程中，結束了內戰，甚至還促進了公民平等的事業。長時期內，他很得民心。至於到他晚年，人民最後轉而反對他的原因，則是由於他窮兵黷武，不斷發動戰爭，造成國力匱乏所致。

路易十四發動的戰爭：《烏德勒支和約》，一七一三年

一七〇〇年以前

路易從執政起，就奉行咄咄逼人的外交政策。法國王室與哈布斯堡家族之間的爭吵已持續一個多世紀。一六六一年，路易十四親自掌權時，西班牙領土仍然從東北、東、南三面與法國對峙，但因西班牙過於孱弱，這種情況不再對法國構成威脅，反倒成了法國往外擴張的誘餌。路易十四可以指望得到法國人民的支援，因為以萊茵河和阿爾卑斯山為邊界的夢想對法國人很有魅力。

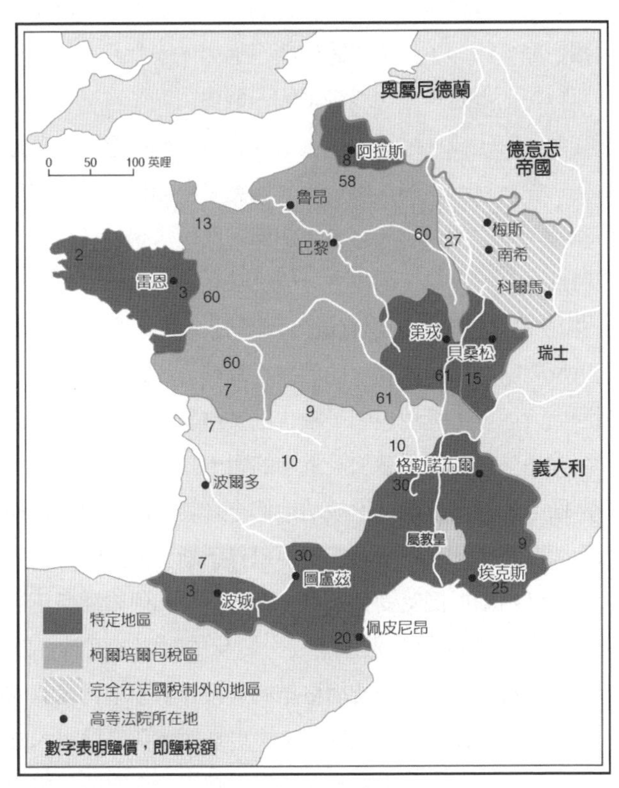

圖4-12　從路易十四晚年到一七八九年大革命期間的法國

這幅地圖概述了法國大革命前政出多門的狀況。暗色地區是「特定地區」，即三級會議繼續召開的省分。標名的城市是法國人稱為高等法院的所在地。中心地區表示柯爾培爾的關稅聯合，即五大包稅區。畫斜線地區，是從神聖羅馬帝國併吞來的，仍完全置於法國關稅制度之外，繼續與神聖羅馬帝國進行邦國貿易，法國政府不加干涉。數字標明各地鹽價，即鹽稅的不同負擔。總之，由此可見，離巴黎最遠的地方，享受「特權」或「自治權」就最多，如：保持它們的法律和司法特點，保住省三級會議和地方稅卡，保有國家稅收中的優惠地位。

一六六七年，他興師了，首先派了一支大部隊進入西屬尼德蘭。如上文所述，他受到荷蘭、英國和瑞典三國聯盟的遏制。因爲國內改革增強了力量，同時又與英國查理二世結盟，他於一六七二年再次出兵（稱爲「荷蘭戰爭」），入侵萊茵河下游荷蘭各省，這次促使他的偉大對手和宿敵——奧蘭治親王奮起抵抗。威廉三世使奧地利和西班牙哈布斯堡家族、布蘭登堡以及丹麥與荷蘭共和國結成聯盟，迫使路易於一六七八年簽訂《尼姆維根和約》。法國放棄覬覦荷蘭的要求，但從西班牙手中攫取了法朗士—康泰這個富饒省分。該省雄踞阿爾薩斯南面，使法國的權力範圍一直延伸到瑞士邊界（見圖4-1）。

就在翌年，路易進一步滲入神聖羅馬帝國不斷瓦解的邊界，這次是向洛林和阿爾薩斯下手。根據《威斯特伐利亞和約》，法國國王在這個地區擁有權利，但是條約行文是那樣模稜兩可，而地方的封建法又如此混亂不堪，各人的要求就可能大相逕庭。隨即，法國軍隊便開了進去。一六八一年，法軍占領斯特拉斯堡城。斯特拉斯堡是神聖羅馬帝國的一個自由城，自稱是小小的獨立共和國。這次不宣而戰的入侵，激起的抗議浪潮席捲整個德意志。可是，德意志不是一個政治統一體。自一六四八年以來，德意志各諸侯國自行處理各自的外交政策；恰在此時，一六八一年，路易十四與布登堡選帝侯（普魯士衆國王的先驅者）結成盟友，神聖羅馬帝國議會分成反法和親法兩派。皇帝利奧波德一世爲「東部」事態的發展弄得心煩意亂。匈牙利人在路易十四的唆使和資助下，再次叛亂，反對哈布斯堡家族。他們向土耳其人呼籲。一六八三年，土耳其人沿著多瑙河溯流而上，竟然包圍了維也納。路易十四雖然沒有乘機積極支援土耳其人，卻冠冕堂皇地謝絕參加擬議中的對土耳其的討伐戰。

在波蘭的援助下，利奧波德一世成功地把土耳其軍隊趕出奧地利。他回過頭來處理西部的問題時，卻看到帝國的西部邊界不斷土崩瓦解，看到法朗士—康泰業已丟失，看到西屬尼德蘭受到威脅，看到洛林和阿爾薩斯正被蠶食，於是，他把各個天主教國家團結起來，組成一個反法聯盟。同時，路易十四於一六八五年取消《南特敕令》，以及胡格諾派逃亡者祈求上帝發怒懲罰背信棄義的太陽王，使各個新教徒國家也覺醒起來，更加樂意與奧蘭治的威廉結成聯盟。一六八八年，路易十四的天主教敵人和新教敵人聯合組成奧格斯堡聯盟，其中包括神聖羅馬帝國皇帝、西班牙國王和瑞典國王、巴伐利亞、薩克森和巴拉底奈特的選侯，還有荷蘭共和國。一六八六年，英國國王還是受法國保護的，然而三年以後，威廉成了英國國王，英國也就加入了這個聯盟。

奧格斯堡聯盟戰爭於一六八八年爆發。法國軍隊節節得勝，但敵人太多，無法把他們全部趕出戰場。法國海軍也無法壓倒荷蘭和英國的聯合艦隊。路易十四發覺自己手頭嚴重拮据（正是在這個時候，他首次向法國貴族徵收直接稅），最後於一六九七年在荷蘭里斯威克媾和，大體上恢復了戰爭伊始時的局面。

在所有的戰爭與和談中，關鍵的問題，不單單是這塊領土或那塊領土的歸屬問題，甚至也不是法國往東挺進的問題，而是整個西班牙帝國最終如何處置的問題。西班牙國王查理二世未老先衰，看起來行將就木，然而卻年復一年地活了下去。締結里斯威克和約時，他還活著。這時，最大的外交爭端仍然懸而未決。

西班牙王位繼承戰爭

西班牙王位繼承戰爭，歷時十一年（一七〇二～一七一三年）。破壞程度沒有三十年戰爭嚴重，因爲這時軍隊的給養方式已較有條理，紀律更爲嚴明，指揮更爲嚴密，打仗能服從政府的旨意，令止則停。除了西班牙內戰和法國幾次餓死人的饑饉產生過影響之外，各國老百姓一般都沒遭受暴力和破壞，就此而言，這場戰爭預告了十八世紀典型戰爭的打法：參與作戰的是職業軍人，而不是全體人民。在歷來的最大規模戰爭中，西班牙王位繼承戰爭是第一場很少帶有宗教色彩的戰爭，是第一次主要爲商業和海上霸權的利益角逐的戰爭，是英國金錢第一次慷慨地用在歐洲政治上的戰爭；這也是第一次可稱爲「世界大戰」的戰爭，因爲這場戰爭使歐洲各個主要國家都捲了進去，而且還牽連到海外世界。歐洲境內戰爭，跟爭奪殖民地和貿易市場的全球競爭日益相連。

人們對這場紛爭早有所料。追求西班牙王位繼承權的兩個主要人物，是法國國王和神聖羅馬帝國皇帝。他們各與體弱的查理二世的一個姊妹結婚，都指望把自己家族中的一個年輕成員扶上西班牙王位。十七世紀末葉的年代中，各國都已簽訂種種同意「瓜分」西班牙領地的條約。指導思想是，使西班牙繼承權的兩個追求者平分秋色，以維護歐洲的均勢。但當查理二世在一七〇〇年終於去世時，卻發現他已立下遺囑。他在遺囑中說：西班牙帝國務須保持完整；世上所有西班牙領土一律應由路易十四的孫子繼承；倘若路易十四拒絕以他年方十七歲的孫子的名義接納，那麼整個繼承權應傳給維也納哈布斯堡家族皇帝的兒子。路易十四決定接納。凡爾賽和馬德里都將由波旁家族的人統治，即使兩個王位永遠不合在一起，法國的影響也將從比利時延伸到直布羅陀海峽，從米蘭擴展到墨西哥和馬尼拉。凡爾賽宮傳出這樣一句話：「庇里牛斯山再也不存在了。」

至少在近兩百年中，歐洲的政治均勢從未受過如此的威脅。其他各國從未

圖4-13　一七○四年在巴伐利亞打響的布萊尼姆戰役，是英國和盟軍取得的一大勝仗。他們在西班牙王位繼承戰爭中聯合對付法國。布萊尼姆戰役為英軍統帥、馬爾博羅公爵約翰·邱吉爾帶來了聲望和榮譽。對法國來說，這是第一次打了大敗仗，隨後是一次又一次軍事慘敗，逐漸削弱了路易十四的力量。（Fotomas Index/Bridgeman Art Library）

面臨降爲局外人地位的這種前景。威廉三世馬上行動：他把各國或不知所措或猶豫不決的外交家們集合起來，組成他最後的一次聯盟——「一七○一年大聯盟」。翌年，戰爭還未爆發，路易十四似乎已處於一生榮華之巔峰的時候，威廉三世溘然去世，然而他確實已經發動了要摧毀太陽王的機器。大聯盟包括英國、荷蘭和奧地利皇帝，並得到布蘭登堡的支持，最後還得到葡萄牙和義大利薩伏依公國的支持。路易十四可以依靠西班牙，因爲西班牙人普遍忠於國王的遺囑。否則，他唯一的盟友就是巴伐利亞了。巴伐利亞與奧地利敵對，是法國的老僕從國。與巴伐利亞結盟，使法國得到占有虎視維也納的有利位置，同時維持德意志境內的分治，這對當時的政治，以及此後長時期的政治，都是至關重要的。

這場戰爭曠日持久，主要原因是每方一旦取得暫時的優勢，就迫不及待提高對對方的索價。相對來說，英國人派遣到歐洲大陸的軍隊不多，然而他們的馬爾博羅公爵約翰·邱吉爾卻成爲聯軍卓越的軍事指揮官。薩伏依公國的尤金親王率領奧地利軍隊。聯軍在巴伐利亞的布萊尼姆（一七○四年）、在拉米伊（一七○六年）、在奧德納德（一七○八年）、在西屬尼德蘭馬爾普拉凱（一七○九年）等戰役中，取得輝煌勝利。法國人潰不成軍；路易十四請求媾和，可又不同意簽訂和約，因爲聯軍提出的條款過於苛刻。路易爲保住兩個王位、爲征服比利時、爲使法國商人進入西屬美洲而戰，而在落到最壞的地步時，則要爲自衛而戰。一七一〇年，他連連小捷後，又堅持控制西班牙王位的主張。西班牙人是爲恪守已故國王的遺囑，爲維護西班牙領地的統一，甚至爲西班牙自身的完整而戰，因爲英國人已經侵入直布羅陀，並和葡萄牙簽訂了一項虎視眈眈的條約。與此同時，奧地利人已在巴塞隆納登陸，侵入加泰隆尼亞。加泰隆尼亞再次叛亂（像一六四〇年一樣），承認奧地利所要求的繼承權，結果西班牙全國陷入內戰。

奧地利人爲使西班牙留在哈布斯堡家族裡，爲打垮巴伐利亞，爲使奧地利的影響越過阿爾卑斯山延伸到義大利而戰。荷蘭人一如既往爲他們的安全，爲使法國不能染指比利時，爲控制到須耳德河的通道而戰。英國人爲著同樣的理由而戰，同時還爲了把法國支持的天主教斯圖亞特家族逐出英國，保衛一六八八年革命。可以預料，斯圖亞特家族一旦復辟得逞，就會毀掉英格蘭銀行，拒付「國債」。英國和荷蘭這兩個海運強國，爲不讓法國商人進入西屬美

圖4-14　擠在一間房裡的農民家庭

作者：路易士・利奈恩（法國人，一五九三～一六四八年）

雖然利奈恩是在十七世紀上半葉繪製這一家庭的，但是畫中人的境遇跟後來的農民沒有多大的不同。後者在路易十四漫長統治的最後十年中，飽受戰爭、自然災害和苛捐雜稅的折磨，艱難度日。（Erich Lessing/Art Resource, NY）

洲和改善它們在美洲與地中海的商業地位而戰。上面所述的一切便是這場戰爭的目的，輝格黨人是英國毫不動搖的主戰派，而對斯圖亞特家族懷有溫情、對商業抱有反感的托利黨人倒十分願意盡早媾和。至於布蘭登堡和薩伏依這些小盟友，它們的統治者加入聯盟的目的，只不過是爲了伺機撈取那些可能撈到的好處罷了。

《烏德勒支和約》

一七一三年和一七一四年締結了《烏德勒支和約》和《拉施塔特條約》，和平終於實現了。烏德勒支和約，連同相關的實施文件，實際上瓜分了西班牙世界。然而，瓜分並不只是在兩個合法要求者中間進行的。英國人賴在直布羅陀不走，使西班牙人大爲惱怒，而且它還併吞了梅諾卡島。薩伏依大公最終得到以前屬於西班牙的薩丁島，做爲他效力聯盟事業的報償。西班牙在地中海的其餘屬地——米蘭、那不勒斯和西西里島——轉給奧地利哈布斯堡家族，西屬尼德蘭（即比利時）也是如此，此後稱爲奧屬尼德蘭。西班牙在歐洲的屬地全給剝奪殆盡，但仍保有美洲屬地。路易十四的孫子被確認爲國王（西班牙腓力五世），但必須嚴守法國王位和西班牙王位永遠不得由同一個人繼承的條件。波旁家族統治西班牙，從腓力五世起，間有中斷地一直延續到一九三一年共和革命。十八世紀，法國對西班牙影響強烈，許多法國朝臣、顧問、行政官員和商人，隨同腓力五世跨過庇里牛斯山。他們運用路易十四的方法，對振興西班牙君主制度多少有所幫助；他們通過塞維利亞，把越來越多的法國產品運進西屬美洲。

威廉三世制止法國稱雄的宿願，終於實現了。法國力量的損失，主要原因在於戰爭本身。戰爭產生貧困、痛苦，使人口銳減，使路易十四大受國人的責難；災害頻仍，苛捐雜稅增多，引發農民揭竿起義，但遭到殘酷鎮壓。對戰爭的不滿也導致貴族和高等法院再度起來謀反。根據和約，法國人暫時放棄征服比利時的努力。他們不再承認斯圖亞特王位覬覦者爲英國國王。他們割給英國兩塊殖民地：紐芬蘭島和新斯科舍半島（又稱阿卡迪亞），並且承認英國人對有爭議的西北部美洲（稱爲哈德遜灣領地）擁有主權。然而，法國人只是受到箝制，並沒有被打垮。他們保有路易十四在阿爾薩斯和法朗士－康泰的征服地。他們在西班牙有強烈的影響。不久，他們的經濟又興旺發展起來，顯而易見，他們有較爲深厚的復甦力量和能力。他們的語言與文明依然在整個歐洲傳播不停。

荷蘭人的安全有了保證，他們獲得派兵駐防「荷蘭屏障」的權利。這道屏

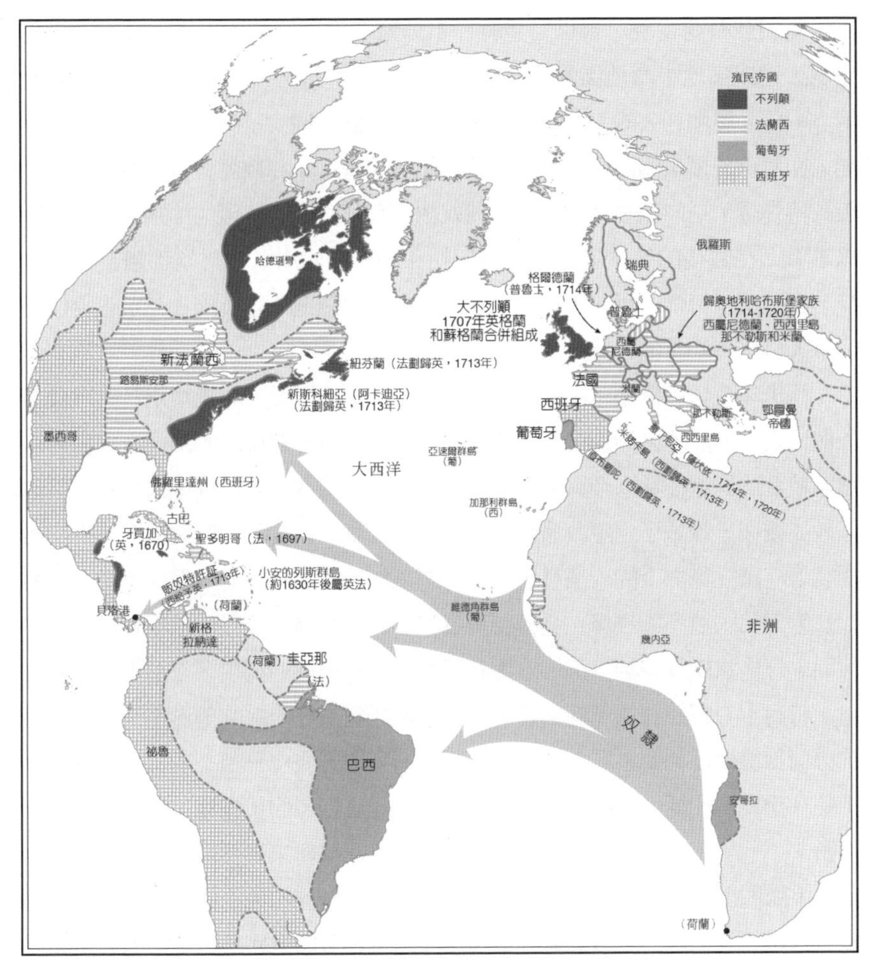

圖4-15　《烏德勒支和約》後的大西洋世界，一七一三年

這幅地圖顯示了西班牙帝國的被瓜分和英國的崛起。西班牙及其美洲屬地歸波旁家族腓力五世；西班牙在歐洲的屬地——尼德蘭、米蘭、那不勒斯和西西里島——歸奧地利哈布斯堡家族。在此期間，英國的實力大有加強，因爲英格蘭和蘇格蘭實現合併，並從西班牙獲得梅諾卡島、直布羅陀和販奴商業貿易特權，從法國奪得紐芬蘭島和新斯科細亞。

障是指比利時邊境內朝向法國的一連串要塞。然而，荷蘭人被戰爭弄得大傷元氣，又被英國人遠遠拋在後頭，從此在歐洲政治事務中，他們不再發揮舉足輕重的作用了。有兩個小邦國，薩伏依（皮埃蒙特）和布蘭登堡，扶搖直上，呈現在外交地平線上。它們的統治者，由於支持戰勝國而被《烏德勒支和約》承認爲「國王」。薩伏依後來稱爲「薩丁尼亞」，布蘭登堡稱爲「普魯士」。關於普魯士，下一章將談得詳細些。

最大的得勝者是英國人，大不列顛儼然成爲一個偉大的強國。戰爭期間，英格蘭和蘇格蘭實現了合併。這時，不列顛在直布羅陀和梅諾卡島有了立足之地，遂成爲地中海地區的一個強國。比利時，這把「指向英格蘭心臟的手槍」，落入奧地利人的手中，不會爲害了。英國人擴大了美洲屬地，然而，英國人從西班牙攫來的販奴特許證，其價值遠遠超過紐芬蘭島和新斯科舍半島。販奴特許證，是向西屬美洲提供非洲奴隸的有利可圖的特權（法國人向來夢寐以求）。在隨後的幾十年中，布里斯托和利物浦的大多數財富都賺自販奴貿易。根據這項特權，每年可以向巴拿馬的貝洛港運進一船英國貨，這也提供了從事人口以外的其他非法貿易的機會。

西班牙帝國被撬開了，英國商人進入一個向西屬美洲大規模走私的時代，並與法國人展開了激烈的競爭；法國人基於在西班牙有優惠的地位，通常可以透過較合法的途徑進入帝國。再說，英國人挫敗法國，就確保了代代國王都由新教徒繼任，維護了立憲政體和議會政府。《烏德勒支和約》的批准，實際上標誌著英國立憲史上的一個發展進程。輝格黨是對法戰爭的主要支持者，認爲這和約對英國遠不夠優惠。發誓要實現和平的托利黨，一七一〇年贏得下院。然而，輝格黨繼續控制上院。安妮女王應托利黨領袖的要求，並爲了和平的利益，特封十二個托利黨下院議員爲貴族，使托利黨在上院的議員達到多數，和約因而獲得批准。此事開創了先例，成爲不列顛憲法中一項不成文的條款：當上院在重要的問題上阻撓下院時，國君就冊封足夠多的新貴族，組成上院的新多數。一七一三年後，上院議員再也不允許自己被新來者吞沒，於是在將來一切有爭議的問題上，對下院一律唯命是從。地主貴族和他們的同盟者商人，這時可以按照他們認爲合適的方式治國了。結果，英國財富迅猛異常地增長，最終經過幾代，完成了眞正的工業革命。

參與締結一七一三年《烏德勒支和約》的國家，除英國之外，都參與過締結一六四八年《威斯特伐利亞和約》。這時，它們重申《威斯特伐利亞和約》確立的國際秩序。各國彼此承認爲歐洲體系的成員國，彼此承認爲主權國家，各國只有通過自由磋商、戰爭和締約才發生關係；調整彼此間的分歧，採用相當便利的領土交換辦法，這種交換純然是爲了保持均勢，而不考慮有關的民族或人民會有什麼願望。因爲德意志仍屬「封建割據」，義大利被分成幾個蕞爾小邦國或受外國國王控制，西班牙又從屬於法國，所以在《烏德勒支和約》之後，法國和英國成了歐洲兩個最有生氣的帝國。這兩個國家不久後成了歐洲文明的兩個傳播者和輸出者，把歐洲的體制和思想傳遍這個現代世界。下一章，我們將敘述中歐和東歐的社會，看看這些地區儘管受到西歐日益增長的勢力和財富的強烈影響，卻是如何按照自己獨特的路線發展的。

第五章

東歐的變化，一六四八～一七四〇年

一六四八年《威斯特伐利亞和約》後的一百年中，東歐一些未能成爲比較「現代化」的政治體系，有可能遭遇垮臺的危險，這已經是有目共睹的事情。十七世紀中葉，東歐的大部分都分別屬於三個舊式政治組織——神聖羅馬帝國、波蘭共和國和土耳其鄂圖曼帝國（見圖5-1和圖5-2）。這三個國家全都已經渙散、紊亂、日益軟弱無能。它們被普魯士、奧地利和俄羅斯三個新強國推到一邊，並取而代之。這三個新國家侵占了把三國隔開的居間的波蘭地區，三個新國家便變成了相互毗鄰的國家，囊括了除巴爾幹以外的整個東歐。也是在這個時期，俄羅斯向外擴張領土，引進西歐某些技術和行政機構，從而成爲歐洲事務的積極參與者。

東方和西方當然是相對而言的。對俄國人來說，德國甚至波蘭都是「西方」。但對整個歐洲來說，沿著易北河和波希米亞山脈到亞得里亞海，還是有一條實際的（雖然是模糊的）社會與經濟的界線。此線以東的城鎮比線西的少，勞動生產率較低，中產階級也不如線西的強大。最重要的是，農民受到地主的統治。從十六世紀到十八世紀，東歐與西歐發生的情況形成對照，農民群衆日益失去自由。商業革命和市場的擴大，在西歐產生一個強大的商人階級，並有助於使勞動人民變成一種合法的、自由的和流動的勞動力，但在東歐卻鞏固了爲出口而生產的大地主的地位，他們通過奴隸制和「世襲隸屬」制而獲得勞力。主要的社會單位是農業莊園，領主用他的臣民所提供的無償強制勞動（所謂「羅伯特」）進行剝削，臣民未經他允許，既不能遷移、結婚，也不能學習手藝；直至十八世紀，這些臣民除領主外仍舊沒有合法的保護人或上訴法院。因此，在東歐，地主權力極大，他們是唯一重要的政治階級。普魯士、奧地利、俄羅斯這三個新興國家彼此相似，都是領主國家。

三個衰老的帝國

在一六四八年，從法國邊界幾乎直達莫斯科的整個歐洲大陸，都被以上提及的三個結構龐大、組成鬆散的神聖羅馬帝國、波蘭共和國和鄂圖曼土耳其帝國所占據。土耳其的勢力已到達離維也納五十英哩左右的地區，擴展到今天的羅馬尼亞，並在黑海北岸戰勝了韃靼人。雖然如此，土耳其在歐洲占有的土地只是它在亞洲和非洲主體部分的一個凸出部。波蘭大致從柏林以東一百英哩處擴展到莫斯科以西一百英哩處，可說實現了波蘭愛國者古老格言中的「從海到海」的宿願，即從里加周圍的波羅的海幾乎一直到黑海海岸。神聖羅馬帝國從波蘭和匈牙利擴展到北海。

這三個帝國彼此並不相同。神聖羅馬帝國具有基督教世界某些最古老的傳統。波蘭也與西歐有著古老的聯繫。土耳其則是一個穆斯林強國，它與中東伊斯蘭文明緊密相連，國內住滿生活在歐洲文化傳統以外的人民（儘管它已有地中海商貿的長期歷史）。可是，這三國在某些方面又彼此相似。三國的中央權力都已變得虛弱，這種權力在很大程度上是由名義上的元首與邊緣地區的顯貴或統治者之間的諒解所組成的。它們都缺乏有效的行政管理制度。由於新型國家（其中法國是主要榜樣）的出現，三國實際上都落後了。這三個國家，尤其波蘭和土耳其，是由不同的種族和語言集團拼湊而成的。這整個遼闊無垠的地區在政治上是軟弱的，只要國王或統治精英比他們的近鄰稍強一點，他們就能塑造這個地區。我們必須試著看看這種軟弱表現在哪裡，然後談談較新、較強大的「國家形式」又是如何創建起來的。

一六四八年以後的神聖羅馬帝國

讀者都已熟悉神聖羅馬帝國。特別在《威斯特伐利亞和約》以後，它是一個幾乎沒有軍隊、沒有歲入，也沒有中央政府工作機關的帝國。神聖羅馬帝國創建於中世紀，它之稱爲羅馬，是因爲當時相信能繼續古代羅馬帝國的統治；而稱爲神聖，是因爲它是與教皇精神帝國相對稱的世俗帝國。神聖羅馬帝國已被宗教改革運動所毀，宗教改革運動使德意志人幾乎一半信奉天主教，一半信奉新教，因而每一方都要求得到爲對付另一方而必備的特別保護措施。然而，帝國在原則上仍是一個整體，與民族沒有關係，在理論上它是一個適合於全體人民的政府形式，儘管它從未好好地實現這個理論的主張，而且從中世紀以來也未表現出擴張主義的傾向。實際上，帝國的疆界大致與德意志各邦國和德語區的疆界相同，但要除去一六四八年以後的荷蘭和瑞士，因爲它們不再認爲自己是德意志的；同樣還要除去自十四世紀以來就已定居於波羅的海東部沿岸的那些德意志人。

帝國大部分地區屢遭三十年戰爭的禍害，而這場戰爭以及隨之而來的和平條款，也只是加劇了長期存在的這種令人不快的狀況。戰後的復興頗爲困難，商業聯繫的中斷和戰時存款與資本的損失很難恢復和彌補。由於西歐經濟擴張和文化的變化，德國逐漸落後於西歐的步伐。自治市的市民階級的野心遭到壓抑，他們失去昔日的大部分活力。海外殖民地的發現需要有足夠強大的政府做爲後盾，正如大家所知道的，布蘭登堡的一次殖民冒險行動最終失敗了。直到一七七一年證券交易所在維也納建立之前，亦即倫敦、巴黎和阿姆斯特丹的證券交易所建立後的半個世紀，德國還沒有這種交易所。法律、關稅、過境稅和貨幣，與法國相比，更是五花八門，就連曆法也是各式各樣。實際上就整個歐洲來說，曆法之所以不同，是因爲新教國家長期拒絕採納一五八二年教皇格列高利十三世頒布的修正的曆法，但在分裂的德國的某些地區，節日、月分的日子和星期的日子竟是每隔幾英哩就不一樣。十七世紀，文學和藝術在西歐達到空前的繁榮，而在德國，卻處於蕭條不振的狀態。在科學上，除了偉大的天才、偉大的數學家和哲學家萊布尼茲以外，德意志人在三十年戰爭期間和戰爭以後所取得的成就，比英國人、荷蘭人、法國人和義大利人都少。只有在音樂方面，例如在巴哈家族的作品上，這時期德意志人是很出色的。但當時在遠離音樂發源地的其他地方，很少能欣賞到音樂。對世界其他地方來說，德國是一個緘默的國家，是歐洲較高文明中的一個次要部分。

三十年戰爭過後，每個德意志邦國都擁有主權權利。這些「邦國」的數目按照不同的計數法達到三百或兩千左右。大數目裡包括德國南部和萊因蘭存在的「帝國騎士」，他們除皇帝本人外，不承認任何封建君主權威。騎士擁有自己的小地產，平均每塊不超過一百英畝，由一座堡壘和一兩個莊園組成。它們被較大的邦國領土所包圍，但並不是後者的一部分。即使不算騎士，也有約三百個能做出某些獨立行動的邦國——自由市，沒有臣民的修道院院長，用世俗權力進行統治的大主教和主教、伯爵、侯爵和公爵，以及僅有的一位國王，即波希米亞國王。

這些邦國都深切關注維護所謂的「德意志的自由」。它們樂於接受外部列強的援助，尤其不排除法國的援助。德意志的自由意味著各成員國可以不受皇帝或帝國的控制。帝國內最重要的邦國統治者選舉皇帝，十七世紀末共有九名選帝候。選帝侯在每次選舉皇帝時都要求成功的候選人接受一些「投降條款」，條款中規定候選人允諾保護各邦國的全部特權和豁免權。哈布斯堡家族雖然在一四三八年以後經常當選爲皇帝，但並不比世襲統治者處於更有利的地位，每個當選者都要挨次廉價出售他的前任所獲得的利益。選舉的原則是，皇帝的權力不能累積增多，也不能代代相傳。這就爲外國的陰謀詭計大開方便之門，因爲選帝侯們樂於選舉給他們允諾最多的那個候選人。法國屢次支持與哈布斯堡家族競爭的候選人。一六四八年後，法國人在選舉團中有了支持者，即一貫最爲親法的巴伐利亞和科隆。一七四二年，法國達到目的，使他的巴伐利亞盟友登上皇帝寶座。皇帝的高位成爲德意志人和非德意志人共同玩弄的政治足球。

三十年戰爭以後，沒有一個德意志邦國承認帝國議會的權威。帝國議會本來擁有爲全帝國招兵和收稅的權力，但這個權力未曾使用過，因爲各邦國擔心任何此類行動都會削弱他們自己的權力和獨立。同時，那些頑強堅持從帝國獲得自由權的各邦國，簡直沒有給予他們的臣民什麼自由。自由城市和其他國家的多數城市一樣，由封閉的寡頭集團統治，但是德國自由城市的市民寡頭統治者事實上還是有著至高無上的權力。其他大小邦國多數朝著專制主義方向發展。就整個德國而言，專制主義遭到制止，它只是在數以百計的不同地方小規模地重新出現過。每一個統治者都想成爲小路易十四，每個宮廷都想成爲小凡爾賽。臣民們由於感情關係而依附於他們的統治者。雙方經常比鄰而居，統治者也樂於讓過路人看見他們。人民喜歡小朝廷、好玩的軍隊、閒話的政治，以及自己小國中他們所熟悉的官員。儘管有種種缺點，帝國卻也有一個長處，它以合法的關係維持著各邦之間的聯合。這是一種小型的國家聯盟。《威斯特伐利亞和約》後的一個半世紀，有許多極小的邦國，它們或是位於大國周圍或是往往被大國完全包圍，但都沒有十分擔憂自己的安全，也沒有失去自己的獨立。

《威斯特伐利亞和約》後，德國仍然有著許多野心勃勃的統治者，一六四八年獲得了對他們主權的承認，便忙於建立專制君主制度。他們還渴望擴展他們的領地，在世界上嶄露頭角。爲實現這一目的，除徹底呑併較小的鄰國外，還另有別的方法。其中之一，就是通過聯姻和繼承。在這方面，帝國是有運氣的獵手們的天堂，由於有許多統治家族，各式各樣可能的聯姻爲數頗多。滿足野心的另一途徑在於進行帝國的高級政治活動。統治巴伐利亞的維特巴哈家族，在三十年戰爭中設法獲得了選帝侯身分。他們經常任命家族成員爲科隆和萊因蘭教區的大主教，並且透過如此建立起來的勢力，設法讓法國人接受他們的影響，法國人於是依靠他們去反對哈布斯堡家族。統治漢諾威的蓋爾夫家族多年來陰謀取得選帝侯身分，一六九二年他們終於向皇帝勒索到這種資格；一七一四年他們繼承了大不列顛王位，因爲英國人寧願要新教徒的國王喬治一世而不要天主教的斯圖亞特表兄弟。布蘭登堡選帝侯即霍亨索倫家族，繼承了遠至萊茵河和維斯杜拉河的領地。

《威斯特伐利亞和約》後的半個世紀，是中歐一個非常關鍵的時期。德國的局勢是不穩定的。沒有人能夠說出在六個主要德意志邦國中，有哪一個將處於領先地位。什麼都不明朗；任何事情都會發生。一七〇〇年後，由於統治者的手腕和堅韌不拔的振興精神，奧地利和普魯士兩個公國明顯地走在前列。有一點實屬稀奇但又是明明白白的，即兩個邦國都確實沒有自己的名稱。長期以來，它們通常稱爲「家族」：奧地利家族或哈布斯堡家族，布蘭登堡家族或霍亨索倫家族。每個家族都把一些領地聯合在一起。只要事態進程有所變化，他

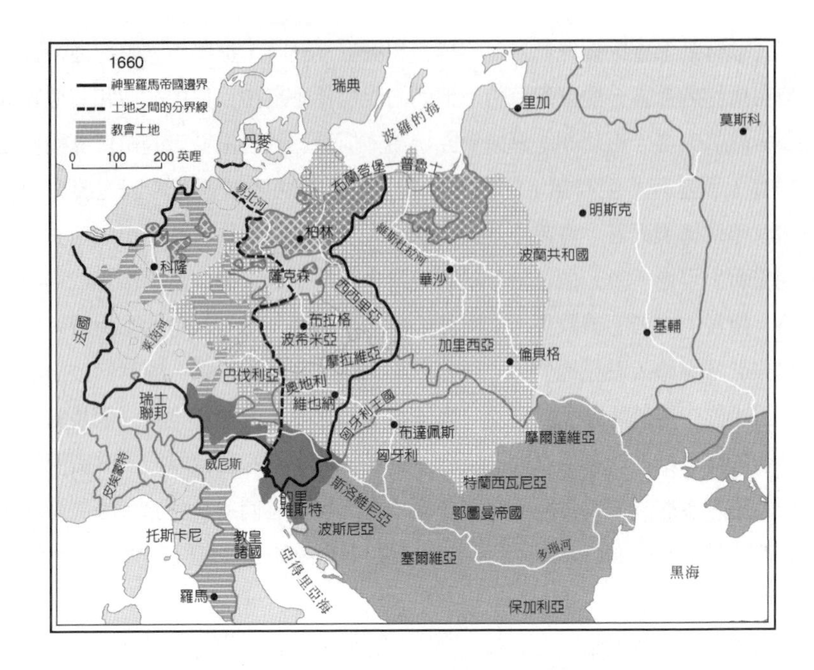

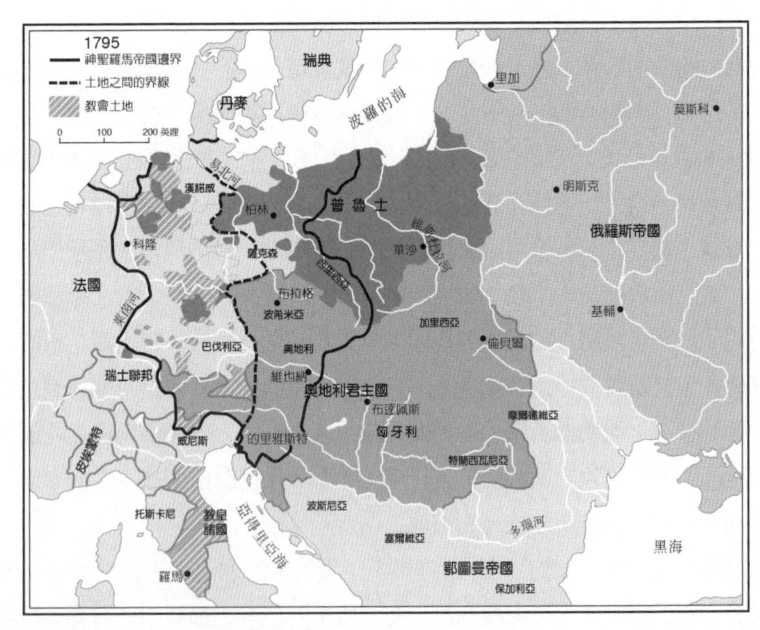

圖5-1　中歐和東歐，一六六〇～一七九五年

這個複雜的區域可在本頁地圖上簡潔地表現出來。上圖表明了一六六〇年的邊界；下圖則是一七九五年的邊界。這兩幅地圖都展示了中歐和東歐土地的分界線，從易北河口到德國中心地區，再往下延續到的里雅斯特。這條線以東，從十六世紀到十八世紀，大量的人口淪爲農奴，在貴族的大片農場上被強迫勞動。而這條線以西的農民，擁有少量土地，沒有被強迫勞動，在他們自己的或者租用的小塊農場上耕作。這條線展現了某種不精確但很重要的社會分界線，此分界線對現代歐洲的政治經濟歷史將會產生極爲重要的影響。

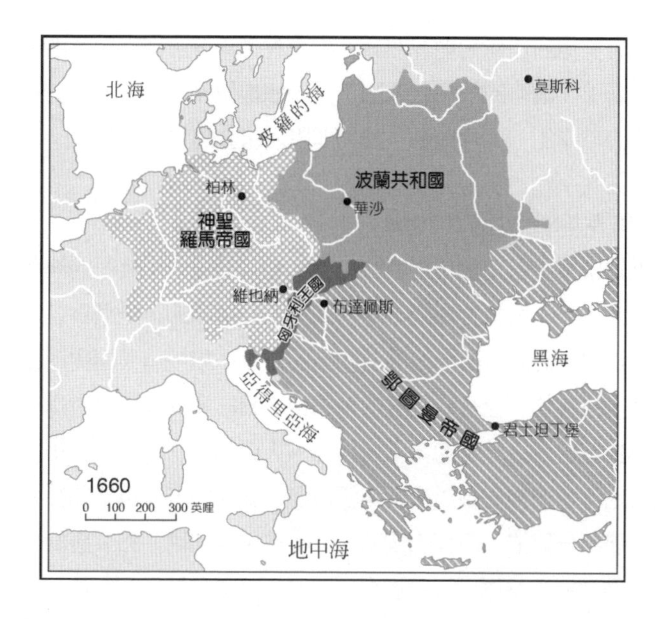

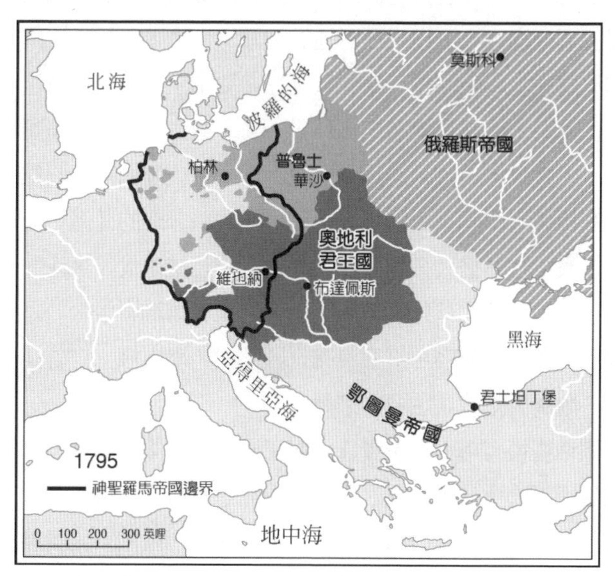

圖5-2　衰老帝國與新興大國

上圖表明「三個老帝國」在十七世紀占有了大部分中歐和東歐。雖然在現代條件下他們維護自己日益艱難，不過波蘭共和國一直存在到一七九五年，神聖羅馬帝國到一八〇六年，鄂圖曼帝國則是一九二三年。與此同時，從十七世紀開始，本地區政治領導權就由三個更現代化的國家承擔，它們擁有君主國各種機構、常備軍隊和職業官僚或公務員，由此組織良好。這三個國家就是重組的哈布斯堡奧地利帝國、普魯士霍亨索倫王國和羅曼諾夫俄羅斯帝國。下圖顯示的這三個國家都在歐洲事務中發揮突出影響長達兩百多年之久，但它們在一九一四至一九一八年的第一次世界大戰中全部滅亡。

們都願意擁有其他的任何領地。按其外延來說，一個可稱爲「奧地利」，它在幾百年內只是上多瑙河的一個大公園；另一個稱做「普魯士」，它在幾百年內只是波羅的海沿岸的一大片地區。我們即將回來敘述這兩國。

一六五〇年左右的波蘭共和國

十七世紀中葉，在神聖羅馬帝國以東綿延著幾達一千英哩的波蘭共和國的廣袤土地。它之所以稱爲共和國，是因爲國王是選舉的，是因爲各政治階級以它們的憲法自由而感到自豪。波蘭共和國的巨大面積成爲其國內產生各種特點的一個原因。沒有哪一種行政制度能夠跟得上它的邊界擴展，所以經常便把很大程度的自由留給邊緣地區的領主。另外，人口也是由不同成分組成的。

波蘭人的國家比神聖羅馬帝國年輕得多，在立國方面也不如後者堅實。波蘭由兩個主要部分組成：西面的波蘭本土（波蘭共和國）和東邊的立陶宛大公爵領地，它們通過王室聯盟（見圖5-1和圖5-2）聯合起來。只是在最西面，即維斯杜拉河流域，才居住著大量波蘭人。做爲波蘭王室一個采邑的普魯士公爵領地主要居住著德意志人。在東面更遠的地區，白俄羅斯和烏克蘭的農民是由一些分散的波蘭和立陶宛領主管轄。甚至在波蘭本土，城市人口也不全是波蘭人，城鎮居民實際上大都是德意志人和猶太人。猶太人操意第緒語（它起源於德國方言），人數衆多，這是因爲中世紀晚期一位波蘭國王曾經歡迎從進行反猶暴力活動的德國逃出的猶太移民。他們住在一些分離的社區，使用自己的法律、語言和宗教，在非猶太人的汪洋大海中形成正統猶太人生活的大型孤島。德意志人爲了不被周圍的落後環境所同化，同樣也離群索居。於是在城鄉之間存在著一條不可逾越的障礙，這裡沒有全國性的中產階級，官方語言和政治語言是拉丁文，羅馬天主教是主要的宗教。

波蘭這個地區很有趣，地主貴族戰勝了國內其他集團，既不允許國家按專制主義路線鞏固下去，又不建立一個有效的立憲政府或者議會制政府。波蘭貴族（或稱什拉赫塔）約占人口百分之八，遠比任何西歐國家的貴族人數多。根據這個理由，舊波蘭王國經常被人們，尤其是後來的波蘭民族主義者認爲是早期民主形式的體現者。貴族極端拘守稱爲「波蘭的自由」的那種自由。這種自由類似德意志的自由，即對中央權力表現出極強烈的猜疑，並且經常招致外國的干涉。與神聖羅馬帝國一樣，君主是選舉產生的，國王在選舉時不得不接受某些契約性協定，如同德國的「投降條款」一樣，協定使君主不可能積聚權力。波蘭人因鬧宗派而不願接受一個本國人當國王。從一五七二年到兩百年後波蘭被滅亡時，其間只有兩位波蘭本國人擔任國王，其中之一是民族英雄約翰・索別斯基，他在十七世紀八〇年代領導了反對土耳其的決定性戰役。

還是與德國相同，中央議會不起作用，政治行動的中心在地方。貴族在五、六十個地區議會開會，在好戰貴族喧鬧的集會中，大領主爲了自己的目的利用小領主。中央議會是各地區議會派出來遵循約束性指示的密使們的定期會議，但城鎮是被排除在外的。根據波蘭的一種自由，人們終於承認，中央議會不能對其任何成員所反對的事項採取行動。任何成員只要申明堅決反對，就可迫使議會解散。這就是著名的自由否決權，行使這種自由否決權以解散議會，被稱爲「爆破」議會。第一屆議會在一六五二年被爆破。從這一年到一七六四年共舉行五十五屆議會，其中有四十八屆被爆破。

政府落得大失敗的結局。現代國家的特徵——法律和武力的集中，未能在波蘭得到發展。波蘭國王實際上沒有軍隊，沒有法院，沒有官吏，而且也沒有收入。貴族不交納捐稅。到一七五〇年，波蘭國王的歲入約爲俄國沙皇的十三分之一，法國國王的七十五分之一。武裝部隊掌握在十二個左右的貴族領袖手中，他們還實施自己的個人外交政策，從事反對土耳其人的冒險活動，或請來俄國人、法國人和瑞典人幫助他們反對其他波蘭人。地主成爲莊園采邑的土皇帝，廣大農村居民日益陷入幾乎與奴隸制沒有什麼區別的農奴制深淵，遭到類似種植園的強制勞役的束縛，因爲領主掌握著員警和懲罰大權，沒有外界的法律或行政制度來限制其剝削。

總之，這個名爲波蘭的廣闊地區實際成爲一個權力眞空。當較爲強大的中心在它的周圍，尤其是在柏林和莫斯科形成時，對波蘭邊境的壓力便日益增強。波蘭人的離心力更助長了這樣的趨勢。早在一六六〇年，東普魯士采邑就已脫離波蘭國王而獨立。早在一六六七年，莫斯科人就重新征服了斯摩稜斯克和基輔。曾經有過關於瓜分波蘭的祕密討論，但它推遲一個世紀才進行。如果十七世紀的波蘭團結一致，世界歷史本來會是迥然不同的。將不會有普魯士王國和普魯士在德國的影響，俄羅斯也不會成爲主要的斯拉夫國家，並把勢力一路深入到中歐。

一六五〇年左右的鄂圖曼帝國

擴展到歐洲大部分地區的三個帝國中的第三個帝國——鄂圖曼帝國，其幅員比其他兩國更爲廣闊，而且在十七世紀，組織尤爲鞏固，實力更爲強大。一五二九年，土耳其人進攻維也納，似乎即將直搗德國。對於基督教世界來說，土耳其人是一種恐怖而且難以理解的事物。他們實際上屬於粗野的穆斯林民族之列，只是在幾個世紀前才從中亞遷移而來，大部分較高的文明應歸功

圖5-3　斯坦尼斯拉斯・波托基伯爵
作者：雅克—路易・大衛（法國人，一七四八～一八二五年）
此幅十八世紀著名波蘭貴族的肖像是大衛在一七八一年所畫，它表現出了波蘭貴族獨立、尊貴的感覺，這是現代早期幾百年中波蘭貴族擁有的特點。（Erich Lessing/Art Resource, NY）

於阿拉伯人和波斯人。一六五〇年左右，他們的領土從匈牙利平原和南俄羅斯草原一直延伸到阿爾及利亞、尼羅河上游和波斯灣。帝國的建立主要是以運用軍事本領爲基礎的。

早在歐洲之前，土耳其人就擁有一支常備軍，其中的主要攻擊力量是禁衛步兵。禁衛步兵最初是從基督教家庭的幼童中徵召的，他們從家中被帶走，被教育成爲穆斯林，在軍事環境中受到培養，並且不得結婚；他們除所屬的軍事組織外，沒有任何社會背景或聯繫，沒有任何興趣或抱負，完全成爲政治領袖們手中理想的戰鬥工具。長期以來，土耳其部隊與基督徒部隊的裝備同樣良好，在重炮方面尤爲強大，但到十七世紀中葉，土耳其部隊開始逐漸落後了。自從一個世紀前的蘇里曼大帝時代以來，它們簡直沒有發生什麼新變化，甚至更差了。而在組織良好的基督教各國裡，紀律和軍事行政機構已經得到改善，火器、地雷和攻城技術也都更爲有效了。

土耳其人幾乎不注意在語言和制度方面同化所屬臣民，因此，在帝國內部，當地居民保留了他們大部分文化傳統和自治。法律就是衍生自《古蘭經》的宗教法律。很難把法院和法官與宗教當局區別開來，因爲那裡的宗教領域和世俗領域是不分的。蘇丹就是哈里發——伊斯蘭信徒的領袖，雖然那裡沒有歐洲意義上的教士，但宗教影響卻遍及生活的各個領域。大部分土耳其人只對穆斯林實施穆斯林法律。管理帝國政策的全部行政機構都被稱之爲「宰相」的最有權勢的官員所控制。

鄂圖曼政府不是按照一般難以區別的民族原則，而是按照人們信奉的宗教集團，讓非穆斯林臣民以自己的方式處理自己的事務。於是帝國中多數基督徒所屬的希臘正教，幾乎成爲蘇丹和大量分散的臣民之間自主的居間人。亞美尼亞基督徒和猶太人組成另外的單獨機構。除巴爾幹西部（阿爾巴尼亞和波士尼亞）以外，在土耳其人統治時期，基督徒一般沒有改皈伊斯蘭教，雖然有一些個別的基督徒爲了取得占統治地位的宗教信仰的特權而改宗了。多瑙河以北，外西凡尼亞、瓦拉幾亞和摩達維亞（後來併入現代的羅馬尼亞）的基督徒親王一直統治著基督徒臣民，蘇丹把他們留任，但他們必須向蘇丹交納貢稅。一般說來，臣民做爲基督徒對土耳其人更爲有利，所以土耳其人並不渴望爲了普及伊斯蘭教而要求其臣民改變宗教信仰。

因此鄂圖曼帝國是一個遠比歐洲國家寬容異己的帝國。土耳其帝國基督徒的境況要比穆斯林在基督教世界，或摩爾人在西班牙的實際境況爲好。基督徒在土耳其也比一六八五年後新教徒在法國，或天主教徒在愛爾蘭所受的困擾較少。土耳其帝國之能夠寬容異己，是因爲它是一個混合國家，是一個許多民族、宗教和法律的聚集體，它不像西方國家那樣致力於國內的統一和完整的合法統治權。在對待外國商人方面，土耳其帝國的寬容異己也是明顯的，外國商人活躍於大部分帝國領土。

從一五三五年以來，法國國王與土耳其就有了條約協定，來自馬賽的許多商人散布於中東的一些港埠。他們根據條約不受鄂圖曼帝國法律的管轄，只服從本國法官的審判，這些法官雖然住在土耳其，但是由法國國王任命。商人們可以自由奉行他們的羅馬天主教，如果與穆斯林發生爭端，他們在特別法庭出庭，在這個法庭上，一個異教徒的話和一個先知者信徒的話具有同等價值。其他的歐洲國家在土耳其也取得了同樣的權利。這樣就開始了後來幾個世紀歐洲人在中國以及其他地方（只要認爲當地法律是落後的地方）所獲得的「領事裁判權」這種特權。十七世紀的土耳其人對這種安排毫無異議。只是在很久以後，在西方的影響下，土耳其人才認識到這種「領事裁判權」有損於他們的主權，因而表示憤慨。

然而，土耳其的統治者是暴虐的，有充分的理由認爲「恐怖的土耳其人」是東歐的惡魔。鄂圖曼的統治爲基督徒們所難以忍受，只是因爲它把基督徒降低到一種受蔑視的地位，而且因爲土耳其人用極端輕蔑的態度看待基督徒所認爲是神聖的每件事物。鄂圖曼的統治難以忍受還在於，即使根據歐洲人最能容忍的標準，它也是專橫和殘忍的。在十七世紀，上述情況比以前更爲惡劣，因爲蘇丹的中央權力已經腐敗，而邊緣地區的總督（即「帕夏」），實際上對其臣民可以任意處置。

鄂圖曼帝國與基督教國家毗鄰的那些地區，又是與君士坦丁堡的關係最不牢固的。南俄羅斯各韃靼汗，與多瑙河各公國的基督教徒親王一樣，不過是交納貢稅的受保護者。匈牙利雖被占領，但更多的是做爲一個戰場而不是一個省。德意志人、波蘭人和俄羅斯人爲上述地區爭執不休。十七世紀中葉，看來土耳其人的牢牢控制或許會有所放鬆，但是，具有非凡才能的庫普里利家族的宰相執掌了政權，一反土耳其人的慣例，維持達五十年之久。在他們的領導下，帝國再次努力地向前推進到中歐的哈布斯堡。到一六六三年，禁衛步兵再次在匈牙利實行動員。韃靼騎兵在前進。中歐又一次感受到昔日的恐怖。教皇擔心可怕的敵人會衝入義大利。根據皇帝的命令，「土耳其鐘」發出的警報響徹整個德國。神聖羅馬帝國各邦國於一六六三年在雷根斯堡召開帝國議會。議員們投票通過徵召一支小規模的帝國軍隊。神聖羅馬帝國激勵著自己臨時召集的軍隊以對抗基督徒的宿敵。可是，不是在神聖羅馬帝國的領導下，而是在奧地利家族的領導下，土耳其人被擊敗了。

奧地利君主國的形成

哈布斯堡權力的恢復與發展，一六四八～一七四〇年

奧地利在一七〇〇年出現時，事實上是一個新國家，雖然它不像普魯士和俄羅斯那麼明顯。奧地利哈布斯堡家族長期以來便享有顯赫的地位。從前，他們的地位是依靠他們在神聖羅馬帝國的領導地位，以及他們與更富有的西班牙哈布斯堡家族的聯繫來支撐的。十七世紀，上述兩個支柱垮臺了。在德國建立一個有效的哈布斯堡帝國的希望，在三十年戰爭中破滅。由於西班牙的衰落，與西班牙的聯繫已失去價值，而當一七〇〇年法蘭西家族對西班牙王位提出要求時，這個聯繫就完全消失了。在十七世紀後葉，奧地利家族正處於命運的偉大轉捩點。它成功地完成了這次困難的轉變，從神聖羅馬帝國這毫無價值的外殼中脫穎而出，建立起自己的帝國。與此同時，哈布斯堡家族繼續擔任神聖羅馬帝國的皇帝，在德國事務中依然產生著積極的作用，並利用從德國外部獲取的資源來維持對德意志各諸侯的影響。奧地利與德國其餘地區的關係，直至二十世紀都是一個政治難題。

奧地利家族視爲自己的直屬領地的有三個部分。最老的是「世襲轄區」，即上奧地利與下奧地利，以及相毗鄰的提洛爾、施蒂利亞、卡林西亞和卡爾尼奧拉。第二部分是波希米亞王國，即在聖溫塞斯拉斯國王統治下聯合起來的波希米亞、摩拉維亞和西里西亞。第三部分是匈牙利王國，即在聖斯蒂芬國王統治下聯合起來的匈牙利、外西凡尼亞和克羅埃西亞。除去奧地利哈布斯堡王朝在十七世紀重申對上述各地區的支配權這一點外，沒有任何東西能使這些地區

聯合起來。在三十年戰爭期間，哈布斯堡王朝在奧地利和世襲轄區肅清了新教和封建反叛者，又征服了波希米亞，並使之重新天主教化。在之後的幾十年中，它還征服了匈牙利。

自一五二六年後，匈牙利的大部分地區被土耳其人占領。世代以來，匈牙利平原就是維也納和君士坦丁堡的軍隊不時交戰的戰場。當一六六三年土耳其軍隊進逼多瑙河時，鬥爭於一六六三年再次突然爆發。從帝國和整個基督教世界調集的一支混合部隊，迫使土耳其人在一六六四年接受了一項爲期二十年的停戰協定。但是，在此期間，忙於瓜分帝國西部邊境地區的路易十四，決心要利用各國把注意力轉向多瑙河的時機來撈取重大的利益。他促使土耳其人（由於對哈布斯堡共同的敵視而成爲法國的老盟友）重新發動他們的攻勢，當二十年停戰期滿時，土耳其人再次開始了進攻。

一六八三年，一支龐大的土耳其軍隊兵臨維也納城下，把它團團包圍起來。如同一五二九年一樣，土耳其人再次兩眼死盯著歐洲的內院。在數量上頗占優勢的維也納守備隊和人民抗擊圍城部隊達兩個月之久，爲他們贏得時間等待一支防禦部隊的到來。交戰雙方都顯示出這場衝突具有「國際」性質。土耳其軍隊包括某些基督教徒——羅馬尼亞和匈牙利的，後者正在起義反對哈布斯堡在匈牙利的統治。反土耳其部隊主要由波蘭人、奧地利王朝的軍隊以及來自神聖羅馬帝國各邦國的德意志人所組成，在財政上得到教皇英諾森十一世的巨大支持；部隊在戰場上由哈布斯堡將軍，洛林的查理公爵指揮，他希望保護自己的繼承權，免遭法國吞併；而最高指揮權則授予波蘭國王約翰・索別斯基。索別斯基對援救維也納有極大的貢獻，他的英勇行動體現了垂亡的波蘭共和國最後所做的偉大軍事努力。土耳其人棄圍時，一場反土耳其人的總反攻逐步展開。教皇、波蘭、俄羅斯和威尼斯共和國的各國軍隊與哈布斯堡家族的軍隊聯合戰鬥。正是在這場戰爭中，在土耳其人與威尼斯人交戰時，已經存在二兩年的雅典帕德嫩神廟被土耳其人用做彈藥庫，最後被炸成瓦礫堆。

哈布斯堡家族幸運地得到了才能卓著的薩伏依親王尤金的幫助。尤金正如奧地利家族的其他許多官員一樣，根本不是奧地利人；根據出身和教育，他實際上是法國人，並且和當時貴族階級中的許多人一樣，是個國際級人物。他還超越許多人，是現代奧地利國家的創始人。他擔任軍事行政長官與作戰指揮官時，都表現了傑出的才能；他採用路易十四規劃的辦法，改革了哈布斯堡軍隊的供應、裝備、訓練和指揮，並於一六九七年贏得桑達戰役的勝利，將土耳其人逐出匈牙利。在一六九九年的卡洛維茲和會上，土耳其人被迫把匈牙利的大部分地區和外西凡尼亞、克羅埃西亞一起割讓給了哈布斯堡家族。鄂圖曼帝國

圖5-4　奧地利哈布斯堡動員了軍事同盟（包括約翰・索別斯基國王領導的波蘭軍隊在內）的一支大部隊，擊敗一六八三年圍困維也納的土耳其軍隊。這幅由弗朗茨・吉佛爾（一六三五～約一六九九年）所作的圖畫，描繪了迫使土耳其人放棄圍城的決定性的最後戰鬥。〔Erich Lessing/Art Resource, NY; The Relief of Vienna, 1683, by Franz Geffels (1635/6-c. 1699)〕

永久地被推回到羅馬尼亞和巴爾幹。

哈布斯堡家族這時放手實施他們在西方的計畫。他們參加了奪取西班牙王位的西班牙王位繼承戰爭，但他們按照一七一四年《拉斯達特條約》，只是併吞了舊西班牙尼德蘭、米蘭以及那不勒斯。尤金親王這時從西方脫身後，再次轉向東方。奧地利人取得如此輝煌的成功是空前絕後的。尤金占領了貝爾格萊德，穿過鐵門峽谷進入瓦拉幾亞。然而，土耳其人也還未到一敗塗地的地步；根據一七三九年《貝爾格勒和約》劃定了邊界，在奧地利方面的邊界，直到二十世紀始終未變。土耳其人繼續占有羅馬尼亞以及除併入哈布斯堡帝國的天主教克羅埃西亞以外的整個巴爾幹半島，再次面向歐洲。爲了在地中海打開一扇窗戶，哈布斯堡政府將的里雅斯特逐步發展爲一座海港。

一七四〇年左右的奧地利君主國

奧地利家族因而在威斯特伐利亞和約蒙受羞辱後的兩、三代時間內，終於獲得了一個幅員極爲廣闊的新帝國。雖然包括了比利時和義大利，但它主要是一個以奧地利本土維也納爲總部的中部多瑙河帝國，占有幅員可觀的匈牙利王國和波希米亞。儘管德意志的影響強大，帝國仍是一個國際性的或者非民族性的國家。在哈布斯堡宮廷、政府和軍隊中，捷克、匈牙利、克羅埃西亞和義大利貴族的名字極爲普遍。當民族主義運動在十九世紀席捲歐洲時，帝國由於其專橫而遭到匈牙利人、克羅埃西亞人、塞爾維亞人、羅馬尼亞人、捷克人、波蘭人、義大利人，甚至某些德意志人的痛斥，這些人的民族雄心因爲帝國的存在而受到壓抑。後來，在對中歐和東歐的民族主義感到幻想破滅的情況下，某些人又傾向於把這個古老的哈布斯堡君主國過分地加以理想化，說它至少具有把許多不和的民族合成一體的長處。

奧地利帝國從一開始就是國際性的帝國，它的基礎是世界性的地主貴族，他們儘管語言不同，但認爲彼此間的關係比他們與在采邑勞動的勞工之間的關係更爲密切。沒有經過多少年，即到一八四八年後，哈布斯堡政府才眞正接觸到農村廣大群衆；政府與地主階級和比較少數的城市打交道，讓地主去控制農民。在波希米亞、匈牙利和奧地利各轄區，老的議會實際上一直存在。帝國做爲一個整體，沒有建立議會。議會主要是地主們的集會；雖然他們不再享有中世紀的自由，但還保有收稅權和行政管理權，以及某種意義上對付國王的憲法自由觀念。只要他們根據需要提供捐稅和軍隊，接受統治家族的戰爭和對外政策，維也納就不提出什麼問題。然而對哈布斯堡來說，宗教事務就是另外一碼事了，對已經在波希米亞和匈牙利廣泛傳播的新教，哈布斯堡王朝加以武力鎭壓。許多新教徒貴族和反叛者的莊園被沒收，使得哈布斯堡可以將這些値錢的土地獎賞給來自歐洲各地的士兵和支持者。移居於哈布斯堡領土（尤其是在匈牙利）的人口數目越來越多，包括德意志人、克羅埃西亞人和塞爾維亞人等。與此同時，農民仍然處於或者重新淪於農奴制度之下。

任憑哈布斯堡統治者進行了政治、宗教和軍事政策的種種努力，奧地利君主國仍然是一個經由個人聯盟而結合在一起的領地集合體。奧地利本土的居民認爲他們的統治者是一位大公，波希米亞人將他視爲波希米亞國王，馬扎爾人則把他看做匈牙利的使徒國王。每個國家都保留自己的法律、議會和政治生活，因而使哈布斯堡很困難或不可能在它全部領土上建立可接受的法律與各種機構。在人民中無人感到上述地區是結合在一起的，甚至不少貴族也僅僅因爲共同爲哈布斯堡家族服務才聯合在一起。只要帝國存在，各個領土的王位必須由同一個人繼承。

國王和大公查理六世在收復匈牙利後，制定了保證這種專一繼承的牢靠方式。這種方式以「國事詔書」的文件形式體現出來，它首次在一七一三年頒布。根據「國事詔書」，帝國各地的議會和哈布斯堡家族的各個大公都同意把

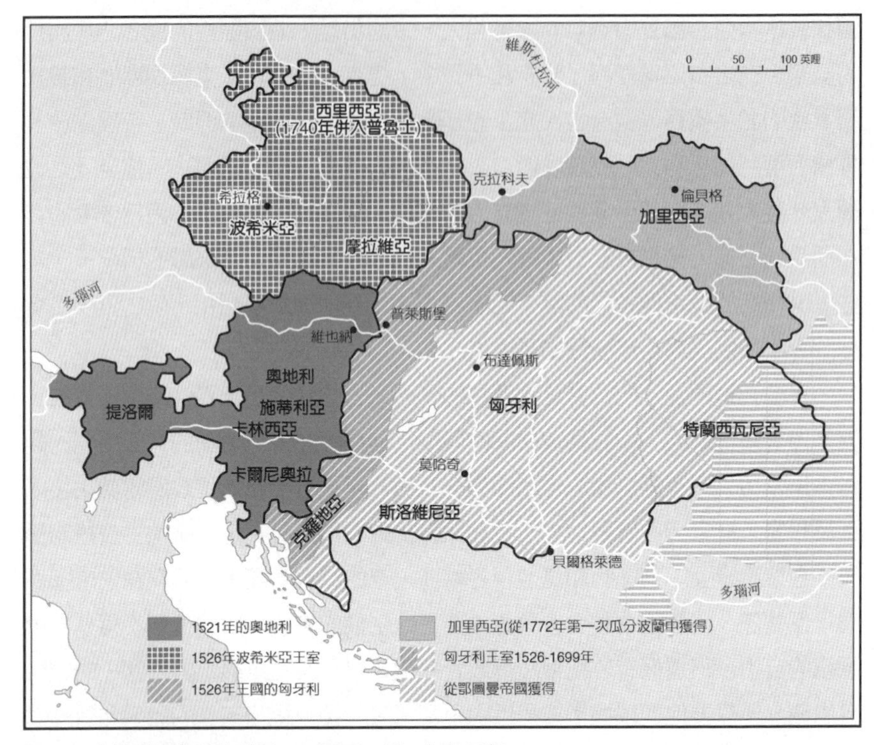

圖5-5　奧地利君主國的發展，一五二一至一七七二年

此圖表示奧地利君主國的主要部分在十八世紀的進展，和直至一九一八年帝國瓦解前的持續發展。它包括三部分：（1）組成奧地利的核心部分，以及通常稱爲「世襲地」的毗鄰公國；（2）波希米亞王室土地，一五二六年成爲哈布斯堡的土地，三十年戰爭期間哈布斯堡再次重申了對此塊土地的權力；（3）匈牙利王室土地，起初哈布斯堡僅持有稱爲王國的匈牙利那部分土地，其餘的在一六九九年哈布斯堡重新征服前一直由土耳其人占有。一七七二年第一次瓜分波蘭，哈布斯堡併吞了加里西亞，而西里西亞在一七四〇年失於普魯士。

哈布斯堡的領土看做是一個不可分割的整體，並承認指定的唯一繼承世系。查理只有一個獨生女兒瑪麗亞·特蕾西亞，當奧地利哈布斯堡家族與前幾年西班牙人一樣，男性直系即將中斷時，問題於是變得非常緊迫。查理六世逐步取得帝國各個組成部分以及本家族的全體成員對「國事詔書」的承認，他們承認查理獨生女瑪麗亞·特蕾西亞有權繼承王位和全部哈布斯堡領土。然後，他著手取得外國列強的保證，因爲他知道巴伐利亞、普魯士或其他國家很可能會對這一部分或那一部分的繼承權提出要求。這個過程的完成花費了幾年時間，所付的代價是做出許多損失重大的讓步。例如，查理六世試圖在奧斯坦德創辦一家海外貿易公司，以便在商業上振興比利時，但英國政府在同意保證「國事詔書」前，要求放棄這項商業計畫。英國人的要求如願以償。最後，各國都簽字做了保證。查理六世於一七四〇年逝世，他竭盡自己所能，通過國內法律和國際條約來保證奧地利帝國的延續。

他才剛逝世，武裝的「繼承人」就出現了。一場大戰突然爆發，分裂了奧地利帝國，如同不久前西班牙帝國曾被分割一樣。波希米亞背棄了自己的忠誠。匈牙利幾乎也是如此。不過，這些事件屬於以後敘述的範圍。至此，可以充分了解到，一七四〇年在多瑙河畔已經建立了一個擁有強大軍事力量、人口眾多的帝國。

普魯士的形成

十七世紀的特點在於，一些極小的國家能夠在歐洲事務中產生具影響力的作用，看起來與它們的面積完全不相稱。小國所以能起大國的作用，主要原因在於當時軍隊的規模小，武器簡單。供應和通訊困難，道路欠佳，地圖缺乏，沒有總參謀部，以及許多其他行政上和技術上的困難，限制了戰役中可以順利調動的兵士人數。三十年戰爭的各次戰役，作戰部隊的人數平均不超過兩萬人。雖然路易十四在位的最後幾年建立了一支編制達四十萬人左右的軍隊，但在路易十四進行的各次戰爭中，戰場上的軍隊平均也沒有超過四萬人。這種規模的軍隊，小國很有能力組成。尤其是，如果訓練有素、紀律良好和裝備完善，再加上指揮有方和使用得當，小國的軍隊就能擊敗大得多的鄰國軍隊。德意志的普魯士邦後來基本上就是根據這種情況而建立的。但是，普魯士並不是第一個利用這種機會取得驚人後果的國家。第一個國家是瑞典。

短命的瑞典帝國

瑞典人在十七世紀中歐和東歐幾乎組成一個帝國，但還不徹底。瑞典人口當時不超過一百萬，比荷蘭共和國還少。但瑞典產生了一系列非凡的統治者，從天才的古斯塔夫．阿道爾夫（一六一一～一六三二年），到有才能但行爲怪僻的克莉絲蒂娜女王（一六三二～一六五四年），再到令人驚訝的軍事開拓者查理十二世（一六九七～一七一八年）。選舉產生的瑞典王位被明確規定是世襲的，王權擺脫了各個采邑的控制，從西方，尤其從荷蘭引進了工匠和專家，軍事工業得到政府的資助，並創建了一支在武器、組織和戰術方面具有許多新特色的軍隊。

古斯塔夫．阿道爾夫帶著這支軍隊在三十年戰爭中橫渡波羅的海，與新教的德意志各邦國結成同盟，分割了神聖羅馬帝國，幫助制止了哈布斯堡家族統一德國。根據威斯特伐利亞和約，瑞典國王得到德國的某些沿海地區。後來，在一系列的混戰中，一位波蘭國王要求擔任瑞典國王，而一位瑞典國王則要求擔任波蘭國王，結果瑞典人實際上贏得了對整個波羅的海沿岸和各城市的控制。唯有波羅的海出海口的丹麥和幾乎沒有港口的布蘭登堡家族的一些領地仍舊保持獨立。波羅的海一度成爲瑞典的湖泊。俄國人被拒之於波羅的海之外，而波蘭人以及居住在沿岸的德國人只有按照瑞典人的條件才能到達波羅的海。

瑞典人最後爭取擴大帝國領土的運動發生於查理十二世曇花一現的統治時期。這位年輕人發覺他的領土遭到丹麥、波蘭和俄羅斯的攻擊；雖然他贏得了幾次非凡的勝利，但並未締造和平；他後來率領軍隊進出東歐平原，只是到了最後卻被俄國人擊潰。他逃亡到土耳其，做爲土耳其的客人和被保護人，度過其更爲漫長的歲月。瑞典的勢力範圍已縮小到瑞典本土，但芬蘭和已經減少了的在北德的領地仍然屬於瑞典又長達一個世紀之久。瑞典人及時證明了自己在歐洲各民族中的與眾不同，因爲他們並沒有喋喋不休地談論著昔日的顯赫功蹟。他們成功地、和平地從一個大國的角色過渡到一個小國的角色。

布蘭登堡—普魯士領土的擴大

從長遠來看，統治歐洲這一部分土地的將是普魯士。普魯士還以其「軍國主義」而著稱，可以說，當軍事需要和軍事價值滲入生活的其他各個領域時，軍國主義就會存在。由於對德國長達兩百餘年的影響，普魯士在現代世界起了極其重大的作用。普魯士興起的所在地波羅的海南岸地區，對建立一個強大的政治國家來說，是一個沒有前途的地方。普魯士是一個沒有吸引力的國家，人口稀少，土地貧瘠，礦藏貧乏，比薩克森或波希米亞落後，更談不上與南德和西歐的各個繁華中心相比。普魯士是一個平坦而寬廣的平原，與波蘭緊密相連，沒有突出的自然特徵或自然邊界（見導論圖、圖5-1、5-2）。瑞典正南的沿海地區稱爲波美拉尼亞。從波美拉尼亞起，被大海封閉的內陸，就是以柏林周圍爲中心的布蘭登堡選侯國。一四一七年，霍亨索倫家族開始統治即將成爲現代普魯士核心的布蘭登堡。布蘭登堡是在中世紀神聖羅馬帝國反對當時斯拉夫人異教徒的多次戰役中，做爲帝國的「標記」或「邊界」而建立的。它的統治者侯爵是一三五六年後七位能選舉神聖羅馬帝國的侯爵之一，因此一般稱之爲布蘭登堡選帝侯。一四一五年以後，選帝侯常常是由霍亨索倫家族出任的。

易北河以東包括布蘭登堡在內的整個德意志，是說德語的民族（向東方推進的德國人）在中世紀征服的地區。從易北河到波蘭，德國征服者和移民取代了原來的斯拉夫人，或是把他們消滅掉，或是借通婚而加以同化了。從布蘭登堡向東，在神聖羅馬帝國以外，綿亙著一片斯拉夫民族居住的地區。接著向東就到了「普魯士」，霍亨索倫君主國所有的領地後來都被授予這個名稱。最早的普魯士是條頓騎士團領地的一部分；條頓騎士團是一個軍事十字軍組織，十三世紀時征服了土著居民並使之基督教化。除波羅的海沿岸外，普魯士公國全部被波蘭王國所包圍。向北，沿波羅的海遠至芬蘭灣，德意志少數民族則雜居在立陶宛人、拉脫維亞人（又叫列特人）和愛沙尼亞人之中。城鎮是德國人在中世紀做為德國商業聚居地而建立的，許多地主都是德國人，他們是條頓騎士團的後裔，後來叫做「波羅的海貴族」。那時，這些德國人由於幾乎完全失掉民族主義感情，所以沒有意識到他們與最西邊的德國人主要集團有著淵源關係，但他們保留了德語和德意志的傳統。

現代普魯士於十七世紀開始出現，當時布蘭登堡的霍亨索倫家族手中掌握了許多領地，如我們已經提到的，霍亨索倫家族從一四一七年起就統治著布蘭登堡。一六一八年布蘭登堡選帝侯繼承了普魯士公爵領地。當三十年戰爭時期，波美拉尼亞舊的統治世系終止時，事情就有了另一種重要的發展。儘管瑞典人成功地獲得包括斯德丁城在內的波美拉尼亞的較大部分土地，但布蘭登堡選帝侯在威斯特伐利亞和會上得到東波美拉尼亞（又稱遠波美拉尼亞）。雖然這是一塊貧瘠的農業地區，又缺乏港口，但至少具有將布蘭登堡與波羅的海連結起來的好處。霍亨索倫家族一取得它，就開始幻想把它與普魯士公爵領地聯合起來，而要完成這個任務則要求併吞居間的、斯拉夫人占優勢的地區，這是波蘭的一部分，此項任務於一七七二年完成。

如果普魯士公爵領地和東波美拉尼亞是霍亨索倫家族唯一獲得的領土，那他們的國家本來就幾乎只能朝向東歐。但是，在威斯特伐利亞和會上，除東波美拉尼亞外，他們還得到位於易北河西岸的新領土。還有，由於玩弄神聖羅馬帝國內司空見慣的繼承權把戲，霍亨索倫家族早在一六一四年就接管了位於荷蘭邊境萊茵河畔的克里夫小國以及德國西部少數其他小領地。這些領地雖然因中間有著各個德意志邦國而與布蘭登堡周圍的主要地區相分隔，但它們使霍亨索倫家族與西歐較先進的地區發生直接聯繫，並且有了一個基地，據此在萊因蘭最後又取得了一些面積較大的土地。

十七世紀，布蘭登堡家族的領地此時是三個不相連接的大地塊。主要的大地塊是布蘭登堡以及相毗鄰的波美拉尼亞與易北河沿河領地。一個單獨分離的東部地塊是普魯士公爵領地，以及在萊茵河畔及其附近的一個小的、單獨分離的西部地塊。連接和統一這三大地塊，成了布蘭登堡家族長期的基本政策。

三十年戰爭中期，一六四〇年，一個名叫佛烈德里克．威廉的二十歲青年繼承了上述各領地。他後來稱爲大選帝侯，是使普魯士現代化的第一個人。他是在困難的環境下成長起來的。布蘭登堡是德國遭受戰禍最嚴重的地區之一。

圖5-6　佛烈德里克·威廉，著名的大選帝侯，統治普魯士幾達五十年（一六四〇～一六八八年）。他將其國家置於一個進程之中，使普魯士成長為中歐新強國，並發揮其軍事影響。（Foto Marburg/Art Resource, NY）

它的位置使它成為瑞典和哈布斯堡軍隊經常出沒之地。一六四〇年，在這場戰爭開始後的二十二年中，柏林的人口從一萬四千人左右下降到約六千人。成百座村莊夷為平地。狼群在農村到處漫遊。

佛烈德里克·威廉統治的是一小塊平坦、沒有自然邊界和無法做縱深防禦的領土，從這種情況出發，他認定必須依靠一支精兵。有了一支具有戰鬥力的軍隊，即使是一支小部隊，他就能迫使各個較強的國家對他有所顧忌，從而使他有可能懷著幾分有利的希望登上均勢政治舞臺。布蘭登堡家族長期堅持的綱領就是擁有一支備而不用的軍隊，悉心愛護甚至小心翼翼地使其養精蓄銳，保持這樣一支「常備軍」，並運用外交策略達到目的。他們這樣做了，辦法是支持法國反對哈布斯堡家族，或者支持瑞典反對波蘭。他們同時不僅渴望獲得大公或選帝侯的稱號，而且還有國王的稱號。一七〇一年，當哈布斯堡皇帝準備參加西班牙王位繼承戰爭時，機會終於來到了。皇帝需要八千名布蘭登堡部隊的支持。選帝侯提出他的要價：皇帝承認他為「在普魯士」的國王，皇帝只得同意了。最初，此稱號明確限於榮譽較小的「在普魯士」的國王，但不久就變成「普魯士」國王了，布蘭登堡的選帝侯佛烈德里克三世成為普魯士國王佛烈德里克一世。神聖羅馬帝國古老的結構於是出現了另一個分裂。這時，有一個德國國王凌駕於其他所有的德國諸侯之上。

普魯士軍事國家

普魯士之所以對軍隊十分關注，毫無疑問最初是出於防禦的考慮，是由三十年戰爭的恐怖而引起的。但是這種關注卻持續下去，比它的起因更加經久不衰，以致變成固定不變的習慣和該國的特點。普魯士並不是唯一關心自己武裝部隊的國家。普魯士唯一與眾不同之處，在於其軍隊的規模與它賴以建立的資源之間的比例是很不相稱的。為了維持軍隊，政府不得不因此而指導和規劃

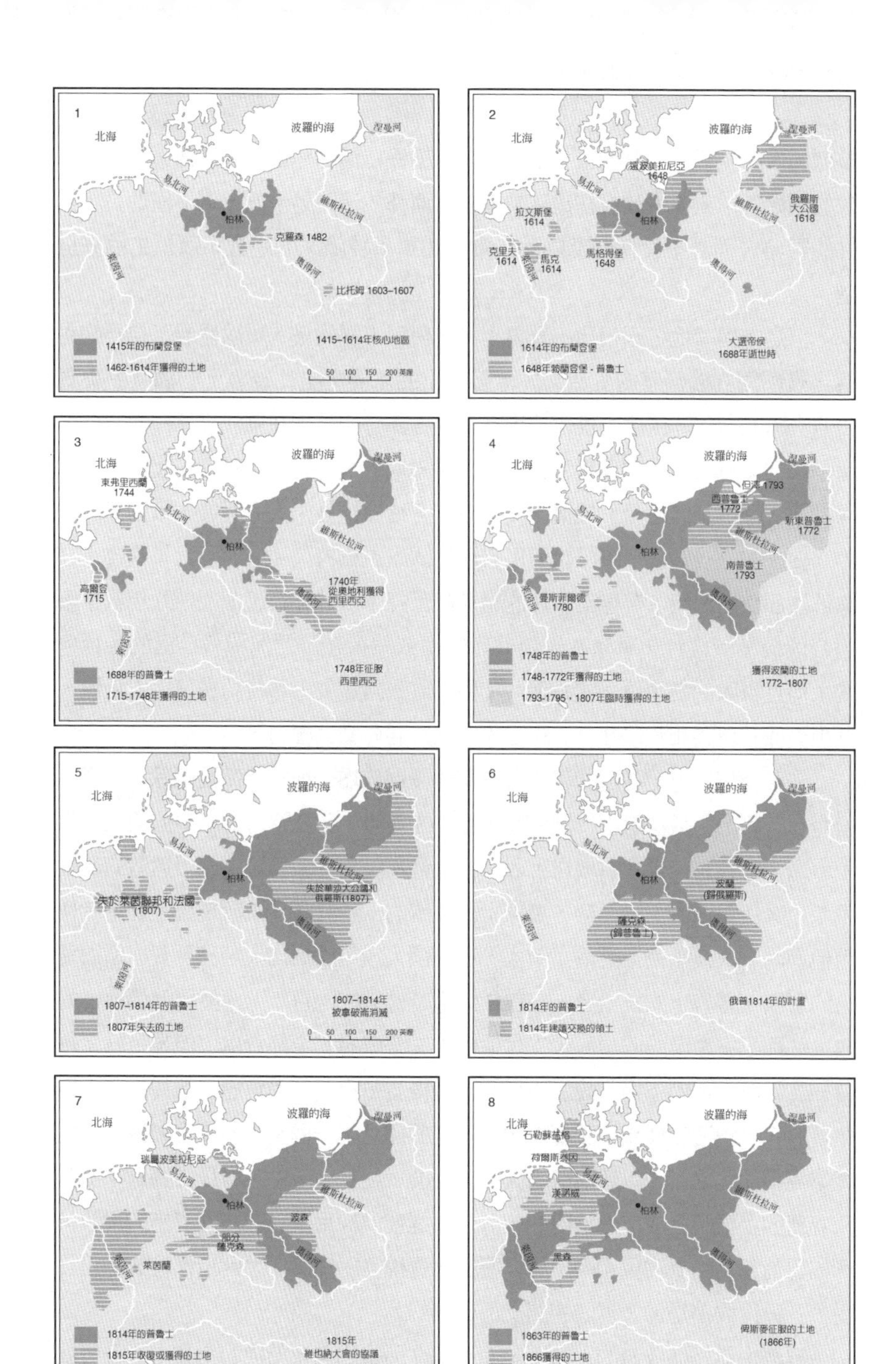

圖5-7　普魯士的發展，一四一五～一九一八年

這裡顯示的地圖距離本章範圍較遠，顯示出布蘭登堡自十七世紀開始擴張後的普魯士歷史概貌。通過連在一起的所有地圖，人們可看到一八一五年前普魯士實際上是一個東歐國家，直到十九世紀，它的中心才令人注目地向西轉移；第二張圖顯示了三個互不連結的領土的早期形成；第三張圖，相對於小王國，幅員要大得多的西里西亞被合併；第四張圖，瓜分波蘭的成果；第五張圖，拿破崙削弱了普魯士。維也納大會上的主要危機及其結果在第六、七張圖中顯示。俾斯麥擴大的普魯士在第八張地圖出現。俾斯麥建立的邊界直至一九一八年君主國垮臺前仍無變動。

整個國家的生活。普魯士也不是在和平時期保持活動和備戰的那種「常備」軍隊的創始者。大多數政府在建立常備軍方面都效法路易十四，這不僅助長了對外的野心，而且不使武裝部隊落入貴族和軍事冒險家的手裡，而是由國家控制。

但是，與其他各國相比，普魯士尤爲與衆不同的是，軍隊發展了自己的生活，幾乎獨立於國家的生活之外。普魯士的軍隊歷史比普魯士的國家歷史更長。一六五七年，大選帝侯帶著來自領地各部分的兵士在華沙打了一次大仗，這是來自克里夫、布蘭登堡和普魯士公爵領地的人有史以來首次一起共事。軍隊是第一個「全普魯士」機構。文官政府各種機構後來大大發展，以適應軍隊的需要。在之後幾代，軍隊證明了自己比國家更爲持久。一八〇六年普魯士在拿破崙面前崩潰時，普魯士軍隊的精神和士氣卻依然存在；一九一八年霍亨索倫帝國最後滅亡時，軍隊在魏瑪共和國裡依然存在，並保持著自己的各種傳統，而且軍隊的壽命再一次長過共和國。直到阿道夫・希特勒在第二次世界大戰中失敗和新共和政體建立，軍隊才完全從屬於文官權力。

在某種程度上，各國的現代國家機器發展成爲一種支持武裝部隊的工具。但是在普魯士，這個過程特別簡單明瞭。在普魯士，統治者約一半的收入取自王室產業，只有一半左右取自稅收。由采邑和統治者做爲領主直接擁有的其他生產企業所組成的王室產業，實際上是政府的一項財產，由於普魯士統治者使用他們的收入幾乎完全是爲了國家，他們個人成了簡樸的人，甚至養成斯巴達人的習慣。普魯士的統治者，在就任大選帝侯後的一百年，還能用他們自己的收入（即王室產業的收益）來支付他們的文官政府的全部費用。但是，爲了維持一支軍隊，他們不得不設法從產業上獲得更多東西，並且還必須從稅收上籌集新收入。爲了發展產業和管理開支，他們建立起一個龐大的文官機構。王室產業規模如此之大，以致國家的大部分經濟不在私人手中，而是由歸國家擁有和管理的企業所組成。做爲附加收入，大選帝侯採用某些在法國實施的稅收，例如對消費品的貨物稅和國家對食鹽的專賣稅等。在就任大選帝侯後的一百年內，各種稅收都是爲了軍隊的開支而徵收的。

經濟生活是在政府的主管下，而不是在大膽的商業階級的企業主管下發展起來的。之所以如此，是因爲對維持一支有組織的軍隊的農業國家來說，生產工藝和技術工藝不得不從別的國家進口（主要是從西方進口）。大選帝侯年輕時在荷蘭度過多年，在那裡看到的財富和繁榮景象給他留下了深刻的印象。他擔任選帝侯後，定居在瑞士和布蘭登堡的佛里西安（佛里西安幾乎就是荷蘭式的）。他歡迎來自波蘭的猶太人；當路易十四開始迫害法國新教徒時，他提供資金，派遣專門官員援助兩萬名胡格諾教徒移居布蘭登堡。一度，法國移民曾經占有柏林人口的六分之一，成爲這個比較原始城市的最進步的成分。如同柯爾貝統治下的法國一樣，政府創辦並資助各種企業；但這種政府參與的重要性遠遠超過法國的，因爲用於投資的私有資本總額小得不能比擬。軍事需要對市場貨物的支配作用，比其他任何國家都來得大，因爲在這樣一個十分貧窮的國家中，民用需要是相當低的；軍隊在糧食、制服和武器方面的需求，成爲影響該國經濟發展的一支強大力量。

軍隊還對普魯士的社會發展和階級結構具有深刻的影響。平民中產階級仍然是順從的，實際上，把整個地主貴族（容克，Junkers）吸收進軍事機構，已成爲統治者的政策。他們自覺地利用軍隊做爲在克里夫、布蘭登堡、波美拉尼亞和前條頓騎士團領地的地主家庭中灌輸「全普魯士」心理的工具。普魯士是一個非常年輕、人爲的領地聯合體，因而使得忠誠於它的感情最初並不是自然的，爲此更需要依靠明顯的軍事手段來加以灌輸。灌輸的重點內容放在義務、服從、服務和犧牲上。除上述因素外，軍事美德之所以成爲整個普魯士男性貴族的特點，也還應歸因於該國人口數量少。例如在法國，大約有五萬名男性成年貴族，但其中只有少數人經常在軍隊擔任軍官。而在普魯士，幾乎所有的容克家族總有成員是穿制服的。

此外，大選帝侯及其繼承者，也像所有專制主義統治者一樣，對於以地主貴族爲主要成員的等級會議（即各地議會）實行壓制。爲了平息大地主的不滿，統治者允許在軍隊中對地主階級的成員授予官職，還允許他們對自己的農民可以爲所欲爲。普魯士君主國絕大部分是建立在統治者與地主鄉紳間的諒解之上，即後者同意承認統治者的政府，並願意在他的軍隊中服役；但做爲回報，統治者允許地主鄉紳繼續把自己的農民置於世襲受支配的地位。農奴制在普魯士就如在東歐各地一樣盛行。在東普魯士，農民的境況與波蘭農民一樣悲慘。

普魯士的統治者認爲，容克地主可以成爲較好的軍官，因爲他們是在管轄自己的農民的習慣中長大的。爲了維護軍官階級，法律禁止出售「貴族」土地，即禁止將釆邑售給非貴族的人。在法國，則又形成對比，釆邑權利簡單地變成了財產形式，資產階級，甚至農民也都可以合法地取得釆邑，並享有一筆領主的或「封建貴族」的收益。在普魯士，這是不可能的；由於擁有不可變更的財產形式，各個階級被凍結了。因此，中產階級的人很難借助從事地主貴族的職業而進入貴族行列。總之，資產階級簡直沒有什麼獨立精神。在東普魯士幾乎沒有什麼德國的老城鎮。普魯士的中產階級並不富有，擁有的私人財產也不多。典型的中產階級分子是官員，他為政府工作，擔任龐大的王室產業或依靠國家津貼的企業的雇員或租借人。普魯士的文官，從大選帝侯時代以來，就以其正直和效率而著稱。但是普魯士的中產階級比起其他地方的中產階級來，對貴族更為順從，對國家更為忠誠，對軍隊則是更加望而生畏。

普魯士的這些特點在佛烈德里克・威廉一世統治下進一步得到了發展。威廉一世從一七一三年至一七四〇年擔任國主。他是一個現實而粗俗的人。他鄙視一切帶有「文化」氣息的事物，而他的父親和祖父（大選帝侯），以及他的兒子（佛烈德里克大帝）對此卻都十分關注。他對不是花於軍隊的每一分錢都十分吝惜。他把皇家費用削減四分之三。他在赴格林斯堡舉行加冕典禮的路程上，花掉兩千五百四十七個銀幣，而他父親為此曾經花了銀幣五百萬。他以一種德意志父親般的方式統治國家，像對私人采邑一樣監督國家，時常穿一件破舊制服潛行於柏林大街小巷，用手杖來懲戒怠忽職守的市民。他整天工作，也希望人人這樣做。

他愛護軍隊，所制定的全部政策都是為軍隊服務的。他是始終身著制服露面的第一位普魯士國王。他重新安排了宮廷禮儀程式，尊軍官而抑文官。他對高個子兵士的喜愛是聞名於世的；他成立一個特別分隊，來自歐洲各地，成員都有六、七英尺高，連彼得大帝也從亞洲送了幾位給他。他規定了新的訓練形式和演習形式，創立一所訓練容克地主子弟的士官生學校，並確立了新的招募制度，根據這個制度，每個團都有一個特別區或州做為指定的兵源地區（這種招募制在歐洲長期以來都是最有效的）。他建立的軍隊，在他登上王位時為四萬人，到他逝世時增加到八萬三千人。他在位期間，柏林發展成擁有十萬人口的城市，其中兩萬是兵士，這個比例也許在歐洲是超過任何其他城市的。他還留給他的繼承者一筆為數達七百萬銀幣的軍費（因為他實際上沒有親自作過戰）。

佛烈德里克二世（後稱佛烈德里克大帝，也譯為腓特烈大帝，一七四〇年登基）就是依靠這支軍隊和這筆軍費使歐洲大吃了一驚。奧地利的查理六世逝世不久，他的女兒瑪麗亞・特蕾西亞開始繼承各種權利。整個歐洲對「國事詔書」的保證採取騎牆態度。當其他國家還在等待時，佛烈德里克便開始進攻了，他沒有發出通知就調動軍隊進入西里西亞。霍亨索倫家族曾對西里西亞提出過古老而含糊的要求；西里西亞位於奧得河上游，是面向波蘭一側的波希米亞王國的一部分，北鄰布蘭登堡。西里西亞加入普魯士王國，幾乎使人口增加一倍，並且增加了有價值的工業，從而普魯士終於成為一個大國，擁有六百萬人口和佛烈德里克建立的一支二十萬人軍隊。必須補充指出，如果單從人類的成就來判斷，那麼普魯士是一個非凡的創舉，是一個靠小本經營而建成的國家，是辛勤工作和認眞責任所換得的勝利。

俄羅斯的「西化」

從瑞典到土耳其，以及從德國到裏海，中歐和東歐的事務都是密切相聯的。在此重提，本章的主題就在於敘述由神聖羅馬帝國、波蘭和土耳其三個鬆弛的政府組織所占據的廣大地區是一個易變的地區，而三個堅固的集團——現代奧地利君主國、普魯士王國和俄羅斯帝國正是在這個易變地區發展起來的。這三個國家，在不同程度上都是借助西方的各種思想和行政體系而實現現代化的，但上述新東方國家中的每一國都還保留各自的政治、社會和文化上的鮮明特徵。

在一六五〇年後的一個世紀中，古老的莫斯科沙皇國家變成了現代的俄羅斯。俄羅斯人從莫斯科周圍地區開始行動，不僅越過北亞，在一七〇〇年左右到達白令海峽，在這一帶建立起自己的勢力；而且還與歐洲建立了比較密切的聯繫，尤其在沙皇彼得大帝時期，曾經歷迅速歐化的過程。關於俄國究竟在何種程度上成爲一個眞正的歐洲國家，長期以來一直是西歐人和俄國人爭論未決的問題。在某些方面，早在歐洲本身形成時期，即中世紀初期，俄羅斯人就已

圖5-8　普魯士士兵在佛烈德里克二世（一七四〇～一七八六年）時代的制服，反映了十八世紀時期軍人階段在普魯士社會的地位與重要性。（akg-images）

經是歐洲人了。古代俄羅斯曾被北歐海盜所拓殖，而且俄羅斯人在瑞典人、立陶宛人和芬蘭人之前很久就成了基督教徒。

但俄羅斯由於一系列原因而沒有成爲歐洲總發展中的一部分。首先，俄羅斯所皈依的是基督教分支希臘正教，所以是君士坦丁堡而不是羅馬的宗教與文化影響居於支配地位。其次，一二四〇年左右蒙古人的入侵和征服，使俄羅斯處於亞洲人統治下約達兩百五十年之久，直到一四八〇年莫斯科大公伊凡三世，才得以擺脫蒙古君主統治並停止交納貢稅。最後，俄羅斯的地形，尤其因缺乏溫水港或不凍港，致使與西方進行商業活動和建立交通聯繫都有重重困難。由於這些原因，俄國未能分享一一〇〇年左右以後歐洲的總發展，而發生於十七世紀和十八世紀的各種變化，確實可以稱爲歐化，或者至少是在全盤仿效早期現代歐洲發展起來的新知識和各種制度。俄羅斯的西化或歐化絕非獨一無二之舉。它是歐洲型文明發展的一個步驟，因而也是現代世界形成的一個步驟，正如我們在最近幾百年中所了解到的那樣。

在某些方面，新俄羅斯帝國與新普魯士王國頗爲相似。這兩個國家都是在從北海到亞洲內地連綿不斷的大平原上形成的。兩國都沒有自然邊界，都是依靠擴大原來核心地區的領土而發展起來的。在這兩國中，國家最初都是做爲支持一支現代化軍隊的工具而興起的。兩國政府都是在地主階級協力下專制地發展起來的，地主階級被吸收爲國家服役，而他們當然是迫使農民處於農奴的地位。無論俄羅斯還是普魯士都沒有一個在政治上具有重要性的本國商業階級。兩國中無論哪一國，如不輸入西歐的工藝，就不可能建立現代國家和現代軍隊。然而，普魯士由於與德意志有聯繫，信奉新教，辦有大學以及靠近波羅的海繁忙的商業幹線，就遠比俄羅斯更爲「歐化」，而俄羅斯的歐化也許比後來日本的西化要高出一籌。一七〇〇年的俄國，如同一八七〇年的日本，西化的主要目的在於從西方獲得科學、技術和軍事知識，部分目的也在於加強本國的力量以對抗歐洲人的滲透和征服。可是，這種類比也不能做得過分。隨著時間推移，俄國的上流階級終於與歐洲人聯了姻，俄羅斯的音樂和文學變成歐洲文化的一個組成部分。俄國同時發展了歐洲和非歐洲的各種特性，使之成爲一種獨特的混合體。

彼得大帝以前的俄羅斯

十七世紀的俄羅斯人，如同今天一樣，是一些說不同語言的民族的混雜人群，他們的語言屬於大印歐語系斯拉夫語族。大俄羅斯人（即莫斯科人）住在莫斯科周圍。他們從這個地區出發，進入北部森林區，同時還向南移居於草原地帶和窩瓦河沿岸，在那裡他們同化了稱爲韃靼人的各式各樣的亞洲人。經過大約始自一四五〇年至一六五〇年爲止的兩百年的擴張後，俄羅斯人幾乎到達，然而並非眞正到達波羅的海和黑海。波羅的海海岸爲瑞典所占有。黑海海岸仍然爲土耳其保護下的韃靼汗所占有。在韃靼人和俄羅斯人之間地勢崎嶇的邊疆地區，居住著半獨立的類似牧民的哥薩克人，他們大部分是來自俄羅斯移民。莫斯科以西是白俄羅斯人，西南是小俄羅斯人（即羅塞尼亞人或烏克蘭人），在十七世紀他們都處於波蘭的統治之下，當時波蘭是最主要的斯拉夫強國。

大俄羅斯人的精力基本上用於向東方擴展。在十六世紀，他們征服窩瓦河流域的韃靼人，從而抵達烏拉爾山脈，並立即越過此山脈，再向東去。莫斯科人中的拓荒者、移民、城鎮建設者沿著西伯利亞各條河流蜂擁而下，按需要或流放木材，或買賣皮毛。在十七世紀三〇年代，當英國人發現波士頓和荷蘭人發現紐約時，俄羅斯人已在西伯利亞遼闊的亞洲曠野上建立起城鎮，並到達太平洋。托木斯克、托波爾斯克、伊爾庫次克和亞庫次克，這一連串相隔遙遠、既小而又孤立的移民點穿越亞洲北部，延伸達五千英哩之遙。

莫斯科正面是遼闊的中亞中心地帶，它提防著沙漠另一側的波斯人和中國人。波斯人、阿富汗人、吉爾吉斯人、印度人和中國人經常出入莫斯科和阿斯特拉罕的集市。俄羅斯最大的河流窩瓦河所流入的裏海比波羅的海更爲聞名。按照莫斯科的觀念，歐洲是後方。在十七世紀大部分時期內，斯摩稜斯克和基輔甚至還屬於波蘭。然而，俄羅斯人沒有完全與歐洲隔斷。一五五二年，當恐怖的伊凡從韃靼人手中征服喀山時，他的軍隊中就有一個德國工程師。次年（即一五五三年），理查・查斯勒從英格蘭繞道白海的阿爾漢格爾到達莫斯科。從此以後，英格蘭和莫斯科之間的貿易持續不斷。沙皇們重視阿爾漢格爾，把它視爲從西方前來的唯一入口，藉以輸入軍事物資。英國人則把它視爲取得波斯貨物的工具。

俄羅斯在十七世紀時，還是與在歐洲一直長期發展著的文化與社會習俗表現得長期脫離。上層階級婦女深居閨閣，往往頭戴面紗。男人蓄鬚，穿著鑲邊的長袍，對歐洲人來說，這似乎是異國情調。風俗習慣粗野，時而狂宴暴飲、尋歡作樂，時而虔誠懺悔、拜倒於宗教。教會和國家的最高階層都受迷信的影響。生命簡直無足輕重；謀殺、綁架、拷打和種種肉體酷刑更爲司空見慣。俄國教會不支持像天主教或新教在歐洲主辦的各種教育和慈善機構。教會人士對剛剛出現的西方影響深爲擔憂。一位俄國主教宣布：「上帝憎恨任何熱愛幾何的人，它是一種精神上的罪惡。」甚至算術在俄國也很難得到人們的理解。阿拉伯數字是不使用的，商人們都用算盤算帳。曆法是從創世時算起的。預言日食的能力似乎是一種巫術。歐洲人帶來的時鐘，在俄國與在中國一樣，似乎是一種奇物（時鐘差不多是在同一時期由耶穌會士傳入中國）。

然而，在某些基本社會體制方面，這個面向亞洲內地的巨大而又未歐化的俄羅斯，是屬於歐洲的。它有一種變異的采邑制和封建制。在同一時期，它也受到席捲歐洲的憲法危機浪潮的衝擊。俄國有一個「杜馬」，即沙皇侍臣和顧問的會議，它是與西歐等級會議相仿的國民議會的雛形。在俄羅斯與在歐洲一樣，問題在於權力是掌握在上述機構手中，還是集中在統治者手中。恐怖的伊凡從一五三三年統治到一五八四年，是第一個採用沙皇稱號[1]的莫斯科大公，也是當時波蘭事態的精明觀察家。他看到波蘭突然分崩離析，遂決心避免在莫斯科重演此事。他對反對他的那些人的殘忍做法使人感到他確實可怕，他的那些手段雖然在歐洲不曾見到有人使用，但他的目的正是當時歐洲其他統治者的目的。他死後不久，俄國經歷了稱爲「困難時代」（一六〇四～一六一三年）的時期，在這期間，俄國貴族先後選舉了一系列沙皇，並要求對他們自己的特權給予某種保證。但是，俄羅斯遭到了像法國的宗教戰爭和中歐的三十年戰爭那樣的派系鬥爭和內戰的痛苦折磨。

1640～1740年大事年表	
1640～1688年	佛烈德里克·威廉大選帝侯在普魯士發展國家權力和軍事力量
1663年	鄂圖曼帝國在中歐開始擴張的新階段
1667～1671年	史帝芬·拉辛在俄羅斯領導農民起義
1683年	鄂圖曼帝國的軍隊被迫放棄對維也納的圍困
1698～1725年	沙皇彼得大帝在俄羅斯採用「西化」改革
1711～1740年	哈布斯堡王朝查理六世建設奧地利帝國
1711～1740年	佛烈德里克·威廉一世擴大普魯士國家的軍隊和財富

一六一三年，渴望解決困難的國民議會選舉一個十七歲的少年爲沙皇，認爲他很年輕，不至於與敵對派系的任何一方有什麼牽連。新的年輕沙皇就是米哈伊爾·羅曼諾夫，他出身於上流社會家庭，透過婚姻與恐怖的伊凡舊世系有著親屬關係。羅曼諾夫王朝經由當時各政治階級的投票，就這樣建立了起來，它統治俄國直到一九一七年。看到波蘭以及其他各地選舉產生的君主的命運，羅曼諾夫家族在早期很快就開始鎮壓俄國的各種代議制機構，建立起專制君主

制。雖然他們比歐洲任何國王更爲無法無天且粗暴殘忍，但在這點上，他們卻是再一次按照當時歐洲的普遍模式行事的。

同樣也不能說，十七世紀俄國社會的主要發展——農民陷入孤立無援的農奴制深淵——就是俄羅斯獨有的現象。在東歐也普遍發生相同的情況。農奴制長期以來一直壓在俄羅斯古老的自由農民身上。在俄國，如在美洲殖民地一樣，土地充足，但勞力缺乏。勞力的自然趨勢是越過大平原向外遷徙，流向哥薩克，或流往西伯利亞。尤其在困難時代，流動的數量很大。地主希望能保證獲得勞動力。在這一點上，他們得到了沙皇羅曼諾夫的支持。采邑，或在俄羅斯任何與之相應的組織，結果變成類似新大陸的奴隸種植園。

對付逃亡農奴的法律得到了加強；領主取得迫使逃亡在十五年以內的農奴仍爲其農奴的權利。最後連時間限制也取消了。農民被視若草芥，以致一六二五年法律許可任何人殺死他人所屬的農民，只要賠償一個農民即可了事。領主行使員警與司法權力。根據一六四六年的法律，地主應將他們的全部農民的名字登記在政府名冊上；農民及其後裔一旦登記在冊，就被認爲附屬於所登記的采邑。農民從而失去隨意遷移的自由。一度，農民本應擁有有保障的土地租佃權，但一六七五年的法律允許領主可以出賣無地的農民，這樣地主就可隨意像不動產一樣地出售農民。這種出賣無地農奴（使他們的境況與美洲實施的奴隸制更爲相似）的做法，實際上成爲俄國農奴制一個與衆不同的特徵，因爲在波蘭、普魯士、波希米亞和其他農奴制地區，農奴一般被視爲「束縛於土地上」的農民，他們不能與土地分離。

俄羅斯的農村居民因失去自由而竭盡全力進行反抗，他們殺害地主，逃奔哥薩克人，到處流浪避難。但他們遭到反擊，政府大規模有組織地對逃亡者進行追捕，並重新制定更爲嚴厲的立法。一六六七年，史蒂芬·拉辛領導了一次大規模起義，集合大批逃亡農奴、哥薩克人和冒險家，他們在裏海裝備一支艦隊，搶劫俄國船隻，擊敗波斯艦隊並侵入波斯本土。後來他調轉回來，溯窩瓦河而上，一路燒殺，向地主、貴族和教士宣戰。城市向他打開城門，奉命攻打他的一支軍隊也倒戈站到他那邊。拉辛於一六七一年被俘處死。在一百多年的時間內，起義的結果是，強加在該國的農奴制比以往任何時候都變得更爲牢固了。

日益悲慘的農民甚至從教會方面也幾乎得不到安慰。同一時期，俄羅斯東正教教會正經歷一場巨大的內部危機，最後差不多成了沙皇制度的一個組成部分，在灌輸對神聖俄羅斯的迷信崇拜方面對政府頗爲有益。俄羅斯教會一向把君士坦丁堡的大主教看做是自己的領袖。但土耳其人對君士坦丁堡的征服，使

圖5-9　史帝芬・拉辛在十七世紀六〇年代晚期領導一次大規模起義後，在俄羅斯大衆記憶中已幾乎成為一位神祕人物。瓦西里・伊凡諾維奇・蘇里科夫（一八四八～一九一六年）所作的畫，展示了拉辛後來在俄羅斯文化中的突出形象，以及在現代社會與政治運動中的象徵性地位。〔akg-images; Stepan Rasin, 1906 by Wassili Iwanowitsch Surikow (1848～1916)〕

希臘東正教教會的領袖變成一個僅僅爲穆斯林蘇丹—哈里發所容忍的地位低下的人物，因此，一五八九年俄羅斯人自己擁立一個獨立的俄羅斯大主教。在以後的幾代，俄羅斯大主教起初由沙皇政府決定，後來又被沙皇政府廢除。

俄國大主教在十七世紀五〇年代進行了某些宗教改革，主要是改正《聖經》和其他宗教經典俄譯本中的一些誤譯。這些改正引起大批信徒的恐懼和憤怒。迷信於純粹書面語言形式的不滿者認爲，基督教信條本身就如耶穌名字的習慣拼法一樣，不容有絲毫改動，他們認爲在改革者中有一幫狡詐的希臘學者在從事反基督活動，爲魔鬼工作。大主教和教會高級官員只是依靠政府和軍隊的協助才強制貫徹執行了改革。反對改革的那些人最後稱爲舊信徒；舊信徒比已經建立的教會更爲愚昧和狂熱，他們在不切實際的傳道士煽動下分成無數的宗教派別，人數衆多，尤其是在農民之中。舊信徒在史蒂芬・拉辛起義中以及隨後的各種分散的農民起義中極爲活躍。已被農奴制置於法律保護之外的農民，基本上也與國教疏遠。俄羅斯廣大群衆對一切有組織的權力已十分不信任，對他們來說，教會和政府兩者似乎都只是鎭壓的工具而已。

然而，教會官員只願意在改正譯本中誤譯的範圍之內進行現代化，他們抵制來自西歐的那種現代化。因此，他們在十七世紀末反對彼得大帝。一七〇〇年後，沒有任命新的大主教。彼得把教會置於稱爲「神聖會議」的主教委員會管轄之下，他還任命一個稱爲「神聖會議」檢查官的文職官員參加「神聖會議」，後者不是教會人士，而是政府一個部門的首腦，他的任務在於使教會不做使沙皇不悅的事。彼得就是這樣使教會世俗化，並使他本人實際上成爲教會領袖。但是，雖然這方面的影響在俄國比在別處更大，仍然要再次指出，彼得的這種行動仍是效法歐洲的普遍模式的。對宗教實行世俗監督幾乎到處都成爲定規，尤其是在新教國家。的確，當時有一個英國人認爲，在廢除大主教並將教會置於自己控制之下這方面，彼得大帝機靈地模仿著他年輕時訪問過的英國。

彼得大帝：對外事務和領土擴張

總之，一六八二年彼得大帝登基時的俄國在不少方面已是歐洲國家，它與西方人的聯繫，不管怎麼說，已經有了一百多年。然而如果沒有彼得，俄國與歐洲的聯繫本來是會發展得更緩慢的。彼得藉由他採取的速度和方法，使這個過程變成一次社會革命。

彼得最初是在莫斯科當地獲得對西方的了解，該城有一個德國居民區，居住著各種國籍的歐洲人，彼得少年時代經常拜訪他們。彼得早年還在一直是俄國唯一港口的阿爾漢格爾與西方人交往，因爲他被大海所深深吸引，並且他在白海的航行中曾向荷蘭和英國的船長們學習技術。像布蘭登堡的大選帝侯一樣，彼得年輕時在西歐，特別是在荷蘭和英國度過一年多時間，當時他深深感到自己祖國在商業和技術上的落後。他具有做爲技工和組織者的天才。他做爲一個造船木匠，用自己的雙手在阿姆斯特丹勞動，同時與政界和商界領袖們談論如何把西方的組織和技術引進俄國的問題。他參觀過工廠、礦山、商業營業所、藝術館、醫院和要塞。歐洲人認爲他是一個有才華的野蠻人，一個站在多數人之上的巨人，他精力充沛，向所遇到的每個人無休止地提出有關歐洲人工作與生活方式的問題。他既沒有西方君主的溫文爾雅，也沒有他們的矯揉造作；他易於和工人、技術人員打成一片；他穿著簡樸隨便，喜好粗野而喧鬧的遊戲，並愛粗俗的惡作劇；他與他的同伴所使用的房間之骯髒和雜亂，使房東感到驚愕。做爲一個十分注重實際的人，他在外表方面如同在道德的顧忌方面一樣，完全不拘於小節。

彼得在一六九七～一六九八年訪問歐洲期間，曾招募約一千名專家爲俄國服務，後又招聘了更多人。除做爲達到目標的方法以外，他沒有留心歐洲的文明，而這個目標就是建立能夠抵抗西方那些人的軍隊和國家。從一開始，他的目的就包括兩個方面，其一是防禦性的，是爲了擊退波蘭人、瑞典人和土耳其人長期以來向俄國的推進；其二是擴張主義的，是爲了獲得波羅的海和黑海的溫水港口，這些港口能提供與歐洲進行全年貿易的通道。在彼得長期統治的年代，除去兩年，差不多一直處於戰爭中。

波蘭人對彼得野心的威脅正在減退。在困難時代，一個波蘭王子確曾被選爲莫斯科的沙皇，波蘭人一度曾企圖征服大俄羅斯人，並使之天主教化。但在一六六七年，俄羅斯人收復了斯摩稜斯克和基輔，同時波蘭國內日益增長的無政府狀態也使它不再成爲一個威脅，除非瑞典人或其他民族統治波蘭。土耳其人及其臣屬韃靼人，雖不再擴張，但仍是頑強的敵人。彼得在前往歐洲之前，於一六九六年設法奪取了位於頓河河口的亞速，但他不能占領黑海海岸，並且在上述戰役中他已認識到俄軍戰鬥力的低下。瑞典人是俄國的主要敵人，他們的軍隊就其實力而論，也許是歐洲最優良的軍隊。他們控制了包括芬蘭灣在內的整個波羅的海東海岸。一六九七年，瑞典國王一逝世，彼得就與波蘭和丹麥結盟，瓜分瑞典家族的海外領地。

瑞典的新國王年輕的查理十二在某些方面與彼得一樣粗野（他年幼時將羊趕進宮中他的臥室，以享受宰羊的尙武樂趣），但事實表明他也具有擔任將軍的卓越才能。一七〇〇年，在納爾瓦戰鬥中，他以一支八千人的軍隊擊潰了彼得的四萬俄軍。沙皇又一次從中吸取了必須使他的國家和軍隊西化的教訓。值得俄國人感到幸運的是，查理十二沒有立即加強他在俄國的優勢，而是在之後幾年中把瑞典的注意力進一步轉向波蘭，強迫波蘭人選舉瑞典候選人爲波蘭國王。與此同時，彼得與從國外來的軍官和技術人員一起改革了俄軍的訓練、紀律和武器。

圖5-10　在此幅正式的君主肖像畫上可看出彼得大帝的抱負，他的穿著和外貌類似十八世紀初期西歐精英們的風度。（Scala/Art Resource, NY）

最後，查理十二用他那龐大且訓練有素的部隊入侵俄國。彼得使用了後來俄國人在反對拿破崙和希特勒時也使用的戰略對付查理十二，他把瑞典人引進一望無際的平原，使他們遭受俄國冬天的嚴寒之苦，這年冬天恰恰又格外凜冽。一七〇九年，在南俄的波爾塔瓦，彼得迎戰並全殲了士氣低落的瑞典殘餘部隊。瑞典全軍在波爾塔瓦被消滅了，只有國王和少數幾百名亡命者越過土耳其邊境逃逸。次年，彼得征服了利沃尼亞和東芬蘭的一部分。他下令軍隊在斯德哥爾摩附近登陸。他對波美拉尼亞的出征，向西直抵易北河。俄國的影響以前從來沒有如此深入歐洲。瑞典的帝國時代已成過去，它是由俄國結束的。彼得使俄國在波羅的海沿岸獲得一塊土地以及溫水出海口。結束偉大北方戰爭（一七〇九～一七二一年）的這些重大事件，在一七二一年的《尼斯塔特和約》上都得到了確認。

正如有些人所主張的，戰爭當然不是一切事物的創造者，但這些戰爭卻爲創造帝國的俄羅斯做出了重大貢獻。原本散漫、無組織的俄國軍隊變成像瑞典、法國和普魯士所保持的那種職業部隊。舊軍隊的精華爲射擊軍，即一種莫斯科衛隊，他們由貴族組成，通常在政治上很活躍。一六九八年，射擊軍的叛變縮短了彼得在歐洲的旅行；他返回國內，使用拷打和處死的殘忍手段鎮壓了叛變，並親手處死了五名叛變者。直到俄羅斯於納爾瓦大敗前兩年，射擊軍才被消滅。彼得後來開始重建軍隊。他僱傭了許多不同國籍的歐洲軍官，支付給他們的薪水爲同級俄國人的一倍半。彼得採用與普魯士相似的辦法，按領地由各區供應兵士來充實他的軍隊。他規定部隊穿著類似西方部隊的制服，並將他們組織成標準化的團隊。他用歐洲人使用的那種滑膛槍和火炮武裝軍隊，而且力圖建立補給機構。

依靠這支軍隊，他不僅將瑞典人趕回瑞典，而且統治了俄國本身。正是在瑞典人入侵時，俄國大部分地區發生叛亂，如同史蒂芬・拉辛時代一樣，整個窩瓦河中下游與頓河和聶伯河的哥薩克共同奮起反對沙皇，並在進行階級戰爭的口號和對沙皇手下外國專家的憎恨中團結起來。彼得用慣常的冷酷無情手段鎮壓了這些騷亂。鬆弛分散和多種成分組成的俄羅斯帝國依靠軍事威力，終於結成一體了。

當戰爭仍在進行時，甚至在具有決定性的波爾塔瓦戰役之前，彼得就在從瑞典人手中奪得的領土上奠定了一個全新城市的基礎，那裡居住的不是俄國人，而是波羅的海的各民族。彼得用他本人和他的守護神的名字將此城命名爲聖彼得堡。從一開始起，聖彼得堡就是一座比路易的凡爾賽（幾乎同時建造）壯麗宮殿更爲地道的城市。它位於芬蘭灣頂端，是彼得面向西方的主要窗戶。他在此建立了政府機關，要求貴族建造城市住宅，並給予在這裡定居的外國商人和工匠優惠條件。彼得的意圖是使聖彼得德堡成爲新俄羅斯的象徵，成爲面向歐洲的新城市，把俄羅斯人的志向引向西方，以取代面向亞洲並成爲反對他實行西化綱領的堡壘的舊首都莫斯科。聖彼得堡不久就成爲北歐主要的城市之一。直到一九一七年革命，在莫斯科恢復昔日的地位以前，聖彼得堡（一九一四年重新命名爲彼得格勒）一直都是俄國的首都。十月革命後，彼得格勒改名爲列寧格勒。一九九一年蘇聯解體前夕，它的名字又恢復爲聖彼得堡。

彼得大帝統治時期的內部變化

新的軍隊、新的城市、新的不斷擴大的政府機關全都需要錢，而當時俄國卻是非常拮据的。於是，對種種事物——人頭（人頭稅）、土地、客棧、磨坊、帽子、皮革、地窖、棺木、結婚權、賣肉、蓄鬚和當一名舊信徒——強徵不可思議的名目繁多的捐稅。稅收的重擔主要落在農民身上；爲了保障納稅，農民的流動進一步受到限制，而邊界上的人在政府紀錄中則列爲農民，於是農奴制負擔的義務更爲繁重，農奴制幾乎更爲普及。爲了提高政府收入和刺激生產，彼得採用法國柯爾貝制定的重商主義政策。他鼓勵出口，在波羅的海建造船隊，發展礦業、冶金和紡織業，這些都是軍隊所必需的。他將一批批俄國人和外國人混合組織到各商業公司，向它們提供來自政府基金的資本（幾乎得不到私人資本），並通過把特定地點的農奴使用權分配給公司的辦法，向它們提供勞力。

原來主要是農業體制的農奴制度也開始做爲工業體制，在俄國推廣開來。農奴主有權出售無地農奴，或有權將農奴從有土地的采邑遷到礦山或城鎮，這個事實使俄國的工業易於在強制勞動的基礎上獲得發展。在上述政府企業中，農奴的雇主也不能自由改變或隨意放棄他們的工程計畫。他們也只是爲沙皇服務。經濟制度主要建立在強制性的經營管理和強迫勞動上面，而不是建立在日益資本主義化的、像西方那樣的私人利潤與私人工資之上。依靠這種辦法，彼得竭力要將俄國的物質生產提高到歐洲的水準，但結果反而擴大了俄國與西歐之間的差距。

爲了監督和實施稅收制度、徵兵辦法、經濟管制、追捕逃亡農奴和鎮壓內部叛亂，彼得創立了一個新的行政體系。舊的地方自治機構一概撤銷了。業已削弱的杜馬和國民議會，由於不能發揮正常作用，也被取消了。彼得設立一個從屬於自己的「樞密院」，以取代前者，並將十個地區稱爲「省」。他通過宗教會議檢查官統治教會。他自己凌駕於整個機構之上，是一個專制的統治者沙皇，是全體俄羅斯人的專制君主。在他去世以前，由於對自己兒子的不滿，他廢除了沙皇制度的世襲繼承順序規則，主張每個沙皇有權任命他自己的繼承

圖5-11　在彼得大帝西化俄羅斯社會的長期行動中，興建聖彼得堡成為最重要的建築項目。按設計，此座新城市是向西方學習的首都，也是與西歐進行商業聯繫的新中心，與興建法國凡爾賽宮一樣，俄國沙皇的建築目標也需要成千上萬貧苦的工人和農民付出勞力。（Tass/Sovfoto）vvbvvvv

人。因而最高權力的交接就置於法律的管轄之外，隨後一個世紀，在沙皇和女沙皇的即位方面，就不斷發生了內訌、陰謀和暗殺等情形。中央集權專制主義體系，雖然在形式上與西方類似，尤其與法國類似，但事實上有著顯著的區別。由於缺乏嚴格的法律規定，許多官員因極端無知而使它無法正確地體現出來，並且還是強加在騷動的、基本上並非心甘情願的居民頭上。難怪羅曼諾夫家族的帝國一直被稱爲沒有人民的國家。

彼得爲了保證他的改革獲得成功，曾經繼承並發展了以前沙皇推行過的所謂「爲國家服務」。實際上是要求全體擁有土地和農奴的貴族在軍隊或行政機構服務，爲此設立大量職位以供他們全體供職。在爲國家服務中，並不考慮出身問題。彼得起用各階級的人，如多爾戈盧基公爵出身於最古老的貴族家庭，緬希科夫公爵曾當過廚師，稅務行政長官庫巴托夫以前是一個農奴。此外，還有許多無名之輩的外國人。在彼得的俄國，社會地位不是取決於彼得所不能控制的世襲等級，而是取決於在他的國家機構中的等級。一位在彼得軍隊中服役的蘇格蘭人寫道：「在歷史上幾乎找不到像沙皇彼得統治時這樣的先例，即他把這麼多出身低微的人提拔到如此的高位之上，或者說竟有這麼多名門出身的富人是與最底層的人平起平坐的。」

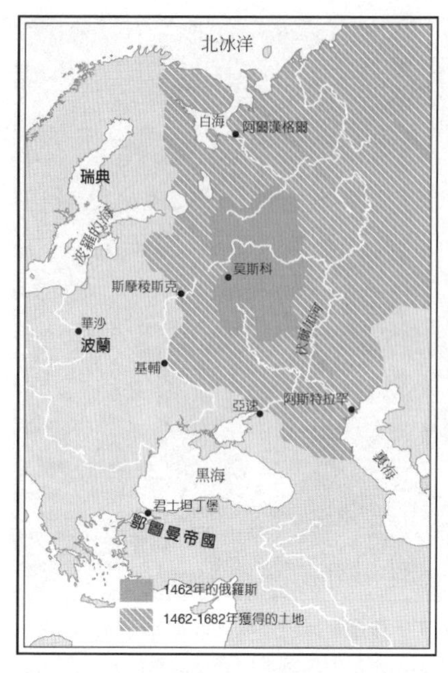

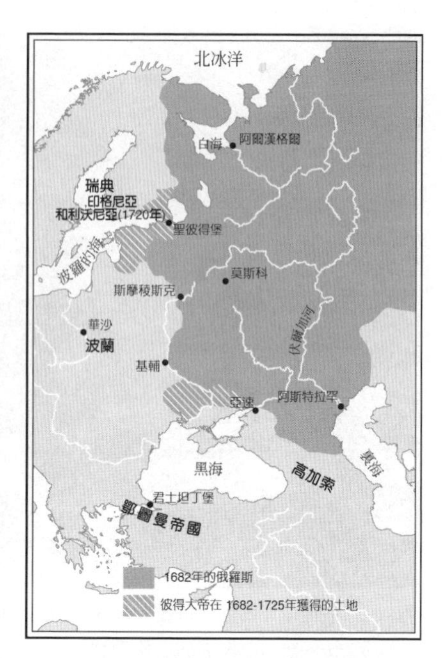

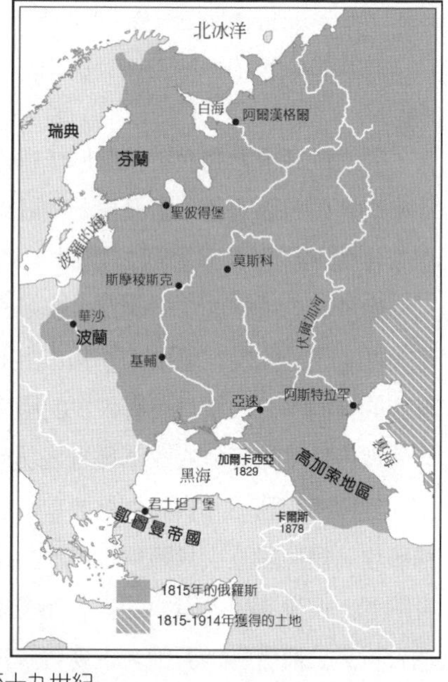

圖5-12　俄羅斯在西方的擴展，十七世紀晚期至十九世紀

一六八二年彼得大帝就任爲俄羅斯帝國的皇帝（俄羅斯是從舊莫斯科大公國擴充而來的），俄羅斯幾乎就已到達黑海和波羅的海。彼得征服的大部分土地在波羅的海地區，他在那裡逼退了瑞典人，並興建了聖彼得堡。俄羅斯在凱薩琳大帝時期（一七六二～一七九六年），參與了三次瓜分波蘭，並已到達了黑海。主要感謝拿破崙戰爭，沙皇亞歷山大一世（一八〇一～一八二五年）才能取得更多的波蘭土地，而且併吞了芬蘭和比薩拉比亞；他還在高加索有所收穫。十九世紀時，俄羅斯的西部邊界保持穩定，不過在高加索又有了額外的收穫。俄羅斯在十七世紀擴展到了北亞，最早在一六三〇年就首次到達了太平洋。

特別是在這一方面，彼得的綱領很像是一次眞正的社會革命。它造就了一個新的統治集團以取代舊的，用現代術語簡直可以稱之爲一個政黨，一個與新制度的存在有著個人利害關係並爲之熱情工作的人們的團體。這些人在彼得生前和死後期間，都是對付反西方潮流的堡壘，是發展彼得革命的主要人物。各個新的家族最後也都變成世襲的了。在彼得死後三十年，爲國家服務優於個人地位的主張也被拋棄了。軍隊和政府中的官職爲有財產和門第高的人所占據。在彼得革命以後，如同在其他某些革命以後一樣，新的上層階級與舊的上流階級混合成爲一體了。

彼得對於人們事事懷念舊俄之情是毫不掩飾予以蔑視的，同時他又滿懷熱情地採用各種新方法對人民進行再教育，這些也都是富於革命性的，由此使人想起後來的法國大革命和一九一七年的俄國革命。他要求全體貴族將他們的兒子送入學校。他選派許多人到外國去學習。他簡化了俄文字母。他編輯出版了俄國最初的報紙。他命令編寫第一本俄國禮儀書籍，教育他的臣民不要往地上吐痰，不要在宴會上抓癢和啃骨頭；要善於與婦女進行社交，脫帽，愉快交談，在談話時要注視對方等。他把鬍鬚看做是俄羅斯國家落後的象徵，明令禁止在俄國蓄鬚，而且他親自爲宮廷中的許多人剃鬍子。他強迫人們參加晚會，以教授態度舉止。他不尊重世襲貴族，毫不猶豫地對出身高貴的人像對農民一樣地進行拷打和處死。至於宗教，據說他是一個虔誠的人，喜歡在教堂唱歌，但他蔑視教士的尊嚴，在一次尋歡作樂的狂歡遊行隊伍中，他公開與穿著宗教服裝喝醉酒的同伴在一起，並嘲弄教士。如同在他之後的多數偉大革命家一樣，他是一個敢做敢爲的俗人。

彼得革命的成果

彼得的策略引起強烈的反應。一些人嚴格堅持舊的道路，另一些人則認爲彼得向著新目標走得太快，而且過分任性。許多俄國人對外國人的必然到來感到憤懣，這些外國人輕視俄國人，並且享有某些特權，諸如有權自由離開俄國，以及做同樣的工作而領取較高的報酬。不滿者以教會做爲中心而團結起來；另一個中心則是彼得的兒子阿力克斯。他宣布，如果他當沙皇，就要停止改革，並恢復對舊俄傳統的尊重。彼得在幾經猶豫之後，終於將他的兒子處死。他規定每個沙皇可以挑選自己的繼承人。爲了按照自己的方式改造俄國，彼得不容許任何東西妨礙他前進。

彼得於一七二五年逝世，他在世時就曾被他喜愛的樞密院封爲「大帝」。在整個歷史上，幾乎沒有什麼人能產生如此強大的個人影響，當俄國本身的形象在後來幾個世紀日益高大時，這個影響又間接地變得更爲深遠。雖然彼得死後的一些年月是一段混亂和動盪的時期，但他的革命變革牢固地保持下來，使那些妄想取消它們的人未能得逞。原因不僅在於他歐化了俄國並征服了波羅的海的一塊地方，這些發展無論如何都是會發生的，而更在於他透過各種方法急切地把一種新的文化強加於俄羅斯，從而爲他的帝國確定了未來的性質。同時他的方法使得專制制度、農奴制度和官僚政治更加牢固地在俄國確立不變。然而，他只能影響上流階級。上流階級中的許多人變得比他所想像的更爲歐化，他們習慣於說法語，過著法國或義大利的精神生活。但隨著時光的流逝，許多上流階級的俄國人，由於對歐洲有了充分的了解，便忍受不了周圍農民的頑固保守，感到在自己國家裡成了陌生人，同時還爲自己的地位是建立在貶低和奴役人們的基礎之上而深感內疚。對西方來說，俄國人的心理往往是不可思議的，一部分可以用迅速歐化而引起的極端自相矛盾的現象來解釋。至於農民群衆，他們一直處於這個制度之外，遭到駭人聽聞的剝削；他們已與他們的統治者和社會上層疏遠開來，並被後者看做牲畜或幼稚無知者，絲毫也沒有分享到日益發展的歐化的文明。上述情況後來又進一步有所發展。至於在彼得時期，由於他的努力，俄國顯然擺脫了孤立狀態，它的廣大地域組成一體，在國際事務中發揮了作用，此後，俄國的歷史就成爲歐洲史的一部分，並愈益成爲世界史的一部分。俄國與普魯士、奧地利君主國一樣，可以算做歐洲的大國之一。

上述三個君主國影響力的上升，部分是依靠於他們取得現代武器、組織起更有效的官僚機構，以及將各種新型的歐洲知識帶入他們政治機構等等的諸種能力。到十八世紀初，當歐洲國家在經濟、政治和軍事上與其他地區人民或政府碰撞時，歐洲的科學和技術往往給予歐洲國家很大的優勢，如同奧地利、普魯士和俄羅斯的統治精英在中歐爭奪權力中認識到的一樣。確實，新科學最終成爲現代世界史上最顯著、最重要的力量之一。科學不僅有助於變革經濟生產、軍事戰略和傳統文化，而且它還變革了歐洲以及世界範圍內的帝國鬥爭。現代科學思想正日益影響著自然和人類自身兩方面的知識與控制力，因此，我們要更加關注現代科學思想發展的軌跡。

第六章

科學的世界觀

迄今，人們都把十七世紀稱爲天才輩出的世紀。理由之一，這是科學「現代化」的時代，是伽利略和艾薩克・牛頓爵士的偉大時代。他們兩人在世的歲月銜接在一起，可以貫穿這個世紀：伽利略逝世，牛頓誕生，都在同一年，即一六四二年。伽利略年輕時，那些探索大自然奧祕的人大都仍在盲目摸索，獨自苦幹，互不通氣；他們常用的工作方法是不斷試驗的嘗試錯誤法；他們對所從事的研究沒有整體的明確看法，因爲他們的思維仍然受到在今天看來並非科學的觀念所困擾。不過，他們也取得了可觀的成果，如果沒有這些發現和發展，十七世紀的思想革命是不會出現的。但從某個角度來說，伽利略以前的所有科學探索者似乎都是先行者，任勞任怨地在工作，但注定永遠無法進入他們孜孜以求的領域。到一七二七年牛頓去世時，一切都改觀了。科學家彼此間經常保持接觸，科學受到人們的推崇，被視爲歐洲社會的一項主要事業。對科學的探索方法也確定了。積累了大量的眞實知識。牛頓提出了第一個現代科學綜合理論，即物質宇宙的相關理論。科學知識越來越廣泛地應用到航海、採礦、農業和名目繁多的製造業上。科學和發明齊頭並進。人們普遍認爲科學是推動文明進步的主要動力。科學知識得到普及，許多本來並非科學家的人，也「篤信」科學，力圖應用各種科學的推理方法來觀察形形色色的社會和生活問題。

科學史博大精深，此書無法一一贅述。但有關科學的一些看法，即使是這樣的一部史書，也得設法闡明清楚。這些看法有以下幾點：第一、科學做爲一種純思維的形式，是人腦所獲得的卓越成就之一；爲了對人的智力有歷史性的理解，就必須領悟科學的重要性，正如要領悟哲學、文學以及藝術的重要性一樣。第二、科學對現實生活的影響越來越大，與人類的健康、財富和幸福息息相關。科學改變了人口狀況，改變了原材料的使用，革新了生產、交通、商業以及戰爭的方式，從而使困擾人類的一些問題得到解決，另一方面卻也使其他問題日益惡化。十七世紀後的現代文明尤其如此。第三、在當今世界，科學領域裡的思想很容易滲透到其他思想領域。譬如，今天許多人有關自己、鄰居以及人生意義的看法，無不受到他們稱之爲佛洛伊德〔1〕學說或愛因斯坦〔2〕思想的影響；他們平日常常談到抑制性或相對性，雖然他們知之不多，也毋需知之太多。源於生物學和達爾文〔3〕的思想——如進化論和生存競爭——也廣泛流傳。同樣，十七世紀的科學革命所產生的回響遠遠超越純理論科學的領域。科學改變了對宗教、對上帝和對人的看法，並有助於傳播一些由來已久的信念，如物質世界本質上是井然有序、協調和諧的，人的理性對它是可以理解和加以闡述的，人們可以透過和平磋商與合乎情理的協定來處理各自的事務。如此便爲自由與民主制度裡信仰的產生打下了基礎。

因此，現代科學的歷史影響，遠遠超過改變人類理解力和改變自然力應用的專門知識範疇。種種確立眞理或確定程式的科學方法，導致成立規模恢宏的現代社會機構，其中包括軍隊、醫院、大學、貿易公司、政府官僚體系、法庭，乃至文學刊物。「現代」一詞的涵義與科學的智力聲望掛上鉤；科學知識成了現代世界歷史上最至關重要的智力力量。此章的目的在於，扼要闡述十七世紀現代科學的崛起，以及科學世界觀、科學人生觀的出現。隨後幾章，將描述日益擴大的全球經濟越來越多地應用這種新知識；將描述科學思想對十八世紀歐洲文化，即人們常稱爲啓蒙時代的影響。

科學文明的先知：培根和笛卡兒

十七世紀前的科學

十七世紀中葉左右，崇尚科學成了歐洲精英社會的特點。在此之前，確實只有爲數不多的人預見了整個文明時代可以依靠科學培育起來。其中，我們今天最爲熟悉的是李奧納多．達文西，他是義大利文藝復興時期的舉世天才，既是畫家，又是工程師、科學思想家，集大成於一身。李奧納多藉由對一具具死屍的解剖實踐，得到對人體結構頗爲精確的知識；他思考過血液迴圈、地球環繞太陽的運動；他還繪製過潛水艇和飛機的設計圖，思索過降落傘和毒氣的用法。但是李奧納多並沒有公開發表過他的科學見解。往昔的人幾乎都只知道他是一個畫家。他在科學上的成果長期擱置在外，沒有彙入科學思想的潮流，以致未對其發展產生任何影響。人們是在二十世紀發現了他的札記之後，才知道他在科學上也卓有成果。因此，李奧納多以一個煢煢孑立的奇才，一個富有洞察力和膽識卓見的人物，聞名於科學史冊，可是這些卻因他的去世而隨之湮滅。然而科學是要依靠思想交流的，憑藉這些交流，研究者可以促進彼此的發現，驗證彼此的實驗，彌補彼此知識上的差距。現代科學之所以能發展成一種新的文化體系，與其說是依靠離群索居的思想家的輝煌業績，不如說是依靠通訊聯絡和廣泛分享的文化信仰。李奧納多的科學成果，很長一段時間內都沒有發表，從未進入過那座新的科學知識產生，受到挑戰並得以修改的文化殿堂。

李奧納多．達文西去世一百年後，歐洲有文化的人根本就沒有什麼科學的頭腦。在善於思索的人中，有許多扣人心弦的思潮。一方面，懷疑論十分盛行，這是一種持久的懷疑心理。此論認爲：根本就沒有一種人類可以接受的知識；所有的信仰本質上只是風俗習慣而已；有些人相信這，有些人相信那；兩者之間如何抉擇，沒有一個可行的辦法。這種看法，法國散文作家米歇爾．

德・蒙田表達得最爲透徹。他把他的思想提煉爲一句永恆的問句：「我知道什麼？」然後總是示意回答：「毫無所知。」蒙田的哲學固然有倡導寬容、仁慈和寬宏大量的觀點的一面，但做爲一套思想體系來看，卻不是很有裨益的。另一方面，還有一種對神祕力量、對超自然力量信仰過頭的傾向，這種傾向，同樣是因爲缺乏能力，無法辨別眞假而產生的。化學與煉金術之間，或者天文學與占星學之間，都沒有一條公認的分界線；全都同等對待，視爲揭穿自然「種種祕密」的方法。十六世紀是諾斯特拉達姆士[4]和帕拉塞爾蘇斯[5]等騙子術士得志的黃金時代。他們當中有些人，特別是帕拉塞爾蘇斯，在魔術中摻雜實用科學的方法，對後來乃至現代的科學家來說仍是晦澀難解。直到十七世紀，歐洲各國國王和大臣將領都還供養私人的占星術士，預知未來。特別在經過三十年戰爭而造成一片混亂與恐慌的中歐，「養士占卜」的風氣尤甚。

大約從一四五〇年到一六五〇年這兩百年間，也是人們懼怕女巫的高峰時期。因此，轟轟烈烈的反女巫運動恰好與慘絕人寰的宗教戰爭，與在歐洲知識精英中新科學文化的早期發展，同時發生。不過即使很有學問的人也深信不疑：女巫確實存在。凡發生自然災害和個人悲劇——莊稼歉收，傳染病，孩童神祕死亡——全歸咎於女巫。雖然，因搞「巫術」受到告發的人大多是婦女，但也有男人因犯下各種「裝神弄鬼」的罪行而身陷囹圄或被處決。懼怕巫術之風在德意志和中歐持續的時間最長，也許是因爲三十年戰爭提供了適宜滋生的不安定環境吧。但在北美麻薩諸塞地區，時至一六九二年竟還有二十來人被當做女巫吊死，原因是英國在北美的殖民地可算邊陲地區，遠離歐洲世界，所以才成爲最後感受到這些源於歐洲的思潮餘波的地區。爲人所知的最後一次懲戒巫術的處決，一七二二年發生在蘇格蘭。

十七世紀初期，歐洲要往何處發展，還不清楚。透過想像，它也許會變成一個政治上混亂不堪的世界，就像大約同一時期的印度。我們業已知道，歐洲大部分地區長期兵連禍結，遭受殺人越貨的暴力蹂躪；這種局面，只是在現代的國家獲得鞏固，把各個武裝團體整編成紀律嚴明、組織有素的軍隊後，才告結束。同樣，各個思想領域，也是一片混亂，沒有確定的是非標準。迷信與懷疑、迫害處決與聽之任之齊頭並進，一樣風行。科學及時地爲歐洲提供了一種新的自信心。可能是十七世紀興起的科學拯救了歐洲文明，使歐洲文明不致在中世紀以後漫長的夕照中逐漸枯竭，不致走入種種歧路，諸如溫和的懷疑論、沒有實效的賣弄玄虛、雜亂的魔術，以及對未知的極度恐懼等等。

培根和笛卡兒

有兩個人超群脫俗，成爲因科學而得以重建世界的先知。一個是英國人法蘭西斯・培根，另一個是法國人勒內・笛卡兒。在一六二〇～一六四〇年之間，這兩人都出版了他們最有影響力的書。他們都致力於知識問題的研究；都曾反躬自問，人類如何才能夠確切了解一切事物，即怎樣才能獲得有關自然世界的可靠知識、眞實知識、有用知識。他們對自己的時代都各自提出過種種的疑問。事實上，他們都猛烈抨擊過前面幾代人的信仰（宗教除外），認爲一文不値。兩人都嘲笑過凡是在處理與自然力的作用有關的問題時，那種墨守成規、盡信古書、動輒引經據典、以亞里斯多德和其他古人的著述爲證的傾向。他們都曾攻擊早期尋覓知識的方法；對遵循中世紀經院傳統的思想家——「經院哲學家」——所提出的方法，兩人都大加撻伐。總體看來，中世紀哲學向來是憑演繹推理的。也就是說，其推理過程的特點是：從定義和一般命題出發，然後經過一番邏輯推理，去發現哪些知識可以從現有的定義中演繹出來。不然，就從斷言一個物體的特性是如此這般（譬如：「人是政治動物」）開始，繼而敘述具有這種特性的各個物體是如何行動，或將有何舉動。這些創始於亞里斯多德和古代人類思想編纂家的方法，對發現新的自然知識，一般來說已沒

圖6-1　從中世紀晚期到整個十七世紀，許多婦女因遭到搞巫術的指控而被處決。對女巫的新恐慌，恰好與早期現代科學革命同時發生。這幅十七世紀英國插圖顯示了一種典型的處決模式：幾名婦女同時被處死，罪名是犯有「裝神弄鬼妖術」或與「女巫」合謀的莫須有罪行。（Topham/The Image Works）

有什麼成效。培根和笛卡兒認為，中世紀（或者亞里斯多德）的方法是落後的方法。他們認為，眞理並非先做假定，而後再從假定引申的一切結果中探究出來的東西，而是經過調查、實驗或反覆思考的漫長過程，最後才發現出來的東西。

因此，培根和笛卡兒所做的，遠不止提出懷疑而已，他們還提出了一個建設性的綱領；雖然他們的綱領各有不同，但是他們都成了一套科學觀念的始祖或哲學家。他們堅持認為有一種眞正而可靠的求知方法。而且，他們還堅持認為，一旦知道並採用這種眞正的方法，一旦理解自然力的眞正作用，人類就可使用這種知識來達到本身的目的，就可駕馭自然，造福於人類，就可做出夢想不到的有用發明，改進工藝水準，使人類普遍更富裕舒適。從而，培根和笛卡兒宣告了一個科學文明時代的到來。

法蘭西斯・培根打算撰寫一部卷帙浩繁的巨著，稱為《學術的偉大復興》，提倡科學文明要有一個全面的新開端。他只完成這部巨著的兩個部分。其中一部分《新工具論》在一六二〇年出版，闡述獲取知識的新方法。他在此書裡力主採用歸納法；歸納法是從特殊到一般，從具體到抽象的推理方法。譬如，以葉子的研究為例，如果我們仔細檢查數百萬片大小不等、形狀各異的實在葉子，如果我們認眞仔細將之集中、觀察和對比，就是在採用培根所主張的歸納法。如果成功了，我們就可以根據觀察到的事實，獲得一片葉子本身所具有的一般特性的知識。另一方面，如果我們從自己認為所有的葉子都相同的一般概念出發，如所有的葉子都有葉梗，然後以此為依據來描述個別的一片葉子，那我們就是在採用演繹法。採用此法，我們從已知中引申出符合邏輯的涵義，但我們對一片葉子的特性的了解並不比開頭時所知的，或者認為知道的要多。培根規勸讀者把所有的傳統觀念都摒棄一邊，擺脫各種偏見和先入為主的想法，以嶄新的眼光看待世界，觀察、研究感覺器官實際感受到的無數事物。培根以前的思想家也使用過歸納法，但是培根正式使之成為一種方法，因此，他成了經驗論的一位大哲學家。這種哲學把知識奠基於觀察和實驗之上，已經被證明在防止以事實迎合的預設理論模式方面卓有成效。這種哲學要求我們用觀察到的實際事實來塑造我們的思想。科學知識由此把特殊事實跟一般原則掛上鉤，頗有代表性地把歸納法與更有廣泛要求的演繹推理結合起來。

培根巨著的另一部分，在撰寫完畢後於一六二三年出版，英譯本的標題為《學術的進展》。培根在此書中發揮了上述相同的觀點，還堅決主張眞正的知識就是有用的知識。在《新大西島》（一六二七年出版）一書中，他描繪了一個科學的烏托邦，生活在這個國度裡的居民，由於能夠認識自然，控制自然，從而享受到完美社會的樂趣。知識的有用性是培根哲學學派的另一個主要觀點。從這種觀點來看，純理論科學和實用科學之間沒有截然不同的差別，純理論科學調研者的工作與發明家的工作也沒有截然不同的差別，因爲發明家是以自己的方式來探索自然，並且設計儀器和發明機器，以驅使各種自然力爲人工作。知識既然可以用來實現各種切合實際的目的，那麼就表明或者證明它是眞正的知識。譬如，十七世紀的士兵們可以把大炮瞄準目標，打得更準，這個事實證明了彈道學的用途。彈道學理論是通過科學研究而得來的。熱誠的培根派學者相信，知識就是力量。眞正的知識一定可以發揮作用，即使不是現在，也會在發現更多的知識之後，終能發揮作用。眞正的知識對人類很有用途，與誤入歧途的經院哲學家的「微言大義學問」迥然不同。知識與力量的結合，產生了深遠的現代進步思想，也產生了許多現代的問題，因爲科學知識所引發的力量，既能起好的作用，也會起邪惡的作用。

培根雖然是使歐洲思想爲之改向的一股力量，但他對實際科學的發展卻沒有產生多大的影響。他身居英國國家大法官和其他宮廷要職，忙於政務，連他那個時代最先進的科學思想也未能及時充分地了解。培根的最大弱點是他忽視數學的作用。數學闡述純粹的抽象概念，使用演繹法，進行公理到定理的數理推演。這並不是培根所要求的實驗推理法，即歸納推理法。然而，十七世紀的科學卻是在能夠應用數學的那些學科中取得了最大的成效的。即使在今天，衡量一個科目的眞正科學水準如何，也取決於這個科目應用數學的程度如何。哪裡能運用公式和方程式，哪裡就有純理論科學。科學方法本身既含有歸納法，也包含演繹法。

笛卡兒是一個很有本事的偉大數學家。人們認爲，他是解析幾何學的創始人。他指出，使用座標（俗稱曲線圖），可以在空間中把任何一個代數公式繪製成一條曲線；反之，空間中任何一條曲線，無論多麼複雜，都可以變成代數公式的項，因而可以用計算方法演算。他整套哲學的一個影響是，對一個可簡化爲數學形式的浩瀚自然世界樹立起了信心。

笛卡兒在發表於一六三七年的《方法論》一書，以及在許多專著中，都闡述了他的思想觀點。他提出系統的懷疑的原則。他一落筆就設法懷疑一切可以懷疑的事物，從而盪滌往昔的思想，爲他本人的「偉大的復興」（借用培根的話）掃清發展的障礙。他認爲：由於他是思維者、懷疑者，因此他本人確實存在（我思，故我在），對這一點他不能加以懷疑。接著，他用系統推理方法，推斷出上帝和許多其他事物的存在。最後他得出一套二元論哲學，即著名的「笛卡兒二元論」。笛卡兒二元論認爲，上帝在宇宙創造了兩種實體，一種

圖6-2　勒內・笛卡兒
作者：弗蘭斯・霍爾斯（一五八四～一六六六年）
笛卡兒在阿姆斯特丹工作了好多年。在此地，他發展了他的數學研究，描述了他用於系統懷疑的哲學方法，而且，他擺好姿勢，讓弗蘭斯・霍爾斯繪製出這幅著名的肖像。（Eric Lessing/Art Resource, NY）

是「思維實體」——心靈、精神、意識、主觀經驗；另一種是「外在實體」——心靈之外的一切事物，因此是客觀事物。除了心靈本身以外，一切事物的最根本、最普遍的屬性是：據有空間的一部分，或許很微小，或許廣袤無垠。據想像，空間本身是茫茫無限的，而且處處都蘊含著幾何圖形。

這套哲學有深遠而持久的影響。舉例來說，人的經驗中那些看起來最爲實在的要素，即聲與色、悲與喜，似乎經常是朦朧和虛假的，或至少是令人產生錯覺的，是在心靈之外並不存在的。但是，其他的一切卻是定量和可測的，可簡化爲公式或方程式。人可理解的最強有力的工具，即數學，至高無上地君臨其他一切，君臨整個宇宙或者「外在實體」這半邊宇宙。「給我運動和廣延性」，笛卡兒說，「我將爲你建設這個世界。」

笛卡兒也跟培根一樣，都相信有用的知識和人類進步。笛卡兒在《方法論》一書中寫道，人發現的也許不是「學院的思辨哲學，而是實用哲學。我們運用實用哲學可以清晰理解水、火、空氣、星宿和天空，以及我們周圍一切事物的力量和行動，清晰得就如我們理解工匠的手藝一樣；爲了一切目的，我們同樣可以利用合乎這些目的的那些力量，於是我們就可成爲大自然的主人和大自然的占有者了。再說，這不僅有利於發明不可勝數的設備，使我們毫不費勁地享受地球的豐碩果實及其提供的種種方便，而且主要是還有利於保持健康。保持健康毫無疑問是人生中一切美好東西的基礎，是最美好的。」簡言之，科學爲通往更美好的生活開闢了途徑，單靠哲學是產生不出這樣的生活來的。

牛頓之路：萬有引力定律

各門科學的進展

與此同時，實際的科學發現在許多方面上逐步取得進展。不過，各個方面的進展速度不是一致的。有些科學主要得靠標本的蒐集，而且長期如此。植物學就是其中的一門。隨著海外探索活動的頻頻開展，歐洲的植物學知識大爲增長。開闢植物園，採集草本植物，在歐洲變得空前廣泛，極大地擴大了藥材的種類。其他科學靠深入細緻、虛懷若谷的觀察，也獲得了發展。佛蘭芒人維賽留斯[6]在一五四三年出版的《人體構造》一書中，對解剖學的研究做了修正，使之現代化。以前，解剖學家普遍認爲，寫於西元二世紀的蓋倫著作，對人體所有的肌肉和組織都做了權威性的闡述。這些解剖學家也確實解剖過屍體，但一遇到與蓋倫的闡述不相符的，他們就不知怎的總以爲是異常或不典型而加以摒棄。維賽留斯把蓋倫的學說置之腦後，依據他在一具具屍體上的實際發現，做出自己對人體構造的一般闡述。

在生理學方面，就闡述活體功能而不是活體構造而言，也取得了相當大的進展。這門科學採用實驗室的實驗方法，大有收益。威廉·哈維[7]經過多年的實驗研究（包括動物解剖），於一六二八年出版了《心血運動論》。書中，他提出血液迴圈學說，闡明了血液沿動靜脈循流不息。義大利人馬爾辟基使用新發明的顯微鏡，在一六六一年發現了毛細血管，證實了哈維的發現。荷蘭人雷文霍克也借用顯微鏡，首先發現了血球、精子和細菌，並一一繪成圖樣出版，留傳後世。另一位十七世紀荷蘭科學家雷尼爾·德·格拉夫出版了首部描述婦女卵巢的著作，從而對蓋倫涉及人的性生活的古代理論提出了挑戰，也挑戰了一個長期爲人們所接受的觀點，即認爲在繁衍後代的生物過程中，女人的貢獻比男人小。

直到一八〇〇年，上述各門科學以及化學，都還不十分盛行，雖然對它們的研究工作一直在進行。長期以來，因人們更重視天文學和物理學，而使得它們相形見絀。在這兩門科學中，都可以充分運用數學。數學在十七世紀取得了飛快的發展，使用了小數來表示分數；改進了代數符號，使之規範化；一六一四年，蘇格蘭人約翰·耐普爾發明了對數；笛卡兒奠定了解析幾何學；帕斯卡[8]發展了概率論；英國人牛頓和德意志人萊布尼茲同時發明了微積分。有了這些進展，要使用純數量術語來思考自然，做出更爲精密的測量，進行艱巨複雜的計算，都更有可能實現了。於是，物理學和天文學取得了不起的發展；正是在這樣的領域上，發生了十七世紀最令人吃驚的科學革命。

科學革命：從哥白尼到伽利略

遠古以來，自從希臘人托勒密在西元二世紀編纂了古代天文學以後，有文化的歐洲人向來堅持一種我們稱爲「托勒密體系」的宇宙觀。根據這種觀點，宇宙是一組同心圓球體，即一系列球，球中有球，一個套一個，球心同一。最裡面的球就是地球，由我們踩在腳下因而十分熟悉的又堅硬又結實的泥土物質構成。其他的球體，依次圍繞著地球，全都是透明的。它們就是詩人告訴我們的「水晶球」，它們的和聲就是「天籟之音」。這些球通通都繞著地球轉，每個球都含有一個發光的天體，天體像寶石似的鑲嵌在球內，隨著透明球體的運動，環繞地球移動。最接近地球的是月亮這個球體；後面依次是水星球和金星球，然後是太陽球體，繼而就是外層行星球。最後就是那個最外層的球體，裡面鑲嵌著所有的恆星，這些星宿每天都圍繞地球移動，蔚爲壯觀。但星宿與星宿之間卻膠著不動，因爲都被牢牢地掛在同一球體裡。通常認爲，嵌有恆星的球體之外，是「最高天」，即天使和長生不老諸神的住所；不過，這可不是自然科學研究的範疇。

凡人站在地球上，翹首仰望長空，便有囿身於穹廬之感，覺得穹廬的中心就是自己所站的位置。白天，澄空湛藍，放眼眺望，委實可看到上述的水晶球體；入夜，繁星點點，可看到隨著衆球移動的天體。一切都在好像並不那麼驚人的遙遠之處繞著人轉動。通常認爲，這些天體具有與地球截然不同的物質和質量。地球是由沉甸甸的雜質構成；恆星、行星、太陽和月亮似乎是由純潔而閃亮的光，或起碼是一種明亮的稀薄物質構成，這種物質與它們隨之移動的水

圖6-3　手持植物學論文的學者

作者：威廉・莫雷勒斯（荷蘭人，一六三〇？～一六六六年）

此圖上的學者可能是烏德勒支大學的一位新博士。默默無聞的畫家威廉・莫雷勒斯十七世紀時就在這所大學工作。這位成功獲取學位者，頭戴桂冠，自豪地展示他的論文，上面那幾個拉丁字宣告：「任何植物都表明上帝的存在。」這個時代，許多尚不爲人所知的植物，從世界各地被帶到歐洲；對這些植物，人們懷有日臻濃厚的興趣。此處即提供了一個例證。〔Toledo Museum of Art. Purchased with funds from the Libbey Endowment, Gift of Edward Drumond Libbey. (1962.70)〕

晶球一樣精細。宇宙堪稱是一座等級制度寶塔，越往高處，越加完美。天比地球純淨。

這一體系與實際外表相符，今天若不是有了科學知識的啓迪，仍會令人置信不疑。對這一體系，還曾使用嚴謹的數學術語做出系統闡述。自希臘人以來，對觀測到的天體運動逐漸採用了複雜的幾何學來解釋；這門複雜的幾何學，在中世紀更日趨複雜。托勒密體系是一個數學體系。正是出於純數學的理由，它才首先得到人們的重新考慮。中世紀末，在十四世紀和十五世紀時，人們又對數學大感興趣，又專心研究起畢達哥拉斯和柏拉圖哲學的傳統信條來了。從這些哲學裡，可以發現這一教條：數字也許是揭開自然奧祕的最後鑰匙。字裡行間，貫穿著一則玄奧的信條：簡明比複雜更有可能是眞理的標記；一個比較簡單的數理說明勝過一個複雜得多的數理說明。

這些思想啓發了尼可拉斯・哥白尼，他生在波蘭，是日耳曼人和波蘭人的後裔。他到義大利求學深造以後，撰寫了《天體運行論》這部劃時代的著作。此書是在他去世後的一五四三年出版的。在書中，他認爲太陽是太陽系和整個宇宙的中心，地球是衆行星之一，在太空中環繞太陽運轉。在此之前，曾經有過幾個煢煢孑立的思想家考慮過這個觀點。哥白尼用數學進行了一番論證。對他來說，這純然是一個數學問題。以往，有關天體運動的知識越是詳盡，隨著歲月的流逝，就越有必要增添「均輪」和「本輪」，從而使托勒密體系越加複雜。[9] 正如彌爾頓後來所表達的，宇宙成了：

天體套天體，上面亂塗亂抹
中心的、同心的均輪和本輪。

對於解釋已知的天體運動，哥白尼卻毋需過多使用上述種種假設的結構圖。在數學上，太陽中心說，即日心說，比人們向來堅持的地球中心說，即地心說，要簡單一些。

哥白尼學說長期被當做一種假說，僅爲行家知道。是否採納這一學說，大多數天文學家曾一度猶疑不決，拿不定主意，因爲他們從已有的證據來看，覺得對於流行的思想沒有必要來那麼一番雷厲風行的調整。第谷・布拉赫在哥白尼隨後的幾代人中，是天體實際方位和運動的最偉大權威，他從未全盤採納過哥白尼體系。但是，他的助手兼門徒約翰・開普勒，總結了第谷的確切觀察資料，不僅採納了哥白尼學說，而且還有所發展。

開普勒是德意志人，一個對數學頗有癖好的神祕主義者、業餘星占學家和科學天才。哥白尼向來相信衆行星環繞太陽運動的軌道是正圓的。第谷指出，這樣的信念跟觀測到的事實不符。正是開普勒發現，衆行星的軌道是橢圓的。橢圓形跟圓形一樣，是個抽象的數學圖形，具有可知的屬性。開普勒證明，一個行星沿著其橢圓軌道運動，越靠近太陽，就移動得越快。他還證明，繞日運轉的那幾個行星的公轉週期，因這些行星和太陽之間的距離不同而有所不同。

對所涉及的數學知識，大多數人是無從理解的，但是，要了解開普勒行星運動定律令人震驚的內涵，那倒是可能的。開普勒指出，第谷觀測到的由執拗的事實構成的實際世界，與哥白尼推測出來的精確和諧的純理性世界，彼此其實沒有什麼矛盾；說實在，兩者倒是十分吻合的。至於爲何如此，他可不知道；這是數字的奧祕。對於汗牛充棟的尚未做解釋的資料，他經過去蕪存菁，提煉成幾句簡明的定律。他證明了時空之間的一種恢弘的數理關係。而且，他用十分明晰的公式闡述了衆行星的運動；這些公式，任何一個有能力的人都可以隨意查證。

下一步科學工作是由伽利略做的。到此時，天體是由什麼東西構成的這個問題，幾乎未受觸動。的確，人們不但根本沒把它們當做實體，反而當做球體。只有太陽和月亮才有尺寸；恆星和行星只是光點而已。哥白尼和開普勒的學說，與托勒密的一樣，都可以應用到運動著的非實體的發光體。一六〇九年，伽利略製造了一架望遠鏡。朝天空望去，他發覺月亮有崎嶇不平和顯然是多山的表面，似乎與地球一樣，也是用同一種物質構成的。無論月亮圓缺盈虧，他都清清楚楚看到月亮的暗面，注意到月亮不管在哪個方位，都只是反射太陽光而已。他從而斷定：月亮本身並不是一個發光體，這再次表明月亮可能是由類似地球的物質構成的。他看到太陽上的黑點，似乎太陽並非純淨完美的。他發現使用望遠鏡觀察時，衆行星都有顯而易見的寬度，但恆星仍照舊是光點，好似遠得難以測量。他還發現，木星有幾個衛星，它們像月亮環繞地球運行般繞著木星轉，可說是木星的月亮。這些發現使他確信哥白尼學說的正確性。總之，這一學說，他業已採納了。這些發現還表明，天體可能與地球一樣，都是同樣的物質——在太空中移動的物質團。反之亦然，把地球當做一種自身繞日運轉的天體，也就變得容易多了。於是，天地之別正在消失。這對以往一切哲學和神學，可說是當頭一棒，打得厲害。有些行家怕得要命，不敢透過望遠鏡眺望；伽利略遭受教會的譴責，還被迫佯做聲明，悔過改念。

再者，開普勒業已發現闡述行星運動的數理定律，伽利略則已發現闡述地球上物體運動的數理定律。以往，人們總是認爲，有些物體本質上比其他物體重，重的物體比輕的物體落地快。一五九一年，傳說伽利略在比薩斜塔上同時丟下一個十磅重的物體和一個一磅重的物體。是否有過這回事，至今還有人提出疑問。但無論如何，伽利略已經證明，儘管以前對此問題有過種種的猜測，兩個重量不同的物體，當把大小不同或形狀不同而產生不同的空氣阻力的影響排除在外時，是同時落到地上的。他對動力學即物體運動學的進一步研究，花了好多年時間才完成。他得設計更爲精確的方法來測量暫態間隔，得發現用來估計空氣阻力、摩擦和自然界其他慣常障礙的方法，得用抽象的數學術語去想像純運動或絕對運動，去思考力和速度。他使用了慣性這個嶄新的概念。有了這一概念，只需要解釋運動的變化，而不用去解釋運動的產生。它免去往昔哲學認爲運動需要一個「永遠存在的推動者」的麻煩。

牛頓的成就：科學的屬望

融會貫通開普勒和伽利略的研究成果，牛頓取得了登峰造極的成就，他證明：開普勒的行星運動定律和伽利略的地球上物體運動定律，是相同定律的兩個方面。伽利略的發現認爲，運動物體總是沿一直線運動，除非有力加於其上迫使它發生偏斜。既然如此，那麼行星爲什麼不是沿著直線飛出去，而是趨向太陽，結果形成橢圓軌道，以及月亮爲什麼趨向地球，對這些問題都得做出解釋。牛頓似乎早就猜想過：答案將與伽利略落體定律有關——那就是說，引力，即地球對地球上物體的拉力，可能是萬有引力或類似拉力的一種形式，顯示出太陽系中一切天體的特性。在前進路上，牛頓遇到許多非同尋常的技術難題。但是，他在發明微積分後，以及又採用一個法國人[10]測量地球大小所得的新數值，與利用荷蘭人惠更斯有關擺鐘圓周運動的實驗成果之後，終於能如願以償完成計算，並於一六八七年出版他的著作《自然哲學的數學原理》。

這部巨著表明，一切當時能夠計時與測定的運動，無論是在地球上的或是在太陽系內的，都可用相同的數學公式來加以闡述。一切物質都在運動，任何兩個質點之間似乎都存在著一種相互吸引的力，其大小和它們的質量的乘積成正比，和它們之間的距離的平方成反比。這種「力」，就是萬有引力。萬有到何等程度，牛頓沒有自命不凡硬做解釋。兩百年來，此定律一直是不可動搖的，總爲每次新的有關發現所證實。只是在近一個世紀內，才發現它有局限性。在亞原子結構的無限小的微觀世界裡，或在整個物質宇宙的宏觀世界中，據現在人們的設想，這個定律並不適用。

正是在牛頓時代，追求自然知識成了人們的風俗習慣。一個個組織起來的團體，有設備，有基金，都在致力於科學研究事業。其中最負盛名的，是建立於一六六二年的倫敦皇家學會和建立於一六六六年的法國皇家科學院。這兩個

圖6-4　太陽系繞著太陽運轉的哥白尼學說，長期以來僅為一個小圈子裡的行家知曉，在這個圈子外就不為人所知，只有寥寥數人理解這學說賴以構建的數學知識。但是，哥白尼理論的涵義後來以逼真直觀的形象四處傳播。這些形象描述了有關太陽、地球和其他行星的嶄新天文學觀點。（© Trustees of the British Museum）

機構都發端於早期的非正式學術團體，團體最初成員通常是出生於地主階級的紳士，他們從各自的政府取得特許狀，從事科學愛好活動。科學期刊開始出版發行。科學協會爲思想的及時交流提供了媒介，這對科學知識的發展是必不可少的。他們舉行會議、提議研究專案和出版論文，不僅涉及各種自然科學和數學，而且還涉及古文書學、錢幣學、年代學、法學史以及自然法。博學之士的研究工作尚未專門化。

有了這一切的活動，科學的期望似乎實現了。正如培根派學者所預見的那樣，甚至在十分實際的事務中，也因而獲得許多方便。這時，由於知道地球、月球和太陽之間的相互引力，便能了解和預測潮汐。有關天體的精確數學知識，加上發明了報時更爲準確的鐘錶，對航海事業和製圖學幫助甚大。古代希臘人已知道測量緯度，即地球上南北兩極距離的量度。但是經度，即東西距離的量度，到十八世紀才測定出來，因爲從這時起，使用天文鐘，在已知的時間觀察天體，就可以確定經度。因此，在海上駕駛商船和指揮海軍艦隊，都更有把握了。十八世紀的歐洲人，是最早對各大洲與各大洋的形狀和大小具有相當準確看法的人。要繪製較好的歐洲各地的當地地圖和區域地圖也可以辦到了。

有了數學的發展，包括微積分的發展，就可準確論述曲線和彈道，再加上製造各種金屬技術的發現，便使得火炮的使用日益廣泛。一七五〇年的軍隊平均每個戰士使用的大炮數比一六五〇年時增加一倍。海軍軍械也有所改進。這些項目成了維持軍隊格外昂貴的項目，使之花費更大，需要政府增加稅收，從而產生立憲危機。有了改良火器，也使軍隊在鎮壓暴動者和擅自尋釁鬧事的團體時更占上風，因而強化了國家的統治權。它們也使歐洲人擁有軍事優勢，凌駕於美洲、印度或各地的民族之上。歐洲人十八世紀在這些地方建立起歐洲稱雄世界的地位。

還可舉出蒸汽機爲例。蒸汽動力到後來簡直推動了世界。一七〇〇年，它只不過處於最初級的階段，然而已露出地平線上，令人矚目。法國人丹尼斯·帕龐在一六八一年發明用蒸汽推動單一活塞的裝置，但這種裝置產生的動力很少，只適合做燒煮用途。這引起英國科學家的關注。羅伯特·波以耳，氣體壓力波以耳定律的發現人，對此問題做過研究。科學家、機械工人和儀器製造者攜手合作。一七〇二年，湯瑪斯·紐科門，一個雖然缺少科學訓練，然而與科學家關係密切的人，製成蒸汽機，後人稱爲紐科門蒸汽機。正如我們大家知道的，詹姆斯·瓦特就是在此基礎上發展了蒸汽機，這將在下面做出闡述。按照後來的觀點來衡量，紐科門蒸汽機只是個原始裝置；它消耗燃料太多，只能在煤礦使用。然而，畢竟派上用場了。一七〇〇年以後不久，它廣泛使用於礦井排水。它節省勞力，降低生產費用，打開向來不便利用的礦床，供人開採。應用蒸汽爲經濟目的服務，這是破天荒的第一次。

純科學與應用科學之間，人們還沒有感到涇渭分明之別，這詞的現代涵義幾乎還不存在；我們現在所稱的「科學」，人們那時習慣叫自然哲學或「有用的知識」。巡迴的公共教授解釋力學定律和運動定理時，展現的應用裝置不過是滑輪、尺、槓桿、齒輪、水輪和抽水機而已。出席這些講座的觀衆，雜七雜八，匯聚一堂，尤其在英國，有哲學家、實驗員、發明家、手藝人，有想發展自己莊園的地主鄉紳和想擴大自己經營市場的小企業主。因此，科學運動在英國和在新知識中已注入種種經濟活動的其他地方，爲農業的改進和工業的改進開闢了通道。

科學革命與思想界

這場起於哥白尼，迄於牛頓的革命，也許對思想界影響最深。據稱，這是人類迄今做出的最偉大的精神調整。舊的天堂被打破了。人不再是創造的中心。天空的發光體不再爲人照路發光，或者不再爲賦予人以美感而發光。天空本身是個幻覺，它的顏色僅是心內物而已，因爲這時每當人翹首仰望時，實際上覺察到的只是廣袤無邊的黝黑太空。古老的宇宙，原是愜意地包裹在純淨之中，等級錯落有致，越往高處，越加純淨，而現在已爲一個嶄新的宇宙所取代。這個新宇宙似乎處在一個無限的空間，虛無縹緲，到處散布著物質微粒。人是寄生在一個物體上的弱小居民；這一物體與極其遙遠的其他同類物體一起，在宇宙中旋轉。因此，這個物質宇宙周圍根本沒有什麼東西是特別屬於基督教的，《希伯來書》和基督教《聖經》上描述的上帝所做過的東西，看來是屬於無稽之談了。基督教與自然科學之間的鴻溝，在中世紀常常出現，而又常常彌合，這時卻綻開得空前之大。十七世紀有些人爲此感到痛苦不堪，如法國人布萊斯・帕斯卡就特別如此。他是一個重要的科學家、卓越的數學家、執著而又思慮重重的基督信徒。其著作《思想集》，是他傳世的隨感錄。他原是希望有一天能根據這些札記撰寫一部闡述基督教的巨著。他在其中一篇隨感中寫道：「這寥廓無限宇宙中的那種永恆的靜寂，眞令我毛骨悚然。」

圖6-5　一六六六年科學院和天文臺的成立

作者：亨利・特斯特林（法國人，一六一六～一六九五年）

特斯特林是皇家美術研究院的一位教授，也是法國藝術學院傳統派的堅強衛士。在此圖中，他描繪了路易十四視察這座新建的皇家科學院，表達了他對國王和新科學知識的敬仰。但是，特斯特林的生涯也正好提供了一個實例，顯示十七世紀末葉生活的另一側面。他是個新教徒，最終不得不放棄他的學院職位，移居荷蘭，從事他的宗教工作。（Giraudon/Art Resource, NY）

但從整體上看，引起的回響還是樂觀的多。正如帕斯卡所說，人也許只是一根蘆葦而已，不過，他又說：「是一根會思考的蘆葦。」人也許不再是宇宙的物質中心，但正是人的智力打破了宇宙的法則。牛頓體系花了五十年左右的時間，獲得了普及，導致一種偉大的智力自滿，對人的能力從未有過那麼高的信心。亞歷山大·蒲柏[11]說得好：

自然與自然的法則隱藏在黑夜裡；

上帝說：「牛頓誕生吧！」於是，一切光明。

或者，根據另一個題材相同的警句，取其意思來說：要發現的宇宙只有一個，這個宇宙已被牛頓發現了。宇宙萬物，人的理性似乎都是可以領會的。雖然牛頓跟大多數科學家一樣，都繼續相信上帝的存在，但是，事事依賴上帝神力來判斷的舊時情感已沒有多大的魅力，或已經成爲教會牧師星期日佈道的一個課題。其實，人不是渺小的生物，不是陌生世界中的旅客，整日渴望與上帝團聚，以獲取上帝賜予的安寧。人是名副其實具有偉大智慧的生物，居住在一個既可理解又可駕馭的世界裡。這些思想對歐洲社會的世俗化有重大的貢獻，從而逐漸把宗教和教會撇在一旁，爲歐洲政治權力和這個時代許多新的智力爭論開道。

種種的科學發現也豐富了古老的自然法哲學，增強它的地位。這種發端於希臘人、復興於中世紀的哲學認爲，宇宙基本上是井然有序的；具有一種天然公理，即正義，對普天下所有人都一視同仁，而且可被理性認識。它觀點分明，反對獨斷專橫，反對熱中權勢，這是極爲重要的政治學說。科學所發現的自然法則雖有點不同，但也曉諭相同的道理，就是：宇宙井然有序，精密勻稱。可以很有把握地認爲，在無邊無際的宇宙，裡面的每一粒質點，無論是在哪裡，與另一粒質點之間都悄悄存在著相互吸收力，其大小和它們的質量的乘積成正比，和它們之間距離的平方成反比。科學揭示出來的物質宇宙——井然有序、合乎情理、不偏不倚、平穩運轉、沒有衝突、沒有對抗、沒有鬥爭——成了許多思想家心目中的標準，隨著時間的推移，他們希望用來改造人類社會，希望使社會也能履行自然規律的法則。

從某些方面來講，有可能誇大純理論科學的影響。通常，科學家本人並沒有把自己的科學思想應用到宗教和社會上，只有寥寥幾人遭受帕斯卡那樣的精神折磨。笛卡兒和牛頓都寫過措詞誠摯的論文，爲一些宗教教義的眞實性進行辯解。培根和哈維在政治上持保守態度，支持國王，反對議會。十七世紀六〇年代，英國人約瑟夫・格蘭維爾應用笛卡兒二元論，論證很有可能存在女巫。笛卡兒儘管主張系統的懷疑，卻認爲應毫無疑問地接受本國的風俗習慣。自然科學按其本意來說，並不具有革命性，也不至於打翻一切。倘若十七世紀的歐洲人開始對許多舊信仰發生動搖，那不僅因爲有純理論科學的推動，而且還因爲有關人類本身的知識和研究正在日益發展。

關於人類和社會的新知識

海外世界的發現和探索，對歐洲關於人類文化的觀點和人性的觀點產生了決定性的新影響。歐洲正成爲整個世界的一部分，從此，唯有和各個非歐洲地區做比較，才能了解它自己。巨大的相互影響是顯而易見的。歐洲的擴展對世界其他地區帶來的影響清楚可見：美洲的印第安人社會不是被改變，就是被湮滅；非洲的土著社會被給弄得七零八落，許多成員淪爲奴隸被載走；連亞洲的古老社會最後也受到破壞。從一開始，世界各地對歐洲的反影響也同樣巨大，不僅造成有形的影響：給歐洲帶來新的藥品、新的疾病、新的食品、新的舶來品，使西歐各國的物質財富源源增長；而且，對歐洲的見解也產生了影響，對各種不同的宗教傳統、對各種語言的歷史、對各種文明的起源，都提出了種種新的疑問。跟其他文化的日益牽連，破壞了舊歐洲，破壞了歐洲的思想，如同歐洲在破壞海外各種舊文化一樣。一條條廣闊的新地平線呈現在十六和十七世紀的歐洲人眼前。這個時期的歐洲人是最早有幸認識整個地球，最早在全球許多地方建立殖民前哨基地，或最早了解人類各色人種、了解人類形形色色風俗習慣的人。

懷疑論思潮

這種了解令人坐立不安。對人類差異性的了解，在歐洲產生這樣的後果：損壞了人們所謂的「反變現象」。一種新的觀念應運而生，認爲形形色色的社會風俗具有相對性質，這使人更難以相信自己的生活習慣是絕對正確的。上文述及的蒙田，清楚地表達了這種相對主義者的觀點；他那篇著名的論吃人者的文章，把這種觀點表達得再清晰不過了。他幽默地說，吃人肉的人的確眞的吃人肉；這是他們的風俗，他們有他們的風俗，正如我們有我們的風俗一樣；他們會認爲我們有些習慣是古怪的或不人道的；人各有志，而我們算老幾，要去評頭論足？整個十七世紀，一本本旅行家的遊記有增無減地傳播了上述相同的觀點。比如有一個旅行家說（對不對另當別論）：剃髮蓄鬍子是土耳其的風俗，蓄髮剃鬍子則是歐洲的風俗；說實在的，那又有什麼大不了的呢？耶穌會傳教士強調指出，非歐洲人的習慣也許是好習慣。寫自密西西比河流域內地或寫自中國的信札中，耶穌會神父常常侃侃談論他們遇到的當地人具有天生德行和機敏智力，也許他們企望，來此一手就可在歐洲博得對他們傳教工作的支持。有時，歐洲本土上出現了來自美洲荒原或亞洲的異域人。一六八四年，一個暹羅（現稱泰國）貴族代表團抵達巴黎，隨後，一六八六年又來了一個代表團。巴黎人曾一時流行「暹羅熱」；他們繪聲繪色描述暹羅國王，說他見到一個傳教士請他皈依基督教時，回答道：倘若非凡的天公希望在世界上盛行單一宗教，那當然可以輕而易舉地做出這樣的安排。暹羅人看來文明、睿智、富有哲理，他們允許基督徒到他們的國土上傳道。眾所周知，暹羅僧人若要在巴黎佈道，將會落到何等的下場啊！人們當時也把中國看成是一個文明中心：好學、寬容、有一套套明智的倫理道德傳統。到一七〇〇年，巴黎、牛津和烏德勒支等高等學府甚至聘有阿拉伯語教授，他們說，伊斯蘭教是一種受尊重的宗教，適合穆斯林，好比基督教適合基督教徒一樣。

圖6-6　艾薩克・牛頓成了新科學知識和新科學研究者的聞名遐邇的公衆象徵。由一位佚名畫家繪製的這幅肖像，強調牛頓的才華和專注，這使他在日益擴展的各個科學文化機構中，以及更廣泛發展的十八世紀智力生活中，成為一個衆人崇拜的偶像。（Bettmann/Corbis）

因此就產生了一股強大的懷疑論思潮，它認爲所有的信仰都是相對的，因時因地而有所不同。這種思潮在十七世紀末最偉大的代言人是皮耶・拜爾。拜爾也受到科學發現的影響；倒也不是說他完全理解這些發現，因爲他幾乎是個十足的文人，但是他明白，許多流行的信仰是沒有根據的。一六八〇～一六八二年期間，人們看到許多彗星。牛頓有個朋友名叫艾德蒙・哈雷，研究了一六八二年出現的那顆彗星，他是第一個預見一顆彗星返回的人。他認爲，一六八二年的彗星與一三〇二年、一四五六年、一五三一年和一六〇七年觀測到的彗星是相同的，並預言它會在一七五七年再次出現（結果在一七五九年出

圖6-7　一六八四年，暹羅使節抵達凡爾賽宮，給當代法國人留下栩栩如生的印象；有關遠方國家和遠方民族的報導，使當代人如痴如醉。雖然跪拜如儀的使節對太陽王表示了必要的敬重，但是他們現身法國，促使人們與時俱進，擴大對文化差異和文化習俗相對性的思考。（Musees Versailles, Reunion des Musees Nationaux/Art Resource, NY）

現）；這顆彗星再次被人看到是在一九一〇年和一九八六年，至今仍叫哈雷彗星。十七世紀八〇年代的人，談到彗星的意義就十分激動。有的說彗星散發毒霧；有的說彗星是未來事件的神奇預卜之兆。

拜爾在其《關於彗星的思想集》一書中，詳細地論證說，諸如此類的信念，除了人的輕信之外，都沒有任何根據。一六九七年，他出版了《歷史批判辭典》。這是一部薈萃各種經驗知識的巨大文庫，轉達了這樣的要旨：凡所謂眞理，常常是一孔之見而已；大多數人都輕信得令人吃驚；許多堅信不疑的事物，其實都是荒謬可笑的；太過固執己見，是十分愚蠢的。拜爾的《辭典》，曾是一代代懷疑論作家經常利用的源泉。由於心無定見，沒有固定的是非標準，拜爾把懷疑論和對信仰的一時衝動混淆起來。他出生於一個新教徒家庭，後來改信羅馬天主教，爾後又復信他幼時的喀爾文教。總之，他的觀點傾向於宗教寬容。對於拜爾以及蒙田來說，任何一種見解都不值得你爲之火燒鄰居。

新的證據觀

但是，在對人類的研究上，如同對物質自然界的研究一樣，十七世紀的歐洲人滿足於懷疑論的並不普遍。他們並沒有爲一種純粹否定、懷疑的情緒所左右，儘管這種懷疑、否定態度是重要而又有益的。在統稱爲人文科學的學科上，如同在純理論科學一樣，他們要求的不是懷疑，而是理解。他們需要新的方法來區分眞僞，需要能夠獲得某種程度的確信無疑的一種新辦法。而且，在歐洲還崛起一種科學的世界觀（如果按照它的通常意義理解），它體現在新的證據觀上。所謂證據，是指能讓人相信某一事物是眞的，或是起碼比證據不足的另一事物要眞實一些。因此，如果沒有證據就貿然相信可算是思想簡單或是思想不合乎道理的話，那麼先擷取證據而後相信，在某種程度上就可說是科學思維，或者起碼是信賴和應用人的智力了。

新的證據觀，以及需要證據的新意識，在許多方面呈現出來，其中最明顯的是在法律上。比如，重證據的英國法律在十七世紀末就已初具現代形式。以往，人們長期相信，罪行越是殘暴，審判定罪時就越不需要證據；認爲必須如此，才能使社會上更爲恐怖的犯罪行爲杜絕。從十七世紀末起，在英國的訴訟中，法官在決定是什麼構成證據的方面喪失了自由處理權，而且在一切起訴書上，都應用相同的證據條例。主要的詰問聽來總是千篇一律——某某行爲（無論多麼殘暴）是發生過或是沒有發生過？純粹是傳聞的證據，長期以來就受到模稜兩可的懷疑，一六五〇年後則被明確地排除出法庭了。一六九六年以後，連被指控犯下重罪的犯人也准予律師辯護。

消除對巫術的錯覺，新的證據觀可能是主要推動力。使巫術那樣可信、那樣怕人的原因是，許多人供認自己是女巫，承認自己對鄰居弄神作鬼，施展邪術符咒。這樣的招供，許多或多半是在嚴刑拷打下逼出來的。改革者強烈認爲，靠逼供取得的供詞不是證據；受刑的人爲了免受無法忍受的皮肉痛苦，什麼都會說，因此任何這樣的供詞無法提供令人相信女巫的絲毫根據。對自動招出來的供詞和有些人竟炫耀她們具有妖魔能力的大話，要注意的是，這些胡言亂語往往是出自今天稱爲歇斯底里大發作或患有精神病的人之口。漸漸，人們視女巫爲自我哄騙的人，不再把她們的看法當做證據。但必須補充一句，除了英國之外，在其餘地區，凡是法官認爲被告有罪的刑事案件，都照舊採用合法的刑訊逼供，這種情況一直持續到十八世紀末。

歷史和歷史學的成就

今天所謂的各門歷史學，在那時也得到急遽發展。歷史像法律一樣，也得靠發現和利用證據。歷史學家和法官都得回答同樣的問題——某某行爲眞的發生過嗎？所有的歷史知識，凡是擺脫傳說和理所當然的，最終都得以證據、文字記載，以及其他創於往昔而倖存至今的這樣那樣的人類業績爲依據。昔日巨大的畫面就建築在這一大堆材料上；沒有這些材料，人們對他們的祖先會一無所知，或者只能有民間故事和口頭傳說而已。

在十七世紀，對歷史持懷疑態度的不乏其人。有的說，歷史不是一種眞正的知識，因爲它不具有數學形式。有的說，歷史毫無用處，因爲完人亞當既沒有歷史，也不需要歷史。許多人認爲，被當做歷史的，僅是一堆傳說而已。歷史受到懷疑，還因爲歷史學家往往自命不凡，聲言是壯志淩雲的文人，要寫出行文優雅或激勵人心的有魅力的文章，或者要爲爭辯論戰而揮筆疾書，但卻鄙棄艱苦的實際研究工作。歷史正在失去喜愛思考的人的信任。這些人後來視科學爲尋求可靠知識的樣本。他們發問：「對任何活人都還未生出之前就老早發生過的據說事件，即使認爲有少許的肯定，那又怎麼會可能呢？」

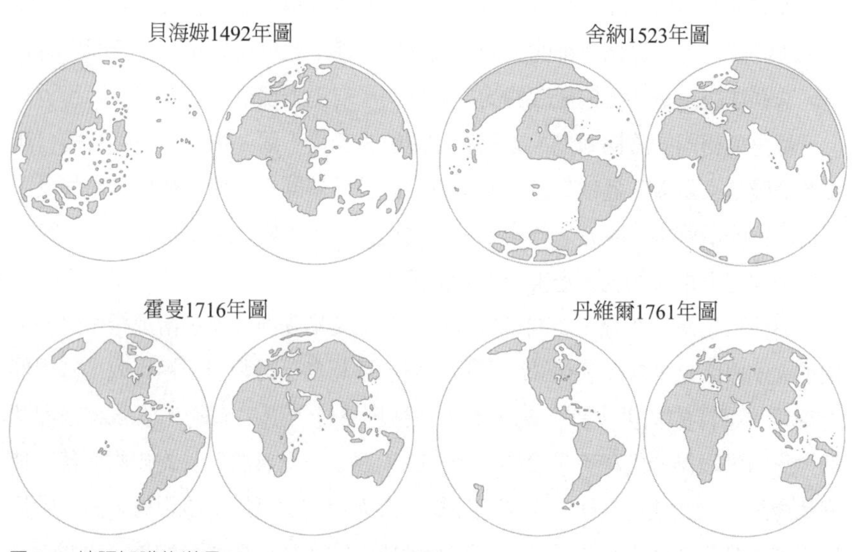

圖6-8　地理知識的增長

這四幅地圖顯示在各自年月中的最佳科學知識。貝海姆對美洲的存在一無所知，在歐洲另一邊半球塡上一大堆島嶼，以此表示他聽說過的東印度群島和日本。非洲的界限範圍，他相當清楚。舍納在一五二三年塡上美洲，甚至分清了兩個美洲大陸。他知道墨西哥灣，但還不清楚狹窄的巴拿馬地峽。他知道麥哲倫海峽（但還不知合恩角），他心懷希望，在北半球塡上一條相對應的西北通道。他對印度洋的概念十分準確。兩個世紀以後，對霍曼來說，各大洋和各大洲的大小形狀已經衆所周知了，但是他相信，新幾內亞島跟澳大利亞相連；對北美洲西北海岸，他坦然表示無知，用一條直線來表示。北美大湖區和內陸情況，已爲內陸知曉。一七六一年，丹維爾的圖上還沒有塔斯馬尼亞島（位於澳大利亞東南海域），還不了解阿拉斯加是個半島，還相信美洲南北極地區被海水覆蓋，難以通行。除此之外，他的地圖與今天相同比例的地圖並沒有什麼差別。

這種懷疑態度之所以產生，究其原因，是因爲有了一種較爲嚴謹的證據觀，或是因爲明白了往昔的說法確實大都沒有什麼眞憑實據。但是，學者開始致力工作，蒐集盡可能多的證據。他們希望創建一門新歷史學，包含的內容只限於可靠的文獻。古代文件和羊皮紙文稿零亂地散落在歐洲各地。修道院、莊園宅第、王家檔案室都充塞著書寫文獻，其中許多是年代不詳或出處不明的，寫在上面的筆跡往往是人們再也無法看懂的。博學多才、孜孜不倦的熱心人著手工作，探索這堆積物。他們發揚先輩們的努力成果，所做的工作之多，使他們實際上創立了現代訓詁學和校勘學。一六八一年，法國本尼迪克特教團僧侶尙・馬比榮在他的《論古文書學》（有關古代證書和「文書」）著作中，建立起專門解釋、辨認古文抄本，確定其年代、鑑別其眞僞的古文書學。一六七八年，法國人迪康熱出版一本中世紀拉丁文辭典，至今仍在沿用。其他人，如義大利人穆拉托里，以畢生精力鑽研檔案，蒐集、編纂和出版了大量的文獻，對照同一部書的各種手抄本，盡力發現作者眞正寫了些什麼，剔除一些捏造或僞造的部分，宣告其他部分爲歷史證據的眞正材料。還有一些人使自己成了古錢專家，創立了古錢學。這些古錢，有許多比最古老的手稿還古老得多。還有其他的人，也許就是同一批人，致力於考據古建築和遺跡上的銘文。

另一門重要而不大爲人知道的歷史「學」，即年代學，也取得很大的發展。年代學研究世界的年紀，在各民族的紀年法中找出一種公用紀年。也許，人們不習慣於用紀年來思考問題。對於頭腦簡單或是沒有歷史頭腦的人來說，知道某某事發生在「很久以前」，那就夠了。在十七世紀，對數字抱有新興趣不僅明顯地表明在自然科學上，而且也表現在人類歷史上。大主教詹姆斯・尤賽，愛爾蘭聖公會的高級教士，對《聖經》經過反覆研究後，宣布西元前四〇〇四年是世界創始紀元。他編的紀年表印在《聖經》欽定英譯本的書頁邊上，至今一些原教旨主義者仍奉爲《聖經》本身的一部分。但是，學者們沒有接受尤賽的年表，連他同時代的學者也不接受。地理知識向歐洲展示了中國和中國的朝代；歷史知識使人們開始發現古埃及。中國人和埃及人的文字記載宣稱，他們的國家比《舊約全書》似乎給予人類的歷史還要古老得多。於是，許多博學之士紛紛做出猜測；一七〇〇年左右，有一位學者算出七十個關於世界年齡的數值，有的高達十七萬年，這在當時似乎是一個大得難以置信、令人咋舌的數字。

困難不僅在於理解《舊約全書》的語言，而且還在於發現各民族的紀年方法之間的一致性。中國採用的一種年號紀年體系，也許本身是連貫的，但如何與歐洲以耶穌基督生年算起的紀年體系等同起來呢？難在因爲中國人不知道基督的生年，就如歐洲人不知道武王的年號一樣。甚至歐洲的文字記載也呈現相同的困難。羅馬人以執政官的任期來紀年，或者以想像的羅馬城始建的那一年爲紀元。許多中世紀文獻僅告知一些無名統治者的就位之年。只有無限的耐心、沒完沒了的研究和漫無止境的演算，才能把如此一堆亂麻理成現代教材的簡明體系，其重要性可能比乍一想到的更爲重要。有了一種通用紀年，則大大有助於把人類歷史當做一個互相聯繫的整體來考慮。根據基督紀元來確定所有事件的年代，這樣對人類有一個總體看法就容易多了。也許要指出的是，這個紀元本身是一個武斷而又約定俗成的尺度，因爲現在人們認爲耶穌基督不是誕生於西元元年，而是在西元前四年。

通用紀年不僅在歷史知識上重要，而且在實際事務上也很重要。歐洲甚至在基督教曆法上也很不統一。新教徒和一些東正教國家使用舊曆法，即儒略曆【12】。天主教國家使用修訂曆，即格里曆【13】，這種曆法是十六世紀羅馬教皇格列高利十三世在位時頒布的。兩個曆法在十七世紀時相差十天。格里曆慢慢地才爲大家採用，一七五二年爲英國採用，一九一八年爲俄國採用。今

圖6-9　人們在現代早期對歷史材料的保存與研究已頗有興趣，這催生了系統組織圖書館和彙總原始資料，以滿足悉心研究學問的需要。這塊十七世紀版畫刻劃了萊頓的一座圖書館，展示了學者研究的科目和他們在旁站著閱讀書籍的桌子。（Corbis）

天，中國、印度、阿拉伯世界，以及世界各地的大多數民族，都使用或承認格里曆。倘若沒有確定年日的一種劃一方法，那麼處理國際事務、召開國務會議、制定計畫、付款收款，就沒有那麼容易了。因此，有個全球記時紀年體系，對全球經濟交流和通訊是至關重要的。這個今天輕易被人認爲理所當然的西曆紀年，是現代歐洲稱雄的結果之一，是世界文明日趨統一的標誌之一。

對傳統信仰的懷疑

各門歷史學爲確立人類昔日活動的知識奠定了基礎，而不斷擴大的地理知識則展現了眼下人類各種活動的全貌。這種新知識與自然科學相得益彰，它認爲：有許多傳統觀念是錯誤的，但是人的腦子如果訓練有素，開動起來，就可認識好多的東西。人文科學和自然科學均要求可信的證據，均依靠思考能力，這是相同之處。但對歐洲生活的各種陳規習俗的衝擊，人文科學研究所起的直接作用也許大過自然科學。帕斯卡在試圖維護基督教信仰時，很怕蒙田的精神，即懷疑和否定的情緒。他本人發覺，他害怕這種精神尤甚於他害怕數學和自然科學的發現。而且，這場歷史學思想運動，由於堅持校勘的主張，對基督教的許多信條提出了懷疑，或起碼對《聖經》所講述的宗教史產生了懷疑；而《聖經》，以往人們認爲是宗教本身須臾不可離的組成部分。

1543～1697年大事年表	
1543年	哥白尼的《天體運行論》和維賽留斯的《人體構造》出版
1609年	伽利略建造了一架望遠鏡
1620～1627年	法蘭西斯・培根力主採用歸納法，促進知識
1637年	勒內・笛卡兒出版《方法論》
1651年	湯瑪斯・霍布斯出版《利維坦》
1662年	英國皇家學會在倫敦成立
1666年	法國皇家科學院在巴黎成立
1687年	艾薩克・牛頓出版《自然哲學的數學原理》
1690年	約翰・洛克出版《人類理解力論》和《政府論》
1697年	皮耶・拜爾出版《歷史批判辭典》

一六七八年有個法國牧師，名叫理查・西蒙，出版一部考據《聖經》的先驅作品《舊約全書考據史》。儘管教會和路易十四政府都對他的書大加譴責，

但理查・西蒙總覺得，他自己才是正統；他堅持說，天主教要更依靠教會傳統，而不要拘泥於《聖經》的一言一語。他把別人用來考據世俗文獻的各種校勘方法全用來考據《舊約全書》。他得出的結論是：人們所知的《舊約全書》是根據中世紀的手稿編印的，其中有許多手稿來歷不明或出處可疑，僧侶在抄寫中又造成差錯訛誤；這部據說出自摩西之手的書，不可能是由他寫的，因爲書中自相矛盾之處顯而易見，而且含有顯然是在他去世後插進去的內容。其他人走得更遠，不僅僅對《聖經》版本的根據提出懷疑，而且竟對《聖經》講述的某些事件的可能性也提出疑問。他們一方面對自然界絕對的有條不紊抱有科學的見解，另一方面又深感人類過於輕信，從而否定曾經發生過奇蹟，並以半信半疑的眼光來看待希臘人或希伯來人的神諭聖言。

在當時所有的思想家中，引起軒然大波、影響最深的，是巴魯赫・斯賓諾莎。他是阿姆斯特丹的光學鏡片磨工，一個被革出教門的猶太人；他拒絕接受海德堡大學的教授職位，只渴求幽靜，以便安安穩穩地思考問題。斯賓諾莎從他那個時代的自然科學思想和人文科學思想中汲取養分。他創立了一套哲學，認爲宇宙之外，不存在上帝，一切事物本身就是上帝的一個面向。這套哲學的專門名稱是泛神論，但是許多人卻認爲，它其實是無神論。他否定《聖經》的神靈啓示，不相信奇蹟和超自然現象，抵制一切啓示和天啓教，不管是猶太教的還是基督教的。他還認爲，當時的政府只有寥寥幾個是眞正公正的。他教導一套完美、嚴格而又理智的倫理準則，這對一般人來說，沒有多大的慰藉。他的名字成了褻瀆神明、大逆不道的代名詞。當時由於審查的原因，他的著作通常不易弄到手，但即使能弄到手，人們也確實怕得要命，不敢閱讀。透過其他作家的轉述，他的影響才慢慢地四處傳開，爲後來理性哲學的發展貢獻良多。

英國人約翰・洛克的著作，得到較爲廣泛的閱讀。這些作品沒有那麼深奧，概括了他在世時的許多思潮，對日後數百年產生了強烈的影響。他把實際經驗和對哲學的理論愛好結合起來，這種哲學，論述常識的價値。他學過醫學，關心各種自然科學，並且認識牛頓。他與輝格黨的偉大貴族結交往來，他們是一六八八年英國革命的主要策劃者。十七世紀八〇年代，出於政治上的原因，他在荷蘭住了幾年，這使他諳熟歐洲大陸的思想。他的著述題材廣泛，金融、經濟、教育、宗教政策、政治學說、大衆哲學等等，無不涉及。行文直截了當，引人入勝，蘊含著聰明人老於世故的一種莊重氣質。在《論寬容》（一六八九年）一書中，他提倡一個國教，這種國教要寬容其他一切宗教徒，不過天主教徒和無神論者除外；他認爲他們會危及社會，因爲天主教徒是效忠外國的一支特別行動隊，而無神論者則缺乏起碼的道德責任感。在他的著作

《基督教的合理性》中，他論證說，對基督教應恰當地加以考慮，它畢竟是一種合理的宗教形式；這緩和了宗教與自然知識之間的摩擦，卻又有助於排除超自然現象，把宗教感情融合在平靜的常識之中。

洛克寓意最深的書是《人類理解力論》（一六九〇年）。書中，他敢於正視當時最大的問題，即知識問題。他問道：「人能確實知道些什麼？怎樣才能得到確實的知識？」他的回答是：「眞的知識或確實的知識是來自經驗，來自感官的感覺和心對這些感覺的思考。」因此，這個世紀末的洛克與世紀初的培根前後呼應；他們成了經驗論哲學的兩根巨柱，力主經驗和觀察是眞理的源泉。洛克否定笛卡兒天賦觀念學說，即人的心靈具有可靠思維的必然稟性。他認爲，人剛生下來時，心靈是白板一塊；後來，是社會環境決定人會想什麼，相信什麼。洛克的環境論哲學後來成了自由和改革思想的基礎。看來，錯誤觀念和迷信是壞環境和壞教育所釀成的後果。看來，人的邪惡行動應歸咎於壞的社會風俗；改良人類社會，就能改善人類的行爲。這種哲學不管最終是不是全對，但就許多實際情況而言，大體上是對的。這爲實現社會進步的可能性提供了信心，使人關注一個可以採取步驟和建設性行動的領域，即政府、社會政策和立法的領域。這樣，我們就論及政治學說了，洛克在這方面著有《政府論》一書，我們將在本章下文加以探討。

政治學說：自然法學派

政治學說從來不可能有嚴格的科學性。科學闡述的是現在確實存在的或已經存在過的事物。科學並不講述應該存在之物。考慮到人性和人有陷入痛苦或心滿意足的能力，講述社會和政府應該怎麼樣，卻是政治學說的一個主要目的。從某種意義來說，政治學說比科學更爲實用。正是科學家和學者最樂意如實地評述事實。務實的人，以及科學家和學者，凡是有了實際愛好的，必然總會自問：應該幹些什麼？應該採取什麼策略？應該採用什麼措施？應該保持或造成什麼樣的事態？保守分子和激進分子，傳統派和革新派，在這方面都是相同的。在人生事務中，不可能迴避「應該」這個詞。

但是，以往的政治學說卻受到上述科學觀點的影響。如上文已說到，文藝復興時期的義大利人尼科羅·馬基維利（一四六九～一五二七年），開闢了通往這個方向的途徑。馬基維利也有他的「應該」；他倒喜歡共和政體，在這樣的政體裡，公民對他們的國家懷有一種愛國感情。但在他的著作《君主論》中，他卻把最好政體這個問題置之不顧，而這問題本是中世紀基督教哲學家

圖6-10　山繆・馮・胡格斯特拉坦繪製的一幅油畫，在這兒展示了荷蘭猶太人哲學家巴魯赫・斯賓諾莎的肖像。這位哲學家發展了一種唯物主義哲學，即泛神論哲學，引起許多同時代人的強烈反對。但是，對那些懷疑傳統宗教信仰的後世作家而言，斯賓諾莎卻成為一個頗有影響力的思想家。（Bettmann/CORBIS）

和經院哲學家特別喜愛的問題之一。他使政治學研究脫離神學和倫理學。他致力於描述各個政府和各個統治者實際上是如何行動的。他評論說，凡是成功的統治者行事，其唯一的目標都在於攬權或擴大權力；為了達到這個目的，他們可以不擇一切手段。馬基維利說，君主守約或違約，告知眞相或歪曲、粉飾眞相，追求名望或不顧廉恥，改善社會福利或破壞社會福利，安撫鄰邦或摧毀鄰邦，無不取決於那種似乎是促進其政治利益的最好手段的行動方針。馬基維利說，這一切都是壞的；但問題不在於此，問題在於去發現統治者實際上做些什麼。在《君主論》一書中，馬基維利為了科學性而決意不涉及道德。對大多數讀者來說，馬基維利看來簡直是不道德的。然而，《君主論》是一部科學地描述事實的書，或是一部行為準則的著作，在兩者之間，也不可能劃清界限。須知，馬基維利一面講述凡是成功的統治者是如何獲得成功的，一面還建議統治者應該如何行事。雖然各個政府事實上確如馬基維利所說的，大都在繼續行事，但大多數人卻諱莫如深，不願承認他們應該那樣做。

自然權利和自然法

十七世紀的政治學說，並不包括歸咎於馬基維利的犬儒哲學，也沒有落入為一些人執著的懷疑論之中，這些人認為，對本國的風俗習慣應該消極接受；這種政體與那種政體都是半斤八兩，相差無幾。它直接面對的問題是：什麼是對的？十七世紀是自然公理或自然法哲學的不朽時代。

自然法觀念大力地促進過現代民主的發展，成為其思想基礎；在過去一個世紀中，它之所以衰退，又與現代許多動亂有密切關聯。要論述自然法哲學的本質是什麼，並非易事。這種哲學認爲，在宇宙結構中應該有一套辨別是非的法則。它認爲，權利是「天賦的」，並非純然是人的發明。對任何國家來說，權利不是由國家的傳統、習慣或風俗所決定的，也不是由法庭施行的實際法律（稱爲「成文」法律）所決定的。所有這些也許都不公正或都不正義。和我們所理解的自然法做一比較，便可察覺它們不公正或不正義之處。於是，我們就有根據說，吃人肉的習性糟透了；要求孤兒參加強制勞動的法律是不正義的。自然法或事物的實際正確性，也不是由哪個人或哪群人的權威所決定的。哪個君主都不能顚倒黑白，變非爲是。哪一群人（志同道合的團體）都不能混淆視聽，變非正義爲正義。從根本意義上說，自然權利和自然法兀然存在，超脫一切人群的圈子，凌駕一切人群。它們普遍適用，對所有人都一視同仁，誰也不能把它們捏造以迎合自己。凡是賢明的君主，凡是正義的團體，都是其行動符合客觀標準的君主或團體。但是，倘若我們不能相信我們自己的成文法或風俗，不能相信我們的領導人乃至我們自己的集體，那麼，我們怎能知道什麼是自然權利？我們如何發現自然法？

根據自然法哲學，答案是：「我們憑理性發現」。自然法哲學家認爲，人是有理性的動物。他們假定，每個人都有相同的思維能力和理解能力，不管是德意志人或英國人，不管是亞洲人、非洲人或是歐洲人，起碼他們都具有潛在的能力，一旦得到較好的啓蒙，就可發揮出來。這樣的見解贊同世界大同的觀點，國際一致與世界普遍進步似乎成了可以實現的目標。隨著時間的推移，這套哲學的大小前提漸漸受到非難。到二十世紀，人們普遍認爲，人的頭腦不是特別有理性的，行事動機受下意識的衝動或欲望或本能的驅使；人類文化差異十分之大，因而不同民族的人或不同階級的人實難指望能有一致的觀點。這些關於人是非理性的和文化有差異的理論，可以從許多古今證據中得到演繹印證；經這些理論的挑戰，古老的自然法哲學在許多人的心目中就失去了地位。

然而，在十七世紀和十八世紀，這套哲學普遍被人們接受。有些人由於繼續信奉中世紀的哲學，認爲自然法是上帝律法的一個面向。其他人因世俗精神較濃，則認爲自然法兀自挺立。持有這種看法的人當中甚至還包括一些教士；一六九〇年，一群神學家（大多是耶穌會士）遭到教皇的譴責，因爲他們認爲，普遍適用的是與非，也許唯憑理性才存在，跟上帝存在與否無關。自然法觀念與對人類理性的信仰齊頭並進，相得益彰，是那個時代思想的根本所在。歐洲各地，到處都可發現這樣的觀念和這樣的信仰，它們或以宗教形式出現，或以世俗形式出現。

在自然法的基礎上，有些思想家力圖創立一套國際法，即「萬國法」，使歐洲正在崛起的大大小小主權國家井然有序，結束混亂狀態。一六二五年，雨果・格勞秀斯出版了專門闡述此課題的第一部巨著，題名爲《戰爭與和平法》。隨後，在一六七二年，山繆・普芬多夫出版了《自然法和國際法》。兩人都認爲，各個主權國家，儘管沒有成文法和權威的約束，也應該爲共同利益而協力工作；要有一個由各個單一國家組成的共同體；在缺少一個高一級的國際主權機構的情況下，所有國家仍應服從良知與正義。公海自由、大使外交豁免權等等，一些具體的法學要論也提了出來。國際法的原則仍是自然法的原則。後來，內容還包括政府間的特別協議、一些海事法和海商法，以及《威斯特伐利亞和約》、《烏德勒支和約》等等條約的條款。當然，一旦危機四起，情況仍是：執法手段不是軟弱無力，就是根本沒有。

霍布斯和洛克

在國內事務上，自然法哲學儘管頗傾向於立憲政體，卻被用來證明立憲政體和專制政體兩者都是正確的。公理本身被認爲寓於事物本性之中，非人力所能改變，但政體卻被認爲是達到目的的手段。當時，沒有哪個哲學家認爲國家本身有絕對價值。國家得經「證明是正確的」，可爲倫理意識或理性所接受。的確，重要的哲學流派有種種，爭鳴競存。在專制主義一方的是「君權神授」說；在立憲主義一方的是奠基於傳統或風俗的理論，強調從前的特許狀、訓令，或契約，以及議會和三級會議的歷史權力。但是，在瀰漫科學氣氛的十七世紀中，不管是「君權神授」的神權說，還是上溯到中世紀特許權的歷史觀，都不盡令人滿意，兩者的說服力都不足，未能完全折服最爲敏銳的思想家的理性或倫理意識。兩者都以自然法理論來加強論證，有兩個英國人在這一點上出類拔萃，惹人注目。在哲學上，湯瑪斯・霍布斯論證了專制主義，約翰・洛克論證了立憲主義。

霍布斯，以遠不止業餘愛好者的莫大興趣，關注著他那個時代的科學發現和數學發現。在哲學上，他堅持唯物論，乃至無神論體系。在英國政治上，他支持國王，反對議會；他厭惡十七世紀四〇年代內戰的混亂和暴力，厭惡十七世紀五〇年代英國共和政體的動盪局面。他得出的結論是，人沒有自治能力。他對人性的看法十分消沉；他認爲，處於「自然狀態」的人類或按設想還沒有政府的人類，好吵鬧，好騷亂，陷入所有人反對所有人的無休無止的戰爭之中。用他著名的話說，處於自然狀態的人生是「寂寞、不幸、險惡、殘酷而又短促的」。由於你怕我，我怕你，互存戒心，爲了求得秩序安寧，享受法律和正義的庇護，人們後來締結協議或「契約」，把各自的行動自由交給一個統治者掌握。這個統治者必須有不受約束或絕對的權力，只有這樣，他才能維持秩序。根據霍布斯的主張，任何人非難政府的行動都是十分危險、不可容忍的，因爲這樣的非難可能重蹈混亂的覆轍。事實上，政府必須是一種利維坦（《聖經・舊約全書》〈約伯記〉第四十一章中提到的海中怪獸）；英國國王查理一世被處決後兩二年，即一六五一年，霍布斯出版了他的主要著作，就是以《利維坦》做爲書名的。

寫了此書，霍布斯遂成爲專制主義最主要的世俗闡述人和國家擁有無限主權的主要理論家之一。他對後來的思想家影響極大。他使政治理論家習慣使用純自然法理論。他無拘無束地引用《聖經》的詞句，可是《聖經》對他的思想卻沒有產生什麼影響。打從霍布斯以後，一切先進的政治理論家都把政府視爲人的意志所創造的一種設置。政府不再被認爲是上帝施予人類歷史的神授之物的一部分。至於民眾和專職的神學家仍這樣認爲，則要另當別論。霍布斯的絕對權力說，對後來的思想家也產生了影響；他還迫使他們批駁他那君權無限論，這個影響比較消極。不過，他從來不是一個受人歡迎的作家。在英國，他所贊同的事業告吹了。在那些盛行君主專制主義的大陸國家中，人們暗自高興地採納他的學說；但是，他反對宗教的觀點卻是過於危險，不宜公之於眾，況且，一般人心目中的專制論仍是君權神授論。總之，霍布斯學說從某些方面來講，沒有完全滿足實際君主的要求。霍布斯厭惡鬥爭，厭惡暴力。他相信，專制主義將會產生國內安寧局面，保障個人安全，發揮法治作用。他還認爲，絕對權力依賴於，或起碼起源於一種自由而合乎情理的協定，有了這個協定，人民才接受絕對權力。肆無忌憚地違反協議條件的專制君主，也很難用霍布斯學說證明是正確的。正是在這些方面，霍布斯與現代的極權主義理論家有所不同。對霍布斯來說，絕對權力歸根結底是一種促進個人福利的權宜之計。這是實現自然法的一種必要手段。

如前面提及，約翰・洛克也是屹立於科學思想和科學發現主流中的人物，但在他的政治哲學中，他繼承發揚了中世紀的許多思想。這些思想，湯姆・亞奎那在十三世紀曾詳細闡述過，由於後來聖公會的思想家的提倡，在英國一直流傳不衰。中世紀哲學向來不贊成絕對權力。洛克和霍布斯都持有這樣的看法：好的政府是人的意志賴以實現的一個權宜之計，既不是受命於天，也不是因襲民族傳統。他也像霍布斯和整個自然法學派一樣，認爲政府建立在一種契約，即權力所依存的合理而自覺的協議之上。與霍布斯迥然不同的是，洛克在實際的政治鬥爭中，支持議會，反對國王。一六八〇年左右，他在紛爭中寫了

《政府論》。但是，這部論著直到一六八八～一六八九年議會革命後不久才得以出版。

洛克對人性的看法比霍布斯溫和。在其他著作中，洛克表明，他相信有一種溫和的宗教是樁好事，而且格外相信，人能從經驗中增長才智，學有所得，因而可以經過教育，養成一種開明的生活方式。這些思想贊成一種自治信仰。洛克宣稱（與霍布斯截然相反），處於「自然狀態」的人，儘管沒有政府權力而諸多不便，卻還是通情達理、心懷好意的，是願意和睦相處的。同樣，人有一種道德感，全然不受政府的左右，而且還擁有某些天賦權利，跟國家完全無關。這些權利是生存權、自由權、財產權。

洛克特別強調財產權；這種權，他通常是指土地擁有權。其實可以認爲他的哲學反映了英國地主階級的主張，他們挑戰國王權力，以保衛私有財產的政治權利和社會權利。根據洛克的看法，人若過著自然狀態的個體生活，各行其是，他們個人的天賦權利便完全無法獲得普遍的尊重。人無法憑各自的努力來保護自己「專有」的東西，即自己的財產。於是，人贊同建立政府，以保障大家的權利。由此可見，政府是憑契約創立的，但是這種契約與霍布斯所宣稱的不同，不是無條件的。相反的，契約訂有相互義務，要求必須履行。人務必要通情達理，只有合乎情理的人才能成爲政治上的自由人。自由不是一種隨心所欲的無政府狀態；自由，是毋需他人強迫的行動。只有合乎情理、具有責任感的人才能行使眞正的自由；但是，根據洛克的看法，成年人經過教育或可以經過教育而變成合乎情理、具有責任感的人，因此他們能夠自由，而且應該自由。契約對政府也訂有某些條件和義務。倘若政府毀棄契約，倘若政府威脅天賦人權（這本是政府要保護的唯一宗旨），倘若，比如說，政府未經本人同意就奪去個人的財產，那麼被統治者就有權重新考慮他們爲創立這個政府所做的一切，最後甚至可以揭竿起義，反對這個政府。洛克承認，反叛政府的權利是十分危險的，但與其對立面——導致失去一切自由——相比，危險要小一些；總之，我們談論的是通情達理、具有責任感的人民。

如果洛克的思想聽來耳熟，特別是美國人感到熟悉的話，這是因爲在洛克去世後的一個世紀中，其哲學廣泛流傳，深入人心。他對哪裡的影響都不如對英國殖民地的影響來得大。美國獨立宣言和美國憲法的擬稿人都精通洛克著作，獨立宣言上有些詞句就是仿效他本人的語言。隨著時間的推移，洛克的影響在大不列顚、法國，以及世界各地，也是十分巨大的。但是，應該注意的是，他的思想對所有民族或對所有地區並非總是一視同仁的。洛克沒有把他的人類自由思想引用到淪爲奴隸的非洲人身上，原因顯然是他認爲蓄奴是私有財產的一種合法形式。洛克本人就投資從事販奴貿易的皇家非洲公司，贊同在美洲各殖民地發展蓄奴制度。洛克政治思想影響力的日益擴大，也許對十八世紀新種族思想的出現起了推波助瀾的間接作用。英國和美國的政治階級開始相信人類擁有生存、自由和財產的天賦權利之日，正是需要對蓄奴制重新做出辯護之時。蓄奴制爲何能與這樣的信念並行不悖呢？答案就出在新形式的種族主義裡。此主義認爲，使非洲人淪爲奴隸是正當的，理由是非洲「種族」缺少歐洲「種族」某些理性的特徵；理由是黑人不必給予基本人權，因爲他們跟其他人不同。

然而，總體來說，洛克論述天賦權利和人類自由的思想，後來用來挑戰專制制度或鎭壓制度，其中也包括奴隸制度。洛克所做的就是把英國歷史上的一段插曲，變成一樁具有世界意義的政治事件。一六八八年，英國一些大貴族得到國教教會、中上階層人士和商人的支持，廢黜一個國王，迎立了另外一個國王。他們迫使新國王履行某些義務，內容一一列在一六八九年「權利法案」裡，全都涉及對英國憲法的法律解釋或嚴格依據法律的解釋。一六八八年革命完全是純英國的事件。對於一六八八年的英國，歐洲其他各地的人當時幾乎還一無所知。人們所知的不外是，發生在英國的行動看來與匈牙利權貴的叛亂沒有什麼兩樣。洛克論證議會廢黜詹姆斯二世乃正確之舉，是從理性、自然權利和人性的高度上來論述整個事件的。這樣，即使跟英國政治史的特別問題沒有關聯的人，也都漸漸地明白了事件的涵義。

圖6-11　約翰・洛克
作者：約翰・格林希爾（英國人，一六四二～一六七六年）
洛克論述政府和天賦權利的著作，總結了反對英國王權的論點；而且，無論哪裡有政治理論家挑戰君主專制政體，他都會贏得追隨者。（Snark/Art Resource, NY）

同時，洛克使英國革命成爲進步的標誌，而不是反動的標誌。一六九〇年，這個又新又現代的政體，是君主專制政體，有專門的官僚機構和大量尸位素餐的官員。由於有地主勢力的引導和對往昔自由的眷戀，幾乎各地都發生反抗國王的行動。這些反抗對許多歐洲人來說，似是封建性質的、中世紀性質的。洛克使發生在英國的這種反抗形式，即反對詹姆斯二世的一六八八年革命，成為一次現代的、具有遠見的行動。他抑制了專制主義的威望，同時賦予立憲原則以新的威望。經過修訂，他繼承並發揚了中世紀經院哲學家傳下來的許多思想。這些哲學家大都主張，國王只有相對有限的權力，應對臣民盡責。他在這些思想中，加進別開生面的科學世界觀，增添了說服力。他沒有依靠超自然說或神意說立論。他沒有說立憲政治是上帝的意志。他說過，立憲政治依靠經驗和對人性的觀察，依靠對某些個人權利的承認，特別對財產權的承認，依靠存有一套崇尚理性和正義的純自然法。他幾乎是一位完全的世俗思想家。正因為這樣，他發展的思想可引用來化解最現代國家的政治衝突和社會衝突。

當然，不可能給洛克或任何作家太多的讚美之詞。一六八八年的英國事實上在許多方面比歐洲其餘國家更有現代色彩，光榮革命與各地的地主階級和有產階級的起義的確不盡相同，英國在隨後的一個世紀中的確創造了一種無與倫比的議會政治。但是，事實和給予這些事實以明白涵義的學說是齊頭並進的。英國的事件，由於得到洛克的闡明，由於透過洛克的眼光看到在其他國家，乃至在英國及其殖民地上的反映，遂使立憲政治的優良傳統彙入現代歷史的洪流之中。自此，這項傳統成了現代世界史最重要的主題之一。

到一七〇〇年，在「天才輩出的世紀」即將結束的時候，有些具有現代特點的信仰已經明顯形成，其中突出的是信仰科學，信仰人類理性，信仰天賦人權，以及信仰進步。新的科學知識正開始改變全球經濟，改變歐洲精英文化，改變歐洲各個帝國內部或之間的衝突。與此同時，現代科學的各種文化機構正傳遍歐洲各地；有關物理、天文和心理學的新科學理論，對神學、對往昔早期各代人的種種思想體系都提出了挑戰。隨後的時期，即人們通常所稱的「啓蒙時代」，是闡明和普及十七世紀所產生的格外富有創造性的思想的時代。這些思想最終使歐洲、美洲和世界發生了天翻地覆的變化。在隨後的年代中，這些思想也有所更改，有所修正，經受挑戰，甚至受到否定。但是，這些思想在當今仍然很有生命力。

第七章

爭奪財富和爭奪帝國的鬥爭

在前幾章，我們已看到西歐，尤其是英國和法國到一七〇〇年左右，如何在整個歐洲占據爲強國和有影響的地位。我們也描繪了在整個西班牙王位繼承戰爭期間的西歐政治史，那次戰爭根據烏德勒支和拉斯達特和約，於一七一三～一七一四年結束。中歐和德意志的事務曾經一直闡述到一七四〇年。在那一年，新普魯士王國和新的（即革新的）奧地利君主國都傳到新的統治者手中，兩國處於爭奪中歐統治支配權鬥爭的前夕。至於東歐，我們觀察了俄羅斯帝國的歐化和擴張。

從長遠的觀點看，比歷經十七和十八世紀那些政治事件更重要得多的是各種形式的知識逐步發展。我們已看到十七世紀科學的迅速發展，並將在下一章節再回來敘述。同等重要的是歐洲，至少可說是西班牙以北的大西洋地區的財富增長。從廣義上講，新財富就是種種方便性，它們部分產生於新技術和科學知識的應用，轉過來又促進新技術和科學知識的產生；更多的財富與更多的知識結合在一起，就有助於產生對現代各時期影響最深遠的觀念之一，即進步觀念。此種觀念對盲從古代權威的傳統提出挑戰，並培育了社會和知識生活衆多領域中精密嚴格的探索、創造性的發明和顯著的樂觀主義。雖然世界大戰和最近時期的環境問題最終引起了對新科技的歷史後果的廣泛憂慮，但對於進步的信仰，即使受到一些挫折，在整個現代社會仍然是一個強有力的文化力量。

歐洲的新財富與東方大帝國的古老財富不一樣，正如彌爾頓所說，東方古老財富是「把野蠻人的珍珠和黃金像陣雨般地傾瀉於國王」。歐洲新財富確實包含黃金，但更多是銀行存款和各信貸機構，更多更好地用於挖掘煤礦、鑄造鋼鐵和紡紗織布的機械，產量更高的農業，既好又多的舒適住宅，桌上各種各樣的食品，更多經過改善的航船、倉庫和碼頭。還有更多的書，更多的報紙，更多的醫療器械，更多的科學設備，大量的政府歲入，規模更大的軍隊和更多的政府雇員。在富裕的歐洲國家，由於財富的增加，更多人已從煮飯燒菜、縫製衣服和尋找落腳之處等必需的辛勞中解放出來。他們能致力於各種特殊職業，如從事公職、管理、金融、軍事、教書、寫作、發明、勘探、研究等方面的工作，以及生產舒適品而非勉強糊口之物。這些新的機械生產形式、社會組織和各專門知識也開始在全世界歐洲殖民地中傳播，因此，它在擴大全球貿易體系以及增進對人類進步的信心方面，都發揮了作用。

精英文化和大衆文化

財富與知識的積累沒有在各社會階級中公平分配。富人與窮人間總是一直存在差別，這兩個極端間還有許多過渡地帶，但就我們現在所考察的時間段而論，即當十七世紀進入十八世紀時，精英文化與大眾文化之間的差別已經更爲明顯了。很難界定何爲「精英文化」或「大眾文化」。把精英文化定爲富人和中產階級的文化不夠確切，把大眾文化定爲窮人和較低經濟階級的文化同樣不確切。不過「精英」這個詞就暗示是指在一個特定的愛好興趣排序中的少數派；因此，這裡不僅有財富精英，而且還有社會地位和權力的精英，有藝術方面時尚的精英，贊助與鑑賞的精英，藝術家自身的精英；有教育方面的精英，在醫學和法律方面經過特別訓練的精英；此外還有在技術方面從事發現與執行的精英，各科學學科的精英。一般來說，參與一種精英文化的人們可以通過參與公共娛樂活動或簡單地與其僕人進行交談，去隨意分享大眾文化。但這種關係是不對稱的。那些生於大眾文化環境中的人並不能輕易分享精英們的知識與社會方面的文化，至少如果沒有通過教育或婚姻，則是很難做到的（能做到的僅爲個別事例）。

主要的差別之一，就是語言。在大眾層面，人們一般使用方言，從一地到另一地，方言各式各樣、帶著口音，用的辭彙或者是在別處已經被廢棄了，或者是那些相隔幾英哩就可能聽不懂的詞。在中世紀，此種多樣性已被拉丁文的使用所克服。自印刷術發明和民族文學興起以來，以及由於學校普及的影響（多數是在一五五〇～一六五〇年興建的），終於有了所有受教育人們使用的英語、法語、義大利語和其他語言的標準格式。文法和拼音也規範化了。實際上，全部印刷品都不用拉丁文而使用民族語言了。由於只有少數人能獲得必需的教育，大多數民眾繼續說他們以前說的方言。他們談話的方式，現在認爲是一種方言，一種農民的語言，在法國稱之爲「土語」（patois），德國稱之爲「方言」（Volkssprache）。正如一些語言學家所說，不存在一種語言形式比另一種語言形式「好」，這樣的說法可能是對的。不過在十九世紀小學普及前，民族語言帶來的方便是精英文化的一個標誌，這也是對的。它至少給予了接近精英文化若干部分的途徑，正如它延續至今所做的那樣。它使受過教育的人們能參與政府、商業和各專門職業的精英機構。

雖然精英文化在一些家庭和社會圈內部以口述的方式流傳（他們就是喜歡用這種方式），但大部分是靠書籍傳播的。而大眾文化雖然也表現在廉價曆書、小冊子、木刻畫和木版畫上，但在大眾文化中，口述占著優勢地位。歷史學家難將大眾文化重現，因爲大眾文化大多是口語，幾乎沒有留下任何書面紀錄，儘管它組成了所有國家大多數人的日常生活、愛好和活動。經常被人回憶的是我們在其他大量書籍中讀過的歷史，但它絕大部分是極少數人的紀錄，不是其行動仍然影響著所有人的權力擁有者、決策者和革新家，就是其思想對有限聽衆具有感染力的作家和思想家。不識字或僅僅識一點點字的人們改變思想，要比那些行跡廣泛、見聞廣博的精英們慢得多。由某些精英肇始的文化變革傳播緩慢，經過一代又一代才傳到各社會階級，以致大衆文化在某一特定時期的特徵，如對巫術的信仰，仍然是那些在一、兩百年前各階級的共同特徵。所有的人民和社會階級都在創造歷史，都參與歷史變革的過程，但現代社會早期的新知識、新教育和新財富，也創造出新的社會差異形式和新的文化權力等級體系。

很大程度上，通過書籍和對希臘與拉丁文的研究而傳播的文藝復興時期的人文主義，仍然限於精英文化。新教改革的強大在於受過較高教育的人們的努力，如路德和喀爾文，與衆多普通民衆的憤怒、貧困、醒悟和期望結合起來。新科學和隨之而來的十八世紀啓蒙運動出現在人數很少的實踐者與作家的工作中，但再次影響其他人的思想則很緩慢。普及的進程慢而不確定。例如，中世紀的占星術是科學探索的一個分支，在十七世紀，皇帝和國王們還向占星家們諮詢。後來教士和世俗思想家都痛斥占星預卜爲迷信行爲，占星術被逐出天文學，但算命至今仍然出現在美洲和歐洲報紙上。

財富的區別，即使不是完全決定意義的，也仍具有極大的重要意義。從更廣的意義上，或從人類學的意義上來看，文化包括食品、飲料和住宿的物質環境。十七世紀的多數窮人在不少方面的境遇比中世紀更爲惡化了。在歐洲，很少吃到肉，因爲人口增加，沒有多少土地可用於飼養牲畜。由於市場經濟的發展，許多農民種植小麥，但食用麵包都是黑麥、大麥或燕麥製作的，在饑荒時代，他們甚至尋找橡樹子和塊莖植物來充饑。十八世紀在法國，勞動人民每人每天消費一磅的麵包，因爲在正常日子，除捲心菜和豆類就沒有其他東西可吃了。一七五〇年，食用白麵包變成司空見慣的事。與此同時，富人或僅僅富裕一點的人卻發展出由職業廚師準備的更精緻的菜單。據說有一位廚師因他的蛋白酥餅沒做成而自殺。

城鎮的窮人擁擠地住在破舊失修的建築物裡。農村的窮人仍住在昏黑、極不衛生的小屋裡，只有爐灶已逐步取代了屋頂排煙的洞孔。窮人窗戶上沒有玻璃，中產階級有一些，而富人卻擁有玻璃窗和大量鏡子。在卑微的家庭，盤子是木製的碗，後來慢慢地被錫碗所取代。此時，中國的瓷質餐具已開始出現在富有人家的餐桌上。源出義大利、每頓晚餐都使用的餐叉，是十六世紀凱薩琳・德・麥迪西與其他義大利物品一起帶入法國，後來就迅速在用得起的人群中流傳開來，儘管那時路易十四國王仍舊喜愛用他的手指就餐。銀碗和銀質大水缸雖自古就有，但更精心製作，在上流階級經常能夠看到它們。窮人沒有家具或者僅有極少的幾張長凳，以及一床睡席。中產階級有椅子和眠床。富人不僅有堅固的家具，而且會更關注其款式。收入還可以的人們一般擁有帶特定用途的房間，如獨立分隔的臥室和餐廳。用做社會接待和娛樂的房間則令人注目地、時尚地進行裝飾，在法國，這種房間稱爲沙龍。它有嵌木板的牆、照明用的燭臺，燭光還可反射到鏡子上，並配有沙發和安樂椅，這種有創意的裝潢使人更爲舒服。而窮人在天黑後，只能蜷縮靠在櫃子旁或地板上，與一根蠟燭相伴。

如果使用進步這個詞是恰當的話，那就可以說十七世紀在飲品使用上是有進步的。咖啡和茶，與砂糖和菸草一起，全部是從海外進口的。一六〇〇年，它們還是富有異國情調的珍品，到一七〇〇年，有更多的人可以享用了（不過在法國大革命時期缺貨嚴重）。咖啡店發展起來，小酒館也有了連鎖店。廉價酒在南歐變得非常豐富，北部的啤酒也一樣。乙醇的提餾早在中世紀就被開發出來了，有一種提餾酒，即白蘭地，當時是當做一種藥物使用。到了十七世紀，白蘭地成爲一種家庭飲用酒。此時，威士忌和杜松子酒也開始被人飲用。小酒館和咖啡店爲中等和較低的社會階級提供了鄰舍聚會的場所。醉酒在歐洲各城市變成更顯而易見的問題，尤其是工人，他們不能在家庭獨自私飲，因而就在大街上看到他們，如同霍加斯一七五〇年左右在倫敦畫的《杜松子酒巷》所顯示的一樣。從這些貧窮和混亂中產生的，尤其在大城市，是非婚生人口和棄兒人數的增加，據統計，一七八〇年巴黎出生的三萬名嬰兒中有七千名是棄兒，但這些孩子多數是從農村帶來存放在城市棄嬰醫院的。棄嬰之多，使醫院不堪重負。

圖7-1　杜松子酒巷

作者：威廉·霍加斯（英國人，一六九七～一七六四年）

霍加斯在此幅倫敦街頭酗酒者的插圖中，揭示了酒精在英國工人階級生活中的流行與危險。（Metropolitan Museum of Art, Harris Brisbane Dick Fund, 1932）

各階級民眾都共同分享不少東西。但根本上來說，最重要的就是宗教。無論文雅的還是粗俗的，無論有學問的還是無知的，他們都在教堂聆聽同樣的佈道。他們在洗禮、結婚或葬禮上都接受同樣的聖禮，還經常是同一個牧師。他們都服從穿越社會階級界線的宗教和道德的義務。這種情況最有可能發生在單一宗教的小社區中，或者一些特定的地方，在那裡，莊園的貴族和女士像村民一樣，參加同一教堂。事實上存在著不同的教堂，無論是否有官方的容忍，宗教在社會凝聚力方面作用不大。例如在英國，斯圖亞特王朝復辟後，繼承老清教徒的不遵奉國教的基督教徒發展了一種中產階級文化，它與英國聖公會紳士文化有非常明顯的區別。無論新教國家還是天主教國家，它們的富人家庭都可能擁有自己的私人牧師，建有他們自己的教堂。在一些大得足夠應付鄰近地區變化的市鎮，一些教堂變得時髦起來，而其他的不過變得大眾化一點。總之，十七世紀有些人不全是虔誠的教徒。這些人包括住在難以到達的農村地區的人，以及較大市鎮的最貧窮的人，後者是經常被從人口爆滿的農村驅逐出來的農民或無家可歸的移民。改革派主教，尤其在法國，努力採取措施改善此種狀況，所以十七世紀成爲國內傳教工作的偉大時代，或許下一個世紀也可能是這樣，因爲神祕主義已經在精英文化中蔓延，而大眾文化比過去變得更基督教化。

富人和窮人都會遭受同一種疾病，會面臨因腐敗食物和受汙染的水而產生的同樣危險，以及要忍受喧鬧街道上因充塞著隨意拋下的馬糞、灰土和垃圾而散發出的同樣氣味與汙濁。但是，它們對富人和窮人的影響，自然是不等同的。精英文化的人們會約請在大學受過訓練的醫生來服務，而普通受苦者則尋求價廉的治療者診治；這些人通常是婦女，她們的藥品是草本植物和神祕藥水（婦女不能上大學，所以不可能成爲醫生）。是像富人那樣乘馬車上街，還是與普通人徒步行走，這其中就產生一種區別。在快速增長的城市，擁擠程度越發嚴重，例如倫敦、巴黎、阿姆斯特丹和那不勒斯等地，窮富的區別不但更趨於極端，而且

圖7-2　咖啡與茶在十八世紀的流行，使倫敦和巴黎等大城市的咖啡屋成為公衆聚會場所。此處描繪的咖啡屋吸引了時尚和富有的顧客，但咖啡屋也迎合較低階層人士。〔The Metropolitan Museum of Art, Harris Brisbane Dick Fund, 1935 (35.100.31)〕

更令人驚訝的顯而易見。由於這裡或那裡的穀物歉收或遭受當地饑饉打擊，人們週期性地擔憂食品的短缺。在出現此種情況的地區，一些人餓死，一些食不果腹，而另一些人能方便地付出高價解決吃飯問題。在某些市鎮，慈善組織得到發展，通常是由上層階級婦女倡議，資助和協助虔誠的姊妹們救濟窮人。饑餓和對饑餓的擔心有時會產生騷亂，不過除去上層階級人士試圖利用它們實現自己的目的外，這些騷亂都不具有政治意義。

精英文化與大眾文化還在一些與物質關係較少的方面日益背道而馳。上層人士賦予文明舉止以新的重要性，這方面，法國人的調門最高，如多次鞠躬、脫帽和相互恭維等。與之相比，普通人的舉止似乎是不文明的。豪華宮廷的禮儀變得更正式。宮廷中的滑稽小丑消失了，王室周邊圍繞的不是粗俗的僕人，而是女士和紳士。一六〇〇年左右，莎士比亞戲劇在公共劇院上演，各階級混合在一起，欣賞同一演出。但在後一個世紀，上流階級擁有私人劇院已成爲普通的事情。有較高社會地位的人跳時髦舞蹈，他們的子女必須跟舞蹈教師學舞，與此同時，普通人都繼續在鄉村舞蹈和快步舞曲中自然地蹦跳。對於晚上的社交聚會來說，文明世界就會在沙龍相遇，參與有教養的談話藝術；而勞動人民，尤其在農村，白天勞作後會在鄰舍相遇，在那裡，男人修理農具，女人縫補衣服，他們閒聊、聽故事或靜靜坐在大聲朗讀一本廉價書的人旁邊，此類書當時已廣泛流傳。

不少這樣的書與流行的曆書一起倖存留傳下來，使得我們有機會能認識那些不識字的、無藝術修養階級的精神層面的某些觀念。這些觀念常被印刷商人或他們的雇員記錄下來，也常被其他一些介於精英文化與大眾文化之間，或致力於表達自己所了解的大眾興趣的人記錄下來。曆書提供了占星術的觀察資料，關於天氣的建議、諺語，還有一些隻言片語（它們一度被認爲是科學，但現在則看做是某種神祕智慧）。其他不多的書則教授ABC字母或告訴人們如何在教堂舉止得體、如何接近異性、如何尊敬長輩，以及如何寫成一封適當的情書、感謝信和慰問信（還有由職業書信作者撰寫的信，供有需求的文盲使用）。此外，還有人印行長期流傳的口述傳統故事、小仙女故事、聖徒經歷，或是關於諸如羅賓漢等綠林好漢的事蹟。在這些敘說中都突出描寫了奇蹟、神童、女巫、食人魔、天使和惡魔等。

不過奇怪的是，當受過教育的人們在學校裡被教授以希臘的神話，並讚賞古代羅馬的英雄時，普通人仍然全神貫注於那些關於中世紀的騎士精神、騎士的漂泊雲遊和聖潔隱士的故事傳奇。那些故事曾在宏大的殿堂上講述，對亞瑟王和查理曼大帝的回憶始終留在大眾的腦海中。有許多關於聖騎士羅蘭和其他騎士的功勳的既長又複雜的故事，他們曾爲基督教與異教徒戰鬥，所有的一切均被設定於一個遙遠世界之中，這世界充滿著冒險卻沒有確定何時何地。在這些故事中，撒拉遜人、摩爾人、土耳其人、穆斯林以及有時是猶太人，一般都被描繪爲具有威脅的人物。

一六〇〇年，在社會各階級中，都可看到對巫術和魔法的信以爲眞。莎士比亞的觀衆完全相信《馬克白》劇中的巫術。學術性的書籍仍在撰寫這些主題。有學識的作家和法院的法官由於巫術和魔法所引發的憂慮，的確可能比普通人所感到的更大。到一七〇〇年，明顯地發生了大變化：女巫、魔法師、雜亂的各種妖術伎倆統統從精英文化中消失了，但它們還留在普通人腦海裡。大多數普通民衆那時尚未被科學或懷疑影響，還傾向於相信魔法包含著幾分眞實，他們將之區別爲好魔法和壞魔法。好魔法能解開自然的「祕密」；有一些關於煉金術的流行著作，談到過去的著名賢人懂得如何將賤金屬變爲黃金，還有一些特殊的配方能增強祈禱的功效。一些老嫗擁有具備療效的藥草的祕密知識，這些知識的確可能有某些醫療價値，但它又與難以理解的玄奧之學摻和一起。使用壞魔法會引起傷害。它教授黑色藝術，它給予咒語以力量，它經常捲入某種與魔鬼的契約，它使女巫如此恐怖。到一七〇〇年，此類觀念已趨於消失。法官不再相信此類力量的存在，也不再主持巫術的審判。關於對預言和神諭的信仰，情況可能也是一樣的：在精英文化中，只有聖經記載的預言仍保有一些可靠性，但關於新近和未來的預言仍爲普通人們所接受。

大衆文化繼續還在集市和嘉年華會（即狂歡節）展示自己。在男人、女人有限的一生中，激動人心的事件僅僅發生在某年某時，屆時周圍幾英哩的人們群集一起。在市集上，能買到商店或流動小販不能提供的一些東西。在那裡可以觀看木偶戲、雜耍和雜技的演出。那裡也有一些魔術師，和現代魔術師一樣，拒絕承認他們使用的僅僅是一些自然的手段。江湖醫生就是搭臺子（義大利文稱banco）爲各種疑難雜症出售可疑藥品的那些人，同時還伴以喋喋不休的笑話故事，旁邊常常還伴著一個小丑。盲人歌手和流浪樂手娛樂人群，鬥雞和逗熊則供有堅強意志者玩耍。在如此喧鬧的情況下，巡迴傳道士可能會斥責這個世界的空虛，並質疑主教和律師們的智慧。

嘉年華在基督教四旬齋之前舉行，持續數週。此字本身來自義大利文，意爲「向食物告別」。一個好基督徒在四十天齋戒禁食期間應遠離食物；在法國，嘉年華的高潮是在「油膩星期二」（fat Tuesday）。新教國家也保留此傳統，這是一個大吃大喝的時間，尋歡作樂和幹愚蠢勾當的時間。令人滑稽可笑的隊伍在街上遊行，演出滑稽戲，模仿佈道。年輕人在拔河、賽跑和玩一種簡陋可滾動的足球中顯示他們的強壯。一個共同的主題在英國稱為「顚倒的世界」。男人和女人互換著裝。騎手面向馬尾，馬匹倒退前進。小街頭戲劇表演僕人向主人下命令，法官坐在樹幹上，小學生敲打老師，丈夫抱孩子而妻子緊握鋼槍。總之，嘉年華是一個向習俗挑戰和嘲笑權威的時間。難以了解有多少是表達眞正不滿的怒氣和多少僅僅是一種娛樂方式。確實，這兩者可能都有。

在一六〇〇年，各階級的民衆都參加上述那些節日活動。到下一世紀，無論是新教還是天主教改革派都擴大了自己的影響，教士對他們認為過分的此類活動進行了清除。隨著國家的成長，市民當局也開始對會引起破壞作用的這些活動感到不滿。到一七〇〇年，富有的、時尚的、受過教育的精英文化人士傾向於減少外出，或只做為去消遣的觀衆，參加普通民衆的單純娛樂活動。在十八世紀，由於各種精英採取更正規的舉止風度，以及開始喜愛新古典主義的文藝，精英文化與大衆文化間的鴻溝更為擴大。教士發動反對巫術的運動，並試圖抑制可疑的地方聖徒的朝拜和崇敬等現象。由於醫學業的發展，民間治療者和叫賣祖傳祕藥的小販被視為騙子和庸醫。由於受過教育的精英中的科學與其他知識的增加，那些缺乏此類知識的人似乎就被認為是迷信或無知的人。可

圖7-3　聖喬治節的嘉年華

作者：小彼得·勃魯蓋爾（佛蘭芒人，一五六五～一六三八年）

嘉年華打破了整個現代早期的城鎮日常生活的常規模式。此畫顯示了十七世紀初葉，佛蘭芒城市安特衛普附近的一次嘉年華，不過此時期幾乎每座歐洲村子的嘉年華都是遊戲、吃、喝、跳舞和展示旗幟。（Christie's Images/Bridgeman Art Library）

以認爲，精英已從大衆文化退出了，但人民總體上還未被帶入較高的文明範圍。總之，階級的差別變得空前尖銳。但沒有任何事物可以一直靜止不動，一八〇〇年前，精英文化中的一些人就開始「重新發現」民衆，去蒐集民謠和神仙故事，並爲十九世紀所謂的「民俗學」奠定了基礎。

十八世紀的世界經濟

人們會記得，十六世紀大西洋的開放，曾經重新規定了歐洲的方向。在海洋交通時代，歐洲成爲美洲、亞洲和非洲一概可以到達的中心。全球經濟已經建立起來。首先得利的是葡萄牙人和西班牙人，他們在十六世紀大半個世紀中一直保持著壟斷權，但是葡萄牙和西班牙的衰落，爲英國、法國和荷蘭的勝利鋪平了道路。在十八世紀，突出的經濟發展就是全球經濟的發展，而歐洲已經成爲世界其他任何地區都無法與之相比的富庶地區。

十八世紀的商業和工業

財富的增加是依靠商業資本主義和手工業而實現的。雖然英國工業革命的時間通常確定爲一七六〇年或一七八〇年，但直到十九世紀，由於使用蒸汽機和傳動機器，由於大工廠和大生產城市的發展，才使得現代工業主義的種種條件得以實現。十八世紀的經濟制度由於本身已包含著後來工業主義的萌芽，表明較早的商人資本主義、家庭工業以及重商主義的政府政策已經成熟，它們從十六世紀起就已逐步發展起來。

大多數人在十八世紀都還住在農村，農業是最大的單一行業和財富的源泉。城市仍然較小。歐洲最大的城市倫敦和巴黎，各有人口六十萬或七十萬，但次大城市的人口還沒有超過二十萬；在法國革命（一七八九年）時的歐洲，人口五萬以上的城市僅有五十座。然而，城市化並非經濟先進的標誌。按照十八世紀八〇年代的估計，西班牙、義大利，甚至巴爾幹半島各自所擁有的五萬人以上的大城市比大不列顛還多。城市化並不等於工業化，因爲大多數工業都是在農村由爲城鎮商人資本家勞動的農民和季節農業工人經營的。因此，我們只能說大多數人仍是生活在農村，而切不可說他們的生活和勞動全部都是專注於農業的。一七三九年有一個英國人做過估計，認爲在不列顛諸島上有四百二十萬人「從事製造業」。這數字包括婦女和兒童在內，幾乎占全部人口的一半。這些人在自己的村舍內進行有特色的勞動，在「家庭」制度下爲商人資本家所僱傭，成爲靠工資爲生的人。上述人口中幾乎有一半人從事羊毛的紡織和加工，其他人從事銅、鐵、鉛、錫的製造業，還有一些人從事皮革業，一

圖7-4　十八世紀歐洲「從事製造業」的多數人仍然在自己農村家裡勞動。作於十八世紀八〇年代的此幅雕版畫，顯示三名婦女在愛爾蘭農舍中進行紡紗織線的工作，而另一個婦女在做飯和照顧小孩。（SSPL/The Image Works）

小部分人從事紙張、玻璃、瓷器、絲和亞麻業。在一七三九年，最小的行業是棉布衣服製造業，從事該行業的有十萬工人。這些統計數字告訴人們，在前工業化時代，非農業行業占據著怎樣重要的地位。

英國像這樣以一半人口用必需的時間從事製造業，仍然不可能成爲一八〇〇年後那樣舉世無敵的生產國家。在十八世紀，英國生產的鐵不比俄國多，製成品也不比法國多。英國的人口仍然很少，雖然一七六〇年左右人口開始迅速增長，但直到一八〇〇年，法國的人口比英格蘭和蘇格蘭加起來的還多一倍。法國雖然經濟發展不如英國那樣集中，或許也沒有利用它的一半人口「從事製造業」，然而由於規模較大，所以它仍然是歐洲的主要工業中心。

儘管對外貿易和殖民地貿易在十八世紀有了迅速發展，但在大不列顛和法國，也許都是本國貿易（即國內貿易）的數量較大，占用的人力也較多。大不列顛由於沒有國內關稅，由於沒有重要的行會體系，由於在國內除發明家外不允許壟斷，從而在歐洲成爲最大的國內自由貿易區。法國，至少柯爾貝的五大包稅區是規模差不多的自由貿易的國內市場。因此，大量的經濟活動是國內貿易，由城鎮與城鎮、地區與地區之間的交換所組成。國內貿易與國際貿易的比例不詳，但對外貿易對最大商業企業的重要性日益增加。國際貿易創造了巨額商業財富，同時大多數資本也是由此積累起來的。正是對外貿易導致了國際的競爭與戰爭。

世界經濟：荷蘭、英國和法國

在國際經濟舞臺上，荷蘭人仍舊起著巨大的作用。在《烏德勒支和約》以後，荷蘭不再是一個政治大國，但他們在商業、航運和金融方面的作用一直沒有減弱，或者說只是由於法國和大不列顛商業的持續發展，才相對地減弱了。對其他國家來說，他們仍然是中間人和公共搬運夫。他們的貨運價格仍然是歐洲最低廉的。他們繼續通過從東印度群島進口商品來增加財富。荷蘭人於十八世紀在很大程度上還單純依靠投資爲生。他們當時把兩百多年來所積累的資本借給法國、英國或其他國家的企業主。在每項歐洲巨大的商業投機冒險事業上，都可以發現荷蘭人的資本，同時荷蘭人還廣泛地把錢借給一些國家的政府。十八世紀中葉，英格蘭銀行三分之一的資本屬於荷蘭股東。阿姆斯特丹銀行一直是歐洲主要的票據交換和金融中心。荷蘭的霸權是隨著一七九五年一支法國革命軍隊的入侵才告結束。

通向美洲、非洲和亞洲的大西洋商路，吸引了歐洲許多國籍的商人。許多大型的東印度公司紛紛建立起來，通常在美洲和東方進行貿易活動。在十八世紀之初，「東印度」仍然是一個專指海外廣大地區的總名稱。一七〇〇年後不久，由於增加了資本投資，英國和法國的東印度公司都進行了改組。蘇格蘭人、瑞典人、丹麥人、帝國自由市漢堡、威尼斯共和國、普魯士和奧地利君主國，也創建了其他一系列東印度公司。除丹麥人的公司持續存在六十多年外，上述各公司在創辦後沒幾年，不是由於資本不夠，就是由於缺乏強有力的外交、軍事和海軍的支持而先後宣告破產。他們的失敗表明，在橫渡海洋的貿易中，孤立無援的商業企業是難以維持下去的，商人要在這個領域取得成功，就必須有強大的國家做爲後盾。無論自由市、小王國，還是微不足道的共和國與混亂的奧地利帝國，都不能提供一個十分堅固的基地。

正是英國和法國在十八世紀的商業競爭中贏得了勝利。英法情況類似，除在國內擁有高水準的工業生產外，兩國都在全國範圍組成了政府，並在重商主義原則指導下，能夠保護和增進本國商人在遠方各國的利益。對兩國人民來說，十八世紀，或十八世紀的四分之三時間（從一七一三年西班牙王位繼承戰爭結束，到一七八九年法國革命開始）是驚人的發財致富和商業擴展的時期。

雖然很難得出貿易數字，但在十八世紀二〇年代到八〇年代期間，法國的對外貿易和殖民地貿易可能比英國增長得更爲迅速。總之，到十八世紀八〇年代，兩國在對外貿易和殖民地貿易方面大致是相等的。英國在與美洲和亞洲的貿易上相應地享有較多的分額，而法國則在歐洲的其餘地區和中東的貿易上享有較多的分額。爭奪市場在整個十八世紀英法之間進行的殖民地戰爭和商業戰爭中占據著重要的地位，而到拿破崙時代，鬥爭進入最後階段，達到最高潮，結果英國取得了勝利。

全球經濟中的亞洲、美洲和非洲

在十八世紀全球經濟的擴張中，每一個大陸都有其特殊作用。與亞洲的貿易因古老傳統而受到限制。對歐洲製造業來說，亞洲是一個幾乎一點價值都沒有的市場。歐洲需要從亞洲獲得很多東西，而亞洲人幾乎不需要從歐洲獲得任何東西。中國文化、印度文化和馬來文化的人們擁有自我滿足的精湛文明；這個時代的亞洲精英缺乏歐洲創業者生氣勃勃的好動性格，而且廣大群衆窮得（甚至比歐洲人還要窮）什麼也買不起。歐洲人發現，除黃金外，他們幾乎沒有什麼可以運往亞洲。自古以來，歐洲的黃金就不斷地流往亞洲，十六世紀後，從美洲歐洲人殖民地流往東亞的金銀就更多了。經過若干世紀不斷地積累起來，來自這種貿易的財富遂成爲東方王子們令人難以置信的寶庫的來源。爲了籌措資金以滿足對亞洲產品不斷增長的需求，歐洲人必須經常補充他們的黃金儲備。英國人在幾內亞灣沿岸發現一個新的重要黃金產地，那裡有一個地區（現在爲迦納）在長時期內一直稱爲黃金海岸。英國在一六六三～一八一三年鑄造的一種金幣「基尼」，就是取名於幾內亞，這種「基尼」長期以來一直是二十一個先令的流行說法。

歐洲人從亞洲尋求的東西，有一部分仍是香料：胡椒、生薑、肉桂和丁香，當時主要由荷蘭人從東印度群島購買。但歐洲人也需要製成品，在某些行業，亞洲的手藝仍然超過歐洲。只需舉出毛毯、瓷器和棉布就足以說明問題了。在英語和其他歐洲語言中，這些棉織品的特殊名稱就表明了它們的產地。「馬德拉斯」（狹條襯衫布）和「卡利科」（白布）就起源於印度的馬德拉斯和卡利卡特城。「馬士林」（薄紗布）來自阿拉伯摩蘇爾。「吉姆」（方格花布）來自馬來語，意即「條紋」。「新茨」（印花布）來自印度語，意即「斑點」。十八世紀時，大部分的東方製成品在歐洲日益被仿製。艾克斯敏斯特和奧布松的毛毯與東方毛毯相競爭。一七〇九年，名叫伯特夏的德國人發明了一種方法，製造出比得上中國瓷器的玻璃和半透明的物質；在塞佛爾、德勒斯登和英國製造的這種歐洲「瓷器」，立即成功地與進口產品進行了競爭。

直到動力機械採用以前（英國是一七八〇年左右開始），歐洲一直沒有生產出在價格上能與印度競爭的棉織品。在一七八〇年以前，對印度棉織品需要之多，使得羊毛、亞麻和絲綢行業感到惶恐不安。他們不能生產出像馬士林薄紗布和鮮豔的卡利科印花布那樣能引起大眾喜愛的紡織品，而許多國家政府爲了保護與古老的歐洲紡織工業有關的行業和資本，就直截了當地禁止印度棉織品進口。但是，當時是法律制定得多而實施得少的時期，被禁止的紡織物仍源源而進，所以丹尼爾．笛福[1]在一七〇八年評論說，不管法律如何，棉布不僅被各階層人用來做衣服，而且「悄悄潛入我們的房屋、我們的衣櫥和臥室；窗簾、坐墊、椅子，甚至床本身，不是卡利科布就是印度其他織物做的」。但在歐洲「新興工業」的關稅保護和歐洲棉製品迅速發展的情況下，從亞洲進口的棉布和其他製成品畢竟逐步在減少。約一七七〇年後，英國東印度公司最大宗的進口商品是購自中國的茶。

在西歐貿易中，十八世紀包括西印度群島在內的美洲要比亞洲來得重要。美洲貿易主要是建立在糖這種商品的基礎上。糖在東方很早以前就爲人所知，在中世紀的歐洲，有小批的糖運入以滿足領主和高級教士的嗜好。一六五〇年左右，大量甘蔗從東方運入，並且由歐洲人種植在西印度群島。幾十年內，一種全新的經濟制度興起了，它以「種植園」爲基礎。種植園是一個經濟單位，由相當大的一片土地、相當大的一筆資本投資和一支強制的勞力隊伍所組成；土地和資本通常歸法國和英國的不在地主所有，而強制的勞力是由非洲運來的黑奴所提供的。以廉價勞動力大量生產出來的低價糖，果然具有無限的市場。

從經濟上來看，十八世紀是西印度群島的黃金時代。從一七一三～一七九二年這八十年間，大不列顛單從自己所屬的島嶼就進口了價值共達一億六千兩百萬英鎊的貨物，且幾乎全是糖；在同一個八十年內，從印度和中國進口的貨物僅值一億零四百萬英鎊。做爲歐洲供應地的牙買加、巴貝多、聖基茨等小島不僅使整個英屬美洲大陸，而且使整個亞洲大陸相形見絀。至於法國，它在美洲大陸和亞洲所建立的具有巨大實力的相同據點，就比英國少得多。不過所有產糖的殖民地中，最富庶的聖多明尼加（現在稱爲海地）是屬於法國的。

首先在糖業，繼而在植棉業（一八〇〇年以後）所建立起來的種植園經濟，使得非洲具有了重要地位。自遠古以來，人們就一直從黑色非洲掠取奴隸。羅馬帝國和穆斯林世界都是這樣做的，而且它們還都不加區別地驅使黑人和白人成爲奴隸。歐洲人發現美洲後，黑人被西班牙人和葡萄牙人運過大西洋。荷蘭販奴商人在一六一九年，即英國清教徒來到麻薩諸塞前一年，已將黑人送到維吉尼亞。但是，一六五〇年前的美洲，占有奴隸還只是偶然的現象。一六五〇年後，尤其是一七〇〇年後，由於種植園經濟的興起，奴隸制成爲基本的經濟制度。奴隸勞動當時成爲世界生產中一個極爲重要和投資巨大的部門勞動力來源。單在一七〇〇年到一七八六年期間，就約有六十一萬黑人從非洲被運到牙買加島。總數很難計算，但直到一八〇〇年之後很久，航運到美洲的非洲人仍遠遠超過歐洲人，這是可以肯定的。

十八世紀橫越大西洋的奴隸貿易主要是由以英語的集團經營的，這些集團主要是在英國，但新英格蘭也有，法國人則盡可能緊緊地追隨著他們從事這種貿易。每年從大不列顛出口到非洲的主要用於交換奴隸的貨物，在一七一三年到一七九二年期間增加了十倍。而從英屬西印度群島運入不列顛的，實際上全是奴隸生產的貨物，在一七九〇年幾乎占英國全部進口貨物的四分之一。如果我們再加上英國從美洲大陸，包括一七七六年成爲美國的那部分大陸在內的進口貨物，黑人勞動力對於英國經濟體系的重要性就顯得尤爲巨大，因爲美洲大陸的大部分出口貨物是由菸草和靛藍等農產品組成，它們有一部分就是奴隸生產的。十八世紀英帝國內貿易的快速增長和英國資本主義驚人的興起，在很大程度上是以奴役非洲人做爲基礎的。一七〇〇年還不出名的愛爾蘭海的一個小鎮利物浦，依靠奴隸貿易和奴隸生產的貨物貿易，逐步變成一個繁榮的橫越大西洋的貿易中心，正如之後我們將要看到的，它轉而又促進了曼徹斯特和其他毗鄰城鎮的「工業革命」。

西歐的商人——英國人、法國人和荷蘭人——向他們本國人民和中歐、東歐人民出售美洲和亞洲的產品。他們與德國、義大利的貿易是相當穩定的。與俄國的貿易有巨大的增長。僅以英國的紀錄爲例，英國從俄國進口的貨物，一七九〇年爲一七〇〇年的十五倍多，而向俄國出口的貨物則爲六倍多。俄國地主由於已經歐化，因而渴望得到西方製成品和糖、菸草及茶等殖民地產品，這些產品只能向西歐人購買。俄國人擁有穀物、木材和艦船用的樹脂油漆產品以供交換。同樣，波蘭和德國北部的地主在十七和十八世紀看到自己逐步能將他們的農產品通過波羅的海運出，從而也逐步能購買西歐、美洲和亞洲的產品。因此，東歐地主努力使他們的采邑增加生產。「大型」農業到處興起，在東歐發展成類似新世界種植園經濟的一種制度。它具有多方面的作用。它與種種政治因素一起，迫使廣大東歐人民處於農奴地位。它還幫助把西歐文化帶給東歐上層階級，並使西歐城市和西歐商人發財致富。

西歐的財富：社會後果

總之，歐洲大西洋沿岸積累的財富絕不僅是西歐人的努力所創造的。對它的形成，全世界都有貢獻。美洲的自然資源，非洲的黃金和人民，加勒比海的奴隸勞工，亞洲的資源和工藝，非洲的黃金和人力，它們對於世界貿易中銷售貨物數量的極大增長都同樣發生了作用。歐洲人領導了這場運動，他們供應資本，提供技術和組織能力。在歐洲本地和在海外經商的歐洲人越來越需要印度人去紡棉花，中國人去種茶，馬來人去採香料，非洲人去照料甘蔗。極少數非歐洲人，即在當地與歐洲人進行交易的印度或中國商人，受東印度公司「津貼」的印度當權者，從鄰近部族奪取奴隸出售給歐洲人的酋長，他們在此過程中也會得到利益。但是，世界經濟的利潤實際上卻流向了歐洲。除去僱傭龐大和使用多種語言的勞動力所需要的費用和支付其他費用外，新財富都積聚於英國、荷蘭和法國。

這是私人所有的財產，它在私人財產體系內積累，並成爲私人企業或私人資本主義體制的一個部分。政府依靠這些私人財產所有者，因爲西歐各國政府除向人民借款和收稅外，幾乎沒有任何其他重要收入來源。當財富的所有者向政府提供支持時，政府就強大有力，成績顯著，例如在英國；當他們不予支持時，政府就垮臺，如一七八九年革命中法國政府的垮臺。

從嚴格的意義來看，西歐有著許多「資本家」，他們擁有一小筆存款，用它來購置一片土地或一架紡織機，或將其委託給別人代管，在有利的事業上進行投資。從一般的意義來看，新財富的分配是很廣泛的，十八世紀西歐的生活水準有了提高。例如茶，一六五○年左右引進英國時，價格貴至一磅要價十英鎊，一百年後則成爲一種普通的消費品。但是，用於生產更多財富的財富（即資本），在很大數量上是由較少的人所擁有和控制的。在十八世紀，有些人變得空前富有（其中包括一些原先很窮的人，因爲這是一個人人都有機會的時期）；大量的社會中間階層越來越舒適；而底層人民，例如東歐的農奴、愛爾蘭的農民、英國被奪去農莊的工人和法國最貧窮的農民與工人，他們的狀況則比以前更爲惡化了。窮人依然住在茅舍陋室之中。富裕的人們爲自己創造出的十八世紀快樂世界，仍然是值得稱道的，一個安排良好的喬治王朝時代家庭的物質生活是：修剪平整的草坪和灌木叢，齊本德爾[2]製造的或路易十四式的家具、四輪馬車、家庭畫像、高燭臺、摩洛哥皮裝訂的書籍，以及一群住在「地下室」的僕役。

經由商業而致富的家庭和那些舊地主階層互相聯姻與混合，在仔細安排、既能保護又可增加上流階級財富的婚姻中，婦女起著首要的經濟作用。地主藉

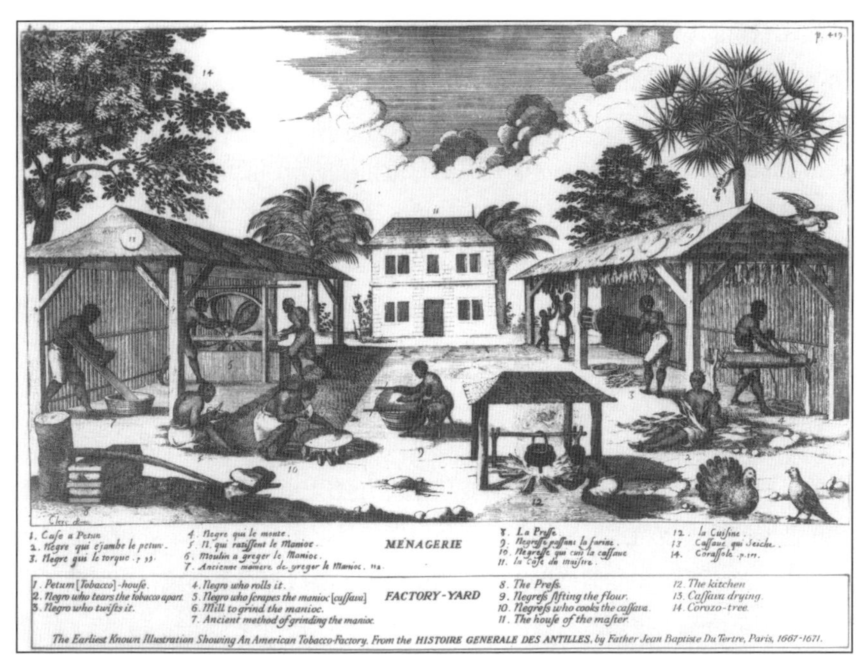

圖7-5　歐洲貿易商人在十七和十八世紀從美洲和加勒比種植園生產的產品中，獲得許多新財富。正如此幅十七世紀插圖所示，種植園經濟依賴於非洲奴隸工人的勞動，他們正在一個加勒比島嶼上加工用於出口的菸草。（Rare Books and Manuscripts Division, New York Public Library, Astor, Lenox and Tilden Foundations）

由與富商女兒的婚姻可得到他們需要的資本，富裕企業家透過與舊貴族婦女的婚姻來尋求增加他們家庭的土地不動產。但婚姻僅是新老歐洲的財富結合在一起的一條途徑。英國或法國商人一旦富有，就會立即購置地產。在法國，商人也可能購買政府官職或貴族特權。與此相反，擁有土地的鄉紳，尤其在英國，其土地收入一增加就投資於商業企業或政府公債的收益事業上。兩種財產形式，即資產階級的和貴族的財產形式趨向於合二為一。直到這個世紀快結束時，各個有產集團曾和諧一致地共同工作，而沒有財產的各階級，絕大部分對政府的影響是無足輕重的。所以，十八世紀雖然是商業擴張時期，但也是西歐社會相當穩定的時期。正是法國大革命的動亂，破壞和改變了一七八九年後歐洲的社會和政治秩序。

以上所述，可用成千上萬個男女的生活經歷來加以說明。舉兩個例子（一個英國人和一個法國人）就足夠了，他們顯示出世界經濟體系的活動方式，顯示出西歐商業資產階級的興起，和這個階級在西方國家政治生活中的作用。

湯瑪斯・皮特，外號「金剛鑽」皮特，生於一六五三年，是英格蘭教會一個教區執事的兒子。一六七四年他赴印度，在那裡無視東印度公司的合法壟斷，做爲一個「無執照營業者」從事貿易活動。他返回英國後，曾受到公司的指控，被罰款四百英鎊，但他之富有，已足以把斯特拉福德莊園以及附屬的荒蕪市鎮老薩倫一起買下來，這個荒蕪但有選舉權的市鎮使他毋需經過麻煩的選舉就獲得了下院席位。不久他又回到印度，再一次做「無執照營業者」，他成功地與公司競爭，以致最後被公司吸收爲職員。他既爲自己，也爲公司做生意，把不少新的擦光印花布運回英國，並用金錢收買納瓦布[3]，保護馬德拉斯不受其附近海岸卡納蒂克地區統治者的侵犯。一七〇二年，儘管他工資只有一年三百英鎊，卻買下一顆四百一十克拉重、未琢磨過的鑽石，價値高達兩萬零四百英鎊。他是從一個印度商人手裡購買的，後者是從一個英國船長那裡買來的，船長則是偷自一個奴隸，該奴隸在礦山發現這顆鑽石，將它藏在自己腿部一個傷口內。皮特返回歐洲後，在阿姆斯特丹把鑽石加了工，並於一七一七年以十三萬五千英鎊的價格出售給法國攝政王。攝政王將鑽石鑲在法蘭西王冠上，法國革命時，這顆鑽石估價爲四十八萬英鎊。皮特死於一七二六年。「金剛鑽」皮特的一個女兒成爲斯坦霍普女伯爵，一個兒子成爲倫敦德里伯爵。另一個兒子是威廉・皮特的父親；威廉・皮特在與法國的七年戰爭期間始終領導著英國，並被封爲貴族——查塔姆伯爵。匹茲堡就是取自皮特的名字，爲的是希望把在東方所獲得的幸運帶到美洲內地的一個邊疆居留地。查塔姆的小兒子威廉・皮特二世，二十四歲時就當上了首相。小皮特在與革命法國和拿破崙的戰爭期間一直領導著英國，直到拿破崙帝國極盛時期的一八〇六年逝世。

圖7-6　二重唱

作者：亞瑟・戴維斯（英國人，一七一一～一七八七年）

十八世紀英國上層階級的富裕支撐了此畫所表現的那種文化與舒適。全球貿易的擴大，爲日益富有的歐洲精英提供了快樂而舒適的生活，也爲優質家具、精緻藝術品和有才幹的園丁提供了一個新的市場。（Victoria & Albert Museum/Art Resource, NY）

尙・約瑟夫・拉博爾德一七二四年生於法國南部一

個資產階級家庭。他曾爲他叔父工作，後者在貝庸經營一爿與西班牙和東方進行貿易的商行。拉博爾德利用收益，在聖多明尼加創辦一些大規模的種植園，占有許多奴隸。他的船隻把糖運往歐洲，再運回他在西印度群島的種植園和煉糖廠所需要的預製建築材料，每根建築材料都仔細地編上號碼。他成爲巴黎重要的銀行家之一。他的女兒成爲努埃勒女伯爵，他本人接受了他從未使用過的侯爵封號。他在巴黎附近購置許多采邑和別墅。做爲一個眞正的莊園管理者，他開發了巴黎的一個地區，後來成爲巴黎郊區，現稱爲肖塞唐坦。在七年戰爭期間，他被法國政府派往西班牙借款，西班牙告訴他不借錢給路易十五，但將高興地借給他個人兩千萬里亞爾。在美國獨立戰爭中，他爲政府籌款一千兩百萬利佛爾，以幫助支付法國陸海軍費用，從而有助於美國革命的成功。他擔任伏爾泰的投資代理人，每年捐助兩萬四千利佛爾給慈善事業，一七八八年還捐款四十萬利佛爾在巴黎建造一些新醫院。一七八九年七月，他資助了導致巴士底獄攻陷和革命爆發的起義。他的兒子一七八九年六月在網球場宣誓，堅決主張要爲法國撰寫一部憲法。拉博爾德本人在一七九四年被處決。他的後裔轉而致力於學術和藝術事業。

《烏德勒支和約》後的西歐，一七一三～一七四〇年

《烏德勒支和約》記錄了路易十四戰爭中法國野心的破產，法國向「世界君主國」邁進的步伐遭到制止，歐洲的國家體系被保存下來。歐洲是由一系列獨立和主權國家組成的，他們在法律上全都是自由和平等的，按照均勢原則不斷結盟或解盟。根據一七一三～一七一四年和約，安排了波旁家族的腓力五世爲西班牙國王，但除西班牙本土以外的大部分歐洲屬地都歸屬於奧地利哈布斯堡家族（見圖4-15和圖8-4）。大不列顛在戰爭期間合併成爲英格蘭和蘇格蘭聯合王國，還從法國取得紐芬蘭、新斯科舍和哈德遜灣地區，並從西班牙取得直布羅陀和梅諾卡，從而成爲地中海的一個海軍強國。英國還得到與西屬美洲領地進行貿易的權利，因此英國加強了它在快速發展的跨大西洋經濟體系中最強者的地位。

當權者開始致力於修復戰爭創傷。西班牙在新波旁家族統治下，由於受法國的影響而稍有復甦。在前朝哈布斯堡家族統治期間開始的放任自流和頹廢衰微，終於被暫時制止。西班牙君主國在行政管理上是強有力的，它的官員們以路易十四的專制政府做爲楷模。東西班牙諸王國、阿拉貢和瓦倫西亞的等級會議停止開會，像法國的三級會議一樣，開始進入廢棄舊體制的過渡階段。總的

看來，法國在十八世紀對西班牙的影響是難以確定的。西班牙基本上沒有變化，但舊國家機器能夠較爲精確地運行了。行政官員受到良好的訓練，對政府工作採取更爲建設性的態度；他們對庇里牛斯山脈以北的世界有了較多的認識，並對自己國家的前途恢復了信心。他們還試圖加強在美洲帝國的行政管理。更多的稅務官員和海岸警衛隊進入加勒比海，由於他們熱心工作，不斷地與走私者，主要是英國走私者發生衝突。在西班牙本土，由於西班牙人對英國占領直布羅陀甚感不悅而使摩擦加劇，以致西班牙和英國一直處於隨時可能爆發戰爭的不安狀態。

《烏德勒支和約》後，荷蘭人退出了政治舞臺，儘管由於他們控制著巨額的船舶噸位和財政來源，別國一直都想要和它結盟。瑞士人也在銀行和財政界占據重要地位。一七二三年經奧地利新統治者的批准，比利時人創建了一家海外貿易公司；這家「奧斯坦德公司」曾六次派人經海路去中國，獲得巨利，但荷蘭人和英國人的商業妒忌迫使奧地利皇帝撤回他對該公司的支持，以致該公司立即倒閉。蘇格蘭人大約在同一時期也在許多國家活躍的商業事務中開始發揮顯著的作用。與英格蘭的聯合，使蘇格蘭人獲准進入不列顛帝國，並且得以利用英格蘭人所贏得的商業上的許多有利條件。法國的生財有道者約翰・勞與英格蘭銀行的主要創建人之一威廉・佩特森，都是蘇格蘭人。

一七一三年後的法國和英國

我們主要談的是英國和法國。雖然在一七一三年結束的戰爭中，英國是勝利者，法國是戰敗者；雖然在政府體制方面，一個主張專制主義，一個主張立憲主義，但在《烏德勒支和約》後的年代中，它們的發展在不少方面驚人地相似。在若干年內，兩國的國王個人都是無所作爲的，但兩國各類有產人士都獲利甚多。兩國所取得的商業擴展在上文已經提及。兩國都經歷過短期的財政試驗和一七二〇年各自突然爆發的泡沫騙局——瘋狂的股票投機。兩國各自都由一名政治家治理，法國爲紅衣主教弗勒里，英國爲羅伯特・沃波爾，他們的政策在於保持海外和平與博取國內各方人士的好感。弗勒里和沃波爾在職都約爲二十年，接近在職末期時，兩國再次發生了戰爭。總之，他們的差異與他們的相似處，同樣都是有教益的。

法國的新國王路易十五是個孩子，他是路易十四的曾孫，一七一五年就位時僅五歲。政府被委託給一位攝政王、年幼國王的表兄奧爾良公爵。沒有君主權威的奧爾良公爵不得不同意與貴族分享權力；這些貴族在路易十四長期統治時曾失去過權力，大部分貴族從來不喜歡路易十四的專制主義，而且由於路易十四發動戰爭所帶來的毀壞和痛苦，各階級中普遍存在著對專制主義的極大不滿。

被路易十四攆走的高級貴族目前又重新在政府中出現。有一個時期，奧爾良通過大抵相當於各個部的各貴族委員會來工作；支持者讚美這個制度是政治自由的復活，但委員會證明自己不能勝任，不久就被解散。法國古老的高等法院，特別是巴黎的高等法院，曾被路易十四置於無聲無息的狀態，但在他死後，他們又生氣勃勃地重申自己的存在。高等法院最初由資產階級法官組成，但路易十四及其繼承者爲了籌款而把法官職位變成可以出售的官職，並附以貴族稱號以提高售價。因此，在攝政王時期，高等法院的法官職位可以出售或繼承，而且幾乎所有的法官都成了貴族。由於他們享有官職所有權，國王不能將其免職。攝政王將許多權力讓予巴黎高等法院，利用巴黎高等法院來改變路易十四的原意。高等法院擴大了自己的地位，通過拒絕實施他們認爲違反不成文憲法和法國基本法的事項，要求取得立法和徵稅的認可權。從攝政時代一直到一七八九年大革命止，議會斷斷續續地設法行使了這種權力。對法國來說，十八世紀是專制主義遭到有組織的特權集團牽制和抵消的時期。這是貴族復興的時期，在這個時期，貴族們奪回了被路易十四力圖剝奪的許多權力。

大不列顛的議會（Parliament）與法國高等法院（parlements）極不相同，英國的貴族在政治上比法國貴族能力較強。英國議會證明是實施公共事務的一個有效機器。上院是世襲的，除主教外，大部分議員都由政府任命，構成上院現有成員的四分之一左右。下院按照現代概念並非國家代議機構。只有富人，或受富人資助的那些人才能占有席位，他們是透過五花八門、稀奇古怪的方法在城鄉當選的，幾乎完全不顧人口多少和人民的意願如何。一些自治城市無保留地得到承認，例如皮特家族的老薩倫。各行各業通過政治領袖們的陰謀詭計或購置席位，設法派出代表進入下院。一些議員代表「地主集團」，另一些議員則代表「公債集團」（主要是政府債權人），還有一些議員代表「倫敦集團」、「西印度集團」、「東印度集團」等等。所有重要的政治集團都可以指望他們的願望能在議會上受到注意，因此，他們全都樂於利用這種議會管道。議會雖然腐敗、行動緩慢而且花費很大，但它是有效的機構。議會不僅是個簡易的代議機構，根據要求，實際上它也能盡立法最高權力的職責。

斯圖亞特最後一位君主安妮死於一七一四年，漢諾威的選帝侯喬治一世按照議會制定的一七〇一年王位繼承法，繼承了王位。喬治一世是斯圖亞特家族的近親，並且是一個新教徒。他是一個莊重的、不會說英語的中年德國人，大半生都在德國度過，還帶著一些德國牧師來到英國。喬治一世從未在英國受到歡迎，至多被認爲在政治上是合宜的。他不可能在英國的公共生活中發揮強有力的作用，因而他在位期間，議會從國王手上獲得了更大的獨立性。

主要問題仍然是一六八八年革命的各項原則是否會得到維護。製造這個相對不流血革命的各政黨所達成的妥協，被證明是暫時的。將這次革命看做是自己的功勞的輝格黨，長期以來一直是少數派，它是由極少數大地主貴族、倫敦富商、小商人和宗教界的非國教徒所組成。輝格黨一般來說控制著上院，而下院則情況極不穩定；《烏德勒支和約》時期，下院的多數派是托利黨。我們已經敘述過，那時上院好戰的輝格黨多數派與下院托利黨多數派之間的衝突，對英國憲法發展有重要意義，並且也曾談到衝突的解決如何有助於樹立下院第一的地位。一七一四年後，兩黨趨向於解散，而且「輝格」和「托利」兩詞也不再具有非常明確的涵義。一般來說，政府和與政府關係密切的英國國教的主教一直是「輝格黨」，與中央政府關係較疏或對其活動持懷疑態度者，組成完全不同於早期托利黨人的一種地方政黨。各郡和偏僻地區的中上階層及自耕農，對於領導輝格黨的大貴族和富人是很容易產生對抗情緒的。在國教中，低級教士經常對輝格黨主教不滿。在官方教會外，還有一批國教教士在一六八八年後拒絕宣誓效忠，他們被稱爲拒絕宣誓者；他們單獨保持一個影子教會，直到一八○五年。在斯圖亞特家族祖先的故鄉蘇格蘭，也有許多人對新政權不滿。

托利黨人、拒絕宣誓者和蘇格蘭人，在一六八八年後形成一種可能發展成現今稱爲反革命的環境。他們歷來對反法的「輝格黨戰爭」缺乏熱情，對戰爭引起的國債高築極爲不滿，對商人和有錢的勢力集團則深表懷疑，他們開始以渴望的神色注視著流亡的斯圖亞特家族。一七○一年當詹姆斯死於法國後，斯圖亞特的權利就轉給他的兒子，後者一直活到一七六六年，並曾經多次謀劃，想使自己成爲英國國王。他的黨徒稱爲「詹姆斯二世黨人」（Jacobus），這個詞是出自詹姆斯的拉丁文寫法（Jacobus），他們認爲詹姆斯對王位擁有神聖的權利，他們把詹姆斯二世的兒子當做「詹姆斯三世」，另一些人則稱他爲王位覬覦者。詹姆斯黨人認爲如果詹姆斯二世的兒子放棄天主教信仰，他可能會被接受爲不列顛的合法國王。

輝格黨人不能容忍斯圖亞特家族回來，「詹姆斯三世」和他的君權神授黨徒的復辟將會破壞光榮革命的各項原則——限制君權、立憲主義、議會至高無上、法制、容忍持異議的新教徒等，簡言之，即約翰·洛克著作中所概括和捍衛的各項原則。由於「詹姆斯三世」必定會拒付他的敵人所承包的債務，那些在英格蘭銀行持有股票或借款給政府的人將會破產。輝格黨人必須支持漢諾威的喬治一世，而喬治一世也應該在一個陌生國家的輝格黨人中尋求支持。

喬治即使對他的英國朋友們也缺乏個人的號召力。對他的敵人來說，他是個荒謬可笑和令人厭惡的人。他的王朝如能成功地建立，將毀滅托利黨人和詹姆斯黨人的希望。一七一五年，王位覬覦者在蘇格蘭登陸，集結了來自高地的追隨者，並宣布起義反對喬治一世。內戰似將發生，但詹姆斯黨人的領袖自己把事情搞砸了，而多數追隨者又證明自己是一群猶豫不決之徒。他們願意爲「過海的國王」乾杯以抗議輝格黨人，而不願意在最後攤牌中，看到斯圖亞特家族帶著隨之而來的所有人重占英國王位。這次被稱爲「十五年」的叛亂逐漸煙消雲散。但是，三十年後又發生了「四十五年」叛亂。一七四五年在與法國交戰時期，王位覬覦者的兒子「漂亮的查理王子」或「小王位覬覦者」，再次在蘇格蘭登陸並再次宣布起義。這次雖然在英國幾乎沒有召集到一個人，但起義較爲順利。一支蘇格蘭軍隊曾深入到倫敦周圍八十英哩，可是由於政府得到從德國蜂擁而來的大量漢諾威軍隊的幫助，蘇格蘭軍隊被迫撤退並被擊潰。政府著手破壞高地的詹姆斯主義。高地的社會制度被取消，高地部族被拆散，他們的土地被強迫按照現代財產概念和地主與佃農的概念加以改組。

詹姆斯黨人的起義在歐洲人看來鞏固了英國昔日的聲望，例如伏爾泰就曾說過，英國政府和包圍它的大海同樣的洶湧澎湃。對大陸的君主政體黨人來說，起義則表明了國會制政府的軟弱，但是，詹姆斯黨人恥辱性的垮臺卻有力地加強了英國的議會政治。詹姆斯黨人幾乎沒有留下什麼長久的痕跡，他們很快就變成浪漫的傳奇故事而飄散得無影無蹤了。

「泡沫騙局」

《烏德勒支和約》後不久，英國和法國都立即面臨對付大量政府債務的問題。當時，有組織地發行長期公債還是新事物，還不能清楚地看到大型銀行、紙幣和貸款的潛力和限度。雖然英國和荷蘭的財富比法國少，但能通過銀行、借貸，極大地增加他們的財力，甚至還可以資助使太陽王黯然失色的盟國，對此，法國感到十分驚訝。除此以外，還存在著私人對借貸金錢的大量需求。在西歐，到處都有許多人在尋找可以投放他們私人存款的企業，而期望從某個商業行業獲得利潤的企業創辦人和組織者，也在尋找能用於投資的資本。由於這種形勢，在英國出現了「南海泡沫」，而在法國出現了「密西西比泡沫」。兩家泡沫公司於一七二〇年破產，它們都產生了重大的、深遠的後果。

在政府以重商主義思想指導貿易的時期，政府的財政與私人企業之間保持密切關係是平常的事。例如在英國，政府的大量債務是由爲此目的而組織的公司所承擔的。政府給予某公司以特許狀，通過壟斷某個指定的商業行業以加強該公司，然後當股東買進全部股票後，政府從公司取得一大筆現款做爲貸款。英國政府在一六八九～一七一三年戰爭期間所負擔的許多債務，都是用這種辦法由一六九四年創建的英格蘭銀行所承擔。一七〇八年改組的東印度公司使用同樣方法向政府提供資金，一七一一年建立的南海公司也是如此。英格蘭銀行對倫敦一些銀行交易享有合法壟斷權，東印度公司享有東方貿易壟斷權，南海公司則享有利用和西班牙簽訂的販奴特許證以及其他奪自西班牙的商業特權。各公司爲私人投資者所有。從貿易和農業所獲得的用於購買上述公司股票的存款，既用於經濟再投資，又用於政府戰爭費用的支付。

一七一六年，蘇格蘭金融家約翰・勞引起了法國攝政王的注意；約翰・勞以他在紙牌賭博方面卓越的數學方法而聞名，並創辦了迫切需要的法國中央銀行。次年，一七一七年，他組織了東方公司（一般稱爲密西西比公司），獲得和路易斯安那貿易的壟斷權，一七一八年在該地建立了紐奧良城。密西西比公司在勞的管理下，不久就合併了法國東印度、法華、法國—塞內加爾公司和法非等公司。當時密西西比公司享有全部法國殖民地貿易的合法壟斷權。攝政王把此種交易看做解決法國財政問題的良方，便授權勞承擔了政府的全部債務。公司接受個人的皇家負債證書，即「債券」，而付予公司股票做爲交換。公司建議用上述股票支付紅利，並用在殖民地貿易所得的利潤和依靠對法國全部間接稅的壟斷徵收來償付債務。實施這一建議需要對整個稅收體系進行大力改革，使稅收既對納稅者更加公平，又對政府更爲有利。民眾爭先恐後地搶購密西西比公司的股票，出現了一場瘋狂的投機，每個人都狂熱地生怕不能立即買足股票。行情暴漲至一萬八千利佛爾一股。但是，公司僅僅是依靠不能實現的計畫來支撐的。股票持有者開始爲他們的錢擔心，於是開始拋售股票，股票行情急劇下跌。許多人發現自己一生的積蓄已經付之東流，另一些人失去了做爲抵押以期發財的祖傳財產。然而，那些在股票價格暴漲前就擁有公司股票並且頂住了瘋狂投機熱的人，沒有因爲暴漲價格的突然下跌而遭受損失，後來他們還享有一筆金邊商業投資【4】。

類似的情況也在英國發生了，因爲有不少人認爲勞即將爲法國提供靈丹妙藥。南海公司用高出英格蘭銀行的價格從政府「債券」所有人手中收取債券，換之以本公司股票，從而接管了大部分公債。在西屬美洲創造的利潤數額和速度被大大地誇大了，南海公司股票的市場價值一時迅速上漲，票面價值爲一百英鎊的一股股票漲至一千零五十英鎊。其他的騙局也都充滿著對來得容易的金錢的酷愛。企業創辦人有的組織了礦業公司和紡織公司，有的組織了更爲怪誕和異想天開的公司，例如使用大櫃運送活魚到市場的公司、確保女性貞潔的保險公司、「在適當的時候才公布其業務性質」的公司等等。此類企業的股票均被抬到極高的價格。但是，一七二〇年九月，南海公司的股東開始出售股票，他們懷疑投機買賣是否能對一千英鎊一股的股票付出應有的紅利。他們把這種不穩定的整個經濟結構搞得一蹶不振。與法國一樣，許多人發現他們的積蓄或繼承的遺產已經化爲烏有。

在兩國都引起極大的憤怒。兩國政府都被捲入這件醜聞之中。約翰·勞逃往布魯塞爾，攝政王名譽掃地，於一七二三年辭職，此後法國的事務由紅衣主教弗勒里處理。英國更換了大臣；羅伯特·沃波爾——一位信仰輝格黨的地方鄉紳，長期在下院占有席位，並從一開始就告誡過南海公司騙局，現在成爲喬治一世的主要大臣。

不列顛擺脫危機較法國順利。勞的銀行，一家有效的機構，在一片反對聲中倒閉了。法國在本世紀其餘的時間內，便缺少一個適當的銀行體系。法國投資者對紙幣安全產生一種病態的恐懼，他們明顯地願意將積蓄投向土地。法國的商業資本主義和借貸體制的發展遭到了阻礙。在英國，也出現了同樣的擔心，議會通過「泡沫法」，禁止除政府特許外的所有公司用出售股票的辦法募集資本。在這兩國，按現代公司的方式發展股份制籌集資金的辦法被延緩了一個多世紀。商業企業繼續專爲個人或合夥人所有，他們借助自己利潤的再投資來擴大企業，因而就多了一個保持利潤和壓低工資的理由。但在英國，沃波爾設法解救了南海公司、東印度公司、銀行和所有在公眾眼裡暫時喪失信譽的公司。英國在繼續不斷完善它的金融機構。

兩國政府的信譽也都因爲「泡沫騙局」而受到損害。大部分法國戰爭公債都想方設法不予償付。在多數情況下，拒付債務在道義上是無可非議的，因爲許多政府債權人都是無恥的發戰爭財的奸商，但是在財政上，拒付卻是災難性的，因爲它使借錢給國家的誠實的人們感到沮喪。稅收的改革也進展不大。貴族繼續逃避路易十四強加給他們的納稅，約翰·勞的稅收計畫連同他的方案的其餘部分一概落空了。當一七二六年一位財政部長試圖對所有財產徵收百分之二的稅金時，既得利益集團在巴黎高等法院的領導下，否決了這個建議。由於缺乏足夠的收入和拒付債務，法蘭西君主國幾乎信譽掃地。在十八世紀，公債或國債的概念很難在法國得到發展。債務被認爲是國王的債務，除少數大臣外，沒有一個人認爲必須對此負擔任何責任。波旁政府事實上經常通過教會、省三級會議或巴黎城籌措借款，人們認爲上述借款人的財政信譽比國王本人好。政府因對外政策和對外戰爭而處於嚴重的困境，也不能充分地開發自己臣民的財富。

圖7-7　里昂包稅區管理者巴契列埃先生
作者：尚—巴普蒂斯特．烏德里（法國人，一六八六～一七五五年）
巴契列埃先生擔任管理者的包稅區是一種半私人性質聯合組織，法蘭西君主委託或讓其承包蒐集間接稅。包稅人一般遭人怨恨，他們大多數人變得非常富有。關於此畫中的男人，我們所知甚少，但從他的巨大假髮、袖口花邊和優雅伸展的左手，可看出他是路易十四統治末期統治精英的典型代表。〔University of Michigan Museum of Art (1968/1.76)〕

英國沒有拒付任何債務。沃波爾通過政府不斷撥出必要資金支付政府債務本息的辦法，設法建立起償付資金的系統並保持其運轉。英國政府的信譽變得絕對可靠。債務被認為是國債，英國人民自己承擔責任。國會制政府使得這種進展有了可能。在法國，沒有一個人能說出國王或其大臣們會幹什麼，因此，每個人都不願將他的錢託付給他們。在英國，有錢的人還可以通過議會決定國家的政策，決定錢的用途，徵收足夠的稅金以維護債務的信用。與法國類似的事這裡也存在，控制英國議會的地主，與控制巴黎高等法院的地主一樣抵制直接稅，致使英國政府收入的三分之二或更多些，都是取自人民群眾所交納的間接稅。但地主甚至公爵也交納大量的稅金。英國與法國一樣，不存在按階級或階層免稅的規定，所有的有產者都與政府利害攸關。國家的財富是國家債務的後盾。國家的信用似乎是無限的。這就是從一六九四年創建英格蘭銀行到一百二十年後拿破崙失敗期間，英國與法國各次交戰中的最大王牌。正是英國議會的政治自由和權力，產生了英國的強大經濟。

弗勒里在法國；沃波爾在英國

弗勒里就職時七十三歲，離職時已是九十歲高齡。他不是一個制定長遠規劃的人。路易十五到親政年齡時，事實證明他是一個懶惰和自私的人。當法國的財富，尤其是商業財富和資產階級的財富悄悄地在日益增長時，公共事務卻放任自流。沃波爾同樣置身於爭論之外，他的格言是「切莫惹是生非」。為了爭取托利黨的鄉紳站到漢諾威和輝格黨政權這一邊，沃波爾縮減了土地稅，這個政策是成功的，詹姆斯主義平息了下來。沃波爾支持銀行、貿易公司和金融勢力集團，而後者反過來也支持他。這是一個政治上平靜的時期，下層階級的安穩和上流階級的和睦有利於國會體制的發展。

沃波爾被稱爲內閣制政府的第一任首相和設計師，內閣中的大臣或行政長官同時也是立法機構的成員。他注意到，務必小心操縱，使下院的多數經常支持他。他避免在可能使他失去多數的問題上進行爭論。因此，他開始承認內閣向議會多數負責的原則，此原則成爲內閣制政府的一個重要特徵。藉由選擇與他一致的同事，以及擺脫與他不一致的人，他提出了內閣的概念：內閣是閣員相互間負有義務、閣員對首相負有義務，以及內閣有責任遵循同一政策和集體進退的機構。所以，議會不僅是類似大陸帝國議會和三級會議的代議機構或審議機構，而且還是一個產生有效行政機關的機構。沒有議會，無論代議制政府或是其他任何政府都不能生存。

爲了在國內政治生活中保證和平與安定，最好的方法是避免徵稅，而避免徵稅的最好途徑就是避免戰爭。弗勒里和沃波爾兩人都力圖保持和平，但是，他們畢竟沒有如願以償。弗勒里於一七三三年捲入波蘭王位繼承戰爭，沃波爾使英國處於戰爭之外也是到一七三九年爲止。他一直面臨著一個要求戰爭的對立面，最好戰的便是那些熱中於美洲貿易的人，如從事奴隸貿易、經營蔗糖種植園，和在西班牙帝國進行貨物走私的人。英國官方數字表明：在十八世紀，英國與歐洲的貿易，戰時總是少於平時，而與美洲的貿易，在戰時卻一直是增加的，當然美國獨立戰爭期間除外。

十八世紀三〇年代，有人經常抱怨倔強的不列顛人在西班牙大陸所遭受的種種侮辱。戰爭的參與者提出詹金斯船長爲例，他曾隨身攜帶一個內盛一隻乾枯耳朵的小匣，據他說，這隻耳朵就是殘暴的西班牙人從他頭上割下來的。在下院做證時，他說，他「把自己的靈魂交給上帝，把自己的事業交給國家」，於是煽動起一場導致戰爭的騷動。就這樣，在一七三九年，在維持二十五年的和平以後，英國狂熱地投入詹金斯耳朵戰爭。沃波爾說：「他們現在正在搖鈴，他們很快就會使勁地握住自己的手。」這場戰爭很快便併入使歐洲人和世界各地其他人都捲入的一場衝突中。歐洲人不再可能把戰爭抑止於歐洲範圍內部，產生全球貿易的全球經濟和殖民體系必產生一系列全球戰爭，歐洲大國把他們的衝突擴大到他們尋求加以控制的所有遙遠的大陸與海洋。

十八世紀中期的大戰：《巴黎和約》，一七六三年

由於在一七四八～一七五六年間出現了一個不穩定時期，戰鬥持續到一七六三年。這場戰爭名稱繁多，英國人把英國與西班牙間的公開衝突稱之爲詹金斯耳朵之戰；十八世紀四〇年代關於哈布斯堡繼承權在大陸的鬥爭，通常以國事詔書戰爭而聞名；普魯士人說是三個「西里西亞」的戰爭；英屬美洲殖民地稱十八世紀四〇年代的戰爭爲國王喬治戰爭，或對所有的零星衝突使用「法國人與印第安人戰爭」這個詞。同一時期，一些無組織和無名稱的鬥爭使印度各民族感到震驚。對一七四〇～一七四八年間所進行的戰爭，歷史最後採取的名稱是奧地利王位繼承戰爭，而對一七五六～一七六三年的戰爭則稱爲七年戰爭。這兩場戰爭實際是一場戰爭，它們涉及相同的兩個主要爭端：英國和法國爲爭奪殖民地、貿易和海上霸權而進行的全球爭鬥，普魯士和奧地利爲爭奪中歐領土和軍事霸權而進行的歐洲爭鬥。

十八世紀的戰爭

此時的戰爭仍處於古典階段，強烈地影響著各種事件的發展。戰爭進行得有點緩慢，拘泥於形式，經過精心策劃而又猶豫不決。招募來的海軍與陸軍部隊中充斥著一些看來是對經濟無貢獻的人，他們是由招募軍官從小旅店和碼頭上漫不經心閒逛的人中偶然找來的。各國政府都保護他們的生產人口——農民、商人和資產階級，寧願讓他們待在家裡，讓他們工作和納稅。士兵在他們看來是一個分離的階級，長期應募，領取工資，以行伍爲業並接受良好的訓練。他們生活在兵營或大堡壘裡，穿著鮮明的制服（類似美國獨立戰爭時期的「英國兵」），由於毋需僞裝，甚至在戰鬥中也穿著這種制服。武器火力不強，步兵占據突出地位，使用可以裝上刺刀的滑膛槍。在戰爭中，軍隊依靠事先建立的大型補給兵站，實際上這是配有有效運輸部隊的固定基地，以致軍隊（至少是中歐和西歐的軍隊）難得在離開他們基地幾天路程之外的地方作戰。兵士慢條斯理地爲著薪金而戰。將軍們對於經過多年訓練和裝備起來，並且花錢很多的部隊去從事冒險活動，是猶豫不決的。戰略所採取的形式不是去尋找敵軍主力在戰鬥中加以消滅，而是爲爭取有利陣地而調動軍隊，使用有點類似下棋那樣漸進和微妙的壓力。

幾乎不存在民族感情，或任何類型的感情。普魯士軍隊一半以上的人員是從普魯士以外招募的，英國軍隊大部分是由漢諾威人或其他德國人團隊組成的，甚至法國軍隊中也混有德國部隊。一方的逃兵可被另一方所招募。戰爭是

政府之間，或代表寡頭和貴族的政府之間的戰爭，不是人民之間的戰爭。戰爭的目的是爭奪權力、威望和預想的實際利益，而不是爲了意識形態、道德準則、征服世界、民族復興或生活方式。人民大衆的民族主義在英國發展得最爲普遍，兩首流露著對外國人蔑視感的「不列顛統治」和「上帝保佑國王」的歌曲，在十八世紀中葉戰爭期間變成流行歌曲。

除在歐洲人不占優勢的印度和美洲荒野地區之外，平民很少受到影響。在歐洲，渴望征服鄰近地區的政府並不希望事先使其毀滅或引起對方反感。西歐的鬥爭大部分是在海上進行的，這樣就可以不使平民遭殃。從來沒有一場戰爭是如此無害的，較早時期的宗教戰爭不是如此，後來發生的民族戰爭也不是如此。這就是政府爲何如此輕易進入戰爭的原因。另一方面，政府也比後來的時期更易於退出戰爭。他們的財庫可能會枯竭，他們受過訓練的士兵可能會耗盡；唯有現實和理性的各項問題才是存亡攸關的。他們沒有戰爭歇斯底里或公衆輿論的壓力；今日的敵人可能是明日的盟友。和平幾乎和戰爭一樣容易製造。和約是協商達成的，不是強加的。因此，在十八世紀我們就看到一系列的戰爭和條約，更多的戰爭、條約和盟國的重新組合，它們都是由相同的爭端引起的，而且結束時像開始時一樣，都是那麼幾個同樣的大國。

奧地利王位繼承戰爭，一七四〇～一七四八年

奧地利王位繼承戰爭是由普魯士國王發動的。佛烈德里克二世，即佛烈德里克大帝，一七四〇年成爲國王時，是一個二十八歲的青年。他的年輕時期並不愉快，且在氣質上與他父親極不一致。當他還是王子時，興趣是吹長笛、與法國人通信，以及用法文寫散文和韻文。他的父親，嚴肅的、具有軍人精神的佛烈德里克·威廉一世認爲他輕浮又嬌氣，於是待他很粗魯，致使他在十八歲時就企圖逃離王國。他被捉住帶回宮後，根據他父親的命令，被迫目睹對參與他逃跑企圖的朋友和同伴的處決。隨著時間的流逝，佛烈德里克由一個活潑的青年變成玩世不恭的中年人，他自己、他的朋友和他的敵人都看透了他，他認爲沒有什麼事可以讓他對人性寄予厚望。雖然他最大的希望是成爲軍人，但他一生卻保留了對文學的愛好，成了一位有特色的歷史學家；如果將他看待成作家，也許在所有現代君主中，他是唯一值得尊敬的人。與同時代許多一樣，做爲一個泰然自若的自由思想者，他把所有的宗教都看做荒謬之事，並嘲笑國王的神授權利；但在有關布蘭登堡家族的權利方面，他絕不胡言亂語，而且對國家帝王的尊嚴持嚴肅莊重的觀點。

一七四〇年，佛烈德里克不失時機地顯示出他父親會感到畏懼的那種勇敢

圖7-8　青年時期的普魯士佛烈德里克二世，後來被稱為佛烈德里克大帝。他對音樂和文藝的興趣比對君主國的軍事和政治任務的興趣更大。他於一七四〇年成為國王後，才勇敢地追求那些軍事和政治任務。安東尼・佩斯納所作的此畫，描繪了繼承普魯士王位前那一年的「即將加冕的王子」。（Bettmann/CORBIS）

精神。他決定征服西里西亞。一七四〇年十二月十六日，他侵入這塊位於奧得河上游，與普魯士毗鄰的地區。這裡屬於波希米亞王國，因而也屬於多瑙河哈布斯堡帝國（見圖5-7第3幅圖）。由歐洲大國，包括普魯士在內所簽署的總協定「國事詔書」，規定奧地利哈布斯堡一切領地應由新繼承人瑪麗亞・特蕾西亞全部繼承。法律和實力之間發生了衝突。佛烈德里克在進攻西里西亞時，最多只能乞靈於「國家理由」——以他所統治的這個國家的福利和擴張爲藉口。

「國事詔書」遭到普遍的漠視。所有的國家都轉而反對瑪麗亞・特蕾西亞。巴伐利亞和薩克森提出了要求，西班牙還希望修改《烏德勒支和約》，因爲他發現這是收回義大利前西班牙占有地的又一次機會。決定性的干涉是法國的干涉。法國注定要在對歐洲大陸的野心和對海洋以及大海彼岸的野心之間做出抉擇。經濟上和商業上的利益，可能會驅使它把力量集中在即將和英國發生的鬥爭上，但法國貴族在商業方面的興趣比英國貴族小。由於所有的軍官和外交家幾乎都是出自法國貴族，因而他們是有影響的。他們視奧地利爲傳統敵人，視歐洲爲英勇殺敵的戰場，視當時屬於奧地利人的比利時爲法國一向吞併的物件。紅衣主教弗勒里在很大程度上違背了自己的意願和判斷，發現自己被迫捲入了反對哈布斯堡家族的戰爭。

此時，瑪麗亞・特蕾西亞是個二十三歲的年輕婦女，她表明自己是哈布斯堡家族所曾出現的最有能力的統治者之一。她生了十六個孩子，樹立起一個有道德的家庭楷模，而當時的上流社會對此都是不感興趣的。普魯士的佛烈德里克對宗教有多淡漠和輕率，她對宗教就有多虔誠和熱心。她支配她的丈夫和已成年的孩子，如同支配她的王國和公國一樣。根據大量的實踐經驗，她未制定任何教條主義的綱領而重建了她的帝國。她有條不紊地行事，所取得的成就比更傑出的同時代人按照更壯觀的改革規劃所取得的成就還要大。

佛烈德里克入侵西里西亞不久，她在一七四一年三月生下第一個兒子，即未來的皇帝約瑟夫二世。她隨即把注意力轉向政治危機。她的領地遭到外面六個國家的進攻，同時內部也引起了震動，因爲她的匈牙利和波希米亞兩個王國（都接受了「國事詔書」）已經逐漸認識到他們的利益所在。她親自去匈牙利，戴上聖斯蒂芬王冠，以恢復匈牙利對她的擁護。她做了一次精細的安排，戲劇性地突然出現在匈牙利政治精英們面前，懇求他們保護她，並宣誓支持匈牙利貴族的自由和匈牙利王國單獨的憲法。整個歐洲都傳說這位美麗的年輕女皇如何在匈牙利議會大會上把將繼承王位的嬰兒約瑟夫高高地舉起，從而使得執拗的馬扎爾人突然做出了騎士般的決定。這個故事不完全眞實，但她確實向馬扎爾人做了一次雄辯的演說，她曾帶著她的嬰兒，並驕傲地顯示了孩子。匈牙利達官貴人以他們的「鮮血和生命」宣誓效忠，並且派出了十萬大軍。

這場在歐洲精細策劃的戰爭使人聯想到路易十四時代，甚至已過了一百年的三十年戰爭時代的那些鬥爭。這次戰爭是神聖羅馬帝國內部的又一次內戰，德國諸侯聯盟聯合一起反對維也納君主國。這一次，德國諸侯聯盟包括了新普魯士王國。這次戰爭是波旁家族與哈布斯堡家族的又一次衝突，在衝突中，法國繼續奉行支持德國諸侯國家，反對哈布斯堡，以維持德國分裂的老政策。按照法國外交部一七二五年給駐維也納大使的訓令，法國政策的基本目的在於保持帝國的分裂，防止德意志國家聯合成爲「一個整體，從而在事實上會使歐洲所有國家無不對它感到害怕」。這一次，波旁家族與西班牙都站在德國這一邊。瑪麗亞・特蕾西亞只得到英國和荷蘭的支援，英荷向她提供了財政資助，但它們缺乏足夠的陸軍。法—德—西的聯合極爲成功。一七四二年，瑪麗亞・特蕾西亞迫於困境，接受了佛烈德里克提出的單獨締和建議。她暫時把西里西亞給予佛烈德里克，而佛烈德里克也暫時從他第一個進入的戰爭中脫身。法國人和巴伐利亞人進入波希米亞，在波希米亞貴族的幫助下幾乎建立一個傀儡王國。法國人成功地使他們的巴伐利亞僕從當選爲神聖羅馬帝國皇帝，即查理七世。一七四五年法國人獲得這次戰爭中最大的一次戰鬥——比利時的豐特諾伊戰鬥的勝利，他們控制了比利時，無論荷蘭人還是英國人都無力保衛它。同年，法國人煽動起蘇格蘭的詹姆斯黨人舉行起義，以削弱或推翻不列顚君主國。

但是法國在海外的處境抵消了它在歐洲的有利形勢。正是在美洲，平衡遭到破壞。法國在布雷頓角島的路易士堡要塞，被英國海軍協助的一支新英格蘭人的遠征隊所占領。英國戰艦將法國和西班牙的船舶趕出海洋。法屬西印度群島遭到封鎖。在面臨失去從糖和奴隸中獲取財富和稅金的危險下，法國政府宣布它願意談判。

和約於一七四八年在艾克斯—拉—夏佩累締結。和約建立在迫使瑪麗亞·特蕾西亞同意的英法協定的基礎之上。英國和法國通過恢復到戰前狀態的辦法調解了他們的分歧。英國人不顧美洲人的抗議，歸還了路易士堡，並放鬆了在加勒比海的封鎖。法國人歸還了他們曾經占領的馬德拉斯，並放棄了對比利時的控制。大西洋列強承認佛烈德里克併吞西里西亞，還要求瑪麗亞·特蕾西亞把幾個義大利公國讓給西班牙的波旁王朝。在英國和荷蘭的特別堅持下，比利時歸還給瑪麗亞·特蕾西亞。她和她的大臣們極爲不滿，他們無數次地表示寧願失去比利時，而要保有西里西亞。從歐洲的均勢，甚至國際的均勢考慮，他們都應該放棄西里西亞，而應保有比利時，以便於荷蘭人反對法國。

這場戰爭要比地圖上所顯示出的少量重新調整更具有決定性的意義。它表明了橫跨於歐洲和海外世界的法國地位的虛弱。爲了維持一支在歐洲使用的龐大軍隊，法國就不可能像英國一樣把注意力集中於海洋。另一方面，因爲在海上地位脆弱，它也就不能保持在歐洲取得的成果，即不能保持被征服的比利時。奧地利人雖然有些抱怨，但還是應該滿足。這場戰爭本是瓜分哈布斯堡帝國的戰爭，但哈布斯堡帝國仍然屹立不動。波希米亞經過努力而被收復了。一七四五年，瑪麗亞·特蕾西亞促使她丈夫當選爲神聖羅馬帝國皇帝，她本人因爲是女性而無資格充當此職。但是，失去西里西亞是嚴重的。西里西亞人口與荷蘭共和國一樣稠密，幾乎全是德意志人，而且在工業上是易北河以東最先進的地區。普魯士取得這塊土地，遂使自己的人口增加兩倍，資源增加得更多。普魯士加上西里西亞，無疑就成爲一個強國。由於奧地利仍然是強國，因此在稱爲「德國」的含糊不清的世界就有了兩個強國，即後來所謂的德國二元性。但是，西里西亞的易手，由此雖然使得普魯士國王統治下的德意志人的數量增加一倍，卻使哈布斯堡帝國成爲由較少德意志人、較多斯拉夫人和匈牙利人、較多的多瑙河和其他國際居民組成的國家。西里西亞是德國的拱頂石。佛烈德里克決心要保有西里西亞，而瑪麗亞·特蕾西亞也竭力要收復它。因而，新的一場戰爭在中歐是可以預見的。就英國和法國方面來說，《艾克斯—拉—夏佩累和約》顯然僅是休戰協定而已。

隨後的幾年，國際上展開了頻繁的外交活動，最後導致所謂的「聯盟顚倒」和一七五六年的外交革命。奧地利決定要抑制普魯士的發展。瑪麗亞·特蕾西亞的外交大臣考尼茲伯爵也許是這一世紀最精明的外交家，他做出判斷，

圖7-9　瑪麗亞・特蕾西亞和她的家庭

作者：馬丁・馮・梅登斯（奧地利人，一六九五～一七七〇年）

瑪麗亞・特蕾西亞既是奧地利哈布斯堡家族女王，又是十六個孩子的大家庭的母親，這個雙重身分讓她具有令人印象深刻的公共形象。此幅女王和她丈夫及眾多孩子的肖像畫，顯示了她如同忠誠於執行統治帝國的權力一般，忠誠於她的家庭生活。（Scala/Art Resource, NY）

認爲普魯士的興起使均勢產生了大變動。考尼茲戲劇性地完全改變傳統政策，建議奧地利和法國，即哈布斯堡家族和波旁家族建立同盟。他鼓勵法國對比利時懷抱希望，做爲交換，法國則要支持破壞普魯士。奧地利和法國之間的這種商議，迫使奧地利以前的盟友英國重新考慮它在歐洲的立場；英國人必須保護漢諾威，而且普魯士軍隊給英國人留有良好的印象。一七五六年一月，大不列顛和普魯士訂立了同盟。與此同時，考尼茲也完成了與法國的結盟。其結果之一就是，瑪麗亞・特蕾西亞的女兒瑪麗・安托瓦內特（法國革命時期曾以「奧地利女人」聞名）與未來的路易十六結了婚。與奧地利的結盟在法國是很不得人心的。不少法國人認爲，普魯士的毀滅又會加強奧地利對德國的控制，從而破壞重要的「威斯特伐利亞體系」。那些以「哲學家」聞名的法國進步的思想家們認爲，奧地利是受教士控制的落後國家，而且由於意識形態的原因，他們喜歡自由思想的佛烈德里克二世。對法國外交政策的不滿，是國內反對波旁政府的勢力日益發展的一個因素。

總之，當一七五六年七年戰爭爆發時，雖然它是以前普魯士與奧地利交戰、英國與法國交戰的那場戰爭的繼續，但交戰雙方都改變了自己的夥伴。正如哈布斯堡家族與波旁家族較爲出人意料地成爲盟友一樣，大不列顛和普魯士現在結爲盟友了。除此而外，奧地利還與俄羅斯帝國締結了消滅普魯士的條約。

七年戰爭，一七五六～一七六三年：在歐洲和美洲

七年戰爭開始於美洲。然而，讓我們先來看看歐洲，這裡的戰爭是另一次「瓜分」戰爭。正如一個大國聯盟最近剛試圖瓜分瑪麗亞·特蕾西亞的帝國，以及大約三十年前瑞典和西班牙帝國事實上已被瓜分一樣，目前奧地利、俄羅斯和法國已開始著手瓜分新建立的普魯士王國了。他們的目的在於使霍亨索倫家族降低到布蘭登堡總督的地位。普魯士即使與西里西亞一起，人口也未超過六百萬；三個主要敵人中，每一個敵人都擁有兩千萬或兩千萬以上的人口。但是，戰爭不是人民的事情，而是國家和常備軍的事務，普魯士國家與普魯士軍隊在歐洲是最有效率的。佛烈德里克打過一些漂亮的仗，取得好幾次勝利，例如一七五七年在羅斯巴赫，他曾迅速地沿著內線調動軍隊，巧妙地迴避、突襲和反覆攻擊抵抗他的協同性很差的軍隊。他證明自己是他那個時代偉大的軍事天才。可是，光靠天才還是不夠的。與得到瑞典和德意志各邦國增援的上述三個大國對比，普魯士王國除提供幾乎全是財政援助的大不列顛（和漢諾威）外，沒有任何一個盟國，因而不論根據怎樣合理的估計，看來它都沒有倖存的可能。有些時候，佛烈德里克曾經認爲一切都完了，但他繼續戰鬥。在那些困難的歲月裡，他所表現的堅強性格，幾乎與他最終所取得的勝利同樣重要，它們一起使他後來成爲英雄和德國人的象徵。他的臣民，容克地主甚至農奴，都在壓力下提高了愛國主義精神。反普聯盟趨於瓦解。法國人缺乏熱情，他們正與英國人交戰；奧地利這個盟國不得人心，而考尼茲也不會明白地答應把比利時交給法國。俄羅斯人發現，他們越向西進展，便使他們的奧地利盟友越加感到驚慌。佛烈德里克只剩下與不可調和的奧地利人打交道了，而對於奧地利人來說，他也不止是一個對手了。根據一七六三年《胡貝爾茲堡和約》，佛烈德里克不僅什麼也沒有失去，反倒得到了西里西亞。

至於其他方面，七年戰爭是法國和大不列顛間長期衝突的一個階段。它與獨霸日益發展的世界經濟、控制殖民地和支配海洋都有著密切的關係。根據一七四八年的《艾克斯—拉—夏佩累和約》，兩個帝國都依然如故。兩國都在印度、西印度群島和美洲大陸擁有殖民地（見圖4-15和圖7-13）。在印度，兩國都僅僅占有海岸線上一些互不關聯的商業據點，好像散布在印度龐大軀體上的一些極微小的斑點。兩國還在廣州與中國進行貿易。兩國都在通向亞洲的航路上占有一些停泊地，英國人占有的是南太平洋的聖赫勒那島和亞森松島，法國人則在印度洋占有更有價值的模里西斯島和留尼旺島。法國也積極在馬達加斯加沿岸活動。最大的停泊地好望角，屬於荷蘭人。在西印度群島，英國人的種植園主要在牙買加、巴貝多和背風島中的一些島嶼；法國人的種植園在聖多

明尼加、瓜德羅普和馬提尼克。所有的種植園都得到興旺的非洲奴隸貿易的支持。

在美洲大陸，法國擁有較多的領土，而英國則擁有較多的人口。在從喬治亞到新斯科舍的英國殖民地大概居住著兩百萬白人，英國人占優勢，雖然那裡已進住了大量的蘇格蘭─愛爾蘭人、荷蘭人、德國人、法國人和瑞典人。約有四萬人口的費城，其規模可與英國除倫敦外任何一個城市相比。英國殖民地的人口幾乎相當於母國的四分之一那麼多。但它們是地方性的，只關心本地，不能一致行動。一七五四年，英國政府在紐約的阿爾巴尼召集了一次大會，希望各殖民地對即將來臨的戰爭承擔某些集體責任。大會通過由班傑明‧富蘭克林起草的「阿爾巴尼聯盟計畫」，但各殖民地立法機關擔心會失去它們的獨立性，拒絕接受該計畫。處於政治上不成熟狀態的各殖民地，甘願依仗英國來開展反對法國的軍事行動。

法國人仍然占有路易十四創建的、位於聖勞倫斯灣的要塞——布雷頓角島上的路易士堡。建築該堡的目的在於建立北大西洋美洲一側的海上統治，控制進入聖羅倫斯河、大湖，以及現在稱之為中西部的廣闊地區的通路。法國人經常穿越這一地帶，但只在南方的紐奧良周圍和北方的魁北克周圍才有較大的法國人居住區。法國人勢力強大的一個原因，在於他們能比英國人取得更多印第安人的支持。這也許是因為法國人人數少，沒有要威脅沒收印第安人的土地，

圖7-10　維也納附近的美泉宮是奧地利哈布斯堡最偉大的宮殿。設計它就是為了與法蘭西波旁對手的龐大宮殿競爭，但全部建造計畫沒有完成，因為瑪麗亞‧特蕾西亞認為圖中所示的建築已經適合她的需要了。（Kunsthistoriches Museum, Vienna）

同時也可能是因爲這個時期天主教徒在非歐洲人之間的基督佈道活動要比新教徒活躍得多。

法國和英國這兩個帝國，同樣都是根據主要爲了本國利益所制定的重商主義法令才聯合在一起的。在某些方面，英帝國要比法國更爲自由，它允許地方政府自治存在，允許來自歐洲的移民進入英國。另一方面，英國的制度更爲嚴格，例如，根據航海法要求，英國臣民必須使用帝國的船舶和僱傭英格蘭的、蘇格蘭的或殖民地的海員，而法國人則可以比較自由地利用其他國家的運輸工具與人員。英國的糖種植園主必須把粗糖運回國內，在國內精煉後向歐洲出售，而法國種植園主則可以自由地在產地精煉自己的糖。英國大陸殖民地被禁止製造鐵器以及其他出售的商品，他們只能指望從英國買到此類產品。由於西印度群島的奴隸沒有收入，無法購買貨物，因而英國人幾乎沒有向那裡出售什麼東西，而美洲大陸殖民地雖然做爲財富的來源價值不大，但它卻是英國貨物相當重要的市場。雖然殖民地在有限制的制度下逐漸繁榮起來，但它們在七年戰爭期間已開始對這種制度的許多方面感到厭煩，只要有可能，便設法逃避。

即使在歐洲和平年代，戰鬥也是那裡特有的現象。新斯科舍是一個引起麻煩的地點。此地的法國人從全體來說，已按《烏德勒支和約》被英國所合併，但新斯科舍與路易士堡接近，成爲一個經常動盪不安的地點。一七五五年，英國政府預見到將與法國打仗，遂將原是法國殖民地和新斯科舍一部分的阿卡迪亞操法語的大部分居民七千多人遷移。雖然他們被分散到整個英屬北美各殖民地，但最終不少人移居到路易斯安那，並保存了獨特的身分認同，發展了有特色的法蘭西卡眞（Cajun）文化。但是，最大的衝突地點是在阿勒格尼山區。英國殖民者開始探索穿越山脈的西去道路。法國商人、士兵和帝國的建設者則從密西西比和大湖向東朝同一山脈移動。一七四九年英國政府應維吉尼亞和倫敦資本家的請求，特許一家土地開發公司——俄亥俄公司——在法國人已經提出要求的土地上經營業務。法國人匆忙在兩條小河匯合形成的俄亥俄河附近建造了一座杜格斯納堡壘，後來稱爲匹茲堡。由布拉杜克將軍率領的殖民地部隊和英國正規部隊迅速出發，穿過荒原去驅逐法國人。一七五五年五月，這支軍隊遭到失敗，其原因大概是司令官不願意接受殖民地軍官們（其中有一位就是喬治・華盛頓）所提出的忠告。

1619～1763年大事年表	
1619年	第一批非洲奴隸抵達維吉尼亞
1720年	法國的「密西西比泡沫」和英國的「南海泡沫」
1740～1748年	歐洲奧地利王位繼承戰爭
1740～1786年	佛烈德里克二世（大帝）統治和擴展普魯士王國
1756～1763年	七年戰爭；英國勢力擴展到印度和美洲

一年後，法國和英國宣戰。英國人由威廉・皮特（後成爲查塔姆伯爵）進行卓越的領導，他是一個高瞻遠矚且大膽自信的人。「我知道我能夠拯救這個國家。」他說：「我也知道其他任何人都不行。」他讓英國集中力量於海軍和殖民地，同時資助普魯士的佛烈德里克在歐洲戰鬥，以使英國能如他所說的那樣，在德意志平原贏得一個帝國。只有英國政府的巨大貸款才能使這種政策得以奏效。一七五八年英軍順利地攻下杜格斯納堡壘。同年，路易士堡再次陷落。英國人在獲得聖羅倫斯河的入口後，就逆流向魁北克挺進。一七五九年沃爾夫將軍率領的一支軍隊偷偷地摸上高地，出其不意地出現在要塞外的亞伯拉罕平原上，迫使要塞的法國守衛部隊迎戰，英國人取得了勝利。由於魁北克的陷落，法國人在美洲大陸不可能再進一步抵抗。英國人還依靠海軍的絕對優勢占領了加勒比海的瓜德羅普、馬提尼克和法國在非洲的一些奴隸交易站。

七年戰，一七五六～一七六三年：在印度

英國和法國的利益集團同時還從印度混亂不堪的狀況中獲得好處。與歐洲（除去俄國）一樣大的印度，是一個充滿貧困群衆的國家，他們說著數百種語言，信奉大大小小的衆多宗教，人數最多的是印度教徒和穆斯林。從西元以來，入侵的浪潮經由西北邊疆不斷地湧現，西元一〇〇一年建立起一個穆斯林帝國，首都設在德里，它在一個短暫時期內曾管轄了國家大部分的地區。穆斯林皇帝被稱爲蒙兀兒大帝。其中最偉大的是亞格伯，他從一五五六年統治到一六〇五年，曾經建築道路，改革稅收，保護文化藝術，並力圖縮小人民之間的宗教分歧。亞格伯之後，穆斯林文化曾繁榮過一段時期，他的繼承者沙傑汗（一六二八～一六五八年）在亞格拉附近建造了美麗的泰姬瑪哈陵，在德里建造了精美雕刻的蒙兀兒雪花石宮殿，並在宮中安置了用純金製造的、飾以寶石的孔雀寶座。

但與此同時，印度教徒並未安定下來。產生於十五世紀印度教改革運動的

錫克教徒，十七世紀與蒙兀兒皇帝進行了戰爭，他們成爲印度各族人民中最兇猛好戰的民族之一。中印度各印度教王公組成一個「馬拉他聯盟」[5]反對德里的穆斯林皇帝。當最後一位重要的蒙兀兒皇帝奧朗則布（一六五八～一七〇七年）對印度教徒採取鎮壓措施時，事態更爲惡化。奧朗則布之後，印度在政治上陷入解體狀態。現代許多土邦式的國家就是發源於此時，或在此時變成了自治國家。印度教王公起而反叛蒙兀兒。在蒙兀兒人統治時期開始充當總督和司令官的穆斯林，憑他們本身的頭銜建立起統治者的權力。海德拉巴就是這樣產生的，這裡有戈爾康達巨大的鑽石礦，該土邦的統治者長期以來被稱爲世界上最富有的人。各王公和自稱爲王公者相互交戰，並與皇帝交戰。新的穆斯林入侵者還穿越西北邊境源源而來。一七三九年一支波斯軍隊占領了德里，屠殺三萬人並帶走孔雀寶座。一七四七～一七六一年間，發生了來自阿富汗的一系列突然襲擊，再次使德里遭到劫掠，無數人民遭到屠殺。

印度的局勢在恐怖的規模和程度上與歐洲神聖羅馬帝國所發生的情況相類似，在那裡，天主教和新教勢不兩立的宗教分歧使國家四分五裂，懷有野心的邦國和城邦在混亂中贏得獨立，而外國軍隊做爲入侵者則屢次出現。印度與中歐一樣，長期遭受戰爭、陰謀和相互爭奪領土的折磨；在印度也像在神聖羅馬帝國一樣，外來的人與懷有野心的內部分子共同得益。

內地發生的不穩定和暴力事件對沿海地區也發生了影響，少數歐洲人已在沿海城市建立起自己的勢力。由於內地產生的麻煩，沿海的印度人的權力可以說已被縮小到歐洲人可以應付的程度。這些歐洲人——英國人和法國人——就是指各自的東印度公司的代理人。公司建造堡壘，供養士兵，鑄造錢幣，並在國內政府授權下與周圍各個印度人政權簽訂條約，而且在印度，沒有一個人否認他們實施這種主權的權力。公司代理人與印度人一樣，根據自己的目的或無視或尊重蒙兀兒皇帝。最初他們僅僅是動盪不定的印度事務的許多因素之一。他們在印度的存在顯示了歐洲公司可以到達世界各地、英法利益在世界範圍內的競爭，以及印度在全球經濟體系中日益增長的重要性。

在七年戰爭期間，無論英國政府還是法國政府都無意在印度進行領土征服，他們在這方面的政策與對美洲的政策根本不同，兩家貿易公司都不逼迫其代理人實現帝國主義政治干涉。倫敦和巴黎的公司的董事們不同意異想天開干涉印度政治的計畫，堅持他們的代理人只能從事商業，並抱怨花在不帶來商業利潤上的每一個便士和每一個蘇。但是，歐洲和印度之間來往信件要花費一年或一年以上的時間，在印度的公司代表已經捲入印度的漩渦之中，而且被個人發財致富的欲望和建立帝國的幻想所征服，他們積極地按照自己的意志行動，毫無內疚地使國內公司承擔義務，捲入印度事務；確切地說，這也並非初次。我們已經談到過「金剛鑽」皮特的事，一七〇二年當卡納蒂克的納瓦布以軍事力量威脅要使馬德拉斯英國商人屈服時，他是如何設法贏得納瓦布的好意的。

第一個利用十八世紀中葉印度可能產生的局勢變化的歐洲人，是法國人約瑟夫・弗朗索瓦・杜普萊克斯，他覺得巴黎的公司所撥出的用來資助印度貿易的經費不夠用。他的思想似乎不是在建立帝國，而是要使公司成爲當地的地方權力機構，那麼，依靠稅金和其他政治上的收益，公司便可以獲得用於其商業活動的更多資本。總之，在一七四八年後的歐洲和平時期，杜普萊克斯在印度東海岸馬德拉斯附近的卡納蒂克已經自行建立一支約兩千人的法國部隊。他把這支部隊借給鄰近的土著統治者以換取領土上的讓步。他是第一個用歐洲方法訓練印度土著的人，因此創建了第一支服務於歐洲公司軍事力量的「印度兵」團隊。他在實施支持各類印度土王提出的要求的計畫後，逐步成爲受他恩惠的土著統治者的委託人。他做得非常成功，用少數歐洲人部隊或印度兵，就能在對陣戰中戰勝遊牧群式的人數多得多的純印度人部隊。然而，由於公司擔心與英國發生戰爭，擔心發生其他困難，他在一七五四年被召回法國，最後在屈辱中死去。

當戰爭於一七五六年來臨時，英國在印度的利益主要是由羅伯特・克萊夫

圖7-11　一幅英國軍隊突進亞伯拉罕平原的英國插圖，描繪了魁北克戰役。此舉使英國獲得對大部分北美的控制權，並增加了英國在十八世紀日益擴大的全球貿易體系中的權力。（Courtesy of the Director, National Army Museum, London）

推進的。多年以前，他就曾擔任公司的職員，顯示出軍事才能和理解印度政策的能力。十八世紀四〇年代在卡納蒂克，他曾徒勞地設法反對杜普萊克斯。一七五六年，當獲悉歐洲的戰爭消息後，他遂把注意力轉向孟加拉，期望將法國人從那裡的貨棧中驅逐出去。法國人在孟加拉受到當地穆斯林統治者蘇拉賈・道拉的支持，他在克萊夫到來前搶先行動，將英國人逐出加爾各答。蘇拉賈・道拉占領該城後，將一百四十六名英國人監禁在一個沒有窗戶的小屋子內（此事不久便以「加爾各答的黑牢」而聞名），門戶緊閉地關了一整晚之後，其中大部分人窒息而死。克萊夫不久後帶領一支英國和印度兵的小部隊出現，一七五七年在普拉西戰役中，趕走了蘇拉賈・道拉。克萊夫將自己的傀儡安置在孟加拉王位上，既為公司也為他自己榨取了巨大的賠償金。返回英國後，人們帶著複雜的感情歡迎他，他被授予巴賽克萊夫男爵新頭銜，並被任命為孟加拉「總督」。後來他再次到印度，力求清洗公司職員當中那種簡直難以置信的貪汙腐敗；這些人雖然精神健全，但由於受到不可抗拒的撈取不義之財機會的誘惑而弄得道德敗壞。克萊夫最後於一七七四年自殺身亡。

正是比克萊夫的策略更為重要的英國海上力量，才確保了英國在東方戰勝法國的野心。英國政府仍然無意征服印度，但它不能容忍它的東印度公司遭到與印度王公合作的法國公司代理人的排擠。因而，海軍部隊被派往印度洋，他們不僅允許克萊夫隨意從馬德拉斯轉往加爾各答，而且逐步切斷在印度的法國駐地與歐洲的聯繫，以及駐地之間的聯繫。到戰爭結束時，在印度的所有法國產業，與在非洲與美洲一樣，任憑英國人擺布。海外的法國人屈服了，而法國本身又再一次與其大部分經濟所依賴的海外世界脫離了。一七六一年，法國與西班牙結盟，後者在英國於魁北克和加勒比海獲勝後，西班牙由於擔心自己的美洲帝國的安全而驚恐不安。然而，英國人同樣擊敗了西班牙。

一七六三年的和平解決方案

英國軍隊取得了驚人的勝利。但在奧地利－普魯士的《胡貝爾茲堡和約》簽訂前五天，於一七六三年二月在巴黎簽署的和約對戰敗者並非不利。法國的舒瓦塞爾公爵是一個工於技巧的、專心致志的談判家。皮特於一七六一年失去職務後，英國的代表是受到新國王喬治三世支持的議會中的一個混亂集團。法國將北美大陸密西西比以東的全部法國領土讓與英國，從而加拿大也歸英國人所有，十三個殖民地居民不再受阿勒格尼山脈那邊的法國人影響。為了酬報西班牙對戰爭後期提供的援助，法國將密西西比以西及其河口的全部土地讓與西班牙。從此，法國放棄了北美大陸。但上述地區幾乎空無一人，商業上的重要性很小，而且做爲交換，法國人在別處獲得了經濟上更有價值的產業。西印度群島的英國種植園主和英格蘭強大的「西印度集團」擔心生產較廉價糖的法國島嶼與之競爭，因而需要將這些島嶼置於不列顛帝國所保護的經濟體制之外。於是法國收回了瓜德羅普和馬提尼克，以及它在非洲的大部分奴隸貿易站。在印度，法國人繼續占有他們在旁迪切里和其他城鎮的一些商業設施：辦公室、貨棧和船塢。他們被禁止建造防禦工事，也不得在印度王公中追求政治目的——無論法國政府還是英國政府，迄今爲止都並不贊成這樣做。

結束本世紀中葉這場曠日持久的戰爭的巴黎條約和胡貝爾茲堡條約，使一七六三年成爲值得紀念的轉捩點。普魯士繼續爲一個主要大國，德意志的二元制也維持了下來。奧地利和普魯士做爲競爭對手相互虎視眈眈。佛烈德里克在一七四〇年的侵略合法化了，甚至是合乎道義的了，因爲他爲保住劫奪

圖7-12　一位英國官員的妻子被印度僕役圍繞的這幅印度袖珍畫，體現十八世紀晚期英帝國在印度的重要地位。在這個成長的帝國裡，社會的不同等級制度在類似的國內秩序和財富生活中出現了，其出現可追溯到一七八五年。（Werner Forman Archive/Art Resource, NY）

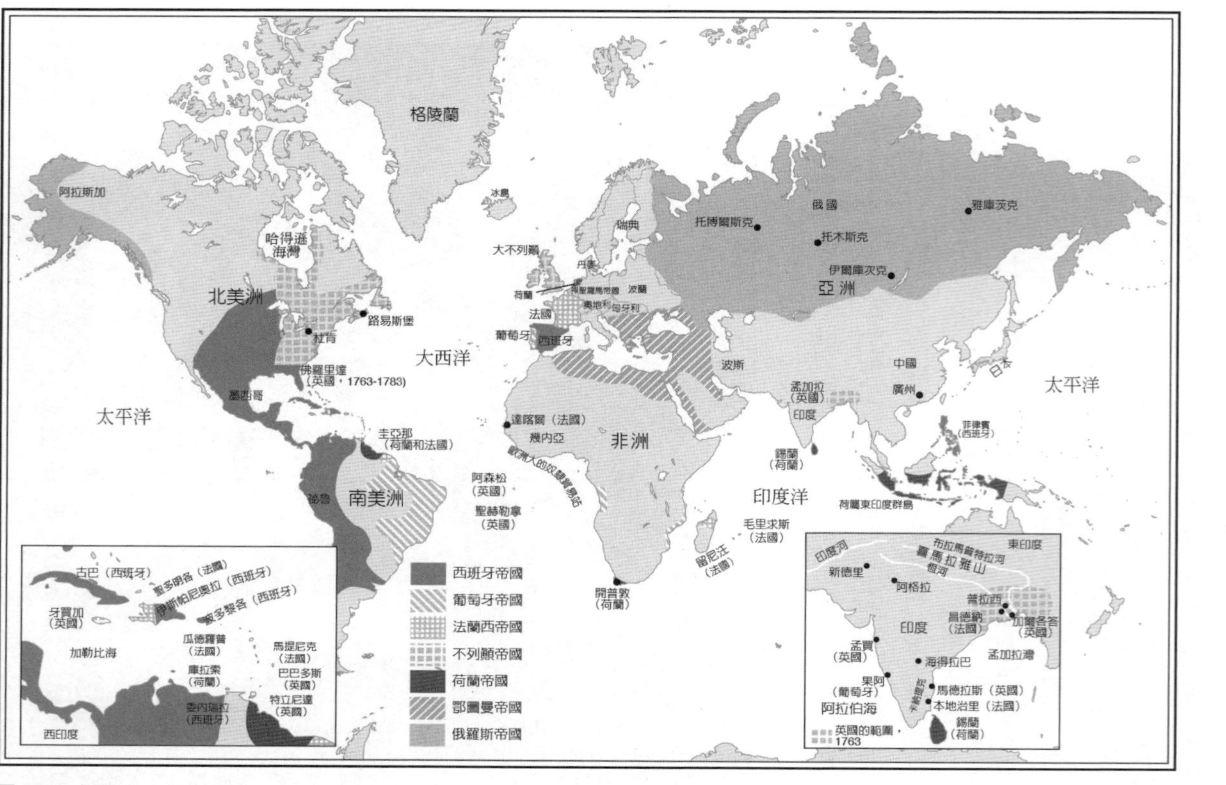

圖7-13　世界，一七六三年

由於一七六三年的《巴黎和約》，英國海外帝國取得了對法國的勝利。法國讓出在北美大陸密西西比河以東的占有地給英國，密西西比河以西的占有地給西班牙。一七六三年英國還從西班牙得到了佛羅里達，但一七八三年在美國獨立戰爭結束時又失去它，將其歸還給西班牙。法國則保留在西印度群島的產糖島嶼和在印度的貿易站點。法國被迫停止帝國的興建，但在七年戰爭中商業並未遭受太大損失。英國人著手興建他們在印度的帝國。

之物而進行了實屬必要的英勇保衛戰。佛烈德里克本人，從一七六三年直到一七八六年逝世，成了一個講和平的、研究哲學的，乃至慈祥的人。但是，德意志坩堝已經沸騰，從中煉出了從未有過的更堅固、更強硬的普魯士，而由於逃脫了毀滅，它也就更傾向於給予做爲普魯士生命的、鋼鐵脊梁的軍隊以榮耀。

英法和解是廣泛的，但也頗爲難以理解。雖然英國在這場全球戰爭中贏得壓倒優勢的勝利，可是這場新勝利並未對法國人產生商業上的災難性後果。法國與美洲及東方的貿易，在七年戰爭後與以前一樣迅速增長，一七八五年比一七五五年增加了一倍。戰爭爲英國開闢了新的商業管道。英國與美洲及東方的貿易，一七八五年比一七五五年大概增加了兩倍。但是，英國傑出的成果是具有帝國性質和富於戰略性意義的。歐洲的均勢保持住了，法國人已被置於比利時之外，北美的英國臣民看來是安全的，而英國又一次維護了它在海洋上的支配地位。英國海上威力反過來又意味著，英國的海運貿易在平時或戰時都是安全的，而法國和其他任何國家的海運貿易最終都取決於英國人的政治需要。然而，法國人仍然還有幾招可使，而後來在美國和法國革命中，他們果然就使了出來。

對美洲和印度來說，一七六三年和約是決定性的。它推動兩塊廣闊領土的人民與不列顛帝國政治和商業機構更緊密地聯繫在一起。墨西哥以北的美洲成爲英語世界的一部分。在印度，英國政府日益被誘入而採取了領土占領的政策。一個英國的「最高權力」終於代替蒙兀兒人而出現。英國在印度的政治統治促進且保護了英國在那裡的商業活動，直到英國最繁榮昌盛的時期爲止，印度一直是英國經濟體系的主要支柱之一，而且通往印度的道路實際上成爲不列顛帝國的生命線。但是在一七六三年，上述局面尚未形成，還要採取許多中間步驟才能最後實現。

第八章

啓蒙時代

人們通常把十八世紀或起碼把一七八九年法國革命前的那些年月，稱爲歐洲史上的啓蒙時代。儘管這個稱謂引起了種種爭論，然而唯有這樣的稱謂才能對這個時代那麼多的特點做出十分妥貼的敘述。當時的人們強烈地認爲，他們的時代是一個啓蒙時代；他們對自身做出的評價，正是今天啓蒙時代這一稱謂的來由。那時到處都有這樣的看法：經歷了漫長的晨昏蒙影之後，歐洲人終於出現了。人們把往昔時代一般視爲野蠻時代、黑暗時代。有文化教養的階級幾乎都抱有進步感。這是向前看的思想家和以哲人聞名的作家的信仰，也是往前看的各國的最高統治者，即「開明專制君主」，以及他們的大小官員的信仰。

啓蒙時代的主導思想已成了現代世界永恆的主題旋律。啓蒙的主要思想，諸如對理智的樂觀信仰、科學、教育、社會改革、寬容和開明政府，定會帶來歷史進展；簡言之，啓蒙時代思想在文化生活和政治生活中維繫著一種生機蓬勃的傳統。自十八世紀以降，思想爭論總是或明或暗地反覆出現，對啓蒙時代的眞理觀念、知識觀念、進步觀念的正確性和傳世影響提出種種疑問。頗有影響的文化運動（如浪漫主義、後現代主義、宗教復興）經常挑戰或譴責啓蒙運動；各種現代政治意識形態（如法西斯、種族民族主義）也常常對之提出挑戰或譴責。然而，它的現代評論家滿懷激情地確認啓蒙時代思想在現代社會文化和政治領域上的重要性，是無與倫比的，是永恆持久的。

十八世紀評論家，在批評當時的政體和文化傳統時，從啓蒙時代思想中汲取越來越多的養分。的確，這些思想對美國和歐洲在十八世紀末爆發的政治革命是有貢獻的。在隨後的世紀裡，啓蒙時代思想繼續引發對失去人心的政府，或對專橫的文化意識形態，或對等級社會制度的反對。但是，啓蒙運動也遭遇過許多文化的譴責。不過，無論是其贊同者或是其批評者，都應該有這樣的共識：「啓蒙時代」在「現代化」發展中總是代表一次有決定性作用的歷史運動，或是一股有決定性作用的歷史力量。

哲人及其他

進步與提高的精神

十八世紀的啓蒙精神，來自十七世紀的科學和思想革命。啓蒙精神發揚和普及了培根和笛卡兒的思想，發揚和普及了貝勒和斯賓諾莎的思想，特別是發揚和普及了洛克和牛頓的思想。它發揚了自然法則哲學觀點和天賦權利哲學觀念。從未有過一個時代對傳統觀念抱有那樣的懷疑態度，對人的理智能力和科學威力抱有那樣的信心，對大自然的規律性與一致性抱有那樣堅定的信念，也從未有過一個時代是那樣深刻地受到進步文明和發展觀念的影響。

人們常常描述說，進步思想是現代或自十七世紀末葉以來歐洲文明的支配思想或特有思想。隨著時間的推移，人類的生活條件會日益改善。總的說來，每一代人的生活都會比先輩的生活過得好，而且通過自身的勞動，將爲子孫後代提供更爲美好的生活；歸根結底，全人類都會走上共同進步的道路。這些是人們的一種信仰，一種非宗教性質的信仰。這種信仰的各種要點在一七〇〇年以前就已經有了，然而，進步思想卻是在一七〇〇年以後才日益變得明晰。它在十七世紀所呈現的形式頗爲初級，在英法零星學術爭論中顯露端倪，這種爭論，人們稱爲「古代人與現代人的爭吵」（正如上文說過，這也成了挑戰路易十四研究院官方理論家的內容之一）。古代人認爲，希臘人和羅馬人的學說，從未被後人超過。現代人指著科學成果、藝術成果、文學成果和發現成果，斷然宣稱，他們這個時代是最好的時代；他們這代人比古代人做得更好是理所當然的，因爲他們是後來者，可以借助先人的成就。這種爭論從未真正了結，但是在一七〇〇年，好多人都是持現代人的觀點。

這個時代關於人的頭腦具有天賦才能的信念，也是廣爲流傳的。人們抵制極端的懷疑論，但並不抵制懷疑的觀點。一七〇〇年以後，有文化教養的人也不見得會相信迷信，爲未知的事物所嚇倒或沉浸於巫術魔法之中。巫術癖好猝然消失了。的確，一切超自然的觀念對許多歐洲人來說，日漸淡薄。「現代」人不僅不再害怕鬼怪，他們也不再害怕上帝。與其說他們把上帝想像爲聖父，不如說想像爲物質世界的第一推動力。上帝具有個性的觀念，天命迫臨、不可測知的觀念，或人需要贖罪的觀念，都不如以往的強烈了。上帝與其說是慈愛上帝這一形象，不如說是不可思議的智人，創造了現在爲人的理智所發現的驚人世界。基督徒的上帝的偉大象徵是十字架，架上一個具有人的形象的神備受折磨。在具有科學觀的人看來，這個形象就是代表鐘錶製造人。物質世界的錯綜複雜，可與一支表的結構相比；人們爭辯說，正如同一支表沒有製造者就不可能存在一樣，牛頓發現的世界，若沒有上帝的創造，用數理定律使之運動，也不可能存在。因此，人們認爲神聖的，正是全能的智力。

所有這一切都推動歐洲世俗精神的發展。種種智力上的發展，使人們在擺脫古老的宗教中有了更多的社會根據和經濟根據。教會和教士喪失了領導權和威望。經濟和政治，商業事務和國家事務，不再從屬於宗教的目的。它們把道德判斷的約束和宗教判斷的約束一概拋開了。與此同時，宗教信仰自由流行開來。宗教方面的少數派受到迫害的事件漸漸減少。總之，教會企圖強迫人們接受宗教教義時，不再採用以前的野蠻手段，如火刑與火刑柱之類。國家對於刑事或政治的嫌疑犯和罪犯施以酷刑的野蠻手段，也越來越不得人心。

當然，並非人人都被這些思想所撼動。十八世紀上半葉，其實也是一個持續宗教狂熱的時期。以撒·華茲寫了許多讚美詩，至今仍在說英語的教堂裡吟唱，為人熟悉。J. S.巴哈譜的偉大教堂音樂主要是在十八世紀二〇年代創作的。韓德爾的清唱劇《彌賽亞》是在一七四一年首次上演。大約正是這段期間，在教堂中做禮拜的會眾首次唱《噢，來吧，一切忠實的》，天主教教徒先唱，表達神靈感應，很快，教會新教（以因信稱義為教義）教徒也採用了。以虔信派聞名的運動觸動了德國的路德宗信徒。虔信派強調平常人的內心精神體驗，跟神學教授教導的教條明顯不同。他們尋求內心的啓示，或靈魂的啓示，而不是尋求理智的啓示，從而背離了啓蒙時代的主要信仰。這是一種改善個人的宗教衝動，而不是改善社會機構，也很難跟這個時代的思想保持一致。但是這種思想絕非僅僅是保守的，因為他們一般來說對現存體制是高度批判的。

約翰·衛斯理還是牛津大學的學生時，在英國國教裡，參加了一個意氣相投的年輕人團體，一個祈禱默念的團體。他們從事善舉工作，減輕囚徒和窮人的苦難，他們給囚徒和窮人送食物和衣服，同時還教他們認字讀書。衛斯理走出教區的限制，跟其他人一起巡迴佈道，常常面對廣闊田野上許許多多的聽衆。據說衛斯理在五十年中，在大不列顛走過的路程達兩萬五千英哩。他和志同道合的喬治·沃特菲也曾經在英屬美洲殖民地上佈道。他們在那裡喚起了十八世紀四〇年代的「偉大覺醒」。這個運動帶有民主化影響，強調個人價值，強調精神覺悟，不受業已建立的宗教當局的約束。事實上，維護陳舊的教會的代言人把這樣的運動稱為「熱情」而摒棄，那時，「熱情」是一個髒詞。一七九一年衛斯理去世時，有大約五十萬信徒，稱之為衛理公會派信徒。衛斯理想方設法把他們保持在英國國教之內，但是分離的衛理公會派教會已經在英國和美國建立。

從某種意義上來說，各種宗教感情的表達，反映了業已論述過的大衆文化和精英文化的不同。雖然有一些社會精英參加這些新運動，但總的來說，是生活最不安逸的階級參與其中。各國國教，如聖公會教會、路德宗教會、天主教教會，都不想受到宗教復興運動的打擾。雖然主教都是當時有文化素養的紳士，但是，最激烈的知識界領袖使一切教會都靠邊站。

在這個「理性時代」，科學和新學問並沒有割斷大衆對魔術或要把戲的興趣。有一名瑞士牧師，J. C.拉瓦特，以他所謂的「相面術」科學來惹人注意，運用相面術觀察人的面貌特徵，說出人的性格。有位奧地利醫生F. A.梅斯梅爾，一次次舉行降神會，轟動巴黎。在降神會上，用一個魔板接觸人的身體，或讓人坐在桶裡，以此來接觸「動物磁場」，希望能治好百病，他的「梅斯梅爾療法」是催眠術發現的一個初級階段。但是，有意義的是，皇家科學院組織了一個專門委員會，經過調查，做出結論：梅斯梅爾本人對這些奇怪現象進行解釋的理論是沒有根據的。

比主流更引人注目的是共濟會。共濟會在英國形成，然後很快遍布大陸各地。共濟會成員一般是這樣的人：他們持典型的啓蒙時代觀點；贊成理性、進步、寬容及溫和改革；敬仰上帝，奉之爲宇宙的設計師。但是他們在地方分會進行的祕密集會，儀式氣氛神祕莫測，充滿祕術。會衆來自各行各業，有貴族、教士、中產階級分子（極個別的地方分會還允許婦女參加）。共濟會能將各個社會階級的人召集在一起，這對人的自我改善和對他人的改善都是沒有害處的。不過，這引起懷疑，原因在於它的祕密性。有一個越軌的小小分支，叫做南德意志光照派（the Illuminati of south Germany），被認爲是非常危險的祕密組織，於一七八六年被巴伐利亞政府取締。後來有些人堅持認爲，法國大革命是因爲先知先覺者、哲人和其他祕密分子合謀籌劃而釀成的。但是，這種看法從來不過是一些嚇暈了腦袋的保守評論家的信條罷了。Illuminati一詞的意思是「開明的人」，但是祕密信徒的信念跟啓蒙時代的觀念是形同陌路、互不搭邊的。啓蒙時代的開明觀念，說千道萬，首先得依靠公開性和讀者大衆。

哲人們

「哲人」一詞完全是個法語單詞，意指哲學家，而「富有哲理」在十八世紀的意思是說，以批判和尋根問底的精神去探討一切課題。英語借用法語「哲人」這個詞[1]，是表示當時的一群作家，他們在探討知識或生存這些根本問題上並非哲學家，而是社會評論家或文學評論家，是普及工作者和政論作家。哲人大多是男人，但許多婦女也參與啓蒙文化運動。譬如法國作家愛蜜莉・杜・夏特雷翻譯了牛頓著作，並在她的科學論文中闡明新理論的價值意義。他們通常都是博學多才之士，不過他們寫作的目的純粹是爲了引人注目；啓蒙思想正是通過這些哲人的著作，才得以四處傳播的。以前的作家一般是有閒的紳士，不然就是得到貴族或王室恩寵的才子，或者是靠宗教基金會支付薪水過活的教授或牧師。在啓蒙時代，許多作家都是自由作家、窮苦文人和報紙撰稿人，他們爲「大衆」而寫作。

讀者大衆的人數已大爲增多。法國到十八世紀八〇年代，識字率在男人中已達到百分之四十七，在婦女中達到百分之二十七。有文化素養的中產階級、商人和專業職業者比以往任何時候都多得多。婦女讀者形成一個日益增多的愛讀小說和文學期刊的群體，鄉紳尋求改進農業的科學新主意，甚至貴族也想隨時了解情況。報刊雜誌成倍增加，人們即使在家裡無法讀到，也可在咖啡館裡閱讀，或在迎合需要而設立的閱覽室裡閱讀。對辭典、百科全書和有關種種知識領域概況的書籍需要量也很大。新的讀者需要構思風趣明快的題材。他們欣賞的是能給人以情趣和輕鬆之感的作品。有了這樣的讀者大衆，文學本身也大受其益。

十八世紀的文筆變得流暢、清晰、準確，既不沉悶冗長，又不空洞乾癟，教人嘖嘖稱羨。讀者從這些作品中也獲益匪淺，他們有的近在歐洲內陸，有的遠至班傑明．富蘭克林的美利堅。人們開始談論「大衆輿論」，把它當做一種評論法庭，判斷新書的價值意義，樹立或者摧毀抱負不凡的作家的名望。這種新的大衆輿論，法國作家馬勒澤爾布解釋說，是一種獨立的社會力量，「爲一切強勢力量所尊重，賞識一切天才，宣揚一切有才幹的人」。對文學、藝術、音樂的品評激發了報紙、期刊和咖啡茶舍裡的爭論，這一切都有助於形成日益擴大的大衆輿論範圍，使人們走出各家各戶組合的個人世界和政府機構額定的官員世界。自由民中的中產階級不僅日益有了文化素養，而且也越來越富有思考力和評論能力。但是，這場運動並不只是一個階級運動。

當時的著作還在另一方面受到社會條件的影響，即它們全是在審查制度下撰寫出來的。建立審查制度的理論是保護人民免受有害思想的侵蝕，這好似保護他們免受以劣充好或偷斤短兩的商品的損害一樣。英國的審查制度溫和得幾乎不起什麼作用。其他像西班牙之類的國家，有嚴厲的審查制度。法國，這個啓蒙時代的中心，既有複雜的審查制度，又有大批的讀者和作家。教會、巴黎高等法院、國王官吏和印刷業行會，對審查書籍都可插上一手。但是，法國的審查制度管理得非常鬆散，以致一七五〇年以後，作家並不爲它煩心。這種審查制度無法與二十世紀在一些國家中實施的審查制度相比。然而，從某一方面來說，它對法國的思想和文學都產生了不良的後果。它使作家感到沮喪，不能致力於具體的公衆問題，做出公開的或明快的表示。由於在法律上禁止批評教會和國家，他們就隱晦抽象地提出批評的意見。由於不許攻擊特殊的事物，他們就攻擊一般的事物。不然，他們就談論波斯人和易洛魁人[2]的風俗習慣，而對法國人的卻避而不談。他們的作品充滿著雙關語、巧妙的挖苦、影射和笑話。作者一旦受到盤問，便可宣稱他們的意思並非盡人皆知的他們要說的那種意思。至於讀者，他們養成了閱讀禁書的嗜好；這些禁書透過非法的途徑和外國書商，向來不難得到。

巴黎是這場啓蒙運動的中心。在舉行談話會的殷實人家府第裡，文人才子和社會名流雲集一堂，討論文學話題。著名且富有的哲人愛爾維修就是一個例子，他不僅撰寫了《論心靈》和《論人》等書，而且還舉行盛大的茶會，在會上討論了這些問題。不過，這種高朋滿座、集思廣益的聚會主要是在婦女主持的沙龍裡進行。她們做爲沙龍女主人而名聞於世，在後來的「文人共和國」中起了至關重要的協調作用。舉例說，吉奧弗林夫人大約從一七五〇年起，在長達二十五年期間，設宴組織了一次次藝術家和作家的交談會，有時還資助他們，介紹他們去會見高層社會或者政府中有影響力的人物。她也歡迎來訪的外國人，如來自英國的賀拉斯・沃波爾和大衛・休謨，以及後來成爲波蘭國王的年輕人斯坦尼斯・波尼亞托夫斯基。由於其他婦女也舉辦這樣的沙龍，哲人和其他作家便經常有機會相聚，交流思想看法。

沙龍成了精心組織的會面場所，在這裡，許多作者向愛批評的讀者介紹他們的新作品；沙龍女主人宣讀旅行家或遠方記者的信件；令人仰慕的哲人的名望，會在談笑風生的談話會中傳開。傑出的沙龍女主人對她的沙龍所涉及的思想課題和社會銜接都考慮周詳。蘇珊・內克的沙龍在十八世紀七〇和八〇年代期間，每逢星期五下午舉行。爲了準備每週的談話會，她會在日記本上——列出她想要討論的想法和題目。朱莉・德勒斯皮納斯在她巴黎府邸提供經常討論的機會，且連續十二年每週的每一個晚上都接見來訪客人。有位仰慕者說：「她的偉大藝術，在於她著力顯示他人的長處；她樂此不疲，勝過展示她自己。」沙龍和沙龍女主人，促進了文人共和國普世思想的發展，在這裡，天才和創造性勝過貴族名門出身。雖然一七八〇年後，婦女失去她們的許多文化影響，但這樣的沙龍在法國大革命後還是存留下來了。一七九五年，在大恐怖時期後，兩位著名的哲人的遺孀，愛爾維修和孔多塞，開放或者重開她們在巴黎的沙龍，接待溫和的共和主義派的人或性情開明寬厚的人。蘇菲・孔多塞本人成了一名作家，而且是亞當・斯密著作的譯者，她的沙龍在拿破崙執政的歲月中，一直是溫和反對派的中心。較爲短命的是更有名氣的傑曼・德・斯戴爾的沙龍。她也寫作，博覽群書，在她衆多的想法中，對法國大革命沒有絲毫改變婦女從屬地位而感到歎息。許多十九世紀的法國自由主義思想，就產生於法國大革命後的這些沙龍裡。

巴黎還在十八世紀中葉出版了哲人著述中最爲嚴謹之作《百科全書》。這部書由鄧尼斯・狄德羅編纂，分爲十七大卷，從一七五一年開始工作，到一七七二年完成。這是一部科學、工藝和歷史知識的大辭典，頗爲含蓄地對現存的社會和機構做了針砭，並概括了當時懷疑論、唯理論和科學觀的精髓。雖然這不是第一部百科全書，然而卻是第一部由一系列知名人士做撰稿人，同時

圖8-1　由藝術家萊蒙尼爾繪製的吉奧弗林夫人沙龍，曾成為十八世紀巴黎作家和藝術家的聚會場所而聞名遐邇。此畫繪製於十九世紀初，顯示的是這樣一個想像出來的情景：一位作者正在朗讀自己的作品，表現了著名的沙龍和沙龍名流所蘊含的文化聲望。（Reunion des Musees Nationaux/Art Resourse, NY）

又被視爲對社會進步起了推動作用的百科全書。事實上，所有的法國哲人，如伏爾泰、孟德斯鳩、盧梭、達朗貝爾（協助編纂工作）、布封、杜果、奎內等等，都爲此書撰稿，他們也曾一起被稱爲百科全書派思想家。雖然是在巴黎編纂，但是《百科全書》流傳廣泛，讀者衆多，大革命前就賣出了大約兩萬五千套多卷本，其中半數在法國以外，因此法語成了全歐洲受教育者的國際語言。而在法國國內，《百科全書》被各行各業、社會各界人士所閱讀。在貝桑松，這座大約有兩萬八千居民的城市，當地人就買了一百三十七套，其中十五名是教士，五十三名是貴族，六十九名是律師、醫生、商人、政府官員或者人們稱之爲第三等級的市民。這些爲百科全書派學者所批評的特權群體，即教士和貴族，看書或者起碼買書的人數遠遠超出他們在總人口中的比例。

認爲自己是哲人或與哲人意氣相投的男男女女，遍布歐洲各地。佛烈德里克大帝是一個傑出的哲人，他不僅是伏爾泰的朋友，是款待波茨坦文學界和科學界人士的東道主，他自己還撰寫警句、諷刺作品、論文、歷史，以及軍事科學著作。他天生機智，利嘴利舌，對因循守舊和浮誇的習氣不無幾分戲弄。俄國女皇凱薩琳也是個哲人，理由大體相同。奧地利的瑪麗亞・特蕾西亞倒不是個哲人，因爲她宗教思想太濃，對一般的思想又很少關心。但是，她的兒子約瑟夫卻是個實實在在的、坐上王位的哲人，這將在下文闡述。英國沃伯頓主教被他的朋友視爲哲人，他認爲，他那時代的英國國教，做爲一個社會機構來說，恰恰是純理性所要創造的。蘇格蘭懷疑論哲學家大衛・休謨可算是個哲人，愛德華・吉朋也算是個哲人，因爲他的名著《羅馬帝國衰亡史》尖銳抨擊基督教，使虔誠的教徒大爲震驚。山繆・強森博士可不是哲人，雖然他因完成了一項十八世紀典型工程——編纂了一部嶄新的英語辭典——而聲名鵲起，卻爲超自然的事物憂心忡忡，篤信國教，貶低自命不凡的作家，竟然斷言伏爾泰和盧梭是壞人，應發配到「殖民地」去墾荒。此外，還有義大利和德國的哲人，如馬奎斯・蒂・貝卡里亞，他竭力要使刑法變得合乎人道；又如巴倫・格林，他從巴黎發送文學新聞信札給他的訂戶們。

孟德斯鳩、伏爾泰和盧梭

所有哲人中，最爲有名的是法國三傑：孟德斯鳩、伏爾泰和盧梭。他們之間，迥然有別。三人都被詡稱爲當代的文學天才；三人都是先從事於文學創作，而後轉向撰寫政治評論和社會分析的文章；三人都認爲，現存的社會狀況能夠有所改進。

孟德斯鳩兩次獲得男爵頭銜，是法國南部的一個地主貴族，一個封建領主或莊園主。他承繼了叔父在波爾多高等法院的議席，在路易十四去世後曾積極參與法院的工作。他參加過大約開始於一七一五年的貴族復興活動。這種復興活動持續不斷，貫穿十八世紀。雖然他對貴族和反專制主義思潮中的許多見解很有同感，然而，他的見解卻突破了僅限於自我中心的階級思想體系。一七四八年，他出版了巨著《論法的精神》，發展了兩個主要思想。一個是政治制度因氣候和地理環境的不同而各異，譬如，專制制度只適合熱帶地區的大帝國，而民主制度只有在小城邦裡才行得通；他的另一個偉大學說是三權分立，旨在反對法國的專制君主制（他稱之爲「專制制度」）。在法國，他認爲，國王和許許多多的「中間體」之間應該分權。這些「中間體」包括高等法院、各省三級議會、有組織的貴族、持有自治特許狀的市鎮，甚至還有教會。他的身分是高等法院的法官，一個外省人和貴族，因此他偏愛前面三個「中間體」是理所當然的；他承認資產階級在法國市鎮中的重要地位，因爲他在波爾多工作，有助於他這樣的認識；至於教會，他說，儘管他不相信它的教義，但他認爲，教會倒可以當做一道路障，來攔阻政府實施過度的中央集權。就他理解所及，他對英國憲法大加讚賞，認爲英國比任何其他國家都更卓有成效地繼承與發揚了中世紀初期的封建自由。他覺得，英國把君主制度、貴族制度和民主制度（國王、領主和平民）三者巧妙地結合起來，以及把行政權、立法權和司法權這三種權力分開，從而取得不可或缺的三權分立。這個學說影響很廣，深爲一七八七年擬訂美國憲法的美國人所熟悉。然而，孟德斯鳩在哲人中的摯友卻認爲他過於保守，甚至想方設法勸他不要發表他的見解。的確，嚴格說來，他是一個反動派，喜愛路易十四以前一切荒誕的東西，同時就他思慕「野蠻」的中世紀而言，他在當代人中也是異乎尋常的。

伏爾泰一六九四年出生於一個舒適的資產階級家庭，取名弗朗索瓦—馬利・阿魯埃；「伏爾泰」，一個杜撰出來的詞，只不過是所有筆名中最出名的名字而已。四十多歲前，人們只知道他是一個很有才幹的作家，擅長警句，用詩體撰寫悲劇，還寫過一部史詩。而後，他越來越傾向於闡述哲學問題和公衆問題。他有感人至深的魅力，究其原因，在於他的文筆運用自如，十分流暢。在所有的偉大作家中，他的作品最容易閱讀。他向來文風犀利，邏輯性強，雋永深刻，不時還插入一些街頭穢語；有時興之所至，就嘲弄、挖苦一番，因此他也是一個善於運用巧妙的反語，嘲笑，教人羞慚的大師。無論他的意圖多麼嚴肅，他都可以藉由讓讀者捧腹大笑的方式來達到目的。

圖8-2　這幅由莫里斯・昆廷・德・拉圖爾（約一七三六年）繪製的伏爾泰肖像畫，令人想到他那愛搞笑、愛用反語逗人樂的文風，這使他的作品為人喜聞樂道，爭相閱讀，即使他是在抨擊宗教迫害或箝制有爭議的言論。（Reunion des Musees Nationaux/Art Resourse, NY）

伏爾泰年輕時曾身陷囹圄，在巴士底獄消磨了十一個月，起因據說是對攝政者傲慢不遜。但是，翌年，這位攝政者卻賞給他一筆津貼，以表彰他撰寫的一個劇本。後來他與貴族羅漢騎士喧鬧打架，再次被捕。他始終是一個固執的資產階級分子，然而在原則上對貴族制度卻從未大加反對過。由於得到龐巴度夫人（也是一個資產階級分子，但深得國王的寵愛）的愛慕，他透過這種關係，成了路易十五的臥室侍從和王室史官。如果說他曾履行過這些職責的話，那也只是敷衍了事而已，因爲巴黎和凡爾賽宮對他來說，遠非安身立命之所。他是佛烈德里克大帝的摯交，曾到波茨坦王室住了約兩年時間。他們兩人最後鬧翻了，因爲還沒有一個足夠大的舞臺能長期容納這兩個自負的人物。伏爾泰憑著書、津貼、投機買賣和講求實效的辦事方式，發了一筆大財。晚年時，他在靠近瑞士邊境的費爾奈購置了一個莊園。用他的話說，他在那裡成了「歐洲的旅館主人」，接待川流不息仰慕而來的貴客、討取恩惠的人和尋求他幫助的落魄人。一七七八年，他在巴黎去世，享年八十四歲，是歐洲最孚人望的文人。他的文集多達七十餘卷。

伏爾泰主要關心的是思想自由。他和孟德斯鳩一樣，對英國十分傾慕。他在英國旅居了三年；一七二七年，他親眼目睹艾薩克．牛頓爵士的國葬儀式，以及在西敏寺的安葬儀式。伏爾泰的兩部著作《哲學通信》（一七三三年）和《牛頓哲學原理》（一七三八年），不僅使歐洲其他地方的人越來越了解英國，而且還普及了新穎的科學思想：培根的歸納哲學、牛頓的物理學和洛克的心理學。洛克學說認爲，一切眞實的觀念都產生於感覺經驗，這就削弱了宗教信仰的權威。英國最令伏爾泰稱羨的是它的宗教自由、它對不同看法和科學探索的寬容、相對而言的出版自由，以及它給予像他這樣的文人的高度尊敬。他不如孟德斯鳩那樣關心政治自由。路易十四對於孟德斯鳩和新貴族政治學派來說，是個惡棍，然而對伏爾泰來說，卻是個英雄。他寫了一篇頌文《路易十四時代》（一七五一年），讚美在「太陽王」統治下的燦爛輝煌的文化藝術。雖然在個人關係上與佛烈德里克大帝鬧翻了，伏爾泰仍舊尊敬他。實際上，佛烈德里克幾乎成了伏爾泰心目中完美的開明統治者：他倡導藝術和科學，不承認任何的宗教權威，對一切教派信條都給予寬容；對新教徒和天主教徒，只要他們有益於社會，都一樣歡迎。

大約一七四〇年以後，他更加明確地成爲宣揚宗教信仰自由事業的鬥士。有一個名叫尙尙．卡拉斯[3]的新教徒，被控告爲阻止兒子皈依羅馬天主教而將其殺害，結果被判處死刑，留下了惡名，伏爾泰竭力爲他昭雪。有個年輕人名叫拉巴爾，以褻瀆路旁一個十字架的罪名而被處決了，伏爾泰也撰文爲他鳴冤，說他無罪。「砸爛可恥的東西！」成了伏爾泰學派著名的鬥爭口號。對伏爾泰來說，「可恥的東西」是指偏執的行爲、不容異說、宗教迷信以及這些東西背後的一群有組織的教士權力。他不僅激烈抨擊天主教教會，而且還激烈抨擊整個傳統的基督教世界觀。他爲贊成「自然宗教」和「自然倫理學」而辯護，認爲信仰上帝和區分善與惡來自理性本身。其實，天主教教會很久以來就教導這樣的學說。但是，伏爾泰堅決認爲，除了理性之外，任何超自然天啓都不稱心，都沒有必要；他論證，或者更確切地說，信仰一種特別的天啓使人不容異說，使人愚蠢、殘酷。

他是第一個用完全的世俗觀點來展現世界歷史的作家。在他的《風俗論》，即《世界史》一書中，他一開始就敘述古代中國，繼而依次對一個個偉大的文明做了概括的評述。早期的世界史作家習慣把人類事件納入基督教教義的框框。他們遵循《聖經》的寫法，先從「創世」寫起，然後寫到「亞當的罪」，繼而描述以色列的興起等等。伏爾泰把猶太—基督教史包容在範圍廣闊得多的世界史裡，讓宗教思想納入社會學的框架中。他把基督教和一切有組織的宗教都當做社會現象或僅做爲人的創見來描述。誠然，斯賓諾莎也曾這樣說過，但是伏爾泰更把這些見解傳播到歐洲各地。

在政治學和自治政府的問題上，伏爾泰既不是自由主義者，也不是民主主義者。他對人類的看法差不多和他的朋友佛烈德里克一樣差勁。只要政府開明，他倒不在乎政府的權力有多大。他所說的開明政府，是指向懶惰和愚蠢開戰，使教士處於從屬地位，允許思想自由和宗教自由，促進物質和技術進步事業的政府。他沒有任何先進的政治學說，但他心目中的文明大國近似開明的或合乎情理的專制國家。他認爲能夠開明練達的只有少數人，因而覺得應由這少數人——國王和他的顧問——掌權，力排一切非議，貫徹實施他們的綱領。要克服愚昧無知、輕信和教士權術，國家必須強大。伏爾泰最渴望的是給開明者，即給像他那樣的人們以自由。

尙－雅克·盧梭的境況迴然不同。一七一二年他生在日內瓦，是瑞士人，新教徒，出身相當卑賤。他在法國或巴黎的社交場合中，總是忐忑不安，沒有自在過。他自幼缺少關愛，十六歲那年逃跑出來，多年靠打雜工糊口，譬如抄寫樂譜等。他從事寫作，但直到四十歲才出人頭地。他一向是個小人物，一個外來人。此外，他跟女人的個人關係很不順，也不穩，最後與一個沒有文化教養的姑娘同居，她名叫黛蕾莎·萊瓦瑟。同住的還有她的媽媽，這個老女人總愛干預他的事務。黛蕾莎跟他生了五個孩子，他把他們全都送到孤兒院去。他沒有社會地位，沒有錢，沒有金錢觀念，甚至到他出名以後，還是得靠朋友的接濟過日。憂鬱和痛楚使他身心嚴重失調，還養成這樣的感覺：誰都不能信任；那些想辦法幫助他的人，正在背後嘲笑他或出賣他。他譴責法國婦女的文化影響，尤其批評她們在巴黎沙龍所產生的突出作用（「她們啥都不懂，雖然她們每事都評論」）。他身受現在稱之爲心理情結的折磨，也許是患了妄想狂。他喋喋不休談論自己的德行和清白，悲痛地抱怨別人誤解了他。

但是，他雖然精神紊亂，卻可能是當時最有造詣的作家，而後來肯定是最有持久影響的作家。自身的經歷使他體會到，在現存的社會中，好人不可能幸福。因此，他抨擊社會，大聲疾呼，社會是虛假和腐敗的。他甚至抨擊理性，稱它是使人誤入歧途的僞嚮導，如果一味追隨的話。對一切令他同時代的人感到滿意的進步，他都表示懷疑。他著有《論藝術和科學》（一七五〇年）和《論人類不平等的起源和基礎》（一七五三年）。在這兩篇「論文」中，他論證道：文明是許多邪惡的根源；處於「自然狀態」的生活，只要有可能存在的話，會好得多。盧梭把第二篇論文送給伏爾泰一份。伏爾泰（對文明的各種形式都大爲欣賞）回覆說，他的大作使自己「覺得像是在用四腳爬行」。對於盧梭來說，人性中最好的品質，諸如善良、無私、誠實和良知等，都是自然的產物。對於他，只是深藏於理智之下的地方，才使他意識到有感性的存在。他喜愛同情給予的溫暖，喜愛直覺閃現的敏捷，喜愛良心傳遞的清晰資訊。從氣質上來看，他有宗教信仰，因爲他雖然對教會、教士、天啓都不相信，卻尊重《聖經》，敬畏宇宙，愛獨自冥想，他相信的上帝不僅是「第一推動力」的上帝，而且還是可愛、可美的上帝。這樣一來，盧梭使嚴肅認眞的人更容易掙脫正統觀念和一切教會戒律形式的束縛。他爲各種教會所懼怕，被視爲最危險的「異教徒」，不論在信奉天主教的法國或是在信奉新教的日內瓦，都曾受到譴責。

總體看來，盧梭不同於同時代的許多人，他在自己的大多數著作中給人的印象是：「衝動比斟酌過的判斷來得可靠，本能的感覺比應急的思想更爲可信」。對他來說，憑藉心靈玄妙的見識比出於理性或清晰的見解更爲眞實。他成了「感覺的人」，成了「自然之赤子」，成了即將來臨的浪漫主義時代的先驅，成了現代一切強調非理性和潛意識的流派的一個重要源頭。因此，他成了一個早期的頗有影響的啓蒙批評家，即使他在期望改變現存的社會秩序上與其他哲人相似。

在《社會契約論》（一七六二年）一書中，盧梭似乎又與上述對自然情有獨鍾的著名見解大相抵觸。在此書中，他認爲，「自然狀態」是一個野蠻環境，沒有法律，也沒有道德。這種觀點有點像霍布斯的觀點。在其他的著作中，盧梭曾認爲，人的邪惡是社會種種邪惡造成的。此時，他卻認爲，只有經過改良的社會才能產生好人。早期的思想家，譬如約翰·洛克，曾把「契約」當做統治者和人民之間的一個協議。盧梭把它當做人民之間的一個協議。這是一個社會契約，而不僅僅是一個政治契約。有組織的公民社會，即團體，就是建立在它的基礎之上。社會契約是一種諒解，憑此諒解，所有的個人爲了對方而彼此都放棄自己的天賦自由，把個人的意志融合成一個「共同的意志」，最後同意接受這共同的意志的裁決。這共同的意志就是最高權力；眞正的最高權力，若理解正確的話，是「絕對的」、「神聖的」、「不可侵犯的」，政府位居第二；國王、官員或遴選出來的代理人，只是擁有最高權力的人民的代表而已。盧梭用了許多晦澀難懂的篇幅來解釋如何才能識別眞正的共同意志。它毋需通過大多數人的表決來決定。「產生這種共同意志的」，他說：「不是看有多少人附和，而是取決於把衆人團結起來的共同利益。」他幾乎沒有談論政府機構，而且對議會制度也不羨慕。他關心的是更爲深遠的東西。他雖然是一個精神失調的外來者，卻渴望有一個人人都能覺得自己是其中一員的共和政體。他希望有一種國家，使身在其中的所有人都有成員感和共事感。

盧梭的這些看法，使他自己成爲民主制度的先知，也成爲民族主義的先知。他應奮起反抗外國列強瓜分自己國家領土的波蘭人之約請，寫了《波蘭的憂慮》一書。在這本作品中，盧梭確實較爲具體地運用了《社會契約論》的見解，從而成爲第一個系統闡述有識有謀的民族主義的理論家。在撰寫《社會契約論》時，他心裡有一個像他的出生地日內瓦那樣的小城邦。但是，他實際所做的，卻是歸納小城邦共和國人民的心理特徵，使之應用到有廣袤領土的國家。這些心理特徵是：具有成員資格感、團體感和夥伴感，及具有認眞負責的公民感和密切參與公共事務的共事感——一句話，有共同意志感。一切現代國家，無論是民主國家或是非民主國家，無不設法向本國人民傳授這種心理上的團結感。在民主國家裡，共同意志在某種程度上能夠和人民的主權保持一致，而在獨裁的國家裡，個人（或政黨）就有可能自稱有權充當共同意志的代言人和解釋者。迄今，極權主義者和民主主義者都把盧梭視爲他們的先知之一。

盧梭對他同時代的人影響之所以深廣，還憑藉他的其餘著作，特別是他的小說《愛彌兒》（一七六二年）和《新愛洛伊絲》（一七六〇年）。這些小說在文化水準較高的社會階層裡，尤其是在婦女中，廣爲閱讀。她們把他奉爲崇拜對象。他是一個文學大師，能夠激發各種以往作家很少接觸過的思想情感。他用文學作品，在上流社會人士中傳播一種尊重平民的清新情感、對平凡事情的愛好、憐憫人和同情人的衝動，以及意識到貴族生活爾虞我詐和虛浮淺薄的觀念。婦女開始喜歡給自己的嬰孩餵奶了，因爲盧梭說她們應該這樣做。甚至男人們也開始談論起他們感情的細微之處。潸然淚下成了時下風潮。瑪麗・安東尼王后在凡爾賽宮的花園裡爲自己建造了一個村莊，並且把自己裝扮成一個純樸的擠奶女工。在所有這一切中，有許多是荒謬的或淺薄的。然而，這是現代人道主義的源泉，是產生人類平等的新觀念的推動力。盧梭使法國上流階級疏遠他們自己的生活方式。他使他們當中的許多人丟掉自己的優越感。這就是他對法國大革命所做出的主要而直接的貢獻。

政治經濟學

在法國，跟哲人有點不一樣的是重農學派，評論者稱他們爲「經濟學家」（這個名詞，原先據說是略有侮辱性的貶義）。許多重農學派跟哲人不同，做爲行政官員或顧問，他們與政府靠得很緊。奎內是路易十五的御醫，杜果是位老成練達的官員，成了路易十六的大臣。杜邦．德內莫爾，是杜果內閣的一名助理官員，後來成了美國杜邦工業家族的創建人。這些人關心的是政府財政改革和稅收改革，關心增加法國國家財富的措施。他們反對行會規章，反對控制物價，認爲會妨礙商品生產和商品流通。爲此，他們是率先使用「自由放任」（他們看到合適，就讓他們幹）這個術語，做爲經濟活動的一個原則。不過，他們偏愛強勢的政府，認爲有此依靠，就可克服傳統的障礙，並提供有引誘力的優厚條件，促進新工業體系的建立。

經濟學，即人們長期沿稱的政治經濟學，發端於重農學派上述的活動，發端於德意志衆邦國多少相同的「財政學家」的工作，發端於計量資料的蒐集和分析，即統計學的起源。經濟思想在英國特別吃香，在蘇格蘭爆紅，因爲亞當．斯密於一七七六年在這裡發行《國富論》。到一八〇〇年，《國富論》已翻譯成西歐每一種語言（葡萄牙語除外）。

亞當．斯密的目的跟法國重農學派一樣，旨在增加國家財富，減少妨礙國富增長的障礙。他推翻第七章我們所稱的「爲財富和帝國而鬥爭」的大小前提，因爲他論證說，增長一國的財富不必有一個帝國。他把十六世紀以來已得到公認的重商主義綱領批駁得體無完膚，而且他預料，大不列顚的美洲殖民地將很快獨立而無損英國貿易。其他人指望由開明政府統籌計畫，亞當．斯密卻寧願政府職能有所限制，只管國防、國內治安和頒布合理法律及提供公正法庭，使私人分歧能得到判定。對發明和創業，他更依賴私人而不是國家。他成了自由市場的哲學家，自由貿易的先知。某種商品如果短缺，其售價就會上漲，從而刺激生產者生產更多，同時也會吸引新人加入這條生產線。如果生產的商品供過於求，資本和勞力將會同時撤回，並逐漸進入到另一個需求較旺的領域。低價，需求就會增加；低價，靠低成本；低成本反過來依靠勞力專門化。他以那時的針工廠爲例，這是大家耳熟能詳的例子。在針工廠生產流程中，十二個工人各自負責一道工序，能夠比每個人負責所有工序生產出更多的

圖8-3　尚－雅克·盧梭
作者：亞倫·朗瑟（蘇格蘭人，一七一三～一七八四年）
此幅肖像畫令人多少窺見到盧梭錯綜複雜的人格和思想。此畫是由一名蘇格蘭藝術家繪製的，他十分仰慕這位法國啓蒙運動的著名作家。（Giraudon/Art Resourse, NY）

針來。於是針價下跌，更多的人可以用到更多的針。這個原則用在國際貿易中也同樣生效。有些國家或有些氣候區生產出來的物品會比其他國家或地區便宜，因此，如果每種物品都專門化，然後彼此交換，大家都會擁有更多的物品。每個國家都可以利用其在某些生產領域或貿易上比較有利的優勢，來彌補其他領域上的經濟弱點，同樣也可以增加其國家財富。

參與者的私利是實施這些生產和交換的動機。正如他說：「我們要吃肉，不是靠肉販的善意，而是靠他對自己收入的關注。」對那些可能會認爲這是一套利己倫理思想的反對者，亞當·斯密總是回答（他畢竟是格拉斯哥大學的倫理哲學教授），這起碼是現實的，描述人們在現實生活中是如何表現的。在倫理上可以證明是正當的，因爲最終不僅會產生最大的自由，而且還會產生最大的富足。數以百萬計的人們因彼此都開明利己而產生相互作用時，他說，似乎在「一隻看不見的手」的推動下，最後將會實現大家都過著最高標準的安康生活。對於個人處境的不安全和一個國家太過依賴進口必需物品（如糧食）所面臨的危險，他極力淡化，或認爲並非太可惡而予以接受。如果政府那隻看得見的手繼續調控麵包價格的話，那麼這不應該是出於經濟理由，而是爲了防範動亂和維護社會安寧。

啓蒙思想的主要潮流

顯然，法國和歐洲的思想潮流，天差地別，變幻無常。大多數人相信進步，相信理性，相信科學和文明。盧梭心裡有疑竇，卻又讚美文明前原始狀態在心目中的境況。孟德斯鳩認爲教會有用，卻不信仰宗教；盧梭信仰宗教，卻認爲任何教會都不需要。孟德斯鳩關心切實可行的政治自由；伏爾泰寧願放棄政治自由，以換取思想自由的保證；盧梭希望從社會束縛中解放出來，尋求與大自然、與自己的衆夥伴結合的自由。大多數哲人跟伏爾泰最爲意氣相投，他們贊同對學問分歧要多些寬容，贊同歐洲各個社會要多些平等。平等，不是泛泛的、漫無邊際的平等，而是對不同宗教信仰的人都給予的平等權利；是削減貴族享有的特權，但不削減老百姓享有的特權，在法庭上和納稅上享有更大的平等地位；是給中產階級的人更多高升機會，擔任重要的社會職位或政治職位。

事實表明，法國是啓蒙時代主要的中心。法國哲人到歐洲各地旅行。佛烈德里克二世和凱薩琳二世都邀請法國思想家到他們的宮廷做客。法語成爲聖彼得堡和柏林各個學院的通用語言。佛烈德里克用法語撰寫自己的哲學著作。歐洲的上流階級，有一種劃一的、國際性的文化，這種文化的主體是法國文化。但是，英國也頗爲重要。在人們心目中，向來認爲英國貼近歐洲的邊陲地區，現在英國向中心靠攏了。可以說，孟德斯鳩和伏爾泰爲歐洲「發現」了英國。透過這兩人，培根、牛頓和洛克的思想，以及英國自由和議會政府的整套理論，都成了大家議論和評論的話題。我們也已經看到，亞當・斯密的《國富論》很快就被翻譯成許多種語言。

人們認爲，促進進步的主要手段是國家。採用孟德斯鳩喜愛的英國式君主立憲政體也好，或採用伏爾泰寧願要的開明專制制度也好，抑或採用盧梭描繪出來的理想共和政體也好，治理有方的社會被視爲推行社會福利的最好保證。甚至政治經濟學家也需要國家使人民擺脫世代相傳的習俗，清除地方上成堆的條條框框，維護法律秩序，履行各種合同，從而保證自由市場的存在。但是，如果他們依靠國家，則他們並非民族主義者這個名詞後來所包含的意思。做爲「普世主義者」，他們相信人類將在公理和理性的自然法則下統一，因此，他們以一種世俗方式，發揚了古典派觀點和基督教觀點。他們認爲，所有人最終都會參與到相同的進步中來。當時的人認爲，任何一個民族都沒有特別的天啓。誠然，法國的思想流傳很廣，但是誰也沒把這些思想視爲法國所特有的，只是產生於法國的「民族性格」。人們只是認爲，當時的法國人，是文明思想的先鋒。這就是孔多塞的看法。他是後來的哲學家之一，是啓蒙時代的傑出代言人，後來成了法國革命的活躍人物，也是其中的犧牲品之一。一七九四年，他在四處躲藏著逃避上斷頭臺的那段時間裡，撰寫了《人類精神進步史表綱要》，這是他留給啓蒙時代的偉大遺囑。

開明專制制度：法國、奧地利、普魯士

開明專制制度的涵義

很難給開明的專制制度下個定義，因爲它脫胎於路易十四或彼得大帝在法國和俄國建立起來的較早模式。開明專制君主的特點是：排乾沼澤積水、築路架橋、編纂法典、壓制地方自治權和地方主義、褫奪教會和貴族的獨立權力，以及發展一批經過訓練、領取薪俸的行政官員。所有這些事，以前的國王也做過。開明專制君主與以前「不開明的」專制君主不同之處，主要表現在態度和發展速度上。開明專制君主幾乎矢口不談「君權神授」。對自己的承襲權和王族權，他甚至也不加以強調。他以有益社會的理由來證明自己擁有權威的正當，像佛烈德里克大帝一樣，稱自己爲「國家的第一公僕」。

開明專制制度是世俗的，它絕不聲稱擁有授命於天的權力，也絕不承認對上帝或教會負有任何特殊責任。因此，典型的開明專制君主贊成宗教寬容，這是大約一七四〇年以後的一個重要特點，但在較老的君主專制制度中也有這種先例，因爲普魯士的統治者早在佛烈德里克以前就有過宗教寬容的傾向，甚至法國波旁王朝在「南特敕令」後將近一百年中，就承認過一定程度的宗教自由。從反對耶穌會士而建立起來的共同戰線上，也可以看到各個開明政府的世俗觀點。耶穌會士是高級的天主教徒，他們確認在羅馬的世界性教會的權威，聲稱他們在其他方面都是天主教世界中最強有力的修士會，因此深爲開明專制君主所厭惡，在十八世紀六〇年代，他們幾乎被逐出所有的天主教國家。一七七三年，教皇經說服解散了耶穌會。法國、奧地利、西班牙、葡萄牙和那不勒斯等政府沒收了耶穌會的財產，接管了耶穌會的學校。直到一八一四年，這個修士會才重新設立。

開明專制制度也明事理，興改革。典型的專制君主運用理智來著手國家的重建工作。新專制君主們贊同十八世紀時的觀點，認爲過去的東西是愚昧無知的，因此，風俗和一切與風俗緊密相連的東西（或稱之爲往昔的遺產），都使他們感到難以忍受，諸如各種習慣法和教會、貴族、市鎭、行會、省、三級會議，或在法國稱爲高等法院等各種司法機構的狀況和特權。這些機構的大湊合被貶爲「封建主義」。專制君主長期以來都在和這種封建主義進行鬥爭，但在過去，他們常常妥協。開明專制君主倒不太願意妥協，因此發展速度就有所不同。新的專制君主行動果斷，急於較快地取得成果。

簡言之，開明專制制度是舊君主制度日益中央集權化的一個飛躍產物，它此時把披著的假神聖外衣扔在一旁，冷靜地以理智和有益於世俗的理由來證明

自身的正當。甚至王族權利在理論上也難以說得通，因爲它建立在往昔的世襲權的基礎之上。在開明專制制度下，國家的概念本身正在發生變化，從較古老的概念變爲較新穎的概念。所謂較爲古老的概念是指，國家屬於統治者的產業，是一種神聖不可侵犯的財產權；而較新穎的概念認爲，國家是由公職官員行使的一種抽象的非個人權威，國王只不過是最高級的公職官員而已。

一七四〇年以後，所以能出現向開明專制制度發展的趨勢，這在很大程度上得歸功於作家和哲人們，不過同時也和一種實際的形勢，即和十八世紀中葉的大戰關聯在一起。在現代史上，戰爭通常導致政府權力的集中和合理的改革。一七四〇～一七四八年，以及一七五六～一七六三年的戰爭，也毫不例外。在戰爭的衝擊下，甚至那些哲人們認爲並非開明的統治者（如著名的路易十五和瑪麗亞・特蕾西亞等）所治理的政府，乃至絕非專制的大不列顚政府，都著手實施具有相同特點的綱領。它們都試圖增加國家歲入，巧立名目，加徵新稅，向多少享有免稅權的人或地區課稅，限制周邊政治機構的自治權，對各自的政治制度加強集中和勵行革新。在許多國家中，都可看到開明專制制度的作用。但是，新政不僅在大陸較大的國家——法國、奧地利、普魯士和俄國——產生最爲深遠的影響，而且在大英帝國的有所不同而又並非截然不同的事件過程中，也產生最爲深遠的影響。

法國開明專制制度的失敗

開明專制制度恰恰是在法國最不成功。路易十五在一七一五年還是個小孩子就繼位，一直活到一七七四年。他雖然一點也不笨，但對重大問題大多漠不關心，終日沉湎於凡爾賽宮中的舒適放縱生活，不願開罪親近他的人，對政府公務的態度時冷時熱。他有句名言：「我死後管它洪水滔天。」這句話，不管他眞說過沒有，反正足以表明他對法國情況所持的態度。然而，法國政府並非不開明。整個世紀以來，有許多能幹的行政官員在料理政府公務，這些人一般都知道什麼是主要的癥結。法國君主制度的所有實際困難，大都可追溯到它的納稅制度。它從賣官和賣特權中取得部分歲入，這產生現存制度中的反常效果：大長中飽私囊之風。人頭稅是所有實際稅收中最爲重要的稅收，一般只有農民才繳納。貴族原則上免交，行政官吏和資產階級出於某種理由，一般也免交。此外，擁有國家土地百分之五～十的教會堅持說，它的財產，國家不能徵稅；它同意向國王定期呈交「自願贈品」，這種禮物雖然可觀，卻少於政府從直接稅可望得到的收入。這種免納稅款的後果是，儘管法國本身富裕繁榮，政府卻長期財政匱乏，因爲享有大量財富和繁榮的社會階級，並不按照他們的收入繳納稅款。

路易十四迫於戰爭所造成的拮据，曾試圖一視同仁，向每個人課徵新稅——人頭稅和什一稅，兩種稅的稅額均與收入多少成正比，收入多徵收多，收入少便徵收少，但是，逃避交稅的人非常多。一七二六年也曾做過類似的努力，可是仍告失敗。有產階級抵制納稅，因爲他們認爲納稅有失身分。法國向來屈服於這種令人震驚的原則：繳納直接稅是地位卑賤的確實標誌。貴族、教士和資產階級也抵制納稅，因爲他們被排除在政府的決策活動之外，因此沒有什麼政治責任感或支配感。

十八世紀四〇年代，在沉重的戰爭開支壓力下，開始徵收一種新稅，稱二十分之一稅，對一切形式的財產收入都徵收百分之五稅收；凡有財產收入的人一概要交稅，不論其階級地位如何和是否享有地方自治權或以往任何種類的免稅權。實際上，這種二十分之一稅還不到百分之五，而且只限於地產，但是貴族和資產階級一樣得交，一直交到法國大革命爲止。七年戰爭中，內閣政府想方設法提高稅額，但沒成功。巴黎高等法院、省法院、不列塔尼三級會議和教會無不爲此譁然。在政治上，這些機構全都比路易十四時更爲強大。他們此時還可以引用孟德斯鳩的話來證明他們反對王權是正當之舉；法院裁定增稅與法國法律相悖，即不符合憲法。不列塔尼三級會議和其他有三級會議的省分宣布，它們歷史悠久的自由特權横遭蹂躪。經過幾年唇槍舌戰之後，路易十五決定就此罷手。

但是在七年戰爭後，債臺高築，負擔沉重，政府重下決心，要實現有效的中央集權，決定除掉法院這股政治力量。爲此目的，路易十五在一七六八年任命莫普做財政總監。莫普把舊法院完全廢除，另外建立新的來代替，並得到伏爾泰和大多數哲人的同情。在「莫普法院」任職的法官沒有財產權，成了由國王任命的行政官員，職位穩固，享有薪俸，他們只履行司法職責，因此不得抵制政府法令，即不得裁定這些法令是否合乎憲法。而且，莫普還建議制定比較統一的法律和司法程式，以通行全國。與此同時，由於廢除了舊法院，便又試圖對享有特權和免稅權的集團課稅。

但是，路易十五在一七七四年去世。他的孫子，也是繼承人路易十六，雖然在個性方面大大勝過祖父，眞正有心想把國家治理好，然而他像路易十五一樣缺乏堅韌不拔的毅力，也不忍心得罪能親近他的人。不管怎麼說，一七七四年時他才二十歲，王國內響徹一片反對莫普及他的幕僚的吶喊聲，認爲他們是君主專制的奴才，強烈要求馬上恢復巴黎和其他地方的高等法院。路易十六很怕在統治伊始就被人叫做「專制君主」，於是恢復了舊法院，廢除掉莫普法

圖8-4　歐洲，一七四〇年

一七四〇年左右的邊界。此時有三個波旁家族君主國（法國、西班牙、兩西西里）。與此同時，奧地利君主國擁有現在比利時的大部分領土，還擁有義大利境內的米蘭公國和托斯卡尼大公國。梅迪奇家族不久前已經全部滅亡了。普魯士在十七世紀四〇年代戰爭中，攫取了西里西亞而擴張了領土。一七七二年第一次瓜分波蘭，擴大了普魯士、奧地利和俄國的疆土。法國於一七六六年攫取了洛林，一七六八年奪取了科西嘉。此外，直到一七九二～一八一四年法國大革命——拿破崙戰爭之前，都沒有其他的變化。

院。夭折的莫普法院，代表了法國開明專制制度勵行革新中走得最遠的一步棋。路易十五摧毀舊法院，誠然是武斷、專橫、暴虐的，但這在當時確實有開明的涵義，因為舊法院是貴族和特權階級的堡壘，數十年來一直阻礙著種種改革方案的實施。

路易十六在一七七四年恢復舊法院後，用安撫特權階級的辦法來開始他的統治。同時，任命了一個改革內閣。內閣大臣是杜果，一位哲人和重農學派學者，也是閱歷很廣的行政官員。他著手查禁行會組織，它們過去享有特權，壟斷市鎮上有關的行業。他允許國內糧食買賣有較大自由。他打算廢除王役（有些農民每年必得服役數天，修築道路），而代之以向各個階級徵收代役稅。他開始稽查整個稅收制度，甚至還因在宗教問題上贊成給予新教徒法律上的寬容而蜚聲四外。巴黎高等法院在各省三級會議和教會的支持下，大張旗鼓地反對他。一七七六年，他只好辭職。路易十六由於恢復舊法院，改革便無法實行。一七七八年，法國又一次與英國開戰。同樣的惡性循環又周而復始：戰爭開支、債務、財政赤字、納稅新方案、高等法院和其他半自治機構群起抵制。十八世紀八〇年代，這種衝突終於導致革命的爆發。

奧地利：瑪麗亞・特蕾西亞和約瑟夫的改革

對瑪麗亞・特蕾西亞來說，十八世紀四〇年代的戰爭證明她的帝國和奧地利君主制極其脆弱。她的臣民也都很不願意繼續受她統治，即使面對軍隊入侵的威脅也不改初衷。帝國只是一個由許多領地拼湊起來的鬆垮架子，沒有共同的目標，也沒有共同的意志。回顧前文，查理六世制定的「國事詔書」不僅旨在保證哈布斯堡家族的繼承權，抵禦外來進攻，而且還旨在確保帝國幾個地區同意在哈布斯堡王朝的統治下保持團結。

十八世紀四〇年代的戰爭導致國內的鞏固。瑪麗亞・特蕾西亞的統治，為奧地利帝國以及生活在其境內的許多民族日後的一切發展，確定了方向。她有一個著名的由大臣們組成的團隊，輔佐她料理公務。這個團隊的產生表明哈布斯堡體制的超民族特點。她在外交事務上最信得過的顧問考尼茲，精明睿智，是摩拉維亞人；她在內政上的兩個主要助手，一個是西里西亞人，另一個是波希米亞—捷克人。他們在維也納與這個德意志女大公爵—女王以及德意志官員們一起工作，配合默契。他們擴大和保證課稅暢通無阻，擴大和保證兵源不斷，主要目的是防止這個君主國的解體，因此需要打破擁土自立的貴族對幾個地方議會的控制，而這些地方議會相當於法國的省三級會議。對具有很深分裂思想的匈牙利，則是任其自然。但波希米亞和奧地利的省分卻被合併在一起，全國統一的官僚機構代替了地方自治政府。行政官員（遵循一種在中歐稱為「財政學」的重商主義學說），打算通過增加生產來擴大帝國的經濟力量。他們制止地方行會壟斷，鎮壓剪徑強盜，並於一七七五年在波希米亞、摩拉維亞和奧地利的公爵領地上實行統一關稅。此地區遂成爲歐洲大陸最大的自由貿易區，因爲甚至連法國也還被許多內地關卡分割。波希米亞，帝國最發達的工業地區，因此大受其益；在瑪麗亞・特蕾西亞統治末期，有家棉紡織廠雇工竟達四千人之多。

在哈布斯堡家族的領地以及東歐各地，重大的社會現象是農奴制。在過去兩百年間，農村廣大人口漸漸地陷入農奴制。農奴制的涵義是，農民與其說附屬於國家，不如說附屬於其領主。農奴爲領主服勞役，天數或種類通常不明。然而，只要領主通過他們的議會統治的地方，農奴每星期都得在領主土地上強制勞動六天。瑪麗亞・特蕾西亞一則出於人道動機，二則想要掌握兵源的人力，對農奴制度發動了有計劃的進攻，實則也是對帝國的地主貴族發動一場進攻。隨著地方議會權力的日益削弱，貴族的抗議便起不了多大作用；然而，由於這還牽涉到各個領地的整個農業勞動制度，因此瑪麗亞・特蕾西亞行事十分謹愼，她頒布了法律，禁止領主或他們的監工虐待農民；還通過了其他法律，限制勞役，規定所有的勞役都得——公開登記，一般而言，勞役每週以三天爲限。法律常常得不到執行，但是，農民在一定程度上擺脫了領主的橫徵暴斂。瑪麗亞・特蕾西亞在緩和農奴制上的成就，比十八世紀東歐任何統治者所做的都大，而她的兒子約瑟夫二世則是唯一的例外。

這位偉大的女公爵－女王死於一七八〇年，在位共達四十年。她的兒子自一七六五年起，與她共同執掌國政；他對他母親的施政方法簡直無法忍耐。瑪麗亞・特蕾西亞雖然目標頗爲堅定，但每逢取得一些進展就感到滿足。她對自己的意圖不但不做哲理上的概括，加以宣揚，相反還掩飾起來或只是輕描淡寫，不據實明擺出來。她從不使問題弄到無法收拾的地步，免得她潛心破壞的那些既得利益集團會糾合起來反對她。她會窺測風向，伺機而動。約瑟夫二世可就不願等待了。他認爲法國哲人都舉止輕浮，普魯士的佛烈德里克不過是個聰明的憤世嫉俗者，而他本人其實是啓蒙時代的純正代表。在他短促的十年統治時期，開明專制制度的特點和局限性，一概清楚可見。他爲人莊重、誠摯、善良，能夠體察最下層階級的疾苦和舉目無告的絕望狀況。他認爲現狀很差，因此無意加以調整或進行改良，而是立意要結束現狀。他認爲，公理與理性和他本人所採納的觀點是一致的；堅持舊秩序的人不是圖謀私利的，就是錯誤的，向他們屈服，就是與邪惡妥協。

約瑟夫說，「所謂國家」，就是「對最大多數人最爲有利」。這開了英國哲學激進派的先聲。他說做就做。在他十年的統治中，曾接連頒布一個又一個敕令。瑪麗亞・特蕾西亞限制農奴制；約瑟夫廢除農奴制。他的母親既向貴族

圖8-5　路易十六統治開始就恢復了傳統的法院，這是法國社會特權階級一次重大的政治勝利。這些特權階級的權力，在十七世紀七〇年代初期受到莫普內閣的挑戰。這幅插圖顯示年輕國王出席巴黎高等法院第一次會議（他占據會廳左上邊的上席），因此提供了一個先例，表明他終生傾向於與老一輩精英為伍，極力反對改革者，因為改革者想削弱老貴族的權力或特權。插圖文字說明列出了王廷官員和顯貴的名單，這些人在一七七四年十一月陪同國王出席這次高等法院會議。（Bibliotheque Nationale de France, Paris）

徵稅，也向農民徵稅，然而並不公平；約瑟夫下令徵稅要絕對公平。他堅持按罪量刑，不管罪犯的階級地位如何，相同的罪繩之以相同的法，例如，有個貴族出身的軍官偷竊九萬七千盾，被戴上頸手枷示衆；波德斯塔基伯爵犯了僞造罪，被扣上鐐銬，與普通囚犯串在一起，打掃維也納街道。與此同時，許多依法判處的刑罰，在體罰的殘酷程度上都有所減輕。他給予出版完全自由。他下令寬容一切宗教，只有幾個他認爲過於愚昧、不值得信仰的民間教派除外。他給予猶太人相同的公民權利和相同的義務，使猶太人在歐洲破天荒第一次能夠在軍隊服役。他甚至晉封猶太貴族，這對那些有貴族「血統」的人來說，實在感到驚異得很。

他公開與教皇對抗，而且鬧得很凶。他要求增加任命和監督主教的權力。

他查禁許多修道院，用修道院的財產來資助維也納的世俗醫院，從而爲維也納變成一個傑出的醫療中心奠定了基礎。他還試圖發展帝國經濟，並且建成的里雅斯特港，甚至又在此港口設立了東印度公司。由於從中歐無法提供現成資金和海軍保護等明顯的原因，東印度公司不久宣告失敗了。他多次試圖通過比利時獲得海運的商業利益，就像他祖父設立奧斯坦德公司時所做過的一樣，然而均遭到荷蘭和英國利益集團的遏制。

約瑟夫爲了強行貫徹他的綱領，不得不像以往的統治者那樣，對國家實行中央集權，而且他還走得更遠。地方議會和貴族自治政府的遭遇，比在他母親的治下更慘；她向來十分明智，讓匈牙利自行其是，而他卻把他的大多數措施同樣也應用到匈牙利——凡是正確的，到處都得正確。他的理想是締造一個完全一致的、有理性的帝國，一切參差不齊的事物都得弄得平平帖帖，宛如被蒸汽壓路機輾壓過似的。他認爲，爲了便利行政管理，應採用單一語言，自然，就選定德語；這導致在捷克人、波蘭人、馬扎爾人和其他民族中推行日耳曼化的綱領，結果激起這些民族的反抗。使用德語、推行皇帝的旨意，在對付地方和階級反對派的綱領的人，是一群能夠應付難局、人數不斷增多、紀律日益嚴明的行政官員。官僚政治慢慢變得有些現代的模樣：有培訓課程、提升晉級計畫、退休金、考勤報告，以及視察員巡訪。還僱用教士做國家的代言人，向他們的教區居民解釋新法，教導居民應尊重政府。爲了監視整個機構，約瑟夫創立了祕密員警。各個祕密員警頭子，在誘使密探和告密者提供祕密協助的情況下，報告政府雇員的行爲，以及貴族、教士乃至可能鬧事的其他人的言行。員警國家對自由世界來說是那麼聲名狼藉，而它正是首先在約瑟夫治下有計劃地建立起來的，當時卻是開明政治與改革的一個工具。

後來，法國在大革命期間和拿破崙治下所做的事情，有許多都是約瑟夫二世這個「革命皇帝」搶先做過了的。他對「封建主義」或「中世紀精神」無法容忍，他本人對貴族和教會十分痛恨。但是，結果他的改革能持久下去的卻寥寥無幾。一七九〇年，他過早去世，卒年只有四十九歲，死時萬念俱灰，傷心已極。約瑟夫是一個沒有政黨的革命黨人，他之所以失敗，是因爲他不可能無處不在，不可能事無巨細全都自己做，還因爲他的帝國裡最強勢的社會集團反對他。他的統治，表明了開明專制制度所帶有的種種局限性。由此看出，一個合法的專制君主並不能眞正隨心所欲的行事。這也告訴我們，只有在一場眞正革命到來之時，只有在浪潮般的公衆輿論的衝擊下，只有在志同道合、結成一個會黨的人們的領導下，也許才有可能實現猛烈而突然的改革。

約瑟夫的弟弟利奧波德繼位。利奧波德是這個世紀最有才幹的統治者之一，多年來一直擔任托斯卡尼的大公，使這個國家成爲在義大利世代傳聞的最好的政府。在一七九〇年時，他的妹妹瑪麗・安東尼正身陷法國一場眞正革命的羅網之中，她的陣陣吶喊聲使他憂心忡忡。然而，他拒絕干涉法國事務，畢竟，處理約瑟夫釀成的騷動，已使他忙得不可開交。約瑟夫所頒布的敕令大多被廢除了，但是他沒有全然屈服。貴族並沒有重新獲得他們在地方議會上的全部權力，農民並沒有完全委身於舊的農奴制；約瑟夫爲了給他們分田和使他們擺脫強制勞役所做的種種努力，全得放棄，但是他們在法律上仍然保留遷徙、結婚以及選擇職業的人身自由。一七九二年，利奧波德去世，由他的兒子法蘭西斯二世接位。在他的統治下，貴族和教會的反動勢力在積聚力量，他們一想起約瑟夫二世的所作所爲就心有餘悸，而且對革命法國所呈現的公開場面大爲驚恐。利奧波德死後不久，奧地利就與法國發生了戰事。

佛烈德里克大帝統治下的普魯士

一七六三年，七年戰爭結束後，佛烈德里克大帝在普魯士繼續統治了二十三年（一七四〇～一七八六年）。這個人們所稱的「佛里茲老頭」，日子過得平平和和，寫寫回憶錄和歷史，重建他那滿目瘡夷的國土，振興農業和工業，充實他的國庫，訓練他的軍隊，同化西里西亞這一大塊征服來的土地，一七七二年後還同化第一次瓜分波蘭中落到手裡的那一部分波蘭國土。然而，佛烈德里克享有最傑出的開明君主之一的聲譽，與其說來自他實在的改革，不如說來自他本人的多才多藝，以及來自伏爾泰這些文人朋友給予他的令人嘖嘖稱羨的名聲。他在給伏爾泰的信中寫道：「我的主要工作是向國內愚昧偏見開戰……我得啓迪我的人民，陶冶他們的性情舉止，盡可能使他們過上人力所及的幸福生活，或是我的財力所許的幸福生活。」他沒有想到，普魯士要成爲樂土還需要徹底的改革。治理這個國家是不難的，因爲國內的路德宗教會長期以來就從屬於國家，相對較少的市民大多是王室的侍從，而且，容克地主體現在各個省議會的自主權，已被佛烈德里克的先王剝奪。佛烈德里克簡化、編纂了王國的許多法令，使訴訟費用較爲便宜、斷案較爲迅速、執法比較秉直。他在文職人員之中堅持提倡健康奮發的風氣。他維護宗教自由；下令對所有階級出生的每一位孩童提供初等教育，儘管他沒有付諸實現。佛烈德里克治下的普魯士頗有魅力，吸引了三十餘萬移民覓路投奔。

但是，社會仍然保持層次分明的結構，而這種結構形式在西歐幾乎不爲人所知。貴族、農民和市民相處在一起，但彼此間有一種隔離狀態。每一階層納稅有所不同，向國家履行的義務也有所不同，誰也不能購買屬於另一階層人的那類財產。法律上，人分等級，財產也分等級；要想從這一階層逾越到另一階層，簡直辦不到。執行這些政策的根本宗旨是爲了軍事目的：財產形式分別保持不變，就可保有獨特的農民階級，從中徵募士兵；也可以保有獨特的貴族階級，從中徵募軍官。王國西部邊陲地區以外的農民都是農奴，他們憑那些靠不住的條款擁有分地，爲此得在領主大莊園的土地上從事徭役。而且，他們還被視爲領主的「世襲奴僕」，不得擅自離開領主的莊園、不得擅自結婚，未經領主的同意，還不得擅自學習手藝。佛烈德里克早年時期曾經考慮過採取步驟，以減輕農奴制的重壓。在他自己的莊園裡，即在那些占有王國四分之一面積的普魯士王室領地上，他確實那樣做了。但對屬於私人地主或容克的農奴，他什麼也沒有做。對於指揮軍隊的容克階級，任何一個普魯士國王都不能去招惹他們。另一方面，在普魯士存在一個君主國，單這一點，就使普通平民享有一些好處；普魯士農奴的境況不像毗鄰地區——波蘭、利沃尼亞、梅克倫堡以及瑞典的波美拉尼亞——那樣壞。這些地區，地主的意志就是當地的法律，因此被稱爲容克共和國。在這些國家裡，農奴主公開把他們的農奴當做可動產出賣，或當做賭注，或當做禮物送走，以致拆散許多家庭，弄得他們妻離子散，就如俄國地主處置他們的農奴，或美國農場主對待他們的黑奴那樣。在普魯士，卻從未聽說有這樣的虐待。

佛烈德里克實行中央集權的制度，大權不僅集中在波茨坦，而且還存在他自己的腦子裡。一切事務，他都要親自處理；一切重大決定，他都要親自裁示。他的大臣或將軍，都沒有獲得過獨立行事的名聲。正如他談到他的軍隊那樣：「沒有人思考，人人得盡職。」也就是說，除了國王本人，就沒有人思考。或再用佛烈德里克的話來說，要是牛頓得和笛卡兒商量的話，那他將永遠不會發現萬有引力定律。在佛烈德里克看來，要去考慮別人的意見，或者把職責交給能力不如自己的人，似乎是莫大的浪費和不守法紀。一七八六年，他去世了，統治達四十六年，沒有培養出任何繼承人。二十年後，普魯士幾乎被拿破崙摧毀。拿破崙打敗普魯士，並不教人吃驚，但在一八〇六年，普魯士整個國家突然瓦解，倒使歐洲大爲驚愕。那時普魯士和其他地方的人得出的結論是，由一個具有超凡才智的人，高高在上、孤家寡人和凌駕一切地操持的政府，就不可能培養出在現代環境中具有生存能力的國家形式。

開明專制制度：俄國

在前面的敘述中，很久沒有談到俄羅斯帝國了，之所以沒談，有種種理由。它在十七世紀思想革命中沒有發揮任何作用，而在爭奪財富與疆土中所起的作用（這在七年戰爭中達到登峰造極的地步），卻有點出於偶然。俄國在啓蒙時代的作用是消極的。俄國的思想家沒有一個爲歐洲所熟悉，但歐洲思想家在俄國卻是衆所周知的。歐洲上流階級以法文爲主體的國際性文化，傳播到俄國的上流階級中。俄國宮廷和貴族把法語當做社交的共同語言。由於掌握了法語（還有德語，有的還懂英語，因爲俄國貴族是了不起的語言學家），一切在西歐激動人心的思想下川流不息地湧進俄國。啓蒙運動使俄國受到的影響，倘若不是深遠的，也是重大的。它使彼得大帝使勁推行的西歐化繼續下去，使俄國上流階級進一步疏遠他們自己的人民和他們自己生長的環境。

彼得大帝後的俄國

一七二五年，彼得大帝去世。他爲了確保他的改革成果，曾下特詔：每個沙皇應欽定他的繼承人。但他自己卻誰也沒有欽定，還把他的親生兒子阿列克謝處死，以防範社會的反動。因此，經歷了彼得的漫長統治後，是一段政局動盪不穩的時期。朝廷上兩個對立派別——德意志派和本土俄羅斯派——爲控制一個又一個沙皇、女沙皇和短命的內閣政府而紛爭不止，直到一七四一年，爆發了一場宮廷革命，彼得大帝的女兒伊莉莎白登上帝位，她設法把持權力，直到二十一年後去世。統治期間，她擴展了俄國的軍事力量，介入歐洲的外交角逐，還參加了反對普魯士的七年戰爭，因爲她生怕普魯士勢力的不斷增長會危及俄國在波羅的海沿岸新取得的地位。她的外甥彼得三世一登上皇位，幾乎來不及坐穩就被廢黜，也許是被一個以他的年輕皇后凱薩琳的名義行事的團體所謀殺。得勝的同夥透露，彼得三世向來都很幼稚，到二十四歲了竟然還玩紙兵玩具。凱薩琳被宣告爲女皇凱薩琳二世，也有人稱她爲「大帝」。她在位時間很長，從一七六二年統治到一七九六年。在此期間，她贏得一個有點誇大的名望——開明專制君主。

在彼得一世和凱薩琳二世之間在位的沙皇和女沙皇，他們的名字都無足輕重。但是，他們那種激烈而迅速的更替，說明一種眞相：王朝之類的繼承權倘若沒有法則可循，帝國就陷入無法無天的派系鬥爭，策劃反對健在的統治者的陰謀和一俟這些統治者去世就發生的宮廷政變，便會交替出現。在這一片混亂之中，一個根本的問題始終就是：彼得大帝的西歐化改革綱領結果會怎樣？對於西歐大多數人來說，俄國似乎仍是陌生國家，甚至是蠻族國家。

圖8-6　凱薩琳大帝

作者：亞歷山大·羅斯林（瑞典人，一七一八～一七九三年）

這幅肖像展現了凱薩琳的有力個性和有點瞬息萬變的笑容。這位權力顯赫的女沙皇把一七七三～一七七四年轟轟烈烈的農民造反鎮壓下去後不久，這幅肖像才畫成。（Giraudon/Art Resourse, NY）

凱薩琳大帝：國內施政綱領

凱薩琳大帝是德意志人，出身於神聖羅馬帝國的一個小諸侯家族。她十五歲出嫁到俄國，很快就博得俄國人的好感，認眞學習俄語，信奉東正教。她初婚時便十分討厭她的丈夫，預見到自己有可能成爲女皇。跟歐洲同時代另一個傑出的女統治者瑪麗亞·特蕾西亞一樣，她處理政治問題很講求實際，而且精力極其旺盛（雖然她沒像瑪麗亞·特蕾西亞對家庭生活那樣忠貞）。她的智力與她的旺盛精力一樣驚人，當上女皇以後還常常凌晨五點起身，親自掌燈，研讀書籍，如曾經細讀過布萊克史東的《英國法律評注》（一七六五年出版）。她與伏爾泰通信，邀請《百科全書》編輯狄德羅到聖彼得堡做客。事後她對人說，狄德羅在聖彼得堡說話說得起勁時，就手舞足蹈，用勁捶打她的膝蓋，打得那麼重，使她不得不在他們之間放上一張桌子。她買下狄德羅的藏書室，答應在他有生之年由他保管。此外，她還捐款資助哲人，從而博得聲望。也許，她把哲人們當做對俄國頗有用處的新聞宣傳員。

她剛掌權時，曾經宣布要進行一些開明改革。一七六七年夏天，召開過一次規模宏大的諮詢會議，稱爲「立法委員會」。委員會呈交了許多提議，凱薩琳從中了解到好多國情。代表們曲盡忠誠的表露，使她斷定，她雖然是個篡位的外國人，卻牢固地掌握著俄國。她後來制定的改革有：編纂法典；限制使用酷刑拷打；在一定程度上支持宗教寬容，然而總是不讓「舊信徒」建立他們自己的教堂。這樣的改革足以引起哲人們交口唱起讚歌，他們把凱薩琳視爲落後民族的文明旗手，正如同他們追撫往事，曾經給予彼得大帝的評價一樣。

做爲一個思想奔放、主張進步的年輕女人，凱薩琳在改革俄國農奴制這個根本問題上，不管開頭有過什麼樣的想法，在當上女皇後不久，她便放棄了原來的想法，而到一七七三年爆發稱爲普加喬夫造反的農民大起義時，那種想法全都打消了。俄國農奴的境遇每況愈下。農奴主把越來越多農奴賣出莊園，拆散農奴家庭，在礦山和工廠使用農奴勞動；隨意懲處他們，或把他們放逐到西伯利亞去。廣大農奴都擾攘不安，他們受到「舊信徒」的鼓動，懷念史蒂芬·拉辛這個孔武有力的英雄；拉辛在一百年前曾經領導一場反對地主的起義，他的事蹟經過渲染，流傳很廣。階級對抗雖隱而不見，卻十分深廣。每當這些粗野的俄國農民在有些地方聽到老爺和他的家人用法語說話，免得僕人聽懂，抑或看見他們身穿歐洲服裝，閱讀歐洲書籍，採用外國上流生活方式的禮節規矩，這時候，他們便感到噁心，階級對抗因而也就有增無減。

一七七三年，頓河哥薩克退伍軍人葉米里揚·普加喬夫嶄露頭角，發動一場席捲烏拉爾地區的起義。他仿效俄羅斯的古老習慣，號稱自己是眞正的沙皇彼得三世（凱薩琳的已故丈夫），長時期在埃及和聖地旅遊，現在回來了。他使自己出出進進都有「皇族」、「朝臣」，甚至有個「國務大臣」相隨。他發布一項「詔書」，宣布終止農奴制，終止徵稅和徵兵。在烏拉爾和窩瓦河地區，數以萬計、十萬計的韃靼人、吉爾吉斯人、哥薩克人、農奴、烏拉爾礦山奴工、江河和裏海漁民，紛紛投奔到普加喬夫的大旗下。這支規模巨大的起義軍，橫掃東俄羅斯，沿途燒殺搶劫，處死牧師和地主。莫斯科的上層階級都嚇得魂不守舍；城裡住有十萬名農奴，他們或是家僕或是工廠工人，對普加喬夫及其起義軍深表同情。起初，政府派出的一支支討伐軍隊都不成功，而一七七四年發生在窩瓦河沿岸的饑荒，卻驅散了這些造反者。普加喬夫被一些親隨出賣，關進鐵籠，押往莫斯科。凱薩琳禁止對他審訊時使用嚴刑拷打，但他被判處碎磔——「五馬分屍」處死。也許應該提一下，當時西歐對待罪

圖8-7　葉米里揚·普加喬夫這位俄國史上最猛烈、波及範圍最廣的農民起義的領袖，在被審訊、判叛國罪、受到處決之前，給關在鐵籠裡。

惡昭彰的叛國罪，就是採用這種極刑。

普加喬夫造反是俄國歷史上最猛烈的農民起義，也是歐洲在十八世紀（一七八九年以前）最令人生畏的群衆大動亂。凱薩琳用鎭壓來回擊。她給予地主更多的權力。彼得大帝曾使貴族立約履行一些國家義務，此時貴族把這最後的義務也都擺脫掉了。這樣一來，農民是唯一承擔義務或行動不自由的階級。如同普魯士，國家變得比以往更依賴於統治者和紳士之間的諒解。根據這樣的諒解，紳士們接受君主制度，連同其法律、行政官員、軍隊和外交政策，爲此，君主制度使紳士們獲得對農村民衆擁有絕對權力的保證。政府權力往下通到貴族階層和星羅棋布的市鎭，但一到莊園就行不通了。在莊園裡，領主接管了政府權力，他本人就是政府。在這種情況下，農奴人數不斷增加，每個農奴身馱的重擔日益沉重。凱薩琳統治時期是俄國農奴制達到頂峰的時期，與美洲黑人所遭受到的奴隸制已沒有什麼重大的差別。在莫斯科《公報》上可以看到如下的廣告：「拍賣：兩個壯實的馬車夫。兩個女僕，一個十八歲，一個十五歲，粗重活兒都能做。兩個理髮師：一個二十一歲，會讀會寫，還會一種樂器；一個善爲仕女紳士梳理各式髮型。」

凱薩琳大帝：外交事務

凱薩琳是俄國疆土的主要締造者。一七六二年她當上女沙皇時，帝國延伸到太平洋，插入中亞，抵達波羅的海沿岸的里加灣和芬蘭灣。但是往西，從莫斯科只要走上兩百英哩就到了波蘭，而站在俄國國土上，誰也無法看到黑海的海域（見圖5-12）。組織鬆散的一塊塊領地，從波羅的海一直伸展到黑海和地中海，構成一條寬寬的地帶，把俄國和中歐隔開。這些領地名義上歸屬於波蘭和土耳其。波蘭是俄國的宿敵，曾一度威脅過莫斯科，而且在波蘭和鄂圖曼帝國內，同樣有許多希臘東正教徒，對於他們，俄國人感到彼此間存在著一種思想紐帶。在西歐，人們把處置波蘭—土耳其這整個地帶（從小亞細亞、敘利亞、巴勒斯坦，一直延伸到埃及）稱之爲「東方問題」。雖然一九〇〇年以後這個名稱廢棄不用，但「誰將控制這些土地」這個問題，在歐洲現代史和中東現代史上，始終是個爭論的焦點。

凱薩琳的最高計畫，是深入到這整個地區去。波蘭的，土耳其的，都要。一七七二年在與土耳其交戰中，她發展了她的「希臘方案」。按照這個方案，「希臘人」，即希臘東正教徒將取代穆斯林，成爲整個中東的主要成員。她在戰爭中打敗了土耳其，但由於奉行歐洲均勢的國家施加外交壓力，她本人受到遏制。結果是對波蘭進行第一次瓜分——攫取土地和人口，普魯士、俄羅斯和奧地利這三個東方君主開始共同瓜分這塊領土。佛烈德里克占有波美拉尼亞，改名爲西普魯士；凱薩琳占有部分白俄羅斯；瑪麗亞・特蕾西亞占有加里西亞。佛烈德里克津津有味地消受了他的一份，實現了布蘭登堡王室的一個宿願。凱薩琳把她的一份吞下去，胃口稍有不適，因爲她以前就曾志酣意滿地控制過整個波蘭。對瑪麗亞・特蕾西亞來說，這道菜全無味道，甚至糟透了，但她可不能看著她的鄰居動手吃而沒自己的份，只好按捺住心上的不安，也分享這道盛宴。佛烈德里克冷嘲熱諷地說：「她哭是哭，但還是要。」一七七四年，凱薩琳在多瑙河畔庫楚克・凱納吉與戰敗的土耳其人簽訂和約。蘇丹讓出他對黑海北岸各個韃靼公國的權利。不久，俄國人在黑海北岸建立了奧德薩港。

凱薩琳只是推遲，但沒有改變她對付土耳其的計畫。她決定打消奧地利的反對念頭。她邀請約瑟夫二世到俄國訪問，兩人一起遊歷了她新近獲得的黑海沿岸省分。她的長期顧問大臣兼情夫格里哥利・普譚金陪同凱薩琳出遊，旅程包括巡視譜譚金在克里米亞修建的許多城鎮和要塞。雖然，俄羅斯在發展這個地區上確實取得了意義重大的進步，但是，普譚金的政敵卻聲稱，這些新城鎮只不過徒有外表而已，從而杜撰一條著名的短語「普譚金村莊」，意思是虛假繁榮的僞證。在赫爾松，這兩位君主通過一座城門，上書：「此路通往拜占庭城。」約瑟夫二世見狀，說：「我要的是西里西亞。」但是，女沙皇還是勸誘他參加一場征服土耳其的戰爭。

法國大革命中斷了這場戰爭。兩國政府各自放慢了它們在巴爾幹半島上的行動，靜觀西歐政局的發展。凱薩琳爲了可以在波蘭－土耳其的領域內自由行事，便慫恿奧地利和普魯士，以維護君主制度和文明的名義，去和革命的法國交戰，這成了她的對外政策。與此同時，她還設法扼殺波蘭人的民族主義和改革運動。一七九三年，她與普魯士商定對波蘭進行第二次瓜分。一七九五年，又與普魯士和奧地利兩國商定了第三次瓜分。對波蘭的三次瓜分（這會在本章下文講述）都能活著參加的統治者，唯有她一個。

她本人關於啓蒙的種種主張，使人不禁對她的生平做出挖苦的評價。她的外交政策純然是擴張主義的、肆無忌憚的。她的國內政策的最後效果，除去做了若干雞毛蒜皮的改革之外，就是偏袒半歐化的貴族制度，在人民中擴大農奴制。可以這樣替她辯護：肆無忌憚的擴張是當時公認的做法；至於國內，要矯正戕害俄國的社會邪惡，任何統治者恐怕也都是無能爲力的。倘若要有一個俄羅斯帝國，那就非要得到擁有農奴的貴族同意不可，他們是政治上唯一舉足輕重的階級。凱薩琳在談到改革問題時，曾對狄德羅說過：「你只是在紙上舞文弄墨，而我得在人皮上舞文弄墨，這之教人惱火，教人難受，是根本無法相比的。」她清醒地知道，沙皇和女沙皇可以如何輕而易舉地被廢黜，甚至被謀殺；推翻朝廷的危險，不是來自農民身上，而是自來軍官和地主集團。

然而，她一直與西方保持協調關係。她從不認為，俄國的獨特制度將成為他國的楷模。她仍然承認啓蒙時代的標準。她在晚年悉心關懷自己的寵孫亞歷山大，按照西方的教育方式為他安排一切，並嚴加督促。她聘請瑞士哲人拉哈普做他的教師。拉哈普使他的心靈在履行王子的職責時充滿仁慈和自由主義的情感。亞歷山大一世被凱薩琳培養成理想的君主，他注定要在歐洲事務中發揮廣泛的影響，幫助打敗拿破崙·波拿巴、宣揚和平與自由，以及同時在國內也注定要遭遇同樣的內部分裂和挫折。這種內部情況似乎使有文化素養的俄國人特別感到苦惱。

開明專制制度的局限性

用追溯往事的眼光來打量，開明專制制度預示了一個革命時代的來臨，甚至表明從上面採取權威行動，為改革社會而做出的初步努力。各國政府告知各自的人民：變革勢在必行；許多特權、特許權或免稅權都是不好的；往昔是產生眼下混亂、不公正或無能的根源。直言不諱地為自身利益行事的國家或宣稱為人民利益行事的國家都有所發展，擁有更為完整的最高權力。一切陳舊的、公認的權力，諸如各個王國和地方的權力、各個階層和階級的權力、各種法律機構和社團的權力，一概受到懷疑。開明專制制度踐踏或根除了耶穌會、巴黎高等法院、波希米亞自治，以及波蘭的獨立。習慣法和不成文法被官方的法典撇在一邊。各國政府通過反對教會和封建利益集團的特權，意欲使所有人都成為同樣平等的臣民。就這點而言，開明的專制制度贊成法律面前人人平等。但它往這個方向只能走上一定的距離。畢竟，國王本身就是世襲貴族，哪一個政府也不可能把變革搞到毀掉自身基礎的地步。

甚至在法國大革命爆發之前，開明專制制度已經走完自身的路程。各地的「專制君主」出於政治上的理由（如果不是原則上的理由的話），已經走到他們無法再走下去的地步。在法國，路易十六已經對特權階級讓步。在奧地利帝國，約瑟夫由於沒對他們做出讓步，鬧得他們公開起來反叛；在普魯士和俄國，佛烈德里克和凱薩琳的光輝統治，結果使地主制度變本加厲，加重了廣大人民的負擔。貴族勢力，甚至封建勢力，幾乎到處都在抬頭。宗教也千方百計使自己復興。還有許多人老調重彈：從某種意義上說，君權是神授的。「王室與聖壇」之間正形成新的聯盟。法國大革命，使老的既得利益集團嚇得心驚膽戰，必然會加速、加劇業已開始的反動。自中世紀以來，歐洲君主制度一般來說是一種中央集權化但還屬進步的制度，它是堅決反對封建權力和教會權力的。開明專制制度是歷史上君主制度的最高階段。在這些開明專制君主之後，在法國大革命之後，君主制度總的來說已變成懷舊的、朝後看的制度，得到它曾設法使之屈服的教會和貴族的最熱心的支持，而那些覺得自己是未來的狂濤巨浪的人，則絲毫不給予支持。

三次瓜分波蘭

上文已提到，幾個較新型的中歐君主國日益壯大的後果是，十八世紀波蘭遭遇厄運。但是，再三瓜分波蘭領土，也揭示了所謂的「開明專制君主」的自負和伎倆。除了俄國這個多少仍算得上非歐洲的國家外，波蘭在十八世紀顯然是最大的歐洲國家。這個世紀初始，它的疆土從波羅的海起，一直幾近延伸到黑海，並向東伸展八百英哩，穿過北歐平原。但是，波蘭連同神聖羅馬帝國，一起成了較爲古老的政治結構的範例，因爲未能發展出現代的政體機構（見圖5-1和圖5-2）。波蘭深陷於日益惡化的無政府混亂局面。這個國家既無軍隊，又無歲入，也沒有行使國家權力的管理機構，而且國內四分五裂，分成許多永遠談不攏的派別，從而成了外國開展外交角逐的永久戲臺，最後爲幾個日益強大的鄰國併吞了。

波蘭國王通過選舉產生，這樣的方式成了國際動輒干涉的目標。因此，十八世紀三〇年代後，一場改革運動開始壯大力量；波蘭愛國者試圖廢除憲法上的「自由否決權」和導致無法施政治國的綱要。然而，改革者的努力，由於凱薩琳大帝和其他外國統治者從中作梗而再三落空。他們寧可要一個可以恣意干涉的波蘭。凱薩琳圈定的波蘭王位候選人，史坦尼斯拉斯·波尼亞托夫斯基，贏得了一七六三年的選舉，從而使她對波蘭國內事務產生新的影響。她宣布自己是波蘭自由的保護者。在波蘭維持現狀，這更符合俄國的利益；如果與鄰國瓜分這個國家，鄰國則可能把俄國的影響排除出它們的勢力範圍。普魯士政府迫切渴望把舊普魯士公爵領地與其他東部領土合併在一起，從而更樂意於瓜分波蘭，以此來增強自己的戰略地位。

一七七二年，俄國與土耳其的戰爭使東歐局勢動盪不安時，普魯士渴望已久的機會來臨了。俄國在這場戰爭中連連得勝，勢不可擋；奧地利和普魯士都爲此擔心，深怕俄國會永遠破壞均勢。因此，普魯士主動提出一個方案，內容是：防止奧俄戰爭的發生；保持鄂圖曼帝國必要的完整，以維持東歐的均勢；

但是，得讓三個歐洲列強都來兼併波蘭的領土。這個方案，三方都接受了。

波蘭就這樣給宰了，當了犧牲品。一七七二年經第一次瓜分後，波蘭的外部領土全被分割掉。俄國取得了維臺普斯克城周圍的一塊東部領土。奧地利取得了一塊叫做加里西亞地區的南部領土。普魯士實現了其領土野心，取得了西普魯士的波美拉尼亞交界地區，從而創建了一大塊穩固的普魯士地域，從易北河一直延伸到立陶宛邊界（見圖5-12第4幅圖）。瓜分喚醒了波蘭人，他們重新努力，要民族復興，希望建立一個能長治久安、抗禦外侮的主權國家。但是，這場波蘭復興運動缺少深厚的民衆力量，因爲大體上是局限在貴族內部的運動，正是貴族的內訌導致國家的淪喪。那時的農奴群衆和人數衆多的猶太人，並不太在意他們是否受波蘭人、俄國人或是德意志人的統治。

然而，從一七八八年起，有個改革黨的力量日益壯大，其中有個成員是國王史坦尼斯拉斯·波尼亞托夫斯基。他曾投靠俄國女沙皇，做爲被保護人而開始他的統治。一七九一年，改革黨人頒發了一部新憲法，規定波蘭國王王位世襲，從而增強了國家的執政能力；在給予許多城鎮市民各種政治權利的同時，削減了巨頭大亨的種種權力。不過，此時東歐的各國政府都害怕法國革命，視法國革命爲「雅各賓主義」的暴亂。凱薩琳譴責波蘭改革黨人爲雅各賓分子，她說她將「向雅各賓主義開戰，在波蘭狠打雅各賓主義」。她跟一些心懷不滿的波蘭貴族串通，派軍隊進入波蘭，撕毀一七九一年憲法。經與普魯士達成協定，她隨即在一七九三年實施第二次瓜分。一七九四年，薩迪厄斯·科西阿斯柯領導了一場更加革命的政治運動，其綱領甚至還包括廢除農奴制度的建議。雖然這場運動沒得到在法國執政的革命黨人的援助，但仍遭到全歐洲反革命勢力的鎮壓。這時，俄國和普魯士軍隊再次入侵波蘭，打敗科西阿斯柯。一七九五年實施的第三次瓜分中，這兩個國家與奧地利一道把波蘭餘下的領土分割殆盡。波蘭做爲一個政治實體，已經不存在了。

那時有許多先進的思想家都稱讚對波蘭的幾次瓜分，認爲是開明統治者的一大勝利，了卻了一樁曠日費時的討厭事情。這三個參與瓜分的強國尋找各種理由來粉飾它們的行徑，甚至引以自豪，認爲這是防止它們之間發生戰爭的一大開明外交成就。還有一個論據是，瓜分波蘭杜絕了一個產生國際對峙和戰爭的老根源，在東歐廣大的地區用更穩固的政府取代了無政府的混亂狀態。波蘭被瓜分前的獨立性幾乎並不比被瓜分後的獨立性多些什麼，這本是個事實。還值得注意的是，儘管那時沒有借用民族主義的論據，但就民族理由而論，波蘭人自己對舊波蘭的大部分地區卻無權提出什麼要求。俄國在三次瓜分中所占有的地區，絕大部分居民都是白俄羅斯人和烏克蘭人，在他們之中的波蘭人主要

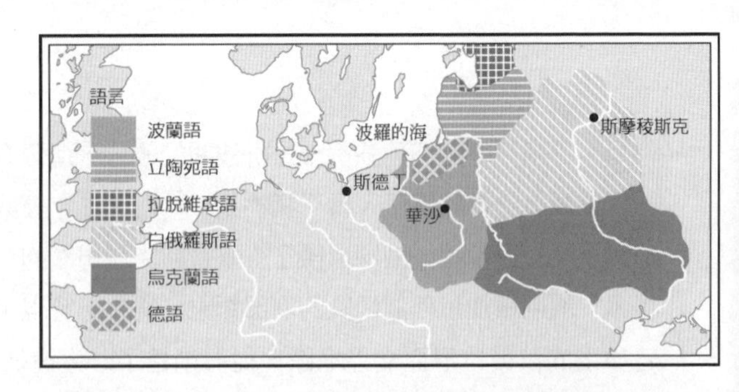

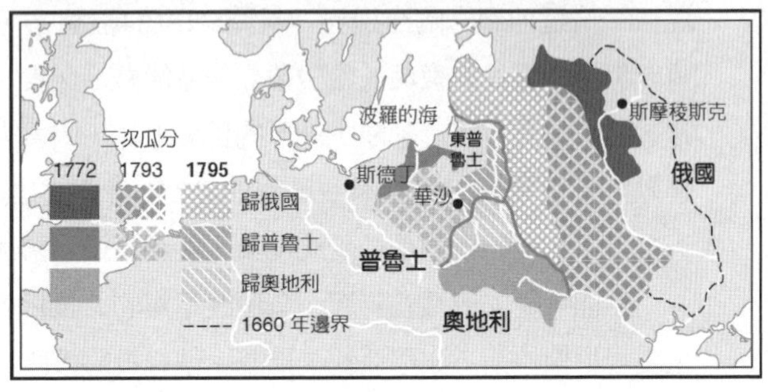

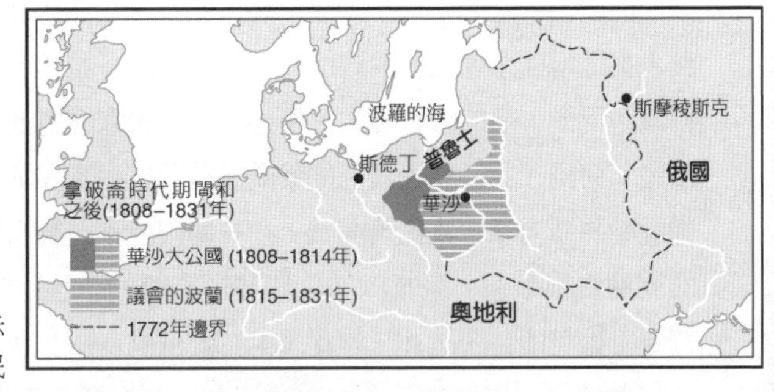

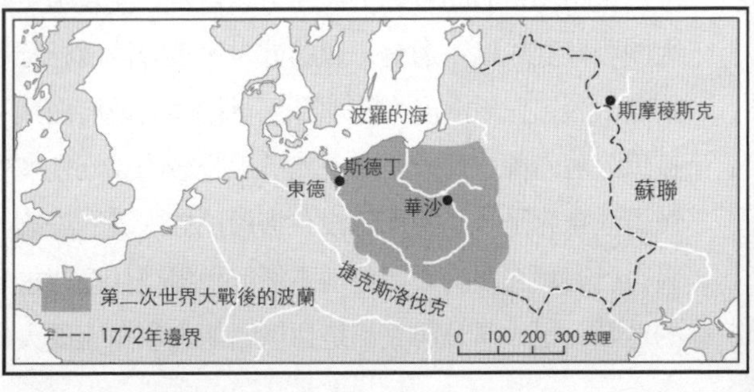

圖8-8　十八世紀以來的波蘭

最上方的圖，以簡化方式顯示一七七二年波蘭所包括的各民族聚居的地區。除了所顯示的各民族語言，還有分散很廣的猶太人所說的意第緒語。一七九五年確立爲俄國的西部邊界線，在以後多次變化中都保持不變，並一再以拿破崙大公國和議會波蘭的東部邊界出現。第一次世界大戰後，獲勝的協約國考慮再三，把這相同線定爲波蘭東部邊界（第四個圖上的點線，稱爲寇松線）；但是，一九二〇～一九二一年，波蘭人征服更往東靠的領土。第二次世界大戰後，蘇聯人又把波蘭人推回到這條大體相同的線上，只是用從德國奪來的領土（往西直達奧得河及其支流納西河）補償波蘭。每一個圖上的華沙位置，顯示波蘭是如何被挪向西邊的。

是地主階級。即使在第三次瓜分後，俄國也只擴展到波蘭的眞正民族邊界。但在後來，拿破崙倒臺之後，按照一般國際協定，俄國的勢力範圍才擴展到住有波蘭人的領土。

然而，幾次瓜分波蘭，不管怎樣加以粉飾，對歐洲舊制度都是一次巨大的打擊。英國的艾德蒙·伯克在第一次瓜分時就預見到舊的國際秩序在分崩離析。他的判斷頗有見地，十分敏銳。歷史上，向來援引均勢原則來維護歐洲各國的獨立。波蘭並非第一個「被瓜分」的歐洲國家，西班牙帝國和瑞典帝國都曾被瓜分過，在十八世紀期間，還曾有過瓜分普魯士和奧地利帝國的企圖。但是，波蘭卻是第一個不經過戰爭就被瓜分掉的國家，是第一次完全消失了的國家。波蘭沒有經過戰爭就被瓜分掉，雖然對參與瓜分的強國來說是個大得其樂的事情，但同時也是一個令人惴惴不安的事實。僅僅通過冷酷的外交策劃就可使一個偌大的國家化爲烏有，眞教人不寒而慄。即使在和平時期，任何公認的權利似乎也毫無保障可言。波蘭被瓜分，表明了在列強已經崛起的世界上，要控制現代的國家機器，沒有強大的力量是很危險的。這也發人深省：任何地區如果不能發展成爲一個有能力抗禦外國滲透的主權國家，而它又位於歐洲列強伸手可得的地方，那麼要想保持自己的獨立，恐怕是不可能的。從這點來說，十八世紀波蘭史似乎預告了一個世紀後非洲的瓜分。當時，非洲也因爲沒有強而有力的政府，未經過戰爭，就幾乎全部被歐洲六個強國瓜分掉了。

而且，對波蘭的瓜分雖然維持了東歐的均勢，但另一方面卻深刻地改變了整個歐洲的均勢。波蘭的消失對法國是一大打擊，因爲法國長期以來利用波蘭做爲其勢力插入東方的前哨，如同它利用過匈牙利和土耳其那樣。三個東方強國擴展了各自的領土，而法國從此卻永遠再也得不到任何擴展。東歐在歐洲事務上顯得空前重要。俄國、普魯士和奧地利帝國此時已經彼此相鄰，雖然，它們爲了增強自己的實力，從西歐治國和軍事組織中汲取的養分不盡相同，但它們有著共同的利益和目標：鎭壓波蘭人反抗它們統治的活動。

波蘭的獨立，以及其他湮沒了的民族的獨立，後來成了西歐大力贊同的一項事業，而東歐這三大君主卻糾合在一起，共同反對民族解放；這樣的情況，連同東歐君主國根本上是地主國家的情況，突出了十九世紀歐洲的政治和社會分裂：西歐傾向自由，東歐傾向反動。但是，對十八世紀歐洲較爲陳舊的社會秩序和政治體制發動破天荒第一次大攻擊，卻是來自摧毀波蘭王國的這幾位「開明專制君主」。

新的騷動：英國的改革運動

使古老的特權團體、封建團體和教會利益受到威脅的，不僅僅是君主和他們的大臣們。從一七六〇年左右開始，這些團體還在更廣大的社會階層中遭到挑戰。由於啓蒙時代的孕育，由於各國政府未能妥善處理嚴重的社會問題和財政問題，一個革命大動盪的新時代就要開始了。一七八九年偉大的法國革命首先標誌著這個時代的到來，但是一七七六年美國革命也具有重要的國際意義。在不列顛，開始於十八世紀六〇年代的曠日持久的議會改革運動，雖然是非暴力的，但在實質上也具有革命的特點，因爲它對傳統的英國政府和英國社會的基礎提出了疑問。此外，在十八世紀最後三、四十年間，在瑞士、比利時和荷蘭，在愛爾蘭、波蘭、匈牙利和義大利，都有革命的鼓動。在其他地方也有這種鼓動，只是聲勢小了些。一八〇〇年以後，在德意志、西班牙和拉丁美洲，革命騷動越發變得明顯了。可以說，這種革命浪潮直到一八四八年革命結束後才停息下來。

一個「民主革命」時代的開始

對於這整個的革命時期，有時使用「大西洋革命」一詞，因爲大西洋兩岸的國家都受到影響。也有人稱爲「民主革命」時代，因爲在這些騷動中，從美國革命到一八四八年的革命，儘管千差萬別，多多少少肯定了現代民主社會的一些原則。據此觀點，各次獨特的革命、各次未遂的革命，或各種基本改良運動，都被視爲革命大浪潮的各個側面，這波革命浪潮實際上改造了整個西方文明地區。不過，也有人對這個革命時代持相反的觀點，即每一個國家都呈現一個特殊實例，若具有特色的國家事件僅被視爲一場含糊不清的一般性國際大動亂的一部分，那就理解錯了。因此，按照這個觀點，美國革命本質上是一場爭取獨立的運動，它的目標是保守的，從而與法國大革命迥然有別。在法國大革命中，對整個社會和一切思想都曾打算加以徹底改革。這兩次革命與發生在英國的又截然不同，在英國根本就沒有革命。然而，這裡只需強調的是：美國革命者、法國雅各賓派、愛爾蘭「統一會」會員、荷蘭愛國者，還有其他類似團體，他們雖然彼此各不相同，然而卻也有共同之處，即都具有革命的特性，都對一個革命時代貢獻過自己的力量。

重要的問題是要分清一七六〇年左右開始的這場運動在哪些方面是「民主的」，又在哪些方面不是「民主的」。這場運動沒有廣泛地要求普選權，然而英國有一小部分人早在十八世紀七〇年代就提出過這樣的要求。一七七六年以後，美國有些州就實行過一種幾乎所有男性都享有的普選權。一七九二年，更富有戰鬥性的法國革命者也曾這樣做過。這場運動的目的不在建立一個福利國家，也未對財產權提出疑問，雖然法國大革命的激進派在這些方面曾有過某種表示。這場運動的矛頭並非特指君主制度本身。美國人起初埋怨的是英國議會，而不是英國國王。法國人起來革命三年，到一七九二年，由於國王違約[4]，才宣布成立一個共和國。一七八八年以後的革命，波蘭人設法加強他們國王的地位，而不是削弱其地位。在根本不存在君主政體的地方，革命團體倒會採取行動，如在法國大革命前的荷蘭省分、瑞士的州、威尼斯共和國，以及在一七九五年以後受法國影響的荷蘭。的確，這個時期的革命行動是一七六八年首先發難於日內瓦的。當時，日內瓦是一個非君主政體的很小的城邦共和國，由一個組織嚴密的世襲顯貴團體統治。凡有王權的地方，只是在它被用來支持各種享有特權的社會團體時，王權才成爲革命者的犧牲品。

這場革命運動到處宣告爭取「自由與平等」的要求。它贊成各種人權宣言和明晰的成文憲法。它宣布人民或「民族」擁有主權，並系統闡述了國家公民的概念。據此觀念，「人民」本質上沒有階級性；「人民」是一個法律術語，所指的不是政府，而是既受公共權力所統治，又使政府本身原則上得以從中產生的社會公衆。說公民都是平等的，原指貴族與平民之間沒有任何差別。說人民擁有最高權力，意思是指，國王也好，英國議會也好，任何貴族、顯貴、攝政者或其他傑出人物組成的團體也好，都不許擅自擁有政府的權力；一切政府官員都可撤換，他們執行憲法規定範圍內的一種委託權力。絕不允許有凌駕在人民頭上的「官老爺」，絕不允許官職終身制或官職增選，絕不允許依仗出身的等級，而且法律也不承認這種等級。按照法國人在一七八九年《人權宣言》中的說法，社會級別是以「共同幸福」做爲基礎的。在才能或職能方面也許有高貴者，但絕對沒有出身、特權或等級方面的高貴者。必須避免各種形式的「貴族統治」。在代表機構中，不可有代表特殊團體的特殊代表；應經常舉行選舉，遴選代表，代表的產生固然通常不必通過普選，但要通過一個不管給予什麼定義都行的選舉機構。在這個機構裡，各個選舉人在平等代表制中，應是一人一票。依照票數多寡並由得票最多的掌權，這種代表制，取代了按照社會階級、享有特權的市鎮或其他社團組成的陳舊代表制。

簡言之，一切與專制主義、封建主義或世襲權利（財產權除外）有關聯的東西，都受到否定。宗教和公民權之間的任何聯繫也受到否決。民主革命削弱了法國天主教會、英國和愛爾蘭國教會，以及荷蘭聯省共和國新教教會的特殊地位。這個時期，也是迄今稱爲猶太人「解放」的偉大時期，整個中世紀和現代早期都一直不給猶太人的政治社會權利，這次「解放」後都給他們了。關於政府權力或任何人間權力，都是上帝的意志所安排並得到宗教庇護的，這一整套概念，逐漸地消失了。人們提倡一種普遍的言論自由，即對一切問題都可以發表意見，相信這是進步所必需的。在這個時期中，啓蒙時代的世俗思想也得到繼續發揚，不僅在科學和哲學領域裡，而且也深入到這個革命變革時代出現的許多新的政治文化機構裡。

總體來說，民主革命是一場中產階級運動，的確，後來還創制了「資產階級革命」一詞，對它加以描述。這場運動的歐洲領導者，許多其實是貴族，他們甘願放棄歷史上的貴族特權；這場運動的支持者，許多是較貧苦的階級，在偉大的法國大革命中尤其如此。但是，最大的受惠者卻是中產階級，一種中產階級或資產階級社會隨之問世。這場風暴過後，貴族世家出身的人繼續存在，但是恪守貴族標準的世界卻消逝了。他們或與他人以大致相等的地位參加各種活動，或躲進他們高雅的客廳裡，私下品味貴族等級的樂趣。至於工人階級叱吒風雲的運動，那還在後頭呢！

說英語的國家：議會和改革

倘若美國革命是一齣大型戲劇的第一場，那麼要了解這場戲，就得聯繫到廣闊得多的不列顛世界，因爲美洲殖民地是這個世界的一個組成部分。十八世紀中葉，不列顛帝國的行政權採用有分有合的體制。有三十一個政府直接隸屬於西敏寺【5】，這些政府形形色色，有獨立的愛爾蘭王國，有王室殖民地和持自治特許狀的殖民地，還有東印度公司在東方設立的各種政治機構。一七五〇年，整個帝國大約有一千五百萬各種膚色的人口，少於法國或奧地利君主國。從喬治亞到新斯科舍這整塊美洲大陸上的白人人數，與愛爾蘭或蘇格蘭相仿，或與不列塔尼或波希米亞相仿，即大約各有兩百萬左右。

英國度過啓蒙時代的方式獨具一格。人們對一六八八年英國革命後的各種安排，普遍感到愜意——常言道，什麼東西都不如一場成功革命那樣保守。英國思想一般缺少歐洲大陸思想的嚴厲鋒芒。酷似法國哲人的英國作家，如英格蘭哲人大衛·休謨和英國歷史學家愛德華·吉朋，他們的政治見解穩健溫和。普遍的情緒是自鳴得意，是對榮耀的英國不成文憲法所抱有的自滿情緒。憑藉這部憲法，英國人享有歐洲大陸所沒有的自由權利。

英國的議會權力最大，猶如大多數大陸國家的君主。用一個愛開玩笑的記者的話說，它擁有做一切事情的權力，除了把男人變成女人這事之外。不列顛議會比任何歐洲統治者擁有更多的權力，因爲可稱做封建主義的東西，殘存在英國的比殘存在歐洲大陸上的要少。英國也沒有任何一種「專制制度」，不管是開明的或不開明的。年輕的喬治三世於一七六〇年繼承王位，確實曾認爲自己是一個「愛國國王」。他確實希望提高王室的影響，克服黨派的派系活動。但是，他必須通過議會來工作。他本人得屈尊到政治舞臺上，收買或操縱下院的選票，給予補助和恩惠，向其他議會政客許願，與他們做交易。他實際上所做的一切，卻創立了一個「國王之友」的新派別。這個派別，在一七七〇～一七八二年諾思勳爵內閣任期內，曾掌握了權力。值得一提的是：所有的派別都是輝格黨的派別；托利黨實際上已不復存在；不列顛尚未有兩黨制；「托利黨」一詞，如同後來爲美國革命者所使用的那樣，簡直就是一個濫用詞。

雖然議會權力至上，種種立憲問題顯然都得到解決，然而，仍然存在著很多不滿的暗流。因爲出版業在英國比在其他地方自由，有許多在美洲各個殖民地都可讀到的書籍和小冊子闡述了這些暗流，從而有助於形成美國革命的心理。譬如，有一個盎格魯－愛爾蘭新教徒作家學派，他們論證說，不管怎樣，愛爾蘭既然是一個獨立王國，有自己的議會，就應該更少依賴西敏寺的中央政府。美國人在決定獨立之前，曾經考慮過各種選擇方案，其中之一就是建立一個類似愛爾蘭的獨立王國，留在大英帝國裡。英國有相當多不信奉國教者或新教徒，他們不承認英國國教，自一六八九年以來就享有宗教信仰自由，但因政治上遭受形形色色的排斥而繼續不斷地吃苦頭（直到一八二八年）。他們有些人同時又是另外兩個無定形的團體的成員，一個是人數不多的「共和政體人」，另一個是人數較多並且不斷在擴大的議會改革者。此時的共和政體人，行爲越發古怪偏執，他們大多是無人理睬之輩，抱著懷舊的情緒，念念不忘清教徒革命和克倫威爾的共和國時代。他們懷念平等派和各種平等觀念。當初的盎格魯－撒克遜英國被諾曼人征服後，早已爲諾曼人的專制制度所摧毀，可是有關這個早期英國的虛假史料，他們也念念不忘。共和政體人在英國的影響不如在美洲各個殖民地，尤其是在新英格蘭地區的影響來得大。這些地區的發祥與清教徒革命很有關係。議會改革派是一個形式較多、影響較大的團體。他們在十八世紀屢遭挫折，直到一八三二年通過第一個改革法案之後，才開始有所作爲。

議會的眞正權力是指，政治領袖們必得採取強有力的措施來確保獲得議會的選票。非議他們的人一般把這些措施斥責爲「腐敗」，理由是，議會不管是否眞正具有代表性，起碼應該是自由的。政治領袖們爲了確保操縱議會，特別是下院，不惜玩弄種種花招，諸如恩賜官職，即給予政府工作（稱爲「職位」），或給予小恩小惠，或進行不定期的大選（一七一六年後，每七年一次），或在許多選區中乾脆不辦理眞正的選舉。下院議席的分配與居民的人數無關，有權派議員到議會的市鎭叫做「議員選區」，但是，一六八八年以後（或一八三二年以前）都沒有創設新的議員選區。這樣一來，在中世紀或都鐸王朝時期屬於重要的地方有代表，但新近興起的城市，如曼徹斯特和伯明罕，卻沒有代表。有些議員選區人煙稠密又民主，但許多議員選區不是居民寥寥可數，就是空無人跡，以致有影響的「議員選區販子」就可以決定誰應代表他們出席議會。

英國的改革運動開始於美國革命之前，兩者之間有著密切的聯繫。因爲抱怨有多種多樣，所以這場改革運動吸收了各種不同的人物。第一次騷動的中心人物是約翰・威爾克斯。他是記者也是議員，猛烈抨擊喬治三世的政策；威爾克斯的書籍出版者被捕，然而幾個法院都宣布這次逮捕非法，從而證明他無罪，可是國王的支持者卻把他逐出下院。由於這些事件，倒使威爾克斯成了政治英雄，後來他三次被重新選進下院，但是，下院還是拒絕讓他獲得議席。抗議、公衆集會旋即此起彼落，一份份請願書紛至沓來，支持他反對議會的排斥行徑。一七六九年，他的追隨者成立「權利法案支持者協會」（這是許多致力於議會改革的社團中的第一個）。他的情況使人提出這樣的問題：下院該不該依靠全體選民，該不該依靠「戶外」適當的有關政治問題的群衆鼓動？也正是在這個問題上，議會的辯論首次在倫敦報紙上得到報導。議會處於一個漫長過渡時期的前夕，通過這個過渡時期，它就從一個私下集會選擇成員的團體變成一個現代的對公衆及其選民負責的代表機構。一七七四年，威爾克斯最終重獲他的議席，不久後提出了一份改革議案，這是許多改革議案中的第一份，可是所有這些議案在半個多世紀內一概沒有獲得通過。

與此同時，那些顯要的輝格黨領袖，以前曾通過人口稀少的議員選區的選舉來管理操縱議會，但在控制權落到喬治三世和他的「朋友」之手以後，他們也開始意識到這種手段的「腐敗」問題。他們最雄辯的發言人是艾德蒙・伯克。其他改革者要求更經常舉行選舉，要求「每年議會」，要求更廣泛、更平等，乃至普遍的男子選舉權，要求撤銷一些根本就沒有眞正代表的選區。這些要求，伯克一件也不贊成，事實上，他後來還使勁地表示反對。他既是哲學保守主義的創始人，也是個獨具一格的改革者。他認爲下院的獨立性，以及認眞負責，勝過議會在數字上應有的代表性。他認爲，地主集團應該掌權。然而，他又爲強烈反對國王侵犯行爲的黨派觀念辯護，他論證說，議員應該根據自己對國家利益的最佳判斷來行事，既不該受國王的掣肘，也不該受自己選民的約束。他像其他改革者一樣，反對那些依靠裙帶關係的「官吏」或公務員，還反

圖8-9 尊敬的格拉罕夫人

作者：湯瑪斯·庚斯博羅（英國人，一七二七～一七八八年）

這幅畫上的年輕婦女，顯而易見有很高的社會地位。胸前的飾針，帽上的羽毛，身上的綢緞、蝴蝶結和衣著上的褶邊，以及成串佩戴的珍珠，無不顯示她那個社會階級的富有。她纖細的雙手，以及古羅馬的廊柱，顯示了她悠閒而文化色彩濃厚的生活。十八世紀英國貴族就是喜歡按這樣的方式來想像自己，繪成畫像，留存後世。（National Galleries of Scotland）

對出於政治動機，使用名目多得讓人糊塗的恩俸、掛名職務、名譽職位，以及種種擺設的官職、等級和頭銜。他在一七八二年提出削減國王資助的「經濟改革議案」中，把上述許多名堂都廢除掉了。

這場改革運動儘管一無收效，勢頭仍然猛烈，甚至在十八世紀八〇年代擔任首相的威廉·皮特也當過運動的發起人。法國大革命爆發的時候，運動吸收了新的力量，擴展到更廣泛的階層，參加人數更多，因爲能工巧匠這個階層的手工藝者回應法國的一樁樁事件，要求在英國有一個更合適的「人民代表制」。當時，他們得到查理斯·詹姆斯·福克斯和少數輝格黨人等上層階級的支持。但是，保守主義、對英國憲法的心滿意足情緒、新一輪法國戰爭所激起的愛國主義，以及反對法國革命的反應，所有這一切壘起了一道不可逾越的障礙。改革又被延宕到下一個世代。

從某方面來說，美國革命是英語世界內的一場內部鬥爭。美國革命後，英國改革者一般都把這場與美國發生糾葛的責任，一股腦全怪在國王喬治三世的頭上。這是失之公平的，因爲國王在美國問題上，從未對議會施加過壓力。後來，熱情充沛的改革者辯解說，如果議會能眞正代表不列顛人民的話，美利堅人不會被迫獨立。這似乎不大可能。不管怎麼說，形形色色的改革者，從威爾克斯到伯克，在一七六三年以後對美洲殖民地居民的抱怨都深表同情。大西洋兩岸，通信頻繁。威爾克斯在倫敦是個英雄，在波士頓也是個英雄。伯克在一七七五年發表一篇著名的演說，主張與美洲殖民地實現和解。然而，正是他堅持議會應有權力和尊嚴的主張，使他難以找出一個可行的解決辦法；這些殖民地獨立以後，他對新興的美國各州的政治思想一點也不感興趣。不管是獨立前還是獨立後，一貫最支持美國人的倒是英格蘭較為激進的改革者，如同在蘇格蘭和愛爾蘭那樣。當然，他們都毫無權力。在美洲這一邊，日益不滿的殖民地居民在獨立前十年中，除了閱讀英語書籍、小冊子和講話報告之外，還聽到譴責喬治三世搞專制和控告議會腐敗透頂的一類事情。所有這一切似乎說明，美利堅人長期以來從英國不信奉國教者或共和政體人的著作中讀到的無論什麼東西都是確有其事的，後兩種人此時處於英國社會的邊緣，但在美洲殖民地上肯定都是接受力強的聽眾。結果，便是美利堅人懷疑不列顛政府所採取的一切行動，覺得暴政無處不在，把「印花稅法」等一類事情也擴大為反對美利堅享有自治特許權的一種陰謀。

圖8-10　艾德蒙・伯克堅持主張世代相傳的政治價值和社會價值，使他成了現代保守主義的開山鼻祖之一。雖然他贊同不列顛應有一個獨立議會，但是，他撰寫過一篇著名文章，抨擊廢除傳統王室特權的法國革命。繼約書亞・雷諾爵士繪製的油畫之後，十八世紀七〇年代的一幅版畫也顯示了他的肖像。（Getty Images）

然而，儘管對議會經常提出批評，英國在十八世紀的眞正趨勢卻是，議會擴大它在帝國實現全面中央集權的權力。不列顛政府如同歐洲大陸上的政府一樣，面臨多少有點相同的問題。在這個世紀中葉爆發的大戰（分為奧地利王位繼承戰爭和七年戰爭兩個階段）所產生的種種問題，所有的政府都得窮於應付。各地的政府所採取的解決辦法都是加強各自的中央集權。我們業已知道，法國政府為了開發新的財源，是如何想法侵占不列塔尼和其他省分的特許權的，又是如何想辦法迫使在法國稱為高等法院的機構就範的。我們也已經知道，哈布斯堡政府也為了增收更多的稅款，是如何壓制帝國內的地方自治政府，又是如何鞏固已格外中央集權化的官僚統治權力。同樣的傾向在不列顛制度上也有所反映。哈布斯堡於一七四九年取消波希米亞的憲制自治特許狀，與一七七四年取消麻薩諸塞的自治特許狀相似。法國國王與不列塔尼或蘭奎多克三級會議的爭執，與不列顛議會和維吉尼亞地方立法會議或紐約地方立法會議的爭執相類似。

蘇格蘭、愛爾蘭、印度

不列顛也得面對比較靠近本土的難題。在奧地利王位繼承戰爭中，蘇格蘭證明是一個弱點之源。蘇格蘭低地人十分忠誠，但蘇格蘭高地人在一七四五年詹姆斯黨人起事中，卻得到法國的援助而起來造反，他們侵入英格蘭，使與法國鏖戰正酣的不列顛政府遭到背後受襲的威脅。高地從未眞正受過任何政府的管轄，甚至一七〇七年與英格蘭合併前的舊蘇格蘭君主制度也從未對它管轄過。和同誰打仗，什麼時候打，男人們都得聽從部落酋長的吩咐。酋長有世襲的司法權，通常對其部落成員有生殺予奪的大權。少數幾個酋長就能夠把整個地區斷送給斯圖亞特家族或法國人。一七四五年以後，不列顛政府著手在高地有效地行使統治權。在那裡長年駐紮軍隊；修築的道路穿過沼澤，翻越峽谷；法庭實施蘇格蘭低地的法律；稅務官員爲大不列顛財政部蒐集資金；酋長喪失他們古老的半封建司法權；舊的土地使用制度瓦解了；向酋長領取土地的辦法終止了；好鬥的高地人被編入英國軍隊中新組成的蘇格蘭高地兵團，受到現代國家整飭其戰鬥部隊的紀律條例的約束。蘇格蘭人有三十年不許穿高地男子的短裙，不許吹風笛。

在愛爾蘭，中央集權的進程更是彳亍而行。愛爾蘭在伯恩河戰役後是如何被制服的，前面已經做過敘述。一六九〇年在愛爾蘭登陸支持詹姆斯二世並被擊敗的軍隊，是一支法國軍隊。英國新的立法安排、漢諾威王位繼承法、新教優勢、愛爾蘭教會與土地問題的解決，以及不列顛商業的興旺繁榮，全都有賴於這個較小島嶼的屈從。當地居民或信奉天主教的愛爾蘭人，大多仍然親法。信奉長老派的愛爾蘭人既不喜歡法國人，也不喜歡羅馬天主教，在情感上又是疏遠英格蘭的。實際上早在美國革命以前的那一代人中，就有大批人移居美洲。在此世紀中葉的歷次戰爭中，愛爾蘭的局勢是平靜的。不列顛議會和美洲各個殖民地開始發生糾葛的時候，長老派愛爾蘭人一般站在美洲殖民地一邊。美國獨立樹起的榜樣，使他們大爲激動。數以千計的人自行組成義勇隊，他們身穿制服，佩帶武器，大動作軍事訓練。他們既要求愛爾蘭議會（比不列顛議會更沒有代表性）進行內部改革，也要求西敏寺中央政府給愛爾蘭議會更大的自治權。

1733～1795年大事年表	
1733年	伏爾泰出版《哲學通信》
1741年	孟德斯鳩出版《論法的精神》
1751～1772年	《百科全書》在巴黎出版
1753年	尙－雅克．盧梭出版《論人類不平等的起源》
1762年	盧梭出版《社會契約論》和《愛彌兒》
1762～1796年	女沙皇凱薩琳大帝以「開明專制」統治俄國
1769年	英國議會出現「改革運動」
1772年	普魯士、奧地利和俄羅斯強行第一次瓜分波蘭
1773年	葉米里揚．普加喬夫領導俄國下層階級造反
1774～1792年	國王路易十六統治法國
1776年	亞當．斯密出版《國富論》
1776～1783年	革命戰爭贏得美國獨立，脫離英國
1780～1790年	皇帝約瑟夫二世在奧地利領導「開明改革」
1784年	英國創建印度管理局來管理英國在印利益
1787年	成文憲法確立美國的新政府
1793、1795年	第二次、第三次瓜分波蘭，毀掉波蘭國家

不列顛政府面對這些要求，害怕法國在美國獨立戰爭期間伺機入侵愛爾蘭，只好稍做讓步，允許增加都柏林的愛爾蘭議會的權力。但是，天主教徒依然被排除在英國議會之外。一七九三年，法國和英國之間又爆發了一場戰爭。在這場戰爭中，許多愛爾蘭人對法國大革命深表同情。天主教徒和長老派終於聯合起來，在全島建立起愛爾蘭統一會的聯絡網。他們尋求法國的援助，而法國人差點使一支相當大的軍隊登陸成功。即使在沒有法國人軍事支援的情況下，愛爾蘭統一會會員仍然在一七九八年起義，誓言要趕走英格蘭人，建立獨立的共和國。不列顛政府平亂後，立即著手進行中央集權，獨立的愛爾蘭王國以及愛爾蘭議會不復存在。自此以後，愛爾蘭人在西敏寺帝國議會上派有代表。一八〇一年《愛爾蘭合併法》體現了這些規定，建立了大不列顛和愛爾蘭聯合王國，一直持續到一九二二年才告終止。

印度的英國機構也越來越感到議會所顯示的力量了。七年戰爭結束之時，孟買、馬德拉斯和加爾各答內外的英國貿易站，彼此都沒有關聯，它們只隸屬於設在倫敦的東印度公司的董事會。對印度土邦的戰爭和政治，公司職員可以恣意干涉。他們不惜採用一切手段中飽私囊，如貪汙、哄騙、恫嚇、強奪、勒索等等。一七七三年，諾思勳爵內閣通過一項管理法，其主要目的不是用來管理印度人，而是用來管理在印度的英國臣民，因爲印度政府都管不了他們。公司只是從事貿易活動，其政治活動必須受議會的監督。根據該法令，所有的英國機構都集攏起來，由一個總督統轄，還在加爾各答設立一個新的最高法院，並且要求公司呈報其涉及政治問題的信函，供國王陛下政府的衆大臣審閱。沃倫・哈斯丁成了英國在印度的第一任總督。他對某些印度土王十分專橫，在孟加拉灣好妒忌的英國人中樹敵十分之多，結果他在英國國內受到譴責與控告，被提交審訊。審訊在上院拖了七年，最後宣判無罪。由於克里夫的干預，英國在印度的權力在十八世紀五〇年代已得到迅猛的擴展。哈斯丁是繼克里夫之後在印度建立英國最高權力的主要創始人。與此同時，一七八四年在不列顛政府內閣中增設了印度事務管理局。從此以後，總督統治著英國在印度日益擴大的勢力範圍，儼然是一個專制君主，然而同時他卻也只是大不列顛政府內閣和議會的代理人而已。

由此可見，不列顛的趨勢是實現中央集權。儘管喬治三世時期的君主主義使人惴惴不安，但是趨勢卻是實現中央集權，把所有不列顛的領地都置於議會權力之下。帝國事務方面正在出現的情況，恰如英國的國內政治一樣，也是在繼續應用一六八九年的原則。一六八九年確立的議會主權，在十八世紀中葉以後的這個時候，要應用到一向受議會影響很小的那些地區了。美利堅人初時奮起造反，矛頭所向，正是對準不列顛議會的。

美國革命

革命的歷史背景

不列顛政府認爲，美利堅人在七年戰爭中的表現很不理想。有幾個殖民地立法機構否決了由富蘭克林起草並得到不列顛官員推薦的阿爾巴尼聯盟方案。戰爭期間，是英國的正規軍和海軍（靠不列顛本土的稅款和貸款支付軍費）把法國人趕出美洲的。英裔美利堅人在戰爭中所做的努力，無論如何也是缺乏組織的。在打敗法國人之後，殖民地居民還得認眞對付內地的印第安人，這些印第安人寧可要法國人的統治，也不要新的英國主人和英國殖民地主人的統治。

許多部落糾合在一起，參加了西部酋長龐蒂阿克率領的起義，往東一直進犯到賓夕法尼亞和維吉尼亞的邊疆，襲擊殖民地和不列顛前哨陣地。殖民地居民又一次證明無法處理這個與自身前途攸關的問題，和平的實現還是歸功聽命於大不列顛的那些官員和軍隊。

不列顛政府設法使殖民地居民爲帝國的開支多承擔一些數目。這些殖民地居民迄今只交地方稅。不錯，他們也應付關稅，收入原則上歸大不顛，但是徵收關稅是爲了實施貿易航海法，指導商業活動的流向，而不是爲了增加財政收入，何況很少有人交納關稅，因爲貿易航海法總是被置之不顧。譬如，美利堅商人習以爲常地從法屬西印度群島違法進口糖，然後竟然往該地輸送鐵製品，違反美利堅人不許生產出口商品的法律。實際上，殖民地居民只交納各自立法會議機構批准的那些稅收，以供地方用途。實際上，美利堅居民在帝國內享有一定程度的免稅權。不列顛議會開始採取行動，目的就是反對這種地方特權。

英國內閣根據一七六四年《稅收法》（「糖法」），一面降低和放寬美洲殖民地的應納關稅，一面著手制定實際而系統的徵稅方案。翌年，內閣試圖把大不列顛本土上的臣民安安分分交納，而在大多數歐洲國家又屬平平常常的一種賦稅擴大到美洲，要求殖民地的英國臣民也同樣繳納。規定所有使用紙張的東西，如報紙、商業單據和法律證件，都必須繳稅，納稅後貼上印花，以資證明。這種印花稅法激起各殖民地猛烈而一致的反對，在商人、律師和編輯這些能說會道的階層中尤甚。因此，印花稅法在一七六六年廢除。一七六七年，議會笨拙地設法尋找出一種可以被美利堅人接受的稅法，驀地制定出「湯森稅法」，規定殖民地進口紙、顏料、鉛和茶都得課稅。這又激起新的抗議，湯森稅法於是被迫取消，但仍保留茶葉關稅，藉以象徵議會對帝國內所有人擁有課稅權。

殖民地居民業已證明執拗得很，政府倒是相當圓通，然而卻缺乏建設性思想。美利堅人爭辯說，他們在議會無代表權，因而議會無權向他們課稅。英國人回答說，議會代表大不列顛，同樣也代表美利堅。而且，還提出這樣的論據：如果費城沒有向下院派送實際遴選出來的代表，英國的曼徹斯特也沒有，但是，兩地都享有「實質上的代表權」，因爲下院議員絕不會僅僅代表地方選民說話，而是使自己代表整個帝國的利益說話。對此，許多美利堅人反駁，如果曼徹斯特沒有「眞正」的代表，那它就應該有。這個觀點，當然也是英國改革者心存的信條。與此同時，在取消印花稅法和湯森稅法以後，嚴峻的盎格魯—美利堅問題有所平息。雙方仍未徹底闡明自己的原則立場，但是，美利堅人實際上一直抵制重大的徵稅，而議會則一直採取克制態度，沒有嚴厲地使用權力。

一七七三年發生了一個大事件，破壞了平靜的局面。對變得更加不滿的美利堅人來說，這個事件證明：主要政策都要取決於大西洋彼岸的一個全球經濟制度，實有種種不利因素。東印度公司處境困難。它有大量剩餘的中國茶待售，總之，它要求得到新的商業特權，以補償由於一七七三年管理法而喪失在印度的政治特權。過去，公司必須到倫敦公開拍賣貨物，其他商人再從倫敦分頭銷售。此時，一七七三年，議會給予公司特權，它可以通過美洲的公司代理人，把茶葉直接賣給美利堅商人。茶葉是當時商業資本主義中的一筆大宗買賣，這樣一來，殖民地消費者也許會少付些茶錢，但美利堅的經紀商人可就得靠邊站了。於是，美利堅所有港口都抵制東印度公司的茶葉。在波士頓，爲了防止該公司的茶葉強行搬上岸，有一群喬裝打扮的人闖到茶船上，把一箱箱茶葉倒入港口的海水裡。對於這種破壞他人財產的行爲，不列顛政府採取了遠遠超過其應得的懲治措施。它下令「封閉」波士頓港。於是，波士頓市面臨了經濟崩潰的威脅。事實上，不列顛政府還取消了麻薩諸塞的自治特許狀，禁止舉行地方選舉和市鎮集會。

與此同時，在一七七四年，顯然巧合的是，議會頒布了《魁北克法令》。此法令是英國在多難之秋制定的最英明的立法，其中規定新近被征服的加拿大法國人成立一個政府，給予他們享受法國民法和信奉天主教的保障，從而爲即將建立的「大不列顛帝國」奠定了基礎。但該法令給魁北克確定的邊界有點和法國人自己本想確定的相仿，即俄亥俄河以北的全部領土全都包括在內，也就

圖8-11　以撒・史密斯夫人

作者：約翰・辛格爾頓・科普利（美國人，後入英國籍，一七三七～一八一五年）

史密斯夫人是波士頓一個商人的妻子。美國革命和法國革命的領導人中，有許多是來自資產階級家庭。史密斯夫人代表了這種家庭環境的特徵。總的來看，這是個殷實、舒適、刻苦工作的環境。史密斯夫人的衣著和周圍的事物，雖沒有格拉罕夫人畫像所刻劃的那樣雅致，仍可表明她在新英格蘭社會上的高貴地位。科普利不喜歡美國日益高漲的革命激情，一七七四年永久移居英國。〔Yale University Art Gallery, Gift of Maitland Fuller Griggs, B.A. 1869, LHD 1938 (1941.74), (detail)〕

是現在的威斯康辛州、密西根州、伊利諾州、印第安那州和俄亥俄州。這樣定界，不列顛立法者認爲完全合情合理，因爲這個地區爲數不多的歐洲白人都是法國人，同時因爲在開鑿運河和建造鐵路以前的年代，要到這整個地區來，必得繞道聖羅倫斯河流域和大湖區。但對美利堅人來說，魁北克法令是一種親法、親天主教的暴行，而且，正當舊殖民地的陪審團權力和立法會議權力受到威脅的時候，魁北克法令卻完全不提北方新殖民地的這些代表機構，也眞是令人感到不安。人們把魁北克法令與封閉一個美洲殖民地港口和破壞麻薩諸塞政府的事情混在一起，從而認爲那是「不可容忍的法令」之一，必須抵制。

於是，議會權力和集中規劃的含意，此時確實昭然若揭了。這不再僅僅是納稅的事情而已。一個政府既要考慮東印度公司，要考慮法裔加拿大人，又要考慮不列顛的納稅人，那麼這個政府就算比一七七四年的諾思勳爵內閣更爲深謀遠慮、更爲開明，也許都無法同時使十三個沿海殖民地的美利堅人感到滿意。這些美利堅人，自從一七六三年以來就不再害怕法蘭西帝國，他們更不願意爲了留在不列顛帝國裡受保護或受控制而放棄自己的利益。不列顛的政策，在沿海的城鎮裡，在邊遠的森林地帶，在富有的土地投機者和貧困的邊疆開拓者之間，在商人和依靠商人生意維持生計的工人之間，全都引起了反感。人們在議論著美利堅人自由決定自己政治生命的課題。不過，在一七七四年，乃至後來一段時間，對倡導獨立思想有所準備的人卻寥寥無幾。

美國獨立戰爭

在那些「不可容忍的法令」頒布之後，各個殖民地的自治團體紛紛聚會，派遣代表出席在費城召開的「大陸會議」。會議制定了一項關於抵制英貨的決議，由各地抵制組織者強使不願意合作的美國人加以執行。翌年，即一七七五年，波士頓英軍指揮官派軍隊前往康科德搜查未經批准的軍需庫，於是戰鬥便由此開始。當英軍走到萊克辛頓的時候，和游擊隊或民兵碰面了，這時不知是誰打響了「響徹全球的槍聲」。數星期之後，召開了第二次大陸會議，決定組織一支美利堅軍隊，任命喬治・華盛頓爲軍隊總司令，並派遣一支遠征隊迫使魁北克參加革命聯盟，又主動向波旁王朝法國做出有意磋商的表示。

大陸會議仍不願意斷絕與英國的關係。但是，戰鬥的結果使感情日益激化。激進派使穩健派相信，此時的抉擇不是獨立，就是受奴役，二者必居其一。法國對不列顛臣民的和解自然不感興趣，要是美洲殖民地反叛者公開宣稱的目的是肢解大英帝國的話，看來法國是會給予支援的。一七七六年一月，湯瑪斯・潘恩出版了他的著作《常識》。這本書使他初露鋒芒，成爲一個國際革命者；後來他在法國革命中赫赫有名，並曾致力於英國的革命。他從英格蘭來到美利堅還不到兩年；他痛恨英國社會，因爲那個社會很不公正。《常識》雄辯有力，潑辣犀利，把美洲殖民地的獨立與爭取全人類自由的事業相提並論。它以「大不列顛皇家畜生」的資格，促使自由與暴政相鬥。潘恩說：「認爲大陸能長期屈服於任何外來的權力，那是不近情理的。……認爲一個大陸將永遠爲一座小島所統治，那眞是荒唐的事。」《常識》風靡各個殖民地，各地人們爭相閱讀。它的尖銳論點無疑傳播了一種脫離「舊世界」的自豪感。這樣的觀點在大陸會議上也得到廣泛支持。湯瑪斯·傑佛遜和其他特別委員會成員開始爲大陸會議起草一份文件，從理論和歷史角度上論證美利堅脫離不列顛是正當之舉。跟潘恩一樣，文件起草人把他們特別的不滿與啓蒙學者爭取普世人權的廣泛要求做連結，從而給這場發生在不列顛十八世紀遙遠帝國中幾乎只有零星移民的殖民地武裝反叛賦予最爲恢弘的意義。一七七六年七月四日，大陸會議通過《獨立宣言》，據此，美國以獨立平等的地位置身於世界國家之林。

美國獨立戰爭隨即變成歐洲另一次爭霸的紛爭。兩年多來，法國政府表面上始終不加干涉，但同時卻通過一個特別設立的商行，把軍火源源不斷地運進各個殖民地。在薩拉度加戰役，美利堅人所使用的武器有十分之九來自法國。美利堅人在這次戰役中打贏之後，法國政府於一七七八年斷定，這些起義者提供了不錯的政治冒險機會，從而承認他們，與他們締結同盟，並向英國宣戰。不久，西班牙也隨之仿效，希望把英國人趕出直布羅陀。它斷定：英國在北美的霸權若失而復得，將比獨立的美利堅共和國所樹起的煩人榜樣更能威脅西班牙的海外帝國。荷蘭人也被扯進這場戰爭，因爲他們通過荷蘭西印度公司這個主要管道，跟美利堅人開展貿易。其他國家，如俄國、瑞典、丹麥、普魯士、葡萄牙和土耳其，對英國在戰時實行封鎖和使用制海權大爲光火，遂組成「武裝中立聯盟」，保護它們的商業貿易，衝破英國艦隊的控制。法國人在自己的海上力量得到恢復的短時期內，趕緊派遣一支六千人的遠征軍，在羅德島登陸。因爲美利堅人也遭受與一切革命密不可分的內部分歧之苦，而且，不管怎麼說，他們仍無法有效治理自己，在徵募軍隊和籌集資金這兩個老問題上都遇到重重困難，所以正是一團團法國軍隊的參戰，以及在一支支法國艦隊的配合下，才有可能打敗大英帝國的武裝力量，從而促使英國政府承認美國的獨立。根據一七八三年的和約，雖然英國仍占有紐約和薩凡納，雖然與美國人友好的國家不久就會劃地爲界，把美國人限制在大山東麓，然而這個新興的共和國占有的領土往西仍舊延伸到密西西比河。加拿大仍留在大不列顛裡面。有六萬多效忠於大不列顛的美國難民逃到加拿大定居，加拿大因而接納了一批說英語的人口。

美國革命的意義

美利堅的動亂是一場獨立戰爭，也是一場革命。爭取自由、反對大不列顛的吶喊聲響徹各個殖民地。《獨立宣言》不僅是一項脫離帝國的公告，還是一份對既定權力造反有理的聲明。奇怪的是，雖然美利堅人一直埋怨的是議會，但宣言指責的不是別人，倒是國王。理由之一是，大陸會議不承認議會的權力，只有譴責英國王室，才有可能脫離大不列顛。另一個理由是，「暴君」的吶喊更得人心，更膾炙人口。宣言大膽陳述了這個時代「天賦人權」的哲學思想，說「所有人生而平等，他們被造物主賦予某些不可轉讓的權利，其中包括生存、自由、追求幸福的權利」，認爲這些都是「不言而喻的」，即一切有理智的人都會明白的。這些扣人心弦的詞句，迅速地在美國境內流傳，並且也傳往世界其他地方。

民主平等在新興的各州都取得多方面的進展。但是，民主平等的範圍極其

圖8-12　一七七五年四月，發生在麻薩諸塞的短暫暴力衝突，引發了美國革命漫長的武裝鬥爭。此圖片顯示萊克星頓村的當地民兵與一支英國派遣軍交火。這支英軍是從波士頓派來搜查美國反叛者在此地區囤集的軍火。（Photo from the collection of the Lexington, Massachusetts, Historical Society）

有限，說實在的，長期以來只適用於歐洲裔男性白人。一百多年以後，婦女才得到選舉權。美國印第安人相對來說人數不多，然而在革命期間，黑人人數卻占總人口五分之一左右。的確，奴隸制使許多革命時代的美國白人大爲苦惱。獨立後，麻薩諸塞州立即取消奴隸制；馬里蘭以北各州相繼採取措施，逐步廢除奴隸制。但是，不分種族，不分性別，一律應用自由平等的原則，即使在當時最開明的白種美國人中也是辦不到的，因爲這遠遠超過他們在政治上和文化上可承受的程度。在南部，一七九〇～一八五〇年的各次人口調查表明，三分之一的人口是奴隸；在北部，自由黑人發現，他們事實上、而且常常在法律上被禁止參加選舉，不能受到足夠的教育，不能獲得日益擴大的各種機會，而這些機會正是美國白種人視爲他們民族生活優越於歐洲的本質所在。

對白種男人來說，革命在許多方面都收到了民主化的成效。領導這場反英運動的律師、地主和商人，需要很多人支援，爲了達此目的，他們甘願向下層階級許願，做出讓步。不然，各種平民，即工人、技工、農民和邊疆居民（他們通常都是宗教上的持異議者），就會用暴力或恫嚇來攫取讓步。如同所有的革命一樣，暴力行爲迭起不斷，新興各州沒收稱爲托利黨人的反革命份子的財產，其中一些反革命分子還被盛怒的暴民全身塗滿黑焦油，黏上羽毛。由於解散舊的殖民地政府，一切政治問題都公諸於衆了。在一些州中，有更多人獲得選舉資格。在一些州中，除了一如殖民地時代那樣，立法下院通過選舉產生之外，州長和參議員此時也經由民衆選舉產生。還採用了歐洲各議會機構沒有聽說過的原則：每個立法議會議員所代表的公民人數，應該大體相同。長子繼承權和限定繼承權[6]曾不時在渴望過貴族生活的地主家族中流行，此時在民主派和小業主的要求下被廢除了。什一稅也廢止了。南方的聖公會、新英格蘭地區的公理會這些法定教會，在不同程度上喪失了它們的特權地位。但是，這場革命的社會意義卻沒有行將到來的法國革命或一九一七年的俄國革命那樣深遠。不錯，財產易手，然而財產法只做了細節上的修訂。英屬美洲向來連一個當地的貴族，乃至一個主教這樣的人物也沒有；牧師和貴族在美利堅社會中遠遠不如在歐洲社會中那樣盤根錯節，因而爲反對他們所帶來的破壞性，實際上也就少了些。

美國革命的主要意義是在政治方面，嚴格說來甚至是在憲法方面。美國革命的領導人，他們本身都是啓蒙時代的代表人物，完全具有這個時代的人道精神和世俗精神。但是，唯一影響他們的非英國裔思想家，也許是孟德斯鳩，而孟德斯鳩之所以聞名遐邇，在於他對英國制度做過哲理性的探討。美利堅人從約翰·洛克著作中汲取了大量的養分，然而他們思想的雛形可以追溯到洛克之前，一直到十七世紀上半葉的英國清教徒運動。他們的思想得以形成，不僅是因爲有洛克關於人性和政府的看法，而且還有如在前面闡述過的在英國從未完全泯滅的離經背道的文獻和新共和政體論者的著作。在美利堅，已經有五代人連續生活下來，這使得人們越發堅持關於人的自由和平等的老主張。當與不列顛的爭執達到劍拔弩張的時候，美利堅人發現自己既爲英國人的歷史悠久和特許的權利辯護，同時也爲永恆而普世的人權辯護；他們維護這兩種權利，把它們當做阻止議會權力猝然侵犯的路障。美利堅人後來比任何其他民族都更加堅信，政府掌握的權力應有所限制，它只能按照確定的成文憲法的條款行事。

十三個新興的州都刻不容緩地爲自己制定了成文憲法（康乃狄克州和羅德島州只是重申舊的特許狀）。實際上，所有的憲法都把相同的原則奉爲神聖，所有的憲法都遵循偉大的《獨立宣言》所陳述的思想：維護政府建立於人民之中的「不可轉讓的」權利；政府一旦妨害這種目的，人民就有權爲了自己的安全和幸福而「建立新的政府」。所有的憲法都同意用行政權、立法權和司法權這三種權力分立的方法來制約政府。所有的憲法都有關於人權的補充條款，闡明公民的天賦權利和任何政府也許都無法公正辦到的事情。然而這些憲法中，還沒有哪一部是完全民主的，甚至最開明的憲法在公共事務上也都給予有產者某些好處。

聯邦制，即中央政府與地方政府之間的權力分配，以及成文憲法的思想，是美國人奉獻給世界的主要禮物。聯邦制像憲法一樣，也是在反對中央集權的氣氛中發展起來的。美國人制定這一思想頗費工夫，因爲新興各州都奉行曾經弄得英國人煩惱不堪的老分裂主義。直到一七八九年之前，各州才憑《邦聯條例》[7]維繫在一起。那時，合衆國是一個由十三個獨立共和國組成的聯盟。這個結構的缺點變得日益明顯。於是，一七八七年在費城召開制憲會議，擬定了一部憲法，這部憲法是迄今世界上仍然有效的最古老的成文政府契約。依據這部憲法，合衆國不僅僅是一個衆國聯盟，而且還是一個聯邦，生活在聯邦裡的個人，出於某些目的，是美利堅合衆國的公民，而出於其他目的，又是各自州裡的公民。可見，構成聯邦共和國的，首先是人，而不是州；合衆國的法律不僅對各州有效力，而且對其人民都有效力。

美國革命的重要性，不管怎樣評價，都不會過分。美國戰爭使法國國庫淪於破產，這是導致法國革命的一個直接原因。此外，它開創了自由或民主革命叱吒風雲的時代。這個時代一直延續到一八四八年的歐洲革命。美國學說像啓蒙時代的大多思想一樣，也是用「人」和「自然」這樣普普通通的字眼來表達的。一切民族，不管其民族歷史如何，都可應用這一學說，正如亞歷山大·漢彌爾頓[8]年輕時說過的：因爲「神聖的人權絕不會在古老的羊皮紙上或發霉的文件堆裡找到。人權是上帝親手蘸寫在人性這整部巨著之上的，宛如用陽光寫就似的，金光熠熠，凡世權力永遠無法抹掉，也無法使之失色。」美國人在使自己爭得自由這一方面，做了所有人應該做的事情。

這場美洲的叛亂對舊的殖民制度做了一次戲劇性的評價，使英國和其他各地的一些人認識到，他們長期爲之奮鬥的帝國簡直不值一顧，因爲用杜果的話說，各個殖民地總有一天會「瓜熟蒂落地」離開母國。既然英美之間的貿易繼續保持繁榮，因而同一個國家做生意而毋需施加政治影響或加以控制的這種思想便四外流傳開去。這一思想成了行將到來的經濟自由主義和自由貿易運動的基本原則。說也湊巧，在一七七六這一年，亞當・斯密在英國出版了《國富論》一書，這部著作成了自由貿易的福音。美國成爲那些希望擺脫殖民地地位的民族所效法的榜樣——最先效法的是拉丁美洲的民族，繼而是英國較古老的領地上的民族，最後到二十世紀，則是亞洲和非洲的民族。在歐洲，美國的榜樣激發了受壓迫各民族渴求自由的那種民族主義思想。而且，革命在美國國內也大大有助於確立一種精神與方式，憑藉這種精神與方式，這個新國家後來擴展到橫跨北美大陸，同時還確立起一系列思想，當美國在一百五十年後成爲一個最主要的大國之後，便是憑藉這些思想來解釋和論證它在現代世界中謀取本國利益的行動。

COMMON SENSE;
ADDRESSED TO THE
INHABITANTS
OF
AMERICA,
On the following interesting
SUBJECTS.

I. Of the Origin and Design of Government in general, with concise Remarks on the English Constitution.

II. Of Monarchy and Hereditary Succession.

III. Thoughts on the present State of American Affairs.

IV. Of the present Ability of America, with some miscellaneous Reflections.

A NEW EDITION, with several Additions in the Body of the Work. To which is added an APPENDIX; together with an Address to the People called QUAKERS.

N. B. The New Addition here given increases the Work upwards of one Third.

Man knows no Master save creating HEAVEN,
Or those whom Choice and common Good ordain.
THOMSON.

PHILADELPHIA PRINTED.
And SOLD by W. and T. BRADFORD. [1776]
Wrote by one Thomas Payne in the Year 1776.

圖8-13　湯瑪斯・潘恩（一七三七～一八〇九年）一七七四年抵達費城前，一直住在英國。兩年後，武裝衝突開始，他匿名出版了他寫的《常識》。此書廣為人們閱讀，有助於說服美利堅人拿起武器，為脫離英國、贏得徹底獨立而戰。（Library of Congress）

更爲直接的結果是，許多在戰爭期間和戰爭之後旅居新興各州的歐洲人，也並非沒有受到美國榜樣的影響。其中最著名的是拉法耶特侯爵，此外還有其他知名人士，如一七八七年返回歐洲的湯瑪斯・潘恩，後來法國的革命家布里索，後來波蘭的民族領袖科西阿斯柯，後來拿破崙的兩位元帥儒爾當和貝蒂埃，未來普魯士軍隊的改革家格內森瑙。相反的，也有各種各樣的美國人赴歐，其中著名的有年邁的班傑明・富蘭克林，他在十八世紀八〇年代被捧爲巴黎上流社會和文化界的名流，眞是不可思議！

歐洲把合衆國的建立視爲明證：啓蒙時代的許多思想都是切實可行的。唯理論者宣稱，這裡就是一個擺脫往昔謬誤與迷信的民族，他們顯示出開明的人如何能夠籌劃他們自己的事務。盧梭主義者把美國看做是天然平等、潔白無瑕和愛國美德的眞正樂園。但是歐洲人，特別是法國人印象最深刻的，莫過於美國人莊嚴地舉行祕密會議，草擬他們各州憲法的那種動人情景。一七七八年，有個法國貴族羅什富科公爵，翻譯出版了這些憲法以及《獨立宣言》。對這些文獻，人們議論不休，情緒激昂。立憲主義、聯邦主義和受制約的政府，這些

圖8-14　獨立宣言

作者：約翰・特朗布爾（美國人，一七五六～一八四三年）

特朗布爾的畫顯示了起草委員會向大陸會議呈交美國《獨立宣言》。富蘭克林、亞當斯跟委員們雖都是站著的，然而正是湯瑪斯・傑佛遜在呈交此份文件。特朗布爾於十七世紀八〇年代末繪製此畫時，在巴黎經常與傑佛遜見面，此畫表達了傑佛遜派對所畫的事件的看法。〔Yale University Art Gallery, Trumbull Collection (1832.3)〕

在歐洲倒不是新穎的思想，它們溯自中世紀，此時在許多地方都有所表現，譬如在匈牙利、神聖羅馬帝國以及巴黎高等法院，但是看它們的流行形式，乃至在孟德斯鳩的哲學中，都是把這些思想與封建主義和貴族統治連在一起的。美國革命使這些思想變成進步的思想。美國的影響，爲歐洲的發展勢力增添了力量，使啓蒙時代後期的思想變得更加民主。合衆國取代英國，成爲先進思想家的模範國家。在歐洲大陸上，人們不那麼消極地信任開明的專制制度了。人們對於自治政府開始產生了信心。

美國各州的憲法似乎是社會契約的一種證明。他們展現出人處於「自然狀態」的畫面：摒棄了他們舊的政府，審慎地坐下來設計新的政府，權衡、判斷每個政府部門的利弊得失，對立法部門、行政部門、司法部門分別給予適當的權力，斷言所有政府都是人民創造的，政府所掌握的只是代表權力而已，並且特別列舉出不可轉讓的人權——不可轉讓，在於它們不論怎樣都無法被剝奪，因爲即使用暴力加以否認，人仍然擁有這些權力。而這些權力正是許多歐洲人希望得到的那些相同的權利——宗教自由、出版自由、集會自由、免受官員恣意逮捕的自由。而且，這些權利全都以法律面前人人平等的嚴格原則爲依據。美國的榜樣使在歐洲有力地傳播開來的思想明朗化和形象化了。而且，美國的榜樣是法國人於一七八九年一開始革命就發表人權宣言、草擬成文憲法的理由之一。

還有更深一層的意義就是，對於歐洲來說，美國成了一種海市蜃樓或思想的幻景，成了一個機會無限和不斷開創的國土，沒有歷史和往昔的負擔。歌德曾經若有所思地對美國稱道說：

美利堅，你的那個大陸
勝過我們的這個舊大陸

顯然，這只是幻景的一角而已。正如以後歷史所表明的，美國肩負著沿襲下來的重擔和懸而未決的一些問題，特別是蓄奴制和無處不在的種族歧視。但總的說來，直到一百年以後，在爆發新的革命和激進的社會運動之前，美國兀然挺立，成爲黎民百姓的理想機會之國，不僅對數百萬的入境移民來說是如此，就是仍然留在本國的數以百萬計的人也有同樣的認識，他們常常祈願自己的國家會變得更像美國，他們當中還有許多人甚至會贊同亞伯拉罕・林肯的說法，把美國稱爲地球上最後、最好的希望。

第九章

法國革命

一七八九年，法國進入革命狀態，世界上從未發生過同樣的革命。法國革命是整個革命時代變革最爲激烈的一場革命。它以「現代社會」取代了「舊制度」，在革命最激烈的階段，一切顯得非常激進，以致此後的革命運動都將這場革命視爲自己的先驅。法國革命思想遠遠地傳播到法國以外，它決定性地影響了歐洲大部分和世界各處的政黨與意識形態衝突的隨後發展。革命還引起對社會改革、政治激進主義和革命暴力的性質與後果的激烈爭論。當時，在十八世紀六〇年代到一八四八年的民主時期，或大西洋革命時期，法國的作用是決定性的。甚至美國人，如果沒有法國的軍事干涉，也難以從英國贏得那樣明確的解決辦法，也就是說，可以那般自由地建立我們在前一章剛闡述過的新國家和新憲法。儘管在愛爾蘭和波蘭的革命動亂中，或在荷蘭人、義大利人和其他國家人民的革命騷動中，並不是因法國的榜樣而引起的，但有無法國的援助，通常決定了他們能取得多大的成就。

法國革命和二十世紀的俄國革命或中國革命不同，它發生於當時在許多方面都是最先進的國家裡。法國是知識分子啓蒙運動的中心。當時法國科學在世界居於最前列。法國的書籍在各地傳閱，而一七八九年後數量很大的報紙和政治刊物傳播著簡直毋需解釋的音訊。在許多國家受過教育的貴族階層中，法語成了一種國際通用語。一七八九年前，法國還是歐洲潛在的最強大的國家，而一七九三年後則成了歐洲實際上最強大的國家。如不按照人口計算，法國可能是最富有的國家。擁有兩千四百萬人口的法國是所有單一政府統治下的歐洲國家中人口最多的國家。即使俄國，直至瓜分波蘭以後，人口也不比法國稠密。德意志人被分裂了，哈布斯堡的臣民由各種各樣民族組成，而英國和蘇格蘭加在一起的人口也只有一千萬。巴黎雖然比倫敦略小，但比維也納或阿姆斯特丹都大一倍多。法國向歐洲的出口比大不列顛向歐洲的出口大。據說在歐洲流通的金幣，有一半在法國。十八世紀歐洲人習慣從法國汲取思想，因此當革命在法國爆發時，歐洲人按照各自不同的地位，有的更爲興奮，有的受到激勵，有的則感到驚慌不安或恐怖萬狀。

背景

舊制度：三個等級

關於舊制度（它消失後，被稱爲革命前的社會），以及關於法國開明專制主義未能在國內產生任何重大的改變，我們在前面曾經做過一些闡述。舊制度的本質就在於它仍然是合法的貴族政治制度和某種程度的封建制度。每個人都法定地從屬於社會的一個「等級」或「階層」。第一等級是教士，第二等級是貴族，而第三等級則包括其餘的廣大階層，從最富有的商業階層和專業人員，直到最窮困的農民和城市工人。這種區分之所以重要，是因爲個人的合法權利和個人威信都依據他和她所從屬的類別而定。在政治上，各等級正逐漸被廢棄：從一六一四年起，各等級已不再聚集於全國三級會議中開會，雖然在某些省分它們還繼續做爲省級機構照常開會。在社會上，各等級也正逐漸被廢棄，因爲在法國人民之中，勢力、影響、財產和生產活動的實際分配情況，已經不再與三大類有關。

教會的狀況和教士的地位，幾乎一直被過分誇大爲法國革命的起因。法國教會向所有農產品徵收什一稅，但英國的教會也同樣如此；法國主教通常在政府事務中起部分作用，而英國的主教通過上院也在政府事務中起部分作用。四十年後的調查發現，一七八九年的法國主教區實際上並不比英國教會的主教區富有。在啓蒙時代的世俗氣氛下，教士，特別是修士會的實際人數有很大程度的下降，以致到一七八九年時，總人口中各類天主教教士人數大概不超過十萬人。然而，即使教士的重要性經常被過分強調，仍必須指出，教會已深深捲入當時盛行的社會體系之中。首先，教會的各種機構，如主教管區、修道院、女修道院、學校和其他宗教團體，擁有該國土地的百分之五至十，這意味著教會做爲一個集體，是所有地主中最大的地主。可是，來自教會財產的收入，與所有的收入一樣，分配極不平等，大部分收入都落入擔任教會高級職位的貴族式人物的手中。

貴族階層自一七一五年路易十四逝世後已經有了很大的恢復，至一七八九年，包括婦女和兒童在內，約有四十萬人。重要的政府部門、高級教會職位、軍隊、議會，以及許多其他公衆事務與半公衆事務的榮譽，幾乎全被路易十六（一七七四年登位）時期有貴族頭銜的人所壟斷。貴族屢次通過高等法院、省等級會議，或由貴族、主教控制的教士大會，阻撓王室的徵稅計畫，顯示其控制國家政策的欲望。而同一時期，資產階級，即第三等級中的上流階層已擁有很大的勢力。雖然「資產階級」是一個難以定性的社會類別（一些歷史學家確實主張「資產階級」可歸類爲一個從未有過眞正身分的階級），但法國商人、律師和其他專業團體的人數，在十八世紀期間明顯地增加了。一七一三～一七八九年期間，法國對外貿易增長五倍，表明商人階級和與之有聯繫的法律界人士以及行政管理人士都有了發展。當資產階級成員變得更加有力，其知識更爲廣泛，並且更加充滿自信時，他們對貴族所享有的特權就感到憤懣了。有些特權是屬於財政方面的，如貴族原則上被豁免了最重要的直接稅——人頭稅，而資產階級是花了大勁才爭取到免稅的。不過由於許多資產階級都已享有免稅特權，所以在他們心理上，純粹從金錢角度考慮自身利益已不是主要的了。資產階級對貴族的優越和傲慢感到不滿。以前習慣上受到尊敬的東西，現在則被認爲是恥辱。資產階級認爲自己實際上已被排除於高官顯爵之外，而且貴族做爲一個階級，還在謀求政府中更大的權力。革命是兩個活動階級——上升的貴族和新興的資產階級之間，社會與政治上的衝突。

圖9-1　此圖顯示了十八世紀六〇年代法國農民如何在田野備耕和播種，本畫刊印於一本法國書籍之上。農業體系決定財產權、社會等級制，同時也決定了法國城市中食品供應狀況，所有上述方面產生的不滿和擔憂都對即將來臨的法國革命發生影響。（Ann Ronan Picture Library/HIP/The Image Works）

第三等級中處於商人階層和專業人員之下的普通人民，大概像一般國家的人民一樣，境況尙屬良好。然而，他們沒有上層階級富裕，工資收入者在商業繁榮高潮中完全沒有分享到利益。在十八世紀三〇至八〇年代期間，消費品價格上漲約百分之六十五，而工資僅增加百分之二十二。所以依賴工資過活的人們感到壓力沉重，但是，他們的人數要比今天少得多，因爲在農村有許多小農，在城鎮有許多小手工工匠，他們都不是依靠工資而是依靠按照市場價格出售自己的勞動產品過活。當時在城鄉都存在著値得注意的依賴工資生活的人口，他們在革命中具有決定性的作用。

舊制度下的土地制度

五分之四以上的人民在農村。土地制度在法國得到發展，因而自然不存在像東歐那樣的農奴制度。農民沒有爲領主服勞役的義務，某些情況下極少量象徵性的勞動除外。農民不是在他們自己的土地上，就是在租來的土地上爲自己勞動，他們或者是分成佃農，或者受僱於領主或其他農民。

然而，采邑仍然保留了封建時代某些殘餘的特徵。貴族采邑主享有「狩獵權」，即保有在自己土地和農民土地上禁獵和狩獵的特權。他們通常壟斷了村舍的磨坊、麵包鋪以及葡萄壓榨機，還就這些收取使用費，稱之爲「專利費」。他們擁有采邑法庭的某些殘餘司法權力和一定的地方員警權力，並從中收取費用和罰金。這些封建領主特權無疑是過去時代的遺風，那時，地方采邑是一級政府，貴族則執行政府的職能。隨著現代國家中央集權的發展，那個時代已經過去很久了。

舊制度下的財產制度還有另一個特殊點。每一個采邑主（有些資產階級，甚至有錢的農民也購買了采邑）對位於采邑村莊內的全部土地擁有所謂的「財產徵用權」。這就意味著「擁有」土地的小地主可以在采邑內部自由購買、出售、租借、遺贈或繼承土地，但他們必須承認采邑主的「財產徵用權」，每年要向他交納一定數量的租金，如因出售或死亡而變更土地所有者，要付轉移費。在承認這些「財產徵用權」的情況下，土地所有權發展得相當普遍。農民直接擁有全國土地的五分之二，資產階級擁有五分之一弱，貴族可能擁有五分之一強，教會則擁有十分之一弱，其餘是王室土地、荒地或公共土地。最後必須指出，所有的財產權利還要服從某些「集體」權利，村民據此可以在公共土地上砍柴或養豬，也可以在收穫後的他人土地上放養牲口，通常土地是沒有籬笆和圍欄的。

這一切看來似乎頗爲複雜，但是重要的在於了解財產是一種不斷變化著的制度。甚至今天，在工業化國家，全部財產中有很大一部分是在土地上，包括地面和地下的自然資源。在十八世紀，財產要比今天更加意味著就是土地。資產階級即使其財產大部分在船舶、商品和商業證券上，卻也大量投資於土地；而一七八九年在法國，資產階級擁有的土地幾乎與貴族一樣多，並且超過教會。革命在於通過使土地私有制擺脫采邑收費、財產徵用權、村社農業習俗和教會什一稅等各種間接障礙，從而使財產法律革命化。革命還廢除了其他諸如公職財產和行會行東財產等舊的財產形式，這些主要是對享有特權的排外集團有利。總之，革命建立起現代意義的各種私有財產制度，從而特別有利於擁有土地的農民和資產階級。

農民不僅擁有五分之二的土地，而且幾乎占用了全部土地，他們主動經營土地，承擔風險。這就是說，土地分別由貴族、教會、資產階級和王室占有，一小塊一小塊地出租給農民。法國一直是一個小農國家，沒有像英國、東歐或美洲種植園那樣的「大農業」。領主不行使經濟職能，他們（當然也有例外）不是依靠經營莊園和出售自己所有的作物和牲畜生活的，而是依靠接受無數的封建權益和酬金生活的。在十八世紀，與貴族普遍復興有關，在法國發生了通常稱之爲「封建反動」的現象。領主面臨生活費用上漲，同時由於物質上的普遍進步而又意欲取得更高的生活水準，因此就更苛刻地徵收封建權益或恢復早已廢除的封建權益。租佃和分成的條件也變得不利於農民。農民像雇傭勞動者一樣，處於不斷加大的壓力之下。同時，農民對「封建權益」比以往更爲不滿，因爲他們在許多方面把自己看做是土地的眞正主人，而領主僅是鄰居紳士，沒有理由享有與他們不同的特別收入和身分。問題在於，財產制度在許多方面已不再與眞正的經濟效益和經濟活動發生任何聯繫。

由君主國在幾個世紀內所形成的法蘭西政治統一，同樣也是革命的基本前提，甚至是革命的起因。無論存在什麼樣的社會條件，只要在政治上統一爲一個國家的國度裡，這些條件就能促成全國性的輿論、全國性的鼓動、全國性的政策和全國性的立法。中歐缺乏這些條件，而在法國，存在著一個集中的法蘭西國家。改革家毋需創建這個國家，而只要統治它，改造它。十八世紀的法國人已具有做爲一個稱之爲法國的政治統一體成員的意識。革命大大激發了這種成員意識和博愛意識，使這種意識轉化成對公民身分、民權、投票權的渴望，並且急於想運用國家和國家主權來爲公共利益服務。在革命突然爆發時，人們相互以公民致意，高呼國家萬歲。

一七七〇年以後的政治文化與公共輿論

由於十八世紀作家創造了一種鼓勵政治和文化批判的文化，存在於法國雄心勃勃的市民和農村農民之間的社會與經濟不滿，最終在一場革命動亂中得以爆發出來。第三等級中受過教育的人士能利用啓蒙運動的有關理性、自然權利和歷史進步等概念，來抱怨古代特權的不合理和貴族特權的不公正。啓蒙運動爲人們提供一種語言，使之可用來描繪他們的憤懣，這些憤懣是針對那些阻撓他們經濟和職業進一步發展的障礙的。

一直存在著關於法國哲學家的著名著作是否直接導致一七八九年革命事件的爭辯。評論家解釋說，它是伏爾泰的「錯誤」，它是盧梭的「錯誤」。衆多支持革命的人都認爲這些著作是他們智慧的源泉，所以法國革命的歷史總是透過複雜的方法與啓蒙運動的遺產聯繫在一起的。然而，大多數歷史學家現在認爲，哲學家與革命之間的聯繫絕非人們一度想像的那樣直接。哲學家自己支持社會啓蒙改革，但他們不是革命家；除了盧梭，他們都很少倡議低層階級的政治權利。他們最重要的出版物，包括著名的《百科全書》，吸引的讀者中，貴族要比中產階級多。政治理論沒有小說和社會諷刺作品流行。例如，盧梭的《新愛洛伊絲》，讀者多得驚人，但極少人讀他的《社會契約論》。因此，用偉大啓蒙學家「引起」法國革命的觀點，來解釋發生的事情是不恰當的（如同主張資產階級經濟利益「引起」革命的說法，同樣是不恰當的）。然而，啓蒙運動對評論、公共辯論和「公共輿論」的新形式的確有極大的貢獻，其中多數對法國國王和貴族的傳統提出了挑戰。

舊制度的最後二十年充滿著劇烈的政治論戰：例如，君主國鎮壓傳統的法國高等法院的企圖未能如願以償；大臣們連續謀求開徵新稅；法國報刊對美國新國家憲法的報導；以及小冊子日益增加對凡爾賽官員和奉承者的攻擊。在沙龍、咖啡館和文學爭論中發展起來的批判精神，已迅速擴展進入政治辯論中日益發展的公共領域。新的小冊子幾乎沒有涉及政治理論中難以理解的細微區別；事實上，許多小冊子的內容不過是王室家族和政府大臣們的不端性行爲醜聞和他們貪汙腐敗的傳聞。身居高位者貪腐的傳說，就剝去了君主國、教會和社會等級制度以前擁有的神聖光環。與此同時，喜歡閱讀的公衆對醜聞性質的法律案件更感興趣了，這使得貴族成員與第三等級受害民衆更對立，並暴露了古代貴族家庭的不道德和墮落。律師毋需政府監察官的批准，就可出版他們的法律信條，並運用這種自由，訴諸大衆情感或自然權利來支持他們的法律辯論。因此，世襲特權的不公正在社會和個人的紛爭中成爲一再重複出現的主題，而正是法國律師把這些爭辯從法國法庭延伸到「公共輿論」的論壇上。

一七八九年在法國，各社會階級受過教育的人們終於相信，十八世紀六〇年代著名的加拉事件後伏爾泰說過的話：「輿論統治世界。」意在影響公共輿論的各種運動，在舊制度的最後幾十年間成爲法國社會最強大的力量。此類運動大多數都是以理性、權利和正義的名義，來吸引公衆支持。啓蒙運動文化的批判思想，就是通過上述途徑進入了最終導致意外革命的劇烈政治衝突中。

法國的革命和改組

財政危機

政府的一場財政危機，加速了革命的爆發。使政府負擔過重的絕不是凡爾賽宮廷的奢華宏偉，一七八八年只有百分之五的公共經費專門用於王室各住宅的維修。使政府負擔過重的是軍費，既要維持現有的陸海軍，又要償付公債。在世界各國，公債幾乎全部用於軍費。一七八八年，法國政府每年收入的約四分之一是用於維持現有的軍隊，約一半是用於支付債務。英國的收入差不多也是同樣分配的。法國債務幾達四十億利佛爾。債務增加的主要原因是美國獨立戰爭。但是，法國債務只有大不列顛國債的一半，按人口計算，每人的負擔只及英國的五分之一弱。法國債務比荷蘭共和國的債務小，也顯然不比七十五年前路易十四留下的債務大。當時，債務曾經由於拒付而減輕了。在十八世紀八〇年代則沒有一個負責的官員打算拒付債務，這是一個明顯的跡象，表明做爲政府主要債權人的各富有階級在間歇時期有所進步。

由於法國收入不足以支付必需的支出這個簡單的理由，連舉債也不可能了。這一點不應歸咎於國家貧窮，而應歸咎於特權分子，尤其是貴族免稅和逃稅；歸咎於財政制度的混亂，或者說缺乏財政制度，以致納稅者交納的大部分稅金從未交到財政部手裡。我們已經談過，最重要的稅收——人頭稅——一般只是由農民交納，貴族憑藉他們的階級特權而被豁免，官員和資產階級也以種種辦法取得免稅。教會仍堅持它的財產不能由國家徵稅，而定期向國王呈交的「自願贈品」，雖然數量較大，但仍比向教會土地徵收的直接稅要少。因此，儘管國家是富裕的，但政府金庫卻空空如也。享有法國大部分財富的各社會階級並不交付與他們的收入相應的稅款，更糟的是，他們將納稅看做是身分低下的一種標誌而加以抵制。

許許多多權威人士，路易十四本人、約翰·勞、莫普、杜果，都看到了向特權階級徵稅的必要性。瑞士銀行家雅克·內克爾在一七七七年被路易十六任命爲財政總監，他朝同一方向開始行動，結果和他的前任一樣被免去職務。他的繼任者卡洛納在危機時上任，得出了更爲革命的結論。一七八六年他制定一個綱領，提出有節制地採用代議制以緩和開明專制主義。他建議用所有地主都不能免除的綜合稅代替人頭稅；建議減輕間接稅，取消國內關稅，以促進經濟發展；建議沒收教會的某些財產；建議設立省級會議，做爲引起政府中有產分子興趣的手段，所有的地主在會議中都可以有代表，而毋需考慮等級或階層。

這個綱領如果實行，也許能解決財政上的問題，防止革命發生。但是，它不僅在稅收上打擊了貴族、省和其他方面的特權，同時也打擊了三重等級制度的社會組織。卡洛納從經驗中知道，巴黎議會永遠不會同意這個綱領，於是在一七八七年召開「貴族會議」，以期能贏得對他那個計畫的贊同。貴族們做爲交換條件堅決要求他做出讓步，他們希望分享對政府的控制權。緊接著出現了僵局。國王免去卡洛納的職務，任命善於處世的圖盧茲大主教洛梅尼·德·布里揚爲繼任者。布里揚試圖通過巴黎高等法院推行類似的綱領，高等法院卻加以拒絕，宣布唯有集會於三級會議的王國三個等級才有權同意新的稅收。布里揚和路易十六最初認爲，三級會議如果召開，可能受到貴族控制，因而拒絕了巴黎高等法院的意見。布里揚和路易十六像莫普和路易十五一樣，企圖破壞高等法院，以現代化的司法體制取而代之，在此新體制中，法院將不能對政策施加影響。於是，導致了貴族名副其實的叛亂。所有的高等法院和省級會議都進行抵制，軍官拒絕服役，地方行政長官行動躊躇，貴族開始組織政治俱樂部和相應的委員會。由於政府停止活動，不能借錢和徵稅，路易十六在一七八八年七月五日允諾在次年五月召開三級會議。各階級都被邀推選代表出席會議，並將他們的不滿列表呈報。

從三級會議到國民議會

由於三級會議已中斷一個半世紀，國王要求大家研究會議的主題，並對這樣的會議在現代條件下應如何組織提出建議，因而導致一場公衆的大討論。大討論立即遠遠擴大到所有以前影響公共輿論的各種運動。出現成百種政治小冊子，其中多數要求廢除舊體系，因爲按照舊體系，三個等級分廳開會，每個廳做爲一個單位投票。這樣的表決制度遭到廣泛的批評，因爲它意味著第三等級院永遠處於少數。但是一七八八年九月，恢復職能的巴黎高等法院規定三級會議將如同一六一四年，按三個等級分別開會和表決。

貴族通過高等法院暴露了自己的目的。它強迫召開三級會議，就此而言，是法國貴族發動了革命。革命是以貴族重新反對國王的專制主義的又一次勝利而開始的。實際上貴族擁有一個自由主義的綱領：他們要求成立立憲政府，要求保證所有人的個人自由，要求言論和出版自由，要求不得任意逮捕和禁閉。當時不少人甚至準備放棄納稅方面的特權，這一點最終有可能做到。但做爲交換條件，他們希望在政治上成爲國家占優勢的組成部分。他們的想法是不僅要在一七八九年召開三級會議，而且要在將來通過三級會議這個最高機構統治法國，代表們在三個廳裡分別開會，其中一個廳是貴族，一個廳是教士（其中的高級教士也是貴族），還有一個廳是第三等級。

這恰恰是第三等級希望避免的事。律師、銀行家、商人、政府債權人、店主、工匠、工人和農民都不願意受世俗領主和教會領主的統治。他們對新時代懷有希望，這是根據啓蒙運動哲學而產生的，並且受到了美國革命的激勵。在「好國王路易」召開三級會議時，他們的這種希望達到了高潮。一七八八年九月，巴黎高等法院的裁決結果好似給了他們一記耳光——一種無緣無故的階級侮辱。整個第三等級以厭惡和懷疑的心情攻擊貴族。修道院院長西耶斯一七八九年一月發表了他著名的宣言《什麼是第三等級？》，宣布貴族是一個無用的特權階級，取消貴族於社會無損；第三等級是社會的必要組成部分，它與國家是一致的，而國家是絕對的、無限的最高權力。盧梭的社會契約思想透過西耶斯而成爲法國革命的思想。與此同時，即使在三級會議實際召開以前，貴族和平民也不是根據哲人的著作，而是根據實際發生的事件和當時形勢，就已經憂心忡忡、滿腹狐疑地相互注視著了。第三等級最初曾支持貴族反對國王大臣們的「專制主義」，而這時卻認爲貴族可能懷有最壞的動機。階級對抗從一開始就毒化了革命，致使和平改革成爲不可能，並使許多資產階級毫不遲疑地萌生破壞性的激進情緒。

三級會議按計畫定於一七八九年五月在凡爾賽開幕，其多數代表爲律師的第三等級抵制了這個分三廳開會的機構。第三等級堅持三個等級的代表應合廳開會，並實行個人投票；這個程序有利於第三等級，因爲國王給予第三等級的代表人數相當於其他兩個等級的代表人數的總和。僵局持續了六週。六月十三日，幾位教士離開第一等級院轉到第三等級這邊，並和後者一起開會。他們受到熱烈歡迎。六月十七日，第三等級宣布自己是「國民議會」。路易十六在貴族壓力下封閉了他們開會的大廳。第三等級的代表們找到鄰近一座室內網球場，在那裡，他們在一片混亂和憂慮的喧嘩聲中轉來轉去，宣誓並簽署了一七八九年六月二十日網球場誓約，聲稱他們無論在哪裡開會，國民議會都是存在的，非俟憲法製成，議會絕不解散。這是一個革命步驟，因爲一群無合法權力者實際上接管了最高權力。國王命令三個等級的成員分廳開會。這時，國王頗爲勉強地提出自己的改革綱領，但爭取不滿者的信任已爲時太晚，而無論如何，國王欲使法國各合法階級的社會機構能繼續維持下去。自封的國民議會不願讓步。猶豫不決的國王沒有果斷地實施控制權，而是允許國民議會繼續存在。接近六月底，他召集約一萬八千名士兵到凡爾賽。

問題在於法國國王在貴族與平民的激烈爭端中選擇了貴族。在法國，國王傳統上是反對封建主義的。好幾個世紀內，法國君主政權都是從資產階級汲取力量的。整個十八世紀，國王的大臣們一直在持續反對特權集團的鬥爭。僅在一年前，路易十六幾乎與反叛的貴族發生戰爭。一七八九年，他沒有堅持自己的權利。國王失去了對三級會議的控制，沒有行使自己的領導權，直至爲時已晚才提出綱領，而且沒有提供可使各派重新集結在其周圍的象徵。國王也沒有能夠利用資產階級和平民百姓所流露的對他謙恭的忠誠，他們原期望國王能像往年那樣支持他們，去反對貴族門第和身分。國王最初倒是試圖實行妥協和延緩危機，隨後，他發現自己處於連他頒布的法令都受到第三等級大膽挑戰的境地。在陷於這種困境時，路易十六又屈從於他的妻子瑪麗·安東尼、他的兄弟們以及與他一起生活的宮廷貴族，他們告訴他說，他的尊嚴和權威已受到侮辱和損害。六月底，路易十六毫不猶豫地傾向使用軍事力量解散三級會議。但是，第三等級擔心的並不是恢復舊的理論上的專制君主政權，他們擔心的是貴

圖9-2　一百七十五年後首次召開的三級會議，在一七八九年五月於凡爾賽大廳開幕。此畫顯示路易十六就坐在王位上，他的右邊是教士代表，左邊是貴族代表，而第三等級代表則面對他坐在大廳另一盡頭。（Culver Pictures）

族可能控制這個國家的政府。現在已經不能回頭，第三等級的革命使路易十六與貴族結成聯盟，而第三等級這時比以往任何時候都更畏懼貴族，他們有充分理由相信國王已處於貴族掌握之中。

下層階級在行動

與此同時，國家正陷入一片混亂狀態，對資產階級以下的各階級已難以控制。對他們來說，召開三級會議似乎同樣預示了一個新紀元的來臨。長期積壓的不滿，以及不僅在法國而在其他國家也同樣存在的那些問題都一齊浮到了表面。近期內的情況又是嚴重的。一七八八年農作歉收，到一七八九年七月，麵包價格比路易十四逝世以來任何時候都高。一七八九年又是一個蕭條年，由於美國戰爭而迅猛發展的貿易突然停滯，以致工資下降，失業增加，同時食品價格空前上漲。已經癱瘓的中央政府，無法採取舊制度時通常採取的那種救濟措施。各地廣大人民群眾焦慮不安。勞工糾紛突然爆發，四月份一場大規模的工人騷動破壞了巴黎一家壁紙工廠。農村地區大多是混亂的。農民宣布不再支付采邑稅，還拒絕納稅。即使在最好的情況下，農村也受到流民、乞丐、無賴以及活躍在許多邊境關卡的走私犯的騷擾。當時商業蕭條使在家從事紡織或其他家庭工業的誠實農民收入減少，失業和貧困在國內蔓延，人們被迫離開家園，結果流民的人數增加到驚人的程度。事態的發展使人們對貴族喪失了所有的信任，大家相信（雖然這不是眞的）貴族爲了威嚇第三等級和達到自己的目的，正在祕密招募這些「土匪」。經濟危機和社會危機就這樣變成了政治危機。

城鎮擔心會遭到乞丐和亡命之徒的糟蹋，甚至巴黎這個除倫敦外歐洲最大的城市也有這種顧慮。巴黎人還因軍隊在凡爾賽附近集中而感到驚恐。他們開始武裝自衛。第三等級各階層都參加了。人群開始在軍火庫和公共建築物中尋找武器。七月十四日，他們來到巴士底獄，這是中世紀爲了威懾城市而建造的堅固堡壘，與英國的倫敦塔是一樣的。巴士底獄過去曾用做關押有足夠勢力逃避普通監獄的那些人，在太平時期它被認爲是無害的建築，事實上，幾年前已經議論要將它拆毀，改造成一座公共遊藝場。當時，在到處發生騷亂的情況下，駐紮在那裡的司令官已把大炮架在斜面牆內。人群要求他移開大炮，並要他供應武器，但遭到拒絕。有幾根木頭燃燒起來，遂加深了一連串的誤會，群衆變成了暴民，開始攻打要塞，他們在少數訓練有素的士兵和五門大炮的協助下，勸說司令官投降。暴民中有九十八人死亡，他們蜂擁而進，並殘酷地殺死了六名警衛隊士兵。那位司令官在被護送往市政廳的路上遇害。另外幾個官員也遭到同樣的命運。他們的頭顱被割下，穿在長槍尖上，在城裡到處展示。當這些事情發生時，駐紮在巴黎郊區的正規部隊卻按兵不動，他們的忠誠已成問題，當局又無論如何不習慣向市民開火。

占領巴士底獄雖然不是事先計畫好的，卻具有拯救凡爾賽議會的作用。手足無措的國王接受了巴黎的新局面，他承認在那裡組成的公民委員會爲新市政府。國王遣走召來的軍隊，並命令一些執拗不服的貴族和教士參加國民議會。在巴黎和其他城市都建立起維持秩序的資產階級自衛軍，即國民自衛軍。國民議會任命「兩個世界的英雄」拉法耶特侯爵統帥巴黎自衛軍。他把波旁家族的白色和巴黎城徽的紅、藍色結合成帽徽的顏色。法蘭西三色——革命的象徵，就是這樣來源於舊和新的結合。

在農村地區，事態每況愈下。在一七八九年大恐慌年代，模糊的不安全感已變爲驚慌失措，隨著旅行者、郵差等人的到來，在七月稍晚時，大恐慌蔓延整個農村地區。「土匪來了」的謠言到處流傳，武裝保護自己家園和莊稼的農民聚集在一起，彼此互相影響情緒。他們不時把注意力集中於采邑主的住宅上，有時燒毀采邑主的房屋，有時則只是破壞記錄各種封建義務的采邑檔案。大恐慌成爲一場農民總起義的組合，在起義中農民遠非出於無法控制的驚慌所產生的動機，他們非常清楚地了解自己正在做的事情。他們打算用武力破壞采邑制度。

國民議會的最初改革

凡爾賽議會只有滿足農民的要求才能恢復秩序。取消所有的采邑權益將使地主貴族喪失大部分收入；許多資產階級也擁有采邑，因此問題極爲錯綜複雜。議會中一小部分代表利用多數代表缺席的一次晚間會議的機會，準備採取一項驚人的行動，因此有了「八月四日之夜」之說。有幾個自由主義的貴族根據事先的安排，提議並宣布放棄他們的狩獵權、專利費、采邑司法權以及封建和采邑的一般特權；農奴制殘餘和所有的人身苦役一概宣布廢除；取消什一稅；其他代表也宣布放棄他們省裡的各種特權；一切個人免稅特權都被取消。就主要方面來說，封建義務是由采邑中「財產徵用權」產生的，因此通過一項妥協議案。上述封建義務統統被廢除，但農民應向以前的采邑主交納補償金。在大多數情況下，這種補償金從未交納過。最後在一七九三年，革命的激進階段，補償金條款被廢除了。法國農民土地所有者終於無償地擺脫了他們的采邑義務。這個情況與後來大多數國家所發生的情況大不相同，那裡的農民在擺脫

圖9-3　網球場誓約

作者：雅克—路易・大衛（法國人，一七四八～一八二五年）

此幅著名圖畫描繪了第三等級成員所做的重大決定，他們決定把繼續召開的會議做爲國民議會，直到一部新憲法制定出來。由於國王關閉了他們舉行會議的會議廳，他們就在室內網球場進行莊嚴誓約。（Giraudon/Art Resource, NY）

封建義務時，做爲交換條件，不是喪失了部分土地，就是背上了持續多年的分期付款重擔。

議會在一項概括八月四日決議的法令中直截了當地宣布：「廢除封建主義。」以法律上的平等代替法律上的特權的議會開始著手制定新秩序的各項原則。一七八九年八月二十六日，議會頒布了《人權和公民權宣言》。

一七八九年的《人權宣言》意欲鞏固新國家的各項原則，這些原則主要是法治、公民人人平等，以及人民的共同主權。宣言第一條宣布：「人生來是自由的，在權利上是平等的。」人的天賦權利包含「自由、財產、安全和反抗壓迫」。要保障思想自由和宗教自由；未經法律程序，對任何人不得逮捕和判刑；宣布人人都有資格擔任符合要求的任何公職。自由以不危害他人自由行事爲限，反過來，它只受法律制約。法律面前人人平等。法律是公共意志的表現，由全體公民或他們的代表加以制定。國家本身是獨一無二的統治者，而所有的政府官員和武裝部隊只能以國家的名義行動。賦稅只有經過一致同意才能增加，每個政府官員都要爲他在職期間的行爲負責，政府的權力應分散於各個不同部門。最後，國家爲了公共目的，並根據法律，可以沒收私人財產，但應給予適當賠償。這份宣言被印成成千上萬的傳單、小冊子和書籍，在公共場所被大聲朗讀，有人還鑲以框架掛在牆上，它成了法國革命的教義問答手冊。當它被譯成別國文字時，也立即把同樣的資訊帶到整個歐洲。湯瑪斯・潘恩的著作《人權論》出版於一七九一年，該書爲法國革命辯護，使人權這個名詞在英語中產生了強大的影響。

在一七八九年以前，「人權」就已成爲潛在的革命思想的座右銘或格言。啓蒙運動的思想家使用過它，甚至在美國革命過程中，亞歷山大・漢彌爾頓也熱情地使用了這個詞。「人」就其實質而言，是不分國籍、種族和性別的。在法語如同在英語中一樣，「人」這個詞在以後和當時都是習慣地指整個人類，而一七八九年的人權宣言也並不意味著單單涉及男子。例如在德文中，人（Mensch）與成年男子（Mann）之間是有區別的，「人權」一直被譯爲「人的權利」（Menschenrechte）。同樣，「公民」這個名詞在一般意義上也適用於女子，在革命期間經常使用「公民」（citoyenne）這個陰性名詞就是明證。革命中，許多婦女表現得非常積極。但是，當事情涉及特定的法律權利時，革命者比當代輿論落後，他們就把投票權和擔任公職只指定給男子，在諸多財產、家庭法和教育事務上也是男孩和男人獲利最大。此時只有極少數人贊成男女法律平等。

奧蘭普・德・古施就是其中一位。她曾是聲名顯赫的女性劇作家，一七九一年出版《婦女權利》一書，緊緊跟隨正式宣言十七條的每一款，將之明確地運用到有關婦女每一款實例中。此外，她還堅持在某些條件下婦女有權離婚，並支配婚姻財產，婦女與男人有平等機會接受較高教育，以及在公務和公共職業中的僱傭。英國的瑪莉・吳爾史東克拉芙特在一七九二年出版了同類性質的書籍《女權辯護》。在法國一些革命中的次要人士和男生學校的一些教師認爲，婦女至少在教育方面應享有更多機會。事實上，的確有一些改善婦女社會權利的改革。革命政府於一七九二年再次將婚姻定爲民事契約，以及將離婚合法化，這使婦女能離開受虐待和不愉快的婚姻（但在一八一六年離婚再次被禁止）。繼承法也改變了，使婦女擁有平等繼承家庭財產的合法權利。

在革命領袖中，唯有孔多塞主張兩性法律上平等。一心專注於政治變化的革命派認爲政治、政府、法律和戰爭都是男人的事業，爲此，只需對男孩和青年男子進行教育和培訓。革命大體上減少或限制某些婦女在舊制度社會的精英圈內曾施行過的文化與政治影響。正如多數革命派確定的，新的政治制度是透過雄赳赳的「男子氣概」反對舊制度王室和社會等級制「嬌柔女人氣」的貪腐。一位革命派議員在一次爲把婦女從政府機構中排除出去的典型辯護中說，「安排婦女到政府機構，會在公共事務中引起致命的過度刺激」。此類假設導致限制婦女的請願或政治集會的權利。最後在一七九三年，革命政府封閉了所有的婦女政治俱樂部。

人權宣言正式通過不久，革命領導層就發生了分歧。一七八九年九月，議會開始積極籌組新政府。有些人希望國王擁有強有力的否決權力，並且想要建立一個像英國那樣的兩院制立法機構。另一些人，即「愛國者」，則希望國王只有擱置提案的否決權，希望建立一院制的立法機構。在這裡，對貴族的懷疑又一次證明是起了決定性作用的。「愛國者」擔心上院將會使貴族成爲一種集體勢力重新返回，還擔心給予國王完全的否決權將會使他在立憲方面十分有力，因爲他們相信國王是同情貴族的。此刻，國王對接受八月四日法令和人權宣言卻猶豫不決。他的兄弟阿托亞伯爵在許多貴族追隨下已移居國外，並和這些移民一起準備與歐洲各國政府攜手，共同反對革命。「愛國者」不做任何讓步，較爲保守的人士什麼也得不到。和七月一樣，辯論再次被起義和暴亂所打斷。十月四日，一大群婦女商販和革命戰士在巴黎國民自衛軍跟隨下，從巴黎出發到凡爾賽。他們包圍並侵入城堡，迫使國王搬進他在巴黎的住宅，並對他進行監視。國民議會也遷入巴黎，立即處於城中激進分子的影響之下。那些主張一院制立法機構和國王只有暫時擱置提案的否決權的戰士們獲得了勝利。

那些較爲保守的革命者（如果可以這樣稱呼的話），在看到立憲問題由暴

圖9-4　占領巴士底獄（這個監獄和堡壘已經成為舊制度壓迫的一個象徵），標誌著巴黎群衆激動人心地進入到快速發展的革命當中。一七八九年七月，巴黎街頭的暴力拯救了國王企圖加以解散的國民議會。（Bibliotheque Nationale de France, Paris）

民們解決後，他們的幻想破滅，開始退出議會。六月二十日曾經勇敢地在網球場宣誓的人，現在感到革命正落入一群微不足道的人們手中。有不少人甚至流亡國外，從而形成第二次流亡高潮，但這與第一次流亡不相干。反革命在集聚力量。

然而，那些希望繼續前進的人們（人數很多），開始組織起俱樂部。其中最重要的俱樂部是憲法之友社，因爲是在巴黎一座古老的雅各賓修道院集會，故簡稱爲雅各賓俱樂部。俱樂部費用最初很高，只有殷實的資產階級才能參加；後來費用雖降低，但從未低到可以包括最貧窮階級的人士在內，因此後者組成了他們自己的較低級的俱樂部。議會中最進步的成員都是雅各賓派，他們把俱樂部當做討論政策和制定計畫的決策委員會。後來，以及在革命更激進的階段，他們仍然是一個中產階級團體。例如羅薩莉・朱利安夫人，她和她丈夫、兒子一樣，也是情緒激昂的革命者，一七九二年八月五日參加過巴黎雅各賓俱樂部的一次集會。她寫信給她丈夫說：「這些雅各賓派是巴黎資產階級的精華，根據他們身穿的昂貴短外衣就可以判定。這裡還有兩、三百名婦女出席會議，穿戴如同去劇院一樣。她們的高傲姿態和具有說服力的演說，讓人留下深刻的印象。」

憲法的變革

在一七八九年十月到一七九一年九月這兩年期間，國民議會（即制憲議會，由於它制定憲法而得名）繼續進行自己的工作，即一面管理國家，一面制定一部成文憲法，以及徹底打碎統治法國幾百年的政治與法律機構。舊內閣、舊的政府辦事機構、舊稅收、舊的公共財產、舊的貴族稱號、舊高等法院、成百個舊地方法律體系、舊地方關卡稅、舊省分以及舊市政廳，統統都被棄如敝屣。同時代人，如艾德蒙·伯克，對這種徹底性感到驚訝。法國人似乎決意連根剷除國家的各種制度。伯克問道，爲什麼法蘭西狂熱者要把諾曼第或普羅旺斯充滿生氣的整體切成碎片呢？實際情況是，這些省分如同其他事物一樣，都是被鑲嵌在特權和不平等權利的整個體系上。如果在實行國家主權時期，公民平等的希望要得到實現，那麼上述的一切均應消失。制憲議會把法國分成八十三個相等的「郡」（departments）以取代省（provinces）。爲了代替舊城鎮和那裡古怪的行政長官，議會採取了統一的市政組織，以後各城鎮都具有相同形式的政府，只是規模大小有所不同。所有的地方官員，連檢察官和稅務官都在當地選舉。做爲對舊制度官僚機構的一種反動，國家在行政上分散開了。當時沒有一個人在巴黎以外能眞正代表中央政府，地方公社根據自己的抉擇，可以執行也可不執行國家立法。結果，當戰爭爆發時，這就成了災難。大革命以後，儘管制憲會議設立的「郡」依然存在，但如同大革命以前一樣，地方官仍然處於巴黎大臣們強有力的控制之下，這成了法國的傳統。

根據起草的憲法（因於一七九一年實施，有時稱爲一七九一年憲法），國家主權由選舉產生的一院制議會實施，該議會稱爲立法議會。國王被授予擱置否決權，他借此能使議會希望通過的立法遭到拖延。一般說來，行政機構（即國王和大臣）是處於軟弱的地位，部分原因是反對回到「內閣專制主義」，另外則是有充分理由對路易十六不信任。一七九一年六月，路易在「逃往瓦倫」事件中，企圖逃離法蘭西王國，與流亡貴族聯合起來，尋求外國的幫助。他留下一封書信，明確地否定了革命。路易十六在洛林的瓦倫被捕，被帶回巴黎，並被迫接受了立憲君主身分。路易十六的態度在很大程度上使革命處於混亂狀態，因爲由此便無法建立一個強大的行政權力，並把國家留給一個爭論不休的社會去統治，而在革命形勢下，這個社會裡有著比通常多得多的魯莽分子。

這個國家機器並不全然是民主的。正如上面已指出的，婦女沒有投票權和擔任公職的權利。在授予人們政治權利方面，偉大的《人權宣言》的抽象原則由於實際原因而不得不進行重要修改。鑑於大部分人是文盲，從而認爲他們不會具有合理的政治觀點；鑑於出身低賤者通常是家庭僕役或商店助手，從而認爲他們在政治上不過是雇主的一個附庸；因此，制憲議會在新憲法中將公民分爲「積極公民」和「消極公民」。兩類公民都有相同的公民權利，但只有積極公民才有投票權。這些積極公民按每百名積極公民中選一名選舉人的原則挑選「選舉人」。選舉人在他們的新「郡」首府集會，挑選全國立法機構的代表和一定數量的地方官員。超過二十五歲並且能夠交納一小筆直接稅的男子，有資格當「積極」公民，一半以上的成年男子可具有這種資格。積極公民中能交納一筆較大稅款的男子有資格當「選舉人」，即使如此，也幾乎有一半成年男子是合格的。事實上，合適的選舉人的數目之所以受限制，是因爲要能眞正發生作用。男子還必須具備如下條件：受過足夠的教育，有足夠的興趣，又有足夠的時間到離家一定距離的地方去參加選舉人大會，並且能夠一連數日出席會議。總之，在一七九〇～一七九一年只有約五萬人可充當選舉人，這個數字位是根據每一百名積極公民選舉一名選舉人的比例推算出來的。

經濟和文化政策

經濟政策對中產階級比對最下層各階級更爲有利。公債曾經加速革命的爆發，但革命領袖們，即使最激進的雅各賓派，也從未否認舊制度的債務。原因在於資產階級整個說來都是有錢人。自從稅收減少以來，爲了保證償付債務，支付政府費用，制憲議會早在一七八九年十一月就採取了在歐洲絕非新鮮的手段，儘管過去從未如此廣泛使用過。制憲議會沒收了教會的所有財產。爲了償付這筆財產，議會發行流通債券，稱爲「指券」[1]，最初做爲債券，只發行大額票面，後來用做通貨，遂發行小額票面。指券持有者可以用它或其他貨幣購買部分以前的教會土地。被沒收的土地沒有一塊是贈送掉的，事實上全部出售，因爲政府對財政收入的興趣超過對社會的興趣。農民，即使他們有錢，也不容易買到土地，因爲土地是透過遠端拍賣，或者出售的土地是不可分割的大面積。儘管

tôt tôt tôt
battez chaud
tôt tôt tôt
bon Courage
il faut avoir cœur à l'ouvrage.

圖9-5　在鐵砧旁的三個人分別是貴族、教士和平民，他們在共同打造一部新憲法。革命開始時，大多數民衆期望這三個等級能親如兄弟地重新詮釋法蘭西國家。（Bibliotheque Nationale de France, Paris）

農民透過中間人取得大量以前的教會土地，但他們仍不滿意。直到一七九三年之前，還指望農民土地所有者爲各種舊的免役稅和其他種種采邑封建義務交納補償金。政府根據現代概念，從個人的私有財產利益考慮，開始鼓勵瓜分村舍公地和廢除各種集體村舍的權利，這時候，那些少地的農民紛紛覺醒了。

革命領導人贊同自由經濟不干涉主義。在舊制度統治下，政府對貨物出售和貨物質量曾有過很多規章制度，還出現過很多特權公司和其他經濟壟斷企業。當時不僅在法國，就是在英國（亞當・斯密在一七七六年出版了他的劃時代著作《國富論》），按照經濟改革思想，都認爲有組織的特殊利益集團對社會不利，主張所有的價格和工資應在有關的個人之間自由協商而定。法國革命較爲傑出的領導人都堅信這種取消控制的做法是對的。制憲議會廢除了行會，行會主要是小商人或手工業師傅的壟斷組織，熱中於維持價格，反對新機器和新方法。法國還存在我們現在所說的有組織的勞工運動。由於行會的行東職位實際上是世襲的（做爲一種財產形式，一種特權形式），雇工就在行會之外組成自己的協會，即工會，稱爲工匠協會。許多手工行業都這樣組織了起來，如木工、泥水工、造紙工、製帽工、馬具工、磨刀工、製釘工、馬車夫、製革匠、鎖匠和玻璃工等。有些是全國性的組織，有些僅僅是地方性的。這些雇工工會在舊制度統治下都是非法的，但卻十分活躍，它們收取費用，供養辦事人員。它們通常集體與行東或其他雇主打交道，要求支付規定的工資和改善勞動條件，有時甚至強行關閉商店。有組織的罷工已相當普遍。一七八九年的勞工糾紛一直延續到革命時期，商業在混亂的氣氛中變得蕭條。一七九一年又發生了一次罷工高潮。議會在當年的《列・霞白利法》中重申舊法令，禁止工匠協會。同一條法律再次宣布廢除行會，禁止任何形式的特殊經濟利益組織。法令宣布，每個人都可以自由從事任何行業；每個人，毋需隸屬於什麼組織，都有權在他選定的任何行業或商店工作；所有的工資都由工人和雇主自己協商解決。這根本不是當時工人們眞正需要的東西。然而，《列・霞白利法》的條款在四分之三世紀內一直是法國法律的一部分。初期的工會繼續祕密存在，雖然比在混亂執行法律的舊制度時期更爲困難。

與此同時，革命派活動家著手改革舊制度社會的標誌、典禮、服裝和節日。他們爲了與昔日的等級制度和特權決裂，開發了一種新政治文化，它以新國旗、新形式的民主語言、新服裝、新節日和新的紀念碑爲象徵。傳統的君主國和教會的藝術與雕刻迅速從公衆生活中消失。國家團結的大節慶組織起來了，它以著名的「聯合節日」開始，把廣大人群聚集到巴黎，紀念攻陷巴士底獄一週年（一七九〇年七月十四日），慶祝法國人民的新自由，並開始創立了最終成爲法國國慶日的典禮。

革命支持者在整個法國的城鎮栽種「自由樹」，他們還開始戴「自由帽」和三色帽章，以展示他們的政治忠誠。後來，革命政府鼓勵新的藝術形象，在其中，國家終於由一位象徵著自由的女性瑪麗安娜所代表。瑪麗安娜的雕塑代替了聖母瑪利亞傳統的天主教肖像，並給予不識字的民衆一個直觀的形象，使他們可據此理解國家的主權和自由取代原先法國政治生活中的象徵中心，即國王和教會。大量的革命戲劇、小說和歌曲傳達同樣的資訊。爲促進日常生活各方面的新政治觀念和象徵，法國革命創造了新的國家認同並「民族化」了法國人民，它是藉由各種文化儀式實現的，這種做法在日後現代世界的其他民族運動中皆成爲共識。

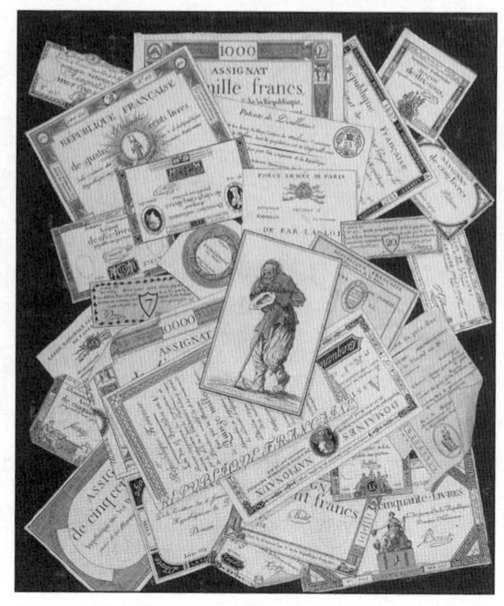

圖9-6　革命政府運用紙幣資助其政策。紙幣稱為指券，因為它們「指向」革命期間被沒收的不動產（它們大部分是來自教會）或被其擔保。一七九四年以後，通貨膨脹迅速高漲，鈔票面額甚至高達一萬利佛爾，如圖所示，實際已一文不值。因此指券被廢止，一七九六年發行一種新的、穩定的法國貨幣流通使用。（Bibliotheque Nationale de France, Paris）

與教會的爭吵

制憲議會最致命的一點是和天主教會發生爭吵。沒收教會財產對教士當然是一次打擊。那些曾以他們的支持而使第三等級的起義成爲可能的鄉村教士，現在發現他們與教區居民一起在星期日做禮拜的建築物已經屬於「國家」了。由於失去有收益的財產，神職的基礎就遭到毀壞，同時革命前成千上萬的兒童在其中免費受教育的學校也被毀掉了。不過，教會和革命之間爆發爭吵的原因還不在於物質財富問題。制憲議會的成員對教會所抱的觀點就是以前多數君主政體所抱的那種觀點，政教分離的思想完全不是他們的見解。他們把教會看做是公共權力的一種形式，其本身應從屬於國家主權。他們坦率地說，窮人需要教會，如果要讓他們尊重有錢人的財產的話。總之，剝奪教會的收入之後，他們爲使教會維持下去，不得不提供必需的一切。議會爲學校制定了許多由國家主辦的慷慨而民主的教育規劃，儘管在當時困難的條件下很少得以實現。在一七九〇年《教士公民法》中，爲教士制定了新的規劃。

這份文件大大有利於建立法國國教。根據文件條文，教區的教士和主教應選舉產生，主教由挑選重要官員的那同樣五萬名選舉人選舉產生。新教徒、猶太教徒和不可知論者，只要根據公民身分和財產資格就能合法地參加選舉。取消大主教區，重新劃定現有各主教區的管轄區。主教區的數目從一百三十多減爲八十三，致使每一主教區都與每個郡處於同一管界內。只允許主教將自己的晉級通知教皇，不准在職主教承認教皇的任何權力，而且未經政府允許，教皇的函件或敕令不得在法國印行或實施。全體教士從國家領取工資，主教的平均收入實際上有所降低，教區教士的收入實際上提高了。掛名閒職、身兼數職，以及教會支持的養活貴族家庭的種種其他陋習一概被廢除。與此同時，制憲議會也禁止宗教宣誓，並解散了所有的修道院。

上述措施中，有一些基本上不會引起新的驚恐，因爲革命前法國主教已由國王的民事當局所指派，並經教皇批准，以文件形式傳達到法國。按照舊的「法國天主教會自由」的精神，法國主教傳統上對教皇在法國的權力是存有戒心的。當時許多主教樂於接受像《教士公民法》這樣的東西，但條件是必須經由他們認可。制憲議會拒絕在管轄法國教會方面做出那麼多讓步，反倒要求教皇，希望能借助梵蒂岡的權力，把他們的計畫強加於法國教士。但是，梵蒂岡宣布《教士公民法》是對天主教會權力的粗暴侵犯。很不幸的，教皇還走得更遠，譴責整個革命及其所有的成果。制憲議會對此進行反擊，要求所有法國教士宣誓效忠於包括《教士公民法》在內的憲法。有半數教士宣誓效忠，半數教士拒絕宣誓，後者包括幾乎全部主教，只有七人例外。其中一名願意接受新安排的主教就是塔里蘭，不久他就以幾屆法國政府外交部長而著名。

這時，法國存在兩個教會，一個是祕密的，一個是正式的，前者是靠自願捐獻或從國外走私帶進的資金來維持，後者是由政府贊助或主辦。前者是由拒絕宣誓和未宣誓的教士，即「倔強」的教士組成，他們急劇地轉向反革命。爲了保護自己不受革命危害，他們以一種在法國是完全新鮮的語調，強調羅馬教皇是全世界宗教的最高權力。他們譴責「立憲」教士是蔑視教皇的教會分裂論者，譴責他們是甘願按照政府主張保持職位的十足的野心家。宣誓和擁護公民法的立憲教士認爲自己是愛國者，是人權的保衛者。他們堅持法國教會一向享有對羅馬的一定程度自由。世俗的天主教徒感到驚恐和難以理解。他們許多人都熱愛革命，寧可選擇立憲教士，但是這樣做就意味著蔑視教皇，總的說來，堅持蔑視教皇的天主教徒便都成爲一些最不熱心於宗教的人了。因此，立憲教士是站在不牢靠的基礎上的。在艱難困苦之際，立憲教士的許多追隨者最後轉而反對基督教本身。

虔誠的天主教徒偏愛「倔強」的教士，最明顯的例子就是國王本人。他經常親自參加倔強教士的宗教儀式，因而使得革命者越發有理由對他表示不信任。路易十六有可能與革命一起前進的任何機會都丟失了，因爲他斷定，唯有危及他的不朽靈魂，他才能那樣做。前貴族自然也偏愛倔強教士。他們現在已把啓蒙運動時代的伏爾泰式的輕浮舉止擱在一邊，「上流社會人士」對宗教事務顯示出新的虔誠。農民在一七八九年他們自己的起義以及隨之而來的廢除采邑制度以後，對於革命也沒有什麼興趣了，他們也贊同舊式的，即倔強的教士。城市工人家庭多數也是如此。城市工人家庭中的男人和婦女可能大聲反對教士，但他們仍然需要教士來確定他們的婚姻是正當的，他們的孩子需要洗禮命名。制憲會議及其繼任者們束手無策，不知如何是好。有時候，他們對於倔強教士的詭計視而不見，而立憲教士這時卻變得可怕起來。他們不時搜捕並迫害倔強教士，但這樣一來，反而激發了宗教狂熱。

《教士公民法》一直被認爲是革命最大的策略性錯誤。當然，它的後果是極爲不幸的，並且擴散到歐洲大部分地區。教會在十九世紀被正式認爲是反民主、反自由的，而在多數情況下，民主派與自由派則被認爲是激烈而直率地反教士的。主要得益者是教皇。多年來一直堅持教會自由權的法國教會，被革命推入教皇的懷抱。連拿破崙在十年後與教會和好時，也都承認了法國國王從未承認過的教皇權力。這些都有助於促使一八七〇年教皇無謬論的公布，而根據此說，現代天主教會的事務便日益不斷地集中於梵蒂岡了。

隨著一七九一年九月憲法的公布，制憲議會解散了。在解散前，制憲議會

圖9-7　革命者創造典禮儀式和象徵以慶祝他們試圖建立的新國家。一七九〇年七月十四日，巴黎偉大的聯合節日，聚集了國王、國民衛隊和大量群衆，象徵性地表現了新政治機構期望應予保護的國家團結和國民自由。（Giraudon/Art Resource, NY）

規定它的全體成員都不能出席未來的立法議會，因此，立法議會是由仍然希望在革命中出名的人士所組成。新制度在一七九一年十月付諸實施。這是一個立憲君主政體，有一個一院制議會和一個不信新秩序的國王。原來設想這是一勞永逸解決法國問題的一種政體，但在法國捲入戰爭後四個月，由於一次人民起義而使它於一七九二年八月垮臺，存在僅十個月。一個被稱爲吉倫特派的雅各賓集團，暫時成爲革命的左派或曰進步派，並在立法議會中領導法國進入戰爭。

革命和歐洲：戰爭和二次革命，一七九二年

革命的國際影響

歐洲各國政府長時期都不願捲入法國事務。它們遭到相當大的壓力。一方面，親法和親革命的團體立即在許多地區出現；另一方面，法國的革命學說和美國的一樣，都大量輸出，採取世界哲學形式，公開讚揚不分時間、地點、種族和國家的人權。而且，人們按照自己所期望的，在法國最初的騷亂中所看到的或者是貴族的起義，或者是資產階級的起義，或者是普通老百姓的起義，或者是整個民族的起義。在波蘭，那些試圖整頓國家以對付進一步被瓜分的波蘭人，爲法國的榜樣而歡呼不已。匈牙利地主在反對約瑟夫二世的運動中，也強調以法國革命爲榜樣。在英國，那些控制議會的人一度自鳴得意地認爲法國人正試圖仿效他們。

但是，最受鼓舞的是歐洲社會中遭到排斥的各個階級。據說備受煎熬的西西里織工就希望「法國人到來」。漢堡爆發罷工，農民到處起義。一名英國外交官甚至發現普魯士軍隊的「軍官和兵士受到民主的強烈影響」。在特權分子業已起義反對奧地利皇帝的比利時，在法國事件的鼓舞下，又爆發了第二次起義，而矛頭卻是針對著特權分子。在英國，新產生的「激進分子」如湯瑪斯．潘恩和理查．普賴斯等人，希望徹底檢查議會和國教，以便跟得上巴黎的議會。包括蒸汽機的先驅者瓦特和博爾頓在內的重要商人同樣親法，因爲他們在下院沒有代表。愛爾蘭人也興高采烈，不久就舉行了起義。各處的年輕人紛紛被喚醒，如年輕的德國人黑格爾和英國人華茲華斯，後者日後在回憶起一七八九年曾經吸引如此衆多人物的新時代的意義時寫道：

> 活在那個時刻是最大的幸福，
> 但風華正茂才是其樂無窮！

另一方面，反革命運動也在集結力量。被英國激進分子的親法傾向嚇壞了的艾德蒙・伯克，早在一七九〇年就出版了《法國革命感想錄》一書。關於法國，他預言將出現無政府主義和獨裁。關於英國，他堅決勸告英國人接受英國自身自由的逐步推進。關於全世界，他譴責那種停留在正確與錯誤的抽象原則上的政治哲學，宣布每個民族的形成必須有賴於他們本國的環境、本國的歷史和本國的特點。他引發了湯瑪斯・潘恩在《人權論》一書中對此做出有力的回答，並為法國辯護。伯克不久就開始鼓吹戰爭的必要性，主張對法國的野蠻和暴力進行思想鬥爭。他的《感想錄》一書被譯成其他國家文字，廣泛流傳。從長遠的觀點來看，他的書是一本有影響的著作，影響了現代保守主義思想的出現。在短期內，他的書也使某些人樂於傾聽。瑞典國王古斯塔夫三世提出要領導一支擁護君主制度者的十字軍。在俄國，老凱薩琳被嚇壞了，她禁止進一步翻譯她以前的朋友伏爾泰的著作。她稱法國人為「卑鄙的流氓」和「吃人的畜牲」，並把一個名叫拉吉舍夫[2]的俄國人流放到西伯利亞，因為此人在他的《從聖彼得堡到莫斯科旅行記》一書中，指出了農奴制度的罪惡。據說俄國人甚至還被禁止談論「天堂的革命」。由於路易十六和瑪麗・安東尼的訴苦信件不斷傳出，由於國王的兄弟阿托亞伯爵早在一七八九年七月所領導的流亡者陸續逃離法國，人們對革命的恐懼更為加深了。流亡者最初都是貴族，他們移居歐洲各地並開始進行貴族的國際聯繫。他們鼓吹反對革命魔鬼的某種聖戰。他們悲歎國王處於十分糟糕的困境，但他們最需要的還是奪回他們的采邑收益和其他權利。流亡者中的極端分子甚至暗示路易十六本人是一個危險的革命者，而表示很中意他的兄弟，即那位堅強的阿托亞伯爵。

簡言之，歐洲不久就被一種超越各國疆界的分歧所分裂。美國的情況也是如此：在美利堅合眾國，新興的傑佛遜派被打上雅各賓派和親法派的烙印，漢彌爾頓派則被打上貴族派和親英派的烙印。同時，在西班牙美洲殖民地，獨立的意識更為堅定，委內瑞拉人米蘭達[3]成為法國軍隊的一名將軍。在歐洲各國都存在著使他們本國政府感到擔憂的革命者和親法分子，雖然在東歐和南歐，他們的人數很少。包括法國在內的所有國家裡，都還存在法國革命的死敵，各國都有忠於或同情外國的人們。自從新教改革運動以後，從未產生過這類情況，而在二十世紀俄國發生革命以後，類似的情況才再次發生。

戰爭的來臨，一七九二年四月

不過，歐洲各國政府行動緩慢。凱薩琳無意捲入西歐事務，她只希望關注她的鄰國。英國首相威廉・皮特抵制了伯克的戰爭叫囂。皮特曾經試圖實施議會改革，但未成功，當時他正全神貫注於有秩序的財政政策和有系統的經濟政策。他的綱領有可能被戰爭破壞，因此，他堅持法國國內事務和英國政府無關。哈布斯堡皇帝利奧波德二世（法國王后的兄弟）起了關鍵性作用。利奧波德最初對瑪麗·安東尼請求援助的答覆，是要她適應法國的形勢。他抵制了流亡者的強烈要求；他十分了解那些人，因爲他本人就從約瑟夫二世那裡繼承了暴躁易怒的貴族性格。

法國新政府更是擾亂人心。它公開鼓勵歐洲各國的反叛者。它傾向以單方面行動來處理國際事務。例如，未經亞維農歷史上的統治者——教皇——的同意，法國便根據當地革命者的要求合併了亞維儂。又如，自一六四八年《威斯特伐利亞和約》以來（見圖3-16、4-12、8-4），阿爾薩斯一直由法國和德國雙重管轄，制憲議會在阿爾薩斯卻如同在法國各地一樣，也廢除了封建主義和采邑義務。議會對在阿爾薩斯擁有封建權利的德國諸侯提供補償金，但它並未徵求他們的同意。此外，路易十六於一七九一年六月試圖逃跑而在瓦倫被捕之後，不能否認法國國王和王后已經成了革命者的囚犯。

八月，利奧波德和普魯士國王在薩克森的皮爾尼茲會晤。會晤結果產生的皮爾尼茲宣言停留在一個著名的假定詞上：「假定其他所有列強都與利奧波德聯合，他將採取軍事步驟恢復法國的秩序。」利奧波德了解皮特的態度，相信這個「假定」永遠不可能成爲事實。他的目的主要在於擺脫法國流亡者。法國流亡者反常地欣然接受這份宣言。他們把它當做對他們在法國的敵人公開的威脅，宣布他們將立即與文明歐洲的軍隊並肩返回法國以懲罰罪犯，爲自己雪冤。

在法國，革命的擁護者感到吃驚。他們不了解利奧波德的眞正意圖，又按照表面的涵義相信了流亡者的可怕威脅。皮爾尼茲宣言完全沒有嚇住法國人，卻使得他們對歐洲所有戴王冠的人極爲憤怒。這份宣言還爲當時雅各賓派的統治派系——歷史上稱爲吉倫特派的那些人——提供了統治上的有利條件。吉倫特派包括哲人孔多塞、人道主義律師布里索和文官羅蘭及其更爲著名的妻子羅蘭夫人，他們的家成爲該集團的總部。他們還吸引了許多外國人，如湯瑪斯·潘恩和「人類的代表」，德國的阿納凱西斯·克洛斯。一七九一年十二月，由蒸汽機發明家的兒子詹姆斯·瓦特率領的一個英國激進分子代表團，在巴黎雅各賓俱樂部受到了盛大熱烈的歡迎。

吉倫特派成爲國際革命派。他們宣稱在革命擴展到全世界之前，法國革命永遠得不到安全保障。在他們看來，戰爭一旦來臨，與法國交戰的各國人民不會支持他們本國政府。這種信念是有根據的，因爲在法國革命以前，荷蘭和奧屬尼德蘭兩地已存在著革命分子，而在瑞士和波蘭部分地區以及其他地區也存在著少量革命分子。有些吉倫特派因此期待著一場戰爭，指望在戰爭中法國軍隊進入鄰國，聯合當地的革命者，推翻現在的政府，建立聯邦共和國。戰爭還得到拉法耶特領導的一個極其不同的集團擁護，他們希望革命在立憲君主制界限上就此打住，不要再向前發展。這個集團錯誤地認爲戰爭可以恢復路易十六那遭受重大損害的名望，可以使全國在新政府領導下團結起來，並且有可能制止雅各賓派不斷進行的煽動。當戰爭情緒在法國達到沸點時，利奧波德二世皇帝逝世了。法蘭西二世繼承皇位，他比利奧波德更傾向於屈從舊貴族的吵鬧。法蘭西恢復了與普魯士的談判。在法國，所有害怕舊制度復辟的人們都更加樂於聽信吉倫特派。總體說來，雅各賓派中只有極少數人，一般是那一小部分激進民主主義者，他們才反對戰爭。一七九二年四月二十日，未經強烈反對，法國議會遂向「匈牙利和波希米亞國王」即奧地利君主國宣戰。

一七九二年八月十日的二次革命

戰爭加劇了當時的動亂和無產階級的不滿。農民和城市工人都感到制憲議會和立法議會是爲有產集團服務的，幾乎沒有爲他們做什麼事。農民對推進土地分配所採取的不適當措施不滿，工人特別感受到物價高漲的沉重壓力，物價到一七九二年已經大幅度上漲。黃金被逃亡者帶出國外，紙幣（即指券）簡直成爲唯一的通貨，而政府的前途如此不穩定，致使紙幣逐漸貶值。農民寧可藏起糧食也不願按貶值的紙幣出售。由於紙幣貶值和各種物品實際匱乏，生活費用提高了。收入最低的階層遭受的痛苦最大。他們雖然不滿，但當戰爭爆發時，他們又遭到逃亡者重返以及舊制度復辟與報復的威脅，這至少對農民來說是所有可能突然發生的事變中最壞的情況。農民、手工藝人、技工、店主和工資勞動者等勞動階級決心重振革命，但不是重振掌權的革命政府。立法議會和立憲君主政權沒有得到大多數人的信任。

此外，戰爭起初對法國極爲不利。普魯士立即與奧地利聯合，到一七九二年夏天，這兩個強國已處於即將入侵法國的狀態。它們向法國人民發表宣言，即七月二十五日布倫瑞克宣言，宣稱如果法國國王和王后遭到任何傷害，抵達巴黎的奧普軍隊將對該城居民施行最嚴厲的懲罰。這種帶有軍事緊急情況的威脅只是對最激烈的積極分子有利。由資產階級雅各賓派的領袖們，尤其是羅伯斯比爾、丹東和尖刻的新聞記者馬拉所喚醒和指導的法國廣大人民群眾，迸發出愛國主義激情。他們轉而反對國王，因爲他們認爲國王和向法國開戰的列強是一丘之貉，而且在法國，仍然支持國王的那些人正以君主制來防禦下層階級。法國的共和主義在一定程度上是一件頗爲突然的歷史事件，因爲法國是在一位得不到信任的國王領導下進行戰爭的，但在一定程度上又是一種下層階級的運動，不過也有許多資產階級革命者投身進去。

一七九二年夏季，群情激昂。從四面八方湧入巴黎的新兵踏上奔赴邊疆的征途。從馬賽來的一支分遣隊帶來新的進行曲，此後一直稱爲《馬賽曲》，這是向專制暴政開戰的響亮號角。這些過路的外省人在巴黎煽起了騷動。一七九二年八月十日，巴黎各工人區起事，得到來自馬賽和其他地方的新兵支援。他們猛攻杜勒麗王宮，與抵抗的瑞士衛兵交手，殺死他們許多人，跟著把國王及王室家族俘獲並監禁起來。在巴黎成立了一個革命市政府，或稱「公社」。「公社」奪取了立法議會的權力，強制廢除憲法，並經男子普選產生制憲公會來統治法國，同時準備制定一部新的、更爲民主的憲法。「公會」這個詞，記得正是一七八七年美國制憲大會上使用過的。當時歇斯底里、無政府主義和恐怖統治著巴黎，一小撮暴動的志願者宣布，在肅清巴黎的敵人以前，他們不會到邊境去與敵人作戰。他們從監獄中拉出近一千人（倔強的教士和其他反革命分子），在經過緊急審判後處死了他們。這次事件稱爲「九月屠殺」。

從一七八九年十月起，歷時近三年，普遍的暴力行爲已經有所緩和。但現在，隨著戰爭的來臨和下層階級對事態發展產生的不滿，重又出現了新的劇變。一七九二年八月十日起義，即二次法國革命，使革命進入一個最進步的階段。

非常共和國，一七九二～一七九五年：恐怖統治

國民公會

國民公會於一七九二年九月二十日開幕，前後存在了三年。國民公會立即宣布一七九二年是法蘭西共和國元年。已經瓦解的法國軍隊還在九月二十日於「瓦爾密炮戰」中取得一次巨大的精神勝利，這次戰役僅僅是一次炮戰，但它卻使普魯士司令官停止了向巴黎的進軍。法國人不久後占領了比利時（奧屬尼德蘭）、鄰近瑞士與義大利邊境的薩伏依（屬於與奧地利聯合的薩丁尼亞國王）、美因茲和其他位於萊茵河左岸的德國城市。這些地區的革命同情者呼籲法國給予援助。國民公會下令援助「希望恢復自由的各國人民」，還命令占領區的法國將軍解散舊政府，沒收政府和教會的財產，廢除什一稅、狩獵權和封建領主的權益，並建立臨時行政機構。革命就這樣隨著勝利的法國軍隊到處蔓延開來。

英國人和荷蘭人準備抵抗。仍然堅持法國人可以自己選擇任何國內制度的皮特，宣布大不列顛不能容忍法國占領比利時。英國和荷蘭開始同普魯士和奧地利會談，而法國卻於一七九三年二月一日向它們宣戰。共和國在短短幾週內就併吞了薩伏依、尼斯和比利時，並把德意志萊因蘭的大部分地區置於自己的軍政府統治之下（見圖9-11）。與此同時，在東歐，當俄國和普魯士的統治者譴責法蘭西野蠻人的掠奪時，正如我們所看到的，他們自己卻達成一項協定，在一七九三年一月第二次瓜分波蘭中各自占有波蘭的一部分領土。被排斥於第二次瓜分波蘭之外的奧地利，爲它在東歐的利益感到焦慮不安。當時正與全歐洲作戰的新成立的法蘭西共和國，由於反法聯盟的軟弱而得救，因爲英國和荷蘭沒有舉足輕重的陸軍，普魯士和奧地利相互猜疑，雙方都過分專注於波蘭而不能把他們的大部分軍隊投入反對法國的戰爭中。

在國民公會中，所有的領導人都是雅各賓派，但雅各賓派再一次分裂。吉倫特派不再像在立法議會中那樣是最進步的革命派。在吉倫特派以外出現了一個新的集團，他們的成員喜愛坐在會議廳最高的位置上，因而按照當時的政治用語有了「山嶽派」的綽號。吉倫特派的主要成員來自外省大城市，而山嶽派的主要成員雖然大部分出生於外省，但都是巴黎城的代表，因而他們在巴黎的激進分子和普通人當中擁有很大的政治勢力。

國民公會以外的民眾革命者以稱呼自己爲「無套褲漢」而自豪，因爲他們穿著工人的長褲，而不穿中等階級和上層階級的短褲或套褲。他們是前工業時代的工人階級、店主、店員和各種行業的技工，其中還包括一些小作坊或手工企業的所有者。他們的戰鬥精神和積極活動，兩年多來一直推動著革命前進。他們要求獲得對於他們和對於人民同樣有意義的平等，他們號召盡最大的努力反對敢於干涉法國革命的外國列強，他們還譴責這時已被廢黜的（這是完全正確的）國王和王后與奧地利敵人相勾結。無套褲漢擔心國民公會可能過於溫和。他們在鄰里俱樂部和集會上贊成直接民主，贊成如有必要將和群眾一起起事反對國民公會。國民公會中的吉倫特派開始將這些人民大眾的戰士當成無政府主義者而踢開不理。稱爲山嶽派的集團則樂於與無套褲漢共事，至少在非常時期是如此。

一七九二年十二月，國民公會以叛國罪對路易十六進行審訊。次年一月十五日，國民公會一致宣判他有罪，但次日在出席會議的七百二十一名代表中，僅以一票之多，即三百六十一票贊成立即處死。路易十六立即死於斷頭臺。從此之後，這三百六十一名代表終生被打上弒君者的烙印；考慮到自身的安全，他們絕不允許波旁王朝在法國復辟。其餘三百六十名代表的名譽並未受到同樣損害，他們的對手稱他們爲吉倫特派、「溫和主義者」、反革命分子。所有仍然有求於革命的人，或是擔心絲毫的動搖就會將聯盟軍或逃亡者引進法國的人們，現在都指望著雅各賓派中的山嶽派了。

向恐怖時期過渡的背景

一七九三年四月，最引人注目的法國將軍迪穆里埃叛逃到奧地利；五個月之前，他曾在比利時打過勝仗。聯盟軍迅即將法國人逐出比利時，再次威脅入侵法國。法國的反革命分子歡欣鼓舞，革命者則發出「我們被出賣了」的呼聲。物價繼續上漲，貨幣貶值，食物更難取得，工人階級日益焦慮不安。無套褲漢要求控制物價，控制通貨，實行配給，制定反對囤積食物的立法，設法促進貨物流通。他們譴責資產階級是奸商，是人民的剝削者。當吉倫特派進行抵制時，山嶽派則與無套褲漢站在一起，一來是他們對無套褲漢的思想表示同情，二來是想爭取廣大群衆對戰爭的支持，還有則是以此做爲清除吉倫特派的一種措施。一七九三年五月三日，在無套褲漢的壓力下，巴黎公社聚集一大群示威者和暴動者，他們闖入國民公會，強行逮捕了吉倫特派首領。其餘的吉倫特派，包括孔多塞在內，都逃往外省。孔多塞在躲藏期間直至逝世前，一直在尋找機會撰寫他的名著《人類理性的進步》。

山嶽派於是統治了國民公會，但國民公會控制的地方極少。不僅國境線上的外國軍隊和逃亡者竭力要把國民公會當成一幫弒君犯和社會縱火犯加以消滅，而且國民公會的權力在法國也被廣泛地否定。在西部的萬代，農民發動叛亂，反對徵兵，他們受到倔強教士、英國代理人和阿托亞伯爵的保皇黨間諜煽動與影響。里昂、波爾多、馬賽以及其他外省大城市，特別在流亡的吉倫特派到達以後，都紛紛起來叛亂。這些反叛的「聯邦制擁護者」要求建立一個更加「聯邦化」的鬆散共和國。他們和萬代人（彼此並無聯繫）一樣反對巴黎的支配地位，因爲在舊制度統治下，他們在傳統上擁有更大的地區獨立性。這些叛亂都是屬於反革命性質，因爲各式各樣的外國人、保皇黨、逃亡者和教士都爭先恐後地向他們提供援助。

國民公會還必須防備極左派。除無套褲漢的眞正群衆運動外，現在還可以聽到稱爲憤激派的更爲激昂的戰士的意見。形形色色的組織者、熱心者、鼓動者和地方政客都宣稱議會制是無效的。一般說來，他們是處於國民公會之外的男人，不過也有婦女，她們對於食物短缺和物價飛漲這種危機特別敏感，一七九三年有一個革命共和婦女組織曾經引起一場短暫的騷動（在婦女政治俱樂部被鎭壓以前）。所有這些活動分子都是透過巴黎和外地的地方政府的單位、成千上萬的「人民協會」和遍布全國的地方俱樂部從事活動的。他們還組成「革命軍」，即半軍事性質的隊伍，走遍各農村，搜尋食物，抄查農民的穀倉，痛斥可疑分子，鼓動革命。

至於國民公會，雖然不能說它擁有威嚴的領袖們，但在近一年內它遵循的綱領，基本上是馬克西米利安·羅伯斯比爾的綱領。羅伯斯比爾本人是雅各賓派，但他並不總是贊同民衆革命或無政府主義。羅伯斯比爾是一位最惹人爭議且最教人難以理解的歷史人物，那些習慣於安定環境的人們以恐懼的心情將他視爲殘忍的嗜殺狂、獨裁者和煽動者而加以拋棄。另一些人則認爲他是理想主義者、不切實際的幻想家和熱情的愛國者，他的目標和理想至少公開宣布是民主的。可是，所有人對他個人的誠實和正直，以及他的革命熱情都是肯定的。羅伯斯比爾原先是法國北部的一位律師，由於得到獎學金而受教育於巴黎。一七八九年他當選爲第三等級代表出席三級會議，在接著而來的制憲議會上，

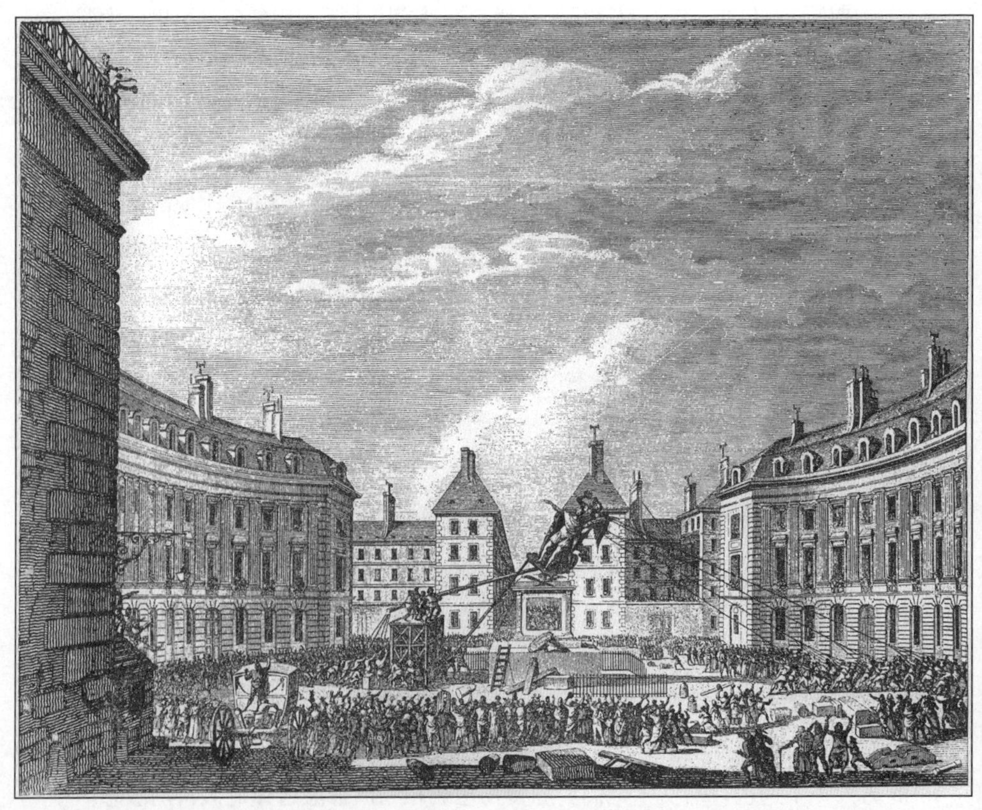

圖9-18　一七九二年巴黎一場大衆暴力浪潮，導致君主國的垮臺和新的法蘭西共和國的宣告成立。憤怒的人群推倒包括這座路易十四雕像在內的許多舊制度的象徵物。（Stock Montage, Inc）

他由於反對死刑和贊成普選權的觀點而引起人們的注意，但還未引起太大的作用。在一七九一～一七九二年立法議會期間，他繼續鼓吹民主，並徒勞地反對宣戰。國民公會期間，一七九二年九月，他在巴黎一個選區當選爲代表。他成爲山嶽派傑出的成員，贊同清洗吉倫特派。羅伯斯比爾歷來和有些人曾經捲入其中的貪汙行賄毫不相干，因此他有「廉潔者」的好名聲。他篤信「德行」的重要性。「德行」這個詞在哲學家眼中有著專門的涵義：孟德斯鳩和盧梭認爲共和國依賴「德行」，即無私的公共精神和平民熱情；在盧梭派的影響下，後來還加上了某種程度的個人正直和生活純潔的感性概念。一七九三年和一七九四年，羅伯斯比爾決定建成一個由好公民和誠實人所組成的民主共和國。

國民公會的綱領，一七九三～一七九四年：恐怖時期

羅伯斯比爾協助制定的國民公會的綱領，打算鎮壓無政府主義、內部爭吵、國內反革命，並準備進行全國範圍大規模的人力和物力動員，以便贏得戰爭。國民公會綱領將爲下層各階級起草一部民主憲法和制定立法，但綱領不會屈從巴黎公社和主張直接革命行動的其他機構。爲了管理政府，國民公會授予公安委員會廣泛的權力，這個委員會每月改選一次，由十二名國民公會成員組成。羅伯斯比爾是委員會當中一名有影響的成員，其他成員中有年輕的聖・朱斯特、好戰的律師庫東和陸軍軍官「勝利的組織者」卡爾諾。

爲了鎮壓「反革命」，國民公會和公安委員會建立起通常稱爲「恐怖統治」的機構。革命法院是爲代替九月屠殺時的私刑而設立的，總安全委員會則是做爲最高政治員警而建立的。爲了保護革命共和國免遭內部敵人的危害，恐怖統治打擊了那些結盟反對共和國的人，打擊了那些僅僅被懷疑有敵對活動的人。成爲恐怖統治犧牲品的有瑪麗・安東尼和其他保皇黨人，以及原來山嶽派的革命同事們，即吉倫特派的領袖們；在一七九三～一七九四年度以前，一些幫助創立國民公會綱領的山嶽派老雅各賓黨人，也被送上了斷頭臺。

成千上萬的人在法國革命高潮中死去。大多數人都死於公開叛亂反對國民公會的地方，如萬代和法國西部，有些人是死於私人報復。即使恐怖統治被理解爲政府的官方綱領，因爲政府一度命令「恐怖乃是每日正常狀態」，但在恐怖統治時期喪命的人數，按二十世紀暴行標準並不大，二十世紀的獨裁政府不僅力圖消滅政治反對派，而且還要滅絕整個社會階級或種族集團。恐怖時期約有四萬人死去，約百分之八的受害者是貴族，但貴族階級並未受到騷擾，除非被懷疑有政治野心；百分之十四的受害者爲資產階級，主要是反叛的南部城市

的資產階級；百分之六是教士；而不少於百分之七十的則是農民和勞動階級。一旦戰爭和緊急情況過去，在恐怖統治之後，原則上應根據人權宣言建立一個民主共和國。但此時恐怖統治至少說來也是不人道的，在某些地方還是殘忍的，例如在南特就有兩千人被裝上駁船活活淹死。在法國，恐怖統治使人們對革命及共和主義的反感長久地留存在記憶裡。

在戰爭緊急狀態下治理國家的公安委員會既是專政機構，同時也是戰時內閣。它通過國民公會起草和指導立法。它還控制著「特派員」，他們是在軍隊和法國暴動地區執行任務的國民公會成員。公安委員會出版《法律公報》，使全體人民可以了解他們應該執行或服從什麼樣的法律。它還使行政權力集中起來，把制憲議會遺留下來的大批地方當選官員（他們在有些地方是保皇派，在有些地方則又是狂熱的極端分子）變成由中央指定的「國家代理人」，即由公安委員會加以任命。

為了贏得戰爭，公安委員會宣布總動員，號召全部體格健全的男子入伍，還招聘科學家從事武器和軍火生產。當時最傑出的法國科學家，包括拉格朗日、拉馬克等人，全都在為政府工作，並受到恐怖時期政府的保護，雖然有一人，即「現代化學之父」拉瓦節，由於在一七八九年之前捲入包稅事件，而於一七九四年被送上斷頭臺。公安委員會還出於軍事理由，建立起經濟管制，同時，這也是為了滿足憤激派和其他工人階級代言人的要求。在恐怖時期，指券停止貶值，因此，政府既保護了自己的購買力，也保護了廣大群衆的購買力。它還通過管制黃金出口、沒收法國公民手中的硬幣和外國貨幣來支付指券，並通過立法反對囤積，即反對阻止貨物上市。軍隊和城市市民需要的糧食和生活必需品增加了，並且由公安委員會下屬的生活委員會按照統一的調撥辦法進行分配。物價和工資按照「普遍最高價格」定出了最高的限度，這有助於在危機時期制止通貨膨脹，但這方面並沒有執行得很好。公安委員會基本上還是相信自由市場經濟，而且缺乏將管制貫徹到底的技術和行政機構。到一七九四年，它就比較放鬆了對私人企業和農民的控制，以資鼓勵生產。它還試圖降低工資，但在這點上沒有得到多數工人階級領袖的支援。

一七九三年六月，公安委員會制定了一部規定男子享有普選權的共和憲法，由國民公會予以通過。然而新憲法被無限期推遲實施，政府被宣布為「直到和平為止的革命」政府，「革命」意味著超憲法，即具有非常性質。在其他方面，公安委員會表明自己要代表經濟上的下層階級制定法律。物價管制和其他的經濟管理辦法滿足了無套褲漢的要求。采邑制度的最後殘餘被取消了，農民對革命開始階段廢除的封建義務所應付的補償金被免除。公安委員會還忙於社會服務和增進公益的措施，如頒發小冊子，教授農民改良他們的莊稼；選拔有前途的少年接受實用手工藝的訓練；爲各階級的男孩子，甚至包括最卑賤家庭的孩子開辦軍事學校，還曾確實準備實行普及初級教育。

正是在這個時期，一七九四年國民議會命令在法國殖民地，主要是指聖多明尼加（即現在的海地，加勒比海最富有的蔗糖島嶼）廢除奴隸制。殖民地的自由黑人已享有在革命初期的公民權利。黑奴事實上在一七九一年一次群衆起義中已自我解放。他們產生了一名領袖杜桑・盧維杜爾，他生下來就是奴隸。法國取消奴隸制後，盧維杜爾以將軍身分在法軍中服務，當時法軍正反對對海地有野心的西班牙和英國。在接著發生的政治和軍事衝突中，他成爲法軍在海地的總督，但他的新政府很快就脫離了法國的控制。在奴隸主和商業利益（以及歐洲對糖的需求）的壓力下，一八〇二年拿破崙政府又在法國殖民地重建了奴隸制，派軍隊到海地重申法國的權力，俘獲盧維杜爾並帶回法國。盧維杜爾後來死於獄中。由於最終參加此次戰役的大多數法軍染上了黃熱病，因而無法擊敗武裝起義的黑人。一八〇四年，海地領導人建立了獨立的海地共和國。法國在海地失敗的一個意外後果，就是拿破崙在一八〇三年把法國在北美大陸留下的一塊屬地——路易斯安那——出售給了美國。奴隸制在一八四八年前並未在法國殖民地眞正取消。

在一七九三～一七九四年革命高潮時，公安委員會希望把革命集中在自己手中，它不能容忍未經認可的革命暴力。由於它擁有自己的民主綱領，因而不贊成大衆俱樂部和地方議會那種好騷亂的民主。一七九三年秋天，它逮捕了憤激派的重要人物，同時取締婦女的革命組織。從此，極端革命主義的要求開始由記者兼巴黎公社官員雅克・埃貝爾來表達。羅伯斯比爾稱這種人爲「過激革命者」。他們是一個大型、但不確定的集團，其中包括國民公會的許多成員。他們不加區別地譴責商人和資產階級。他們是極端恐怖派，有一個埃貝爾主義者曾在南特製造了淹死人的事件。他們認爲一切宗教都是反革命，因而發動了非基督教化運動，並強力支持創立新的共和國曆法。國民公會通過共和曆法，將其做爲強化大衆對共和國的忠誠運動的一部分，並建立一套新的全國日常生活體制來取代基督教的星期週期、聖徒節，以及諸如耶誕節、復活節等節日。共和曆法從法蘭西共和國建立日起計算紀年，把每年劃分爲三十天一個月的新月份，甚至廢除了星期，代之以旬[4]。

非基督教化運動採取的另一種形式是理性崇拜，一七九三年底擴展到法國各地。在巴黎，主教辭職，宣稱他受了欺騙；公社在巴黎聖母院大教堂舉行儀式，一位城市官員的妻子、女演員在儀式中裝扮成理性神。但是非基督教化運動使羅伯斯比爾感到嚴重不安。他認為這會使廣大群眾與共和國疏遠，同時還會失掉海外對革命仍然抱有的同情。因此，公安委員會容許存在安分守己的天主教徒，同時在一七九四年六月，羅伯斯比爾提出「崇敬最高的存在」，這是一種對國家和自然主義的崇拜，宣布承認上帝的存在和靈魂的不朽。羅伯斯比爾希望天主教徒和不可知論的反教士者能夠在此基礎上得到和解。但是，當時天主教徒完全不願意和解，而要求實行伏爾泰傳統的自由思想者又把羅伯斯比爾看做反動的神祕販子，他們在導致羅伯斯比爾垮臺上起了重要作用。

在此同時，委員會繼續無情地反對埃貝爾分子，其中的主要鬥士在一七九四年三月被送上了斷頭臺。準軍事組織「革命軍」被鎮壓。極端的恐怖分子從外省被召回。革命的巴黎公社遭到破壞。羅伯斯比爾把他自己任命的人派往巴黎市各機關。這個羅伯斯比爾分子組成的公社不贊同罷工，並以軍事需要為藉口企圖降低工資。它沒有能爭取到前埃貝爾分子和工人階級領袖們的支持，後者在革命中感到幻想破滅，便把革命視為一場資產階級運動而捨棄了。羅伯斯比爾及其委員會或許正是為了防止這種結局，同時也為了防止出現右的傾向，在肅清埃貝爾右翼分子後，他們又肅清了山嶽派中被稱為丹東分子的一些右派成員。丹東和他的追隨者被指控在財政上不誠實，並且還和反革命分子有來往，這雖說有某些眞實之處，但判處他們死刑的主要理由並不在此。

到一七九四年春，法蘭西共和國已擁有一支八十萬人的軍隊，這在當時是一個歐洲大國所能招募到的最大一支軍隊。這支國家軍隊由武裝起來的人民組成，指揮軍隊的軍官是根據功績迅速得到提升的，而士兵都是自覺地在為自己的事業而戰的公民。法國軍隊的政治熱情更是令人生畏，並與敵軍形成強烈的對比，後者有些人實際上是農奴，誰也沒有自己是本國政治制度成員之一的觀念。同盟國政府各有自己的目的，而且因對波蘭的野心而分散了注意力，當時第三次瓜分波蘭已迫在眉睫，同盟國政府不可能聯合部隊來反對法國。一七九四年六月，法國人在比利時贏得弗勒侶斯戰役的勝利。大批共和軍再次蜂擁進入低地國家，六個月內，他們的騎兵馳騁冰上，飛快地進入阿姆斯特丹。革命的巴塔維亞共和國立即取代了舊的荷蘭各省。此時，一個相反現象發生在東歐。在那裡，俄羅斯和普魯士軍隊粉碎了科西阿斯柯在波蘭領導的革命企圖。整個波蘭土地和人民最終在一七九五年被併入東歐的帝國。

軍事上的勝利使法國人更不願容忍獨裁統治和恐怖時期的經濟管制。羅伯斯比爾和公安委員會引起各重要黨派的反感，巴黎工人階級的激進派不再支持羅伯斯比爾，而丹東死後，國民公會也對自己管轄的委員會感到擔心。國民公會中有一群人在熱月九日（一七九四年七月二十七日）「剝奪」了羅伯斯比爾的公民權，羅伯斯比爾和他的一些同事次日被送上斷頭臺。許多轉而反對羅伯斯比爾的人認爲自己是在推進革命，宛如前一年消滅吉倫特派一樣。另一些人認爲並宣稱，他們是在制裁獨裁者和暴君。爲了解脫自己，所有的人都把罪名推在羅伯斯比爾身上。羅伯斯比爾是一個吃人妖魔的概念主要來自他以前的同事，而不是當時的保守派。

熱月黨人的反動

羅伯斯比爾的垮臺使舉國上下大吃一驚，不知所措，其後果在隨後幾個月內「熱月黨人的反動」期間就顯示了出來。恐怖統治結束了。國民公會削弱了公安委員會的權力，封閉了雅各賓俱樂部。物價管制和其他管理辦法都被取消。通貨膨脹又重新開始，物價再次上漲，而迷失方向和無人領導的工人階級比以前遭到更大的痛苦。零星起義時有爆發，其中最大的一起是共和三年芽月暴動（一七九五年五月），當時一群暴徒幾乎用武力驅散了國民公會。自一七八九年以來，軍隊第一次被召到巴黎。工人階級居住區的暴動者在街上築起街壘。軍隊未經多大流血就獲得勝利，但國民公會逮捕、監禁和放逐了一萬

圖9-9　法軍於一七九四年七月在弗勒侶斯戰役中取得了重大勝利，因而打開了共和國軍隊進入低地國家的道路，緩和了曾迫使革命走向國內鎮壓和恐怖統治的外部威脅。此圖顯示法國人如何使用氣球在戰鬥中觀察敵軍，但效果令人沮喪，所以從此對陣雙方無人再予使用。（Picture Collection, The New York Public Library, Astor, Lenox and Tilden Foundations）

名暴動者。極少數暴動組織者被送上斷頭臺，芽月事件是現代社會革命的一次演習。

勝利的是資產階級，他們自制憲議會以來就在指導革命，即使在恐怖時期，他們的席位實際上也未被剝奪。但他們基本上還不是現代資本家類型的資產階級，即渴望藉由發展新工廠或新機器來創造財政利潤的資產階級。在熱月後，政治上的勝利者是舊社會意義上的「資產階級」，這些人一七八九年以前在舊制度下並不是有權勢者或貴族，但有著牢靠的地位，他們當中的多數是律師或官員，通常從土地所有權中獲取收入。現在革命中產生的新成分——暴發戶和新富翁——加入了他們的行列，這些人依靠戰時的政府合約賺了錢，或是透過通貨膨脹和廉價收購前教會的土地而獲取了利潤。這些人時常還聯絡原來的達官貴人，共同反對羅伯斯比爾派的德行，他們養成了一種好渲染與炫耀賣弄的生活作風，從而給新秩序帶來壞名聲。他們還發動一場反對雅各賓派的「白色恐怖」，使許多人横遭屠殺。

熱月黨人中儘管有少數人聲名狼藉，但是他們對革命沒有失去信心。他們把民主和紅色恐怖及暴徒統治聯繫在一起，但又仍然信仰個人的合法權利和一部書面憲法。當時的環境相當不利，國家仍不穩定，雖然國民公會分別與西班牙和普魯士簽訂了和約，但法國仍繼續與大不列顛和哈布斯堡帝國作戰。然而，國民公會的人員還是決定再做一次嘗試，以便建立憲法政府。他們擱置了一七九三年寫成的民主憲法（它從未使用過），而是制定了共和三年憲法，一七九五年底付諸實施。

憲政共和國：督政府，一七九五～一七九九年

督政府的弱點

稱爲督政府的第一個正式建立的法蘭西共和國，僅僅存在四年。它的弱點在於它是建立在極爲狹窄的社會基礎之上，並以某些軍事成就做爲先決條件。新憲法不僅適用於法國，而且適用於比利時，後者被認爲已按憲法程式併入法國，儘管哈布斯堡還未割讓「奧屬尼德蘭」，而英國人也還沒有改變反對法國占領的態度。一七九五年的憲法使共和國得到一個成功的擴張綱領。同時，憲法又限制了政治上活躍的階級。全體成年男子幾乎都被授予選舉權，但選民只能投票選舉「選舉人」，選舉人的資格與一七八九～一七九一年憲法所規定的大體相同。當選爲選舉人者通常都擁有某些財產，有可能拿出時間並願意參加公共事務，事實上這就是指中產階級的上層人士，因爲舊貴族對政府是不滿的。選舉人選出所有重要部門的官員，還選出全國立法議會的成員。此時議會

圖9-10　在革命最激進階段，斷頭臺是用來處死被判為共和國敵人的地方。起先採取此種被認為是最人道的處刑懲罰，後來成為革命暴力的永恆象徵，而且斷頭臺的受害者來自革命自身每個部分的人群。此插圖描繪了被斥責為反對自由的陰謀家羅伯斯比爾及其他四個人於一七九四年七月被送上斷頭臺的情景。（Bettmann/Corbis）

已分成兩院，下院稱爲五百人院，上院由兩百五十人組成，稱爲元老院（「元老」爲年滿四十以上者）。兩院選舉產生行政機構，稱爲督政府（整個統治制度都由此得名），由五名執政官組成。

政府就這樣按憲法落入城鄉富裕的有產者手中，但是，它的實際基礎仍然較狹窄。在熱月以後的反動時期，許多人開始認爲王朝正在復辟。國民公會爲了保護自己的成員，規定三分之二的成員一開始就要選入五百人院，而元老院必須由國民公會的前成員組成。這種對自由選舉的干涉在巴黎引起由保皇黨人煽動的嚴重騷亂，但是已經習慣於使用軍隊的國民公會命令當時恰巧在巴黎的一位名叫波拿巴的年輕將軍去鎮壓保皇黨暴徒。他使用「一點葡萄彈」鎮壓了他們。憲法共和國就這樣從一開頭就依賴上了軍隊的保護。

這個政權可說是左右樹敵。在右的方面，是公開的保皇黨人，他們在巴黎，甚至在兩院進行煽動。這些人一直不斷地與已故國王的兄弟普羅旺斯伯爵聯繫，將他看做路易十八（路易十六的兒子死於監獄，應稱路易十七）。路易十八住在義大利的維洛那，他在那裡領導著一個由英國人出錢大力資助的宣傳機構。在法國，復活君主主義最不利的障礙正是路易十八自己。一七九五年，在接受稱號時，他頒布了《維洛那宣言》，宣布他要恢復舊政權，並將懲罰所有捲入一七八九年以來革命的人們。據說波旁家族「什麼都沒有學到，什麼也沒有忘記」，這倒是完全正確的。如果路易十八在一七九五年提出他在一八一四年所提出的宣言，那麼可以相信，他在法國的黨徒有可能使他復辟成功，結束戰爭。事實上，大多數法國人並不完全追隨一七九五年建立的共和國，但是他們卻比較消極地依附於任何這樣的制度，只要它能夠排除波旁家族和前貴族，能夠防止重新把采邑制強加給他們，並且能夠使新土地所有者、農民和資產階級牢固地保有他們所購置的教會財產。

左派是由來自社會各階層的人組成的，他們仍然贊同革命早期所出現的更爲民主的思想。其中有些人認爲羅伯斯比爾的垮臺是巨大的不幸。一小部分極端主義者於一七九六年在巴貝夫[5]領導下，組成平等派密謀集團。他的意圖是推翻執政內閣，代之以一個稱爲「民主」的獨裁政府，廢除私有財產，宣布平等。由於這些思想以及他那積極的行動綱領，他一直被視爲現代共產主義的政治先驅。督政府不費吹灰之力便鎮壓了平等派密謀集團，巴貝夫和另一個人被送上了斷頭臺。與此同時，督政府完全沒有設法減輕下層階級的痛苦，後者並沒有追隨巴貝夫，但的確備受經濟蕭條和通貨膨脹的種種煎熬。

一七九七年的政治危機

一七九七年三月，在共和國政府主持下，法國舉行了前所未有的首次眞正的自由選舉。獲勝的候選人大部分是立憲君主派，或至少是曖昧的保皇黨人。五百人院和元老院內部似將發生有利於君主主義的均勢變化。包括弑君者在內的極大部分一七九三年共和黨人絕不能容忍這樣的現象，爲了防止它的出現，他們就是破壞憲法也在所不惜。由於其他原因，對拿破崙·波拿巴將軍來說，這也是不能容忍的。

波拿巴一七六九年生於科西嘉一個小貴族家庭，當時科西嘉剛併入法國不久。他就讀於軍事學校，並在波旁軍隊中任職，但在舊制度統治下，他從未取得高級軍銜。一七九三年，還是一個熱情的雅各賓派青年軍官的波拿巴在把英國人逐出土倫的戰役中起過有益作用，因而被恐怖時期政府委爲准將。一七九五年，如前所述，他通過驅散保皇黨人的示威遊行而爲國民公會效勞。一七九六年，他接受統帥一支軍隊的任務，並帶領這支軍隊在兩次輝煌的戰役中穿過阿爾卑斯山，將奧地利人驅逐出北義大利。波拿巴像其他將領一樣，擺脫了巴黎政府的控制，政府當時苦於財政困難而不能向他的部隊發放軍餉，或提供補給。他住在義大利，向當地徵用必需品，逐漸能夠自給和獨立存在，甚至實際上還使巴黎的文官政府依賴於他。

他建立起自己的外交政策。許多義大利人原已不滿他們的舊政府，以致法國共和軍的到來使北義大利陷入一場騷亂之中，威尼斯的各城市起事反對威尼斯，波隆那反對教皇，米蘭反對奧地利，而薩伏依君主國則遭到自己臣民暴動的威脅。波拿巴聯合這些革命者中的一部分人，同時抵制另一部分人，在波河流域建立起仿效法國體制的「西沙爾平」共和國，以米蘭爲首都。督政府原先大體上意欲將米蘭歸還給奧地利人，做爲奧地利承認法國人征服比利時的補償，但波拿巴堅持法國人應在比利時和義大利兩地都保持自己的勢力。因此，波拿巴需要在巴黎政府中有擴張主義的共和黨人，同時他還因一七九七年的選舉中保皇黨的勝利而感到煩躁不安。

奧地利人因在戰鬥中被波拿巴擊敗而與他舉行談判。在里爾和法國人舉行會談的英國人也在一七九六年和一七九七年討論了和約。戰況對英國不利，查理・詹姆斯・福克斯領導的一批輝格黨人經常公開對戰爭表示不滿，而親法和激進的共和黨人又十分活躍，致使英國政府在一七九四年暫時中止了人身保護法，此後可以任意監禁政治鼓動家。農作物歉收，麵包匱乏而昂貴。由於皮特一開始就以大筆貸款資助戰爭，並將大量黃金裝船運往大陸資助同盟國軍隊，導致英國備受通貨膨脹的折磨。一七九七年二月，英格蘭銀行暫停向平民支付黃金。饑荒威脅迫在眉睫，人民大眾焦慮不安，甚至艦隊也發生了兵變。愛爾蘭發生叛亂，法國人幾乎要派一支共和國軍隊在那裡登陸，人們似可想像，若有第二次的登陸嘗試便可能會更成功。英國人僅存的唯一盟友奧地利人已被波拿巴擊敗，而此時英國人又不能進一步資助他們。英國人有種種理由要締和。許多人都傾向滿足於殖民地的征服，把這場戰爭視爲十八世紀爭奪殖民帝國鬥爭的再現。

一七九七年夏季，和平的前景似乎是良好的，但是，正如通常那樣，這將是一種有條件的和平。法國保皇黨是和平派，因爲一個復辟的國王比較容易歸還共和國所征服的地區，而且無論如何也會放棄在荷蘭和波河流域的新共和國。法國政府中的共和黨人如果要議和，則是有困難的。他們按照憲法必然要保有比利時。他們正在失去對自己的將軍的控制。沒有誰能夠迴避這樣的關鍵問題：和平的代價是否高到如路易十八所許諾的，使舊制度得以恢復呢？

果月政變（一七九七年九月四日）一舉解決了上述許多爭端。這次政變是憲法共和國的轉捩點，並對整個歐洲具有決定性意義。督政府向波拿巴求援，波拿巴派遣他的一位將軍奧熱羅去到巴黎。當奧熱羅帶領一隊兵士出現時，立法團便宣布去年春天的大部分選舉無效。總的說來，是國民公會老共和黨人獲取了權力。他們辯護說，他們是在保衛革命，把路易十八和舊制度排除在外。但是，他們的行動違反了他們自己的憲法，竟然取消了法蘭西憲法共和國成立以來的第一次自由選舉。他們已經比過去更依賴軍隊了。

「果月」政變後，政府斷絕了和英國的談判。一七九七年十月十七日，政府與奧地利簽訂的《坎波福米奧和約》體現了波拿巴的思想。奧地利根據新條約承認法國人吞併比利時（前奧屬尼德蘭），承認法國人有權合併萊茵河左岸，承認在義大利建立的法國統治的西沙爾平共和國。做爲交換，波拿巴允許奧地利人合併威尼斯共和國和威尼斯的大部分陸地。

在隨後幾個月內，革命的共和主義在法國贊助下，一直擴展到義大利的大部分地區，創建了一些以傳統名稱命名的新共和國。古老的熱那亞貴族共和國變成法國模式的利古里亞共和國。在羅馬，教皇的世俗權力被廢除，建立起羅馬共和國。在南義大利，成立了那不勒斯共和國，又稱帕特諾珀共和國。同時，在瑞士，那裡的改革主義者與法國人合作建立了一個新的瑞士共和國。

在神聖羅馬帝國核心地區的萊茵河左岸，由現在必須撤出的許多德意志諸侯所占據。《坎波福米奧和約》規定，做爲補償，他們將得到萊茵河以東德意志的教會領地，而法國人則控制著領地的重新分配。德意志諸侯貪婪的目光轉向德意志的主教和修道院院長，而自《威斯特伐利亞和約》以來徒具莊嚴形式的已有近千年歷史的神聖羅馬帝國，已衰落到從事土地買賣或不動產投機事業的地步，這時法國則逐漸捲入德意志的領土重建當中。

1789～1804年大事年表	
1789年5月	三級會議在凡爾賽開幕
1789年6月	第三等級宣布自己組成國民議會
1789年7月	人群進攻和占領巴黎巴士底獄
1789年8月	國民議會頒布《人權和公民權宣言》，取消封建特權
1791年9月	新法國憲法建立立憲君主國
1791年4月	法國向奧地利和普魯士宣戰
1792年9月	新國民公會在巴黎召開；法蘭西成爲共和國
1793年1月	國王路易十六在巴黎被處死刑
1793～1794年	激進的革命與「恐怖統治」

1789～1804年大事年表	
1794年7月	羅伯斯比爾及其雅各賓盟友被處死刑
1795～1799年	督政府統治法國，並派軍隊在歐洲擴展革命共和主義
1799年11月	拿破崙·波拿巴在政變中奪取了權力
1799～1804年	拿破崙是稱爲「執政府」的法國政府的「第一執政」；法律被編纂爲《拿破崙法典》
1801年	拿破崙與羅馬天主教會達成宗教協定
1804年	法國成爲以拿破崙一世爲皇帝的帝國

一七九九年政變：波拿巴

果月政變後，把共和國繼續做爲一個自由政府或憲法政府的思想被拋棄了。曾經又出現過多次叛亂，舉行過多次無效的選舉，對左派和右派雙方進行過多次清洗。督政府變成一種無效的專政。它拒絕償付絕大部分指劵和債務，然而並沒有能夠恢復財政信用或財政穩定。游擊活動在萬代和法國西部其他地區再度爆發。宗教分立日益嚴重，督政府對倔強的教士採取了嚴厲的措施。

此時，波拿巴在等待時機成熟。他做爲勝利英雄從義大利凱旋歸來後，被任命爲正在整訓準備入侵英國的軍隊司令官。可是，他斷言這次入侵爲時過早，決定對埃及發動一次驚人的入侵，從而藉由威脅印度，間接打擊英國。一七九八年，他在以智取勝英國艦隊後，帶一支法國軍隊在尼羅河口登陸。埃及是鄂圖曼帝國的一部分，法國對埃及的占領使對中東抱有企圖的俄國人感到驚恐。奧地利人反對法國人對德國做出重新安排。在坎波福米奧條約簽訂一年半後，奧地利、俄國和大不列顛組成稱爲第二次反法聯盟。法蘭西共和國再次捲入一場全面戰爭。但是，這次戰爭不利於法國，因爲一七九八年八月，英國艦隊通過尼羅河（或者說阿布基爾）戰役的勝利，切斷了在埃及的法國軍隊。而一七九九年，俄國軍隊在蘇沃洛夫元帥率領下正往西一路開赴瑞士和北義大利作戰，那裡的西沙爾平共和國遭到覆滅。

波拿巴將軍的機會到了。他離開在埃及的軍隊，再次悄悄穿越英國艦隊，出人意外地重新出現於法國。他得悉執政內閣中的一些文職領導人正在策劃變革，其中包括西耶斯，他在十年前寫過《什麼是第三等級？》一書，後來的活動便不清楚了，不過他一直在國民公會有席位，並曾投票贊成處死路易十六。現在，他提出「信任來自下面，權力來自上面」的準則，即現在他所需要的是人民的默許和政府給予採取行動的權力。這個集團正在尋找一位將軍，他們看中了轟動一時的、年僅三十歲的青年波拿巴。由一名陸軍軍官實行專政，是與五百人院和元老院的大部分共和黨人的觀點相左的。波拿巴、西耶斯及其追隨者決定訴諸武力，實行霧月政變（一七九九年十一月九日），當時，武裝士兵把立法議員逐出了會議廳。他們宣布成立新形式的共和國，波拿巴得到執政稱號。共和國由波拿巴為第一執政的三名執政領導。

專制共和國：執政府，一七九九～一八〇四年

我們將在下一章專門闡述拿破崙・波拿巴時期的整個歐洲事務，本節的目的僅在於講述他如何在某種意義上結束了法國的革命。

碰巧，法蘭西共和國落到一位將軍的手中，也正是落到一位通常稱為天才的、具有卓越才能的人手中。波拿巴是一個地中海體型的矮黑男子，他若穿上平民服裝，絕不會給人留下什麼深刻印象。他舉止相當粗魯，脾氣暴躁，打牌作弊，喜歡擰痛別人的耳朵做為可怕的消遣，總之，他不是一位「紳士」。做為啓蒙運動和革命時代的人物，他不僅完全不受傳統思想的束縛，而且在道德方面也沒有什麼顧忌。他把世界看做是他能隨心所欲加以改變的東西。他得意地相信自己的命運，這種信念隨著歲月流逝，越發變得神祕莫測和不切實際。他主張聽從自己「命運」的安排。他的善和美的觀念較為呆板，但他是一個有著非凡智力的人，凡與他接觸過的人，對此都有深刻印象。有一次，當他任命他的繼子為義大利總督時，告誡道：「除非你知道你是房間裡最有才幹的人，否則絕不要開口。」如果他自己遵循這條格言的話，那就會越發讓他一個人高談闊論不休。他的興趣涉及一些基礎穩固的學科：歷史、法律、軍事學和公共行政管理。他的記憶力很強，頭腦極有條理，有一次他聲稱自己的頭腦好似一個抽屜櫃，能夠隨意開關，關上抽屜時就忘掉一切論題，打開時則馬上就可找到包含一切必需細節的材料。他具備與領導能力有關的種種專橫品性；他能迷惑和吸引那些傾向於追隨他的人。當時一些最高雅的人士，如德國的歌德和貝多芬，以及前革命領導人之一的拉薩爾・卡爾諾，最初都曾高度讚賞過他。他以其乾脆有力的演說、迅速果斷的決定，以及敏捷地抓住剛向他提出的各種複雜問題的要害，而博得人們對他的信任。他正是，或者似乎是在十年動亂後許多法國人所要尋找的那種人物。

在執政府時期，法國又回到開明專制主義體制，然而，波拿巴也許可以被認為是最後一位和最傑出的一位開明專制君主。新制度一開始無疑就是專制

的。由選出的機構組成的自治政府被無情地擱在一邊。波拿巴樂於承認人民的主權，但在他的思想中，人民這個君主，宛如伏爾泰的上帝一樣，他以某種方式創造了世界，此後就不再加以過問了。他清楚地了解到，當政府被認爲是代表整個國家時，它的權力就更大。霧月政變後幾週內，他確信通過制定一部書面憲法並且提交國民表決，即舉行「公民投票」，他便可以得到人民的授權。投票者可以接受，或者沒有結果。據官方報告，人民以三百零一萬一千零七票對一千五百六十二票的絕對多數接受了新憲法。

新憲法建立起一個虛假的議會體制。新憲法授予男性普選權，但公民只能選舉「賢人」；列入賢人名錄者，接著由政府任命擔任公職。賢人本身沒有權力，他們只不過有希望被任命官職。他們可以出席立法團會議，但既不能創議立法，也不能討論立法，只能安靜地表示反對或贊成。還建立起一個諮議院，討論和審議立法，但無權行使法律。另有一個保守的參議院，它有權任命名人擔任官職（美國術語爲「任命權」）。爲數衆多的飄搖於風暴中的弑君者，在參議院找到了避風港。新政府的主要機構是仿效舊制度的國務院，它起草重要立法，通常處於第一執政本人管轄之下，他總是事事都要過問。第一執政做出各項決議，管理國家。新政權並不公開代表任何人，這正是它的力量所在，因爲它沒有引起多大的反對。不論怎樣，上面所談的這一套政治機器很快也就廢而不用了。

波拿巴還通過允諾和取得和平而牢固地樹立了自己的地位。一七九九年底，由於俄國人實際上已退出對法戰爭，軍事問題變得簡單多了。在義大利戰場，波拿巴只需與奧地利人打交道，他再次越過阿爾卑斯山，在一八〇〇年六月馬倫戈戰役中又一次擊敗奧地利人。一八〇一年二月，奧地利人簽署《呂內維爾和約》，確認了《坎波福米奧和約》的各項條款。一年後的一八〇二年三月，波拿巴甚至與英國也達成了和平。

在國內也實現了和平。波拿巴維護國內秩序，部分是依靠一支祕密政治員警，但更重要的是通過強有力和集中的行政機器，其中由內務部長直接管轄的「地方行政長官」，牢牢地統治著制憲議會所建立的每一個行政區。新政府鎮壓了西部的游擊隊，把法律和稅收強加於不列塔尼和萬代。那裡的農民不再受強盜搶劫的恐嚇。革命時期造成的各個派別也開始得以安定下來。波拿巴提出大赦，除極少數人外，把各種各樣的流亡者都請回法國，有最初的貴族逃亡者，有共和派政變時期的難民和放逐者等等。波拿巴從各派中挑選明智人士，只要求他們爲他工作，並停止相互爭吵。他的第二執政康巴塞雷斯是恐怖時期的弑君者；第三執政勒布倫曾是路易十五時代莫普的同事。富歇出任警務部

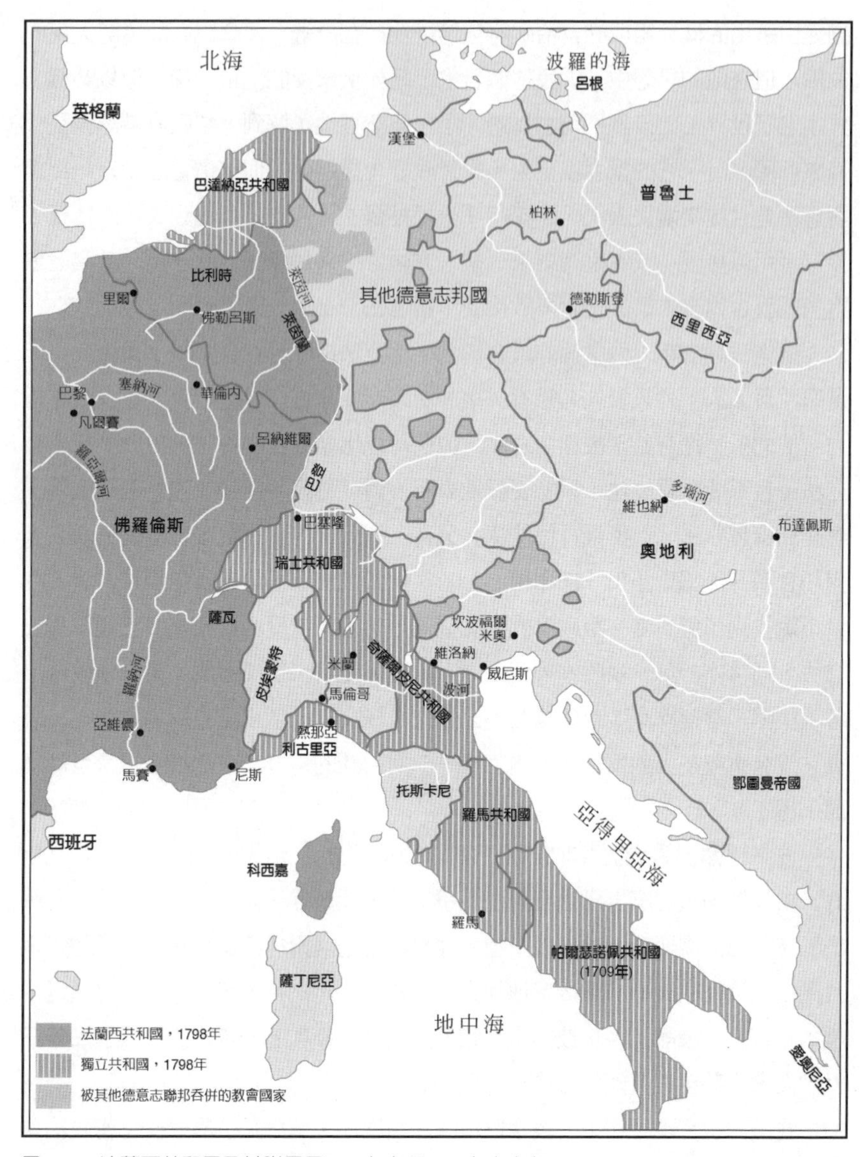

圖9-11　法蘭西共和國及其附屬國，一七九八～一七九九年

到一七九九年，法蘭西共和國已併吞了比利時（奧屬尼德蘭）和萊茵河以西的小的德意志主教轄區和公國領地。它還在當地同情者的支持下，於尼德蘭、瑞士和義大利大部分地區建立起了一連串革命性質稍弱的共和國。根據一七九七年法國和奧地利簽署的《坎波福米奧條約》，神聖羅馬帝國開始瓦解，因爲萊茵河左岸的各德意志諸侯（他們由於領地被併入法國而被逐出）開始將神聖羅馬帝國教會國家的領土做爲補償。拿破崙進一步推動了上述進展（見圖10-12）。

長，他原是埃貝爾分子和一七九三年的極端恐怖主義分子，曾經積極參與搞垮羅伯斯比爾的活動。一七八九年以前，富歇是一個不知名的資產階級醫學教授。塔萊朗任外交部長，恐怖時期他在美國過著安全的隱居生活，而他的信條（如果有的話），就是立憲君主國的那一套。一七八九年以前，塔萊朗是一個主教，出身於顯赫貴族門第，有一次他說，任何一個了解舊制度的人都能領會它曾是多麼的舒適啊。這一類人，在一八〇〇年後的最初幾年內，都願意忘卻過去，共同爲未來工作。

第一執政無情地鎭壓新秩序的擾亂者。確實，他曾製造恐慌，從而使他自己做爲新秩序的中流砥柱，而能更加受人歡迎。一八〇〇年耶誕節前夕，他在赴歌劇院途中險些被一枚當時人稱爲「餌雷」的炸彈炸死。炸彈是保皇黨人放置的，但波拿巴當時最害怕的是某些老共和黨人，因而竟聲稱那是一個雅各賓陰謀集團幹的勾當。於是，一百多名前雅各賓派再次遭到放逐。反之亦然，一八〇四年他過分誇大某些保皇黨人反對他的陰謀，入侵獨立的巴登公國，逮捕了與波旁家族有親戚關係的昂吉安公爵。儘管他知道昂吉安是清白無辜的，仍槍斃了他。當時波拿巴的目的是要借波旁家族的鮮血來取悅老雅各賓派。富歇和其他弒君者曾經斷言，只要波拿巴在位，他們就是安全無虞的。

與教會的和解；其他改革

除掉最堅定的保皇黨人和共和黨人以外，與其他各方面的和解，由於已經有了和教會的言歸於好，就變得容易多了。波拿巴本人是十八世紀的純理性主義者。他認爲宗教是一種便利手段。在埃及時，他曾大肆宣揚自己是一個穆斯林；在法國，則說自己是一個天主教徒；而在巴黎學院的教授當中，他又成了一個自由思想者。然而，天主教信仰的復興已在轟轟烈烈地展開，他看到了天主教的重要性。倔強教士是激勵各類反革命的精神力量。有一次波拿巴說：「英國資助的五十名逃亡主教，領導著今天的法國教士。他們的影響必須予以肅清，爲此我們需要教皇的權威。」他不顧老雅各賓派討厭的強烈抗議，在一八〇一年與梵蒂岡簽訂了宗教事務協定。

雙方都從和解中獲得好處。革命前的法國教會的自治權結束了。教皇接受了免去法國主教的權力，因爲在分裂癒合之前，立憲主教和倔強主教雙方都必須辭職。立憲教士，即革命的教士，要受羅馬教廷教規的約束。某些如在街上列隊行進的公開天主教禮拜儀式，再次得到允准。教會神學院也再次被允許存在。但是，波拿巴與革命繼承人得到的利益更多。教皇由於簽訂了宗教事務協定，事實上也就承認了共和國。梵蒂岡同意不對前什一稅和前教會土地提出異議。前教會財產的新所有者就這樣取得了完全的所有權。對亞維農也沒有再提出異議，這是前教皇在法國內地的一塊飛地，一七九一年併入法國。教皇派出的談判者沒有能夠取消宗教信仰自由。波拿巴要做出的讓步就是宣布天主教是法國多數人的宗教，這一條純係既成事實，於事無損。做爲對教士喪失什一稅和其他財產的補償，他們被保證從國家獲得薪水。但是，爲了消除人們會有國教的想法，波拿巴把新教各派的牧師也列入國家受僱人員名單。因此，他在一些關鍵方面擊敗了梵蒂岡。同時，波拿巴僅僅通過與羅馬簽訂一項協定，就解除了反革命的武裝。不能再說共和國是不信神的了。由於波拿巴和教皇不久就發生爭執，良好關係的確未持續多久，但是，事實表明宗教事務協定的各項條款卻是持久的。

圖9-12　在屢次取得反對歐洲各列強的戰鬥勝利後，拿破崙形成了他自己的雄偉理想，擴展了法蘭西帝國的權力。雅克一路易·大衛此畫完成於一八〇六年。這位曾描繪過《網球場誓約》和巴黎平民面貌的年邁革命者，在這裡呈現了拿破崙的理想化形象，這位年輕的共和國英雄於一八〇〇年跨越阿爾卑斯山，取得馬倫戈戰役的勝利。（Giraudon/Art Resource, NY）

隨著和平與秩序的建立，執政府的建設工作就轉向法律和行政領域。第一執政和他的顧問們將他們認爲的革命時期和舊制度時期最好的東西通通結合了起來，現代國家的形態就清晰地呈現了出來。它與封建制度事事相反。所有的公共權力都集中在支領薪金的政府代理人手中，除國家權力外，誰也不受任何法律權力的支配，政府的權力同樣屬於全體人民。不再存在等級、法定的階級、特權、地方特許權、世襲職務、行會或采邑。法官、官員和軍官領取特別薪金。無論軍銜還是文職都不能買賣。在政府部門工作的公民，不論其財產和出身，只能根據他們的能力加以提升。

這就是「任人唯賢」的學說，正是資產階級在革命以前所要求得到的，同時少數出身十分卑賤的人也能從中得益。對舊貴族的子弟來說，這意味著光靠門第已不行了，他們必須表現出個人的能力，才可謀得職業。資格開始日益取決於教育，爲了替政府部門和專門職業培養青年，中等學校和高等學校在這些年內進行了改組。設立了獎學金，但主要是中等階級的上層受益。事實上，教育在法國，以及一般說來在歐洲，都已開始成爲社會地位的重要決定因素。存在著兩種教育制度，一種是爲那些能在學校花費十二年或更長時間的人設立的，另一種則是爲在十二歲或十四歲時就要加入勞動大軍的孩子們設立的。

法國人民提出的比爭取選舉權更進一步的另一個要求，就是在公共財政和稅收上要更加合理、更加有規則和更加節約。執政府也滿足了這些要求。因爲出身、地位和特殊安排而豁免稅收的現象已不存在。每個人都應納稅，於是納稅不再是不光彩的事情，而且很少有人偷稅。原則上，這些變革是一七八九年就開始採取了，但一七九九年後才開始起作用。政府在這十年中首次眞正收到它應徵收的稅金，從而得以合理地規劃財政事務。還整頓了支出，改善了計算方法。不再存在雜亂無章和五花八門的不同「基金」，原先各類官員只要需要錢，便可獨自大膽地領取這些基金。如今財政管理集中在財政部，甚至採取了預算形式。革命造成貨幣價值的變化無常狀態也停止了。由於督政府承擔了拒兌紙幣和政府債務的惡名，執政府就能建立一個健全的通貨和公共信貸制度。爲了協助國家籌措資金，舊制度時期的一個銀行復了業，並建成法蘭西銀行。

波拿巴像所有開明專制君主一樣將法律編集成典，《拿破崙法典》是自羅馬人各種法典以來最著名的法典。除了舊制度時期的三百種法律和衆多的皇家法令外，還增加許多業已頒布、但革命議會很少執行的法律。共編成五部法典，即《民法典》（通常簡稱爲《拿破崙法典》）、《民事訴訟法典》、《刑事訴訟法典》、《商法典》和《刑法典》。這些法典使法國在法律上和司法上統一起來。它們保障法律平等，所有法國公民擁有同樣的公民權利。法典系統地闡述了新的財產法，還提出了契約、債務、借貸、股份公司以及類似情況（如有關建立合法的私人企業經濟結構）的法律。法典重申了以前各屆政府禁止組織工會的法令，並嚴厲對待勞動者個人，他們反對雇主的言詞在法庭不予採納，這就嚴重違背了法律面前平等的原則。刑法典在授予政府偵查犯罪的手段方面，規定得較寬，而在給予個人爲免受法律指控而採取的手段方面，卻規定得較嚴。至於家庭，法典承認世俗結婚和離婚，但只給予妻子極爲有限的財產權，而父親對未成年的子女擁有很大權力。法律體系還把所有家庭關係中的家長制編成法典。法典反映了舊制度時期法國人生活的不少方面。法典還把一向都存在的法蘭西特徵固定了下來，這就是社會方面的資產階級、法律方面的平等主義和行政方面的官僚主義。

在法國，革命隨著執政府的誕生而告結束。如果說，革命的最高願望未曾實現，至少舊制度最惡劣的弊病已經糾正。革命受益者感到安全。即使以前的貴族也正在振作起來。歷屆革命政權統治時期屢遭挫折的工人階級運動，目前已從政治舞臺消失，三十年以後才以社會主義面目重新出現。一七八九年時第三等級最需要的東西，除去議會制政府，目前都已編成法典，得到實施。經過十年的動亂，許多人都願意暫時放棄議會制政府。此外，一八〇二年，法蘭西共和國與教皇、大不列顛，以及所有的大陸國家都處於和平狀態。法國的勢力已達到萊茵河，並在荷蘭和義大利擁有附屬的共和國。第一執政如此身負眾望，以致在一八〇二年通過又一次公民投票，當選爲終身執政。一八〇四年，再次由公民投票批准的新憲法，宣布「將共和國政府委託給一位皇帝」。執政府變成帝國，而波拿巴則以法國皇帝拿破崙一世的姿態出現於世。

但是，法國，在國內已不再是革命的，在邊界以外卻仍然是革命的。拿破崙成爲引起歐洲貴族恐懼的人物。他們稱他爲「雅各賓」。而且，由拿破崙統治並且用做武庫的法國，是一個無比可怕的國家。即使在革命前，法國就已擁有歐洲最多的人口、可能是最富裕的、在科學事業和智力領導方面也處於前列。如今所有舊的障礙，如特權、免稅、地方主義、排他性的特權等級等等全都消失了。新法國能開發公民的財富，不論出身而任用有才能的人。拿破崙誇口說，每一個士兵在他的背囊內都攜帶一根元帥的短杖。法國人對那些受社會等級支配的對手們是不屑一顧的。公民平等的原則結果表明，它不僅具有正義的號召力，而且在政治上也是有用的。這種原則，再加上法國的資源，依仗著多年內一直勢不可擋的一支大軍，猛烈地衝擊著歐洲。

第十章

拿破崙時代的歐洲

自從巴士底獄被攻陷以後，整個歐洲都感受到法國大革命的影響，在一七九二年戰爭爆發與共和國軍隊跟著又獲勝之後，歐洲的感受甚至更明確了。而在共和國的將軍波拿巴變成爲法國皇帝、義大利國王和萊茵邦聯的保護人拿破崙一世之後，這種影響尤爲明顯。拿破崙比此前任何歐洲統治者都更接近於要給歐洲大陸強加上一個廣大的政治統一體。儘管他的帝國不到十五年就土崩瓦解了，但他的歷次軍事戰役和政治上的飛黃騰達，既改變了歐洲各國的國際關係，也使歐洲各個不同的民族內部發展情況發生變化。法國對其他國家的影響，雖說是依靠軍事上的勝利，倒也表明並不僅僅是強迫人們俯首屈從。在法國是透過革命而產生的某類革新措施，傳入別的國家便是依靠政府發布命令來實施的。有好幾年，德意志人、義大利人、荷蘭人和波蘭人曾和法國皇帝合作，引入他所要求的、同時也是他們自己屢屢希望的變革。在普魯士，正是對拿破崙的反抗激發了國內的改組，並促進了一種新的德意志民族主義的產生。不論是通過合作還是反抗，歐洲發生變化了。

把一七九二～一八一四年的戰爭看做一次「世界大戰」是合適的，因爲它確屬世界性戰爭，影響所及不僅是整個歐洲，而且遠至拉丁美洲一些地方（那裡開始了獨立戰爭）和北美內陸，那裡，美國在一八〇三年買下路易斯安那，並企圖於一八一二年占領加拿大。但重要的是要認識到這次世界大戰實際上是一連串的戰爭，大多數的戰爭是短促和個別的。只有英國，除一八〇二～一八〇三年和法國有約一年的和平以外，一直在和法國作戰。直到一八一三年以前，英國、奧地利、俄羅斯和普魯士這四個歐洲大國從沒有同時在戰場上和法國打仗。

如果歐洲各國政府只是爲保衛它們自己而抵抗從事侵略的法國，那麼，拿破崙時代的歷史就簡單多了。可是，它們各自就本身說來都像拿破崙那樣，也是生氣勃勃、謀求擴張的。經過幾個世代，英國已經建立起一個商業帝國，俄羅斯正向波蘭和土耳其推進，普魯士正在鞏固它的領土並力爭成爲德意志北部的領袖。奧地利較不那麼咄咄逼人，然而奧地利人並非沒有在德意志、巴爾幹和亞得里亞海稱霸的夢想。在拿破崙年代，所有這些野心一個也沒有收斂過。追求各自目的的各國政府，既十分願意和拿破崙聯盟，也願意與他作戰。它們只是在一再被激怒之後，才逐漸地得出結論，他們的主要利益是徹底收拾掉這位法國皇帝。

法蘭西帝國體系的形成

第一次和第二次反法同盟的瓦解，一七九二～一八〇二年

各國彼此相左的目的從法國革命一開始就很明顯。奧地利的利奧波德在一七九一年發表「皮爾尼茲宣言」的時候就已認爲，建立一個全歐洲的反法同盟是不可能的事。當一七九二年組成第一次同盟時，奧地利和普魯士都把它們的主要兵力保持在東歐，因爲在波蘭問題上，它們彼此之間的恐懼和對俄國的恐懼，要比對法蘭西革命共和國的恐懼更大。果然，第一次同盟的主要成就是瓜分波蘭，消滅波蘭國。

一七九五年法國人拆散了這個同盟。英國人把他們的軍隊撤出大陸。普魯士和西班牙各自與法國單獨媾和。波旁王朝的西班牙因自身利益的戰略而不顧一切思想體系和原則，與那個曾把路易十六送上斷頭臺並不讓路易十八恢復王權的法蘭西共和國結成聯盟。西班牙僅僅是由於仇視英國而回歸十八世紀的模式，和法國結了盟。英國占領直布羅陀，它的海軍在地中海耀武揚威以及它對待西班牙帝國的態度，都使西班牙政府感到不安。在奧地利於一七九七年簽署《坎波福米奧和約》之後，第一次反法同盟就完全煙消雲散了，只有英國海軍仍在與法國作戰。

一七九九年第二次同盟也不見得好多少。在英國艦隊於尼羅河戰役打敗法國艦隊，切斷在埃及的法軍去路之後，俄國人看到他們在地中海的野心主要是受到英國人的阻礙，於是就從西歐撤走蘇沃洛夫的軍隊。奧地利於一八〇一年接受了《呂內維爾和約》，第二次同盟遂告解散。一八〇二年英國簽署了《亞眠和約》。這是從一七九二～一八一四年間歐洲各強國沒有互相交戰的唯一一段時間。

和平間歇時期，一八〇二～一八〇三年

從沒有一個和約像一八〇二年和約那樣，對法國如此有利。可是波拿巴對這次和平也不放過。他像利用戰爭一樣的利用和平來謀取他的利益。他派遣一支相當大的軍隊到海地去，表面上是去鎭壓杜桑·盧維杜爾和海地進行的軍事戰役，建立一個獨立的共和國。但派遣這支軍隊還有更深一層的意思（因爲路易斯安那已於一八〇〇年由西班牙割讓給法國），就是想要恢復法國在美洲的殖民帝國。他把西沙爾平共和國改組成爲一個「義大利」共和國，由他自己任總統。他改組了瑞士共和國，使他自己成爲瑞士聯邦的「調停者」。他改組了德意志，也這就是說，他和他的代理人密切監視著德意志人從一七九七年以來

就在進行的領土調整。

根據《坎波福米奧和約》，在萊茵河左岸的德意志諸侯，因領土被併入法蘭西共和國而喪失國土者，可在萊茵河右岸獲得領土。這個結果引起一場爭先恐後的爭奪，愛國的德意志歷史學家把這稱之爲「諸侯們的恥辱」。德意志的統治者們，非但不反抗波拿巴或維護任何民族利益，反而拚命地搶著吞併德意志領土，各自都行賄和討好法國人（塔萊朗在這個過程中撈到一千多萬法郎），以爭取法國人的支持，去反對別的德意志諸侯。神聖羅馬帝國遭到德意志人自己的致命破壞。帝國大多數的教會封地和五十一個自由城市中的四十五個城市都相繼消失，被鄰近較大的邦所吞併。神聖羅馬帝國的邦國數目大大減少。普魯士、巴伐利亞、符騰堡和巴登各自鞏固和擴大它們自己的領土。這些安排在一八〇三年二月獲得帝國議會的批准。這些擴大了的德意志邦國，這時依靠波拿巴來維持它們的新地位。

第三次同盟的形成，一八〇五年

一八〇三年，英法之間再度爆發戰爭。波拿巴與美洲的交通往來受到英國海軍的威脅，他在海地的軍隊有很多人因爲疾病和與海地獨立運動作戰而死亡，因而他暫時擱下重建一個美洲帝國的念頭，並且把路易斯安那賣給美國。英國開始尋求盟國以組織第三次反法同盟。一八〇四年五月，拿破崙稱帝，以確保他的制度世代相傳下去，雖然這時他還沒有兒子。奧地利的法蘭西斯二世眼看著神聖羅馬帝國日趨瓦解，就於一八〇四年八月宣布成立奧地利帝國。他由此推進了使這個多瑙河君主國一體化的漫長過程。一八〇五年，奧地利與英

圖10-1　杜桑・盧維杜爾，一手握劍，一手拿著文件，象徵他的獨立精神，他領導政治和軍事運動，創建了一個海地新共和國。雖然杜桑本人被捕，並被押送往法國的監獄（一八〇三年他死於獄中），但法軍在海地戰敗，使拿破崙放棄了建立美洲帝國的計畫，並把路易斯安那賣給美國。（Library of Congress）

國簽訂了盟約。由於俄羅斯沙皇亞歷山大一世登基，第三次同盟就齊全了。後來，亞歷山大在拿破崙本人之後，成為歐洲政治舞臺上最重要的人物。

亞歷山大是凱薩琳女皇的孫子，她按照十八世紀的模式教育他要成爲一位開明專制君主。他童年時代的瑞士教師拉哈普，後來在一七九八年的瑞士共和國中變成一位親法國的革命者。一八〇一年，亞歷山大二十四歲那一年，藉由一次與他有牽連的殺他父親保羅的宮廷政變，成爲沙皇。他仍然和拉哈普通信，他周圍有一批來自各國的懷有自由思想的熱誠青年，其中最突出的一位是波蘭青年札托里斯基。亞歷山大把不久以前瓜分波蘭一事看做一樁罪行。他希望恢復波蘭的統一，由他自己出任波蘭的立憲國王。在德意志，許多最初曾熱烈歡迎法國革命但又已感到幻滅的人，開始向這位開明的新沙皇歡呼，把他當做德意志的保護人和未來的希望。亞歷山大認爲自己是在一個變動的年代中支配歐洲命運方面可以與拿破崙匹敵的人。他有道德觀念，而且自以爲是，這使歐洲的政治家們感到迷惑不安，他們透過他仁慈高尙的共和主義言論，普遍地認爲，他或是歐洲所有的「雅各賓派」備受尊崇的領袖，或是人們很熟悉的俄羅斯擴張的幽靈。

圖10-2　拿破崙與俄國的亞歷山大一世在涅曼河上會晤，結果訂立了一項同盟條約，並建立了大陸封鎖體系。這項新的制度是針對英國的，但是亞歷山大不久就對這個英俄貿易的限制產生反感。他退出大陸封鎖體系的行動，激發了拿破崙一八一二年對俄國的災難性入侵。〔Rare Book Collection, University of North Carolina-Chapel Hill (Hoyt IC-187)〕

然而，亞歷山大和他的同時代人比較，更具有一種國際集體安全與和平不可分性的概念。當拿破崙於一八〇四年為了抓到昂吉安公爵而粗暴侵犯了巴登的主權時，亞歷山大感到很震驚。他宣稱，歐洲的爭端很清楚是法律與武力之間的爭端，即兩個社會之間的爭端，一個是每個成員國的權利都由於國際協定和組織而得到保證的國際社會，另一個是所有的成員國都在這位法國篡權者所體現的不講原則和征服統治面前發抖的社會。

亞歷山大因此願意和英國一起參加第三次同盟。他把自己想像成中歐未來的仲裁者，同時還對鄂圖曼帝國和地中海做了祕密策劃，遂於一八〇五年四月和英國簽訂了一項條約。英國人同意俄國人每出十萬名士兵便付給其一百二十五萬英鎊。

第三次同盟，一八〇五～一八〇七年：《提爾西特和約》

同時，拿破崙自從一八〇三年又和英國重啓戰端以後，已經在為入侵英國做準備。他在英吉利海峽集中大量兵力，還有幾千條帆船和駁船，讓部隊進行登船和登陸兩棲作戰訓練。他的推論是，假如他自己的艦隊能夠把英國艦隊牽制住幾天或削弱它，他就能把足夠的軍隊運上這個無防禦的海島，迫使它投降。英國人感覺到非常危險，沿著海岸布滿了瞭望臺和信號塔，並且開始訓練一支本土防衛部隊。同盟的主要對抗防衛力量有兩個部分：即奧地利－俄羅斯的軍隊和納爾遜指揮的英國艦隊。一八〇五年夏天，俄國和奧國的軍隊向西推進。拿破崙在八月減輕了對英國施加的壓力，從海峽抽調七個軍團轉向多瑙河上游。十月十五日，他在巴伐利亞的烏爾姆包圍了奧地利一支五萬人的部隊，迫使它沒有抵抗就投降了。十月二十一日，納爾遜勳爵在西班牙海岸的特拉法爾加海角海面上，俘獲並殲滅了法國和西班牙聯合艦隊的主要艦隻。

特拉法爾加海戰為英國海軍建立了一百多年的霸權地位，但這是要以拿破崙未能控制歐洲大陸的事實為條件的，因為歐洲大陸會為他最後建成一支比英國更強大的海軍提供一個廣大的基地。而控制歐洲正是拿破崙當時著手要做的事。他率領部隊從烏爾姆向東推進，在摩拉維亞突然襲擊俄國和奧國的軍隊，十二月二日他在那裡取得了奧斯特利茲大捷。俄國殘餘部隊退入波蘭，奧國則締結和約，根據《普雷斯堡條約》，拿破崙從奧地利取得威尼斯地區（這是他於一七九七年讓給奧地利的），並把它併入他的義大利王國（以前的西沙爾平和義大利共和國），這個王國此時已包括羅馬以北的義大利一大片地區。威尼斯和的里雅斯特立即響起造船工的鐵錘聲，他們正在為拿破崙重建艦隊。在德意志，法蘭西皇帝早在一八〇六年就把巴伐利亞和符騰堡提升到王國的地位，把巴登提升到大公國的地位。神聖羅馬帝國最終正式地、無可挽回地解體了。拿破崙開始把他的德意志附庸國組成新的德意志聯邦，即萊茵邦聯，以取代帝國，他自己擔任這個邦聯的「保護人」。

普魯士在和法國保持十年和平之後，曾拒絕參加第三次反法同盟。而在奧斯特利茲戰役後，拿破崙控制德意志的計畫已越來越清楚，普魯士的主戰派已壓制不住，普魯士政府被哄得頭腦發熱，昏頭昏腦，孤立無援地對法國開了戰。法軍於一八〇六年十月在耶拿之戰和奧爾施泰特之戰擊潰了著名的普魯士陸軍。法國騎兵所向無敵地馳騁整個北德意志。普魯士國王和他的政府逃到東部柯尼斯堡，以爲在那裡的沙皇和重新組編的俄國軍隊會保護他們。但是，這位可怕的科西嘉人也同樣追擊俄軍。他率軍穿過波蘭西部，進入東普魯士，和俄軍遭遇，先是在埃勞打了一場並非決定性的血戰，然後於一八〇七年六月十四日，在佛里德蘭打敗了俄軍。亞歷山大當時不願退回俄國。他對自己的人力物力資源沒有把握；如果本國遭到入侵，可能會發生貴族叛亂，甚或農奴叛亂，因爲人民對十八世紀七〇年代農奴大叛亂記憶猶新。他也害怕這樣做只是對英國人有利。因而他把一八〇四年的戰爭目標擱在一旁，表示願意和拿破崙談判。第三次同盟已走上前兩次同盟的道路。

法蘭西皇帝和全俄羅斯的專制君主就在涅曼河的一艘木筏上進行私人會晤，涅曼河離普魯士與俄羅斯的邊界不遠，正如得意洋洋的拿破崙開心地設想的一般，那是文明歐洲最東端的邊界。倒楣的普魯士國王佛烈德里克・威廉三世在岸上神經質地踱來踱去。波拿巴想方設法去打動亞歷山大，抨擊英國是歐洲一切糾紛的製造者，並以他拉丁人奔放的想像力使亞歷山大神魂顛倒；他向亞歷山大展現了做爲東方皇帝的無限天命，暗示俄羅斯的前途是朝土耳其、波斯、阿富汗和印度的方向發展。會談的結果是一八〇七年七月訂立《提爾西特條約》，這從很多方面來說是拿破崙的最高成就。法蘭西帝國和俄羅斯帝國結成同盟，主要是反對大不列顛。這個同盟在表面上維持了五年，亞歷山大承認拿破崙爲西方的皇帝。至於普魯士，拿破崙命令他的軍隊繼續占領柏林，奪走普魯士在易北河以西的全部領土，把這些地方和從漢諾威取得的另一些地方合併起來，成立一個新的威斯特伐利亞王國，這個王國也成了他的萊茵邦聯的一部分。

大陸封鎖體系和西班牙戰爭

在以法俄聯盟爲基礎的「大陸和平」幾乎剛剛建立起來，拿破崙就開始遇到嚴重的麻煩了。他一心想使英國人就範，可是英國人安安穩穩地住在他們的海島上，看來不是他力所能及的了。因為法國海軍在特拉法爾加遭到慘敗，在可預見的將來是沒有入侵英國的可能性的。拿破崙因此轉向經濟戰。他要用陸上的力量來和海上的力量作戰，運用他對大陸的政治控制，不讓英國貨輸入，並不准英國船隻出入歐洲各港口。他要在英國對歐洲出口方面摧毀英國的貿易，這種出口包括英國產品的出口，以及英國人把來自美洲和亞洲的貨物做有利可圖的再出口。他希望因此摧毀英國的商業公司並造成商業的嚴重蕭條，顯示出貨棧存貨積壓，失業不斷出現，銀行倒閉，貨幣貶值，物價上漲，以致最後產生革命運動。而英國政府同時就會喪失得自關稅的歲入，從而感到不能承擔龐大的國家債務，或無法從它的臣民再借到資金，或無力再給歐洲的一些國家的軍隊以財政補助。耶拿戰役之後，拿破崙於一八〇六年在柏林頒布了「柏林敕令」，禁止與他結盟的或附屬於他本人的歐洲任何地區輸入英國貨物。他就這樣正式建立了大陸封鎖體系。

拿破崙認為，為使大陸封鎖體系起作用，必須使這個體系毫無例外地推行於整個歐洲大陸。一八〇七年，他根據《提爾西特條約》，要求不論俄國或普魯士也都得遵循這個體系。兩國同意排斥一切英國貨物；事實上，在之後的幾個月裡，俄羅斯、普魯士和奧地利都向英國宣戰。拿破崙於是命令丹麥和葡萄牙兩個中立國也遵循這個體系。丹麥是整個中歐的貨物重要集散地，而英國人害怕丹麥順從拿破崙的命令，就派出一支艦隊到哥本哈根，炮轟這個城市四日，並俘獲了丹麥艦隊。遭到侮辱的丹麥人於是就和拿破崙結盟，並參加了大陸體系。葡萄牙長期以來是英國的一個附庸國，它拒絕服從命令；拿破崙就攻入葡萄牙。為了控制從聖彼得堡到的里雅斯特的整個歐洲海岸線，他這時只要控制住西班牙的港口就行了。運用一系列欺騙手段，他使得西班牙波旁王室的查理四世及其子費迪南都放棄了王位。一八〇八年，拿破崙讓他的哥哥約瑟夫當了西班牙國王，並派出一支很大的法國軍隊去加強約瑟夫的力量。

他就這樣使自己陷入一場永遠無法擺脫的困境。西班牙人把拿破崙的士兵看做褻瀆教堂、不敬神的惡棍。兇猛的游擊隊向法國人開戰。一方的殘酷行為遭到另一方的兇暴報復。英國人從他們不大的正規軍中派出一支遠征軍，最後由威靈頓公爵率領，前往支援西班牙游擊隊；由此而引起的半島戰爭拖了五年。但從一開始，事情就對拿破崙不利。一八〇八年七月，一位法國將軍在拜倫談判有條件的投降，未經戰鬥就交出一個軍團，這是自法國大革命以來第一次發生的這類事件。八月，另一支法軍投降在葡萄牙的英軍。這些事件在歐洲其他地方燃起了希望。一場反法運動席捲了德意志。在奧地利，人們也有強烈的反法情緒，哈布斯堡政府並未因三次戰敗而有所畏懼，並且還希望領導一場全德意志民族的抵抗運動，著手準備一七九二年以來第四次的反法戰爭。

奧地利解放戰爭，一八〇九年

一八〇八年九月拿破崙在薩克森的埃爾富特召集一次大會。他的主要目的是要和結盟已一年的亞歷山大會談；但是他把許多附庸國君主也召集來了，希望借衆多君主的列席能鎮住沙皇。他甚至命令當時最著名的演員塔爾馬在埃爾富特劇院「滿座帝王」之前演出。亞歷山大不爲所動。他在一個敏感的問題上受到傷害，因爲拿破崙在幾個月之前已在著手重建一個波蘭人的國家，即建立所謂「華沙大公國」。他發現拿破崙儘管在提爾西特誇口許願，實際上不願意支持他向巴爾幹擴張。此外，亞歷山大還得到拿破崙的外交大臣塔萊朗的支持。塔萊朗已得出結論，認爲拿破崙非分妄爲、要導致失敗，並且也祕密地對沙皇這麼說，勸告他等待著。塔萊朗就這樣扮演叛徒的角色，背叛了這個他表面上效忠的人，並且在拿破崙垮臺前爲自己準備了一個安全的位置；但他的行爲也像民族主義興起之前的舊制度中貴族的行爲，他把自己的國家只看做整個

圖10-3　一八〇八年五月十三日

作者：法蘭西斯科・德・戈雅（西班牙人，一七四六～一八〇八年）

法軍對西班牙的軍事占領遭遇了堅決抵抗，法軍面對抵抗所犯下的種種暴行，正如戈雅在這幅描繪半島戰爭的圖畫中反映出的殘酷情景。（Erich Lessing/Art Resource, NY）

歐洲的一部分，認爲幾個部分之間的平衡是很必要的，並堅持認爲，只有把法國權力過大的地位予以縮小，和平才有可能。因爲法國和俄國這兩個最強大的國家聯合起來反對其他所有的國家，已違反舊外交的一切原則。

奧地利在一八〇九年四月宣布進行一場解放戰爭。拿破崙沿著熟悉的路線迅速進軍維也納。受恩於這位法國人的那些德意志諸侯們不願意參加一場全德意志反拿破崙的戰爭。亞歷山大站在一旁注視著。拿破崙在七月打贏了瓦格拉姆戰役。十月，奧地利就求和。一八〇九年短暫的戰爭結束了。這個多瑙河君主國絕不是像它看起來那麼虛弱，在第四次敗於法國人之手後，並沒有發生國內革命或發生不忠於哈布斯堡王室的事，因而得以維持下來。爲懲罰它，拿破崙從它手中奪去一塊相當大的領土，奧屬波蘭部分被用來擴大拿破崙的華沙大公國，南部的達爾馬提亞、斯洛維尼亞和克羅地亞等的部分地區被建成一個新設置的地區，被拿破崙稱之爲伊利里亞諸省。

拿破崙鼎盛時期，一八〇九～一八一一年

接下來兩年是拿破崙帝國最強盛的時期。在奧地利，一八〇九年戰敗後，主持外交事務之權落入一個人手裡，並由他掌管了四十年。這個人的名字是克萊門斯・馮・梅特涅。他是來自萊茵河以西的德意志人，祖傳的領地被法蘭西共和國所併吞，但他已爲奧地利效勞，甚至娶了考尼茲的孫女爲妻，考尼茲是一位老式的從事隨機應變外交的人，梅特涅本人這時變成這種外交的模範。奧地利曾經一再受到拿破崙的屈辱，甚至遭到瓜分，特別是一八〇九年的條約更是如此。但是，梅特涅並不是懷著怨恨心情去進行外交活動的人。他認爲對於一個位於多瑙河流域的國家來說，俄羅斯才眞是一個持久存在的問題，明智的辦法是恢復與法國的友好關係。在一八〇九年短暫的戰爭之前，梅特涅曾任奧地利駐巴黎的大使，他個人和拿破崙很熟，很願意和拿破崙相處。

這位法蘭西皇帝在一八〇九年已經四十歲，他爲無子嗣一事日益感到擔憂。他已建立一個宣布爲世襲的帝國，然而他還沒有繼承人。約瑟芬是他年輕時娶的妻子，比他大六歲，他們之間早已不再有什麼感情，乃至不存在相互的忠誠關係。他在一八〇九年和她離了婚，儘管她因與前夫生過兩個孩子而當然地抗議說，拿破崙無子嗣不是她的過錯。他想要娶一個年輕的女人爲他生育子孫後代，他也想要舉行一次豪華壯觀的婚禮，爲他自己，一個靠自己發跡的科西嘉軍官，爭得歐洲貴族所能給予的最高的和獨一無二的承認。他在哈布斯堡家族和羅曼諾夫家族之間，即在一位公主和一位女大公之間考慮究竟選擇誰。在彼得堡巧妙進行的關於向亞歷山大的妹妹提婚的可能性問題的探詢，遭到了

巧妙的拒絕；沙皇暗示，他的母后絕不會同意。俄國的聯盟關係再次表明是有限度的。拿破崙被迫投入梅特涅的懷抱，亦即瑪麗・露易絲的懷抱。她是奧地利皇帝的十八歲的女兒，也是另一位「奧地利女人」瑪麗・安東尼的侄女。他倆在一八一〇年結婚，一年之內她爲他生了個兒子，拿破崙封他的兒子爲「羅馬王」。

拿破崙擺出無比豪華莊嚴的帝王氣派。由於婚姻關係，這時他已成爲路易十六的侄女婿。他對舊制度的貴族顯得更爲尊重，他說，只有他們眞正懂得如何爲他效勞。他使自己周圍出現一批新封的、世襲的、拿破崙時代的貴族，希望這些新家族隨著時間的推移，會把他們自己的命運與波拿巴王室連在一起。元帥們變成了公爵和親王，塔萊朗成了貝內文托親王，資產階級的富歇是一七九三年的埃貝爾派分子，後來又擔任警務長官，這時莊嚴地被封爲奧特朗托公爵。在外交事務方面重又開始了迴圈輪轉。除了一個重要國家之外，接連幾次組成反法同盟的所有國家都和法國人結了盟，而這位大革命的兒子此時在提到奧地利皇帝時竟莊嚴地稱之爲「我的父親」。

大帝國：革命的傳播

拿破崙帝國的組成

從領土上來說，一八一〇年和一八一一年拿破崙的勢力擴張得最遠，當時除巴爾幹半島外，帝國包括整個歐洲大陸。拿破崙統治的領域包括兩部分，核心部分是法蘭西帝國；然後是一層層的附庸國，和法國合在一起構成大帝國。此外，往北和往東是幾個在其傳統政府治理下的聯盟國家，即普魯士、奧地利和俄羅斯三大國以及丹麥和瑞典。聯盟國家是和英國作戰的國家，雖然並沒有積極進行交戰；它們的居民被認爲在大陸封鎖體系下不能與英國貨物發生貿易關係，然而在其他方面，拿破崙對它們的國內事務沒有直接的合法影響。

做爲法蘭西共和國繼承者的法蘭西帝國，包括比利時和萊茵河左岸的地區。此外，到一八一〇年，它又擴展出兩個附庸國，從地圖上看去，那像是它本身伸出的兩個觸角。當拿破崙宣布法蘭西爲帝國並把附庸的共和國改爲王國時，他曾立他的弟弟路易爲荷蘭國王；但是路易已顯出迎合荷蘭人的傾向，願意讓荷蘭商人祕密地和英國人進行貿易，拿破崙因此就把他廢黜，同時把荷蘭併入法蘭西帝國。在他對英國貨物進行不斷的戰爭中，他發現對不來梅、漢堡、盧貝克、熱那亞和來亨等港口實施直接控制更有用些，因此就把遠至西波羅的海的德意志海岸和遠到足以包括羅馬在內的義大利海岸，通通直接併入法蘭西帝國。他所以要羅馬，不是因其商業上的價值，主要是因爲它具有帝國意義上的價值。他追溯遠至查理曼的歷史傳統，認爲羅馬是他的帝國的第二個城市，並封給他的兒子「羅馬王」的稱號；當教皇庇護七世提出反對意見時，拿破崙就把他抓起來，監禁在法國。從盧貝克到羅馬，整個法蘭西帝國由向巴黎彙報的各省省長直接統治，而以前立憲會議設立的法國的八十三個省，一八一〇年已增加到一百三十個。

與法國一起組成大帝國的附庸國家屬於種種不同的類別。瑞士聯邦在形式上仍保持共和國。伊利里亞諸省包括的里雅斯特和達爾馬提亞海岸，在短短的兩年裡，差不多像法國的省一樣受到治理。在波蘭，因爲俄國反對建立復活的波蘭王國，拿破崙便把他建立的國家稱爲華沙大公國。在大帝國的最重要的國家中，有組成萊茵邦聯的幾個德意志國家。萊茵邦聯這個名稱取得太謙虛了，它包括處於法國所併吞的西部地區和仍保持在普魯士和奧地利手中的東部地區之間的整個德意志。這是此地區所有被視爲獨立自主的德意志諸侯的聯盟，現在約有二十位，其中最重要的是剛被封爲國王的四位，即薩克森國王、巴伐利亞國王、符騰堡國王和威斯特伐利亞國王。威斯特伐利亞完全是個新合成的國家，由漢諾威和普魯士的領土以及舊德意志的許多小地方組成，它的國王是拿破崙最小的弟弟傑羅姆。

拿破崙喜歡利用他的家族當做統治的手段。這個科西嘉的家族變成了波拿巴王朝。他的哥哥約瑟夫從一八〇四～一八〇八年是那不勒斯國王，一八〇八年後成爲西班牙國王。路易·波拿巴做了六年的荷蘭國王。傑羅姆做了威斯特伐利亞國王。妹妹卡羅利娜在哥哥約瑟夫轉到西班牙之後，做了那不勒斯的王后，因爲拿破崙在分派完兄弟們（正和剩下的兄弟呂西安發生爭吵）之後，就把那不勒斯王位給了他的妹夫約阿基姆·穆拉，他是一個騎兵軍官，和卡羅利娜結了婚。「義大利王國」在一八一〇年包括倫巴底、威尼斯地區和大多數以前的教皇屬邦，拿破崙在這個王國爲自己保留了國王的頭銜，但派他的繼子（約瑟芬與前夫生的兒子）歐仁·博阿爾內任總督。曾在科西嘉極不相同的環境中把這些孩子帶大的拿破崙的母親萊蒂齊亞，被封爲皇太后，相稱地被安置在帝國宮廷中。據傳，她一再自言自語地說：「要能持久才好呢！」她在拿破崙去世後又活了十五年。

拿破崙和革命的傳播

在大帝國的所有國家中，重複出現大體相同的發展過程。首先是法國軍隊征服和占領的階段，接著是建立當地的附屬政府的階段，這個政府得到當地願意與法國人合作的人士支持，並由這些人幫助起草一部憲法，詳細說明新政府的權力，並規定它與法國的關係。拿破崙掌權之前，在某些地區，這兩個階段是在共和國政府領導下完成的；在某些地區，特別是在西班牙和華沙大公國，眞正出現的就只有這兩個階段。

法國影響的第三階段是一個徹底的內部改革和改組的階段，仿照的是波拿巴爲法國制定的方案，從而也是由法國大革命派生出來的。比利時和萊茵河西岸的德意志地區，因爲被直接併入法國二十年，最徹底地經歷了這個階段。義大利、普魯士和奧地利以西的德意志主要地區，也經歷了第三階段。

拿破崙認爲自己是偉大的改革家和啓蒙時代的人。他把他的制度稱爲「自由的」制度，雖然這個詞對他來說，幾乎就是後來的自由主義者所指的意義的反面，但他可能是第一個在政治意義上使用這個詞的人。他也相信「憲法」，這並不是說他贊成代議制議會或立憲政府，而是他要求政府應合理地「構成」，即是說，要經過審愼地規劃安排和設計，而不僅僅是繼承過去一團糟的東西。雖然他是個過著戎馬生涯的人，他卻堅決相信法治。他以深信不疑的熱情堅持把他的「民法典」移植到附庸國去。他認爲這個法典是根據正義和人類關係的本質制定的，因此，應是適用於一切國家，而僅需略做修改就行。一國的法律必須反映該國特殊的民族特點和歷史這個觀念，對於他的思想是格格不入的，因爲他繼承下來的是十八世紀啓蒙時代的理性主義和普遍主義的觀點。他認爲各地的人民想要的和應得的多是同樣的東西。正如他在讓他的兄弟傑羅姆當威斯特伐利亞國王時，寫給他的信中所說：「德意志的各國人民，像法蘭西、義大利、西班牙等國人民一樣，也需要平等和自由的思想。我至今處理歐洲事務已有好幾年，我確信得意洋洋的特權階級到處都是遭人憎惡的。你要做一個立憲的國王。」

從西班牙到波蘭，從易北河口到梅西那海峽，在所有的附庸國裡，也都著手進行同樣的改革方案，只是稍有若干變動而已。總之，這些改革是直接反對一切屬於封建的東西；建立個人在法律上的平等權利，並使政府對其臣民享有更全面的權威。像法國在一七八九年一樣，法定的階級被清除了；社會是由各等級構成的理論，讓位於社會是由法律上平等的個人構成的理論。貴族喪失了它在稅收、占有官職和指揮軍隊方面的特權。各種職業「向有才能的人開放」。

莊園制度（舊貴族政治的堡壘）實際上被廢除了。領主喪失對他的農民的一切合法管轄權；農民變成國家屬下的人民，就個人來說，有活動、遷移和結婚的自由，並且能夠向法院提出訴訟。像一七八九年的法國一樣，采邑稅連同什一稅一般都被廢除了。但是在法國，農民不用付出補償金就擺脫了這些負擔，部分是因為他們自己在一七八九年曾經起來造反，並且還因為法國在一七九三年經歷過一場激進的人民革命。而在大帝國的其他地區，農民卻有繳付賠償金的義務，而以前的封建階級繼續從它被廢除的權利上得到收入。只有在共和國時期就已併入法國的比利時和萊茵地區，則像在法國的辦法一樣，廢除了莊園制而不用出賠償金，結果留下了人數衆多、牢固的小土地所有者農民階級。在萊茵河東部，拿破崙必須向他所攻擊的貴族妥協。波蘭是大帝國中唯一盛行徹底的農奴制的國家，那裡的農奴在法軍占領期間獲得了法律上的自由；然而波蘭的地主在經濟上仍原封未動，沒有受到傷害，因為他們仍擁有全部土地。拿破崙不得不和他們妥協，因為在波蘭沒有其他有實力的階級可望得到支援。一般來說，在法蘭西以外，對封建傳統的進攻，在社會上不是像在法蘭西曾發生過的那樣具有革命性。領主是廢除了，但是地主仍然保留著。

無論在大帝國的什麼地方，教會已經失去它做為與國家並列的公共權威的地位。教會法庭被廢除或受到限制；西班牙的宗教裁判所被宣布為非法。什一稅被廢除，教會財產被沒收，修道會被解散或受到嚴格管制。信仰自由變成了法律。天主教徒、新教徒、猶太教徒和不信仰宗教者都享有同樣的公民權。國家不應建立在宗教團體的觀念的基礎上，而應建立在定居領土的觀念的基礎上。拿破崙對於貴族，或是在經濟問題上倒是會妥協的，但他不會在一個世俗國家的原則上與天主教僧侶妥協。甚至在西班牙，他也堅持他的體制的這些根本原則，這確實表明他並不僅僅是出於權宜之計，因為基本上正是由於他的反宗教綱領的緣故，才激起了西班牙老百姓的叛亂。

行會被普遍廢除了，或者被削弱到只剩下個空架子，同時普遍宣告，個人享有勞動權。獲得法律自由的農民，可以隨意學習並加入任何行業。舊有的城鎮寡頭政治和有產者貴族社會被打破了。城鎮和省喪失了它們昔日的自由特權，並受到全國性的法規制約。取消了國內關稅，鼓勵國界內的自由貿易。有些國家更換成十進位貨幣；發源於中世紀的雜亂的度量衡制度（其中英美的蒲式耳、碼、盎司、品脫仍然保存至今）讓位於公制的笛卡兒規則。各不相同的古老法律制度為拿破崙法典讓路。法院與行政機關分開了。世襲官職和鬻賣官職被廢除了。官員們得到大筆的薪俸，足以抵制貪汙的引誘。國王們也列在文官薪俸表上，他們個人的開支與政府的開支分開來。稅收和財政都革新了。普通稅變成一種土地稅，由每個地主繳納；而政府知道每個土地所有者擁有多少土地，因為它們建立了系統的財產登記方法和有條不紊的評定和估價方法。直接收稅取代了包稅制。還開始採用了新的會計和集中統計的方法。

圖10-4　拿破崙時代的歐洲，一八一〇年

拿破崙擴大了法國的勢力範圍，遠遠超過了法蘭西共和國早期的擴張。到一八一〇年，他控制了除葡萄牙和巴爾幹半島以外的整個歐洲大陸。俄羅斯、普魯士和奧地利被迫與他結盟，他讓他的兄弟們當上了西班牙、荷蘭和威斯特伐利亞的國王；他的妹夫當上那不勒斯國王；他的繼子成爲義大利王國的總督。原本的神聖羅馬帝國消失了，變成包括萊茵邦聯在內的其他一些國家。在波蘭，拿破崙藉由建立華沙大公國，抵消了十八世紀七〇年代對波蘭的瓜分。

一般來說，在拿破崙統治下，法國大革命的某些主要原則都傳入大帝國所有的國家，明顯的例外是沒有通過選舉的立法團體而實行自治這樣一條。在所有國家中，拿破崙發現都有很多當地人願意支持他，這些人主要是商業界和有專門職業的人，他們讀過啓蒙運動作家的著作，常常是反教會的，希望取得更多與貴族平等的地位，渴望打破干涉貿易和干涉思想交流的舊有的地方主義。

在許多進步的貴族以及在萊茵邦聯的某些德意志統治者之間，他也獲得支持。他的方案總是到處都能受到某些人的歡迎，並且在大帝國各地主要都是由本地人去執行，同時還實行鎮壓，雖然很少達到後來的獨裁者那種規模。並沒有大量的拘留所，而富歇的員警更忙於搞密探暗查和告發，而不是殘忍對待心懷不滿者。對一個名叫帕爾姆的巴伐利亞書商的處決，成了一樁著名的暴行。

總之，最初在大帝國中，有大量懷有親拿破崙感情的人。義大利北部受法國（不包括比利時和萊因蘭）影響最深，那裡不存在本地的君主政體傳統，而一些古老的義大利城市國家已經產生了一個強大的、而且往往是反教會的市民階級。在德意志南部，法國的影響也很深。法國的制度在西班牙最缺乏號召力，那裡由於存在天主教保皇黨情緒，遂產生一種反革命的獨立運動。這個制度也沒有引起農業的東歐，即屬於領主和農奴的地區的共鳴。然而，如我們將要講到的，甚至在普魯士，國家也是按照法蘭西路線予以改造的。在俄羅斯，在提爾西特同盟時期，亞歷山大對贊成法國改革的大臣斯佩蘭斯基給予支持。拿破崙的影響是遍及各地的，因爲他的影響使較老的開明專制主義運動繼續存在下去，並且看來是可以不經過暴力和混亂就能使各國得到法國大革命的好處的。在哥德看來，拿破崙「是革命運動中一切合理的、合法的和屬於歐洲的東西的集中表現」。

但是，拿破崙的改革也是戰爭的武器。拿破崙要求所有的附庸國提供金錢和士兵。德意志人、荷蘭人、比利時人、義大利人、波蘭人甚至西班牙人，都在他的軍隊中服役打仗。此外，附庸國還支付法國軍隊（大部分駐紮在法國以外）的大部分費用。這意味著法國國內的稅收可以保持很低，使大革命中產生的有產者集團普遍感到滿意。

大陸封鎖體系：英國和歐洲

在大帝國的屬國之外，還有一些名義上獨立的國家在拿破崙領導下參加了大陸封鎖體系。拿破崙把他的盟國充其量也不過看做是參加一個共同計畫的從屬夥伴。這個偉大的計畫是壓服英國，大陸封鎖體系正是爲此目的建立的。但是，在拿破崙心目中，壓服英國變成達到一個進一步的目的的手段，即統一和控制全歐洲。要是他達到這一點，那無疑地又只是爲進一步征服開路罷了。

從他在一八〇七年或一八一〇年所採取的立場來看，統一歐洲大陸看來並非一個不可能達到的目標。他設法找出一種理論，同時向他的大帝國以及他的盟國進行灌輸。他提出十八世紀的世界主義理論，沒完沒了地談論著時代的啓蒙，力促各國人民和他合作，與仍包圍著他們的中世紀思想、封建制度、無知、蒙昧主義做鬥爭。拿破崙儘管討厭甚至查禁諸如激烈批評他的傑曼·德·斯戴爾這樣一些作家的富有創思的作品，他卻鼓勵創造性的科學研究，並獎賞從事這種研究的科學家們。他認爲科學是現代知識實質性和理性認識的基礎。他一方面讚賞現代意識或進步思想，一方面又大談古羅馬時代的光輝偉大。羅馬精神的感召反映在當時的藝術和表現了拿破崙的帝國榮耀觀念的建築中。大型的「帝國」式家具、達維德的英雄油畫、巴黎的瑪德蓮教堂（類似一座古典廟堂，並改成一座榮耀的神殿）、一八〇六年在巴黎開始建築的凱旋門，所有這一切都形成一種廣爲散布的莊嚴氣氛，而拿破崙本來就是願意歐洲各國人民生活在這種氣氛之中的。此外，爲激起一種全歐感情，拿破崙設法刺激人們對大不列顛潛在的敵對情緒。英國人在十八世紀爭奪財富和帝國的鬥爭中獲得了勝利，已使他們自己在很多地方遭到人們憎惡。人們對於獲得成功者自然有妒忌情緒，而對取得和保持成功的橫暴手段則感到憤懣。幾乎所有歐洲人都有這種情緒。人們認爲，英國人實際上利用海上力量爲他們自己奪取了世界海運貿易中較大的與持久的一部分。這個看法確實也沒有錯。

英國的封鎖與拿破崙的大陸封鎖體系

在大革命和拿破崙戰爭中，英國人當時宣布封鎖法國及其盟國，並不想使這些國家挨餓或得不到必需的戰爭物資。西歐在食物方面仍然是自給自足的，而武器大部分也是用像鐵、銅和硝石這類簡單材料在當地製造的。歐洲幾乎沒有什麼不可缺少的東西需要求向海外。因此，英國封鎖的主要目的並不是阻止敵國進口，而是使這種進口貿易不落入敵國之手。這是要消滅敵國的貿易和航運，以便在短期內通過毀損其歲收和海軍，來削弱敵國政府的作戰能力，最後削弱敵國在世界市場上的地位。經濟戰就是貿易戰。英國人很願意透過走私或間接透過中立國把英國貨物運進敵國。

早在一七九三年，法蘭西共和國的人就指責英國像是「現代的迦太基」，是個一心要迫使歐洲屈從其金融和商業體系的無情且唯利是圖的商業國家。由於戰爭，英國人實際上取得了把海外貨物運入歐洲的壟斷地位。同時他們由於在工業生產的新技術方面比較先進，能用動力機器生產棉布和其他某些貨物，比歐洲其他國家人民生產的便宜得多，所以勢將壟斷這類製成品的歐洲市場。在歐洲，反對這個現代迦太基的情緒很濃，與英國進行競爭的中產階級和商人階級中的情緒尤甚。上流階級不關心他們消費的貨物來源，情緒上或許不那麼敵對，但是貴族和政府很容易受拿破崙提出的論點所影響，即說英國是一個金

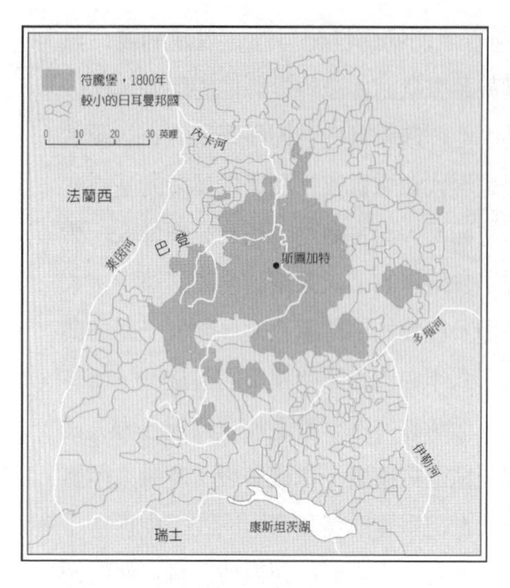

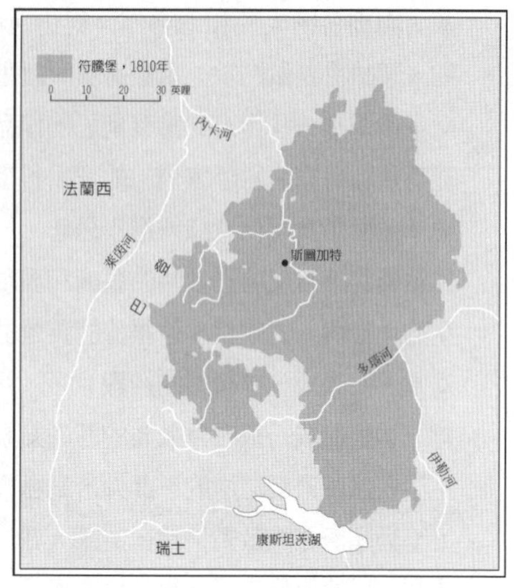

圖10-5　拿破崙時代的德意志

左邊插圖的陰影所示的是符騰堡公爵一八〇〇年的領地。請注意，符騰堡有好些「孤島」領土都與它的主體領地不相連，而且在符騰堡的大塊領地中，還有一些由小城邦組成的「洞」（即被包圍的領土）。也請注意，僅僅五十英哩寬的符騰堡被一大堆馬賽克似的有管轄權的地區包圍著——自由市、郡、公爵領地、封邑公國、大主教區、騎士團領地、主教區、總主教區等等——所有都在「神聖羅馬帝國」中相互獨立。右邊插圖表現了拿破崙時代統一和擴大了的符騰堡王國。全德意志都有著類似的合併，極大削減了城邦的數量，提高了法律和政府管理的效率。

錢強國，一個「小店主國家」，它不是靠流血而是用英鎊來進行戰爭，而且總是在歐洲尋找受騙上當的人。

拿破崙正是利用這些情緒，一而再地說英國是全歐洲眞正的敵人，歐洲除非能擺脫英國人「壟斷」的壓迫，否則就永遠也不能繁榮或獨立。阻止貨物輸入英國不是大陸封鎖體系的目的，正如阻止貨物輸入法國也不是英國封鎖的目的一樣。各自的目的是透過摧毀敵國的出口同時也建立本國的市場，來破壞敵國的貿易、信用和國家歲入。

爲摧毀英國的出口貿易，拿破崙於一八〇六年頒布《柏林敕令》，禁止英國貨物輸入歐洲大陸。中立國船隻輸入歐洲的中立國貨物，如果是產自英國或英屬殖民地的，也被當做英國貨物處理。因此，英國人對柏林敕令做出的反應是，於一八〇七年七月頒布《樞密院令》，規定中立國船隻只要先在英國停泊過，就可以進入拿破崙的港口，英國做出的種種規定都是爲了鼓勵中立國船隻裝運英國貨物。英國人就這樣試圖透過中立國的管道，把他們的出口商品運入敵方領土，而這正是拿破崙意欲制止的。他在一八〇七年十二月頒布的《米蘭敕令》中宣稱，任何中立國船隻如曾在英國港口停泊過，或在海上遭到過英國戰艦的搜查，當它出現在大陸的海港時，就將被沒收。

由於全歐洲都在進行戰爭，實際上唯一進行貿易的主要中立國就是美國，這時它除非違犯這一方或那一方交戰國的規定，否則，既不能與英國也不能與歐洲進行貿易。因此，它變成很容易遭到報復，從而也捲入戰爭的國家。傑佛遜總統爲了避免戰爭，試行自己強加商業上的孤立政策，結果對美國的對外貿易產生很大的破壞作用，因此美國政府就採取步驟，哪一個交戰國首先撤銷對中立國貿易的管制，就恢復與該國的貿易關係。拿破崙答應這麼辦，條件是美國要能抵制英國實施管制。就在這時，美國人中有一個擴張主義黨派，野心勃勃地想要併吞加拿大，他們認爲，英國軍隊忙於在西班牙作戰，這正是把英國趕出北美大陸，完成獨立戰爭的成熟時機，結果導致一八一二年的英美戰爭。這場戰爭證明，這個新共和國的部隊實是令人痛心的無能，此外，再無其他什麼結果。

圖10-6　傑曼・德・斯戴爾是一位富有影響的自由主義反對派領袖，反對拿破崙壓制的文化政策。她被迫流亡瑞士，但她的移居瑞士和她的著作，都為批評拿破崙者提供了極重要的支援。（Ken Welsh/Bridgeman Art Library）

然而，大陸封鎖體系不僅是一個要摧毀英國出口貿易的策略，它也是一個發展以法國做爲中心的歐洲大陸經濟的謀略。大陸封鎖體系如果獲得成功，就會以將整個大陸整合爲一體的經濟來取代民族經濟，並且建立一個適合歐洲文明的構架。拿破崙認爲，它還會摧毀英國的海上力量和貿易壟斷地位，因爲統一的歐洲會很快走向海洋。

大陸封鎖體系的失敗

但是，大陸封鎖體系失敗了；比失敗還要糟糕的是，它引起對拿破崙政權的廣泛對抗。一個在法國統治下統一歐洲的夢想，吸引力並沒有如此之大，以致可以激起人們做出必要的犧牲，即使這種犧牲是在生活舒適方面，而還不是

圖10-7　凱旋門的建設始於一八〇六年，直到一八三六年才建成。它成為既代表共和國，也代表帝國的一個民族主義紀念碑。拱門頂上接連不斷的浮雕帶形裝飾，展現了自一七九二年瓦爾密戰役起的一百七十二個戰役。（Culver Pictures）

在生活必需品方面。正如拿破崙不耐煩地說過的，有的人竟會認爲歐洲的命運取決於一桶糖。的確，正如他以及他的宣傳人員所強調的，英國人壟斷了糖、菸草以及其他海外商品的銷售，而人們寧願和英國人進行祕密交易，也不願過著沒有這些東西的日子。美洲的誘惑力毀了大陸封鎖體系。

英國的工業製造品，比起殖民地貨物來，是比較容易找到代替品的。原棉從地中海東部沿岸諸國，經由巴爾幹陸路運來，法國、薩克森、瑞士和義大利北部的棉紡織工業由於擺脫了英國的競爭而得到發展。丹麥的毛織品工業和德意志的金屬器具工業得到很大的擴展。在法國、中歐、荷蘭甚至俄國，都普遍種植甜菜來取代蔗糖。初期的工業和可投資的所在就這樣建立起來了，在拿破崙垮臺後，這些工業大叫大嚷要求關稅保護。一般來說，歐洲工業權益集團對大陸封鎖體系是有好感的。

然而他們在供應市場需要方面，從來未能充分取代英國人。運輸是一個障礙。在大陸各地之間的貿易一向是靠海路，這些沿海運輸貿易現在被英國人封鎖了。人們日漸增加陸路的使用，甚至用到遙遠的巴爾幹和伊利里亞諸省的陸路，經由這些道路運來原棉；修築了穿越阿爾卑斯山的辛普龍隘口和塞尼峰山口的改良道路。一八一〇年，通過塞尼峰山口的貨車不下於一萬七千輛。然而陸上運輸，即使出現最好的情況也無法代替海上運輸。當時還沒有三十多年後

圖10-8　拿破崙利用建築來表明巴黎是現代歐洲的首都，因而他的帝國重現了古羅馬的帝國輝煌。他把多圓柱的瑪德蓮建成一座榮耀的神廟，但是在他垮臺後，這裡變成一座教堂。（Bettmann/Corbis）

推廣的鐵路，一個純粹的大陸現代經濟是無法維持的。

關稅是另一個障礙。拿破崙的某些附庸國曾經提出大陸關稅聯盟的想法，但他從沒有採納。附庸國仍然堅持它們名義上的主權。各國由於廢除先前的國內關稅而擴大了貿易區域，卻仍保持對別國的關稅。義大利各王國和那不勒斯相互之間不能享受自由貿易的權利，萊茵邦聯的各個德意志邦國也辦不到。法蘭西仍然屬於保護主義國家，而且在拿破崙把荷蘭和義大利部分地區併入法國後，他仍讓這些地方處於法國關卡之外。同時，拿破崙禁止附庸國對法國提高關稅。法國是他的基地，他的意思是要照顧法國工業；由於喪失近東和美洲的市場，法國工業已經被削弱很多。

貨主、造船工程師和經營海外貨物的商人，是舊有中產階級中強而有力的成分，他們這時都毀於大陸封鎖體系之下。法國各港口空閒下來，其居民窮困不滿。嚴格實施封鎖的所有歐洲港口也出現同樣的情況；在的里雅斯特，年總噸數從一八〇七年的二十萬零八千噸跌到一八一二年的六萬噸。東歐遭到特別沉重的打擊。西歐有激勵創辦新工業的因素。東歐長期以來依賴西歐獲得工業品，現在再也不能合法地從英國取得，也不能從法國、德意志或波希米亞取得，因爲陸上運輸困難以及英國控制著波羅的海。普魯士、波蘭和俄羅斯的地主也不能銷售他們的產品。東歐的貴族是主要的消費和進口商品的階級，他們更有理由憎惡法國人而同情英國人。

大陸封鎖體系做爲反對英國的一種戰爭措施也失敗了。英國與歐洲的貿易大爲減少，然而因爲英國人控制著海洋，這種損失又在別處得到彌補。對拉丁美洲的出口從一八〇五年的三十萬英鎊升到一八〇九年的六百三十萬英鎊。海外世界的存在再次挫敗大陸封鎖體系。儘管有這種體系，英國棉織品的出口隨著迅速發展的工業革命連續不斷的浪潮而增長，從一八〇五～一八〇九年四年中，增加一倍多。儘管部分增長的數字來源於通貨膨脹和漲價，據估計，在法國大革命和拿破崙戰爭期間，英國人民的歲入增加一倍還多，從一七九二年的一億四千萬鎊躍升到一八一四年的三億三千五百萬鎊。

民族運動：德意志

對拿破崙的抵抗：民族主義

遠從一七九二年開始，法國人在他們占領的國家裡既遇到抵抗也得到合作。當入侵的軍隊對一個被占領的國家進行掠奪和徵用人力物力的時候，要求該國貢獻人力和金錢的時候；當這些國家的政策受制於法國的僑民或大使的時候，這些國家是很憤怒的；當法國利用大陸封鎖體系來照顧法國工業家的特殊利益的時候，這些國家也很怨恨。歐洲人開始感到拿破崙只是把他們當做反對英國的工具使用。而且在所有國家中，包括法國在內，對於那種沒有和平的和平、戰爭和戰爭謠言、徵兵和捐稅、許多生命和地方自由權的喪失、高高在上的官僚主義政府，以及拿破崙對於權力和個人飛黃騰達顯然越來越大和貪得無厭的胃口，人民是越來越感到厭倦，甚至在拿破崙結構內部也出現了抗議和獨立的運動。我們已看到附庸國是怎樣利用關稅來保護本國利益的，甚至連皇帝派出的總督也試圖根據當地意見辦事以站穩腳跟，像荷蘭國王路易・波拿巴，當時曾試圖抵制拿破崙的要求，保衛荷蘭人的利益；還有那不勒斯國王穆拉，曾迎合義大利人的感情，以保住他自己的王位。

民族主義做爲一種抵抗拿破崙帝國強制的國際主義的運動而發展起來。由於國際體系本質上是法蘭西的，民族主義運動就是反法蘭西的；而且，因爲拿破崙是個專制君主，所以這些運動是反對獨裁專制的。這段時期的民族主義是保守主義和自由主義的混合物。有些民族主義者，主要是保守份子，他們堅決主張維護本國特有的制度、風俗習慣、社會傳統和歷史發展的價值，害怕這些會在法國的和拿破崙的體系下遭到泯滅。另一些民族主義者，或者實際上就是同樣一些人，強調要有更多的自決權、更多的參政權、更多的代議制、更多的個人自由，反對國家官僚主義干預。不論保守主義還是自由主義都起來反對拿破崙，摧毀了他，比他維持的時間更久，並且形成了子孫後代的歷史發展方向。

民族主義因此是極為複雜的，在不同的國家有不同的表現方式。在英國，表現為全國上下團結一心，各個階級團結起來，肩並肩地反對「波尼」[1]；而改革議會或清除英國傳統特權的思想被毅然擱置一旁了。幾次的拿破崙戰爭很可能幫助英國度過一個非常困難的社會危機，因為產業革命引起流離失所、秩序混亂、苦難和失業，甚至在有限的少數人中產生革命騷動，但所有這一切都被抵抗波拿巴的愛國主義的需要蓋過了。在西班牙，民族主義表現為頑強抵抗那些造成土地荒蕪的法國軍隊。有些西班牙民族主義者具有自由主義思想；在加的斯有一個中產階級集團，它一方面反叛法國人的政權，另一方面卻於一八一二年頒布一部仿照一七九一年法國憲法的西班牙憲法。不過，西班牙民族主義的力量大都產生於那些屬於反革命的情緒，目的在於恢復教士和波旁王室的統治。在義大利，人們比較喜歡拿破崙的政權，而且民族感情比起西班牙來也不那麼反對法國。義大利各城市的中產階級一般都很珍視法國方式的實效和開明，並常常參與法國大革命的反對教士干預政治的運動。從一七九六年持續到一八一四年的在義大利的法國政權，打破了義大利人一向忠於各個公國、寡頭共和國、教皇屬國和曾長期統治義大利的外國王朝的習慣。拿破崙從未統一義大利，而是把義大利合併成三部分，但法國的影響使人們產生了在合理願望的限度內從政治上統一義大利的想法。對於波蘭人，拿破崙積極鼓勵他們的民族感情。他一再對他們說，他們只要為他的事業忠誠戰鬥，就能獲得重新恢復起來的統一的波蘭。少數波蘭民族主義者，像年老的愛國者科西阿斯柯，從來不信任拿破崙，而另一些人，像札托里斯基等人，則寧願指望俄國沙皇幫助恢復波蘭王國；但波蘭人一般來說，由於他們自己的民族原因，特別崇拜這位法蘭西皇帝，並為他的消失而哀悼。

拿破崙時代德意志的思想運動

最為重大的新民族運動產生在德意志。德意志人不僅反叛拿破崙的統治，而且對於法蘭西文化一個世紀以來占有的優越地位也不放在眼裡。他們不僅不順從法國的軍隊，而且也反對啓蒙時代的哲學。法國大革命和拿破崙的年代，就德意志來說，正是它最偉大、文化最隆盛的年代，是貝多芬、哥德和席勒的時代，是赫爾德、康得、費希特、黑格爾、士萊馬赫以及其他許多人的時代。德意志人的思想，與被稱為「浪漫主義」的新文化運動一切激動人心的思想是一致的，這種思想到處向理性時代的「枯燥的抽象」提出挑戰，並形成文學、

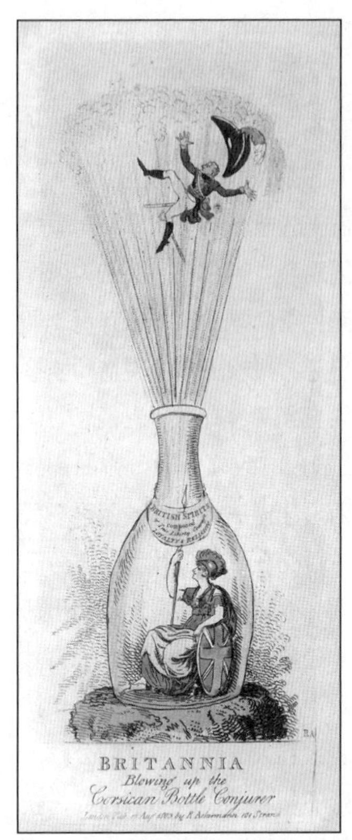

圖10-9　抵抗拿破崙擴張主義政策的民族主義在歐洲各國迅速發展起來。這幅「把這個科西嘉酒瓶魔術師揭穿」的不列顛風格插圖，表達了這個時期不列顛的民族自豪感。瓶上的標籤寫著：「由真正的自由、勇敢、忠誠以及宗教構成的不列顛精華。」〔Rare Book Collection, University of North Carolina-Chapel Hill (Hoyt 11-192)〕

音樂、藝術和歷史研究的新主題。德意志變成所有國家中最「浪漫主義的」地區，而德意志人的影響遍及全歐。在十九世紀，德意志人被廣泛視為知識界的領袖，有點像一個世紀以前的法國人。而德意志人思想的大部分顯著的特點，多少是與廣義上的民族主義有關係的。

以前，特別是在緊接威斯特伐利亞和約之後的這個世紀內，德意志人在歐洲所有較大的民族中是民族思想最少的民族。他們以他們的世界公民身分或世界主義觀點而自豪。從他們所居住的小邦國望出去，他們意識到歐洲，意識到其他國家，但卻幾乎很少意識到德意志。神聖羅馬帝國既不是一個強大的政治權力，也不是一種意義明確的民族文化的公共統一體。德意志人的世界是沒有明確邊界的；德語區域只是在阿爾薩斯或奧屬尼德蘭，或波蘭、波希米亞，或上巴爾幹地區，並且逐漸消失。德意志人從不考慮「德意志」應該做的、想的或希望的任何事情。上流階級變得瞧不起許多具有德意志特點的東西，他們採用法國習俗、服裝、禮儀、生活方式、觀念和語言，把這些看做文明生活的國際標準。佛烈德里克大帝僱用法國收稅員，並且用法文寫他自己的書。

約在一七八〇年，開始有了一種變化的徵兆，就連佛烈德里克本人在晚年也預言將有一個德意志文學的黃金年代出現，並自豪地宣稱，其他民族已做到的，德意志人也能做到。一七八四年J. G.赫爾德的一本書問世，題為《關於人類歷史哲學的思想》。赫爾德是一個熱誠認真的人，一個新教牧師和神學家，他認為法國人有些輕浮。他斷定，模仿外國方式會使人變得淺薄和矯揉造作。他宣稱，德意志人的方式的確不同於法國人的方式，但並不因此就不值得尊重。赫爾德認為，一切眞正的文化或文明，其根源必然產生於本國。這種文化也必然來自平民的生活，而不是來自上流階級的世界性和矯揉造作的生活。他認爲每一個民族，即具有共同語言的一群人，都有自己的態度、精神與風氣。一種健康的文明必定表現出一種民族性，而每個民族的民族性都是該民族所獨具的。赫爾德並不認爲各民族是相互衝突的，正相反，他只是堅持認爲他們是各不相同的。他並不認爲德意志文化是最優秀的文化；其他國家的人民，特別是斯拉夫人，後來就發現他的思想很適合他們本民族的需要。他的歷史哲學與伏爾泰的迥然不同。伏爾泰和哲學家們曾經期望所有的民族沿著理性和啓蒙思潮的相同道路，朝著相同的文明前進。赫爾德認爲所有的民族將按照本民族的方式發展他們自己的特質，各自以像植物那樣生長的必然性緩慢地展開來，避免因受外部的影響而產生的突變或歪曲，而在它們的千變萬化的不同現象中，最後都反映出人類和上帝無限豐富的內容。

「民族性」的觀念又從其他非德意志方面的來源得到補充，並在浪漫主義思想的普遍運動中迅速傳入其他國家。像浪漫主義許多別的思想一樣，它強調天賦或直覺而不是理性；注重人類不同之處而不是相似之處。曾是啓蒙時代的特徵，並表現在法國和美國的人權理論中，以及再次表現在拿破崙法典中的那種人類類同和普遍性的意識被打破了。過去，人們往往認爲，好的東西對所有民族都是好的。好的詩是根據寫詩的古典律理或寫作「法則」寫出來的詩，這對於從古希臘至今的作家都是同樣適用的。如今，根據赫爾德和各國浪漫主義者的看法，好的詩是表現出不論個人或民族的內在天賦的詩，並不存在什麼僵硬的古典「法則」。按照較古老的自然法理論的意見，公正而良好的法律，多少是和對人一視同仁的正義準則相符的。而今根據赫爾德和法理學的浪漫主義學派的意見，那些反映出地方條件或民族特性的法律才算是良好的法律。這裡除了可能存在各民族應走各自的道路這個法則外，也不再存在什麼別的「法則」。

赫爾德的理論表明一種文化民族主義，並不含有政治的啓示。德意志人長期以來是一個沒有政治性的民族。在神聖羅馬帝國的那些極小的國家中，人們沒有什麼重大的政治問題要考慮；在那些規模較大的國家中，他們又被排斥於政治事務之外。法國大革命使德意志人敏銳地意識到了國家。大革命表明，一國的人民一旦接管國家並利用它來達到他們自己的目的，他們是能夠治理國家的。首先，法國人已使自己升到公民的尊嚴地位；他們已變成自由人，對自己負責，參與國家事務。其次，因爲他們有一個包括所有法國人的統一的國家，並且在這個國家中，全民族都洋溢著一種新的自由意識，所以他們能夠凌駕於歐洲所有其他民族之上。在德意志，有許多人開始對於他們政府的家長式統治感到屈辱。無用的神聖羅馬帝國，多少世紀以來曾經使德意志成爲歐洲的戰場，這在現在使他們感到羞恥和憤怒了。他們懷著憎惡的心情看到，那些德意志的諸侯爲了控制德意志臣民而如何在無休止地相互爭吵，他們爲了增進自己的利益又如何在法國人面前丟盡尊嚴。因此，一八〇〇年以後在德意志高漲起來的民族覺醒，不僅是反對拿破崙和法國人，而且也反對德意志統治者和許多半法國化了的德意志上流階級。就運動強調平民的優良美德來說，這是具有民主性質的。

德意志人之所以對政治和民族重要性的思想變得著迷起來，恰恰是因爲二者他們都沒有。在他們看來，建立一個偉大的民族的德意志國家，能表達出德意志人民深刻的道德意志和富有特色的文化，那麼其他所有的問題看來全都迎刃而解了。這樣，將使德意志人個人具有道德尊嚴，將會解決那些自私的小諸侯令人生氣的問題，保衛德意志人深沉的民族性免受侵害，並確保德意志人不屈服於外來的勢力。這種民族主義理論仍然有些含糊籠統，因爲在實踐上人們能做到的很少。「教父」雅恩組織一項青年運動，他命令他的青年們爲祖國而做體操；帶領他們到鄉村去進行野外遠足，在那裡嘲弄那些穿著法國服裝的貴族。他還教他們應對外國人、猶太人和國際主義者，並對實際上一切會敗壞德意志人民純潔性的東西抱懷疑的態度。大多數德意志人認爲他搞得太極端了。另有一些人，他們蒐集了中世紀日耳曼人豐富的神奇故事。有一本是無名作者的反法作品，書名是《德意志深受屈辱》，出版商帕爾姆由於出售這本書而被處死。還有一些人創建了道德與科學聯盟，一般稱爲美德與剛毅聯盟，其成員透過發展自己的品性，將對德意志的前途做出貢獻。

J. G.費希特的一生經歷說明了那些年代的德意志思想發展過程。費希特是一位倫理學和形而上學的哲學家，耶拿大學的教授。關於他的個人內在精神創造其本身的精神世界的理論，在很多國家受到讚美。例如，在美國，拉爾夫．瓦爾多．愛默生的先驗哲學就吸收了它的內容。實際上，費希特最初並無民族情緒。他像當時德意志其他知識分子一樣，曾經熱情地贊成法國大革命，一七九三年，當時法國大革命發展到頂點，費希特出版了一本讚頌法蘭西共和國的小冊子。他把大革命視爲人類精神的一次解放，是提高人類尊嚴和向上發展道德境界的一步。他接受「恐怖統治」的思想，即「強迫人們得到解放」的思想；他也同意盧梭關於國家是一國人民最高意志的體現的觀念。他甚至把國家看做解救人類的手段。一八〇〇年，在他的《封閉的商業國家》一書中，他勾畫了一種極權主義制度，在這種制度下，國家計畫和管理全國的經濟，使自己與世界其他部分隔絕，以便在國內可以自由發展本國公民的性格。當法國人征服德意志之後，費希特變成一個激烈而自覺的德意志人了。他接受了「人民性」的概念，認爲不僅個人的精神創造其本身的精神世界，而且一個民族的精神也創造一種精神世界，這表現在它的語言、歷史、藝術、風俗習慣、制度和觀念上。

一八〇八年在柏林，費希特發表一系列《對德意志民族的演講》，宣稱存在一種不可磨滅的德意志精神，一種原始時代就存在的不變的民族性格，較之其他民族更爲高尚（這就超過赫爾德的說法），應不惜任何代價排除不論是國際的還是法蘭西的一切外來的影響，而保持其純潔性。他認爲，德意志精神一向與法蘭西和西歐的精神大不相同。這種精神人們還從未眞正聽說過，但不久就會聽說的。當時占領該城的法軍司令官認爲這些演講學術味道太濃，不值得加以鎭壓。這些演講只吸引了很少的聽衆。但是他出版的演說集爲德意志民族主義提供了一個持久的理論論點，許多德意志人後來就把他當做民族英雄了。

普魯士的改革

從政治上來說，對法國人的反叛導致普魯士人和普魯士國家發生主要的變化。普魯士自從佛烈德里克二世去世以後，進入一段心滿意足的慵懶時期，就像是緊跟在迅速發展或取得驚人成功之後可能發生的情況一樣。然後是一八〇六年，在耶拿和奧爾施泰特，這個王國一戰就被打垮了。它的西部和大部分的波蘭領地被奪走。拿破崙逼迫它撤離到易北河以東舊有的保有地。即使在這裡，法軍仍然保持著占領，因爲拿破崙把他的第九軍團駐紮在柏林。然而在德意志民族主義者心目中，普魯士具有一種道義上的優勢。在所有的德意志邦國中，它是最少依靠與法國人合作而求得妥協的。因此，德意志愛國者都像奔向避難所一樣奔往普魯士。易北河以東的普魯士，以前是德意志鄉土中德意志特點最少的地方，這時變成了全德意志爭取民族自由的中心。耶拿戰役之後的年代，對於德意志的「普魯士化」是起了作用的；不過我們應該看到，普魯士所有的重建者，不論是費希特還是黑格爾，格內森瑙還是沙恩霍斯特，施泰因還是哈登堡，他們都不是普魯士本地人。[1]

1799～1815年大事年表	
1799～1801年	第二次反法同盟（奧地利、俄羅斯、英國）與法國作戰
1803年	拿破崙的軍隊在海地戰敗，法國出售路易斯安那給美國

1799～1815年大事年表	
1805～1807年	第三次反法同盟（奧地利、俄羅斯、英國）與法國作戰
1806年	拿破崙打敗普魯士軍並占領柏林
1806～1825年	拉丁美洲一些地區為從西班牙和葡萄牙爭取民族獨立而進行一些成功的戰役
1807年	《提爾西特條約》建立法俄同盟；拿破崙實行「大陸封鎖體系」，排斥與英國貿易
1808～1814年	半島戰爭導致法國在西班牙戰敗
1810年	拿破崙與奧地利皇帝之女瑪麗・露易絲結婚
1812年	拿破崙「大軍」入侵俄羅斯，並在冬季撤退中被擊潰
1813年	法軍在德意志的萊比錫決戰中失敗
1814年	拿破崙退位；波旁王朝在法國復辟
1814～1815年	維也納會議重組歐洲的政治秩序
1815年	拿破崙「百日王朝」恢復權力，在滑鐵盧戰役中被徹底打敗

對於普魯士來說，主要的問題是軍事問題，因為只有依靠軍事力量才能推翻拿破崙。而如同普魯士歷來的情形，軍隊的必要條件決定國家所採取的方式。人們認為軍事問題是士氣和人員的問題。佛烈德里克的老普魯士已經很不光彩地被打敗了，它曾是機械的、獨斷專行和殘酷無情的。它的人民缺乏國民意識，而在軍隊中，士兵沒有晉升的希望，也不懷有愛國心或精神。軍隊改革家沙恩霍斯特和格內森瑙的目的就是要創造這種精神。格內森瑙是薩克森人，他曾在美國獨立戰爭中英國方面的一個「黑森雇傭兵」團中當過兵；在戰爭過程中，他曾觀察到美國士兵愛國感情的軍事價值。他也曾密切注意到法國大革命的後果，他說，大革命「發動了全體法國人的民族活力，使不同階級都處在一個平等的、社會的和財政的基礎之上」。如果普魯士要加強本身的力量來反對法國，或是實際上避免最終在普魯士本國爆發革命，那麼它就必須找到一種辦法，能夠在自己的人民當中喚起相似的共赴國難的感情，並且容許有才幹的人在軍隊和政府中擔任重要職位，而不計較其社會出身如何。

重建軍隊的先決條件是復興國家，這是由施泰因男爵著手並由其後繼者哈登堡繼續進行的。施泰因像梅特涅一樣，來自德意志西部；他曾經長期敵視他所認為幾乎是不開化的普魯士，但最後卻轉向普魯士，認為它最有希望領導全德意志走向未來。他十分專心研究康德和費希特的哲學，詳細思考職務、服務、品性和責任諸概念。他認爲必須喚醒平民，使他們懂得應有精神生活，應讓他們擺脫被殘酷對待的屈從奴性地位，而上升到具有自我決定精神和取得社會成員身分的水平。他認爲，要做到這一點，需要職務的平等而不是權利的平等。

在施泰因領導下，普魯士古老的社會等級結構變得不那麼嚴密了。財產在各階級之間已經可以交換；各階級的士兵現在都能在軍隊中擔任軍官。爲培養市民的公民權利與義務以及參加國家大事的意識，他們被授予廣泛的城市自治的自由權。普魯士的市政制度，以及後來德意志的市政制度，成爲下一世紀歐洲很多地方效法的榜樣。

施泰因最著名的政績是「廢除農奴制」。因爲整個改革方案旨在增強普魯士進行反法解放戰爭的力量，所以當然不可能去和指揮軍隊的容克地主相對抗。施泰因於一八〇七年廢除的農奴制法令，只是限於廢除農民對其領主的「世襲隸屬地位」。此法令給予農民遷移、結婚和做買賣的權利，毋需領主批准。然而，如果農民仍留在原來的土地上，他則依然受制於所有在領主田地上強制服勞役的舊制度。農民享有自己的小塊租佃地，有義務償付租佃金和捐稅。根據一八一〇年的一項法令，農民可以把他的租佃地轉變爲私有財產，擺脫對領主的義務，但有一個條件，即他保有的土地的三分之一必須變成領主的私有財產。在往後幾十年中，許多這類的轉變發生了，其結果是容克地主的莊園大大地發展起來，變得更大了。普魯士的改革多少削弱了領主原有的家長式統治的權力，使民衆獲得了法律地位和遷移的自由權，爲現代國家和現代經濟打下了基礎。不過農民趨向於變成只是被僱用的農業勞工，而容克地主的地位卻得到提高，而不是削弱。普魯士避免了「大革命」。施泰因本人因遭拿破崙的猜忌，被迫於一八〇八年流亡，然而他的改革卻繼續下去。

拿破崙的傾覆：維也納會議

一八一一年底的形勢可以概括如下：拿破崙把歐洲大陸緊緊掌握在手上。俄國和土耳其在多瑙河一帶打仗，其他地方，除去在西班牙進行了四年戰爭仍無結果外，沒有其他戰爭。大陸封鎖體系實施得很不好。英國只是在這方面受到損害，也就是說，如果沒有大陸封鎖體系，在這些年裡，英國人對歐洲的出口本來會迅速增長。大不列顛由於工業革命經濟發展很快，積聚了大量的國民財富，可以用來幫助歐洲各國政府反對拿破崙。歐洲各國人民越來越不安定，日益夢想得到民族獨立自由。特別是在德意志，許多人等待著在一次獨立戰爭中起義的機會。然而只有透過摧毀拿破崙的軍隊才能推翻拿破崙，而不論是英國的財富或海上力量，或歐洲的愛國者和民族主義者，或普魯士或奧地利的武裝力量都不能與之對抗。所有的眼睛都轉向俄羅斯。亞歷山大一世長期以來對他的法國盟國很不滿意，因爲他除了於一八○九年併吞芬蘭以外，並沒有從聯盟中得到什麼。在他和土耳其的戰爭中，沒有得到法國的援助；他眼看著拿破崙與奧地利王室聯婚；他必須容忍在他的門口有順從法國的波蘭存在。俄國能發言的階級，即地主和農奴主，在大聲指責與法國的同盟，並要求恢復和英國的公開貿易關係。有一批包括流亡分子和反波拿巴分子（其中也有施泰因男爵）的國際受保護者逐漸聚集在彼得堡，他們在那裡不斷地向亞歷山大的耳朵灌送他愛聽的資訊，說歐洲在指望他前去解救他們。

俄羅斯戰役和解放戰爭

一八一○年十二月三十一日，俄國正式退出大陸封鎖體系。英俄商業關係恢復了。拿破崙決心要壓服沙皇。他在德意志東部和波蘭集中了他的大軍，一支擁有七十萬人的大部隊，此前從未爲一次軍事行動集結過如此龐大的部隊。這是一支全歐洲的軍隊，至多三分之一是法軍；另三分之一是德意志軍隊，來自被法國合併的德意志地區，來自萊茵邦聯各國，還有來自普魯士和奧地利的象徵性軍隊；其餘的三分之一是從大帝國所有其他民族中抽集來的，其中包括九萬波蘭人。拿破崙最初希望在波蘭或普魯士與俄軍會戰。然而，這次俄國人決定在他們自己的國土上打仗，而且無論如何需要拖延到他們在多瑙河下游的軍隊能被召回的時候。一八一二年六月，拿破崙率大軍進入俄羅斯。

他想打一次激烈而短暫的戰爭，像他過去曾經打過的多數戰爭一樣，因而只帶了三個星期的給養。但是從一開始一切都不順利。拿破崙的原則是逼迫敵人進行決戰，然而俄軍卻消失無蹤了。他的原則是在作戰地區解決生活問題，以減少對補給隊的需要，然而俄國人在撤退時破壞了一切，而且無論如何，在俄國，即使是夏季也很難找到供應這麼多人馬的糧秣。最後，在離莫斯科不遠的博羅季諾，拿破崙終於能與俄軍主力交戰了。但是，在這裡又是事事失誤。按照他的原則，在決戰地點兵力數量總是要超過敵人的，然而大軍在行進沿途留下許多的分隊，以致在博羅季諾兵力竟被俄軍超過。按照他的原則，應集中使用炮兵，但在這裡他反倒分散使用了；在危急時刻應投入他最後的後備力量，可是在離本國這麼遠的博羅季諾，他不肯冒險命令禁軍投入作戰。拿破崙打贏了這場戰役，但損失三萬人，俄軍則損失五萬人；但是俄軍能夠秩序井然地撤退。

一八一二年九月十四日，法蘭西皇帝進入了莫斯科。這座城市幾乎是立即就燃起大火。拿破崙在廢墟中紮下營來，軍隊則散布在延伸到波蘭的漫長路線上，而敵軍卻在近處迂迴運動。拿破崙感到受挫後，試圖與亞歷山大談判，但後者對所有的建議都予以拒絕。過了五個星期，拿破崙也不知道該怎麼辦才好，又害怕被封鎖滯留莫斯科過冬，於是就下令撤退。由於受阻於俄軍，大軍不能沿偏南的路線行進，只得沿來時的路線撤退，不能再靠當地供給給養。冷天來得很早而且異常嚴寒。一八一二年之後的一百年間，從莫斯科撤退仍然是軍事恐怖的定論。人員受凍挨餓，馬匹滑倒死亡，車輛動彈不得，軍需裝備一路捨棄。軍紀破壞無遺；軍隊瓦解成爲一群群散兵游勇，講著混雜的不同語言，不斷遭到俄國非正規軍隊的襲擾，在雪地冰上步行摸索著行進，多數時間又都是置身在黑夜之中，因爲在這些緯度的地方，十二月的夜漫長得很。在進入俄國的六十一萬一千人中，四十萬死於戰爭傷亡、饑餓和凍餒，十萬人被俘。大軍不復存在了。

這時所有反拿破崙的力量終於急忙集合起來。俄軍向西挺進到中歐。在一八一二年曾經半心半意提供入侵俄國軍隊的普魯士和奧地利政府，在一八一三年轉過頭來和沙皇聯合在一起了。遍及全德意志的愛國者——往往是受過一半訓練的少年——都出發去參加解放戰爭了。義大利也爆發了反法暴動，威靈頓最後在西班牙迅速挺進；一八一三年六月，他越過庇里牛斯山進入法國。英國政府從一八一三～一八一五年三年內，把三千兩百萬英鎊做爲補助金，不斷地提供給歐洲，這比在二十二年戰爭中拿出的戰費的一半還要多。由英國資本主義與東歐的農業封建主義、英國的海軍與俄國的陸軍、西班牙教權主義與德意志民族主義、擁有神聖權利的君主政體與新興的民主主義者和自由主義者組成的一個不協調的聯盟，終於共同把拿破崙一世打倒在地。

一八一二年十二月離開了他在俄國的軍隊的拿破崙，依靠雪橇和馬車，經歷了十三個異乎尋常的日子，急急忙忙穿過歐洲，到達了巴黎。他在一八一三年頭幾個月裡，又在法國建立起一支新軍。但是，這支軍隊沒有受過訓練而且不穩固，而他自己也已失去一些指揮的才能。他的新軍於十月來比錫之戰中被擊潰，這次戰役德意志人稱爲「民族之戰」，是二十世紀以前的戰爭中參戰人數最多的一次戰役。盟軍把拿破崙趕回法國。然而他們越是接近於打敗他，就開始越加相互顧忌和不信任起來。

波旁王朝復辟

這個聯盟已經顯出分裂的跡象。各盟國應該一起還是單獨地與拿破崙談判

圖10-10　一八一二年法軍從俄羅斯的撤退，粉碎了拿破崙在軍事上戰無不勝的形象，並使各國反拿破崙的力量集合起來，在下一年取得決定性勝利。這幅法國油畫描繪了撤退的悲慘情況，這種情況使一八一二年撤退獲得了軍事恐怖的持久名聲。（Alinari/Art Resource, NY）

呢？未來的法國力量應有多強？它的新邊界應是怎樣的？它應有什麼形式的政府？在這些問題上，都沒有得出一致的意見。亞歷山大要廢黜拿破崙並在巴黎按他的意旨決定和約，以戲劇性地報復拿破崙對莫斯科的破壞。他有心要把法國的王位給予貝爾納多特，此人是前法國元帥，這時是瑞典王儲，貝爾納多特如當上法國國王，就會依靠俄國的支持。梅特涅傾向於在把法國逐出中歐以後，仍保留拿破崙或他的兒子當法國皇帝，因為一個被削弱的法國的波拿巴王朝必然要依賴奧地利。普魯士人的意見分歧。英國人依據他們一個主要的利害關係戰略宣稱，法國人必須離開比利時，拿破崙必須下臺，然後法國人可以選擇自己的政府，但他們相信波旁王室復辟應是最好的解決辦法。三個大陸君主國和波旁王室沒有關係，而且就亞歷山大和梅特涅來說，如果他們各自能使法國依賴自己，都是願意讓法國仍然保持強大到包括比利時在內的。

英國外交大臣卡斯爾雷子爵於一八一四年一月親自前往歐洲大陸進行協商。他手中握有幾張強有力的牌。首先，拿破崙繼續打仗，同盟國因此也繼續要求英國給予財政援助。卡斯爾雷巧妙地利用英國提供補助金的許諾來贏得同盟各國同意英國的戰爭目的，其中包括把法國逐出比利時。其次，他找到一個與梅特涅達成協議的共同立場，即不論英國或奧地利都怕歐洲遭到俄國的控制。卡斯爾雷的頭一個大難題就是要把同盟國攏在一起，因為沒有大陸的盟國，英國人無法打敗法國。他於一八一四年三月九日，成功地使俄國、普魯士、奧地利和英國簽署了《肖蒙條約》。各國都必須參加二十年為期的對付法國的四國同盟，並同意在締結和約後各提供十五萬兵員來實施和約條款。自一七九二年以來，這時第一次存在一個四大強國反法的穩固同盟。三個星期後，同盟國軍隊進入巴黎；四月四日，拿破崙在楓丹白露退位。

拿破崙是由於在法國本國也得不到支持才被迫採取這個步驟的。二十年前，在一七九三和一七九四年，法國曾經打退除了俄羅斯以外的歐洲聯合力量。但是，在一八一四年，它已不能也不願意這麼做了。全國都大聲疾呼要求和平，連帝國的元帥們也勸皇帝退位。然而在他之後接著應是什麼情況？二十五年來，法國已換過一個又一個制度。這時他們意見分歧，有人希望成立共和國，有人希望維持在拿破崙的幼子統治下的帝國，有人希望有一個立憲君主政體，還有人甚至盼望恢復舊制度。塔萊朗出來調停，他說，正統的國王路易十八畢竟是最不會引起派別之爭和對立的人。各大強國這時終於也贊成波旁王朝。一個波旁王室的國王將會是溫順的，不會被驅使去奪回共和國和帝國的征服地。他既是法國本國的正統國王，就毋需外國人來支持和幫助他，這樣，控制法國就不會成為使勝利的強國彼此對立的問題。

波旁王朝就這樣復辟了。二十五年來不僅遭到大多數法國人，而且也遭到歐洲各國政府所漠視和置之不理的路易十八，又登上他的祖先和哥哥的王位，他頒布一部「憲章」，這有部分是由於開明的沙皇的堅持，部分是由於經過長期流放的生活，他實際上已經懂得，必須要尋求法國有勢力的人的支持。一八一四年憲章對於人民或民族主權的原則沒有做出讓步，它被當做是一位理論上專制君主的恩賜。然而，實際上這部憲章給予了大多數法國人想要的東西。它許諾法律上平等，不分階級都有擔任一切公職的資格，還有一個分成兩院的議會政府。它承認拿破崙的法典、拿破崙對教會問題的處理和大革命期間實施的對財產的重新分配。它承接前一階段對封建制度和特權、莊園制度和什一稅的廢除。誠然，它把選舉權局限於極少數大地主；然而，除了勢不兩立的少數人外，法國暫時安定下來，享受著受到懲戒的革命的幸福與和平。

維也納會議以前的解決方案

一八一四年五月三十日，各同盟國與復辟的波旁王朝政府簽訂了一個條約，這個「第一次」《巴黎條約》的文件，把法國的邊界限制在一七九二年的邊界，即在這些戰爭以前取得的邊界。盟國的政治家們不顧那些要求報復和懲罰的呼聲，沒有勒索賠款，甚至允許戰時被拿破崙從歐洲掠奪蒐集去的藝術品仍保存在巴黎。勝利者並不想給新的法國政府增加困難，因爲他們對它寄予希望。同時，拿破崙被放逐到靠近義大利海岸的厄爾巴島上。

各強國在簽署《肖蒙同盟條約》之前曾經同意，在打敗拿破崙之後，應在維也納舉行一次國際會議，以解決其他問題。法國洪水的退去使得許多歐洲國家的前途動盪不定。俄國和英國在同意舉行一次大會之前，都規定某些問題將由它們自己決定不容國際商討。俄國人拒絕討論土耳其和巴爾幹問題，他們保留比薩拉比亞，把它視爲最近與土耳其人作戰的戰利品。他們也保有芬蘭，採取自治的立憲大公國形式，還有最近在高加索征服的喬治亞和亞塞拜然，在當時它們幾乎不爲歐洲所知。英國人拒絕任何關於海上自由的討論。他們也阻止討論一切有關殖民地和海外的問題。英國政府只是向歐洲宣布，它的殖民地和半島征服地哪些將要保持著，哪些將要歸還。拉丁美洲叛亂問題則任其發展。

在歐洲，英國繼續占領馬爾他島、愛奧尼亞群島和海格蘭島。在美洲，他們在西印度群島保有聖魯西亞、千里達和托巴哥。在前法屬的領地中，英國人保有印度洋中的模里西斯，在前荷屬領地中，他們保持著好望角和錫蘭，但歸還了荷屬東印度群島。在法國大革命和歐洲發生拿破崙戰爭期間，英國人還在印度進行了大規模的征服，使德干高原和恆河流域上游的許多地方都落入他們手中。一八一四年，英國人已成爲控制印度和印度洋的強國。

的確，所有由歐洲國家在十六和十七世紀建立的殖民帝國中，只有英國的帝國此時仍然是一個日益發展和生氣勃勃的體系。法國、西班牙和葡萄牙這些老帝國，已衰退到只剩下它們早先的一些零頭；荷蘭人仍在東印度保有巨大的產業，但是好望角、錫蘭、模里西斯、新加坡等所有航海的中間重要地點，這時都變成英國的。在一八一四年，除了英國外，沒有任何國家擁有一支舉足輕重的海軍。由於拿破崙和大陸封鎖體系被擊敗，由於工業革命給英國的工業家帶來動力機械，由於在海外屬地方面無可匹敵者，並由於對海軍力量的實際壟斷（英國人在使用海軍力量方面，有意不受國際上的限制），英國人開始進入他們充當世界領導的世紀，這個世紀可以說是從一八一四年一直持續到一九一四年。

維也納會議，一八一四～一八一五年

一八一四年九月召開了維也納會議，從來沒有過如此顯赫的集會。歐洲各國都派出代表參加；而許多已不存在的國家，如先前的神聖羅馬帝國的邦國的一些君主和神職人員，也派出說客力促恢復他們的國家。但是，會議程式是這樣安排的，即一切重大問題都須由四大勝利強國來決定。正是在維也納會議上，大國和小國的名詞眞正明確地編入了外交辭彙。歐洲和平了，和先前的敵人已經簽訂了一項和約；法國也有代表出席會議，就是塔萊朗，他這時是路易十八的大臣。卡斯爾雷、梅特涅和亞歷山大都代表自己的講話；普魯士由哈登堡代表出席。普魯士人像往常一樣，希望擴大普魯士王國。亞歷山大可是個疑問號，但可以推測，他要波蘭，他提倡歐洲各國建立立憲政府，他尋求某種集體安全的國際體系。得到塔萊朗支持的卡斯爾雷和梅特涅，最爲關心的是在大陸能夠建立一種均勢。舊制度的貴族應用十八世紀的外交原則來解決現存問題，他們絕不希望國土邊界恢復到戰爭以前取得的邊界。如他們所提出的，他們眞的希望恢復「歐洲的自由」，即不受某一個國家控制的歐洲各國的自由。人們希望適當的均勢也會產生持久的和平。

對和平構成主要威脅，並且最可能要求統治歐洲的，看起來自然是先前的災難製造者——法國。維也納會議在沒有發生多大意見分歧的情況下，就決定沿法國東部邊界建立一些強國壁壘。自一七九五年已經消失了的歷史上的荷蘭共和國，做爲荷蘭王國復活了，由奧蘭治王室做爲世襲君主，而且給這個王國還加上了比利時，這是奧地利早就願意讓出去的舊有的奧屬尼德蘭部分。人們希望荷蘭—比利時聯合王國會很強大，足以阻止法國人常年不斷入侵這個低地國家。在南方，義大利的薩丁尼亞（即皮埃蒙特）王國恢復了，並且由於合併熱那亞而得到加強。爲了進一步阻止法國重新向德意志和義大利施壓，在尼德蘭和皮埃蒙特後面還安置有兩個大國。萊茵河左岸幾乎所有的德意志地區都讓給普魯士，按卡斯爾雷的話，這是一座跨越中歐的「橋」，一座既可在西邊對付法國又可在東邊對付俄國的堡壘。奧地利再次在義大利牢牢地站穩住腳跟，做爲反對法國的第二道屏障；它不僅奪回托斯卡尼和米蘭，這原是它在一七九六年以前就保有的地方，而且還吞併了已消滅的威尼斯共和國。奧地利帝國這時包括位於義大利北部的倫巴底—威尼斯王國在內，這個王國維持將近半個世紀。在義大利其餘地區，會議承認教皇恢復對教皇屬邦的統治和一些以前的統治者對一些較小的公國的統治，但是它沒有堅持讓那不勒斯王國的波旁王室復辟。拿破崙的妹夫穆拉得到梅特涅的支持，設法暫時保住他的王位。西班牙的波旁王室和葡萄牙的布拉岡薩王室各自恢復他們在西班牙和葡萄牙的統治，並得到會議的承認。

至於德意志，會議沒有打算把一經打碎而無法修復的神聖羅馬帝國重新拼湊起來。法國和拿破崙對德意志的改組，事實上得到確認。巴伐利亞、符騰堡和薩克森的國王保住了拿破崙賜給他們的王冠。英國國王喬治三世這時被承

圖10-11 維也納會議把複雜的外交談判與傳統精英有教養的優雅言談舉止結合在一起。此圖顯示在二十五年的革命和戰爭後，那些謀求建立歐洲和平與秩序的外交家們的社會地位。（akg-images）

認爲漢諾威的國王而不是「選帝侯」。包括普魯士和奧地利在內，數目共有三十九個的德意志國家，參加了一個鬆散的邦聯，其中的成員國實際上仍保持獨立自主。會議無視德意志民族主義者對於一個統一的偉大祖國的渴望；梅特涅尤其害怕民族主義的宣傳；而對於諸如統一的德意志應有的政府制度、邊界這些具體問題，民族主義者自己無論如何也沒有做出切合實際的答覆。

波蘭—薩克森問題

由於拿破崙的華沙大公國的崩潰而重新提出的波蘭問題，使維也納會議幾乎遭到災難。亞歷山大仍然堅持應廢除罪惡的瓜分狀況，這在他思想上意味著重新組成以他自己爲立憲國王的波蘭王國，和俄羅斯帝國僅僅有個人方面的聯合。要使波蘭重新統一起來，這就要求奧地利和普魯士交出各自占有原波蘭的那部分地方，這些地方的大部分曾經被拿破崙奪了去。普魯士願意交出，條件是它獲得整個薩克森王國做爲取代，這得到沙皇支持，因爲薩克森國王是一直到最後才拋棄拿破崙的德意志統治者，所以被認爲這麼做是可行的。這個問題就做爲波蘭—薩克森問題提出來，俄國和普魯士站在一起要求整個波蘭歸俄羅斯，整個薩克森歸普魯士。

這樣的前景嚇壞了梅特涅。就普魯士來說，它要是合併了薩克森，就會在全德意志人心目中變得非常龐大，而且將大大延伸普魯士和奧地利帝國之間的共同邊界。此外，就亞歷山大來說，他變成全波蘭的國王，並隨著成爲擴大了的普魯士的保護者，就會極大地增強俄國對歐洲事務的影響。梅特涅發現卡斯爾雷同意他的這些看法。在卡斯爾雷看來，維也納會議上的主要問題似乎是約束俄國。英國對法國皇帝作戰並不是只爲了要使歐洲落入俄羅斯沙皇之手。波蘭—薩克森問題辯論了好幾個月，梅特涅和卡斯爾雷設法找出各種論據來勸說俄羅斯和普魯士一起放棄其擴張計畫。

最後，他們接受塔萊朗提供的幫助，塔萊朗機敏地利用勝利者之間的不和，使法國按它本來的資格回到外交界。一八一五年一月三日，卡斯爾雷、梅特涅和塔萊朗簽訂一項祕密條約，保證在必要時他們要對俄、普作戰。於是，就在和平會議進行期間，戰爭又抬頭了。

簽訂祕密條約的消息一洩漏出去，亞歷山大就答應妥協。在複雜的性格來說，他愛好和平，因此他同意滿足於一個縮小的波蘭王國。會議因而建立了一個新波蘭（被稱做「議會波蘭」，共維持十五年）；亞歷山大成了波蘭的國王，他給波蘭頒布一部憲法；這個波蘭包括有與拿破崙的大公國大致相同的地區，實際上表明這個地區由法國的控制轉入俄國的控制。它比一七九五年第三次瓜分中俄羅斯分得的部分，再向西深入歐洲兩百五十英哩。有些波蘭人仍留在普魯士，而有些則仍留在奧地利帝國，所以波蘭沒有重新統一起來。沙皇既然滿足於這樣解決，普魯士也必須讓步。它獲得薩克森的五分之二，其餘部分仍歸薩克森王國。由於增添了薩克森和萊茵河區域的領土，使得普魯士王國居於德意志最前列。就締結和約和拿破崙戰爭的最後結果來說，俄國和普魯士的重心都向西移動了，俄國幾乎到達奧得河，普魯士則到達法國的邊界。

由於解決了波蘭—薩克森問題，維也納會議的主要工作完成了，會議的各委員會著手起草最後的決議。然而就在這個時候，整個解決方案突然遭到了危險。

「百日王朝」及其後果

一八一五年三月一日，拿破崙逃離厄爾巴島並在法國登陸，再次宣告恢復帝國。自波旁王朝復辟這一年以來，法國到處都感到不滿。路易十八已證明是個通情達理的人，但是跟著他回國的還有一大群不講道理的和心存報復的逃亡者。反動和「白色恐怖」情況充滿全國。大革命的依附者在皇帝戲劇性地重新出現時，迅速集結在他的周圍。拿破崙到達巴黎，接管了政府和軍隊，並向比利時進發。如果他辦得到的話，他還要打散維也納的盛大集會。在前一年的戰勝國和大多數歐洲國家看來，似乎大革命再次興起，原先那種對推翻王位和翻來覆去的戰爭的恐懼可能結束不了。敵對雙方的軍隊在比利時滑鐵盧會戰。威靈頓公爵在那裡指揮盟國的軍隊打了一場大勝仗。拿破崙再次退位，並被再次流放，這次是被送往遙遠的南大西洋中的聖赫勒那島。和法國締結了一項新的和約，即「第二次」《巴黎條約》。由於法國人似乎已顯出是難望改正和不知悔改的，這次的條約比前一個條約苛刻得多了。新條約對邊界硬做了些小的變動，勒索七億法郎的賠款，還駐有一支占領軍。

「百日王朝」（人們對拿破崙從厄爾巴島返國後這段插曲的稱謂）的結果，是使人們恢復了對革命、戰爭和侵略的恐懼。英國、俄國、奧國和普魯士，在一月份幾乎要彼此開戰之後，又把軍隊聯合起來驅逐那來自厄爾巴島的幽靈。一八一五年十一月，他們莊嚴地重申了肖蒙的四國同盟條約，並附加一個條款，從此以後不准波拿巴家族的人統治法國。它們還同意今後要舉行一些會議來考察政治形勢和貫徹和約。除了在「百日王朝」期間爲拿破崙打仗的穆拉被逮捕並槍決，同時讓一個極其不開明的波旁君主在那不勒斯復辟以外，對在維也納一致通過的安排沒有做什麼其他的變動。四強同盟還特別規定必須採取國際行動來貫徹或修改和約的條款；除四強同盟外，亞歷山大還設計出一個稱做「神聖同盟」的模糊方案。沙皇早就有種建立國際秩序的想法，現在被拿破崙的重返所嚇壞，再加上此時受到虔信的克呂德內男爵夫人的影響，他建議所有的君主共同簽署並發表一項宣言，保證支持基督教的仁愛與和平的原則。除了教皇、鄂圖曼蘇丹和英國攝政王以外，所有的君主都簽署了。亞歷山大可能眞的把「神聖同盟」視爲對暴力的一種譴責，而其他簽署者最初也沒有把它看得很認眞，他們認爲把基督教與政治混雜在一起是很可笑的，然而在自由派的心目中，這很快就意味著是各君主國反對自由和進步的一種不神聖的同盟。

《維也納和約》，一般包括《維也納條約》本身、《巴黎條約》以及英國與殖民地處理方案，是一六四八年《威斯特伐利亞和約》與一九一九年結束第一次世界大戰的《巴黎和約》之間影響最深遠的外交協定。它有優點也有弱點。這個和約在法國引起的怨恨極小；這個先前的敵國接受了新的和解協定。它結束了將近兩個世紀的歐洲控制亞洲和美洲殖民地的衝突，約有六、七十年沒有別的殖民帝國向大英帝國提出嚴重的挑戰。十八世紀另外兩個造成摩擦的起因，即對波蘭的控制和德意志的奧普兩國爭鬥，也平和了下來，約維持五十年之久。一八一五年和約對過去的爭端處理得較有成效；而對未來問題的處理就不是那麼成功了，這是理所當然的。《維也納和約》在當時並不是很褊狹的；它絕不是十分反動的，因爲會議並沒有怎麼表示要恢復戰前的狀況。在

圖10-12　歐洲，一八一五年

這些邊界是維也納會議所確定的。法國縮小到一七八九年的邊界。普魯士牢固地據有萊茵河兩岸地區，但南德意志仍然保持著拿破崙所改組的狀況。波蘭再度被瓜分，比一七九五年更大的一份歸俄國，俄國還取得芬蘭和比薩拉比亞。奧地利在一七九六年已占有的地方外，又增加了威尼斯地區。荷蘭與比利時之間的聯合只維持到一八三一年。一八三一年成立了比利時王國。其他方面，一八一五年的邊界保持到一八五九年義大利戰爭發生的時候。戰爭的結果是義大利獲得統一。

一八一五年後得到加強的反動傾向並沒有寫入條約內。

然而，這個條約並沒有使民族主義者和民主派感到滿意。特別是在德意志，對許多自由派來說，甚至感到很失望。不考慮人民的願望，把一些民族從一國政府轉移給另一國政府，在十九世紀的條件下，就爲以後的大量動亂開了路。那些調解者實際上是敵視民族主義和民主的，而這兩者是即將到來的年代的強大力量；他們有充分理由把這些力量視爲導致革命和戰爭的力量。他們一心一意要解決的問題是恢復均勢，即恢復「歐洲的自由」，並建立持久的和平。在這方面他們是成功的。他們恢復了歐洲國家體系，即許多君主和獨立的國家生存於其中，而不必擔心被征服或受統治的體系。而他們所建立的和平，雖然在一八三〇年稍受到些破壞，在一八四八年又受到些破壞，但整個來說卻維持了半個世紀；而且在一九一四年以前，不到一個世紀中，歐洲沒有發生過持續達幾個月以上或有許多大國捲入的戰爭。

《維也納和約》就這樣結束了在法國革命後接踵而來的、遍及歐洲政治和軍事上的大動亂局面。然而甚至維也納會議中最保守的外交家也承認，革命活動和革命遺產不會從歐洲文化或歷史中眞正地消失；神聖同盟和一八一五年後一些保守的歐洲國家的警惕明確表達法國革命是多麼深刻地影響了整個歐洲和歐洲以外的地方，使革命思想深入人心並富有影響力。例如，當維也納外交家們正在努力恢復歐洲的穩定局面和秩序時，拉丁美洲在爲從西班牙爭取獨立而進行鬥爭，國家主權的新概念繼續被引用，並繼續在整個新世界傳播。

法國革命和拿破崙帝國已經證明，一個更公開的、新的、社會的和職業的提升制度，是如何使一個國家在行使權力方面比任何傳統的君主制國家更有效率。革命政權曾採用動員全國經濟資源、軍事力量和廣大居民的一些新方法，所有這些在其他現代國家的全國總動員中會再次出現。總之，法國革命和拿破崙爲現代世界提供了政治組織工作和獨裁統治的一些新模式。同時，一些著名的革命事件也有助於傳播人權、政治參與、民主政府和經濟組織工作的一些新觀念，這些新觀念仍然會是遍及現代世界大多數地方的強有力的文化觀念；而在法國革命和拿破崙的支持者和反對者中都得到發展的民族主義大衆思想意識，迅速變成了現代世界歷史中一個最普及的政治和文化力量。

所有這些思想有助於產生和重塑現代社會一些富有特點的制度。在維也納會議後和其他一切企圖保衛或復活舊秩序的努力後，這些思想繼續吸引著熱烈的支持者。法國革命和拿破崙戰爭，不管造成怎樣的混亂局面和可怕的破壞性暴力，仍創造了一項持久的政治和文化的遺產，影響了世界各地的現代國家，並一直持續到今天。

第十一章

工業、思想與爭取改革的鬥爭，一八一五～一八四八年

在一八一五年之前大約三十年的那段期間，發生了兩次「革命」。一次是與法國革命和拿破崙帝國有關聯的大動亂。事實上，這次動亂主要是政治性的，即涉及政府組織、公共權力和權威、公衆財政、稅收、行政機關、法律、個人權利以及社會各個階級的法律地位等各個方面。另一次「革命」，則帶有更多的比喻涵義，主要是經濟性的，即涉及財富生產、製造技術、自然資源的開發、新技術的進展、資本的形成，以及向消費者銷售產品等方面。在這些年代裡發生的政治和經濟革命，多少都是彼此孤立地進行。直到一八一五年，政治革命主要影響歐洲大陸，而經濟革命則在英國表現最爲活躍。歐洲大陸在政治方面雖獲得復興，但在經濟上則依然落後於英國。反之，英國雖在經濟上進行了變革，而在其他方面則仍然是保守的。由於這種歷史的特點，使我們在前幾章論述法國革命以及繼之出現的拿破崙這個人物的政治意義時，不可能大量討論「工業革命」（「工業革命」是對當時在英國發生的經濟變革的習慣稱謂）。

可以說，工業革命比法國革命和其他的革命更爲重要（這個問題是有爭議的）。縱觀世界歷史，似乎可以認爲，過去一萬年，人類經歷的兩次最大變革，一是農業革命（或新石器的革命），二是工業革命。前者迎來了人類文明的曙光，而後者則開創了過去兩個世紀現代全球文明。不管怎樣，經過嚴密的考察表明，在現代歷史研究中，要把經濟和政治，即把工業革命（或工業化）和社會的其他組織結構與制度分割開來是不可能的。工業革命之所以首先在英國發生（一七八〇年左右這場革命已引人注目），是由於英國社會具有某些政治特點，由於英國依靠早期商業和航海上的成就而進入了世界市場，也由於英國式的生活鼓勵個人冒險和革新精神等原因。一八一五年以後的事實繼續證明，無論在英國或其他地方，政治革命和經濟革命的後果也總是不可分割的。

隨著拿破崙的失敗和一八一五年《維也納和約》的簽訂，法國革命似乎終於成爲過去。歐洲的保守勢力獲得了勝利。由於他們復辟歐洲的君主制度並公開反對新興的「法蘭西思想」，因而被人們恰如其分地稱爲「反動」。但是，工業化進程在英國已加速進行，並且波及歐洲大陸，而此進程與政治上保守的安排是針鋒相對的。工業化使企業主和僱傭勞動者兩個階級都大大地擴展了。因此，各國君主和地主貴族更難維持他們原來對公共權力的控制。十九世紀工業的發展通常被稱之爲「進步」。事實證明，經濟上的進步勢力比政治上的反動勢力更爲強大。

十九世紀，在英國、西歐和美國興起的工業社會都屬於資本主義制度的範疇。到了二十世紀，一九一七年俄國革命以後，一些強烈抵制資本主義的工業社會創建起來了。因此，工業主義與資本主義再也不是同義語了。儘管如此，一切工業社會都是利用資本的。資本可說是一種非消費用的財富，而且常常用來生產更多的財富，或更多的未來財富。一輛汽車是件消費品，而汽車製造廠則是資本。資本主義與非資本主義社會的區別，並不在於資本的存在，而在於由什麼方式支配資本。這種區分有時會變得模糊不清。然而，在一種社會形態即私有制社會裡，資本是透過「私人占有」或私有財產制度來支配的，所以資本即為個人或家族或股東控股的股份公司所占有。總之，資本都不是由國家占有。在這種社會裡，雖然各種人都可能占有資本，但是資本的大部分是由極少數熱中於市場的人占有。在另一種社會形態裡，生產的資本原則上屬於公眾所有，而事實上是由國家或其代理機構「占有」和支配的。這一類社會，通常自稱為社會主義社會，這是因最初的社會主義者否定生產手段，即資本的私人占有制原則的緣故。在這些社會裡，對資本的支配，或者關於儲蓄、投資和生產的決定，也掌握在較少數制定某些中央計畫的人手裡。

在歐洲，保護私人財產的各種制度，從中世紀起已經有所發展。法國大革命期間，有許多做法也都是為了保障個人財產免於政府充公。當時，財產的占有被視為取得個人自立和政治自由的基礎。有些人為將來能夠不斷取得利潤的欲望所驅使，心甘情願地投資於新的、變動的冒險事業。這就有可能出現一種創業的精神。在歐洲，從十六世紀起便出現了商業資本主義，因此歐洲的工業化就具有資本主義的特徵。而西歐以外工業化較晚的國家，則面臨著一個不同的問題。在這樣的國家裡，雖在前幾代的商業和農業中積累了少量的資本，並且出現了少數資本持有者或有進取心的個人，但要按照歐洲的方法實現工業化，仍然是困難的。如果缺乏西歐所具備的背景條件（這些條件包括與經濟一樣重要的政治、社會、法律和組織等多種特點），那麼它就必須運用其他的方法才能實現工業化。這通常指的是革新、規畫、決策、監督，以至支配權，都取決於國家。

西歐工業革命的影響如何？若從短期幾年內來觀察，可以說工業革命是有利於法國大革命中宣布的自由主義、現代化的各項原則，以及各項法定的權利。如從稍長的時間，或者說半個世紀內觀察，工業化使歐洲較之世界其他地區具有壓倒優勢的強大力量，從而導致以帝國主義形式表現出來的遍布世界各地的歐洲霸權。從更長的時間看來，到二十世紀，工業化招來了報復性的反應。在此期間，其他國家為了自衛或為了改善本國人民的生活，都試圖迅速實現工業化。它們一方面強烈譴責西方國家為帝國主義和資本主義國家，同時又拚命地要趕上它們。在這些新興的工業社會中，蘇聯（直到一九九一年解體之前）和中華人民共和國可說居於最突出的地位。

英國的工業革命

大體上來說，從人類歷史開始直到一八〇〇年左右，全世界的勞動產品都是用手工工具完成的。此後，便日益增多地使用起機器來了。大約在一八〇〇年以前，動力大都是靠人力或畜力提供，借助於槓桿或滑輪的作用，同時還輔之以水力或風力。隨後，由於人類對蒸汽、電、煤氣以及最近對原子內部有了認識，並能夠熟練地使用，遂不斷得到新的動力來源。從手工工具轉到動力機械的過程，就是工業革命的涵義。人們不可能準確地確定工業革命開始的年代，因爲它是從早期的技術實踐中逐步發展起來的。就那些剛剛開始工業化的國家來說，工業革命還在繼續進行，即使在那些最發達的國家裡，工業革命也還在前進。但是，受工業化深刻影響的第一個國家是英國，那裡在一七八〇年以後的半個世紀內，工業革命的效果就已經很明顯了。

儘管歷史學家往往強調革命的大變動方面，但是，看來人們總是習慣於安定保守的狀態。工人們不願拋棄舊的生活方式，除非有強烈的刺激。否則，他們不會搬到陌生而擁擠的城市去居住，或是每天進入教人受不了的礦區或工廠。那些有可靠收入而生活又十分舒適的富有者，若無充分的把握，絕不會樂意將他們的財富投到新的未經試驗的冒險事業中。任何國家向現代機器生產轉變時，都要求人力和財富有一定的流動性。這種流動可以按照國家計畫引導進行，如二十世紀蘇聯或者中華人民共和國的工業化過程所表現出來的那樣。在十八世紀的英國，由於社會變革的長期歷史發展的結果，曾出現過高度的社會人口流動。

英國的農業革命

一六八八年的英國革命，進一步確定了議會對國王的支配地位，從經濟上說，就是富有者階級占據支配地位。其中，土地所有者的地位至爲重要，雖則他們把倫敦的鉅商大賈看做自己的同盟者。在一個半世紀之內，即從一六八八～一八三二年間，英國政府實際上是掌握在這些土地所有者——「地主階級」或「英國紳士」——的手中，其結果是出現了農業的徹底改革，即農業革命。若無此項革命，工業革命是不可能發生的。

許多土地所有者爲了增加現金收入，開始試驗改進耕作方法和牲畜飼養方法。他們多施肥（主要是畜肥），引進新的農具（如「播種機」和「馬拉鋤」等），引進新的作物（如蘿蔔之類），採取更科學的輪作制。他們試圖飼養更大的綿羊和更肥壯的牛。一個改善經營的地主要成功地進行這麼多改革，就需要完全控制自己的土地。他們看到古老鄉村的公共牧場制、公有土地以及半集約的耕作方法，只不過是對進步的一種障礙，改善經營還需要投資，而只要土地仍由眾多貧困而守舊的小農在耕作，投資則是不可能辦到的事。

村民舊有的土地使用權屬於習慣法的一部分，只有議會通過的法令才能予以修改或取消。而議會正是由這些大土地所有者控制的，因此，議會便通過數以百計的「圈地令」，准許用柵欄、圍牆或樹籬去圈占往昔的公有土地和未用柵欄圍住的自由收場。這樣一來，土地便處於私有制的嚴格支配之下，由個人加以經營。與此同時，由於大土地所有者擁有如當地治安官那麼廣泛的權力，他們要使那些小土地所有者賣光土地，或者採取各種方式把他們驅逐出去就更加容易了。英國的土地所有制比起中歐和西歐的任何其他地方，都更集中在比較少數的富有地主階級的手中，他們把土地整片整片的地租給比較少數的殷實農民。雖然這種發展趨勢整個十八世紀都在進行，但在拿破崙戰爭期間則達到頂點。

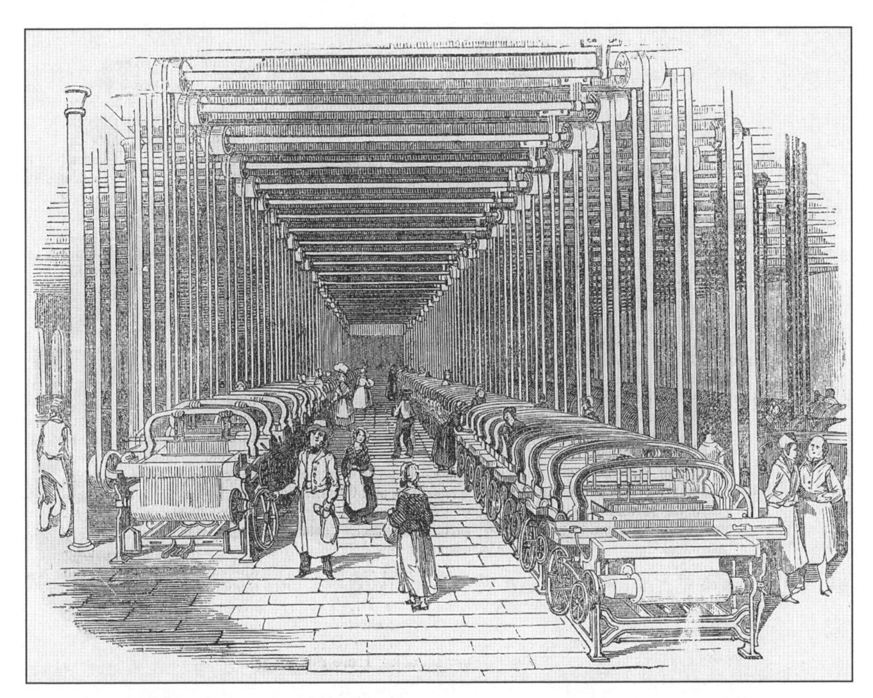

圖11-1　棉紡織廠的興建引起棉紡織品生產業迅速增長，並使大批工人湧進新興的城市。圖為十九世紀三〇年代初英國的一家棉紡織工廠。其中展現了工業化的技術設備，還有許多女工從老式的家庭手工業來到新興的工廠。（Mary Evans Picture Library/The Images Works）

結果，土地和農業勞動力的生產率被大大地提高了。肥壯的牲口提供更多的肉食，精耕細作使穀類作物增產。英國的食物供應在不斷增加，而從事農業生產的人在人口中所占的百分比卻在減少，所以勞動力便得以解脫出來去從事其他職業。英國鄉村裡的許多人變成僱傭勞動者，即做爲雇工，替農場主人和地主勞動，或者在他們的村舍裡爲城市商人紡紗織布。英國的男工（女工也一樣），在工廠建立和機器採用之前，有很長的一段時間是依靠每日工資過活的。英國的勞動人民變得流動不定，哪裡有工作或哪裡工資高些，他們便往哪裡去。他們也可以隨時找到工作，因爲需要留在土地上生產糧食的只是較少數，這些條件在英國以外的地方是幾乎找不到的。在歐洲大陸上，農業耕作法產量較低，同時，農業勞動者較爲固定在土地上，這或是因農奴制的緣故，就像東歐；或是由於財產占有或固定租地的緣故，就像法國。

英國的工業主義：鼓勵與發明

在十八世紀和進入十九世紀之際，與農業革命照常進行的同時，英國已經發展成一個殖民帝國，把整個美洲和歐洲的市場都置於其控制之下。它建立起一支龐大的商船隊，奪得了制海權。只要生產的東西越多，英國商人便能出售得越多。他們多的是顧客、船隊。此外，他們還能獲得資本，用來爲新的計畫提供資金。想要攫取利潤的動機，激勵他們去尋找更迅速地提高生產的方法。往昔以毛織品爲主要出口商品的英國人，只要更多的毛織品編織得出來，就能在市場上無限量地銷售出去。棉布方面銷售的可能性也是很大的。歐洲人對於棉布已經產生興趣，因爲他們原已從亞洲進口了棉布。歐洲人用手工生產的棉布不可能和東方的棉布競爭。如果棉花能用少量的勞動，即採用機器進行紡、織、印，市場的銷售量是無止境的。由於出現了銀行、信貸和股份公司，資本是可以獲得的、有流動性的，而且是容易轉變成現金的。資金可以從一個企業轉到另一個企業。富裕的土地所有者可以把他們的一部分利潤轉到工業方面。如果某種發明結果證明是完全的失敗（這種情況有時是會發生的），或者某種發明研製需要幾年時間才能得到收入，人們仍然會投資下去。一個國家只有借助商業和農業富裕起來，然後才能開創採用機器的時代。英國就是這樣的國家。

上述這些條件使得紡織工業部門湧現出一系列成功的發明。一七三三年，有個名叫約翰・凱伊的人發明了飛梭。使用它，過去需要兩個人在織機上的工作，現在只需一個人便行。織布產量的增加，對紗線提出強烈的需求。十八世紀六〇年代，由於發明了一種帶有機械輪子的「珍妮紡紗機」，才滿足了對紗線的需求。這種新採用的飛梭和紡紗機，最初全是手工操作，由家庭工人在家裡使用。一七六九年，理查・阿克萊特取得水力紡紗機的專利權，這是一種可以同時紡織許多根線的裝置。最初，這種紡紗機是靠水力運轉的，到十八世紀八〇年代，阿克萊特便採用蒸汽做爲紡紗機的動力。但這樣需要安裝重型的設備，於是，他將自己的發動機、紡紗機連同工人都集中在一起，搬進通常是陰沉沉的大房子裡去。這種大房子，英國人稱爲「製造廠」，後來美國人稱爲「工廠」。這時候，機器的紡紗暫時壓倒手工的織布，這又引起動力紡織機的發展。一八〇〇年之後不久，這種紡織機在經濟上已是可行的，因此，工廠裡採用織布機和紡紗機的日益增多。由於這些改良措施不斷完善，使原棉的生產嚴重吃緊。一七九三年，康乃狄克州有個聰明的美國人，名字叫艾里・惠特尼，他原是喬治亞一個種植園的家庭教師，製造了一部軋棉機，能藉由加快清除棉籽的速度，使棉花產量大大增加。這種軋棉機很快就傳遍美國南部，使各地幾乎衰微的種植園經濟突然復興起來，並成爲英國工業革命的一大助力。從一七九〇年之後的三十年間，英國進口的原棉增加五倍。在同一時期，棉布業的產值，從原來占英國工業中的第九位上升到首位。一八二〇年棉布業產品的出口，幾乎占英國出口總額的一半。

十八世紀八〇年代，蒸汽機用於棉紡廠，此後，經過一個世紀，這種機器才發展起來。早在十七世紀，運用蒸汽壓力做科學上和技術上的試驗，已是一件非常普通的事情，而對蒸汽機的發明給予經濟上的動力，是由於歐洲原始林木逐漸減少。到一七〇〇年左右，英國林木已經嚴重不足，以致要獲得煉鐵用的木炭變得更加困難了，冶煉廠對煤的需求日益增長起來，直到有人發明了較好的抽水方法，那些較深開採的煤井才不會發生塌陷的現象。大約在一七〇二年，湯瑪斯・紐科門建造第一臺有經濟價值的蒸汽發動機，它很快就被廣泛地用到煤井去發動水幫浦。這種蒸汽機消耗燃料很多（與所提供的功率成正比例），通常只限於煤礦區使用。一七六三年，詹姆斯・瓦特（原是格拉斯哥大學的技師）著手改進紐科門的發動機，同時他與馬修・博爾頓合夥經營一間商行。博爾頓原是玩具、鈕釦和鞋釦的製造商，他提供資金，使瓦特得以進行相當昂貴的試驗、購買手工製作的設備，以及滿足一些初步設想的需要。到十八世紀八〇年代，博爾頓和瓦特合辦的商行獲得了顯著的成功，他們製造的蒸汽機不僅供英國本國使用，還能提供出口。

最初，在煉鐵術進一步完善而得到較精密的鐵製品以前，這些發動機是如此笨重，以至於只能做爲固定式發動機使用，如在阿克萊特和其他人的新紡織廠裡使用的那樣。一八〇〇年後不久，蒸汽機便成功地供推進內河航船之用。

圖11-2　蒸汽火車頭與鐵路的發明，對十九世紀初期的工業化進程具有決定性的影響。圖為大約一八四〇年製造的最初的火車頭，沿著木製的軌道行進。火車頭上裝備有角度奇怪的「引導輪」，以此保證不出軌。（Time Life Pictures/Getty Images）

一八〇七年，在哈德遜河航運中，羅伯特．富爾頓使用了一部進口的博爾頓和瓦特製造的蒸汽機，這是很令人注目的。與此同時，將蒸汽動力用於陸上運輸的實驗也開始了。正如在一個世紀以前，紐科門的發動機被實際應用於英國煤礦區的情形一樣，如今在煤礦區，瓦特的發動機第一次變成了「火車頭」。早在一八〇〇年之前，礦山已經使用「鐵路」，由馬拉動帶有凸緣輪子的貨車，將煤運到運河或者海邊。十九世紀二〇年代，蒸汽機成功地安置在運行的車輛上。最令人滿意的第一個火車頭，是喬治．史蒂芬生的「火箭號」。一八二九年，這種機動車在新建成的利物浦至曼徹斯特的鐵路上行駛，不僅達到令人印象深刻的時速十六英哩，而且還進行了其他更重要又安全的試驗。到十九世紀四〇年代，無論在歐洲或者美國，都處於建設鐵路的時代。

英國工業革命在其早期階段，直到一八三〇年或一八四〇年，主要是在紡織業部門進行的，而同時在鐵和煤的開採業方面也隨之有了發展。早期的工廠，基本上是紡織工廠，主要是棉紡廠。因爲棉紡業對歐洲來說，完全是一個新興的工業部門，因而較容易實現機械化。在長期建立起來的毛織業部門，雇主和工人雙方對於拋棄原來慣常的生產方法都猶豫不決，因而實現機械化比較緩慢。我們不應該誇大變革的突然性。常有人說，工業革命根本不是一次革命，因為直到十九世紀三〇年代，英國勞動人民中也只有一小部分受僱於工廠。但是就在當時，工廠和工廠制度已被視為剛出現的生產方式，它們勢必會成長和發展起來，並且將不可阻擋地成為歷史進步的有力信號。

英國工業主義的某些社會後果

在反對拿破崙的戰爭中，英國基本上沒有受到損失，而且實際上增強了力量，但已不再是昔日「美好的英國」了。這個島國變得人滿為患，較狹小的愛爾蘭島也是一樣。一七五〇～一八五〇年一個世紀期間，英國和愛爾蘭的人口總數增加了兩倍，即從一七五〇年的一千萬人左右，增至一八五〇年的三千萬人左右。但是，人口增長分布得極不平衡。從前，英格蘭有大多數人居住在南部，而煤、鐵與如今出現的蒸汽動力則多分布在中部和北部。這裡所有新興的城市似乎都是突然產生出來的。據統計，一七八五年，在英格蘭和蘇格蘭，除倫敦以外，五萬人以上的城市只有三個；七十年後，即經過一個人一生的時間，這種規模的英國城市已經有了三十一個。

在這些新興城市中，最突出的是蘭開夏郡的曼徹斯特，它是第一個最著名的現代化工業城市。在棉紡織廠出現以前，曼徹斯特已經是一個相當大的商業中心。儘管它的歷史悠久，但是尚未引起人們足夠重視，以至於未被承認為有權選派議員進議會的城市。在當地，它只是做為一個采邑。直到一八四五年，當地居民向最後一個貴族進行贖買，才廢除了貴族對該城市享有的采邑權。曼徹斯特的人口，從一七七二年的兩萬五千人增至一八五一年的四十五萬五千人。但是，直到一八三五年，英國對各個城市的組合仍然沒有規定程序。城市的組織較普魯士或者法國都落後得多。除了繼承中世紀時期得到的權利以外，城市沒有做為法律上的實體而存在，它沒有正式的官員、沒有充分的徵稅權和立法權。因此，對曼徹斯特來說（其他新興的工業城市也一樣），就難以解決加速都市化的問題，如提供員警保護、解決水和下水道，以及處置垃圾廢物等等。

由於在早期煤礦時代受到大量煤煙的薰染，那些新興城市的居民聚集區變成黃褐色的地方，而工廠和工人住宅區也同樣都是沉澱物。由於中部地區的氣候缺乏充足的陽光，這些居民聚集區無論何時都是黑沉沉的。工人的住房倉促地建造起來，擁擠在一起，並且與其他迅速發展起來的鄉鎮一樣，總是缺乏日用品供應。許多人全家都住在一個房間裡，家庭生活趨於瓦解。格拉斯哥市的一位警官說，這個城市有成片成片的平民住宅區，每個住宅區都群集著上千個衣衫襤褸的兒童，他們只有教名，通常是渾名，在他看來，就和畜牲沒有什麼兩樣。

這些新建工廠特別令人苦惱的地方是，它們大都只需要非熟練的勞工。熟練工人看到自身的地位已經下降。由於採用新機器而失掉工作的手工織工和紡紗工，不是受苦於工業革命中一切階級的最低層的悲慘境地，就是要去工廠尋找工作。當時，工廠按照非熟練工人的標準，支付他們適當的工資。而這些工資標準是很低的，低到不能養活其妻兒的程度。這種情況對非熟練工人來說，在英國的確是普遍如此；在早期經濟制度下，其他地方的情況也是一樣。在許多新建工廠裡，勞動機械化已經達到這樣的程度，以致廠主經常僱用年僅六歲的童工。還有女工，她們的工資也較低，且她們通常比較擅長掌握線軸的工作。從此，許多來自「家庭工業」的女織工變成了新興工業的工人階級。

工廠裡的工時很長，一天十四個小時，有時候甚至還要更長一些。雖然，對那些在農場或者在農村一家一戶從事家庭手工業的人來說，工時這麼長是很平常的事情。但是在需要比較嚴密的組織的工廠裡，卻使工人們感到沉悶和難以忍受。除了被解僱而閒得發慌以外，工人的假日是少有的；而失業又是常見的災難，因爲商業行市短暫的盛衰浮沉是相當不穩定的。工人一天無工可做，生活也就一天無著落；即使在那些計日工資相當吸引人的地方，工人的實際收入也是經常不足以糊口。正如在礦山裡一樣，工廠的工人也幾乎是完全無組織的。他們都是新近聚集在一起的人群，缺乏傳統關係或者共同關係。每個工人都是單獨與雇主打交道的。這些雇主通常都是小商人，他們面臨與其他人的激烈競爭，往往因購置本廠的設備而負債，或者想方設法攢錢來購買更多的東西，因而盡可能把「工資」壓到最低的程度。

一些工廠雇主，即新出現的「棉業巨頭」，就是最初的工業資本家。他們往往都是靠個人奮鬥起家的，依靠他們自己的智慧、百折不撓和深謀遠慮而獲得地位。他們從每年的進款中厲行節約，以建立工廠和購買機器，在生活上但求舒適，而並無鋪張奢侈之處。他們認爲，自己是勤勞的，而那些有土地的紳士通常都是懶漢；至於那些窮苦人，也是傾向於懶惰的。以嚴格又確切來說，他們通常都是正直的，且在法律允許的範圍內想盡辦法賺錢，而不逾越那種範圍。他們既不蠻橫無理，也不故做冷酷，對慈善事業還進行捐助。他們認爲，給「窮人」工作做，並保證使他們工作勤奮和富有成效，這就是他們給「窮人」的「恩惠」。他們當中的大多數人並不贊同本行業制定的共同規章，儘管有少數人（由於競爭的緣故，他們被迫採取自己並不喜歡的權宜手段，如僱傭童工等）表示接受全體競爭者同樣遵守某些規章。一八〇二年，在棉紡織業巨頭老羅伯特·皮爾的推動下，議會通過了第一個工廠法。該法旨在規定紡織廠僱傭貧民童工必須執行的條件，可是，此工廠法從一開始就是一紙空文，因爲它並沒有規定設置適當的工廠視察員機構。當時，在歐洲主要的民族中，唯獨英國人沒有一個經過訓練的、受僱於國家的專職行政官員階級，他們也還不需要這樣一個階級，倒是願意要自治和地方首創精神。爲一件事就設置視察員，這帶有歐洲大陸官僚政治的氣味。舊有的經濟管理方式正逐漸被廢棄，實際上已經不再適應新的時代，這樣便引起人們對管理經濟的思想本身產生懷疑。新工業家們希望不受別人的擺弄；他們認爲，對企業的干預是違背自然規則的，而且堅信，如果讓他們按自己的見解去辦事，那他們將保證國家未來的繁榮和進步。

古典經濟學：「自由放任」

工業家們由於「政治經濟學」的出現而增強了對未來的信念。一七六六年，亞當·斯密發表了他的劃時代著作《國富論》。這部著作批判了以往主張對商業活動採取限制與專利權的過時的重商主義，以溫和但堅定的態度表明，

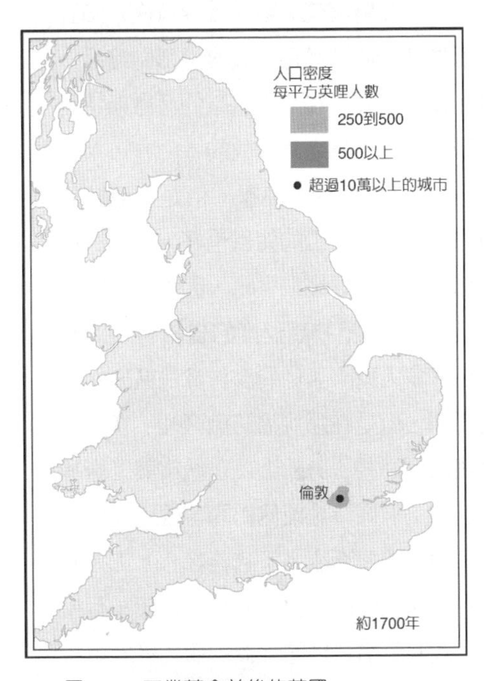

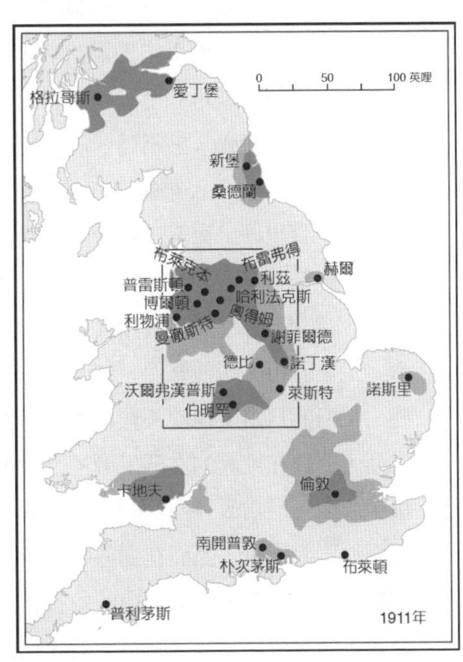

圖11-3　工業革命前後的英國

一七〇〇年在英格蘭、蘇格蘭和威爾斯，擁有十萬以上人口的城市只有一個；到了一九一一年，這樣的城市已經接近三十個，其中大多數都地處實現工業化的中部地區（右圖的小長方形框內的區域）。

必須讓生產和交換中的某些「自然法則」在經濟市場上自行發生作用。隨後，支持斯密理論的有湯瑪斯・羅伯特・馬爾薩斯、大衛・李嘉圖和所謂的曼徹斯特學派。他們的學說被（其反對派）賦予「自由放任」的稱號，從其精細的形式來說，仍可通稱爲古典經濟學。他們的基本觀點認爲，客觀上存在著一個經濟關係的世界，它是與政府或政治分開而獨立的。這就是自由市場的世界，它本身受著一定的「自然法則」，如供求規律所制約。所有的人都在追求他們開明的自身利益，每個人都比其他任何人更懂得個人的利益，而這些個人利益的總和將構成全人類的普遍福利和自由。政府應盡可能不加干預，它做的事情只應限於維護生命和財產的安全，提供合乎情理的法律和可以信賴的法庭，從而保證私人的契約合同、債務和各項義務的履行。不僅是商業活動，而且教育、慈善事業與人們的私事，都應不受干涉，留給個人自己決定。不應設有關稅，到處都應實行自由貿易，因爲這種經濟制度是世界性的，不受到政治障礙或民族不同的影響。至於工人，按照大約一八五〇年以前古典經濟學家的意見，他們不應期望得到超過最低生活水準的工資。因爲「工資鐵律」將造成如下情況：當工人獲得高於維持其生活的最低工資時，他們就要生下更多的孩子，就會吃光原工資的超額部分，結果工人自己，以及整個工人階級就會再次下降到最低的生活水準。如果工人對此不滿，那麼他們應該懂得，改變這種制度是一件蠢事，因爲這就是制度，自然的制度，沒有例外。在令人討厭的曼徹斯特所講授的政治經濟學，被稱爲「沉悶的科學」，並不是毫無緣故的。

對英國勞動人民來說，工業革命是一次難以忍受的經歷。但是，應該記住，低工資也好，每天工作十四小時也好，女工和童工的使用也好，失業的痛苦也好，都不是什麼新事情。所有這些都已存在了好幾個世紀，因爲在英國和西歐，農業資本主義和商業資本主義代替了中世紀較高程度的自給自足的經濟。工業城市的居住條件，在某些方面比許多人原來居住的農村貧民區要好一些。工廠的日常工作使人在精神上感到沉悶，但是在那些棉紡織廠裡，在一些方面，要比在家庭的血汗工廠裡進行生產來得好些。勞動人民在城市與工廠裡集中起來，便爲改善他們的處境開闢了道路；但同時也使他們的苦難處境更爲明顯地表露出來，因而在那些較幸運的人們中間逐漸產生了慈善之心。工人們在城市聚集以後，逐漸獲得較多有關世界的知識。由於他們混雜在一起，互相交談，結果增強了關於團結、階級利益與共同政治目標的意識，並且終於組織起來，建立了工會；通過工會，他們獲得國民收入中較大的分額。

拿破崙垮臺以後，英國變成了世界工廠。雖然在法國、比利時、新英格蘭和其他地區，以蒸汽爲動力的工廠已經建立起來，但是事實上，直到一八七〇

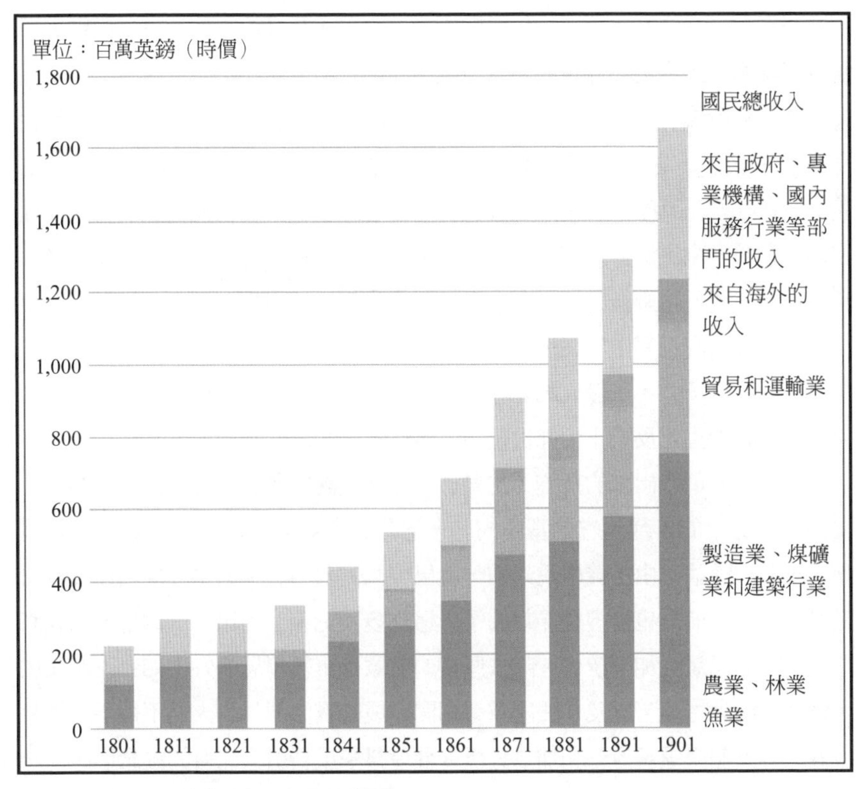

圖11-4　英國工業革命（收入來源示意圖）

在十九世紀，英國國民收入增長了八倍。來源於農業、林業和其他類似行業的收入大致同樣，但來自這些活動的收入份額從總收入的三分之一下降到了十六分之一。到一八五一年，國民收入的一半來自製造業、貿易和運輸業。到一九〇一年，有四分之三的收入來源於上述這三個行業。「來自海外的收入」的分類則涉及大不列顛之外的貸款和投資的利息及紅利。十九世紀五〇年代，這些海外收入迅速增長。〔P. Deane and W. A. Cole, British Economic Growth (Cambridge, England: Cambridge University Press, 1962), pp. 166-167.〕

年以後，英國才面臨外國工業的競爭。即使如此，在紡織品和機床方面，英國實際上仍居於壟斷地位。從英國中部和蘇格蘭低地裝載的棉紡織品和蒸汽機運送到世界上各個地區。英國的資本輸出到世界的所有國家，而在那裡就產生了新的企業。倫敦變成世界的交易所和金融中心。其他國家進步的人們都把英國當做自己的榜樣，希望從它那裡學到先進的工業化方法，同時在政治上仿效它的議會制。

各種「主義」的出現

工業化和法國革命兩種聯合的力量，導致一八一五年以後種種新學說和運動的產生。它們在一八四八年的歐洲普遍革命中都起了作用。要想了解一八一五～一八四八年這三十三年間的深遠意義，最好的方法，就是回顧一下當時出現的，至今仍然存在的諸家學說。

就我們所知，「自由主義」這個詞在英語中第一次出現是在一八一九年；「激進主義」，在一八二〇年；「社會主義」，在一八三二年；「保守主義」，在一八三五年。「個人主義」、「立憲主義」、「人文主義」、「女權主義」和「君主主義」這些詞，都是出現於十九世紀三〇年代。「民族主義」和「共產主義」這兩個詞則是在十九世紀四〇年代才出現。到十九世紀五〇年代，在說英語的世界中才使用「資本主義」這個詞（法語中使用「資本主義」這個詞則早得多）。一般人聽到「馬克思主義」這個詞還要更晚一些，雖然馬克思的學說產生並反映了十九世紀四〇年代這一動亂的時期。

這些迅速創造出來的新的「主義」，並不是說它們的思想也都是新的。即便不追溯更早的年代，它們當中的許多思想也都是來源於十八世紀的啓蒙運動。人們在談論自由主義學說以前，就已經酷愛自由了；同樣，他們在沒有認識保守主義以前，也已經是保守的了。這許多「主義」的出現，倒是表明人們在使自己的思想更加系統化。除去原有的啓蒙學派哲學思想外，如今人們又加上強烈的能動主義，以及在法國革命期間形成的黨派偏見。人們不得不將社會當做一個整體來重新考察和加以分析。社會科學成爲引人注目的觀念形態。一種「主義」（除掉「催眠術」、「袒護術」之類的詞）所以得以形成，可以這樣說，即它在與其他學說競賽中自覺地擁護本學說。在《維也納和約》之後三十多年間，如果沒有各種「主義」的出現，要理解乃至談論維也納會議之後的世界歷史，那是不可能的。爲此，將當時最重要的幾種學說的主要特點簡要地加以說明，應是恰當的。

浪漫主義

在衆多的「主義」中，有一種「主義」是非政治性的，即所謂的「浪漫主義」。十九世紀四〇年代，在英語中第一次使用浪漫主義這個詞，當時是用它來說明一種業已經歷了半個世紀的運動。浪漫主義最初只是一種文學和藝術的理論，宣傳這種理論的最重要代表者有：英國的華茲華斯、雪萊和拜倫，法國的維克多・雨果、弗朗索瓦和喬治・桑，德國的席勒、史雷格兄弟等人。浪漫主義做爲一種藝術理論，它提出的基本問題包括：關於重大眞理的性質、人類多種才能的重要性、思想與感覺的關係，以及舊時代與現時代的涵義。這種理論闡述了一種領會人類全部經驗的新方式，對於有關社會和公共問題的許多思想都產生了影響。

浪漫主義最基本的態度也許是一種無法分類的愛：屬於情緒或印象，情節或故事、情景或語調或具體經歷過的事情，和個人的特性或特殊的習慣，這種特性或習慣是有才智的人完全不能予以分類、不能把握住、不能進行解釋或者抽象概括的。特別引人注意的是，浪漫主義者都堅持將感情的價值與理智的價值等同起來。他們知道潛在意識的重要性，很可能將一種完全易懂的思想懷疑爲某種膚淺的東西。他們喜愛那神祕莫測、不可知的事情，以及在遙遠的地平線上顯露出來的模糊不清的形象。因此，浪漫主義就促使人們對於陌生而又久遠的社會，以及陌生而又久遠的歷史時代產生新的興趣。啓蒙學派的哲學家曾經哀歎中世紀是理智謬誤的時代，而這一代浪漫主義者卻懷著尊敬甚至留戀的心情去看待以往的年代，從中找到一種富有魅力而又豐富多彩的東西，或者是尋覓到在當代已經看不到的一種靈魂深處的東西。那種被理性主義者認爲是野蠻的「哥德式」建築，對浪漫主義者卻具有強烈的吸引力。在藝術上的哥德式復興開始了，十九世紀三〇年代建造起來的英國議會大樓就是其中的一個例子。

浪漫主義者在中世紀的藝術和制度中（如同在每一個時代和民族的藝術與

圖11-5　這座新的英國議會大廈是在十九世紀三〇年代建成的。它已成為哥德式建築復興的傑出典範，同時也是在十九世紀早期暢想中世紀浪漫氣息的傑出典範。（Getty Images）

制度一樣），看到了一種內在的天賦才能的表現。這種新穎的或有創見的天才思想，實際上是浪漫主義者另一個最基本的信念。一個天才，就是一種不受客觀規律束縛的能動精神，或者是一種經過分析或分類也無法加以充分說明的精神。據認爲，一個天才能制定其自己的規律和法則。天才可能是一個人，例如藝術家、作家，或者像拿破崙那樣的世界推動者。它可能是一個時代的天才或精神。或者，它可能是一個民族或國家的天才，如赫爾德的民族精神，是一種使每一個民族以其獨特的方式發展起來的固有的民族性。要想了解這種民族性，只有經由研究其歷史才有可能；這樣，浪漫主義又在許多地方與民族主義的新形式結合起來。在這裡，浪漫主義又爲研究過去提供了新的動力。從政治上看，浪漫主義者在各個陣營裡都找得到，有保守的，也有激進的，但是強調個人創造力的影響下，使得大部分的浪漫主義者朝向對嚴格的社會和文化階級制度產生批判觀點。在一八一五年後，浪漫主義因此在更多政治的各種主義上增加了文化和情感上的熱情而快速發展。

古典自由主義

最早的以自由主義者自稱的人們（如前面所述，儘管拿破崙曾對他的制度使用過「自由主義」這個詞），是西班牙某些反對拿破崙占領的人。後來，「自由主義」這個詞傳到法國，在那裡，它是指一八一四年波旁王朝復辟後反對保皇主義的一批人。在英國，許多輝格黨人已經日益成爲自由主義者，甚至有少數托利黨人也是如此。而在十九世紀五〇年代，一個新的自由黨成爲英國政治界的一支重要力量。十九世紀出現的或者說「古典的」自由主義，在各個國家的表現雖有不同，但是它們有著許多基本的相似之處，包括強調每個秩序井然的現代社會中個人應該享有的權利與自由。

一般說來，自由主義者都是商人階級和專門職業者，還有那些希望提高其社會地位的有進取心的地主。他們相信的是那些現代的、開明的、有能力的、明智的和公正的東西，並且深信人類具有自我管理和自我控制的能力。他們對於議會制或代議制政府予以高度評價，因爲這種政府與可信賴的各部會以及公正守法的行政機構一起，是通過合理的討論和立法程序而進行活動的。他們要求，政府的全部活動應完全公開，而爲了確保做到這一點，他們要求堅決實現言論自由和集會自由的權利。他們認爲，所有這些政治利益，很可能在一個健全的立憲君主制下得到實現。除在英國之外，他們主張制定明確的成文憲法。他們不是民主主義者，由於害怕下層群眾無節制的舉動或者無理智的政治上的過激行爲，他們反對賦予每個人選舉權。僅僅是由於十九世紀歷史潮流的發展，自由主義者才逐步且勉強地接受了成年男子普選權的思想。他們贊同美國革命和法國革命中提出的「人權」學說，但是明確地強調財產權問題。他們的經濟觀點，是遵循英國的曼徹斯特學派，或者是法國經濟學家尚·巴蒂斯特·薩伊的學說。他們贊成放任主義，懷疑政府管理商業的能力，並且想要擺脫在當時仍然存在的行會制度，同時對於新興的產業工人想要組織工會的企圖持反對態度。

他們在國際上鼓吹貿易自由，降低關稅率或者取消關稅，從而使各國都能夠順利地在彼此之間以及同工業的英國交換產品。他們認爲，這樣一來，每個國家都將生產最適合於本國條件的產品，因而能最大限度地增加財富和提高生活水平。他們相信，隨著財富、生產與發明的增多，以及科學的進步，必將帶來人類共同的進步。他們一般都認爲，現存的教會和土地貴族是前進的障礙，因而對其表示不滿。他們寄希望於寬容和教育的普及。他們還持有強烈的平民態度，對戰爭、征服者、軍官、常備軍和軍費支出等一概表示深惡痛絕。他們是要通過立法程序而有條不紊地進行變革。他們面對革命的思想而畏縮不前。歐洲大陸各國的自由主義者，通常都是讚美英國的人。

激進主義、共和主義、社會主義

激進主義，至少就這個詞本身來說，其源出自英國。在一八二〇年前後，哲學界的激進黨人曾驕傲地自命爲激進主義者。在十九世紀二〇年代，這些激進黨人不僅包括剛剛出現的少數工人階級的領袖，而且還包括許多新興的工業資本家，他們在議會中還沒有自己的代表。這些激進主義者，在反法戰爭的長期危機使得所有激進主義思想都被懷疑爲親法國思想之前，便繼承了前輩如湯瑪斯·潘恩這些英國「雅各賓派」在三十年前留下的事業。

英國哲學界的激進黨人很像法國大革命前的法國哲學家。他們是前輩哲人傑瑞米·邊沁的追隨者。邊沁在一七七六～一八三二年期間發表的大量著作中，對英國的刑法和民法、教會、議會和憲法都提出了改革的建議。英國的激進主義者自稱是依據人的本性和心理而推斷出各種制度的正確形式。他們不耐煩地把依據歷史、風俗或習慣而提出的一切論據都丟在一邊，而力求找出事物的「根源」（「激進分子」就是來源於拉丁語「根本」一詞）。他們想要對法律、法院、監獄、濟貧院、市政機構、腐敗選區以及獵狐的教士等進行全部的改造。他們對改革議會的要求是強烈而堅持到底的。他們憎惡英國教會、貴族爵位和地主階級。許多激進分子還要盡快地廢除王位。只是到維多利亞女王漫長的統治期間（一八三七～一九〇一年），英國的君主制才在各個方面獲得普遍的認可。綜上所述，激進主義是提倡民主的，它要求實現英國成年男子享有選舉權。一八三二年《議會選舉改革法案》通過以後，工業資本家大都轉變成自由主義者，而工人階級的領導人仍然是激進民主主義者。這在以後還要談到。

歐洲大陸的激進主義，可說是富有戰鬥性的共和主義。對自由主義者和保守主義者來說，法蘭西第一共和國的年代，是意味著與恐怖統治時期相關聯的恐怖年代，而對共和黨人來說，卻是充滿希望和進步的年代，可惜後來卻被反動勢力中斷了。即使在法國，共和黨人也屬少數；在義大利和德國等其他地區，他們的人數更少，但他們依然存在。大多數共和黨人都來自知識分子，如大學生、作家等，有的來自那些反對社會不平等的工人階級領袖，還有來自那些老戰士或者是老戰士的後裔，對他們來說，一七九三年的共和國連同當時的戰爭與光榮仍然是記憶猶新的。由於受到員警的迫害，共和黨人通常參加祕密團體，和它們一起活動。他們展望未來革命的大變動，表現出泰然自若的態度，認爲自由、平等、博愛的事業將由於革命的大變動而向前推進。做爲強烈主張政治上平等的信徒，他們都是要求實現普選權的民主主義者。他們擁護議會制政府，但是比起自由主義者來，卻並不那麼關心政府活動的成就。大多數共和黨人都是激烈的反教士派。當憶及法國大革命期間教會與共和國政府之間的相互鬥爭，以及至今仍然面對著天主教教士的政治活動時（因在天主教的國家裡，共和主義是最低微的），他們無不把天主教教會視爲理智和自由的死敵。這些比較富於戰鬥精神的共和黨人，反對任何形式的君主制度，甚至包括立憲君主制在內；極端仇視教會和貴族，並成爲法國大革命自覺的繼承者，且組織本國的和國際性的祕密團體，和不反對通過暴力推翻現存的政權，因而在大多數人民（包括自由黨人在內）看來，他們和無政府主義者是相差無幾的。

後來，共和主義逐漸演變成社會主義。一般說來，社會主義者都具有與共和主義相同的政治態度，但同時也另有某些不同的觀點。一八四八年革命以前，早期的社會主義者派別衆多，可是在某些方面，思想卻是共同的。他們都認爲，現存的經濟制度是無目標的、混亂的、殘暴不義的。他們還認爲，富有者擁有如此廣泛的經濟權力，如僱傭或解僱工人，根據本身私利來規定工資額和工時，將整個社會勞動納入其獵取私人利潤的範圍等等，全都是不合理的。因此，他們都對私人企業的重要性提出疑問，而在某種程度上贊同將生產性的財產——銀行、工廠、機器、土地以及運輸工具等實行公有化。他們全都厭惡將競爭當做管理經濟和社會的原則，而主張代之以和諧、協作、組織化或聯合的原則。所有的社會主義者都直截了當、堅決地反對自由黨人和政治經濟學家提出的自由放任政策。後者主要是考慮生產的增加問題，對分配則並沒有表示多大關心，而早期的社會主義者主要考慮到的則是將國民收入在一切有益的社會成員中進行比較公平的或比較平均的分配問題。他們認爲，除了在法國大革命中獲得的公民平等和法律平等以外，還必須進一步實現社會和經濟的平等。

最早的社會主義者之一，同時也是曼徹斯特和蘇格蘭低地最早的棉紡織廠老闆之一，就是羅伯特・歐文。紡織工人的處境使他深受震動。於是，他爲本廠雇工創建一種模範公社，在這裡，給工人支付高額工資，縮減工時，嚴厲制止惡習和酗酒行爲，興建學校、住宅，以及成立廉價出售工人日用必需品的百貨商店。他在早年實行這種溫和的資本主義，隨後又畢生爲推行各項社會改革而努力不懈。在漫長的過程中，他不斷遇到障礙，不僅有來自工業家們的反對，而且由於他在宗教問題上鼓吹不得人心的激進主義，也給他帶來麻煩。

圖11-6　法國的聖西門運動曾出版早期女權主義運動的刊物，也促進開啓了針對限制婦女權利的一次新的社會分析。這幅圖像是一八三二年畫家馬爾雷夫的雕版畫，展現了聖西門女權主義者異乎尋常的行為：此婦女穿著一套在當時看起來算是短的禮服，站在一個文件旁邊，文件上簡明地寫著：「聖西門主義。這是自由的婦女嗎？」（Bibliotheque Nationale de France, Paris）

大多數早期的社會主義者都是法國人，革命未完成的觀念激勵著他們繼續前進。其中有一人出身貴族，即聖西門伯爵，他曾參加過美國獨立戰爭，支持過法國革命。晚年，他撰寫了許多論述社會問題的著作。他本人及其信徒，自稱是聖西門主義者而不是社會主義者。他們是第一批明確主張建立計畫化社會的倡導者。他們主張對工業資產和其他資本實行公有制，並且由工業界的巨頭或社會工程師進行管理，他們應設計出如開鑿蘇伊士運河這麼巨大的工程方案，同時能協調社會勞動和資源以達到生產目標。另一個不同類型的社會主義者代表查理・傅立葉（一七七二～一八三七年），是一個有點空談理論的思想家，他對所有已知的社會制度進行了徹底的譴責。他擬訂的建設性方案，是將社會組織成許多他命名爲「法朗吉」的細小單位，並設想每個「法朗吉」包括有一千六百二十人，每人都做他本性愛好的工作。事實上他在法國本國從來也沒有將一個「法朗吉」成功地組織起來。在美國，曾建立起一些「法朗吉」，但仍不過是歐洲烏托邦的夢境罷了。最有名的是在麻薩諸塞州的布魯克農場「運動」（由文人學者經營），從一八四二～一八四七年，它所存在的五年一直是處在混亂狀態之中。一八二五年，羅伯特・歐文也在美國印第安那州的新哈姆尼建立一個實驗的移民區，它在當時還是偏僻而未開墾的沃巴什河河畔。這種實驗也僅僅維持五年左右時間。社會主義者的這些計畫，原來是設想擺脫那些上流社會的風氣而依靠本身的力量生活下去，但是在工業化時代，就整個社會問題而言，它們是無濟於事的。

從政治上說，一八四八年以前早期社會主義最有影響的活動，是法國工人階級掀起的運動，這是革命的共和主義與社會主義的混合物。從一七九二年以來，有政治頭腦的巴黎工人都是擁護共和政體的。對他們說來，十九世紀二〇年代、三〇年代和四〇年代的革命都沒有完成，而僅僅經歷短暫的時間便中斷了。工人們在政治上被捆住手腳，在法院因受歧視而失掉權利，被迫隨時要攜帶雇主簽字的身分證，隨著法國遍地興建工廠、開展工業化而受到各種壓力的刺激，因此種種，他們對資產者這些有產階級產生了很深的敵視。在巴黎，他們找到了自己的代言人，即新聞記者路易・布朗。他是《進步報》的編輯，《勞動組織》（一八三九年）一書的作者。他的這部書是早期社會主義者著作中最有建設性的作品之一。他曾設想一種「社會工廠」制度，或者由國家支援的工廠中心制度。在這些「工廠」或工廠中心裡，工人們自己安排工作，並且是爲自己勞動，而不受私人資本家的干預。關於這種類型的社會主義，我們將會在後面再較詳細地加以敘述。

至於「共產主義」，它在當時還是「社會主義」的一個不確定的同義詞。在十九世紀四〇年代，有一個德國革命者團體，他們主要是由流亡在法國的革命者組成，自稱爲共產主義者。如果其成員中不包括卡爾・馬克思和佛烈德里克・恩格斯在內，他們在歷史上早已被人們忘記了。一八四八年，馬克思和恩格斯有意識地使用「共產主義」這個詞，目的在於與聖西門、傅立葉和歐文等烏托邦的形形色色社會主義區別開來。一八四八年以後，「共產主義」這個詞不再普遍使用。一九一七年俄國革命後，「共產主義」這個詞才再次流行起來，而在此時，它已具有新的涵義了。

女權主義

十九世紀初，女權主義以一種新的政治和文化運動面貌出現了，不過直到十九世紀三〇年代，法國的一些婦女稱她們自己爲女權主義者後，這詞才開始出現。正如那些重要的「主義」分成幾個組成部分一樣，女權主義也分成幾個部分，但是大多數女權主義者都認爲自己具有自由主義者的、激進主義者的或者社會主義者的思想。女權主義都力求在公共和私人的生活領域擴大婦女的權利。女權主義者吸取法國革命的政治遺產及其人權的概念，聲稱婦女也存在「人權」（正如共和主義者和社會主義者主張貧苦大衆和工人也必須取得諸如此類的權利）。一些女權主義者還擴充瑪莉·吳爾史東克拉芙特有影響力的著作《女權辯護》（一七九二年）裡的各種主張，主要是談及保證婦女新的選舉權利和公民權。另外一些女權主義者，儘管她們也在支持追求婦女的投票權，但更主要的是主張改革管制家庭生活的一些法律，或者是推進婦女在教育、文化生活和經濟中的權利。十九世紀初，具有這兩種傾向的女權主義者還引用啓蒙運動時期關於人權、改革、教育和進步的思想，因此這些女權主義很類似於共和主義、激進主義和社會主義，與十八世紀前輩的法國作家孔多塞和奧蘭普·德·古施處於同一的行列中。

那些追求婦女新的政治權利的作家和積極分子都傾向成爲「平等的」女權主義者，也就是說，她們強調的是婦女和男子在理性運用和普遍的人權方面共通的各種方式。儘管這些主張與法國革命的主張有著明顯的聯繫，但在十九世紀初，爭取婦女政治權利的運動在英國和美國都更爲迅速地開展起來。這些國家間的差異或許可以反映說明如下事實的不同，即在一八四八年以前的數十年間，一般來說，爭取婦女投票權的運動在英國和美國顯得更爲廣泛；或者說各種女權主義可能往不同方向開展。因爲在法國革命的稍晚階段，法國的共和主義已經變成敵視婦女參與各種政治活動，這也因爲法國革命期間頒布的《拿破崙法典》，已經在法國的家長制度中將婦女置於家庭中的從屬地位。總之，在十九世紀，法國女權主義已傾向於關注婦女的社會、文化以及法律權利，而遠遠超過爭取投票權的問題。

十九世紀初，在英國積極鼓吹婦女的各項權利的，是哲學上的激進主義分子和當時社會主義的領袖羅伯特·歐文的追隨者。這些社會主義者，例如安妮·惠勒和威廉·湯森，他們在《爲婦女利益呼籲》（一八二五年）一書中，以新的女權主義爲題發表了一個重要的聲明，其中將婦女低下的社會地位追溯到經濟制度的缺陷。在歐文本人及其女權主義的朋友，蘇格蘭的作家法蘭西斯・萊特等人發表的著作中也有不少類似的論述。然而，在英國，論及婦女各項政治權利方面最有影響的主張，還是在自由主義作家哈莉・泰勒和約翰・斯圖爾特・穆勒的著作裡，他們倆做爲親密的知識夥伴在一起寫作二十多年，泰勒的丈夫去世後，他們最終結爲夫妻。十九世紀三〇年代開始，泰勒和穆勒撰寫了一些重要的著作，論述甚至在最先進的社會裡婦女也面臨著的社會上、法律上和政治上的不平等狀況。他們的合作最後撰寫出穆勒一部最有名的著作《婦女的屈從地位》（一八六九年），穆勒在此書中提及他受到泰勒思想的決定性影響，儘管在此書出版以前她已經去世。穆勒爭取婦女政治和社會權利的根據，一是認爲婦女與男子是天生平等，因此應給予同樣的權利；二是功利性地主張，社會只會從婦女不斷參與公共生活中得到利益。他這部著作被翻譯成歐洲所有主要的語言，對其他國家爭取婦女政治和法律權利的女權主義產生了重大的影響，比如說在英國。同時，美國婦女在紐約州的色內加瀑布市的一次大會上，開展了她們自己爭取選舉權的運動。一八四八年，女權主義的領袖如伊莉莎白・卡迪・斯坦頓宣告，婦女應擁有選舉權，因爲她們與男子「生而平等」。

圖11-7　這是關於喬治・桑的漫畫，出現在一八四二年阿爾斯德・羅倫茲的一幅石版畫上，嘲弄那著名的作家貌似「男子氣概」的行為。她穿著緊身短襯褲，手持一根雪茄煙，其周圍堆放她的作品與涉及政治事件的通告。桑受到圖像與解說詞的嘲笑，暗示她的要求是天才「無性別之分」。（Bibliotheque Nationale de France, Paris）

十九世紀三〇年代和四〇年代，女權主義也同樣進入到歐洲大陸的公共生活領域，特別是在法國更是如此。一些社會主義者如聖西門和傅立葉都對家庭的歷史給予批評性的關注，並由此鼓勵他們的追隨者，並對女權的傳統限制開展社會性的分析。在十九世紀三〇年代，在聖西門團體裡的女性活動積極分子出版了定期刊物《自由女性與新女性》，它的標題就表明了女權主義者新的身分認同。新一代的婦女作家還擴充了史達爾夫人早期著作的內容，她曾主張：「婦女精心地發展她們的智力和理性，對整個社會的啓蒙和幸福是很有用處的。」所有的女權主義者都主張年輕婦女應受到更好的教育、改革財產所有權和離婚法，以增強婦女的獨立，同時也主張婦女參與公共辯論的權利。不過，一些法國的女權主義者藉由強調男女之間的某些不同，開始偏離了此前強調婦女獲得平等權利的主張。例如，母親的特殊責任就賦予婦女在教育後代成長方面有著與眾不同的、必不可少的任務，只有受過良好教育、有能力勝任的母親才能撫養出聰穎的、受過良好教育的孩子。因此，女權主義者強烈地支持爲女孩子興建新學校，並開始尋找婦女接受更高等教育的途徑（直到十九世紀八〇年代，法國才建立了專爲女孩子設立的公立學校）。

除了爭取教育與立法改革以外，許多女權主義者成爲了作家，以此來描述婦女的社會生活或者宣告她們在公共生活中求得一席之地的主張。例如，芙羅拉·特利斯坦的遊記裡考察了婦女在南美和歐洲都面臨著的社會束縛。與特利斯坦同時代的法國作家喬治·桑成爲十九世紀四〇年代最有影響的從事寫作的婦女。她的許多小說和隨筆經常描述生活自立的婦女，不過她自己的生活幾乎也如她的書一樣有名和有爭議。批評者嘲諷她仿效男性的著裝、抽雪茄菸，在婚外跟男性住在一起。可是桑依然贏得歐洲各地許多讀者的讚美和支持，其中許多人將她看做女性文化和政治表現新形式的典範。因此她不論在支持者與敵人兩者中間都被看成新的女權主義的著名象徵。實際上，「喬治·桑主義」這名稱往往被用來譴責那些行爲舉止看起來激進或異於尋常的婦女。儘管爭取婦女選舉權的政治運動和其他立法改革到了二十世紀才達成其主要目的，但是上述此種敵視表明女權主義是如何能身列爲革命後「主義」之一的。

民族主義在西歐

民族主義，起初在許多地方出現，它是對國際上的拿破崙制度產生巨大反應的一個組成部分，但是它也從各自國家特有的文化和政治傳統中汲取了力量。在眾多新近出現的「主義」中，民族主義傳播得最爲廣泛，並且最不定形，因爲在某種程度上說，它通常是浪漫主義、共和主義或自由主義的各種形態混合在一起。在西歐，如英國、法國或西班牙，在已經實現民族統一的國家裡，民族主義與其說是一種構建民族的學說，不如說是一套政治和文化的信念，當民族利益成爲問題時，便很容易地激發起來，並且通常被認爲是理所當然之事。在其他地區，如義大利、德國、波蘭、奧地利和土耳其帝國，同一個民族的人民在政治上分裂開來或者處於外族統治下，民族主義就變成一種有意識和自覺的政治活動綱領。西方各國，如英國和法國，它們做為實現民族統一而獲得成功和繁榮的榜樣，毫無疑問地激勵著其他民族也立志實現民族的統一。一八一五年以後，在德國，是掀起民族問題的宣傳鼓動的時期；在義大利，是開展復興運動或「覺醒」的時期；在東歐，是斯拉夫人復興的時期。

這個運動是由知識分子領導的，他們常常感到，必須將眞正的民族思想灌輸到本國同胞心中。他們利用赫爾德關於民族精神的概念，並各自將它運用到本民族中。他們往往從文化上的民族主義出發，即認爲每個民族都有自己本民族的語言、歷史、世界觀和文化，而且必須把它們保存下來，並不斷地使之完善。然後，他們進一步發展到政治上的民族主義，即認定爲了保存民族的文化，並保證本民族所有的成員都獲得個人自由與公平的待遇，每個民族都應該建立自己的主權國家。他們認爲，統治當局應屬於同一民族，即統治當局應與被統治者擁有相同的語言和同一個民族即說著相同民族語言的所有人們，都應該包括在同一個國家裡面。

在法國以東的歐洲地區，若不把原來的各國政府全部推翻，上述的種種思想則不可能完全實現，因而徹底的民族主義便向來是帶有革命性質的。那些公開的民族主義者遭到政府的反對或者受到迫害，因而便結成許許多多民族主義的祕密團體，其中以拿破崙時期在義大利組織起來的燒炭黨最爲著名。此外，還有許多其他的團體，如「眞正義大利黨」、「阿波法西門黨」、「超凡入聖大師黨」等等。某些地區成立的「共濟會」也是抱著同樣目的的。在許多祕密團體裡，民族主義是與自由主義、社會主義或者革命的共和主義混合在一起的，當時，他們之間還沒有多大差別。參加祕密團體的成員必須經過複雜的儀式，爲的是使他們牢記，如洩漏組織的祕密，將會落到悲慘的下場。他們採用特別的暗號式握手和口令，採用革命的姓名以隱瞞自己的身分並迷惑員警。他們通常組織十分嚴密，普通成員只知道其他極少數人的身分，而從不知道其上級的身分，這樣，一旦被捕，他們就不會洩漏什麼重要的事情。這些祕密團體不斷傳遞受禁的作品，總是保持著革命的激動情緒，所以他們經常忙碌不堪。保守派害怕他們，但對於那些獲得其人民支持的任何政府來說，他們並不構成實際的威脅。

西歐最聞名的民族主義哲學家是義大利的約瑟夫・馬志尼。成年以後，他的大半生時間都是在法國和英國過著流亡生活。在青年時代，他參加過燒炭黨。後來到一八三一年，他建立起自己的社團，叫做「青年義大利黨」。此後，他又編輯出版與其社團同名的雜誌，並將其中一部分暗地運入義大利。

「青年義大利黨」很快就受到持同樣宗旨的其他團體，如「青年德意志黨」等的仿效。一八三四年，馬志尼曾組織一次反對薩丁尼亞王國的掠奪性的起義，因爲他認爲薩丁尼亞王國已經成爲統一義大利的主要障礙。儘管這個計畫遭到徹底失敗，但他並未爲此而嚇倒，仍是繼續進行組織工作，密謀策劃並從事寫作。對馬志尼說來，實現民族統一與革命是一項神聖的事業，人類最慷慨、最人道的品德都將在其中得到體現。從馬志尼所著的流傳最廣的《人的義務》這部書的書名可以看出，他是一個道德哲學家。在這部著作中，他認爲，民族義務應介於對家庭的義務和對上帝的義務之間。

對德國人來說，由於分裂與屢受挫敗，民族主義幾乎已經變成一種執著的思想，這種情況從民間傳說到玄學，無不處處反映出來。例如，一八一二年初次出版的《格林童話集》就是如此。這是由格林兩兄弟撰寫的作品，他們是現代比較語言學的奠基者。他們遊歷全國，研究民間方言，在此過程中，還蒐集了世代在群眾中流行的民間故事。他們希望透過這條途徑找到自古以來固有的德國精神，即蘊藏在人民內部的一種深厚而未受損害的精神。在黑格爾的哲學當中也同樣表現出這種民族偏見，他大概可以說是整個十九世紀最偉大的思想家。

對黑格爾來說，拿破崙統治年代的情景歷歷在目，這使他很清楚地認識到：一個民族要獲得自由、秩序或尊嚴，就必須擁有強大的獨立國家。他認爲，這種國家就是理性和自由在制度上的體現，即如他所說的「上帝在全世界的行進」，這指的並不是藉由一般的征服而在空間方面的擴張，而是說在整個時間上與歷史過程中的行進。黑格爾曾設想：現實本身就是一個無限變革的過程，是按其本身內在邏輯與必然的結果而發展的一種過程。這樣，他就擺脫了十八世紀那種比較靜止的與機械的哲學，擺脫了後者認定的正確與錯誤是固定不變的範疇。他成爲了歷史的哲學家。他把這種變化的形式稱爲「辯證法」，或者說是依靠對立事物的產生而向前發展的不可阻擋的思想傾向。按照這種觀點，一定的事物形態（論點）必然會產生一種對立的事物形態的概念（對立面），這種對立的事物形態概念同樣不可避免地會產生兩種事物的調和與聯合（綜合體）。因而可以認爲，隨著統一思想的產生，德國的分裂狀態必然會導致一個德意志國家的建立。

不久，黑格爾的辯證法就被卡爾・馬克思運用到新的領域方面去，而同時，黑格爾的哲學，與德國其他的流派一起，使得歷史研究比過去任何時候都更加富有哲理性。做爲研究時代進程的歷史學，看來已經成爲揭示世界眞相的一把鑰匙。它也能表明在特定時代和地點中宇宙精神的開展。這大大促進了歷史的研究，德國的各所大學成爲吸引許多國家的學者前來從事歷史研究工作的中心。德國最傑出的歷史學家利奧波德·馮·蘭克，是「科學」的歷史學派的奠基人。儘管他在治學活動方面極爲嚴謹認眞，但他的動機在很大程度上也是出於民族的感情。他的第一部年輕的著作是關於《拉丁民族和條頓民族》的研究。貫穿他一生的主要思想是，歐洲應把它享有的無比崇高的地位歸於幾個截然不同民族的共處和相互影響，而這些民族一向都反對任何一個民族去控制其他各民族的企圖。關於後面這點，蘭克實際上是指法國——路易十四和拿破崙時期的法國。一八三〇年，蘭克說過，德國人受上帝賦予的使命，是發展與這些法國人完全不同的文化和政治制度，他們注定要「建立符合本民族精神的純粹德國人的國家」。至於西方的立憲制、國會制和個人主義的原則是否適合於德國的民族特性，蘭克對此是十分懷疑的。

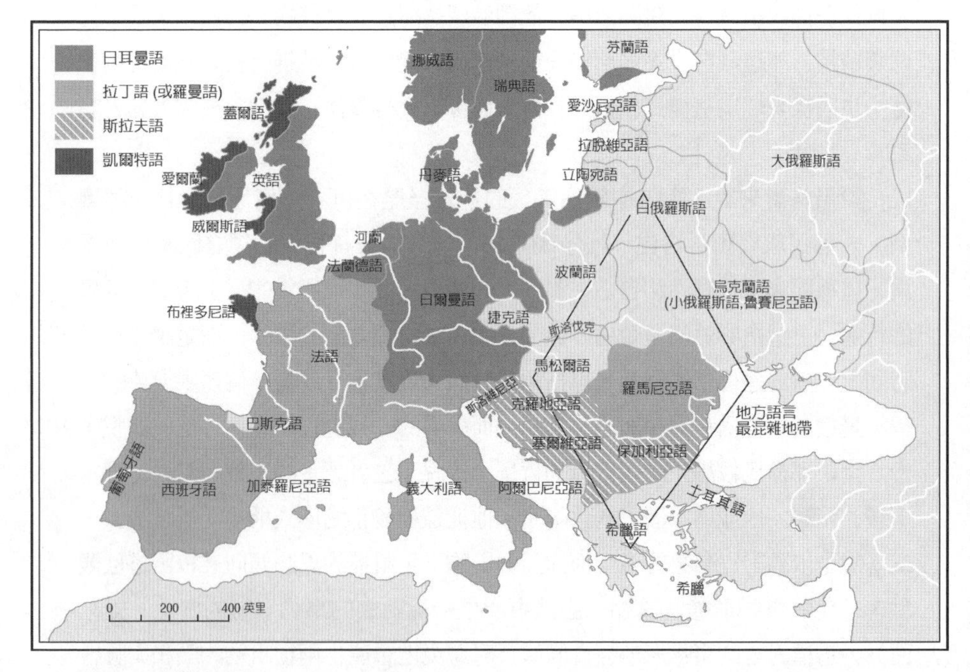

圖11-8　歐洲的語言

現代歐洲的民族運動往往會涉及各個民族團體的不同語言，不過在歐洲只有三個主要的歐洲語系：日耳曼語系、拉丁語系和斯拉夫語系。此圖示明的是二十世紀初的語言地圖，但並未標明毗鄰地區語言相互重疊的情形、同時使用兩種語言的地區，或者尚保留的語言「小塊地區」。這些「小塊地區」如在巴爾幹半島上的土耳其語，在小亞細亞的希臘語，在波蘭的意第緒語，還有在分散在東歐部分的日耳曼語。在西北歐的頂端是「凱爾特語系邊緣」，可以上溯到中世紀早期的不列塔尼語、威爾斯語和蓋爾語。在鑽石形狀的區域裡，沒有圖象顯示語言交錯的實際的概念。不過，在第二次世界大戰及其結束以後的時期裡，由於人口交流、放逐或者被滅絕，東歐許多語言的「小塊地區」已經被一掃而空了。

在經濟學方面，佛烈德里克·李斯特在他的《政治經濟學的國民體系》一書（一八四一年）中認為，在英國講授的政治經濟學，僅僅適合於英國。他還認為，政治經濟學並不是一種抽象的眞理，而是某國家在一定的歷史階段發展起來的思想主體。因為這樣，李斯特就成為經濟學的歷史學派或庸俗學派的創始人。他曾宣稱，自由貿易學說，就是打算使英國成為世界工業中心，而使其他國家仍然處於原料和食物供應者的地位。而且，他認為，任何國家要變成文明社會，並使本民族的文化獲得發展，那它就必須擁有本民族的城市、工廠、工業和資本。因此，必須設立保護性高額關稅（從理論上說，至少是暫時性的）。據認為，李斯特的思想是在旅居美國期間發展起來的。在那裡，亨利·克萊的「美國體系」事實上就是政治經濟學的國民體系。

民族主義在東歐

在東歐，波蘭人和馬扎爾人很久以來就是政治上積極活動的民族主義者。波蘭人期望消除被瓜分的狀況，重建他們波蘭人的國家。馬扎爾人則堅持要求在哈布斯堡帝國裡實現匈牙利王國的自治。但是在東歐，長期以來，民族主義思想多半表現在文化方面而不是在政治方面。若干世紀以來的發展，使捷克人、斯洛伐克人、羅塞尼亞人、羅馬尼亞人、塞爾維亞人、克羅地亞人、斯洛維尼亞人趨於湮沒狀態，甚至波蘭人和馬扎爾人也是如此，只是程度上稍輕一點。他們的上流階級分子都是說德語或者法語，並指望維也納或者巴黎贊同他們的想法。各國本地的語言依然是農民的語言，文化也仍是農民的文化，都不為文明的歐洲人所知曉。在這許多民族語言中，看來有不少可能會逐漸消失。

但是，到十九世紀初期，新的愛國志士們開始要求保存本民族歷史的文化。他們蒐集民間故事和民謠；第一次以編寫語法和辭典的方式來研究語言，並著手用本民族語言進行著述。他們極力主張本民族中受過教育的階層放棄外國的方式。他們還撰寫他們所屬的幾個民族在中世紀時期顯赫功績的歷史。新的民族主義思潮激勵了馬扎爾人。一八三七年，一座匈牙利民族劇院在布達佩斯建立起來。羅馬尼亞出現的情況是，有一位原出生在外西凡尼亞，名叫喬治·拉扎爾的青年農民，他早在一八一六年便在布加勒斯特教書，用的是羅馬尼亞語（這使那些喜歡講希臘語的上層社會人士為之驚訝）。他講到，遠在古羅馬圖拉眞皇帝時，羅馬尼亞便具有卓越的歷史。至於希臘人，他們則幻想恢復中世紀時的希臘帝國（即西方人所知道的拜占庭帝國），在這裡，說希臘語或屬希臘正教的人應成為巴爾幹各國的統治民族。

在東歐各國的民族主義運動中，影響最為深遠的是斯拉夫人的復興運動。

斯拉夫人包括俄羅斯人、波蘭人、烏克蘭人、白俄羅斯人和羅塞尼亞人、捷克人和斯洛伐克人，以及由斯洛維尼亞人、克羅地亞人、塞爾維亞人和保加利亞人組成的南斯拉夫人。所有斯拉夫人的這些分支都在發展新的民族主義。一八一四年，塞爾維亞人伍克·卡拉基奇出版一部本族語言的語法和一部選集《塞爾維亞流行歌曲與敘事詩集》。他制定出一套塞爾維亞語字母表，翻譯了《新約全書》，並且宣布拉古薩（現今是杜布羅夫尼克）地方語是所有南斯拉夫人的正式語言。一八三六年，捷克歷史學家法蘭西斯·帕拉基出版了他編寫的《波希米亞史》第一卷，企圖使捷克人對其民族的過去產生新的自豪感。這部書最初是用德文，即受過教育的捷克人一般使用的書面語言寫成的。但是不久，他便改用捷克文，並且意味深長地將書名改爲《捷克民族史》。在波蘭人中，詩人和革命家亞當·密茨凱維奇是值得提出來介紹的。一八二三年，他由於參加祕密團體而被俄國人逮捕。不久，他獲得沙皇政府允許轉去西歐。一八四〇～一八四四年，他在法蘭西學院講授斯拉夫語，經常利用課堂做爲講壇，發表具有說服力的辯詞，主張所有民族都應得到解放，並應推翻獨裁制度。他曾撰寫以波蘭歷史爲主題的敘事詩，並且繼續不斷地在流亡於法國的波蘭革命者中進行活動。

俄國人本身曾被波蘭人和捷克人認爲是非常落後的，其在發展鮮明的民族意識方面比較緩慢。在沙皇亞歷山大一世的統治下，西化或者歐化的傾向曾居於支配地位。可是，在亞歷山大晚年與一八二五年他去世以後，斯拉夫文化優越論便開始傳播開來。俄國人的斯拉夫文化優越論，或者說是俄國具有自己生活方式思想，而這種生活方式既不同於歐洲的生活方式，也不受歐洲生活方式所腐蝕，只是把德國民族精神的基本思想應用到俄國方面來罷了。在俄國，這種見解至少是與反對彼得大帝改革的那些思想同樣陳舊的。在民族運動高漲的十九世紀，斯拉夫文化優越論更系統地形成爲一種「學說」，而且趨向於與泛斯拉夫主義匯合。後者實際上也同樣主張斯拉夫民族是一個整體。但是，在一八四八年之前，泛斯拉夫主義僅僅是處於萌芽狀態。

其他的「主義」

在一八一五～一八四八年期間，浪漫主義、自由主義、激進共和主義、社會主義、女權主義和民族主義都各自成爲一股政治和文化的力量，推動新歐洲產生許多政治上和文化上的衝突。至於其他的「主義」則用不著多說了。保守主義也仍然是強大的一股力量。從歐洲大陸看，保守主義在政治上支持君主專制政體、貴族和教會等各種制度，而反對自由派所追求的立憲制和代議制政府。保守主義做爲一種政治哲學，它依據的是艾德蒙・伯克的思想，即認爲每一個民族都必須經由逐漸適應的辦法來改變自己的制度；並且認爲，任何民族如果在過去沒有做充分的準備，就不能在當前突然地實現任何的自由。由於這樣，這種學說對於那些過去遭受過許多災難的人們就缺乏吸引力，然而它卻獲得那些一直試圖捍衛多年形成的社會和政治傳統的人們的支持。保守主義由於強調民族特徵的穩固性與連續性，所以有時就演變成民族主義。可是，在這個時期，民族主義者往往更多的是自由主義者或共和主義者。「君主主義」是保守的，甚至是反動的。上一個世紀的開明專制主義已經一去不復返，當時，國王們曾經大膽地激怒他們的貴族，並且蔑視教會。在法國大革命的風暴以後，貴族和君主亂成一團，他們的新格言是保持「王位和聖壇」。

比上述種種的「主義」影響更爲深遠，而同時又爲各方面的人們以不同方式而共同感受到的，是深刻的人道主義思潮。它是出於一種高度關心人們遭到殘酷打擊而產生的思想。這時候，啓蒙時代的思想並沒有遭到否定。苦刑被取消了，甚至保守的君主政府也不想去恢復它。監獄、醫院、精神病院和孤兒院的狀況得到了改善。人們已決心去改變那些乞丐、掃煙囪工人、礦山女工以及在美洲受奴役人們的悲慘社會地位。俄國的農奴主和美國的奴隸主開始在道義上流露出疑慮的心理狀態。從前，把人的地位降低，把他們當做牲畜驅使，折磨他們，不正當地限制他們的活動，把他們做爲抵押品，拆散他們的家庭，以及處罰他們的親屬等等，如今已被歐洲人看做與眞正的文明格格不入。基督教關於人身不可侵犯的觀念，如今又以世俗的、更有把握的方式重新提了出來，並著手去解除人類的苦難。

堤壩與洪水：國內方面

在一八一四～一八一五年，歐洲得到和平安排以後，現今需要特別關注的是此時出現的最具影響的政治反動與改革運動。打敗拿破崙的各國政府，首先要求確保過去二十五年間發生的動亂不要再重新發生。在法國，復辟的波旁國王路易十八，渴望給自己及其繼位者保持王位。在英國，托利統治階級希望保持往昔的地位，那是他們十分英勇地戰勝波拿巴的控制才贏得的。在德國、奧地利、義大利和中歐地區，梅特涅（他在往後三十三年間仍然是左右這些地區的政治人物）的主要目標，是保持哈布斯堡王朝享有最高威望的那種制度。沙皇亞歷山大的目標則不是那麼明確。其他國家的代表都害怕亞歷山大成爲一個空想家、一個以世界救星自居的人、一個要把基督教變成政治性宗教的人、一個戴王冠的雅各賓派，甚至成爲一個自由主義者。梅特涅的主要希望之一，是使亞歷山大轉向保守主義。

考慮到在拿破崙戰爭中各戰勝國所經歷過的種種惱人事件，至少可以說，它們做出的安排在某些方面還是溫和的。部分出於沙皇的堅定主張，一八一四年以後，在法國、俄國以及「會議的」波蘭都存在過成文的憲法。南德意志各邦的一些統治者應允成立一個代議制政府，甚至普魯士國王也允許在其王國範圍內成立一個代議制議會，雖然這個諾言沒有履行。然而，要保持任何穩定局面都是困難的。政治上的右派勢力，即特權階級（或者說在法國是從前的享有特權的階級），把自由主義的一切跡象都斥爲對革命的危險的讓步。政治上的左派勢力——自由黨人、民族主義者、共和黨人——都把新近建立的政權看做是極端反動和殘缺不全的政權。那些國務活動家們在革命問題上表現得神經過敏，以致他們遇到每一種革命鼓動的徵兆都力圖實行鎮壓措施。儘管他們依靠鎮壓手段可以將革命活動暫時打入地下，但實際上，這只會引起新的不滿情緒而使形勢惡化。這種惡性循環的局面不斷地呈現出來。

一八一五年以後的反動：法國、波蘭

在法國，一八一四年路易十八對那些一七九三年的弒君者實行大赦。然而，那些弒君者，正如所有的共和黨人一樣，因爲面臨著非官方的反革命派的報復，他們看到一八一四年的法國並不是一個可以安居的地方。一八一五年，當拿破崙從厄爾巴島回來時，他們之中的大多數人便都聚集到拿破崙身邊，而這使得反革命的保皇黨人憤怒到了極點。一場極端殘忍的白色恐怖開始了。上層階層的青年們開始屠殺波拿巴主義者和共和黨人；天主教的暴民在馬賽和圖盧茲兩地對新教徒進行逮捕和殺害。一八一五年選出的國民議會（由占極少數的十萬個富裕的土地所有者選出來）表明是更加反動，並且更甚於國王的保皇主義者。國王自己也不能控制反動勢力的狂亂暴行；他充分地認識到，這種狂亂暴行只會進一步激怒革命分子，而事實果然如此。一八二〇年，一個狂熱的工人行刺了國王的侄兒貝利公爵。那些把法國革命期間的全部革命黨人都說成是罪惡的極端主義者的人們似乎是說對了。直到一八二四年路易十八死去及其兄弟查理十世繼位爲止，反動的趨勢日益嚴重。查理十世不僅是不久前被殺害的貝利公爵的父親，而且在此三十多年的時間裡，他一直都是公認的殘酷無情反革命首領。做爲阿爾托伯爵，他原是路易十六最年輕的弟弟，在一七八九年時，他是最早移居國外者之一。他是波旁王朝的寵臣，是前封建領主、貴族和教士中最頑固的一個人。由於他認爲自己是上帝恩賜的世襲專制君主，因而，他集中了歷代富有浪漫主義色彩的儀式，在蘭斯舉行登基典禮，當了國王。他不僅要撲滅革命的共和主義，而且要撲滅自由主義和立憲主義。

現在要回顧一下：在波蘭，按照維也納會議的決定，成立一個以俄國沙皇亞歷山大為國王的立憲王國，與俄羅斯帝國只是實行個人的聯合。這個新的國家機構的活動開展得並不十分順利。波蘭憲法規定，成立一個按當時標準說來是經過十分廣泛的投票而選出的議會，實行拿破崙的《民法典》，實行出版自由和宗教信仰自由，以及將波蘭語當做唯一正式使用的語言。波蘭人發現，亞歷山大雖然贊成自由，但他並不希望別人去做他不同意的任何事情。在實際立法中，他們很難利用他們議論不休的那種自由。這個選出來的議會與總督相處並不融洽，而總督是一個俄國人。在俄國，那些農奴主貴族以猜忌的眼光去看待亞歷山大在波蘭建立立憲王國的主張。他們對於就在俄國邊境上進行自由的試驗這件事很不情願。

波蘭人自己卻又做著對敵人有利的事情。因為那些做為民族主義者的波蘭人，幾乎可以說都是自由主義者。他們不滿意會議對波蘭規定的疆界。他們夢想著波蘭在一七二二年第一次被瓜分前的遼闊王國。在維爾拿大學，教授和學生們開始組織祕密團體。這些團體的部分成員是革命黨人，他們的目的是把亞歷山大驅逐出去，與普魯士和奧地利的波蘭重新聯合起來，重建一個獨立的波蘭國家。一八二三年，維爾拿大學的菲拉雷茨社被發現並解散，亞當・密茨凱維奇被捕。從此時起，反動和迫害籠罩著維爾拿大學。

一八一五年以後的反動：德意志諸邦、英國

在德國的解放戰爭期間，那些感受民族激盪的人們，由於和約的簽訂而醒悟過來。這份和約保留了幾個大約與拿破崙留下來的沒有兩樣的公國，並且特意把它們聯合在一個不過是鬆散的邦聯或同盟裡。在許多大學裡，愛國思想極為普遍，學生和教授受到宣揚永恆的民族精神和廣泛的德意志性格的學說之影響，比一般人民來得更深。當時，民族思想受到德國普通人民的讚頌，它們同時也帶有一種與貴族、諸侯和國王相對立的民主思想。一八一五年，在許多大學裡，學生們紛紛成立學院俱樂部，一概稱為學生會。這種俱樂部成為認真開展政治問題討論的中心，而不再是原來專門從事喝酒和決鬥的處所。一八一七年，學生會做為德國青年運動的一種形式，在瓦特堡舉行了全國代表大會。學生們聆聽了懷有愛國熱情的教授們所做的激動人心的演說，然後穿著「條頓人」服裝在周圍遊行，並且燒毀了一些反動書籍。大學生的這些行動並沒有立即威脅到任何現存的國家，但是，那些膽怯的政府卻驚慌起來。一八一九年，

圖11-9　一群德國學生在一八一七年的一個節日中，歡慶和紀念他們德國國家地位的形成。他們聚集在馬丁・路德曾居住過的瓦特堡，紀念一五一七年新教改革開始三百週年，還將那些被認為是敵視自由的書籍焚燒掉。（akg-images）

一名神學系大學生刺殺了充當沙皇奸細的德國作家蓋茲比。這名行刺者收到數以百計的祝賀信。而在拿騷，當地政府的首腦差一點被一名攻讀製藥學的學生刺死。

梅特涅如今決定進行干涉。但除了在奧地利以外，他在德國並沒有權力，奧地利只不過是德意志邦聯的一個成員罷了。他認爲，所有這些德國民族思想的表現，或者是要成立一個更堅強的、統一的德意志的要求，都是對奧地利帝國的有利地位和對整個歐洲均勢的威脅。他在波希米亞的卡爾斯巴德召開一次由各主要德意志小邦參加的會議，與會者受到威嚇，遂接受了由他擬定的某些決議。這些決議不久便得到邦聯各國議會通過。根據《卡爾斯巴德法令》（一八一九年），學生會被解散，而那些具有民族主義情緒的體育俱樂部也同樣被解散（這些俱樂部的某些成員於是參加了祕密團體）。這些法令還規定，派出政府官員在大學裡監視學生，同時設置審查員，控制書籍與報刊的內容。卡爾斯巴德法令被奉行多年，有效地制止了自由主義思想和民族主義思想在德國的發展。

英國也擺脫不了那種革命騷動和鎮壓的沉悶環境。正如其他地方一樣，激進主義引起了反動，反之亦然。滑鐵盧戰役以後，英國仍然鍾情於它的舊傳統，不過這也是一個深受快速發展的工業經濟帶來的最先進社會問題所折磨的國家。一八一五年，戰爭結束時，地主階級害怕外來農產品的湧入，從而會引起農產品價格和租金的暴跌，於是，那些控制著議會的貴族便通過一項新的《穀物法》，把穀物進口稅提高到使進口成爲不可能的程度（除非農產品價格非常之高）。地主及其農場主大獲其利，而僱傭勞動者則發現麵包粉的價格猛漲到極點。與此同時，出現了戰後工業的不景氣現象，工資下降，許多人失掉工作。這些情況當然會引起政治上激進主義的傳播，激進主義者首先期待下議

圖11-10　這是英國畫家喬治・庫魯克桑克為譴責一八一九年「彼得盧大屠殺」而作的漫畫。一八一九年，英國一大批群衆在曼徹斯特的聖彼得廣場和平集會，要求實行各項政治改革，廢除《穀物法》（此法規定，對進口的穀物要實行高額關稅），但是臨時召集的軍隊對集會群衆開槍射擊，造成大批群衆傷亡。英國政府的回應竟是嘉賞士兵，並通過新的限制公衆集會的法令。（Getty Images）

院進行急劇的改革，以便此後得以制定一種激進的社會和經濟法令。

一八一六年十二月，倫敦發生騷動。次年二月，攝政王在馬車上遭到襲擊。政府立即暫停實施《人身保護法》，並且收買奸細以取得對付煽動者的證據。曼徹斯特和新興工業城鎮的工業家決心強制實行改革議會的代表制，便利用由於工人階級貧困而提供的機會，組織群衆性的抗議集會。在伯明罕，一大群人選出一個模擬的議會議員；在不斷擴展的曼徹斯特，一八一九年，八萬人在聖彼得廣場舉行了聲勢浩大的示威遊行，他們要求實行成年男子普選權、下議院每年選舉一次，以及廢除《穀物法》。雖然他們的行動秩序井然，但卻遭到士兵開槍射殺。結果有十一人被殺害，大約四百人受傷（包括婦女一百一十三人）。激進黨人把這個事件與滑鐵盧戰役做嘲諷的比較，而稱之爲「彼得盧大屠殺」。

被嚇慌的政府，嘉獎了勇敢出來維持社會秩序的士兵。同年，議會匆匆通過「六項法令」，其內容包括：宣布「煽動性與褻瀆上帝的」作品爲非法；對報紙施以印花重稅；允許進入私人住宅搜查武器；嚴格限制公共集會的權利。

隨後，有一些革命者密謀在宴會上暗殺全體內閣成員，一八二〇年，他們在倫敦卡托街被捕（「卡托街密謀」之名即由此而來），其中有五人被絞死。與此同時，爲了出版湯瑪斯·潘恩的著作，理查·卡萊爾坐了七年監獄。

一八一九年，威靈頓公爵曾給一名大陸的記者寫信說：「我們的事例對法國和德國都是有意義的。人們都希望，世界能夠避免我們大家似乎都要面臨的大革命的危險。」

總之，在一八一五年和約簽訂後的年代裡，歐洲各國政府都在其力所能及之處推行反動政策方針。這種反動傾向只是在某種程度上說，是由於對法國革命的回憶而引起的，而更多的卻是由於當時害怕已經出現的革命活動。這種害怕雖然過於誇張，但已經不僅僅是一種幻覺了。在每個國家裡，當權者已經覺察到洪水的上漲，於是便不顧一切地構築堤壩去阻擋。當時，國際方面的政治情況也是同樣的。

堤壩與洪水：國際方面

在一八一四～一八一五年維也納會議上，各大國都同意將來再舉行會議，以便履行條約，以及處理新問題。因此，各大國會議曾舉行過多次。從對歐洲事務進行國際協調的意義上來說，這些會議可算爲一種試驗性的步驟。就試驗性和局部的意義來說，這些會議與一九一四～一九一八年第一次世界大戰後出現的國際聯盟，以及與一九三九～一九四五年第二次世界大戰期間和戰後出現的聯合國有相似之處。一八一五年，由於拿破崙返回法國，各個大國驚慌失措，因而也都贊同亞歷山大一世提出的成立神聖同盟的建議，後來，這種「同盟」成爲歐洲與會各國實行合作的一個通用名詞。神聖同盟儘管表面上發表聲明，宣稱其宗旨是爲了篤信基督教和實現國際間的和諧，但是，後來隨著各國政府和解的趨向，它逐步變成爲鎮壓革命，甚至鎮壓自由派活動的同盟。

艾克斯—拉—夏佩累會議，一八一八年

一八一八年召開的艾克斯—拉—夏佩累（或亞琛）會議，是戰後各大國的第一次大聚會。這次會議的主要議程，是同盟國占領軍從法國撤退的問題。法國人爭辯說，只要路易十八得到外國軍隊支持，他在法國就絕不會受到歡迎。其他大國，既然它們都期望法國人忘卻過去並且承認波旁王朝，因此也都同意撤出他們的軍事力量。它們還在籌劃讓私人銀行接管法國的賠償債務（根據第二次《巴黎條約》，規定賠款總額爲七億法郎）。先由銀行家付款給各同盟國政府，而法國則在一定的時間內付款給銀行家。在其他少數較次要的問題上，

事實表明，國際間的集體行動是可行的。

沙皇亞歷山大仍然是當時最先進的國際主義者。他在亞琛會議上提議，成立一個永久性的歐洲同盟，甚至還提出，保持一支國際軍事力量，以維護已得到公認的國家不因暴力而有所改變。他爭辯說：「如果各國政府再次保證反對革命，那麼就應當更樂意地准許進行立憲的和自由主義的改革。」但是，其他各國代表，特別是英國外交大臣卡斯爾雷勳爵都表示反對。英國代表宣稱，英國對於特定的意外事件，如法國方面侵略活動的再起，願意承擔國際義務；但對於未來不能確定和難以預見的事件，則不承擔責任。並且，在對外政策方面，他們將保留獨立做出決定的權利。

實際上，大會致力討論的，是大西洋的奴隸貿易和重新出現的北非海岸海盜騷擾的問題。與會者一致同意，這兩者都應予以查禁。查禁需要海軍，而只有英國才擁有所需要的足夠海軍力量，而且這還意味著海軍艦長必須有權下令在海上停航和搜查船隻。歐洲大陸各國由於對英國海上力量問題一直是很敏感的，因而不贊同如此使用英國軍艦。他們爲海上的自由航行而擔憂。至於英國人，他們對英國軍艦參加國際海軍的聯合行動，或者把英國海軍中隊置於一個國際機構的管轄之下的問題，是根本連討論都不願意討論的。因此，會議沒有取得什麼成果。奴隸貿易在繼續進行；並且由於棉花的無限需求而使違法活動迅速增加起來。至於北非海岸海盜船問題，則是直到若干年後法國占領和併吞阿爾及利亞以後，才得到處置的。由於各個主權國家的利益各不相同，因而使各種國際制度的發展受到了阻礙。

南歐的革命：特拉波會議，一八二〇年

亞琛會議剛剛結束，革命的鼓動在南歐發展到了危機階段。這並不是說，在南歐擁有更多的革命信徒，革命的或自由主義的情緒比北歐更爲強烈，而是由於如今論及的各國，即西班牙、那不勒斯與鄂圖曼帝國的政府都處於效能低、脆弱與腐化狀態。革命派還沒有中產階級的自由派多。的確，正如我們已注意到的，在現代政治觀念上，西班牙人首先使用「自由派」這個詞。自由派中許多人最初曾認可拿破崙對西班牙的占領，並看做是一種進步的發展。可是後來又轉過來反對它，並在一八一二年宣布了一部新憲法。而這部憲法則是以一七八九～一七九一年法國革命的憲法爲榜樣而制定出來的。在拿破崙最終失敗後，他們嘗試著強迫復辟的西班牙和那不勒斯的波旁君主接受這部一八一二年憲法。

一八二〇年，只是由於革命者舉行示威遊行，西班牙政府和那不勒斯政府

就十分輕易地垮臺了。這兩國的國王都勉強地向一八一二年的西班牙憲法宣誓效忠。但是梅特涅認爲這些起義是新的革命奪權行動的最初徵兆，而歐洲必須與它們嚴加隔離。事實上，由於祕密團體和政治流亡者的活動，而且，由於法國革命已經在各國引起了同樣思想的產生，革命的鼓動便很容易超越國境，因而也就成爲國際性的了。於是，梅特涅在奧地利帝國的特拉波召集了一次列強會議，希望利用國際會議的權威，將那不勒斯的革命鎮壓下去。英法兩國政府並不想去做使奧地利獲利的事，只是各派一名觀察員出席會議。正如往常一樣，梅特涅難於對付的主要對手是亞歷山大。這個自由派的沙皇、立憲制的朋友和庇護人，對那不勒斯的立憲君主制度究竟持什麼態度呢？在特拉波的一家旅館裡，梅特涅與亞歷山大單獨會見，舉行了一次重要的茶點會談。梅特涅回顧了革命行動的恐怖情景，認爲對革命者做出讓步是不明智的，結果只會使革命者得到鼓勵。亞歷山大已經由波蘭人的忘恩負義而有了某些醒悟。而在那不勒斯的動亂，對他的王位權威形成新的威脅。他一向認爲，憲法應由正統的君主們賜予，而不是由革命者向君主們硬逼出來的，如同在那不勒斯所發生的那樣。他終於被梅特涅說服了，並且宣稱自己一向犯錯，而梅特涅則總是對的，並且宣稱願意按照梅特涅在政治上的意見行事。

梅特涅在增強自己的地位以後，便擬定了關於特拉波會議議定書的文件，提交五個大國審議通過。該議定書認爲，一切公認的歐洲國家，都應依靠集體的國際行動而受到保護，同時爲了得到普遍的和平與穩定，也應保護它們免受因暴力而引起國內局勢的變化。這是一個爲對付革命者而確保集體安全的文件，但無論是法國或英國均未接受此項文件。卡斯爾雷在致梅特涅的信裡寫道：「如果奧地利感到它在那不勒斯的利益受到威脅，它便應以自己的名義單獨進行干涉」。托利黨所反對的，與其說是鎮壓那不勒斯革命，不如說是關於受國際共同行動約束的原則。除奧地利以外，梅特涅僅僅得到俄國和普魯士在議定書上簽字。這三個國家爲實現特拉波會議的目的，授權梅特涅派出一支奧軍進入那不勒斯。他立即採取了行動。那不勒斯的革命者有的被逮捕，有的被迫外逃；無能而又殘暴的費迪南一世再次成了「專制的」國王。革命的妖魔似乎被驅除了，反動勢力勝利了。而特拉波會議，從外表看，它是一個歐洲規模的國際機構，可是實際上，則只是產生了奧地利、俄國和普魯士三國反革命同盟的作用。三個東方的獨裁制度國家與兩個西方的大國（儘管當時是由托利黨人和波旁黨人統治）之間的裂痕開始產生了。

西班牙和近東：維洛那會議，一八二二年

成千上萬的革命者和自由主義者從籠罩著瘋狂恐怖狀態的義大利逃跑出去，許多人跑到了西班牙。如今，保守黨人又憂慮西班牙會成爲革命感染的主要地方。中東似乎也將要成爲點燃一場大火的地區。亞歷山大・易普斯蘭提原是希臘人，成年時期都是在俄國軍隊裡服役。一八二一年，他率領一支武裝軍隊從俄國進入羅馬尼亞（當時仍屬於土耳其的一部分），並希望在土耳其帝國境內的全部希臘人和親希臘人都參加他的軍隊。他指望得到俄國人的支援，因爲長期以來利用希臘正教徒在一次戰役中削弱土耳其，一直是俄國對外政策的如意算盤。土耳其帝國面臨轉變成「希臘帝國」並依賴於俄國的前景，這對梅特涅當然是不愉快的事。爲處理所有這些問題，一八二二年在維洛那召開了一次國際會議。

亞歷山大儘管從自由主義轉向了反動，但並沒有改變他想要建立國際政府的信念。如果純粹的強權政治會堅定他的一系列決定的話，毫無疑問，他會贊同易普斯蘭提親的希臘革命。但是，他支持國際團結的原則而反對革命的暴力，他不承認易普斯蘭提的行動。易普斯蘭提發現羅馬尼亞人和巴爾幹各國人民對希臘文化的熱情比他所預料的要少得多。不久，他就被土耳其人打敗了。至於鎮壓希臘起義的問題，由於土耳其政府事實上表明它暫時完全可以自行處理，因此，這個問題便沒有在會議上提出。

關於西班牙革命的問題是，以外國干涉的方式解決的。法國波旁王朝不願意西班牙成爲革命者、共和黨人、政治流亡者以及祕密團體成員的避難所。法國政府向維洛那會議提議，應授權大會派遣一支軍隊越過庇里牛斯山去。會議歡迎此項提議，並且不管憶及拿破崙慘敗的事實，由此可能產生遭到毀滅的多次可怕的預測，於一八二三年派出一支二十萬人的法軍進入西班牙。這次出征是受到西班牙舉國歡呼的一次軍事行動，然而並沒有發現很多自由主義者、立憲主義者和革命黨人。人民群衆都把這次入侵行動看做是使他們從共濟會、燒炭黨與異教徒的統治下得救的好事，他們歡呼教會的恢復和國王的復辟。無恥的、心胸狹窄的費迪南七世背棄了他要實行立憲的諾言，並且聽任那些最反動的西班牙人爲所欲爲。從前的革命者則遭到野蠻的迫害、流放或者被關進監獄。

拉丁美洲的獨立

拿破崙戰爭以及後來歐洲政治上的動亂，在整個美洲產生了反響。一八一二年，當英國捲入反對拿破崙的漩渦時，美國正進行反對以前母國的一

場戰爭，戰爭最終沒有勝負。隨後幾年，經過幾次小的戰役，美國獲得了佛羅里達，是從西班牙割讓出來的。在此期間，拉丁美洲湧現出一些新的民族獨立運動，它們利用歐洲發生的動亂做爲機會，擺脫那日益衰弱的葡萄牙帝國和西班牙帝國而爭取自由。葡萄牙王室一行在逃脫拿破崙的統治後，躲到巴西帝國避難。而當里斯本恢復了王朝，葡萄牙王室中一個成員拒絕離開巴西，於是巴西依然做爲脫離葡萄牙而獨立的一個「帝國」。一八八九年，新的巴西共和國取代了帝國政權。

西屬美洲占有從三藩市到布宜諾斯艾利斯這片廣闊的地區。在這裡，啓蒙運動的思想、美國和法國革命的消息、拿破崙對西班牙的占領、一八一四年波旁王朝費迪南七世重登西班牙皇位等所有事件，在這裡都產生了回響。英國對西屬美洲商業上的滲透已有一個多世紀。而在拿破崙戰爭期間，英國對西屬美洲的輸出額增長了二十倍。因此，隨著在西屬美洲商業利益的增長，任何向西班牙帝國體制下對貿易控制的重返企圖都將受到抵制。更根本的是，在政治和社會方面，克里奧爾人對統治當局半島人感到不滿。克里奧爾人是生於美洲的西班牙後裔，他們感到他們的雄心因半島人而受阻礙。半島人是指那些從西班牙派去、占據帝國內最高級別官職的人。在許多地方，大部分居民都是土著的印第安人或者梅斯蒂索人（即西班牙人和美洲印第安人的混血兒），他們經常生活在不景氣的經濟條件中，而且距都市較遠，因此拉丁美洲大部分的獨立運動都缺乏較廣泛的大眾參與。這種大眾參與曾在英屬殖民地中開展起來，並且這些殖民地後來成爲了美利堅合眾

圖11-11　西蒙・玻利瓦爾（一七八三～一八三〇年）領導了南美洲革命運動，由此以「解放者」稱號聞名於世。他曾在歐洲居住過一段時間。在那裡，他受到了法國革命政治思想的強烈影響。儘管他領導進行的多次革命戰役曾促成幾個新國家的獨立，但是玻利瓦爾在十九世紀二〇年代謀求建立穩固的立憲政府的嘗試，卻都陷入了困境。（Getty Images）

國。拉丁美洲的獨立運動主要由原先在城鎮的市政治理中活躍的克里奧爾人領導。有時，這些獨立運動也招收最保守的分子（其中包括大土地所有者和高級教士）。但獨立運動的重要領導人，諸如西蒙・玻利瓦爾和喬治・聖馬丁等，都在歐洲生活多年，而樂於接受新的立憲原則，但他們對本國的抱負和願望最後都遭到了失敗。西屬美洲獨立運動內部存在著持續不斷的糾紛，現今仍使其受到折磨。

因爲西屬美洲幅員廣闊，南北縱貫六千英哩，中間又被許多大山所隔離，因而就使西屬美洲的解放運動較少採取聯合行動。而在北美洲反對英國的叛亂中，聯合則更爲可能（儘管更爲困難）。在西屬美洲，不可能舉行像一七七四年在費城召開的大陸代表大會。在殖民地大總督管轄區發生的叛亂總是分散進行的，管轄區包括：新西班牙（墨西哥）、新格拉納達（哥倫比亞、委內瑞拉）、祕魯（包括厄瓜多爾，以及玻利維亞和智利的大部分）、拉普拉塔（阿根廷與現今的烏拉圭、巴拉圭）等。

第一次叛亂是在拿破崙使約瑟夫・拿破崙在一八〇八年當上西班牙國王後，進行反對約瑟夫・拿破崙的鬥爭。叛亂者宣告，他們忠於已被廢黜的費迪南七世。不過，當一八一四年費迪南七世復位後，他卻對美洲人民的要求拒絕任何讓步，因此，革命者又轉過來反對他。隨後，在爭取獨立的力量（其內部或發生過或沒發生過變化）與那些官員、軍官、地主和教士（他們仍然忠於國王）的聯盟之間，進行了一系列斷斷續續的鬥爭。玻利瓦爾成爲委內瑞拉和哥倫比亞的解放者，聖馬丁成爲阿根廷和智利的解放者，他們在祕魯的解放鬥爭中聯合起來。不過除此之外，在墨西哥發生了一次印第安人與梅斯蒂索人聯合的眞正的群衆起義，可是這場起義被中產階級與上流階級領導人鎭壓下去了。這次對更大衆的革命運動的保守性質迫害，導致了新獨立的墨西哥進入長期動亂的時期，但是墨西哥絕不是面臨類似問題的唯一的後殖民社會。整個西屬美洲都因遭受邊界糾紛、地區衝突、征服或分離的企圖而擾亂不安，因此，只有到了十九世紀晚期，南美洲和中美洲的地圖才如今天我們所了解的那樣。

除了它們之間複雜的衝突之外，拉丁美洲剛剛出現的各個國家在面對外來列強的干涉時，仍然是很脆弱的。讓我們回顧一八二二年在維洛那舉行的歐洲列強代表大會。也正在此時，一支法國軍隊鎭壓了西班牙革命，西屬美洲的革命者便宣告獨立。在維洛那，沙皇亞歷山大極力主張這次代表大會在西班牙及其殖民地之間進行調停。這個建議是以一種委婉的方式對西屬美洲進行軍事干涉，根據的是在特拉波宣告的鎭壓革命的原則。英國表示反對，甚至托利黨政府也希望革命將西班牙帝國拆散爲幾個獨立的國家，以便可以分別與之簽訂自由貿易條約。如果沒有英國艦隊至少保持善意的中立，那麼任何一支武裝力量都無法航行到達美洲。因此，西屬美洲各國之所以能保持其獨立地位，部分是得益於英國在這個場合使用了制海權。

這些新成立的共和國還得到美國在道義上的有力支持。一八二三年十二月，詹姆斯・門羅總統以致國會諮文的方式，宣布了「門羅主義」。它指出，歐洲列強要將美洲各國回復到殖民地地位的企圖，都將被美國視爲不友好的行動。英國外交大臣喬治・坎寧（他剛接替卡斯爾雷任此職）最初提議由英國和美國發表一項聯合聲明，反對東方列強對西屬美洲殖民地問題的立場。門羅總統根據其國務卿約翰・昆西・亞當斯的建議，決定採取以致國會諮文的形式，而不採取單方面聲明的形式。既然英國擁有制海權，事實上是唯一能夠使美洲各國的獨立受到威脅的大國，因此，他們的「門羅主義」既是用來針對歐洲大陸各國，同時也針對英國。可是，坎寧並沒有將這些恫嚇掛在心上，他更關心的是維洛那會議，於是便接受了美國提出的路線。他曾自誇地宣稱，他已經「號召新世界來恢復舊世界的均勢」。門羅主義在開始提出時，是對《特拉波議定書》所遵循的梅特涅主義的強烈對抗。在特拉波，梅特涅主義宣布對革命進行干涉的原則，而門羅主義則宣稱，如果美洲各國的革命會產生爲美國所承認的政權，那麼它們將不屬於歐洲各大國所注意的範圍之內。總之，門羅主義之所以發生效力，長期以來都是依賴於英國艦隊心照不宣的合作。

在美國宣布獨立後的半個世紀，歐洲在美洲長達三百年以上的殖民帝國如今已到了它的末日，不過也有若干例外。一個例外是加拿大，它做爲英帝國的一員是自願的，至少對那些說英語的居民是這樣，包括那些反抗美國兼併威脅的英裔和法裔加拿大人也是如此。其他的例外是在西印度群島，海地已宣告獨立，一些較小的島嶼仍爲英國、法國或者荷蘭所占有；而那些大的島嶼是古巴和波多黎各，直到一八九八年美西戰爭以前，依然被西班牙占有。

會議體系的終結

在維洛那會議以後，類似的這種國際會議已經不再舉行。原來企圖制定一項處理歐洲事務的正式國際法規的打算也放棄了。大略回顧以往的一切，可以看到，歷屆會議擬推進確立一種國際秩序的打算都失敗了，這是因爲，特別是在亞歷山大轉向保守主義以後，與會各國只是贊同保存現狀而已，它們並不打算去適應歐洲正在發展著的各種新勢力。歷屆會議的方針並不是通過要求各國政府實行制度的改革，從而防止革命發生，而只是採取赤裸裸的鎮壓或者懲罰一切革命活動的手段。它們支撐的那些政府都是搖搖欲墜的政府。

總之，歷屆會議從來沒能使那些大國的各自利益處於從屬地位。至於亞歷山大拒絕承認易普斯蘭提，也許是俄國人爲貫徹國際原則而做出的一次犧牲。而奧地利政府鎮壓了那不勒斯革命，法國政府鎮壓了西班牙革命，雖然這兩次行動都是兩國政府由國際會議授權而行事的，但是這些行動實際上無不增進了它們自己所想獲得的利益。脫離當時的國際體系則是英國的利益所在。正如卡斯爾雷和坎寧先後所指出的，英國的態度是要擺脫帶永久性的國際義務，保留它在行使制海權和對外政策方面的行動自由，並且以一種仁慈的觀點去看待其他國家的革命。由於法國最後也脫離了神聖同盟，因此這個國際組織即使從表面上來說也已不再是歐洲體系，而僅僅成爲三個東歐專制國家的反革命同盟。但是歐洲的自由主義事業則由於國際體系的崩潰而向前推進了。同時，此體系的崩潰，還爲那些享有主權的國家的民族主義自由自在的發展開闢了道路。一八二二年，喬治・坎寧寫道：「形勢正恢復到要再次建立一個健全的國家，每一個民族都在爲自己著想，而上帝則爲我們大家著想。」

俄國：十二月黨人起義，一八二五年

亞歷山大一世，是「打敗拿破崙的人」，是將其軍隊從莫斯科引到巴黎的執政者，他曾將俄國的幽靈籠罩著歐洲大陸而嚇壞了那些外交官們，而且他還頗具特色地成爲立憲自由主義和國際秩序的巨大支柱，這樣一個人於一八二五年去世了。他的死成爲俄國革命的信號。原來，在一八一二～一八一五年歐洲進行的幾次戰役期間，俄軍的軍官開始接觸到許多令人不安的思想。甚至在一些俄國軍官團中，還組織了一些祕密團體，其成員抱著各種各樣互相矛盾的思想，有的人想要在俄國建立一個立憲的沙皇制度；有的人則要求建立一個共和國；有的甚至夢想農奴獲得解放。當亞歷山大去世時，他的兩個兄弟康士坦丁和尼古拉斯，應由誰繼承皇位，一時尚未確定。軍隊中那些情緒不安定的人們，願意選擇康士坦丁，認爲他會贊同在國內實行革新。一八二五年十二月，他們在彼得堡宣布康士坦丁就位，他們要士兵們高呼：「康士坦丁和康士迪杜淳[1]！」據說，士兵們都以爲「康士迪杜淳」就是康士坦丁的妻子呢。

然而事實上，康士坦丁老早就已經退位，把位子讓給尼古拉斯這位合法的繼承人。稱之爲十二月黨人的起義很快就被鎮壓下去了，參與叛亂的五名軍官被處以絞刑，其他許多人或者被處以強迫勞動，或者被流放到西伯利亞。十二月黨人起義是俄國現代革命運動的最初表現，它是在一種思想綱領的激勵下而發起的一場革命運動，是與早年由普通群衆參加的普加喬夫或史蒂芬・拉辛的叛亂不相同的。但是，十二月黨人叛亂的直接結果，就是使沙皇更堅定不移地加強對俄國的鎮壓。尼古拉斯一世（一八二五～一八五五年）堅持的是一個無限專橫的獨裁政府。

在拿破崙被打敗後的十年間，由法國革命所產生的新興力量似乎被擊潰了，而反動、鎮壓以及政治上的頑固勢力似乎到處都居於優勢地位，那座堤壩——一座大壩——似乎已遏止了洪水。

自由主義在西方的突破：一八三〇～一八三二年的革命

一八三〇年，反動堤壩崩塌了。此後，在西歐，河水也流個不止。的確，漏洞已經出現：早在一八二五年以前，西屬美洲殖民地已獲得獨立；英國和法國都已脫離國際會議體系；十九世紀二〇年代初期，希臘反對土耳其的民族運動爆發了。

隨著一八二一年易普斯蘭提的失敗，希臘民族主義者有些想要放棄建立新希臘帝國的打算，而更轉向要求希臘本部，即以希臘語爲主要語言的島嶼和半島實現獨立的思想。沙皇尼古拉斯比之亞歷山大更樂於援助這個運動，但英國和法國政府都不想讓俄國成爲巴爾幹各國人民的唯一保護者。而且，西方的自由派都把嚴陣以待的希臘人看做像古代的雅典人那樣，去和現代土耳其帝國的東方專制制度進行戰鬥。

結果，形成了英、法、俄海軍的聯合干涉行動，並在一八二七年在納瓦里諾灣殲滅了土耳其艦隊。結果，俄國像往常一樣，再次派出軍隊進入了巴爾幹半島。隨後發生俄土戰爭和嚴重的中東危機。一八二九年，互相對立的大國都承認希臘是一個獨立的王國。巴爾幹半島上塞爾維亞、瓦拉幾亞、摩達維亞也被承認是在搖搖欲墜的鄂圖曼帝國內部實行自治的公國。由於同樣的危機，埃及成爲在穆罕默德・阿里統治下實行自治的地區。埃及終於變成阿拉伯民族主義的中心。因此，鄂圖曼帝國的勢力在南面遭到埃及的削弱，正如巴爾幹民族主義從北面削弱它一樣。

法國，一八二四～一八三〇年：一八三〇年七月革命

一八三〇年，首先在法國，反動的壁壘實際上崩潰了。一八二四年，查理十世當了國王。第二年，立法議會通過一項賠償法案，規定每年支付三千萬法郎做爲終身年金，供三十多年前被革命政府沒收其財產而逃亡到國外的貴族之用。天主教牧師著手接管各級學校的課堂。議會還公布一項在教堂裡犯瀆聖罪處以死刑的法律。然而，復辟了波旁王朝的法國，仍然是一個自由的國家。爲了反對這些公然恢復舊制度的企圖，在報界與議院裡形成了一個強大的反對

派。一八三〇年三月，在國民議會，銀行家拉菲特和卡齊米爾·佩里埃領導的「左派」反對派，通過一項對政府不信任的議案。國王便運用他的合法權力，解散了國民議會，並號召舉行新的議會選舉，然而當選的議員都拒絕接受國王的方針。一八三〇年七月二十六日，國王運用其權力頒布四項敕令來進行回擊。一項是解散新選出而尚未舉行會議的議會；另一項是強制推行新聞檢查制度；第三項是修改選舉權的規定，以縮減銀行家、商人和工業家的選舉權，而把選舉權集中到舊貴族手中；第四項是要求按照新法令舉行一次新選舉。

在這幾項七月敕令頒布後的第二天，七月革命便爆發了。上層資產階級由於被粗暴地排除在政治生活之外，當然感到絕望。然而，這次革命實際上是由共和黨人，即巴黎革命的工人、學生和知識分子核心部分所發動的。在七月

圖11-12　自由引導人民

作者：尤金·德拉克洛瓦（法國人，一七九八～一八六三年）

德拉克洛瓦是十九世紀法國畫家中浪漫主義學派的奠基者，他在一八三〇年巴黎七月革命後不久繪製了這幅畫像。它表現了一八四八年革命前在革命者中普遍流行的理想主義革命觀念。革命代表了自由的抽象理想，展現出來則是高尚、有道德的舉動。裡面的人物表現出一種果敢和勇氣，並無憎恨或甚至憤怒的跡象。他們並不是一個階級；他們是人民，聲稱要取得人權的人民。那高昂地舉起三色旗的是一個鎮定自若，而且有理性的自由女神。

（Giraudon/Art Resource, NY）

二十七～二十九日三天之內，巴黎市區匆匆地築起許多街壘。一大群人躲在街壘後面向軍隊和員警挑戰，軍隊中大多數人則拒絕射擊。查理十世不願意像他去世已久的兄弟路易十六一樣也成爲革命的俘虜，倉促地宣告退位並逃往英國。

有些起義領導人希望宣布成立民主共和國，勞動人民則希望得到較好的僱傭條件。那些獲得銀行家、工業家、各類新聞記者和知識分子支持的政治上的自由派，心中懷著另外的目的。一般說來，他們滿足於一八一四年的憲法。他們僅僅是對政府的政策和官員抱有反感。如今他們希望繼續保持略爲自由化的立憲君主制，有一個他們能夠信賴的國王。年長的拉法耶特，美國革命和法國革命時期的一位老英雄，找到了解決僵局的辦法。此時，他已成爲國民警衛隊的指揮員，被看做民族團結的象徵。拉法耶特將奧爾良公爵帶到巴黎市政府大樓的陽臺上，當著一大批群衆的面擁抱他，並且表示他正是符合法蘭西需求的人物。奧爾良公爵是波旁王朝的旁系親屬，年輕時期，曾經在一七九二年共和國的軍隊中服役。這些富於戰鬥精神的共和黨人所以承認他，是樂於看到將來事情會有一定的發展。八月七日，在他表示忠實遵守一八一四年憲法的條件下，國民議會推舉他登上王位。這位叫做路易·菲立普的國王一直執政到一八四八年。

路易·菲立普政權被稱爲奧爾良王朝、資產階級王朝或七月王朝。無論在法國還是歐洲，不同集團對它的看法是各不相同的。在歐洲其他國家以及法國國內的教士和正統主義者看來，此政權似乎是非常革命的。新國王將自己之所以能成功地登基歸結到一次起義，歸結到與共和黨人所做的交易，以及對國民議會做出的承諾。他不稱自己爲法蘭西的國王，而是法國人的國王。他不是懸掛波旁王朝的鑲有百合花徽的旗幟，而是掛上法國革命的三色旗。這種三色旗對當權者各個階級的影響，頗像後來俄國革命後錘子和鐮刀的旗幟所產生的影響。他養成一種普通人的習慣，身著一套淺黑色的衣服（現代「商人服」的最初形式），並攜帶一把雨傘。儘管他背地裡頑固堅持其王位不放，但在公開場合，他則一絲不苟地恪守憲法的立場。

這部憲法實質上仍保留著一八一四年憲法包含的內容。政治上的主要變化是在行文的語氣方面；專制主義不復存在，連同憲法上賦予專制主義這個概念的種種保證也可能由執政的親王取消掉。立法方面，主要的變化是上議院（貴族院）停止世襲制，這是使舊貴族懊惱的事情。同時國民議會應由略爲擴大範圍的選民選舉出來。在法國，一八三〇年以前，選民人數爲十萬人，而今則達到二十萬人左右。選舉權仍然是根據擁有相當數量的不動產來決定的。現在由約占三十分之一的成年男子（即占有不動產人數總額百分之三十的最富有者）選舉出國民議會。新制度的受益者都是上層資產階級——銀行家、商人和工業家。這些大財主組成了「合法的國家」。依他們看來，七月王朝就是政治進步的實現和頂點。而對其他的人們，特別是對那些激進民主主義者來說，幾年以後的歷史表明，七月王朝不過是一場理想幻滅和令人煩惱的事情罷了。

一八三〇年革命：比利時、波蘭

一八三〇年巴黎三天革命的直接影響，是在整個歐洲引起了類似的一系列革命的爆發。隨著法國波旁王朝的崩潰，這些革命又轉過來使一八一五年和約的全部決定陷於危機之中。維也納會議曾經決定，比利時與荷蘭合併，以建立一個反對復甦的法國的強大緩衝國，同時還曾盡力阻止俄國經由波蘭而對中歐直接施加壓力。如今，此兩項決定都已化爲泡影。

荷比聯合從經濟上看是有利的，因爲比利時的工業可以補充荷蘭在商業上和航運活動上的不足。但是從政治上看則並不妙，特別因爲荷蘭國王是一個專制主義者，懷有中央集權制的思想。比利時人雖然從未獲得過獨立，但從前在奧地利人的統治（在此以前是西班牙統治）下，他們向來都是頑強地爲爭取本地的特權而鬥爭。現今，他們同樣地反對荷蘭人。天主教的比利時人厭惡荷蘭人的新教制度。原來講法語的比利時人（瓦隆人）反對強令使用荷蘭語的規定。在巴黎七月革命之後一個月左右，布魯塞爾發生了騷動。最初，騷動的領導人只是請求准予當地比利時人實行自治，而當國王派軍隊來鎮壓時，他們更進一步宣布獨立。接著，召開國民大會，而且草擬了一部憲法。

1780～1869年大事年表	
1780年代	棉花的機械紡紗機在英格蘭推廣傳播
1792年	瑪莉·吳爾史東克拉芙特撰寫的《女權辯護》一書出版
1807年	羅伯特·富爾頓將蒸汽機用於驅動河上航船
1819年	「彼得盧大屠殺」鎮壓英國曼徹斯特工人示威
1819年	梅特涅的《卡爾斯巴德法令》鎮壓德意志的民族運動
1820年	特拉波會議號召採取國際行動去反對一切革命運動
1823年	門羅主義反對歐洲列強對拉丁美洲的干涉行動
1825年	俄國鎮壓了軍官的十二月黨人起義

1780～1869年大事年表	
1829年	蒸汽機車在英國通過安全試驗
1830年	法國七月革命逼查理十世退位；路易・菲立普登上王位
1831年	俄國鎮壓波蘭民族運動
1832年	改革法案擴大了英國成年男子普選權；改變了議會中的代表狀況
1839年	路易・布朗的《勞動組織》一書宣傳新的社會主義思想
1846年	《穀物法》的廢除，標誌著英國工業界已取得支配地位
1869年	約翰・斯圖亞特・穆勒在《婦女的屈從地位》一書中呼籲婦女的權利

俄國的尼古拉斯一世要派軍隊去鎮壓比利時的起義，但是他不能使其軍隊安全無阻地通過波蘭。因爲波蘭在一八三〇年也爆發了革命，波蘭的民族主義者從法國波旁王朝的崩潰中看到，他們發起衝擊的時刻來到了。他們還反對俄軍的到來，因爲俄軍可能是下了決心要去鎮壓西歐的自由傾向的。一個事件又引起另一個事件的發生。到一八三一年一月，波蘭議會宣布廢黜波蘭國王（即尼古拉斯）。尼古拉斯隨即派出大批軍隊到波蘭去。波蘭人儘管在人數上超過俄軍，但由於內部分裂，因而不能進行有效的抵抗。他們得不到西方各國的支持。英國政府由於國內發生革命鼓動而不得安寧；新近建立的以路易・菲立普爲首的法國政府不希望扮演擾亂人心的革命者角色，同時它也確實害怕請求其支援的波蘭代理人是國際上的煽動者和共和黨人。因此，波蘭的革命被鎮壓下去了。議會的波蘭不復存在，憲法被廢除了；波蘭終於被合併到俄羅斯帝國裡去。成千上萬的波蘭人移居西歐，並且在那裡成爲共和黨人士親密無間的朋友。在波蘭，鎮壓的機器轉動起來了。沙皇政府將數以萬計的人流放到西伯利亞；對波蘭東部邊境地區著手實行俄羅斯化，並且封閉了華沙大學和維爾拿大學。當時，沙皇企圖對比利時再一次進行干涉，但已爲時太晚。可以說，波蘭人的犧牲，對西歐一八三〇年革命的成功做出了貢獻，正如它曾對一七八九～一七九五年偉大的法國革命所做過的貢獻一樣。

尼古拉斯曾堅持認爲，獨立的比利時將會帶來許多國際問題，事實的確如此。一八一五年以前的二十年間，比利時曾經是法國的一部分。至今，有些比利時人仍贊同與法國再聯合。而在法國，那些將《維也納條約》看做是對法國民族侮辱的左派共和黨人認爲，這是將第一共和國時期掠取到的最初和最貴重的戰利品奪回的時機。一八三一年，比利時國民議會以微弱的多數選舉路易・菲立普的兒子做爲他們的國王。然而，路易・菲立普不想與英國鬧糾紛，便禁止其子去接受比利時的王位。此後，比利時人選舉薩克斯—科堡的利奧波德為國王。他原是德國的王子，結婚後變成英國皇家的家族，並成為英國的臣民。事實上他原是一個十二歲女孩的叔父，此女孩即後來的維多利亞女王。英國與法國政府派出的塔萊朗進行談判（這是他最後的一次公務），結果，簽訂了一八三一年的條約（一八三九年批准），規定將比利時設置為永久中立國，不能與它國結盟，而由五個大國共同保證其不受侵犯。於是，《維也納條約》為阻止比利時被法國併吞的目的，就以新的方式再次得到實現。從比利時本國來看，如今國內建立起一個穩定的國會制度，它比法國七月王朝更民主一些，不過基本上還是那種相同的資產階級和自由派的統治。

英國的改革

一八三〇年巴黎的三天革命越過英吉利海峽，而在彼岸產生直接的回響。看到工人階級接連不斷的起義而迅速取得的成果，英國的激進派首領遂產生了暴力威脅也許有用處的想法。另一方面，法國資產階級以短時間的革命便輕而易舉地占據了上風，這使英國中產階級消除了疑慮。他們由此認定，毋需發動一場群眾動亂，也將會毫不留情地使政府陷於困境。

在英國，托利黨的統治實際上已開始鬆弛下來。十九世紀二〇年代，托利黨內有一批年輕人走上了前臺，其中包括著名的外交大臣喬治·坎寧和最早的棉紡織廠廠主的兒子羅伯特·皮爾在內。這一群人對英國商業的需求和自由主義學說很敏感，他們要求降低關稅，並且放寬舊的《航海法》的範圍，允許英國殖民地與英國以外的其他國家進行貿易。自由托利黨人還暗地損害英國教會的地位，提出世俗國家的概念，雖然他們的這種目的是難以實現的。他們廢除一些舊的法律（這些法律始於十七世紀），這些法律曾禁止不信奉國教的新教徒擔任公職，除非新教徒通過合法的途徑虛報自己是英國國教徒；他們甚至允許撤銷一六七三年的《宣誓條例》，並且採取天主教徒解放的政策；英國和愛爾蘭兩地區的天主教徒都像其他人一樣，享受同等的權利；大約對一百種犯罪行為廢除了死刑；建立職業員警，以代替舊式的無效能的地方員警（在羅伯特·皮爾之後，倫敦的員警就被稱為「員警佬」），政府指望依靠這些新員警便能對付抗議性集會、憤怒的人群以及偶爾發生的騷動，而毋需再借助軍隊的援助。

自由托利黨人有兩件事未能做到：一是不能對《穀物法》提出質詢；二是未能進行下議院的改革。根據《穀物法》（它是規定進口穀物稅率的，一八一五年這種稅率又提到了新的頂點），英國的貴族紳士得以保護他們的地租，同時保持現有的下議院代表機構，他們才得以進行統治，而期望工人階級和商業界將他們看做天然的領導者。

下議院成立以來已有五百年的歷史，但從來沒出現過如當時那樣無代表性的狀況。從一六八八年革命以來，沒有增加過一個新的有議員選舉權的城市。這些城市，或者說擁有議員選舉權的中心城鎮，原來大量地集中於英國南部。隨著工業革命的發展，人們已經明顯地不斷轉移到了北方。但這些新工業城市並無議會代表。在少數享有特權的自治城鎮裡，舉行過眞正的選舉，但在其中某些城鎮裡，只有市自治機關才有權提出議員候選人，在另外一些城鎮中，則只有那些擁有一定不動產的財主，才有這種提名的權利。那些有議員選舉權的城市，在保留中世紀時期的地方特權方面，是各有自己的特點的。許多城市完全被評論家稱之爲有權勢的「選舉販子」所支配。至於說到農村地區的選舉，那是在受當地紳士嚴重影響的歡樂的集會上，由持有「四十個先令的不動產所有人」，爲本郡選出兩名議會議員來的。據一八二〇年左右估計，有過半數的下院議員，實際上是由近五百人（其中大多數屬上院議員）選舉出來的。

在一八三〇年以前的半個世紀裡，曾經提出過大約二十四件有關下議院改革的法案，但均未被通過。一八三〇年，在巴黎發生革命之後，這個問題被少數黨輝格黨人重新提了出來。當時的托利黨首相（滑鐵盧戰役的勝利者，一個極端的保守派）威靈頓公爵，竭力爲當時的選舉制度辯護，以致使他失掉在群衆中的信任，甚至在其追隨者中也不例外。他宣稱，英國現行的選舉方式，比起人類智慧一舉所能擬定的任何方式都更爲完善。在威靈頓發表這次激情的演講之後，輝格黨接管了政府各部。政府提出了一項改革法案，遭到下議院否決，輝格黨內閣因而辭職。托利黨人懾於群衆的暴力行動，拒絕組閣。輝格黨人重新執政，並再次提出改革法案。這一次，下議院通過了，而上議院則未予通過，因而引起全國到處發出憤怒的呼聲。倫敦街道上，人們來往不絕；有幾天，騷動者曾將布里斯托市控制在手裡；在德比郡，監獄被洗劫；在諾丁罕郡，城堡被焚燒。看來，只有通過這項改革法案才能阻止眼前的一場革命。輝格黨人利用這一點，取得國王允許，增加相當多的新貴族的議席，從而改變了上院中多數席位的狀況。上院議員們寧願讓步，以避免使自己陷於困境。一八三二年四月，選舉改革法案獲得通過而成爲法律。

一八三二年的《議會選舉改革法》是一項十足的英國式改革措施，它寧可採用英國或中世紀的制度，而不採用那些隨著法國大革命而獲得解放的新思想。在歐洲大陸各國，都曾頒布過憲法（如在法國所做的一樣），都基於這樣的思想，即每一個議員代表應代表大致相同數目的選民，而這些選民都應受到完全一致的選舉資格限制，即通常規定的要交納相當數目的固定財產稅。英國人則認為，下議院議員既已代表那些有議員選舉權的城市和郡，一般來說已毋需考慮人口的多少（例外情況不算）；換句話說，就是不打算建立選民人數相等的選區。選舉權仍然按照經濟上的資產額、可靠性與永久性，在改革過的自治城市和郡中進行分配。實行新選舉法的結果，是使英國各島選民的總數，從原來約五十萬人增加到約八十一萬三千人。有些窮人實際上則喪失了選舉權，他們是住在少數原來相當民主的、老的、有議員選舉權的城鎮，像大倫敦的西敏寺一類的地方。

根據新選舉法，最重要的變化不在於擴大選區的範圍，而在於按照地區和社會等級重新分配了選區。議會選舉改革法重新確定了下議院的席位，取消了

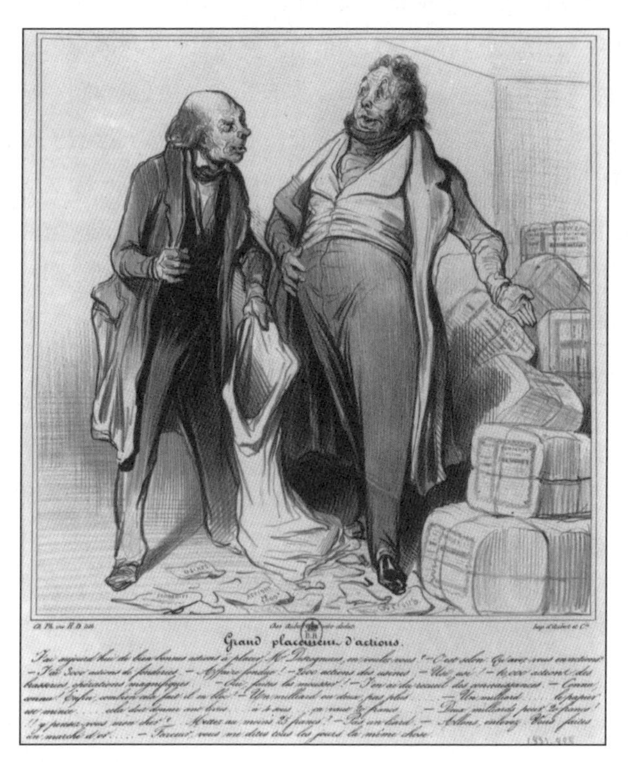

圖11-13　大投資家

作者：歐諾雷・杜米埃（法國人，一八〇八～一八七九年）

一八三〇年革命，最初被德拉克洛瓦與歐洲大多數的自由派所浪漫化，實際上隨後而來的是一個賺錢與商業興隆（經濟同樣迅速發展）的時期，同時也是由於巴爾扎克的小說和杜米埃版畫而聞名的時期。這幅於一八三七年繪製的版畫，表現了一個金融家，其身旁擺放著一捆捆股票證券。他正打算向一個懷有疑慮的顧客銷售製造廠、鑄造廠和釀酒廠的股票。杜米埃帶有諷刺意味的版畫，針對十九世紀法國政治和經濟生活中的腐敗和偽善，提供了生動逼真、讓人印象深刻的批判。（Bibliotheque Nationale de France, Paris）

五十六個最小的、比較古老而有議員選舉權的城鎮，那裡的居民則是做爲其所屬郡區的居民而參加選舉。其他三十個有議員選舉權的小城鎮，只保留選出一名議會議員的權利，而不是歷來那樣選出兩名，這樣便可將議會裡一百四十三個有效的席位給予那些新興的工業城市。在這些城市裡，擁有選舉權的是那些持有十英鎊的戶主，即中產階級：工廠主、企業家及其主要的雇員、醫生、律師、經紀人、進出口商人、新聞記者，以及富有階級的親屬與親戚。

一八三二年的《議會選舉改革法》比輝格黨人所贊同的改革（除了他們懼怕的革命以外）更加徹底，而比民主激進派所接受的改革又保守一些（除了他們相信在將來可能擴大選舉權以外）。一八三〇年，英國是否面臨任何實際的革命危險，我們永遠難以得知。貧苦的工人大衆，得到了憤懣的工業界人士（他們已經決心不再忍受被排除在政治生活之外的狀況）的領導，但無論是工人還是工業界人士都沒有訴諸暴力和革命。究其原因，可能首先在於歷史上存在著議會制度。儘管在一八三二年議會改革以前，這種議會制度是不穩定的，但是，它卻提供了使社會變革在合法的條件下得以完成與延續下去的手段，並且基本上受到普遍的尊重。陷於絕境的保守黨人會讓步的，因爲他們還期望能保持其在社會生活中的地位，因而才允許對選舉權進行修正。激進黨人利用足夠的暴力手段去恐嚇統治當局，此後並沒有陷入困境；他們是期待，一旦突破缺口，將來總有一天會使議會進一步民主化，而他們的社會和經濟綱領也將隨之而有步驟地通過立法來獲得實現。

一八三二年以後的英國

但是一八三二年的《議會選舉改革法》本身，可說是一次革命。由於工業化所產生的新興實業界人士，已經取得了與統治國家的高貴人物——舊貴族——並排同坐的地位。出身於新貴族並使《議會選舉改革法》案獲得通過的輝格黨人，與從前激進的工業家、一小部分自由托利黨人逐步合併起來，組成了自由黨。托利黨的主要成員，加上原來少數的老輝格黨人，甚至還有從前的一些激進派，逐步地聯合爲保守黨。從一八三二年到第一次世界大戰時期，兩黨常常輪流執政。這是大不列顛歷史上實行典型的自由黨與保守黨的兩黨制度時期。

一八三三年，英帝國廢除了奴隸制。一八三四年，實行了新的《濟貧法》。一八三五年，實行《城市自治機構條例》，其重要性僅次於《議會選舉改革法》，從而使英國城市的地方政府現代化，即打破了舊的地方寡頭政治，產生了一致的選舉與行政機構，使城市居民得以更有效地盡力解決城市的生活問題。一八三六年，下議院允許新聞記者報導議員如何表決的情況。這就表明，已將政府的活動向公開化邁出了一大步。同時，成立一個基督教委員會去檢查英國國教的事務。藉由檢查，教會在財政上和行政上的不正當行爲受到制止；上層牧師與下層牧師在收入方面的嚴重不均情況也一併得到糾正。而在此之前，由於存在這些不合理情況，教會幾乎成爲土地貴族獨占的機構。

在地方政府和教會這些古老的堡壘裡受到如此的攻擊，托利黨人當然不甘心，他們遂對新興的自由製造業階級，即工廠主和礦山主的堡壘發起了反攻。托利黨一變而成爲產業工人的鬥士。在這些土地貴族中最著名的是艾胥黎勳爵，即後來的沙夫茲伯里伯爵七世，他們出面宣傳由於迅速而確實殘酷的工業化所帶來的種種社會禍害，並得到少數人道主義的工業家的某些支持。的確，早期的立法大都是按照最大或最好的企業已有的種種做法而制定出來的。一八三三年的《工廠法》禁止不滿九歲的童工在紡織廠中勞動，這就是關於童工問題最初的有效法規，因爲它規定設立有薪金的視察員與實施的步驟。根據一八四二年的一項法令，在煤礦中開始實行有重要意義的規章，即禁止僱傭女工、女孩和十歲以下的男孩在井下勞動。

一八四七年，工人階級的最大勝利，是《十小時工作制法案》的公布。該條例規定，在所有工業企業裡，婦女和兒童的勞動限定一天十小時。從此，成年男工勞動，每天一般也只有十小時，這是因爲，男工、女工和童工的勞動是非常緊密地協作進行的，要男工單獨地上班很困難。一個著名的自由黨人、教友派教徒和棉紡織大王約翰・布萊特，將《十小時工作制法案》看做是「對工人階級實行的一種欺騙」。他認爲，規定勞動時間是與公認的放任主義原則、自由市場、自由貿易以及保持雇主和工人的個人自由等經濟法則相違背的。然而《十小時工作制法案》仍繼續執行，英國的工業依然持續地繁榮起來。

爲了聚集力量，輝格黨人、自由黨人、激進黨人於一八三八年聯合建立了反《穀物法》同盟。僱傭勞動者反對《穀物法》，是因爲穀物進口稅使食品的價格不能降低下來。工業雇主反對《穀物法》，是因爲，食品的價格保持不變，英國本國的工資和生產成本也就得維持不變，結果便給英國在出口貿易上帶來不利影響。《穀物法》的辯護士爭辯說，保護農業對於維護農村中天然的貴族地位是必需的。但是，他們有時也更廣泛地運用臆造的經濟論據，斷言英國應使工農業之間保存經濟的平衡，避免單單過分地依賴進口食物。這個問題變成受到工人階級支持的工業家和貴族（主要是托利黨人的土地所有者）之間的爭辯。這一反《穀物法》同盟的總部設在曼徹斯特，此同盟儼然像一個現代的政黨在進行活動。它擁有大批的金錢，其中大部分來自工廠主的巨額捐款，而少部分則來自勞動人民的捐款。它派人四處演講，在報刊上宣傳並且出版一系列論戰性的小冊子和有教育意義的書籍。同盟還舉行政治性的茶會、火炬遊行和野外群衆集會。這種群衆的壓力已表現出是不可抗拒的，而最後又因愛爾蘭的饑荒而猛地加強起來。當時是由羅伯特·皮爾先生爲首的托利黨人組織政府。一八四六年，政府在如此大叫大嚷的要求面前不得不做了讓步。

一八四六年《穀物法》的廢除成了在英國實行變革的信號。這件事再次肯定實施一八三二年《議會選舉改革法》的革命後果。如今，工業成爲支配國內經濟的成分。此後，自由貿易處於支配地位。英國謹慎地使其維持生命的必需品均依賴進口，以便把本國的工業製品出口。從此，英國便置於國際的甚至是世界規模的經濟體系之中。英國由於首先經歷了工業革命，掌握機械動力和大批生產的方法，因而能生產紗線和棉布、機械工具與鐵路裝備，並且比其他國家生產的效率都高，也更便宜。在英國這個早期的世界工廠裡，人力源源不斷地投到礦山、工廠和城市裡去，他們向全球其他國家出售工業製品、煤，從事海運業，以及經營金融業務。同時，在交換過程中，他們從世界其他地區獲得原棉、稀有礦石、肉類、穀類食物，以及數以千計次要但仍是維持生命所必需的產品。英國的福利就是依賴於保持世界性的自由交換的經濟制度，以及一直存在的英國海軍的制海權。

西歐資產階級的勝利

一般來說，一八三〇年以後的幾十年，可以看做是西歐資產階級（在英語中也可稱爲中上層階級）的黃金時代。而在法語中，資產階級（bourgeois）一詞在較早的意義是指這樣一種人，他不屬於貴族，但是從商業、某一職業或財產權中取得收益。法國大革命之後，尤其是在一八三〇年後，該詞被賦予了一些並不完全相一致的新涵義。藝術家、文學人士和舊陣營裡的貴族或許蔑視資產階級，把他們看做品味粗鄙之人，想當然地認爲他們只對賺錢感興趣。而從另一個觀點來看，亦即經常由社會理論家和工人階級領袖持有的觀點，資產階級是那些爲商業企業、再創造活動和家務勞動而僱用他人勞動的人。簡言之，資產階級是雇主。不管怎樣，資產階級和貴族在十九世紀日常生活的追求和生活方式上變得越來越像了，而且他們都從能產生收入的財產權或資本中獲得收益。資產階級，先前的定義是與貴族相對立，現在的定義則與工人階級相對立。工人階級是指其全部收入都要依靠在商店、辦公室、農場和工廠裡的日常勞作的人。

當時流行的自由主義學說是一種「與社會利害攸關」的理論：只有那些有東西可失去的人們，才應該居於統治地位。在七月王朝的法國（一八三〇～一八四八年），三十個成年男子中約有一人獲得選舉權。而在英國第一次議會選舉法改革時期（一八三二～一八六七年），八個成年男子中則約有一人獲得選舉權。實際上，這時在英國，整個中等階級都有了選舉權，而在法國，還只是最富有者階級才能得到。在英國，托利黨地主貴族繼續執政，這就在某種程度上削弱了資本家和老闆在經濟上統治的鋒芒，導致議院通過了保護工業勞動的重要法規。在法國，貴族地主的勢力無論如何要比英國的貴族地主軟弱些，並且也較少關心公眾事務，他們到一八三〇年革命時已喪失了大部分的影響，在改善勞動條件方面也做得較少。

資產階級時代，許多方面都在歐洲各國留下了痕跡。舉例來說，西歐資本的積累與工廠的建設在繼續進行。國民收入在不斷增長，但其中只有較少的一部分屬工人階級所得，而較大的一部分則爲資本持有者所占有。這就意味著國民收入的較小部分是花費在消費品方面——住宅、衣服、食物、娛樂，而較多的那一部分則積累起來供再投資之用。新的股份公司在不斷地成立。企業法做了修改，允許股份公司企業向新的領域擴展。工廠制度從英國擴展到歐洲大陸；在英國本國，則從紡織工業擴展到其他生產部門。鐵的產量（它是工廠制度建立這個階段中經濟增長的良好指標），在英國，一八三〇～一八四八年期間，提高了大約百分之三百；在法國，一八三〇～一八四五年期間，提高了約百分之六十五（德意志諸邦加在一起，到一八四五年，其鐵產量大約等於英國的十分之一，略少於法國的二分之一）。一八四〇年以後，鐵路熱火朝天地建設起來了。一八四〇年，山繆・庫納德將四艘輪船供正式橫渡大西洋之用。許多資本向外輸出了。早在一八三九年，據一位美國人的統計，歐洲人（主要是英國人）在美國各股份公司中擁有價值兩億美元的股票。這些投資既可供英國購買其他國家的商品，還有助於將世界各國集中成一個世界經濟體系，其中西歐（特別是英國）處於領先地位，其他地區則多少都處於從屬的地位。

工人的挫折和挑戰

資產階級的時代，同時也使得勞工界變得疏遠了。英國和法國政府，幾乎同樣成爲不久以後由卡爾・馬克思所稱呼的資產階級委員會。在法國，人們已經在焦慮地談論著無產者的狀況，他們處於社會的最低層，一無所有。到十九世紀三〇和四〇年代，法國的共和派與英國的激進民主派都感到受騙上當了。他們曾在各自的國家裡，以起義和示威遊行的方式，強行發動一次實質上的革命，此後，他們在各自的國家裡都被拋棄，沒有獲得選舉權。有些人對代議機構失去了興趣。他們在被逐出政府以後，很想透過一個超政府的，即革命的或者烏托邦的途徑去尋求政治上的目的。對普通工人來說，做爲一個最終的目標，社會的與經濟的改革似乎比單純的政府革新更爲重要。一些受尊敬的經濟學家告誡工人們說，不要期望這個制度會改變得合乎他們的心意。由此，工人們被引至摧毀現行制度的道路，並且要以由思想家腦海裡設想出來的新制度來完全代替現今的制度。曼徹斯特學派及其在法國的同夥則告誡工人們說：「工人收入是受到必然的自然法則所制約；工資維持在低水準是最好的，而且是確實必需的；要想在世界上過得好，則只有使自己超脫出整個工人階級，成爲經營有利可圖的企業主，而對勞動人民置之不理。」

這種流行的學說強調了勞動市場這一概念。工人出賣勞力，雇主則購買之[2]。勞動的價格，或者工資，是由兩方面的個人商定的，其價格將根據供求的變化而自然地上下波動。當某種勞動屬大量需求時，其工資便上升，直到提供此種勞動的一批新人大多流進市場時爲止，結果，工資額又一次恢復到舊有水準。當勞動已無需求而無人購買時，人們無法出賣勞動，還可以暫時靠微薄的貧民救濟金維持生活。

圖11-14　十九世紀四〇年代，一批剛組織起來不久的倫敦員警，正在等候憲章運動者隊伍的到來。英國政府採用了一支更加訓練有素的員警隊伍，目的是避免發生類似彼得盧大屠殺這種事件，並且能控制類似憲章運動者的群衆示威遊行。憲章運動者正打算通過群衆運動（最後沒有成功）去爭得更民主的選舉法。（Getty Images）

一八三四年新的《濟貧法》是受到英國工人階級特別厭惡的。儘管這項新法律矯正了舊制度一些明顯的弊病，因爲正是舊制度使千百萬人陷於貧困和墮落。然而，這項新法律所依據的是沉悶科學裡的一些冷酷方案，它的主要原則是藉由使人們覺得領取救濟金比做任何工作更爲討厭的這種手段，來維護勞動市場。救濟金只補助給那些願意進貧民習藝所或者貧民院的人。在這些機構裡，男女是被隔離開的，而在其他方面，生活則是明顯地比外界少有吸引力。工人們認爲這項新法律是令人厭惡的，他們將貧民習藝所稱爲「巴士底獄」。他們對勞動市場這一整個觀念表示忿恨，在這個市場裡，勞動像其他商品一樣被購買或出賣（或者一直賣不出去）。勞動市場的波動與不良週期迴圈使工人階級家庭產生社會方面的不穩定，並可能使家庭內部男女之間的關係出現新的緊張。十九世紀初期，英國法庭的紀錄表明，家庭內發生暴力的爭執更爲普遍。因爲在工人家庭中，婦女已經爲家庭掙得很明顯的一份收入，或者比她們失業的丈夫更容易找到工作。儘管婦女勞動賺取的工資幾乎總是比男人賺到的少，但這樣的狀況對英國家庭生活中歷來的關係提出了挑戰。

從長遠看來，歐洲的生產率將會增長，從而有可能減輕工人的困苦處境。同時，存在著兩種使工人擺脫困境的辦法。一是改善勞動在市場中的地位，由此而導致工會的成立；工會的任務是控制勞動的供應，同時跟雇主簽訂集體合同。這些工會，在法國是非法的；在一八二五年以後的英國，也才變成合法化。誠然，在這兩國，罷工仍然是非法的。另一種辦法是否定整個市場經濟和資本主義制度的思想。曾有人設想建立一種制度，在此制度下，生產產品是爲了使用而不是爲了販售；勞動人民將按照本身的需要，而不是按照雇主的需求而得到報酬，這就是十九世紀許多社會主義理論的基本思想。

社會主義與憲章運動

一八三〇年以後，社會主義思想在工人階級中獲得迅速傳播。在法國，這種思想與革命的共和主義思想混成一體。研究法國大革命和一七九三年民主共和國的興趣又恢復起來了。羅伯斯比爾著作的廉價重印本在巴黎的工人居住區開始流傳。如今羅伯斯比爾又被人們當成人民的英雄。例如，社會主義者路易・布朗在一八三九年發表的《勞動組織》一書裡，便介紹了「社會工廠」的形成過程。他還寫了一部長篇的法國革命史，在書中指出，平等的思想曾經鼓舞過一七九三年國民公會的活動。在英國，爲了適應本國的不同背景，社會主義思想是和要求議會進一步改革的運動結合在一起的。這種要求是由眾所周知的憲章派這個工人階級組織提出來的。「憲章派」名字的由來，是由於他們在一八三八年草擬了一部人民憲章。

英國憲章運動是比當時法國社會主義運動遠爲廣泛的群衆運動。憲章派中只有一小部分人在思想上是明顯的社會主義者，但他們這些人都是反對資本主義制度的。他們一致認爲，第一步必須爭得工人階級在議會裡的代表權。一八三八年擬定的憲章就包括以下六點要求：（1）下院每年改選一次；（2）實行成年男子普遍選舉權；（3）祕密投票；（4）均等的選區；（5）取消下院議員的財產資格限制（此類限制使那種舊思想永久存在，即議會應由那些有獨立收入的貴族所組成）；（6）給當選的議員支付薪俸，以便使收入少的人能夠擔任議員。一八三九年，由全國各地工會、群衆性集會與激進團體派出的代表所組成的國民公會在倫敦舉行。「國民公會」是一個暗語，它帶有法國革命甚至是恐怖主義的涵義。英國國民公會的某些會員曾將他們這個組織看做眞正代表人民的機構，他們並且贊同採取武裝的暴力行動和總罷工，而其他成員則只是主張對議會施加道義上的壓力。

爲了強烈要求政府接受憲章，人們把總共有一百多萬人簽名的請願書送交下院。暴力革命派，或者說「實力」憲章派，曾倉促地發動一次騷動，但被政府用武力鎮壓下去了。一八四二年，憲章派第二次向議會遞交請願書。這一次，根據最充分的估計，在請願書上簽名的多達三百三十一萬七千七百零二人。英國當時的總人口只有一千九百萬人左右，因此，無論簽名的準確數字是多少，都已明顯地表明，憲章派贏得了全國一半的成年男子明確的支持。儘管如此，下院仍然以二百八十七票對四十九票否決了這次請願書，其原因是，議會擔心政治民主將會使財產權與現存的整個經濟制度受到威脅。面對政府與企業主階級堅決的反對，憲章運動逐步地平息下來。並且，由於其本身的擁護者之間互有戒心與意見分歧，使運動受到了削弱。但憲章運動並不是完全沒有成效的；如果不是因爲有普遍的宣傳鼓動，並且曾將工人階級的疾苦公諸於衆，那麼一八四二年的《礦山法案》與一八四七年的《十小時工作制法案》也許無法通過。這些法令隨後又逐步地減輕了產業工人的痛苦，並且使人們在一定程度上對現今經濟制度的前途保持著信心。正如我們在下一章將會看到的，一八四八年，憲章運動出現過短暫的復甦。然而，一般說來，在十九世紀四〇年代，英國勞動人民已從政治上的宣傳鼓動轉向建立與加強工會組織上面，他們透過工會能夠直接與雇主打交道，而毋需向政府提出請求。到一八六七年，英國擴大了選舉權；除了每年選舉議會這一點以外，這個國家花了大約八十年才實現了一八三八年憲章派的全部綱領。因此，不久便不再有人提出什麼要求了。

我們要總結自一八一五～一八四八年這段時間的歐洲歷史，並不是一件容易的事情。隨著法國革命和各國工業革命而產生的各種勢力：自由主義、保守主義、民族主義、共和主義、社會主義、女權主義和民主主義，沒有任何一種勢力能發揮穩定局勢的作用。國際性的體系一直沒有建立起來。相反地，歐洲已分裂爲兩個政治陣營，它們分別代表著十九世紀歐洲各個社會在地理上和思想上的分歧。一般來說，在西歐各國，古典自由主義的政治思想在迅速取得進展；而在東歐，三個專制獨裁的君主國家處於支配地位。西歐贊同民族主義的各項原則，而中歐和東歐各國政府則一直持反對態度。西北歐各國正在共同地變爲更富裕、更自由、更資產階級化的國家。在德國、中歐各國和義大利（西班牙和葡萄牙也一樣），中產階級並未享有像在英國或法國那樣的地位和酬報。然而，西歐各國並沒有解決其本國的社會問題，它們的全部物質文明都是建立在不安定與受盡痛苦的工人階級基礎之上。不論在哪裡，都有不同程度的鎮壓手段；不論在哪裡都存在著恐懼，只不過有的地方重些，有的地方輕些。然而同時，對於工業和科學社會的進步，也還存在著希望和信心，並且對於尚未實現的人權綱領仍懷有信念。結果就是一八四八年革命的普遍爆發。

第十二章

革命和秩序重建，一八四八～一八七〇年

三十年來歐洲當權者階級心頭上懸掛的憂慮，到一八四八年終於變成現實。整個歐洲大陸各國的政府都先後垮臺了。難忘的恐怖行為，像一次重發的夢，又很像是一七八九年以後出現過的一系列事件的重演，以料想不到的快速再次出現了。革命者的隊伍在街道上川流不息，國王們逃之夭夭，共和國紛紛宣告成立；而不過四年光景，又出現了另一個拿破崙。此後不久便爆發了一系列戰爭。

歐洲，無論在此之前或之後，都從未見過如一八四八年那樣眞正帶有普遍性的一次動亂。一七八九年的法國大革命和一九一七年的俄國革命，二者都曾立即在國際上產生回響，可是這兩次革命的發生，都是由一個國家帶頭的。而在一八四八年，從哥本哈根到帕勒摩，從巴黎到布達佩斯，革命運動則都是由於本地的原因而自發地爆發的。當時人們有時將這些現象的普遍發生說成是由於祕密團體策劃的結果。的確，在一八四八年以前，一場國際革命運動的微弱先兆已經顯露出來。然而事實上，革命密謀者對當時發生事件的影響是微不足道的。如果從其他方面的原因看，大陸各國政府所以幾乎同時垮臺，就不難理解了。歐洲的許多民族眞正想尋找的目標都是同樣的，即建立立憲制政府、實現各個民族的獨立和統一，以及結束當地依然存在的農奴制和君主制的束縛。在各國政治上有覺悟的分子中間，出現了一種共同的（雖然略有差異）思想體系。新興力量必須與之戰鬥的某些勢力本身就是國際性的，特別是天主教會和哈布斯堡王朝的廣泛影響，因此反抗它們的鬥爭，在許多地方都是獨立展開的。總之，只有俄羅斯帝國和英國避免了一八四八年革命的蔓延，而英國人是曾被嚇得失魂落魄的。

一八四八年革命雖然震盪了整個歐洲大陸，但是畢竟缺乏持久的政治和社會力量，因而成功來得快，而失敗也幾乎是同樣的快。事實上，這次革命的主要結果，是加強了那些警醒地看著一切革命的保守勢力。革命的思想被武裝鎮壓下去了。十九世紀五○年代和六○年代的各國政府，雖然仇視革命，但在某種程度上對於一八四八年某些目標的實現還是滿意的，特別在實現民族的統一和建立有限的立憲代議制政府方面，不過它們之所以那樣做，是出於為自己精心算計的、能加強他們自己權威的現實主義情緒。一八四八年革命被鎮壓下去，但也留下了階級恐懼與階級衝突的痕跡。在這種衝突中，那些新社會的預言家也變得更為現實了，如卡爾．馬克思，他給早期的各種社會主義一概貼上了「烏托邦」的標記，而提出了自己的見解，認為它們才是實際的和「科學的」。做為對十九世紀政治和文化秩序演進的回應，各種新的「主義」興起了，但是歐洲各國及其中央集權政府的制度和民族思想體系，仍牢牢地和強權聯繫在一起。

巴黎：西方社會革命的幽靈

法國七月王朝是建立在一座火山上的木板舞臺，其下面燃燒著一八三〇年被鎮壓下去的受壓的共和主義火焰。從一八三〇年以後，共和主義越來越傾向於社會主義了。

七月王朝的政治與變化著的法國社會各階級日益分離開來。七月王朝的政治不斷變得更爲虛僞。由於國民議會只代表少數人的利益，結果連一些最基本的社會和政治問題都極少提出來討論，甚至資產階級中的大多數人在議會裡也沒有自己的代表。由於經濟的發展有利於證券交易活動，加上商業掮客和政客們合謀的欺詐行爲，因此，賄賂、腐化的現象空前地盛行起來。一個要求使更多人獲得選舉權的強大運動開展起來了。激進派希望實現成年男子普選權和成立共和國，而自由派只要求在現存立憲君主制範圍內擴大一些選舉權。國王路易・菲立普及其首相基佐不是與自由派結成同盟去反對激進派，而是斷然地、愚蠢地反對任何的變革。

法國「二月」革命

與國王的願望相反，改革派打算在一八四八年二月二十二日於巴黎舉行一次盛大的宴會，隨後舉行一次街頭示威遊行。二月二十一日，政府下令禁止舉行一切集會。當晚，在工人住宅區建起了街壘，以鋪路用的木頭、建築用的石塊或者大件家具橫放在狹窄的街道或舊城的十字街口。這些街壘組成一個迷宮，起義者則躲在其中準備進行反抗統治當局的鬥爭。政府出動國民自衛軍去鎮壓，但軍隊卻拒絕調動。這時候，國王答應進行選舉改革，然而共和派的叛亂者卻組織半失業的工人，在基佐住宅外面舉行了一次示威遊行。有人曾向部署在基佐住宅周圍的自衛軍射擊。自衛軍予以還擊，並殺傷二十個人。共和派組織者將一些屍體安放在點燃著火炬的雙輪馬車上，在布滿武裝人員和設有街壘的市區內到處行進。全城迅速釀成巨大的騷動。二月二十四日，路易・菲立普像其前任國王查理十世一樣，宣告退位並逃往英國。如同一八三〇年七月革命一樣，一八四八年二月革命在三天之內便迫使一個君主退了位。

立憲改革派原指望由路易・菲立普年輕的孫子繼位國王，可是，如今已經覺醒並且武裝起來的共和派分子，成群湧入國民議會並強行宣告共和國成立。共和派領袖趕在全法立憲會議選舉以前，便成立了由十人組成的臨時政府。十人當中有七人屬「政治上的」共和派，其中最著名的人物是詩人拉馬丁；有三

圖12-1　這幅十九世紀簡明描繪的圖畫，表現了一部分巴黎市民正成群地向杜勒麗宮進發，以武力逼使國王路易·菲立普退位和離開法國。（Snark/Art Resource, NY）

人屬「社會的」共和派，其中最著名的人物是路易·布朗。當天，有一大群工人湧到市政府大廈前面，要求法蘭西共和國採用新穎的社會主義標誌——紅旗。他們的行動被能說善辯的拉馬丁所勸阻，結果，三色旗依然是共和國的旗幟。

路易·布朗竭力主張，臨時政府應毫不遲延地制定出一個大膽的經濟和社會綱領。然而，由於在臨時政府裡「社會」共和黨人只占少數（儘管一般說來，在巴黎的共和黨人中並非如此），路易·布朗的思想在實踐中是打了很大折扣的。他希望成立一個進步部，去組織一個「社會工廠」網，即在其著作中所擬定的受國家支持的集體製造業公司。然而，這個新政府僅僅是一個權力有限的勞動委員會，再加上一種工廠制度。這種工廠制度鄭重其事地名之爲「國家的」，而不是「社會的」。它在英語中總是被稱爲「國家工廠」（雖然「工廠」的涵義比路易·布朗心中所想的更缺乏內容），經臨時政府同意成立，但僅僅是做爲一項對「社會」共和黨人的政治上的讓步，並且也從未給工廠分配什麼重要的工作，因爲擔心它們會與私人企業競爭，把經濟制度打亂。的確，負責掌管工廠的人也承認，他的工作就是旨在證明社會主義的謬誤。與此同時，勞動委員會未能說服公衆接受十小時工作制，而這種工作制一年前已在英國國會獲得通過。不過，臨時政府的一項行動具有深遠的影響，那就是在法國的殖民地廢除奴隸制。

實際上，「國家工廠」只不過變成了爲減輕失業狀況而推行的一項普通計畫而已。所有行業的人員，不管是技術熟練或非熟練的，一律被安排到巴黎城外進行挖路和築城勞動。他們每天領得兩個法郎。由於一八四七年是個不景氣的年頭，而一八四八年革命運動的爆發又阻礙了企業經營信心的恢復，因而正式的失業人數迅速增長。其他貧苦的人們爲了掙得極少的報酬而紛紛投身到國家工廠，不久，人數劇增，遠遠超過工廠「勞動」的需要。人數從三月中旬的兩萬五千名猛增至六月中旬的十二萬名。到這時，在巴黎還另有五萬人，由於工廠人滿而再也無法接納。六月間，在一個約有百萬人口的城市裡，實際上閒著的勞力大概還有近二十萬名。

五月四日，制憲國民議會開幕。會議代表是四月間在法國各地經過成年男子普遍投票選舉產生的。接著，它立即以其選出的臨時執行委員會代替臨時政府。法國的主要土地，都是屬於各省資產階級與農民所有，絲毫不帶社會主義性質。五月間制憲議會選出的臨時執行委員會，並不包括「社會」共和派在內。以拉馬丁爲首的全部五名委員，是衆所周知的路易・布朗的公開敵人。布朗與其他社會主義者甚至不再寄望於他們迄今得到的勉強的、虛假的讓步。

只是，在革命後三個月，戰鬥的界線到這時才劃定下來，這多少有點像大革命經過三年後，即在一七九二年所確定下來的戰線一樣。巴黎再一次支持革命行動的發展，而國內其他地區卻沒有做好革命的準備。正如一七九二年的狀況，一八四八年巴黎的革命領袖，不願意接受多數裁定的原則或緩慢的議會審議。但是，一八四八年的危機比一七九二年時更爲嚴重。大部分的居民都屬於僱傭勞動者。在商業資本主義制度占據優勢的條件下，機器工業和工廠的集中過程剛剛開始，然而工人們已經受到工業化程度較高的英國工人階級所遭受的那些災難的折磨。如果說有些什麼區別的話，那只是法國工人的工時更長，工資則更低；而在工作不安定和失業方面，至少是和英國一樣嚴重；兩國的工人同樣感受到資本主義經濟是沒有前途的。此外，當英國工人受到議會的實際侵害而退縮時，法國的工人在這方面卻並不把剛選出的議會放在眼裡。自從一七八九年以來，法國出現許許多多依靠起義者的暴力而建立起來的政府（其中也包括有閒階級所喜歡的政府），因而對法國工人說來，利用暴力以實現自己的目標，並未使他們感到有多少內心的不安。

一八四八年「六月起義」

一方面是全國選舉出來的制憲議會在活動，另一方面是國家工廠已經將巴黎工人階級中最受苦的人們動員了起來。數萬人已經聚集起來，他們在一起交談、讀報、聽演講，以及商議共同的行動。宣傳鼓動者與組織者很自然地利用這種難得的機會去接近他們。工廠裡的人們開始感到絕望，他們意識到社會共和國也許已經永遠忘記他們了。五月十五日，他們衝擊制憲議會，將議員趕出會議大廳，宣布解散制憲議會，並且建立起他們自己選出的新臨時政府。他們宣稱，隨著純粹的二月政治革命而來的定是一場社會革命。然而，國民自衛軍這個民兵組織卻轉過來反對起義隊伍，並且使制憲議會恢復活動。制憲議會爲了剷除社會主義，準備將國家工廠予以解散。它提出將這種工廠的工人或者編入軍隊，或者轉到省立工廠，或者用武力逐出巴黎。城裡的全體工人階級開始進行抵抗。政府宣布了戒嚴令，公民執行委員會辭了職，一切權力都交給了卡芬雅克與常備軍。

接著，巴黎出現了「流血的六月」（一八四八年六月二十四～二十六日），在三天裡，進行了一場駭人的階級鬥爭。來自工廠的兩萬多人，開始拿起武器。參加起義隊伍的還有其他來自城內工人居住區裡不可勝數的人們。半個或者大半個巴黎都已變成由街壘組成的迷宮，由決心戰鬥到底的男子和同樣果敢的婦女保衛著。當時的軍事活動方式使老百姓能夠在狹窄的街道與士兵公開地進行射擊。因爲輕兵器是主要的武器，軍隊還沒有裝甲車輛。士兵們感到這種仗難打。但是過了三天，終於有了結果，共有一萬人喪生或受傷；一萬一千名起義者成爲戰俘。制憲議會拋棄一切寬容的做法，頒布命令，將起義者立即放逐到殖民地。

「六月起義」使整個法國和歐洲不寒而慄。至於巴黎的戰鬥能否算是一場眞正的階級鬥爭，眞正參加戰鬥的人占工人階級多大的一部分（無論怎樣說，人數是衆多的），他們究竟在多大程度上是爲長遠的目標而戰，以及又有多少是屬於工廠的臨時性問題等等，所有這些都是屬於次要的問題了。從廣義方面來說，事實上，一場階級戰爭已經爆發了。富有戰鬥精神的工人們更加堅決地敵視和憎恨資產階級，更加堅定地認爲，資本主義制度藉由射殺街上的男女工人階級而倖存下來。工人階級以上的人都陷於一片驚慌之中。他們確信已經倖免了一場駭人聽聞的動亂。文明生活的基礎本身似乎已經震動。一八四八年六月過後，當時的一位法蘭西婦女曾經寫道，人類社會已經成爲「自從野蠻人入侵羅馬以來，空前的恐怖感情的犧牲品」。

在英國，種種跡象的出現就更不能令人放心了。隨著巴黎二月革命的發生，憲章派在英國又恢復了宣傳鼓動。憲章派恩斯特・瓊斯大聲地呼喊道：「法蘭西就是共和國！」憲章運動的請願書再次在群衆中流傳，而且據說很快便有六百萬人在請願書上簽了名。另一個立憲派舉行了全國大會，其領導人將這次會議視如法國制憲議會的前身。激烈的少數派的行動最為活躍，他們開始蒐集武器並進行訓練。威靈頓老公爵立誓要調動七萬名臨時員警去維持社會秩序。利物浦與其他地方都發生了武裝衝突。在倫敦，革命委員會擬定計畫，要有計畫地放火，同時組織人們用鴨嘴鋤去破壞人行道，以供建築街壘之用。與此同時，他們又將重達五百八十四磅的憲章請願書用三部馬車裝上，送往下議院。據估計，這次請願書「僅有」兩百萬人簽名，但立刻就再次遭到下議院否決。革命的危險過去了。在倫敦，有一個祕密團體的組織者充當了政府的密探，他在緊要關頭洩漏出全部計畫，結果革命委員會的委員在布置起義的當天全部被捕。總之，大多數憲章派都拒絕支持那些好鬥的人，然而，這個由思想激進的工人和新聞工作者組成的兇狠少數派卻懷有深刻的階級仇恨。「無產者」一詞原是來自法國。憲章派《紅色革命報》的編輯曾經寫道：「每一個無產者，要是不懂得與不覺察到他是屬於一個受奴役和地位卑下的階級的話，那麼他就是個傻瓜。」

這就是說，在一八四八年夏天，一個社會革命的幽靈就縈繞在西歐各國上空，毫無疑問，這個幽靈是不實在的。在當時，是不大可能出現成功的社會主義革命的；然而，革命幽靈還是存在，在所有會喪失某些東西的人們之間，都對它產生一種沮喪的恐懼感。正是這種恐懼感決定了法蘭西第二共和國的發展進程，也決定了當時在其他國家已經開始發生的一系列革命運動的全部進程。

路易．拿破崙．波拿巴的崛起

法國在「六月起義」以後，制憲議會（以及事實上做為獨裁者的卡芬雅克將軍）便著手擬定一部共和憲法草案。鑑於騷亂剛剛過去，議會決定，經過成年男子普選而產生的總統手中，應擁有強大的行政權力，並且在憲法的其他條文完全擬定以前，就立即選出總統。當時有四個總統候選人：拉馬丁、卡芬雅克、賴德律．洛倫與路易．拿破崙．波拿巴。拉馬丁主張成立一個帶有某些含糊不清的道德的和理想主義共和國；卡芬雅克則主張成立一個有紀律有秩序的共和國；賴德律．洛倫的主張，是成立一個略受遏制的社會思想共和國；而波拿巴的主張卻並不很明確。然而，一八四八年十二月，他卻以獲得五百四十萬壓倒優勢的選票當選；卡芬雅克僅獲一百五十萬張票；賴德律．洛倫，三十七萬張票；拉馬丁，一萬八千張票。

於是，第二個拿破崙便開始踏上了歐洲的舞臺。路易．拿破崙．波拿巴生於一八〇八年，是偉大的拿破崙一世的侄子。他出生時，他的父親路易．波拿巴曾是荷蘭的國王。當拿破崙一世的兒子於一八三二年去世時，路易・拿破崙便開始在波拿巴家族裡處於領導地位，並決心恢復帝國的光榮。一八三六年和一八四〇年，他與一小批同夥先後在斯特拉斯堡和博爾洛格試圖奪取政權。這就是二十世紀所說的暴動。這兩次暴動都可笑地失敗了。他被押到哈姆要塞，受到終身監禁。但到一八四六年，他裝扮成石匠，大模大樣地走出監禁場所，逃之夭夭。他曾表現出先進的社會和政治思想。他寫過兩本書，一本叫《拿破崙思想》，其中聲稱他有名的叔父是被反動勢力所歪曲和挫敗了的。另一本書叫《貧窮的消滅》，其內容如當時出版的其他許多小冊子一樣，帶有反資本主義的內容。但是，他並不是「無政府主義者」的朋友。一八四八年春，當他還在英國避難時，曾經充當威靈頓公爵的臨時員警，反對憲章派的宣傳鼓動。不久，他回到法國。在「六月起義」和起義失敗後的迫害活動中，他都沒有牽連進去，因而被認為是老百姓的朋友，同時也是維護秩序的信仰者；而且，他的名字叫做拿破崙・波拿巴。

二十年來，颶風掀起的巨浪曾激蕩著人們的心靈。關於拿破崙的傳說到處在流傳。在農民的村舍裡到處掛起了過去皇帝的照片，農民們喜悅地設想，是拿破崙曾經給予他們自由的土地所有權。一八三六年凱旋門的建成，更使人們懷念起帝國時期的光榮。一八四〇年，人們從聖赫勒那島把皇帝的遺骨運回巴黎，莊嚴地移葬在塞納河岸邊的榮譽軍人院。所有這一切都是當政府掌握在少數人的國家裡發生的，而大多數人除了在革命中獲得的一點經驗以外，大都缺乏政治經驗或者政治辨別力。一八四八年，當千百萬人有生以來頭一次突然被召去投票選舉總統時，波拿巴的名字是他們一向不斷聽到唯一的名字。一個老農說道：「我怎麼不應該投這位先生一票呢？我是在莫斯科凍僵過鼻子的人。」

最後，路易・拿破崙親王便以壓倒性的人民擁戴而成為了第二共和國總統。在選舉中，只有一個軍事指揮官是他唯一軟弱無力的對手。不久，他便看出了端倪。一八四九年五月，制憲議會自動宣告解散，而代之以新憲法中所規定的立法議會。儘管這次新的立法議會是根據新的共和國憲法的條款成立，而且是由成年男子普選出來的，但是對於共和國來說，立法議會是一個陌生的議會。在立法議會中，有五百名新選出來的第二共和國的代表，占議會三分之二的人數，實際上屬君主派，不過他們又分為勢不兩立的兩大派：一是擁護查理十世路線的正統派；另一是擁護路易・菲立普的奧爾良派。有三分之一的代表自稱為共和派；而其次，約有一百八十名屬於這種或那種的社會主義者，只有約七十名代表屬於政治的或者老式的共和黨人。對於後者來說，主要的爭論並不在於社會結構本身，而是政府結構問題。

最初，共和國總統和立法議會聯合起來，要消除社會主義的幽靈，而共和主義本身如今是顯然與此幽靈聯繫在一起的。一八四九年六月夭折的暴動提供了時機。在總統的支持下，立法議會驅逐了三十三名社會主義者代表，禁止公共集會，並且對報刊實行控制。一八五〇年，它甚至廢除了成年男子普選權，使三分之一的選民失掉選舉權。他們當然都是最貧苦，因而也是最傾向於社會主義的人。一八五〇年的《法盧法案》又規定，教育系統所屬各級學校一概置於天主教教士的監督之下。法盧在立法議會上的解釋是，這是因爲「那些世俗教師已經把社會革命的原則傳到最邊遠的鄉村去了」，因而有必要把「群衆團結在宗教周圍，以加強社會的基礎，反對那些打算分配財產的人」。這時，法蘭西共和國實際上已是一個反共和制度的政府，它同樣還對馬志尼在羅馬城裡建立的革命共和國進行干涉。法國的部隊被派往羅馬保護教皇，他們在那裡待了二十年之久。

波拿巴懂得，對保守主義者說來，他實際上是不可或缺的。這些保守主義者已經如此明顯地分裂爲兩個君主派，即正統派和奧爾良派，他們當中的任何一派寧可接受任何一種反社會主義的政權，也絕不向對方讓步。波拿巴面臨的問題是要爭取激進派。爲此，一八五一年他曾強烈要求恢復他本人於一八五〇年促使其廢除的普選權。他這時僞裝成人民的朋友，好像是在公共生活中忠誠於百姓的一個人。他讓人們感到，貪婪的富豪已控制住立法議會，並且矇騙了法國。他任命自己的助手擔任軍事部長和內政部長，這樣就控制了軍隊、官僚和員警。一八五一年十二月二日，在他的叔父取得著名的奧斯特里茲戰役勝利四十六週年紀念日這一天，他突然發動了軍事政變。巴黎到處都張貼著布告，宣布立法議會已經解散，並且恢復了每個法國成年男子的選舉權。當立法議會的議員試圖舉行會議時，卻遭到士兵的攻擊、驅趕或逮捕。全國不經過戰鬥是不會屈服的。在巴黎，有一百五十人被殺死；全國大概有十萬人被捕。然而，在十二月二十日，根據官方宣布投票的結果，以七百四十三萬九千兩百一十六對六十四萬六千七百三十七張票，路易·拿破崙當選爲總統，任期定爲十年。過了一年，新當選爲總統的波拿巴宣告帝國成立，他自己當上了法國的皇帝。爲了紀念拿破崙的兒子，他自稱爲拿破崙三世。

我們將在下面敘述帝國是如何行使其職責的。不僅僅是第二共和國死亡了，那種如共和黨人所理解的共和國，即具有平均主義和反教會性質、並且帶有社會主義或至少是反資產階級傾向的政權，從一八四八年六月起便已經死亡了。儘管共和國已經微弱無力，但由於它的激進主義名聲而終於被扼殺。自由主義和立憲主義也都死去了。資產階級與有產的君主派，比之共和派或波拿巴主義者，或者比之城市的工人或者農村的農民，都更加拘泥於立憲自由主義。然而，君主派由於本身嚴重地鬧分裂，這時已被推出政權之外了。自從一八一五年以來，法國第一次停止了所有有意義的議會活動。

維也納：中歐和義大利的民族主義革命

一八四八年的奧地利帝國

在一八四八年，哈布斯堡王朝的奧地利帝國（首都設於維也納），是除了俄國以外人口最多的歐洲國家。其居民主要分住在帝國境內三個較大的地區，即奧地利、波希米亞與匈牙利，大約分屬十二個不同的民族或語族，即德國人、捷克人、馬扎爾人、波蘭人、烏克蘭人（或羅塞尼亞人）、斯洛伐克人、塞爾維亞人、克羅地亞人、斯洛維尼亞人、達爾馬提亞人、羅馬尼亞人和義大利人。在帝國的某些地區，不同的民族是分別劃一地居住在各自的區域裡，但在許多地區，則是兩個或者更多的民族交錯地住在一起，村與村甚至戶與戶之間，語言都不相同。這種情況在西歐是完全不為人們所了解的。

德意志人是人口最多的民族。他們占據了整個奧地利本土與波希米亞相當大的一部分土地，同時還分散在整個匈牙利領土上孤立的小塊地區。捷克人占有波希米亞以及相鄰近的摩拉維亞地區。馬扎爾人屬於匈牙利王國歷史上的統治集團，他們當中混有其他民族，其中人數很多的是斯拉夫人。奧地利帝國還占有義大利兩個最先進的地區，即威尼斯（首都設在威尼斯城）和倫巴底（主要城市是米蘭）。

帝國的捷克人、波蘭人、烏克蘭人（羅塞尼亞人）、斯洛伐克人、塞爾維亞人、克羅地亞人、斯洛維尼亞人、達爾馬提亞人等全都屬於斯拉夫人，就是說，他們的語言都互有聯繫，並且也和俄語的幾種結構有關。至於馬扎爾人或者羅馬尼亞人，他們都不屬於斯拉夫人。馬扎爾人，當其民族情感上升時，他們以本族語言在歐洲獨一無二而自豪，而羅馬尼亞人則自誇他們語言的來源與西方拉丁族的語言有關。羅馬尼亞人、馬扎爾人和德意志人組成一個人口稠密的地區，從而將南方斯拉夫人與北方的斯拉夫人分開來。帝國內各個民族的文化水準在歐洲是人所共知的。圓舞曲之王約翰・史特勞斯統治的維也納認為，除巴黎以外，無其他城市可以與之匹敵。米蘭成了巨大的商業中心。波希米亞老早就擁有重要的紡織工業，並在十九世紀四〇年代開始實現機械化。大約與此同時，在南部兩百英哩的地方，克羅地亞的一個知識分子曾經提到，他有生以來看到的第一部蒸汽機，是印在從曼徹斯特進口的一塊棉織手帕上的圖畫。

因此，以維也納為統治中心的帝國的範圍，按照七十年之後（即一九一八年）所確定的政治疆界，包括奧地利全部、匈牙利和捷克斯洛伐克，以及與波蘭、羅馬尼亞、南斯拉夫和義大利相鄰近的部分地區。但是，維也納的政治權力卻遠達帝國疆界以外的地區。從一八一五年開始，奧地利便是德意志邦聯中最有影響的成員國；至於普魯士，它在這些年裡是對哈布斯堡王朝採取尊重態度的。維也納對整個德國的影響，見於許多方面，如我們在上一章提及的，在受梅特涅約束的《卡爾斯巴德法令》的制定和實施方面。同時，它還影響到整個義大利。倫巴底與威尼斯都是奧地利帝國的組成部分。托斯卡尼表面上獨立，實際上受哈布斯堡王朝的一個大公爵控制。那不勒斯或兩西西里王國，包括羅馬以南的義大利全部土地，實際上成為維也納的保護國。此時，至少在一八四六年以前，羅馬教皇諸國指望維也納在政治上充當領導。一八四六年，紅衣主教團（即羅馬教皇的樞密院）選出一個具有自由主義思想的教皇庇護九世。梅特涅承認，這是他沒有料到的一個意外事件。在整個義大利，只有一個國家是由義大利本地的王朝統治，並且企圖堅持獨立的政策，就是隱藏在西北角的都靈周圍的薩丁尼亞王國（亦稱薩伏依或皮埃蒙特）。梅特涅曾經冷冷地說過，義大利只不過是一個「地理概念」，一個地區的名字。他大概還說過，波蘭、甚至德國也是一樣的，儘管德國已軟弱無力地加入了一八一五年成立的德意志同盟，一個鬆散的邦聯。

從十九世紀初起，這些國家的各族人民都已感受到民族精神的震盪，即文化上民族主義持續不斷的波動，同時在德國人、義大利人、波蘭人和匈牙利人之間進行的大量政治宣傳與自由派改良主義宣傳也都起了作用。在維也納，梅特涅三十多年來曾經設法阻止這些政治現象的出現，而他也曾悲觀地預言，如果爆發戰爭，那將成為「所有人反對所有人的戰爭」。做為預言家，他並沒有完全搞錯；但若從一個政治家的職責來說，即他不僅僅是預言各種事件的發生，而且還能操控它們，那麼就不能說梅特涅的政府是非常成功的了。他對整個民族的問題都迴避了。這個世紀的基本問題，即將人們納入到與政府的某種相互關係中的問題（其中包括民族主義、自由主義、立憲主義和民主主義等各個不同的方面），一直未受到中歐政府當局的重視。梅特涅所提出的主張，匯總起來就是這樣的思想，即一個具有講究形式的官僚機構的統治家族，應該仁慈地統治各個民族，而它不必和這些民族有什麼關係，同時各民族之間也不需要有什麼關係。這樣的思想在十八世紀歐洲的各處統治精英那裡都可找到。它們始於法國大革命之前，對於農業的和地方性的社會是最為適合的。但到一八四八年，農業的和地方性的社會正讓路給城市、文化上的民族主義和新興的商業制度。

三月起義

一八四八年三月，在中歐，大多數的政治制度都以驚人的速度垮臺了。這時，爲了考慮憲法的改革，匈牙利議會已經舉行了幾個月的會議，並且像往常一樣，爭論的問題仍是如何採取進一步的措施，以排除德國在匈牙利的影響。當時，傳來巴黎二月革命的消息，喚醒了匈牙利議會裡的激進派。三月三日，激進派的領袖路易士·科蘇斯特做了論自由價値的激動人心的演說，並立即用德文印出，在維也納傳閱。當時，由於巴黎傳來的消息，也使這裡動盪不安的局勢變得更爲嚴重了。三月十三日，維也納的工人和學生舉行起義。他們守住街壘，擊退士兵們的進攻，侵入了皇宮。政府被嚇得驚慌失措，狼狽不堪，以致梅特涅辭職，並且喬裝逃往英國，這使歐洲大吃一驚。

圖12-2 一八四八年革命迅速傳遍歐洲大陸，並在三月中旬引發了維也納的起義。在起義中，工人、學生甚至還有士兵都集合在一起，構築街壘去抵抗國王的近衛軍。不過，這幅描繪十九世紀一群維也納群衆聚集的圖片，表現出在「國王、自由、祖國」的起義旗幟後面團結起來的群衆運動之中存在的緊張情勢。（Snark/Art Resource, NY）

梅特涅的垮臺足以表明，維也納政府已被弄得完全不知所措。革命的風暴橫掃奧地利帝國以及整個義大利和德國。三月十五日，柏林發生騷動，普魯士國王答應頒布憲法。德國其他較小的邦政府一個個先後垮臺。三月末，舉行了由各邦議會代表團組成的預備議會，商定有關召集全德國民議會的問題。在匈牙利，由於科蘇斯領導的民族黨的鼓動，三月十五日議會批准了《三月法令》。根據這些法令，匈牙利在帝國內部採取憲法上完全分立的立場，同時仍承認哈布斯堡王朝在帝國範圍的統治地位。幾天以後，困窘不堪的費迪南皇帝實際上也賦予波希米亞同樣獨立的地位。三月十八～二十二日間，米蘭的平民將奧地利帝國在當地的駐軍驅逐出去。威尼斯宣告成立獨立的共和國。托斯卡尼驅逐了統治本國的大公以後，也成立一個共和國。薩丁尼亞國王查理・阿爾貝特在巴黎革命的激勵下，於三月四日對其小國頒布了憲法，跟著在三月二十三日對奧宣戰，並進兵倫巴底－威尼斯，期望將這兩個地區置於薩伏依王朝的統治之下。義大利的軍隊分別從托斯卡尼、那不勒斯（這裡早在一月間已爆發革命），甚至從羅馬教皇諸國（新教皇在某些方面贊同民族獨立和自由的目標）陸續開拔，投入一場全義大利反對那個似乎已陷於絕望的奧地利政府的戰爭。

圖12-3　歐洲革命，一八四八年

這張地圖標明一八四八年期間發生較重要的革命動亂的城市。儘管革命行動的反對者懷疑存在革命的國際合謀，但革命仍或多或少是自發者爆發的。眾多市民帶著建立立憲政府、爭取民族獨立或新的公民權利的要求走上街頭。值得關注的是，一八四八年革命主要在中歐和東歐地區發生，這一情勢表明，之前美國革命和法國革命的思想影響得到擴大。而這些革命的失敗卻招致了保守勢力重新抬頭，並延誤或阻礙了中歐和東歐大多數自由立憲政府的發展。

於是，在空前少有的短暫的三月日子裡，以維也納爲基礎的整個大廈已告崩潰。奧地利帝國的主要組成部分坍塌了；普魯士向革命者做了讓步；整個德國正在醞釀實現國家的統一；而在義大利，戰爭激烈地進行著。不論在哪裡，因革命而驚得發呆的政府都不由自主地答應頒布憲法，到處紛紛舉行制憲會議，同時一些獨立或自治的國家在鬥爭中誕生了。不論在哪裡，愛國志士都要求成立自由的政府和實現民族自由——成文的憲法、代議制議會、責任內閣、稍微擴大的普選權、對員警行動的限制、實行有陪審團的審訊、公民自由行動權、出版和集會自由。而在那些還保存著農奴制的地區，即普魯士、加里西亞、波希米亞、匈牙利等，則宣告廢除農奴制，農民群衆在法律上擺脫了他們原來的地主貴族的支配而獲得自由。

六月後潮水的降落

如在法國一樣，直到六月間，革命的浪潮都在洶湧澎湃滾滾向前，隨後便開始轉向退潮。至於革命浪潮之所以穩步地衰退下去，其原因是多方面的。在三月起義裡，舊政府僅僅被打暈了，並沒有眞正被摧毀，它們只不過是等待時機以收回在武力威脅下被迫做出的諾言。因爲革命者原先使用的武裝力量並未能保持下來；革命領導人缺乏強有力的社會基礎。中產階級、資產階級、有產者和商業界，無論在哪個地區，都不如在西歐有那麼高度的發展。那些革命領導人多數是作家、編輯、教授和大學生，他們與其說是強有力的社會和經濟利益團體的發言人，不如說是智謀之士。在維也納、米蘭與其他幾個城市裡，工人階級爲數衆多，社會主義思想的傳播也相當普遍，但是和巴黎人或英國人比較起來，工人們在文化上、組織程度上、政治覺悟上都要差些，同時也不那麼容易被激怒。然而，他們的力量還是相當強大，足以使中產階級焦慮不安；特別是社會革命的幽靈在西歐各國上空出現以後，中產階級與下層階級的革命者便開始互相畏懼了。獲得自由的各個民族也開始產生意見分歧。農民們一旦獲得解放，他們就不再繼續關心革命。而且在當時，農民們也缺乏民族的意識。在波蘭和匈牙利，民族主義主要是受過教育的中產階級或者貴族地主階級的一種學說。由於熱心國際上事務的舊貴族提供了軍隊裡的大部分軍官，而農民則提供了大部分士兵，因此，軍隊幾乎說不上懷有民族的抱負。軍隊的這種態度是具有決定意義的。

退潮首先發生在布拉格。五月，全德國民議會在美因河畔的法蘭克福舉行。波希米亞的代表應邀去法蘭克福訪問。這是因爲有許多德意志人一直住在波希米亞，而波希米亞又曾經是一八一五年同盟的一部分，如同以前它是神聖羅馬帝國的一部分。許多居住在波希米亞、蘇臺德地區的德意志人，都被法蘭克福議會所吸引。但是在波希米亞的捷克人對那種德意志民族國家的概念（即德國是以其居民屬德意志人的原則而建立起來的）並不感興趣。這些捷克人拒絕出席正在法蘭克福舉行的全德代表大會，而另外召集他們自己的全體斯拉夫人代表大會。一八四八年六月，第一屆泛斯拉夫人代表大會在布拉格舉行。出席大會的大多數代表是來自奧地利帝國內部的斯拉夫人居民區，少數代表則來自巴爾幹各國與非奧地利人統治的波蘭。

布拉格代表大會的精神，就是我們在上一章敘述過的斯拉夫人復興運動。事實上，捷克歷史學家帕拉斯基就是這個運動中最活躍的人物。由於斯拉夫人復興運動的核心就是抵制德意志化，因此這次代表大會是竭力地反德國人的。然而，它並不是十分地反對奧地利或者反對哈布斯堡王朝。的確，爲數不多的極端派曾堅持主張，斯拉夫民族應成爲政治上新生的基礎，並且認爲世界上從此已沒有奧地利帝國的位置。但是，出席布拉格代表大會的大多數代表都是住在奧地利的斯拉夫人。奧地利斯拉夫主義者認爲，許多斯拉夫民族在東西兩方面同時受到俄國人和德國人的密集人口壓力，因而他們需要奧地利帝國做爲一個政治結構，從而讓斯拉夫人能在其中發展自身的民族生命。他們要求承認斯拉夫各族人民在奧地利帝國內部與其他民族處於平等地位，享有地方自治權與憲法的保障。

反革命的勝利，一八四八年六月～十二月

但是，奧皇費迪南及其所依靠的顧問們，都不會捲入自由民族運動，也不會接受對國家權力的種種限制。一切必然要受到抵制。舊政府在布拉格取得了第一次勝利。六月十二日，正當斯拉夫人大會舉行的時候，在布拉格爆發了捷克人的起義，而由於當地捷克人和德國人之間的敵視，局勢變得更爲嚴重。當地駐軍的指揮官溫迪施格雷茨命令炮轟，並征服了該城。斯拉夫人代表大會被驅散。哈布斯堡王朝的軍隊控制了局面。

七月，反革命勢力在義大利北部取得了第二次勝利。在三月動亂期間，整個帝國範圍內，只有倫巴底—威尼斯脫離哈布斯堡王朝而宣告獨立。小小的薩丁尼亞王國表示支持它們並且對奧宣戰。整個亞平寧半島上的義大利人都群集一起投入戰鬥；直到巴黎六月起義以後，看來共和派統治的法國進行干預並不是不可能的，即如一七九六年一樣，對革命戰友給予援助。然而，在法國並沒有激進的或擴張主義的革命獲得成功，義大利人便只好自己開展鬥爭。七月二十五日，拉德斯基這個駐義大利的奧地利指揮官在卡斯多札以壓倒優勢打敗

了薩丁尼亞國王。薩丁尼亞國王查理・阿爾貝特撤回本國。奧地利帝國以野蠻的報復手段恢復了對倫巴底與威尼斯的統治。

九月和十月間，反革命勢力取得第三次勝利。路易士・科蘇斯領導的匈牙利激進黨，從其所擬定的許多原則來看，都屬於自由主義，甚至是民主主義，但它仍然還是一個馬扎爾民族主義政黨。三月間的勝利使匈牙利完全擺脫了與德國人的聯繫。它將首都從接近奧地利邊界的普雷斯堡遷移到匈牙利中部的布達佩斯。它把匈牙利的法定語言（即拉丁語）改爲馬扎爾語。在匈牙利，有不到半數人口屬於馬扎爾人，而馬扎爾語又是一種極難懂的語言，與歐洲的印歐語完全不相同。不久，事情便清楚了，即只有馬扎爾人才能從新的自由主義憲法獲得好處，並且馬扎爾人打算使所有國內的其他民族喪失獨立民族的資格，同時使之馬扎爾化。斯洛伐克人、羅馬尼亞人、德國人、塞爾維亞人和克羅地亞人都對此進行猛烈的反抗，每一個民族都決心保持本民族的特點，不使其遭受損害。在馬扎爾人革命以前，克羅地亞人曾享有某些自由，他們在省總督傑拉契希伯爵領導下首先發難。九月，在占匈牙利人口一半的全部非馬扎爾人的支持下，傑拉契希伯爵率領塞爾維亞—克羅地亞人組成的部隊，在匈牙利發動了內戰。這時，有一半匈牙利人因懼於馬扎爾的民族主義，都指望哈布斯堡王朝和帝國保護他們。皇帝費迪南任命傑拉契希爲軍事指揮官，以反對馬扎爾人，匈牙利陷入一場全面的內戰之中。

在維也納，那些較有眼光的革命家（他們曾領導過三月起義）如今看到，如果傑拉契希的軍隊對馬扎爾人取得了勝利，他們就會很快掉轉頭來反對自己。因此，在一八四八年十月，他們又發動了第二次群衆起義。皇帝逃跑了，維也納革命從來沒有發展到如此程度。但是已經太遲了，奧地利的軍隊指揮官溫迪施格雷茨從波希米亞調來完整無損的部隊，圍攻維也納達五天之久，在十月三十一日迫使起義者投降。

隨著維也納被重新奪回，舊秩序的維護者又振作了起來。反革命的頭目們，如大財主、天主教教士、高級軍官等考慮，如果換一個皇帝，那麼費迪南三月間所做出的諾言便會比較容易地予以廢棄，於是他們決心廢掉皇帝費迪南以掃除前進的障礙。一八四八年十二月二日，費迪南宣告退位，由一個剛滿十八歲的青年法蘭西斯・約瑟夫繼承帝位，而他活到一九一六年，最後在比他登基時更爲嚴重的危機中結束了他的統治。

最後的革命爆發與被鎮壓，一八四九年

一八四九年春季，革命的火焰在許多地方比過去任何時候都更爲猛烈地迸

發起來。在德國，許多地方爆發了共和黨人的騷動。在羅馬，有人暗殺了庇護九世的改革大臣。教皇逃出了羅馬城。由三個執政者領導的激進的羅馬共和國宣告成立，其中一人就是馬志尼。他是專門從英國趕回來參加建立共和國這場事變的。在義大利北部，薩丁尼亞國王查理・阿爾貝特再次侵犯倫巴底。在匈牙利，恢復統治的哈布斯堡王朝拋棄馬扎爾的新憲法以後，馬扎爾人在充滿激情的科蘇斯領導下，繼續宣告實行完全的獨立。但是，所有這些革命的行動都是短暫的。德國的共和主義不見了。馬志尼及其共和派夥伴被驅出羅馬，在法國軍隊的干涉下，庇護九世恢復了統治。一八四九年三月二十三日，奧地利軍隊又一次擊敗了薩丁尼亞國王。在匈牙利，馬扎爾人進行了十分頑強的抵抗，以致帝國軍隊與當地反馬扎爾的非正規兵難以取勝。這時候，哈布斯堡王朝又重新採取了神聖同盟傳統的做法。新的奧地利皇帝法蘭西斯・約瑟夫請求沙皇尼古拉斯一世進行干涉。於是，十多萬俄國軍隊越過高山，源源不斷地湧進匈牙利，很快便打敗馬扎爾人，迫使這個疲憊不堪的國家跪倒在維也納朝廷的跟前。這是一八四九年八月間發生的事情。

圖12-4　在一八四九年義大利動亂期間，約瑟夫・馬志尼（一八〇五～一八七二年）曾在羅馬領導過短暫的共和國，但他的這個新政權不久就被外國列強鎮壓下去。他被迫退隱到英國過著流亡生活。儘管約在一八五〇年後，馬志尼的浪漫民族主義在義大利失掉了人民的信任，但他的作品和政治活動讓他在倫敦的知識圈中地位突出，這幅照片就是十九世紀六〇年代初在倫敦拍攝的。（The Granger Collection, New York）

在中歐和義大利，一八四八年發生的民族主義動亂，如今已經過去了。哈布斯堡王朝對布拉格的捷克民族主義者、匈牙利的馬扎爾人、義大利北部的義大利愛國者、維也納本地的自由革命者，都重申了對他們的統治地位。於是，反動行爲，或者說反革命行爲風行一時。一八四六年當選的「自由教皇」庇護九世，重新回到羅馬教皇的寶座，並拋棄了他原來的自由主義思想。在第一次法國大革命期間已經出現的自由主義與羅馬天主教教義之間的裂痕，由於馬志尼的羅馬共和國採取的革命暴力以及王朝對他們採取的鎮壓措施，如今又進一步變成了一個大裂口。庇護九世這時重申他的前任有關革出教門的戒規。一八六四年，他將這些戒規編成《謬論彙編》。它向全體天主教徒發出警告，根據梵蒂岡教廷當局的意見，要提防在自由主義、進步和現代文明的名義下從事的一切活動。至於義大利的民族主義者，他們當中有許多人對於浪漫主義共和派採取的熱鬧一時的方法已經幻想破滅，而願意得出這樣的結論——只有透過大國之間舊式的戰爭，才能使義大利擺脫奧地利的影響。

在奧地利帝國，皇帝的首席大臣施瓦曾伯格親王的統治下，這時的主要政策是反對形形色色流行的自我表現，同時還必須不含糊地信賴軍事力量。立憲主義應予以根除，同樣還有民族主義的種種表現——斯拉夫主義、馬扎爾主義、義大利主義，以及日耳曼主義等等。德意志主義是要把奧地利的德國人的思想感情從哈布斯堡帝國引開，以便轉到德意志民族的大族群中。按照內政大臣亞歷山大・巴赫的名字，這種統治方式被稱之爲巴赫制度。在這種制度下，政府將一切權力嚴格地集中在自己手中。匈牙利喪失了許多在一八四八年以前曾經享有的單獨權利。這種政權是打算建立一個完全鞏固的統一政治制度。巴赫堅持主張解放農民，也就是使人民群衆從原來地主的附屬品變成國家的臣民。他推行了立法制度和法院的改革，將整個帝國建成只有一種統一對外稅率的自由貿易區，同時對建設公路和鐵路給予津貼和鼓勵。正如與此同時存在的路易・拿破崙統治下的法國一樣，其目的是使人們在壓倒性的行政效率證明和物質進步的氣氛中忘卻自由。然而在當時，有些人並沒有忘記。有一個自由派說過，巴赫制度是由「站著的士兵、坐著的軍官、跪著的牧師和爬著的告密者這幾支隊伍組成的」。

法蘭克福和柏林：自由德意志問題

德意志諸邦

一八四八年五月至一八四九年五月間，法蘭克福國民議會正在美因河畔的這個歷史性城市舉行會議。這次會議的意圖原是想成立一個統一的德意志國家，在這裡，有立憲自由，能保障市民的公民權利，並且擁有一個在自由選舉與公開的國會辯論中能夠關心人民意願的政府。十九世紀中葉，建立一個民主德意志國家的計畫因而失敗，這在現代史上一直是一件不光彩的事情。

一八四八年三月間，隨著德意志諸邦政府的垮臺，法蘭克福國民議會的召開成爲可能。這些政府，即在維也納會議以後得到承認的三十九個國家，成爲德國統一道路上的主要障礙。這些國家拒絕向統一的德國讓出主權，正如在下一個世紀那些民族國家不願意向聯合國讓出主權一樣。另一方面，德國屬於廣大的政治世界上的一個小型國家，是由比較強大的和比較弱小的兩種政權組成，其中普魯士和奧地利屬於強大的政權。奧地利，如前面所述，是一個大雜燴的帝國。一八一五年以後，普魯士包括萊因蘭、柏林周圍的中部地區、西普魯士、從瓜分波蘭中獲得的波森（波茲南），以及歷史上的東普魯士。從前的波蘭地區由德國人和波蘭人混合居住。這兩個大國中沒有哪一個肯屈服於另一國，同時也不允許另一國去支配它周圍弱小的德意志鄰國。

德國的「二元性」，或者說柏林和維也納兩極的對立狀態，由於共同受到拿破崙帝國的威脅而有所減弱。整個德國的問題，就各邦政府來說，是一直潛伏著的，但這並未使舊貴族焦慮不安。在普魯士，容克（即易北河以東的大地產所有者）對整個德國統一的願望表現出漠不關心。他們在政治上不是對德國而是對普魯士有感情，他們滿足於在普魯士取得的支配地位。如果都合併成爲統一的德國，他們就會失掉那些好處。這是由於在易北河以西的德國，小農是社會的基礎，那裡沒有與容克利益相一致的土地所有制。德國的其他小邦都曾認爲普魯士是有些粗野的和偏東方式的。然而在拿破崙占領時期，當全德國的愛國者都到普魯士軍隊中服役的時候，這種感情也逐漸減弱了。

柏林：普魯士革命的失敗

普魯士這個地方不夠開明，但並不落後。佛烈德里克・威廉三世多次迴避了他應允的授予一部現代憲法的諾言。他的繼位者，即於一八四〇年即位的威廉四世（最初，自由派曾對他寄予很大的希望），也同樣決心不與臣民分享權力。同時，從行政管理方面來說，這個政府是有效率的、進步的與公正的。大學和初等學校系統的各類學校水準超過西歐同等學校的水準。有文化的人在人口中所占的比例，比英國和法國都高。這個政府在開發、計畫與支持經濟生活等方面都繼承了重商主義的傳統。一八一八年，它發起創立一個關稅同盟，最初只包括一些小國（或者叫做「飛地」），它們完全爲普魯士的領土所包圍。隨後幾十年，這個關稅同盟不斷擴大，幾乎將德意志諸邦全部包括進去。

一八四八年三月十五日，在柏林發生了騷亂和街頭的戰鬥。政府軍似乎暫時控制了局勢。然而國王威廉四世，一個偶爾認眞正直的人，將士兵調離柏林，允許人民選舉第一次全普魯士立法議會。這樣一來，儘管軍隊仍然完整無損，容克軍官們並未心服，但革命在表面上照樣進行下去。普魯士議會表現得出人意外的激進，因爲它是由那些東普魯士的反容克的下層階級激進分子所支配；這些人一直支持那些追求恢復波蘭自由的波蘭革命者和流亡者。他們主要的信念是，沙俄是保守勢力的堡壘，要保持容克階級的全部結構、地主所有制、農奴制，以及對民族自由實行壓迫，最終還得依賴沙皇帝國的武裝力量（俄國後來對匈牙利的干涉就證實了這種判斷的正確性）。普魯士的激進派，也如同其他地方的許多激進派一樣，希望發動一場全德甚至歐洲的反俄的革命戰爭，而將神聖同盟予以摧毀，從而促使他們所支援的波蘭人的要求得以實現。

同時，激進派所控制的柏林議會准予西普魯士和波森（波茲南）的波蘭人實行地方自治。但在這些地區，德意志人和斯拉夫人長期居住在一起。在波森地區的德意志人不肯尊重波蘭當局的權威。普魯士駐波森的部隊支持當地的德意志人。早在一八四八年四月，即「革命」發生後約一個月，當地普魯士駐軍便摧毀了按照柏林議會決議在波森新設立的親波蘭的各種機構。這就可以清楚地看出，唯一眞正的權力究竟在哪裡。到一八四八年末，普魯士也正如奧地利一樣，革命已經成爲過去。國王又變了卦；原來的負責當局借助軍隊重又控制了一切。

法蘭克福議會

與此同時，類似的事情在整個德國的舞臺上也表現出來。由於舊政府的無能，使國內處於權力的眞空狀態。一個自我任命的委員會召集了預備議會，後者接著便爲全德議會的選舉做了籌備工作。整個德國的選民們不管現有的君主們，逕自選派代表去法蘭克福，以便建立一個聯邦式的超國家機構。這種狀況下所產生的法蘭克福議會的強弱，便取決於這次選舉的方式。議會表現了整個德國人民心理上的情緒，也反映出許多德國人對自由主義和民族主義的熱望。它代表一種思想；至於政治上，它什麼也代表不了。議員無權發布命令或者期待別人順從他們。在法蘭克福舉行的全德國民議會，從表面上看，類似一七八九年在法國舉行的國民議會，然而實際上前者處於完全不同的地位。對全德議會來說，在它以前沒有存在過一個民族的機構，也沒有一支全德的軍隊和行政官員可由國民議會接管。法蘭克福議會本身毫無權力，它要依賴有主權的國家才能存在，而後者又正是它企圖取代的。

法蘭克福議會於一八四八年五月舉行。與會議員代表除少數例外，沒有革命者，他們絕大多數是專業工作者——教員、法官、律師、政府機關人員、新教和天主教的教士，以及知名的商人。他們想要建立的即使不是平均主義的德國，也是自由、自治、在聯邦範圍內統一的「民主的」德國。他們的觀點是熱切的、平和的，並且是合法的；他們期望透過勸說來達到自己的目的；他們厭惡暴力。巴黎六月起義與英國憲章派的鼓動，這兩個事例正發生在法蘭克福議會開始活動的幾個星期內。因此，該議會對德國的激進主義與共和主義的恐懼感便有增無減了。德國的悲劇（後來歐洲也一樣）在於，德國的革命發生得太遲了，那時候，社會革命家們已經開始向資產階級宣戰，而資產階級則已經懼怕老百姓了。正是老百姓，而不是那些教授或者受尊敬的商人，他們在動亂的時刻實際上已經奪得武器，並且走上街頭高呼革命的口號。如果沒有下層階級的起義，中產階級的革命也不會成功。一七八九年與一七九四年期間，在法國出現過的資產階級與下層階級革命者貌合神離的聯盟，在一八四八年的德國不會並且也沒有發生。革命力量的一種形式——已控制的人民騷動，法蘭克福議會的德國人不會並且也沒有加以運用。恰恰相反，當一八四八年九月在法蘭克福本地發生激進派的騷亂時，全德國民議會採取了鎮壓手段。由於其本身沒有武裝力量，它便求助於普魯士軍隊。後者將騷亂鎮壓下去以後，國民議會便在

圖12-5　一八四八年五月召開的法蘭克福國民議會（正如這幅十九世紀繪製的插圖一般），其大部分議員都是從事專門職業者。他們懼怕工人階級，就像畏懼國王和普魯士貴族的權力一樣，甚至更多。國民議會的代表曾草擬一部憲法，並尋求建立一個除奧地利以外的全部德意志各邦的立憲君主制度。可是普魯士國王不肯接受這種給國王任命權力的制度。當一八四九年議會被宣告解散時，法蘭克福國民議會的民族、民主願望就完全破滅了。（akg-images）

其保護下繼續活動。

然而，法蘭克福國民議會面臨的最苦惱的問題，不是社會的而是民族的問題。迄今爲止僅僅存在於頭腦裡的這個「德意志」到底是怎樣的呢？法蘭克福的議員們渴望建立一個眞正的德國，這當然不會是比他們所哀歎的陰暗的德意志更小的德國。由此看來，議員中的「大德意志派」屬多數，他們認爲，他們正在爲之擬定一部憲法的德國應該包括奧地利的土地，匈牙利則除外。這意味著邦聯的王冠必然是獻給哈布斯堡王朝。法蘭克福國民議會裡最初處於少數的另一部分人，屬於「小德意志派」。他們認爲，新的德意志國家應該將奧地利排除在外，只應包括那些較小的國家和整個普魯士王國。如果那樣的話，普魯士的國王將成爲聯邦的皇帝。

法蘭克福國民議會期望將非德意志的各民族保留在新的德意志國家裡，而每當這些民族以行動來表達其民族的願望時，國民議會則又必然地要依賴於奧地利和普魯士軍隊。當溫迪施格雷茨鎮壓了捷克的革命時，法蘭克福國民議會不禁爲之拍手叫好。它對普魯士軍隊鎮壓波森的波蘭人這個行動也表示滿意。而在這件事上，法蘭克福國民議會和在柏林舉行的普魯士國民議會，意見並不一致。前者的議員代表認定普魯士的革命議會太激進，也太親近波蘭，因比，他們實際上是支持普魯士軍隊和容克去反對柏林的革命的。而如果不是這樣的話，法蘭克福國民議會也絕不可能存在。總之，國民議會轉而反對柏林的革命運動，從而失掉了先前支持它的群衆基礎。當激進的民主主義者後來發起一系列反對容克、沙皇以及法蘭克福的騷亂時，議會承認本身的虛弱和脆弱，只能請求普魯士軍隊做爲自己的庇護者。

法蘭克福國民議會的失敗

一八四八年末，垮臺的日子臨近了。民族主義者彼此都要將對方置於死地。整個中歐地區，從丹麥到那不勒斯，從萊因蘭到羅馬尼亞，覺醒的各個民族，彼此之間不再尊重對方的願望，大家都爲對方的失敗而幸災樂禍。隨著互相之間的爭吵，舊的專制制度和民族壓迫的秩序得以加速恢復。在柏林和維也納，依仗軍隊歸來的反革命勢力重新執掌了政權。正是在十二月間，法蘭克福國民議會最後發表了一項德國人民的權利宣言，它包括許多的個人權利、公民自由和憲法保證，是一份人道與品格高尚的文件。從內容看，它在許多方面都是沿襲十八世紀法國和美國的宣言路線。但有一個明顯的不同，即法國和美國的宣言說的是人的權利，而德國的宣言說的是德國人的權利。一八四九年四月，法蘭克福國民議會完成了擬訂憲法的工作。當時已經很清楚，奧地利肯定會被排除在德國之外，理由只是復辟的哈布斯堡政府拒絕上臺執政。如上面我們已經談到的，多瑙河帝國，正如它和其他的民族運動相對立一般，也深刻地反對德意志主義。因此，國民議會中的「小德意志派」便一意孤行。一個新的德意志帝國，即排除了奧地利立憲的德意志聯邦國家的世襲元首職位，現在已奉獻給普魯士的國王佛烈德里克·威廉四世了。

對此，佛烈德里克·威廉被吸引住了。可是，普魯士軍官和易北河以東的地主並不是這樣想。他們不希望普魯士湮沒在德意志帝國裡。國王本身也有他自己的疑慮。如果他接受了獻上的王冠，那麼他仍然要依靠暴力強令小國承認自己的皇帝稱號，而這些小國並無代表出席法蘭克福國民議會，也就不受此國民議會的約束。事實上，這些小國的政府仍然在其本國擁有實際的權力。威廉還會受到奧地利的干擾，而他並不希望戰爭。做爲霍亨索倫王朝的繼承人，去接受一個受憲法限制並且反映人民主權的革命概念的王位，這對他也是有失體統的。他宣稱，他不能「從水溝裡撿起一頂皇冠來戴」，隨即拒絕考慮接受皇位。這頂皇冠勢必要由跟他一樣身分的人，即德國各邦的君主慷慨地獻上。

因此，法蘭克福國民議會的全部工作毫無成效。大部分議員原先從未打算使用暴力，其結果是他們被擊敗而回家去了。依然留在法蘭克福的一小部分激進分子自作主張，頒布了憲法，極力主張進行一系列的革命發動，並且號召舉行選舉。在薩克森、巴伐利亞、巴登等地都發生了騷動，但普魯士軍隊——將它們鎮壓下去。普軍還將殘存在法蘭克福的議員驅散掉。法蘭克福國民議會的活動至此結束。

總之，一八四八年，德國沒有按照自由和立憲的方式解決其統一的問題。自由民族主義失敗了，一種較少文雅仁慈的民族主義很快取而代之。一八四八～一八四九年德國自由主義的脆弱與失敗，從長遠看來，助長了德國與西方各國之間複雜的疏遠狀態。一八四八年革命的失敗，使成千上萬陷入失望的德國自由主義者和革命者流亡到美國，在那裡，這批自由主義移民被人們稱之爲「四八年戰士」。

在普魯士本國，機靈的國王藉由頒布他批准的憲法來安撫每一個人。這是一部具有普魯士特色的憲法，從一八五〇年到一九一八年一直有效。憲法規定設立單一的國會，以代表普魯士各個不同的地區。國會分兩個議院舉行會議。下議院是通過成年男子普選而產生的，這種選舉制度實際上將居民分爲三個等級：富人、次等富人和普通人。這種區分是根據納稅數額而定的。那些少數的巨額納稅人，其稅款合在一起占納稅總額的三分之一，他們便選出地區選舉團成員的三分之一，這些地區選舉團再選出下議院的代表。按照這種辦法，一個大財主便擁有數百個勞動人民數量的選舉權。在一八五〇年，普魯士擁有大宗財產的人主要仍是易北河以東的那些容克地主。可是隨著時間的推移，萊因蘭地區的工業資本家也包括進去了。容克階級同樣地並不隨著農奴制的最後廢除而受到損害。他們又擴大了自己占有的土地面積，而從前奴隸般的農業工人，已變爲經濟上依賴於大土地所有者的自由僱傭勞動者。

1848～1857年大事年表	
1848年1月	馬克思和恩格斯發表《共產黨宣言》
1848年2月	巴黎革命；法蘭西第二共和國宣告成立
1848年3月	維也納、柏林、波希米亞和匈牙利的革命。梅特涅從維也納逃到英國
1848年3月	在義大利北部，義大利人民掀起反對奧地利統治的鬥爭
1848年3～4月	普魯士立法議會在柏林召開
1848年5月	全德的法蘭克福議會在柏林召開，並草擬建立統一的德意志國家的憲法
1848年6月	在巴黎，工人與軍隊的衝突導致數千人死亡
1848年6～12月	反革命勢力重新控制奧地利帝國，包括波希米亞、北部義大利、匈牙利和維也納
1848年12月	路易・拿破崙・波拿巴當選爲法蘭西共和國總統。法蘭西斯・約瑟夫成爲奧地利帝國的皇帝
1849年4月	國王佛烈德里克・威廉四世拒絕了法蘭克福議會的憲法，也拒絕了在聯邦德意志國家擔任世襲統治者的邀請。法蘭克福議會解散
1852年	路易・拿破崙・波拿巴成爲「皇帝波拿巴三世」，建立了法蘭西第二帝國
1853～1870年	巴倫・豪斯曼負責監督現代巴黎的重建
1857年	古斯塔夫・福樓拜發表小說《包法利夫人》

在一八五〇年，普魯士憲法是相當進步的。如果說在上述間接的選舉制度下，人民群衆尚能選出極少數的代表進入議會，那麼在英國，直到一八六七年，或者甚至晚到一八八四年，人民群衆才能選出自己的代表進入議會。不過，普魯士憲法直到一九一八年仍然有效。到十九世紀末，隨著民主在其他地方的進展，原封不動的普魯士選舉制度就變成反動與鄙俗的了，它使得大土地所有者和工業家在國內享有一種不尋常的特權地位。

新歐洲的各種「主義」：現實主義、實證主義、馬克思主義

一八四八年革命不僅在德國，而且還在匈牙利、義大利和法國都遭到了失敗。正如有人說的，「人民的春天」過後，隨之而來的是一股冬天的寒氣。半個世紀的願望，即仁慈的民族主義的夢想、對無暴力的自由主義的渴望、和平的與民主共和國的思想，所有這一切都表現出來了。到處都提出了建立立憲政府的要求，然而僅僅在幾個小國——丹麥、荷蘭、比利時、瑞士、薩丁尼亞，通過一八四八年革命才使立憲自由得到更穩固的保障。到處都提出這樣的要求：實現各民族的自由，實現各民族的統一，擺脫外國的統治。但是，在一八五〇年，沒有哪一個地區的民族自由比兩年以前有更多的發展。一八四八年，法國實現了成年男子普選權，而且在後來一直長期保持不變（除了在一八五〇～一八五一年曾經有過短暫的倒退，實行有限的普選權），然而在法國並沒有實現民主，它得到的只是受群眾擁戴的路易・拿破崙・波拿巴的專政。可是，有一項任務眞正地實現了。在德意志各邦和奧地利帝國，農民獲得了解放。農奴制和采邑制的束縛被廢除了，在革命失敗以後也沒有繼續保留。這是整個運動的最基本成就。此後，中歐的農民可以自由遷徙、尋找新職業、進入勞動市場、參與貨幣經濟、領取和花費工資、移居新興城市，甚至到美國去。然而農民一旦獲得了自由，他們對立憲的或者資產階級的思想就不怎麼關心了。事實上，農民的解放從政治上增強了反革命勢力。

一八四八年革命或者革命的失敗所產生的最直接和最深遠的後果，是一種在智力和政治上新形式的現實主義。理想主義和浪漫主義受到了懷疑。革命者變得不那麼樂觀了，保守主義者則更傾向於使用鎮壓手段。如今引以自豪的是現實主義者，因爲他們擺脫了幻想，而樂於面對事實。這樣看來，未來前途與其說是取決於應該如何如何的種種設想，倒不如說是取決於當前的現實。工業化在繼續推進，英國依然處於遙遙領先的地位，但是工業化已經擴展到歐洲大陸，並且引起德國的重大變化。十九世紀五〇年代是價格和工資上漲的時期，原因之一是由於在加利福尼亞出現了「淘金熱」。於是，出現了比十九世紀四〇年代更爲繁榮的局面，有產階級感到放心了。勞工代言人則從社會理論的研究轉向組織富於活力的工會，尤其是在那些需要技能的行業。

唯物主義、現實主義、實證主義

在基礎的哲學方面，新興知識的學說表現在唯物主義上。唯物主義認爲，心理上、精神上或者思想上的每一項表現，都是物質的或生理的力量派生的結

果。在文學和藝術方面，它被稱之爲「現實主義」。一些作家和畫家擺脫了浪漫主義的束縛，他們認爲，文藝的東西無不與現實的各種事物發生關係。他們力圖去描述與再現他們所感覺到的生活，而並不暗示有一種更好的或者極好的世界存在。比如說，法國作家古斯塔夫・福樓拜在其著名的小說《包法利夫人》（一八五七年）中，曾詳細描寫一個外省婦女受苦、不幸福的婚後生活。此書一方面嘲笑浪漫主義文學的幻想，另一方面又表達了對一種準確的、非感性的文學語言的新藝術追求。越來越多人相信科學，不僅僅是爲了理解自然界，而且是爲了洞察人類和社會的眞正意義。宗教方面的活動已走向懷疑主義，就是要恢復十八世紀懷疑主義的傾向，這種傾向在受到浪漫主義影響的時期裡曾經中斷過一段時間。雖然不是所有的人，但卻有許多人對宗教的認識是多種多樣的：有的人認爲，宗教是非科學的，今後不要認眞地去對待它；有的人認爲，宗教只不過是各民族某些發展階段的歷史產物，因此和現代文明是不相干的；有人認爲，任何人都應該到教堂去，過優雅的生活，而毋需太認眞地對待教士或神父，因爲宗教對於反對激進主義和無政府狀態、保存社會秩序的安定是必需的。在這一方面，激進的反對派當然認爲，宗教乃是資產階級爲欺騙人民而發明出來的東西。

「實證主義」是用來說明新觀點的另一個術語。它源出於法國哲學家奧古斯特・孔德。早在一八三〇年，孔德便發表了他的多卷集《實證哲學》，直到一八五〇年代還在繼續編寫中。他認爲，人類歷史經歷連續的三個階段，即神學階段、玄學階段和科學階段。在他看來，法國革命（包括一七八九年和一八四八年的革命）曾經吃過的苦頭，是過分地相信玄學的抽象概念、空洞的詞語以及無法檢驗的自命不凡的原則。那些爲社會的改良而工作的人們，必須嚴格地接受科學的觀點，而孔德則詳細地劃分了科學的等級，認爲最高級的科學應是社會的科學。爲此，他創造了「社會學」這個術語。這門新科學是依據對眾多客觀事實的觀察，以發現促進社會進步的廣泛的科學規律。孔德本人及其最親近的門徒，曾設想出一門最終的人類宗教學。這門學科去掉了古代神學和玄學的影響，會爲創立未來更美好的世界奠定基礎。不過，一般說來，「實證主義」大多是指堅持那些可證實的事實、避開痴心妄想、懷疑各種設想，以及拋棄各種不能證實的判斷。從廣義看，實證主義，就其觀察事實的需要與對思想檢驗的需要來說，以及就其渴望對人有用方面來說，它做爲一門分支學科，是對社會科學的發展產生了一定作用的。

在政治方面對現實主義的新的強調，是德語中的「現實政治」（Realpolitik），也就是「現實的政治」的意思。在國內事務方面，這種學說

圖12-6　奧爾南的葬禮

作者：古斯塔夫・庫爾貝（法國人，一八一九～一八七七年）

一八四八年革命失敗以後，歐洲文化的許多領域都出現了新的「現實主義」。畫家庫爾貝在這個時期開始利用「現實主義」這一術語來描述他的作品，其作品經常描繪在紀念的場合上普通的群眾和農民。類似這幅描寫法國鄉村葬禮的油畫，曾干擾了十九世紀許多評論家的安寧，因爲庫爾貝展現了下層階級的形象，而且拒絕將他的物件幻想化，也拒絕用感傷情緒去描寫普通的人民。（Giraudon/Art Resource, NY）

就是要人民放棄例如造成一八四八年失敗的那些烏托邦空想，而滿足於上帝賜予的一個有秩序的、誠實的與勤勉的政府。對激進派來說，現實政治就意味著人民不應該設想新社會會產生於德行與正義之愛中間，同時社會改革者一定要訴諸各種政治方法──權力和深思熟慮。在國際事務中，現實政治就是說，指導政府行動的原則不應該是思想體系，或者什麼「天然的」敵人或「天然的」同盟者的體系，或者什麼保衛或促進任何特殊世界觀點的願望，而應該是它們的實際利益，應該是處理所碰到的事實和情況，組成可能有利於自己的同盟，而不管有什麼偏愛與疑慮，以及運用各種實際的手段去達到既定的目的。在一八四八年以前，這些激進分子對於他們所表示的和平主義和世界主義的願望並不感到羞恥，而如今這些願望已被視爲愚蠢的思想而不予考慮。戰爭，自從拿破崙被推翻以來，各國政府曾經成功地設法加以避免，而在十九世紀五〇年代，它有時則明顯地被視爲達到某種目的所必須採取的手段。戰爭並不是特別光彩的事情，它本身並不是目的，而只是政治家們手中的工具罷了。儘管「現實政治」是用德語來表現的，著名的德國首相俾斯麥又曾經是現實政治最著名的實踐者，但是它的存在絕不僅限於在德國。另外，還有兩個各有自己特色的堅忍不拔的思想家，即卡爾・馬克思和路易・拿破崙・波拿巴。

早期的馬克思主義

卡爾・馬克思和佛烈德里克・恩格斯都屬於一八四八年受挫折的革命者。馬克思是普魯士萊因蘭一個律師的兒子。他曾經在德國幾所大學攻讀法律和哲學，並在一八四一年獲得博士學位。馬克思並沒有找到大學教師方面的工作，而是和激進的德國知識分子有聯繫，爲一些左翼刊物撰寫文章，並且不久以後移居巴黎，和其他想在這個現代革命的策源地發行哲學方面出版物的德國人同在一起。恩格斯是一個富裕的德國紡織廠廠主的兒子，其父親在曼徹斯特開設一家紡織工廠，年輕的恩格斯曾去英國該廠學過經營業務。一八四四年，馬克思和恩格斯在巴黎會見，從此，他們便在思想上和寫作上進行合作，並保持了四十年之久。

一八四七年，他們共同參加了共產主義者同盟這個人數極少的祕密革命者團體，它主要是由流亡在比較自由的西歐各城市的德國人組成。「共產主義者」一詞的涵義當時還很模糊和不確定，而這個同盟，根據恩格斯的說法，最初「事實上不過是法國各祕密團體的德國分支」。在一八四八年革命期間，它像其他的團體一樣開展了宣傳鼓勵，並且發表了一系列的「共產黨在德國的要求」，竭力主張建立一個統一的、不可分割的德意志共和國，實行民主的普選權，開展全面的公費教育，把全民武裝起來，實行累進稅，限制繼承權，將銀行、鐵路、河流、礦山等收歸國家所有，並且實行大規模的科學集體農業。正是這種激進主

圖12-7　在新工業時代，人們之所以能得知曼徹斯特工人處於那些最窮困者中，在一定程度上是因為類似佛烈德里克・恩格斯的作家在其批判資本主義經濟的文章中關注這個城市。這個窮途潦倒的工人圖像是在伊莉莎白・蓋斯凱爾夫人的小說《瑪麗・巴頓》中（一八四八年）出現的。它是一部廣受大衆歡迎的作品，描述了女主人公的父親、一個曼徹斯特工人的悲慘遭遇。（Lebrecht/The Images Works）

義的含糊呼聲震驚了法蘭克福國民議會。隨著反革命勢力在德國的勝利，共產主義者同盟也被鎮壓了下去。

馬克思和恩格斯曾爲同盟寫了《共產黨宣言》，並在一八四八年一月[1]發表。然而當時馬克思主義還沒有出現，因此，馬克思主義在一八四八年革命中尙未起作用。馬克思主義做爲一股歷史的力量，是在十九世紀七〇年代才顯示出來的。隨著革命的失敗，恩格斯回到他父親在曼徹斯特開設的紡織工廠；馬克思也到英國定居，在倫敦度過他一生其餘的歲月。在那裡，經過在英國博物館長期的辛勞，他最後寫成了他的巨著《資本論》。一八六七年，《資本論》第一卷用德文公開發表。《資本論》後兩卷，是在馬克思逝世後，由恩格斯編輯和出版的。

馬克思主義的來源和內容

馬克思主義可以說有三個來源，或者說是由十九世紀初歐洲歷史中三個民族的源流合併而成的，即德國的哲學、法國革命主義和英國工業革命。做爲德國大學生，在當時及隨後的一段時間裡，馬克思與名爲青年黑格爾派的團體一起活動過。實際上，他們是批評黑格爾的，因爲他們希望歷史進程將導致一個自由、民主的社會，而不是黑格爾所維護的現今的普魯士國家。他們與自由派聯合在一起，反對自拿破崙失敗後在德國到處發生的鎮壓活動。他們如同民主派和共和派一樣，相信法國大革命的諾言未曾實現，因爲隨著已經勝利的公民平等與法律平等，社會上和經濟上的平等也應該實現。在與整個浪漫主義運動保持一致的同時，他們希望擺脫社會、政府和宗教的種種束縛，實現更多的個人解放。

十九世紀四〇年代中期，在對黑格爾做了詳細的研究以後，馬克思發展了關於勞動異化的思想，即人類在機械化的歷史進程中，變得跟勞動對象相分離的一種社會事實和精神狀態。如馬克思所描述的，這種異化就是現代資本主義社會與其他社會不同的特徵。建立在僱傭勞動和生產資料私有制上的經濟制度，使工人不能認明他們的勞動產品，也不能從自己的勞動產品中獲益。馬克思指出，事實上，在資本主義社會的政治制度和社會制度下，工人生產出來的財富（或者資本）有規律地被用來反對他們自己。他接著指出，只有將資本貨物裡的私有財產權廢除以後，眞正的自由才成爲可能。十九世紀四〇年代，在馬克思一些早期著作中，上述思想已經有所表述了，但直到一個世紀後才公開出版。這些著作引發了對馬克思主義的重新審視，早期的馬克思與其說是革命者，不如說是社會分析家和歷史批判家。不過這些著述對於十九世紀做爲社會主義革命綱領的馬克思主義的發展，影響很小。

恩格斯在曼徹斯特經營棉紡織業期間，親身體驗到英國有關新興工業和工廠制度的情況。他曾結識一些最激進的憲章派，儘管他並不把英國憲章運動視爲一場革命運動。一八四四年，他發表了一部揭露性的著作《英國工人階級狀況》。他從觀察中得出的結論，與馬克思從哲學分析和歷史研究中得出的結論，十分地相似。令工人絕望的狀況，的確是事實。實際上，在全部國民收入中，工人只得到較少的一部分，社會生產成果的大部分被做爲資本貨物而進行再投資，而這些資本貨物做爲私有財產，是屬於個人的。無論在英國或法國，政府和議會的各種機構事實上都是掌握在富人手中。宗教一般被認爲是使下層階級循規蹈矩所必需的工具，不過這樣的看法並沒有導致各式各樣的改革運動（宗教團體在過去的歲月裡和其他文化中經常領導這樣的改革運動）。當時的教會對工人的問題幾乎是漠不關心的。在城市的勞動人民之中，由於利用女工和童工，和居住在狹窄和不衛生的房子裡，使得做爲一種社會機構的家庭，實際上正逐漸解體。

所有這些事實都在做爲革命號召的《共產黨宣言》中引人注目地反映了出來。法國二月革命的爆發，以及在其他國家的迅速傳播，當然更堅定了馬克思和恩格斯的信念。他們將在六月起義裡震撼了巴黎的眞實階級鬥爭，看做是普遍階級鬥爭的一種證明，工人或者說無產者要在階級鬥爭中反對資本的所有者，即資產階級。

做爲行動的號召，《共產黨宣言》可算是具有鼓動性的。它不僅僅在描述事實，還施予了強烈譴責和對人們的告誡：工人們失掉了原有的健康狀況；國家是資產階級剝削人民的委員會；宗教是一種麻醉劑，它使工人馴服地幻想那虛構的天國的獎賞；工人階級家庭中的妻子和孩子備受資產階級的虐待，許多婦女被迫淪爲娼妓。在馬克思和恩格斯看來，被剝奪一切的工人，除了忠於本階級以外，不應再忠於任何別的什麼。甚至國家也是無意義的。無產者無祖國。不論在哪裡，工人們都碰到同樣的問題，同時不論在哪裡，也都面對同樣的敵人。因此，「讓統治階級在共產主義革命面前發抖吧。無產者在這個革命中失去的只是鎖鏈，而他們獲得的將是整個世界。全世界無產者，聯合起來！」《共產黨宣言》的結束語就是這樣說的。

馬克思經濟理論（最終在《資本論》中詳細闡述的理論）的許多方面也都是源於英國。從英國的政治經濟學，他接受了維持最低生活水準的工資理論，或者說「工資鐵律」的理論（自從工資事實上開始提高以來，這理論已被正統的經濟學家拋棄了）。這種理論認爲，普通工人絕不能獲得超過最低生活水準的工資。因此，必然的推論是（對於那些希望得出此結論的人來說），現存的經濟制度對於做爲一個階級的工人階級來說，是沒有前途的。馬克思同樣還從正統的經濟學家那裡吸取了勞動價值理論。這種理論認爲，任何人製造的物品的價值，根本上是取決於投進此物品的勞動數量——資本被認爲是過去貯存起來的勞動。必須指出的是，正統的經濟學家很快便拋棄了經濟價值僅僅是由勞動投入產生的理論。馬克思根據勞動理論，發展了他的剩餘價值學說。剩餘價值學說，簡明地說，指出工人實際上是被掠奪的；工資只是工人勞動生產的產品價值的一小部分，工資與產品價值相差的部分則被那些資本家階級——工廠和機器的私有主——剝奪去了。由於工人在工資方面從來沒有得到與他們生產的產值相等的數額，資本主義制度就經常遭受生產過剩的威脅，即商品積存過多，人們卻無力去購買。因此，資本主義制度便周而復始地陷入危機和蕭條，同時也就被迫不斷地去尋找新的市場。按照馬克思的說法，一八四七年的不景氣就促使了一八四八年革命的爆發。馬克思在其整個後半生期間，每逢資本主義世界發生不景氣，他都期望偉大的社會革命快來臨。

圖12-8　這幅照片是臨近最後時日的晚年卡爾・馬克思。拍攝這張照片時已是十九世紀八〇年代早期，馬克思在倫敦居住了約三十年之久，但十九世紀四〇年代他居住在歐洲大陸，在那時的政治、經濟、革命背景中，他發展了許多關於社會和歷史的理論。（Getty Images）

馬克思將上述所有見解綜合在一起，遂產生出一種統一的使人信服的學說，即辯證唯物主義哲學。馬克思所說的辯證法，就是德國哲學家黑格爾曾經說過的，即一切事物都處在運動和進化的狀態，一切的變革都是由於事物對立成分的衝突而引起的。辯證法這個詞源出於希臘語，當初是指經由爭論而得出更高一層結論的方法，做爲一種邏輯方法來使用。在黑格爾和馬克思看來，辯證法的涵義是指，整個歷史，甚至整個現實世界，都是時間發展的過程，即各種事件在明確的歷史方向裡單一且帶有深遠意義地開展；每一事件的發生都是按照適當順序進行，有充分原因的；至於歷史——儘管不是完全預先決定的——總是因爲非人爲力量和深刻的結構變化而形成的，而不是因個人或偶然的事件而決定的。

馬克思在一個極爲重要的方面與黑格爾不相同。關於社會變革的原因，黑格爾強調把思想的因素放在首位，馬克思則強調要把物質的條件，或者說生產關係（包括技術、發明、自然資源和財產制度等）放在首位。這些物質現實創造了人民生活其中的社會世界。人們接受什麼樣的宗教、哲學、政府、法律以及道德價值，都是由「生產關係」（技術、發明、自然資源、財產制度等等）決定的。根據馬克思的看法，黑格爾的錯誤在於，他相信觀念先於現實世界而存在，並且觀念產生了現實世界。例如，黑格爾認爲，由於腦子構想出自由的觀念，然後才在希臘的城邦、基督教領域、法國革命過程中以及普魯士王國裡實現了自由。按照馬克思的看法，情況完全不是這樣，他認爲，自由的觀念，或者其他任何的觀念，都是由現實經濟和社會條件所產生的。條件是根，觀念是樹。黑格爾則認爲，觀念是根，而產生觀念的現實條件是樹。或者如馬克思和恩格斯所說的，他們認爲黑格爾是本末倒置的。

馬克思提供的歷史發展圖像大致如下：物質條件或者生產關係，產生了經濟上的階級。土地所有制的條件，產生了土地所有者或封建階級。但是，隨著在貿易航線、貨幣和生產技術方面的變革，一個新興的商業階級或者資產階級產生了。每個階級，不論是封建主階級或者資產階級，都發展適應本階級需要的思想體系。流行的宗教、政府、法律和道德觀念，無不反映出這些階級的觀點。這兩個階級不可避免地要發生衝突。反對封建勢力的資產階級革命相繼爆發，如一六四二年在英國，一七八九年在法國，一八四八年在德國，雖然德國的資產階級革命遭到了夭折。

同時，隨著資產階級的發展，必然要引起另一個階級產生，即它的辯證的對立面——無產階級。資產階級就是資本的私有主，無產者就是除自己的雙手以外一無所有而靠工資爲生的工人。一個國家日益資產階級化，就使更多的人變成無產者。生產在工廠裡越是集中進行，革命的工人階級力量就越是加強。在競爭的條件下，資產階級更傾向於彼此虎視眈眈、互相併吞；工廠、礦山、機器、鐵路等等（資本）日益集中在極少數人的手中，其他人則淪爲無產階級。最後，無產階級化的群衆就從剩下的資產階級那裡把一切接受過來就是了。這是「剝奪剝奪者」，廢除生產資料方面原有的私有財產。

社會革命於是宣告完成。馬克思認爲，由於產生階級的經濟區分條件已經不存在，革命將創造一個無階級的社會。爲維護資產階級利益而派生出來的國家和宗教也消失了。但是，在資產階級的全部殘餘被根除以前，或者說，在反革命勢力反對社會主義的危險消除以前，「無產階級專政」需要暫時存在。此後，國家將要「消亡」，因爲已經不再有剝削階級需要國家了。

同時，號召進行戰爭。資產階級和無產階級處於普遍的鬥爭之中，這意味著工人和工會一定要保持警惕性和革命的情緒。他們絕不能忘記雇主是他們的階級敵人，且政府、法律、道德和宗教不過都是對準他們的大炮。道德屬「資產階級道德」，法律屬「資產階級法律」，政府是階級運用權力的一個工具，至於宗教則是一種心理戰，是對群衆提供「鴉片」的手段。工人們絕不要受騙上當；他們必須學會去發現構成那種最崇高的制度和信念的階級利益。在這種揭露敵人各種伎倆的帶有軍事意味的學說中，他們將會得到知識分子的幫助。這些知識分子是被專門加以訓練，向工人們解釋這種學說的。

如同所有的戰鬥部隊一樣，工人需要紀律嚴明的團結一致。在整體即本階級中，個人必須放棄本身的利益。對工人來說，如果把自己置於無產階級之上，或者如資產階級所說的那樣，爲了去「改善自己」，那就是對本階級的背叛。如果工會只是透過跟雇主談判以獲得較好的工資或較短的工時，那將是危險的事情，因爲獲得如此細小的好處，便有可能把戰爭本身忘掉了。如果工人相信民主的機構或「社會立法」，那也同樣是危險的，甚至是背叛行爲，因爲國家做爲鎮壓的機器，永遠不會變成創造福利的工具。法律是較強大的階級意志的反映；所謂「權利」和「公平」，不過都是掩蓋階級利益的空洞之詞罷了。馬克思在一八七五年寫道，我們必須堅持「那些花費了很大力量才灌輸給黨而現在已在黨內扎了根的現實主義觀點」；而且，我們一定不能讓那些「用民主主義者和法國社會主義者所慣用的關於『權利』等等空洞的廢話」去歪曲這些觀點。

馬克思主義的吸引力：它的力量與弱點

初期的馬克思主義是一種難懂的學說，在爭取信徒方面，它既有有利條件又有不利條件。它的一個有利條件是，其主張是科學的。馬克思將早期的和與之競爭的其他社會主義學說劃歸爲烏托邦。這些社會主義依賴於道德的義憤，他們改革社會的方案是要人們變得更公正一些，或者是要使上層階級變得去同情下層階級。馬克思堅持認爲，他的學說跟道德的觀念無關，是建立在研究客觀事實與眞實過程的基礎之上，因而完全是科學的；同時它表明，社會主義並不是一種不可思議的倒退，而是已經發生的歷史過程的繼續。馬克思還認爲，對未來的社會主義社會做出詳盡具體的描述，是空想和非科學的。那將是沒有階級的社會，既沒有資產階級，也沒有無產階級；然而要做出什麼具體的安排或計畫，則是痴心妄想。讓革命到來吧，社會主義將會自行安排一切。

馬克思主義是科學的、歷史的、形而上的以及啓示錄式的強大混合物。但是，馬克思主義的若干成分卻妨礙著它的自然傳播。歐洲的勞動人民實際上並不具有軍隊在戰鬥中的那種心境。要將所有的一切都從屬於遙遠的階級革命的前景，他們是猶疑不決的。他們並不僅僅是階級成員，舉止言談也不是那樣。在他們當中仍然存在著宗教觀念，還存在著對自然權利的政治信念，因而不能簡單地將道德看成一種階級的武器，或者認爲權利和公平是「無用之物」。他們還有日益增強的忠於國家的民族感。要他們在情感上跟世界無產階級聯合一起，去和他們的鄰居進行不屈不撓的鬥爭，這實在是難以辦到的事。

至於一八四八年革命學說的對策，就是及早承認工人階級是一個比較完全的社會成員。一八五〇年以後，一般來說，工資都提高了，工會也成立了。到一八七〇年，在幾個主要的歐洲國家裡，工人基本上都擁有選舉權。工人們通過自己的工會，對雇主施以直接的壓力，經常能夠獲得較好的工資和勞動條件。由於獲得了選舉權，他們逐步組成一些工人階級政黨，隨著他們開始通過國家而進行活動，他們就不大願意去破壞國家了。按照馬克思的說法，這種策略是「機會主義」。可是，這種政治運動卻在工人中獲得越來越多的支持，他們當中大部分打算透過跟雇主妥協，透過現存政府各機構獲得各種社會改革（而不是僱傭勞動階級的戰爭），來使他們本身的狀況更好一些。工人階級從馬克思主義那裡吸取許多思想，其中包括對雇主採取戒備的敵視態度與實行工人階級團結的觀念。然而，整體來說，當馬克思主義傳播到十九世紀末，它實際上已不是革命的學說。如果歐洲在二十世紀的戰爭裡沒有四分五裂的話，以及列寧沒有使馬克思主義獲得新生並且傳播到俄國去的話，那麼馬克思的思想就可能變成歐洲的普通思想，那麼本書在往後歐洲和其他地方的描述上，對它也就不必花費如此多的篇幅了。

波拿巴主義：法蘭西第二帝國，一八五二～一八七〇年

一八四八年後，在歐洲文化領域出現的新「現實主義」，如今也擴展到後革命時代的政治權力應用方面。我們已經看到，一八四八年當選共和國總統的路易・拿破崙・波拿巴是怎樣很快使自己成爲被稱做拿破崙三世的法國皇帝的。那些甘願爲議會制和自由制度（都被拿破崙三世在一八五一年破壞掉了）而奮鬥的人們，現在沉默了。他成爲國家的首腦，並在公衆的一片歡呼聲中當上了皇帝（一八五二年）。

第二帝國的政治制度

拿破崙三世正如拿破崙一世一樣，他們之所以能夠掌握國家政權，是因爲在名譽掃地的共和國內部存在著對激進主義的恐慌。此外，他就和他那著名的叔父相像甚少了。他既不是個職業軍人，也不是個偉大的組織者。四十歲那年當上共和國的總統時，他是個投機家和陰謀家，不過他毫無疑問比拿破崙一世更關心工人階級的境況。從前拿破崙一世蔑視公衆的輿論，而他的侄子卻體認到這正是一個良機，而不是一種令人討厭的事物。儘管那些報刊記者和知識分子一般來說都不信任他，但他仍然可以把其中一部分人吸引到他這一邊。他試圖維護天主教的利益。他還透過給予選舉權（儘管是無用的），答允保持國家繁榮和舉行盛典等方法去謀求群衆的支持。他完全懂得，一個獨一無二的領袖比選出的議會能發揮更大的影響。他還了解到，仍然因「六月起義」而感到戰慄的歐洲，正渴望在法國恢復秩序。

他以現代的進步而自豪。守舊派的君主們對待歐洲發生的變革，如果說不是採取明確的反對態度的話，也往往表現出一種膽怯和懷疑的態度。拿破崙三世則大膽地將自己表現爲一個嶄新世界的強有力的領袖。像他的叔父一樣，他宣稱自己是人民主權的化身。他說，他已經找到一種解決群衆民主的辦法。一八五二年，在歐洲大陸其他的大國以及在英國，人們普遍認爲，普選權是與開明政府和經濟繁榮不相容的。拿破崙三世則聲稱將它們結合在一起。正如一八四八年以後的馬克思和其他現實主義者一樣，他也認爲，選出來的議會機構，完全不是代表抽象的「人民」，而僅僅是在一個國家內強調了階級的區分。他宣稱，復辟的波旁王朝和七月王朝原是受特殊利益所支配，一八四八年的共和國開始是採用暴力和無政府主義的，後來落到剝奪勞動人民選舉權的不可靠立法議會手中，而法國將從帝國那裡找到永久的、大衆化和現代化的制度，這種制度是一七八九年以來它一直在徒勞地尋求著的。他斷言，他是站在各個階級之上，要爲所有人的利益而公平地管理國家。總之，正如一八四八年以後許多政治領導人一樣，他認爲，與經濟和社會的現實相比較，政府的形式是次要的。

因此，第二帝國的政府是按照波拿巴第一執政府的樣式建立的，是專制政府。在帝國內設有國務會議，由草擬立法的專家與技術方面的顧問組成；有一個委任的參議院和一個由成年男子普選出來的立法機構，不過選舉是經過精心安排的。可是，這個立法機構並無實際權力去制定法律、核准預算或控制軍隊。議會生活已經縮減到無足輕重的地步。

爲吸引公衆的注意和炫耀拿破崙的名字，新皇帝在杜勒麗建造了一所豪華

圖12-9　拿破崙三世雄心勃勃重建巴黎的計畫，成為現代時期最宏大的都市工程之一。此計畫由意志堅強的巴倫・豪斯曼所編制，系統而有爭議地重建了巴黎的街道、公園、房屋建築、地下水道和紀念碑等。重建改變了城市，使城市變得富有藝術氣息且宏偉壯麗，前所未有地吸引了大批遊客。這幅照片表現了一些建築工人和用來建築新街道的工具。（Giraudon/Art Resource, New York）

的宮殿。拿破崙三世妄想與一個王朝聯姻的願望遭受挫折以後，便選擇了年輕美麗的西班牙女貴族歐仁妮做爲自己的皇后。她的壽命比帝國長五十年，到一九二〇年才去世。據說，這是一樁充滿眞正愛情的婚姻——確實是大衆化皇族的一種標記。帝國宮廷生活之華美和閃耀，超過當時的聖彼得堡或維也納。巴黎城又做了一番修飾，以進一步增加壯觀的程度。豪斯曼，這個最富有創造性的城市規劃者，爲巴黎提供許多至今仍然存在的建築物。他建造了有寬敞入口的大火車站，建成一個大馬路系統和廣場，馬路和廣場兩旁有長長的人行林蔭道，其盡頭則是一些高大的建築物或者紀念碑，如歌劇廣場。他還使城市排水道與供水系統現代化。這些建設工程，如那所豪華的宮殿一樣，其額外的好處是刺激了商業發展和增加了就業人數。在彎彎曲曲的小街道與人口密集的舊住宅區開闢寬闊的大馬路，以便更容易開展軍事行動，對付躲藏在街壘後面的起義者，尤其是一八四八年那樣的事件再重演的話。

帝國時期的經濟發展

拿破崙三世更喜歡自己以偉大的社會工程師而聞名於世。他在年輕時，曾試圖解答現代工業主義之謎，如今做爲一個皇帝，倒從以前的聖西門派那裡找到了主要的支持者。這些聖西門的信徒把拿破崙三世稱爲「社會主義的皇帝」。可以回憶一下，聖西門是最早設想建立一個由中央做計畫的工業制度的。但到十九世紀五〇年代，聖西門的門徒卻也有了現實主義的新觀點，他們最重大的成功是創辦投資銀行，期望借此將財政資源集中起來，以指導經濟的發展。他們創立一種新式的銀行機構，即興業銀行，也就是說，藉由出賣股份給公眾以籌集銀行資金，然後用這些資金購買它希望發展的新的工業企業的股票。法國就此進入經濟迅速發展的新時期，即一個有法國特色的工業革命階段。

那是一個非常有利於擴張的時代，因爲一八四九年在加利福尼亞，以及隨後不久又在澳大利亞發現了金礦，再加上有了新建立起來的信貸便利條件，使歐洲貨幣的供應量大大增加，也引起溫和的通貨膨脹。物價與所有貨幣價值的穩步上漲，促進了股份公司的振興和資本的投放。在西方世界，到處都增加了鐵路的長度，十九世紀五〇年代，法國鐵路從三千公里增加到一萬六千公里。對鐵路車輛、鐵軌、輔助性裝備以及火車站和貨倉的建築材料需求不斷增長，使得礦山和工廠忙碌不堪。鐵路網有了合理的調整，在法國，從原來五十五條小的鐵路線合併成六條大的地區幹線。鐵製的蒸汽輪船代替了木帆船。在一八五九～一八六九年間，一家法國股份公司建成蘇伊士運河，享有所有權幾乎達一個世紀之久，儘管在一八七五年以後，英國政府已成爲該公司的主要股東。

大型有限公司首先在鐵路和銀行業方面出現。一八六三年，公布了「有限責任」權利法，根據此法，無論公司如何窘困或者負債，股東都不會喪失比他的股票價值更多的東西。這就鼓勵了那些只有少許生產工具的人，或者對企業不怎麼懂的大小資本家進行投資，從而使全國的財富和存款能更有效地調動起來並發揮作用。股票和股份的數額越來越多，而且種類繁多，證券交易所紛紛成立。金融家——那些專營貨幣、貸款和證券的人——居於資本主義世界新的高位。很多人變得非常富裕，也許可以說成爲法國前所未有的財主。

帝國皇帝還熱切希望在現行制度有限範圍以內爲工人做一些事情。土地銀行對於殷實的農民有一定的用處。從當時的觀點來看，工作的機會很多，工資也優厚，至少在一八五七年暫時的蕭條以前是如此。正如某些聖西門派訂有他們的計畫一樣，皇帝也有一項計畫，即按軍事方式組織工人隊伍，派他們去開墾荒地，但在這方面並沒有取得多大進展。在實行人道主義的救濟貧困方面，取得了較好的成績。若干醫院和救濟院成立起來，免費發放藥品。一個具有社會慈善事業的國家隱隱約約地顯露出了輪廓。同時，工人建立了工會。在法國大革命期間，工人的一切聯合都是被禁止的。待工會含糊不清的合法地位變得明確起來以後，禁止工人聯合的禁令便失效了。到一八六四年，甚至有組織的工人舉行罷工也是合法的。與此同時，大的勞工單位或者工會，以及大的企業單位或者有限公司也合法化了。對工人來說，要將拿破崙三世評爲工人階級的英雄還不大行，然而他已完全被當時中等階級的許多人懷疑爲「社會主義者」。

那些像第二帝國一樣注意經濟發展綱領的較近時期的專政政權，通常都是十足的保護主義者，不願意跟世界上其他地區進行公開的競爭。拿破崙三世卻相信國際貿易自由。他計畫跟比利時結成關稅聯盟，一些比利時人也表示支持。比利時已經相當工業化了，法比聯盟的建立（特別是比利時擁有法國所缺乏的煤），就會形成很有力量的貿易區。但是，拿破崙三世的計畫卻受到法比兩國一些私人勢力的反對，同時英國和德國的關稅同盟更是強烈反對。於是，這位皇帝便轉而全面地降低進口稅。一八四六年《穀物法》廢除後，主張自由貿易的一派在英國得勢。他們竭力主張取消英國和法國之間的貿易壁壘。一八六〇年，拿破崙制服了立法機關的反對，與英國簽訂一項自由貿易條約。他撥出政府經費四千萬法郎，以幫助法國工廠主去和英國進行競爭。但是，這筆款項從未完全花掉，因此人們便斷定，法國的工業是能夠成功地跟機械化程度更高的英國工業進行競爭的。法國在簽訂英法條約的同時，還與其他國家簽訂一些較小的貿易協定。在十九世紀六〇年代，歐洲彷彿眞的要成爲貿易自由的天堂了。

內部的困難與戰爭

可是到一八六〇年，帝國遇到了困難。它花費了幾年時間去克服一八五七年的蕭條。由於執行自由貿易政策，皇帝在工業的某些行業中爲自己樹立了敵人。天主教徒反對他在義大利採取的政策。一八五九年，他在義大利曾經短暫地參加了一次反對奧地利的軍事行動。一八六〇年以後，反對派勢力增強了。皇帝賦予立法機關更多的活動空間。所以，十九世紀六〇年代被稱爲自由帝國的十年——所有這類說法都是相對而言的。如果聽任帝國純粹的內部因素自由地存在下去，那麼這個帝國會發展成什麼樣子，這是我們無法知道的。路易．拿破崙實際上是由於戰爭而毀掉了自己。他的帝國是在一八七〇年的戰場上消失的，可是他在此之前很久便一直在進行戰爭。

「帝國就是和平」，一八五二年，他對參加盛典的群衆曾經做出過這種保證。但是，在這種最壯麗的盛典之後（或者說緊接著）戰爭就開始了。法國是歐洲最強大的國家，而皇帝的名字就是拿破崙。帝國宣告成立後不到一年半時間，法國便與一個歐洲國家開了戰。這是自從滑鐵盧以來的第一次戰爭。敵人就是俄國，這次戰爭稱爲克里米亞之戰。它並不是由拿破崙三世單獨挑起的。一八四八年以後，歐洲有許多勢力都傾向於戰爭，而拿破崙三世就是其中之一。一八五九年，這位新拿破崙在義大利作戰；從一八六二～一八六七年，在墨西哥作戰；一八七〇年在法國本土作戰，對手是普魯士，這場戰爭本來是很容易避免的。這些戰爭是我們在下一章要講到的部分內容。

在這裡，只要指出一點，即一八七〇年，第二帝國走上第一帝國的道路，陷入曾被法國人考驗過和拋棄掉的那些政府的淒涼境地。第二帝國維持十八年，恰恰跟七月王朝一樣長久，比從巴士底獄被攻克以後直到當時爲止的任何一個法國政府統治的時間都長一些。直到二十世紀，當獨裁者們在整個歐洲迅速地冒出來時，人們才意識到，路易・拿破崙確實是一個未來的預兆，而不是代表一個奇怪過去的化身。

第十三章

大民族國家在全球範圍的強化，一八五九～一八七一年

十九世紀西方國家民族主義思潮的興起，以及各國均致力於建立統一的國家政府，導致一八五九年以後的十二年時間裡，民族國家引人矚目地強化。這段時期突出的政治統一和改革包括：新的德意志帝國的建立、義大利王國的統一、奧匈二元君主國的出現，以及沙皇俄國內部變革的序曲奏響；美國內戰後中央政權的勝利、獨立統一的加拿大自治領的成立，以及日本帝國中現代政府和現代經濟活動的開創。所有這些各不相同的事件都反映出鐵路、輪船和電報等帶來的深刻變化。正是這些新鮮的事物，使得在廣闊地域內的思想交流、貨物交流和人民往來比以往任何時候都來得頻繁和容易。新的技術以及新興工業的快速發展，增強了民族國家的政治實力。在整個現代社會不斷向前發展的經濟和社會生活中，政治實力的影響日益增強。

背景：民族國家的觀念

一八六〇年之前，英國和法國是歐洲兩個引人注目的民族國家。西班牙雖然在地圖上是個統一的國家，但內部矛盾紛然雜陳，可屬於不同的範疇。葡萄牙、瑞士、荷蘭和斯堪的那維亞各國也算是民族國家，不過它們都是小國，又處於邊緣。德意志和義大利的一些邦國，如漢諾威、巴登、薩丁尼亞、托斯卡尼以及兩西西里等，它們分散在中歐地區，都是由一個民族的若干部分所組成的特殊政治結構。諸如羅曼諾夫王朝、哈布斯堡王朝和鄂圖曼帝國則是由各個不同民族拼湊而成，領土延伸甚為廣闊，由高高在上的皇帝及其官僚政客所統治。除了美洲各國近期的發展外，世界其餘的大多數地方，這類由上述尚未形成的小民族國家以及非民族大帝國組成的類似的混合統一體隨處可見。

從一八六〇年或是一八七〇年起，民族國家體制開始盛行起來，大民族國家的統一成為其他大大小小民族效法的楷模。之後的一個世紀裡，一些大民族終於在印度、巴基斯坦、印尼、伊朗和奈及利亞等地建立了民族國家。小民族和一些中等的民族也日益把本民族當做一個國家來對待，賦予本民族主權與獨立的權利。在這些主權國家中，甚至到一九四五年以後，有些國家的總人口甚至比一個現代城市的人口還要少。民族國家的觀念既被用於將人群併入一個大單位，又被用於將人們拆散成一些較小的單位。十九世紀鄂圖曼帝國進一步瓦解，希臘、塞爾維亞、保加利亞和羅馬尼亞擺脫其統治而成為獨立的國家，而同時帝國境內的阿拉伯民族解放運動方興未艾。但除此之外，民族國家觀念主要還是指創立大單位以取代小單位。一八七一～一九一八年的歐洲地圖，與此前以及其後任何時候比較起來，說得上是最簡單明瞭的（參見圖13-8）。

關於民族國家觀念和民族主義運動，在本書裡已經講了很多，前述章節裡論述過法國大革命和拿破崙在歐洲的統治所激發的民族主義思潮，以及由此引發的運動；一八一五年之後，民族主義者進行的宣傳工作以及各國執政當局的鎮壓；還有，在一八四八年革命中，愛國運動在德意志、義大利和中歐所遭到的挫折和失敗。對許多人來說，民族主義、民族統一和民族獨立的勝利，以及民族國家的創立，已經成為世俗的一種信念。對於大多數熱忱的民族主義者而言，民族代表著更高的眞理，也代表著對一種更好的未來生活的集體期望和個體期望。

可以這樣認為，所謂民族國家，就是其最高行政當局要以一定的方式依賴和代表本國居民的意志和看法。這必須是一個民族，而不僅僅是一大群人，這個民族在相當大程度上必須要有共同的感受和意願。他們必須意識到他們同屬一個社會，都是這個社會的成員，要以一定方式參與公共生活；政府是他們自己的政府，外人就是「外國的」。外人或外國人通常（儘管不總是）講另一種語言，國家通常是（儘管不總是）由所有講同一種語言的人組成。一個國家還可以具有相同的血統或是種族起源（不管怎麼搞錯都行）的信念，或是具有共同的歷史（有時候是想像出來的）、共同的前途、共同的宗教信仰、共同的地理中心和共同的外部威脅的一種意識。國家的形式各式各樣，但是它們同樣感受到並想像自己是個社會，並且是永久的社會，在這裡，個人與他們的子女，以及子女的子女，都有著一種共同的命運。

十九世紀各國的政府看到，除非他們利用這種成員意識以及謀取國民的支援，否則便不能進行有效的統治或是發揮國家的全部力量。大民族國家的統一有兩點可以明顯看出：一是領土方面，先前存在的較小國家聯合了起來；二是道義和心理方面，透過建立或者發展自由主義制度和代議制，在政府和被統治者之間創立了新的關係，允許新合併的那些人口參與政治生活。這樣的民族整合和機制構建的過程在很不同的各種文化中都有重複，包括日本、沙皇俄國和北美洲邊界上的各個社會。儘管在新政治制度的眞正權力方面，實際實現自治的程度上，差異仍然相當大，但新德國、新義大利、新日本和新加拿大，畢竟建立了議會制度；即便是俄國，也在朝此方向前進。一八四八年歐洲革命者未達到的一些目標，現在已由各國政府的行政當局付諸實施了。

不過，這些目標只有在經過一連串的戰爭後才得以實現。正如一八四八年革命所昭示的，要建立統一的德意志國家或者獨立的義大利國家，必須粉碎奧地利的勢力，至少使俄國暫時不起作用，並且還要推翻或懾服那些拒絕放棄主權的德意志和義大利的小邦政府。在美國，要維護像林肯總統所認為的國家統一，就需要用武力鎮壓南方試圖謀求獨立的舉動。一八一五年之後的四十年裡，在歐洲那些公認的大國之間沒有發生過戰爭。接著就是一八五四年的克里米亞戰爭，一八五九年的義大利戰爭，一八六四年的丹麥戰爭，一八六六年的普奧戰爭以及一八七〇年的普法戰爭。與此同時，美國爆發了內戰（一八六一～一八六五年）。一八七一年之後，歐洲列強之間又有四十三年沒有發生過戰爭。

克里米亞戰爭，一八五四～一八五六年

在談及首先進行民族統一戰爭的義大利人之前，我們有必要探討一下克里米亞戰爭。這場戰爭與民族國家的強化似乎是間接且無關的，但它有助於歐洲民族運動取得成功。這場戰爭對於歐洲的首要意義在於，它嚴重地削弱了奧地利和俄國，這兩個大國最熱心於維護一八一五年的和平解決問題的方法，並且一心要阻止各國的變革。這也是第一次有戰地記者進行採訪報導的戰爭，同時在這場戰爭中，在佛羅倫絲・南丁格爾領導下，第一次確立了婦女做爲軍隊護士的地位。

俄國對土耳其的壓力由來已久，幾代人都經歷過俄土戰爭。不必追溯太遠，就在一八二八～一八二九年發生的上次俄土戰爭中，沙皇尼古拉斯一世維護了希臘近期贏得的獨立地位，吞併了多瑙河河口左岸地區。到一八五三年，尼古拉斯一世再次對依然龐大卻衰落不堪的鄂圖曼帝國提出要求，派軍隊進駐瓦拉幾亞和摩達維亞（即後來的羅馬尼亞）這兩個多瑙河公國。從表面上看，問題涉及到鄂圖曼帝國境內的基督教徒（包括在耶路撒冷和巴勒斯坦的外國基督教徒）的保護權，而法國人也同樣要求對這些基督教徒擁有一定的保護性司法權。幾個世紀以來，法國人一直是中東地區活躍的西方人：他們向蘇丹提供資金和顧問，在那裡經營巨大數額的商務活動，委派傳教士從事傳教活動，並多年來執意力主開鑿蘇伊士運河。拿破崙三世鼓動土耳其政府抵制俄國關於保護鄂圖曼帝國境內基督徒的要求，到一八五三年後期，俄土戰爭爆發。第二年，法國加入土耳其一方參戰；英國也是加入土耳其與俄國作戰，原因是英國一貫支持土耳其和其他近東國家反對俄國的滲透。這兩個西方國家很快就和一個小盟國——薩丁尼亞王國——聯合起來。薩丁尼亞王國因在義大利本土上的領土和統治而更常被稱爲皮埃蒙特。薩丁尼亞王國關於近東問題沒有明顯的利益，它參加戰爭的主要目的是要影響義大利問題。

英國艦隊成功地封鎖了俄國在波羅的海和黑海的出海口，英法兩國軍隊進逼俄國本土，並在克里米亞半島登陸，所有重大的戰爭後來都是在這個半島上

進行的。這時的奧地利出於自身的原因，既不願俄國征服巴爾幹國家和君士坦丁堡，也不願聽憑英國和法國各自左右局勢。因此，儘管它還未從一八四八～一八四九年的動亂中恢復過來，仍竭盡全國之力集結起一支隊伍，占領了瓦拉幾亞和摩達維亞。俄國人是在遭到這個新敵人襲擊的威脅後，被迫撤離這個地區的。沙皇尼古拉斯一世死於一八五五年，其繼任者亞歷山大二世提出了和談要求。

一八五六年在巴黎召開會議，列強同意講和。按照和約，與會各國保證共同維護「鄂圖曼帝國的完整」。俄國人只好收斂了一下囂張的氣焰，把多瑙河口左岸地區讓與摩達維亞，放棄對土耳其帝國內的基督教徒享有特別保護權的要求。條約承認，摩達維亞和瓦拉幾亞（一八五八年組成羅馬尼亞）與塞爾維亞一道爲歐洲列強保護下的自治公國。在巴黎會議上，歐洲外交活動似乎形成了一個更爲融洽的國際體系。

然而，麻煩正在形成。拿破崙三世需要榮譽；義大利人想要某種類型的統一的義大利國家；普魯士人在克里米亞戰爭中默默無聞，遲至後來才被邀參加

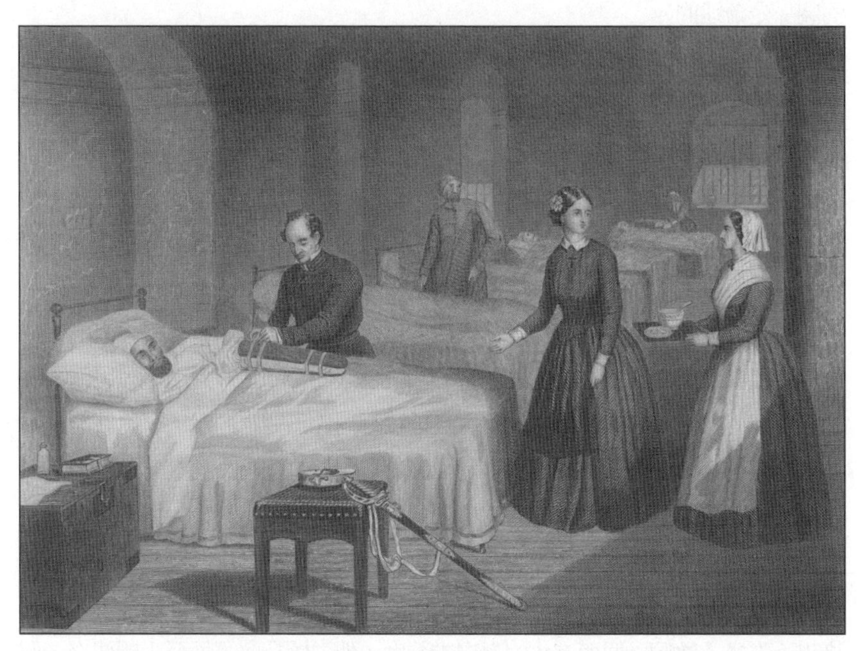

圖13-1　克里米亞戰爭削弱了俄國與奧地利的國際地位，但這場戰爭在諸如英國等國家中最持久的影響是在如下兩個方面：一是報社記者首次進行戰地報導，二是女性護士的新角色。佛羅倫絲·南丁格爾帶著三十六名女護士來到克里米亞，起初還遭到軍隊醫生的反對。圖為南丁格爾在一所醫院裡，她在那兒創設了女護士在軍隊和社會中的新身分。（Getty Images）

巴黎會議，他們擔心自己做爲一個強國的地位會被忽略不顧。拿破崙三世、義大利民族主義者和普魯士人都在拭目以待，試圖在變化中得到好處。中歐和義大利發生的任何變化都意味著撕毀一八一五年的《維也納條約》，而該條約正是梅特涅長期以來一直維護著的，同時也是一八四八年革命意欲取得而未達到的目標。到克里米亞戰爭之後，反對變革的各種勢力已經十分微弱。俄國與奧地利曾經堅決地要維持現狀，但是，這兩個竭盡全力維護維也納決議的強國也不可能照舊堅持下去了。而這項證明首先來自義大利。

加富爾與一八五九年義大利戰爭：義大利的統一

義大利民族主義：加富爾的行動綱領

長期以來，義大利就存在著六個左右較大的國家以及少數非常小的國家。後來，伴隨著法國大革命而興起了義大利政治運動，有幾個小的邦國消失了。所有這些邦國都被整合過，先是由於拿破崙戰爭的緣故，後來則是由於維也納會議的緣故。這些國家的政府滿足於它們之間互不相關的獨立，與其人民之間的關係是疏遠的。

義大利人民普遍厭惡那些現有的權力中心，他們要求建立一個自由民族國家的願望愈趨強烈，這樣的民族國家不僅能代表整個義大利，而且還會再現義大利古代和文藝復興時期的偉大與尊嚴。這種感情，這個義大利復興的夢想，在法國大革命和拿破崙戰爭時代一度變得更加熾烈後，在馬志尼思想的影響下，演變爲一種強烈的義大利民族統一的道德運動。馬志尼曾親眼目睹他那統一、共和的義大利的希望，曾如何短暫地出現在眼前，而接著就在一八四八年革命的普遍失敗中煙消雲散。在一八四八年激烈的事變中，教皇被馬志尼、加里波底和其他革命家那種激進的、富於浪漫色彩的共和主義嚇壞了，因而不可能指望他支持義大利的民族主義事業。這些相同的事變也顯示出，除非有一個外來力量的援助，否則難以將奧地利從義大利半島驅逐出去。

皮埃蒙特的首相是不會忘記這些教益的。一八四八年以來，薩丁尼亞王國做爲一個君主立憲國家來統治，國王是維克多・艾曼紐。一八五二年以後，加富爾出任首相。他在當時算得上是最精明的政治戰略家，與其他時代的名人相比也不遜色。做爲一個西方化的自由主義者，他力圖在薩丁尼亞王國建立一個進步、公正和有效率的政府，旨在爲義大利其他邦國樹立一個強力楷模。他盡力在薩丁尼亞推行憲政和議會的制度，贊助鐵路與碼頭的修建，改良農業，實行開放的貿易政策。他還推行強烈的反教會政策，取締許多宗教節假日，限制宗教團體擁有不動產，廢除宗教法庭，所有這些措施都是在不與教皇教廷協商的情況下採取的。他是一個自由主義者和君主立憲主義者，是一個生來就富裕的地主，因而他不會同情馬志尼革命性的、浪漫的、共和的民族主義。

加富爾具有上文提到的新的現實主義思想。他並不贊許浪漫的共和主義者，但自願與他們非公開合作。他不把戰爭理想化，卻甘願在薩丁尼亞國王領導下，以戰爭來統一義大利。他老謀深算地促使薩丁尼亞介入克里米亞戰爭，派遣軍隊進入俄國，旨在於日後的談判桌上得到一席之地，在巴黎和會上提出義大利問題。在他看來，很明顯地要反對一個強國，必須使之與別的強國爭鬥，而利用法國軍隊，則是從義大利驅逐奧地利唯一可行的辦法。在他確信已得到法國的軍事支持之後，如何想方設法誘使奧地利與之交戰，便成了他的主要計畫。

要勸說拿破崙三世進行合作並不困難，波拿巴們向來就把義大利看做是他們的祖傳土地，而拿破崙三世在他充滿冒險經歷的青年時代曾經與從事祕密活動的義大利人有過交往，一八三一年他還參加過一次義大利人發動的起義。這時，他以一個皇帝的名義扮演現代改革家的角色，深爲「民族主義的學說」所吸引。按照這種學說，每個民族國家的統一在當前的歷史舞臺上確實是一種進步。爲義大利的自由去和反動的奧地利作戰，還會緩和本國的自由主義輿論壓力——他正在其他方面對這種自由主義輿論實行壓制。勸說合作的最後文件是由義大利共和主義者奧西尼擬定的，此人在一八五八年發現拿破崙三世遲遲不下決心，曾一度企圖用炸彈暗殺他。最後，加富爾與拿破崙三世達成一項祕密協定。一八五九年四月，加富爾巧妙地誘使奧地利宣戰，隨後法國軍隊大舉越過阿爾卑斯山。

法國人和薩丁尼亞人取得了馬讓塔戰役及索非利諾戰役的勝利，拿破崙三世這時面臨左右爲難的境地。在義大利國內，隨著奧地利的失敗，革命宣傳活動像十年前一樣迅猛地席捲整個半島，而法國皇帝並不是人民革命的保護者。這些革命者推翻或指責各邦國政府，堅決要求與薩丁尼亞王國合併。而在法國與其他地方，天主教徒擔心教皇的世俗權力從此喪失，責罵皇帝不敬上帝的行爲和進行不必要的戰爭。法國立場的確也令人費解，時值法國軍隊在義大利北部與奧地利作戰，而一八四九年派往義大利去保護教皇免受共和主義侵害的一支法國部隊仍賴在羅馬不走。最後，更讓加富爾不可理解的是，處於勝利頂峰的拿破崙三世竟然在一八五九年七月與奧地利人單獨媾和了。

法奧協定把倫巴底歸還薩丁尼亞，但威尼斯繼續留在奧地利。對於義大利問題，該協定則提出了一個折衷方案：成立一個由教皇統治的包括現有義大利各個政府的聯邦。然而，這既不是加富爾或薩丁尼亞人，也不是那些更激進的義大利愛國者所需要的東西。革命在義大利北部各國家中繼續不斷地擴展，托斯卡尼、摩德納、帕爾馬和羅馬格納的人民驅逐了他們從前的統治者。隨後，舉行了公民投票或普選，占壓倒多數的人贊成與薩丁尼亞合併，結果這些地區被併入薩丁尼亞王國。鑑於羅馬格納是教皇轄地，因而教皇將新義大利的組織者統統驅逐出教會。這並未嚇倒和阻礙任何人，除了威尼斯之外，整個義大利北部的代表於一八六〇年雲集薩丁尼亞首都都靈，舉行擴大的王國的首屆議會會議。英國政府熱烈歡呼這些事變；拿破崙三世也承認了這個擴大的薩丁尼亞國家，把尼斯和薩伏依兩地轉讓法國以作為回報。公民投票結果表明，兩地絕大多數人都贊成併入法國。

義大利統一的完成

在一八六〇年的這個時候，半島北部是義大利王國，中部是教皇轄地，南部仍由兩西西里王國占據。後者近來因遭到革命宣傳的騷擾而局勢動盪，每況愈下——實際上過去也經常如此。由於薩丁尼亞共和主義者朱塞佩・加里波底所進行的活動，整個事態終於發展到了緊要關頭。加里波底此人有點像拉法耶特，也是一位「兩個世界的英雄」，過去曾為拉丁美洲烏拉圭的獨立而戰，在美國住過一個時期，擔任過一八四九年短命的羅馬共和國的執政官。現在他則將大約一千一百五十名他個人的追隨者組成一支向南方遠征的軍隊——「加里波底千人團」，又名紅衫軍。加富爾不可能公開支持這樣擅自對一個鄰國發動戰爭的行動，他假裝不知道加里波底的準備工作，並默許他向南方進軍。加里波底在西西里登陸，然後迅速渡海登上了大陸。當地的革命者立即群起回應，那個不能從自己人民那裡得到任何支持的落後又腐敗的兩西西里政府，在這次別開生面的入侵之後頓時垮了臺。

當時，加里波底已準備從那不勒斯向羅馬挺進。可想而知，他在羅馬不僅會與教皇，而且還會與駐紮在那裡的法國軍隊發生對抗。此外，也會在全世界引起公憤。加富爾決定，必須防止這種過分激烈的舉動，但同時也必須不失時機地利用加里波底的成功。加里波底做好了準備，接受君主制做為義大利統一問題的最好解決方案（儘管他的追隨者並不是全都同意這樣做）。這個紅衫軍的首領，國王們曾經的仇敵，終於同意與國王維克多・艾曼紐二世一道乘坐敞篷馬車，穿越那不勒斯街道，接受成千上萬人們的歡呼。在兩西西里舉行的公民投票顯示，人們幾乎是全體一致地自願與薩丁尼亞合併。除了羅馬及其近郊，其餘的教皇轄地也舉行了公民投票，得到同樣的結果。除了羅馬和威尼斯以外，代表整個義大利的議會會議於一八六一年召開，義大利王國宣布正式成立，維克多・艾曼紐二世「由於上帝的恩典和民族的意志」成了它的國王。做爲義大利人援助普魯士人進行反奧地利戰爭的戰利品，威尼斯於一八六六年回歸義大利；一八七〇年，法國軍隊因普法戰爭撤離羅馬之後，該城旋即併入義大利王國。

所以正如當時人們所表達的一樣，義大利是被「製造」出來的。它是通過馬志尼高尙的文化民族主義、加里波底所進行的冒險活動和加富爾所採取的沉著政策製造出來的。不管怎樣，最終義大利人藉由武裝起義、暴力和無記名的公開選舉而完成了國家統一。

統一後長期存在的問題

統一只解決或者說結束了很少的問題。在領土方面，極端激進的民族主義者甚至拒絕相信義大利統一業已完成。他們注意到邊界以外那些人員混雜、義大利人數衆多或占優勢的地區——特蘭提諾、的里雅斯特、某些達爾馬提亞人的島嶼、尼斯和薩伏依，認爲這些仍被外國統治著的地區是義大利應收復的領土，即「尙未收復的義大利」，它正期待著完全統一的日子到來。「收復失地」這個詞，即便是轉譯成英語，所表示的也是站在民族主義的立場上，爲把本國邊界以外的本族地區合併過來而提出的糾纏不休的要求。

義大利政府於一八七〇年對羅馬的占領，在教會和國家之間造成的裂痕一直難以彌合。教皇被剝奪了占據一千年之久的領土，只能選擇梵蒂岡做爲終生隱居所，並在這裡重新發出他對共和制度的譴責。直到一九二九年，他的繼承者都遵循著同一政策。因此，眞正的義大利愛國者毫無疑問都是反教會的，而虔誠的天主教徒則有義務敵視義大利國家。義大利北部和南部之間的地區差別並未因統一而消失。北方把經營農業的南方（那裡有教士的土地、地主和貧困的農民）看做是令人丟臉的落後地區。

新義大利是議會制的，但並不民主。一開始，兩千多萬人當中只有約六十萬人有選舉權。直到一九一三年，選舉權的範圍才有了明顯的擴大。與此同時，議會活動局限於少數人，有時候和人民群衆相隔離，腐敗時有發生。但是多少世紀以來的夢想實現了，義大利成了統一的國家。自從文藝復興時期以來，那已經流逝掉相當漫長的世紀，這對愛國志士來說似乎是羞愧難言的時代，現在則是在成功統一的榮譽中結束了。

德意志帝國的建立與奧匈二元君主國

法國從宗教改革時期以來，以及俄國從參與歐洲事務以來，兩國一貫的政策就是利用德意志人之間的矛盾，使他們保持一種敵對狀態，並依附於外國勢力。正如我們所知，保持德意志世界的分裂，對於現代歷史的發展事實上是一種消極性的先決條件。因爲，如果沒有它，歐洲在經濟和文化上的領導權就不會集中在大西洋沿岸一帶，俄國也不會變爲一個巨大的軍事帝國，能沿著波羅的海進行擴張，一直進入波蘭。

正如我們所知，德意志人對於他們的現狀逐漸變得不滿，因爲這個國家已經發展到民族主義階段了。許多德國思想家認爲，德意志與西方不同，他注定在日後會設計出一種特殊的德意志生活方式及政治制度。德意志人在斯拉夫人面前似乎有某種難以言傳的優越感，其哲學思想往往也暴露出一種特有的調子，其中表現得最爲明顯的莫過於黑格爾。他斷言現代個人主義是西方的特色，並輕率地忽略強調個人自由的自由主義觀念，而傾向於讚美集體的忠誠、民族國家。黑格爾和馬克思強調歷史的進化演進過程，在他們的思想裡，歷史更成爲一種不受人類支配的巨大力量。歷史被說成是命中注定，是需要，是成爲必需，是譴責，是證明其爲正確或是有理由。誰要不喜歡，即可將其看做是一個純粹過去的階段而不予考慮，並逕直向一個完全不同和更有吸引力的未來去論證。誰只要需要，無論是現在還是將來，均可將其描寫成發展的必需，並且勢必會到來。

一八四八年以後的德意志諸邦國

一八四八年之後接二連三發生的革命，傾覆了幾個德意志邦國政府。當時，法蘭克福議會有一個基本上由平民組成的集團，他們曾利用符合憲法的方式著手解決德意志的統一工作，這種嘗試由於無權而失敗。因此，德意志人在一八四八年革命之後開始從權力方面來考慮國家的統一問題，並且發展成某種極端的「強權」意識。法蘭克福議會那批大員之所以失敗，或許因爲他們不夠革命。德意志民族在民族感情上依然傾注於原屬的各自邦國。對薩丁尼亞之外那些舊政府範圍內的革命性掃蕩只能夠發生在義大利，絕不會發生在德意志各邦。

一八四八年革命失敗以後，德國的民族主義者和自由主義者處於一片混亂之中。到一八五〇年，原來那些邦國恢復了——奧地利和普魯士、漢諾威、薩克森、巴伐利亞、符騰堡等王國和大大小小約三十個邦國，以及漢堡和法蘭克

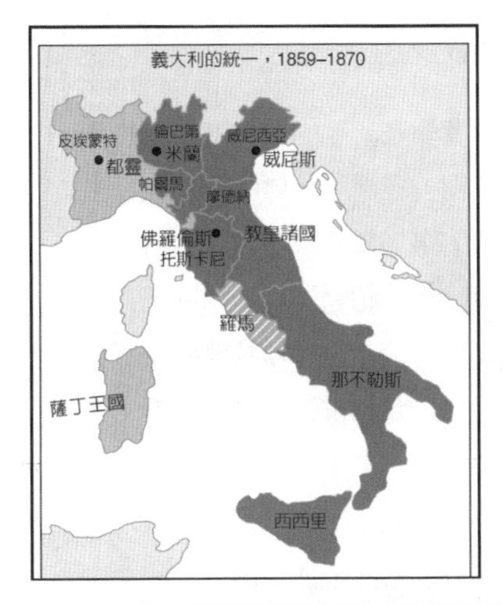

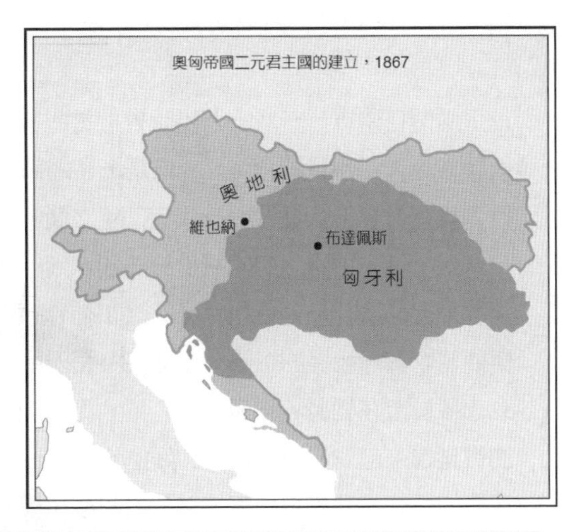

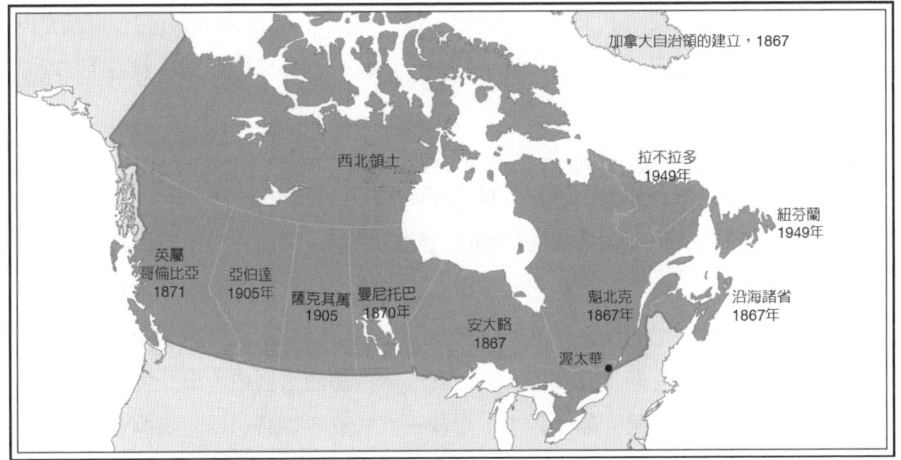

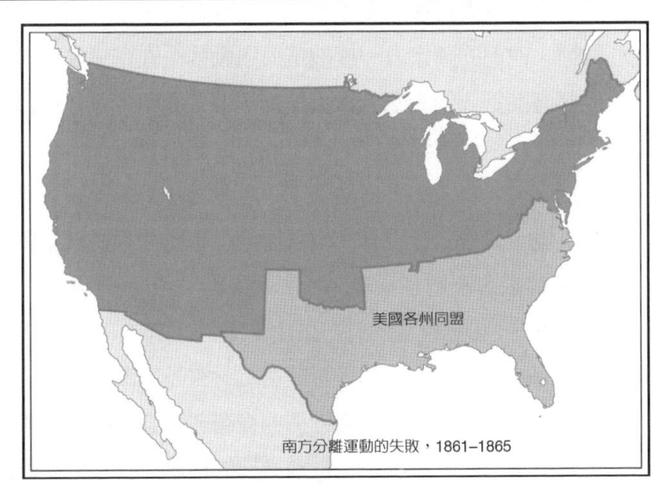

圖13-2　民族國家的建立，一八五九～一八六七年

一八五九年，義大利統一（除了另在一八七〇年合併的羅馬城）後的八年裡，哈布斯堡王朝的政府通過創建奧匈二元君主國，試圖解決自身的民族問題；美國挫敗了南方分離運動，重申了國家的統一；加拿大自治領建立（日期表示各省的加入時間），包括了幾乎所有的英屬北美人，除了一九四九年加入自治領的紐芬蘭和拉布拉多的居民以外。

福這兩個自由市。一八一五年時曾把這所有邦國聯繫在一起的鬆散的邦聯也重新建立起來（參見圖13-4）。但是，在這個組織裡，經濟和社會狀況正在發生巨大變革。在一八五〇～一八七〇年之間，德國的煤、鐵產量增加了六倍。在一八五〇年，德國生產的鐵少於法國，到一八七〇年就超過了它。德國正在快速地獲得經濟統一，並在克服經濟和社會的落後狀態，正是這種狀態把德國人與西北歐快速發展的工業、全球商業相隔離。仰仗鐵路和電報連接在一起的德意志各城市在發展，它們要求有更大範圍的地區支援。工業資本家和產業工人的數量越來越多。由於統一的好處比以往任何時候都來得明顯，和一八四八年革命的思想遭到嚴重損害，以及對國家和權力過分的崇拜，加上由於把成功的事件當做「歷史的裁決」來加以接受的習慣，德意志人已經準備好接受隨後的轉變。他們沒有盡自己的力量去實現統一，而統一的領導權落到了普魯士的手中。

十九世紀六〇年代的普魯士：俾斯麥

普魯士歷來就是列強當中最小和最危險的一個。這個曾被拿破崙摧毀的國家，如今已經東山再起。多虧它的軍隊，它才能保持自己的國際影響和自身的特點。其實，它打過的仗要比其他列強少，但它早就利用現有的軍隊，透過征服和外交手段來實行擴張的政策。一七四〇年占領西里西亞，十八世紀七〇年代和九〇年代占領波蘭的部分領土，以及一八一五年憑藉一項國際協定對萊因蘭的攫取，都是普魯士實力日增的重要標誌。一八五〇年後，那些支配普魯士命運的人憂心忡忡，他們的國家曾一度被革命所動搖。在克里米亞戰爭中和巴黎會議上，他們簡直就是一個旁觀者。這種情況似乎表明，普魯士得來不易且相對來說還是近來才得到的國際地位，有可能正在走向衰落。

一八一五年以來，普魯士的人口從一千一百萬增加到一千八百萬，可是軍隊的規模並沒有改變。只是執行現有的徵兵原則，軍隊的兵員數量就將增加差不多一倍，這肯定要求政府增加撥款。一八五〇年之後，普魯士有了一個議會，確切地講，它是一個被富人控制的議會。不過，其中部分有錢的普魯士人，特別是那些萊因蘭的資本家，都是希望由議會來控制政府政策的自由主義者。這些人不喜歡職業軍人，把軍官團裡那些從普魯士容克招募而來的成員，看做是國內主要對手。因此，議會拒絕批准必要的撥款。在這緊要關頭，普魯士國王於一八六二年任命一位新宰相，奧托・馮・俾斯麥。

俾斯麥來自易北河東岸老布蘭登堡的一個容克地主家庭，儘管他實際上是世界上成就斐然的人物，卻養成一副率直的鄉村地主的生硬態度。從智力方面來看，他遠遠優於他出身的、有些落伍的地主階級，而對於這個階級，他常常感到一種難以忍受的蔑視。他也有許多容克的觀念。他提倡，甚至能讓人感受到有某種果敢的新教的虔誠。雖然他小心翼翼地對待世界上的各種輿論，但那從未能阻擋他的行動；他對批評和指責無動於衷。他實際上是頑固的。他不是一個民族主義者，從未把整個德意志看做是他的祖國，他是一個普魯士人。與其他容克們的情形一樣，他的社會關係分布在其東部的波羅的海省分和俄國的那些土地貴族中間。至於西歐，包括德意志的許多地方，他既不了解，也不信任。在他看來，西歐是革命的、動亂不安的，注重物質生活和自由主義。德意志境內的所謂議會既無知又不負責任，只不過是做爲政府的機構而存在。個人自由對他來說似乎只是一種混亂的自私自利，自由主義、社會主義和民主政治都與他格格不入。他寧可強調責任、貢獻、秩序和敬重上帝。建立一個新的德意志聯邦的思想在他腦海裡是逐漸發展起來的，他後來才把它當做增強普魯士實力的附屬物。

俾斯麥就這樣有了他的偏愛，即便說這是他的行爲準則也未嘗不可。但是沒有原則能約束他，沒有任何一種思想本身會是一個目的，他成了第一流的「現實政治」（Realpolitik）的實踐者。一開始他發動戰爭，之後他又堅持要求和平。敵對和聯盟在他看來只不過是一時方便的問題，今天的敵人可能就是明天的朋友。和計畫部署好一系列事件，然後再一步一步的妥善處理而取得輝煌成就的做法不同，他好像是講求實效和機會主義的，只是乘機利用當前的形勢，按照那些事件可能發展的幾個方向中的任何一個方向去準備行動。

圖13-3　奧托・馮・俾斯麥實用主義地使用權力，成功地進行活動，創建了統一的德意志民族國家，這使他成為十九世紀後期最成功的現實政治實踐者。這張照片展現了他那敏銳觀察的才幹，這使俾斯麥在他那個時代的許多政治與外交的衝突中，能看清什麼是最迫切的。（Getty Images）

一八六二年，俾斯麥做爲宰相，其責任就是與普魯士議會中的自由主義者進行鬥爭。足足四年的時間裡（一八六二～一八六六年），他都是進行這種「憲法鬥爭」。議會拒絕投票表決政府所提議的稅收，政府就以任何可行的方法加以徵集。納稅人在繳稅時並未發生反抗行動，這是在做一件奉公守法的事情，何況收稅人是代表政府當局。軍事政策置於民意政府原則之上的成功，明白無誤地表現出了普魯士自由主義的局限性，民衆的馴服，對政府官員的恭敬，相信國王及其大臣們要比民選代表聰明。軍隊得到擴充和重組，重新訓練和重新裝備起來。議會中自由主義多數派攻擊政府的政策違憲，俾斯麥擋住他們暴風雨般的進攻。他指出，憲法並不意味著可以蓄意損害國家。自由派議員則強調，政府本身是在逐漸毀掉普魯士，因爲德意志其他地區的人民希望在普魯士找到一個政治自由的榜樣，就像當年義大利人民在薩丁尼亞找到的那樣。俾斯麥冷酷地回應道，德意志人在普魯士欣賞的不是它的自由主義，而是它的權力。他還宣稱，一八一五年劃定的普魯士邊界不是固定不變的，普魯士必須抓住任何有利的時機進一步擴張。另外，他還加上了一句最令人難忘的話：「當前的各種重大問題不是依靠演說和多數票所能解決的——這正是一八四八～一八四九年所犯的嚴重錯誤——而是依靠鐵和血。」

俾斯麥的戰爭：北德意志聯邦的創立，一八六七年

一個有利的時機不久就來臨了。處於國家統一過程中的丹麥人當時想讓什列斯威公國成爲丹麥的一部分，可是當地的居民雖然有一部分是丹麥人，卻也有一部分是德意志人。德意志邦聯議會不甘心就這樣把德意志人聚居的地盤劃入丹麥，於是號召對丹麥發動一場全德意志的戰爭。俾斯麥無意支持和加強眼下這個德意志邦聯，它需要的不是一場全德意志的戰爭，而是需要一場普魯士的戰爭。爲了掩蓋自己的意圖，他聯合奧地利一起行動。普魯士與奧地利於一八六四年同時向丹麥開戰，不久就將丹麥打敗。俾斯麥本打算把什列斯威與好斯敦公國一併劃入普魯士的版圖，另外再隨便撈些其他的好處，而這些好處有可能在未來與奧地利發生衝突時冒出來。他先是策劃分別由普魯士對什列斯威、奧地利對好斯敦實行臨時占領。很快雙方就因通行權、內部秩序的維持以及其他問題發生了嚴重分歧，這些爭端都不是雙方占領軍所能解決的。俾斯麥一邊假裝盡力地調節這些糾紛，一邊任其發展，以待時機的成熟。

俾斯麥接著開始敗壞奧地利聲譽的活動，並著手從各方面孤立奧地利。英國政府當時對大陸事務奉行不干預政策。而俄國對俾斯麥不可能有所行動：一方面一項重大的改革計畫正在國內造成分裂，當時正處於高潮；另一方面，由於克里米亞戰爭之故，俄國對奧地利懷有一種敵對情緒；再者，在一八六三年俾斯麥曾經支持過俄國鎮壓俄屬波蘭的一次起義，因而定然會對普魯士及俾斯

麥懷有好感。為了爭取義大利的新王國參戰，俾斯麥拋出威尼斯這個誘餌。至於法國，由於國內的不滿和讓軍隊牽累在墨西哥的軍事冒險裡，拿破崙三世眼前正處於進退維谷的境地。此外，在比亞里茲的一次祕密會見中，俾斯麥把他迷惑住了，他們達成了關於法國擴張的含混不清的口頭交易，同時兩個人似乎都一致同意有必要使歐洲地圖現代化。為了在德意志內部削弱奧地利，俾斯麥把自己裝扮成民主主義者。他打算對德意志邦聯進行一次改革，建議經由成年男子普選的法律程序產生一個民選的議會。他認為，德意志的廣大民眾既不能投靠富裕的資產階級自由派，也不能認同於德意志各邦國的現行政府機構，更不用說哈布斯堡王室了。他要用「民主政治」逐步削弱所有阻礙他運作的既得利益集團。

與此同時，占領國彼此之間圍繞著什列斯威與好斯敦問題繼續發生爭執。最後，奧地利在德意志邦聯會議上正式提出這個問題。它指出，邦聯會議的職能之一就是它的成員國之間防止戰爭。俾斯麥隨即宣稱會議無權干預此事，他譴責奧地利人入侵，並命令普魯士軍隊進入好斯敦。奧地利呼籲邦聯採取制裁行動，派出一支全德意志的軍隊去討伐普魯士。其結果是普魯士在一八六六年不僅要與奧地利交戰，而且還要與大多數的其他德意志邦國交戰。普魯士軍隊很快就證明了它的優勢。普魯士軍隊的射擊術訓練得前所未有的精準，裝備的新式撞針槍在一分鐘之內能射擊五發子彈。加上利用新建的鐵路把士兵運到作戰地區這樣一個富有想像力的策略，以及英明的指揮，普軍很快就擊潰了奧地利人，並在不久之後將其他德意志各邦國軍隊一一擊敗。普奧之戰或稱「七週戰爭」，因其延續時間短促而令人震驚。俾斯麥在其他歐洲列強能夠看出已經發生了什麼事情之前，就匆忙採取了停戰議和的行動。

普魯士不僅徹底兼併了什列斯威與好斯敦，還兼併了整個漢諾威王國、拿騷和黑森－卡塞爾公國，以及法蘭克福自由市。這裡的舊政府在「紅色反動分子」的掃蕩下徹底垮臺了，德意志邦聯也未能倖免，它在一八六七年由俾斯麥一手包辦的北德意志聯邦取而代之。在這裡面有新擴大的普魯士和另外二十一個德意志邦國，但普魯士的重要性要遠遠超過所有這些加盟的邦國。位於美因河以南的德意志諸邦國——奧地利、巴伐利亞、巴登、符騰堡和黑森－達姆斯塔特——沒有加入這個新組織，在它們自己中間也沒有結成任何一種聯邦。與此同時，義大利王國收回了威尼斯。

俾斯麥為北部德意志聯邦制定了一個章程。儘管這個新機構同樣是聯邦形式，但比眼下已不存在的一八一五年那個邦聯要強大得多。普魯士國王成了它的世襲領袖，大臣們直接對他本人負責。聯邦議會分成兩院：上議院像在美國

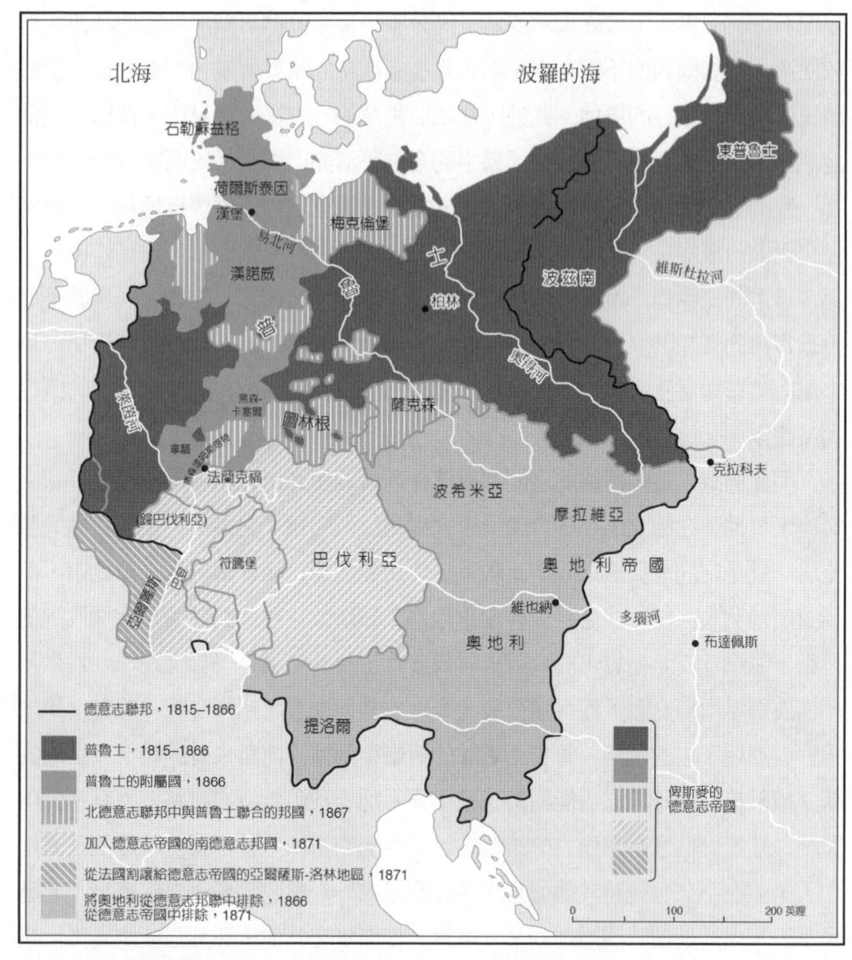

圖13-4　德意志問題，一八一五～一八七一年

從一八一五～一八六六年，有三十九個邦國加入德意志邦聯（較大的邦國如圖中所示）。這時期的德國統一運動，爲了反對民族主義團體，形成了兩個方案：一爲包括奧地利的全部德意志人的大德意志方案；二爲將奧地利及其帝國從新的德意志民族國家中排除出去的小德意志方案。俾斯麥奉行的是小德意志方案，而不支持大德意志方案。俾斯麥：（1）在一八六六年運用征服手段擴大了普魯士；（2）在一八六七年將梅克倫堡、薩克森和其他地區與普魯士聯合，加入北德意志聯邦；（3）在一八七一年將巴伐利亞、符騰堡和其他南部各邦合併入聯邦，建立了德意志帝國；（4）從法國奪取了阿爾薩斯—洛林地區；（5）將奧地利排除出新的德意志帝國。這些疆界一直延續到一九一八年。

的一樣代表著各邦國，不過不平等；下議院也稱國民議會，被看做是代表人民，乃經由成年男子普選制程序選出。在保守的容克和自由主義的資產階級看來，像這樣輕佻地對待民主政治，簡直是精神錯亂。不過它實在是一個大膽的措施，因爲在當時的歐洲，只有法國才廣泛地實施過普選權，而且在拿破崙三世統治下的法國，不論是刻板的保守分子，還是名副其實的自由主義者，對此都十分不滿。至於英國，雖然在同一年，也就是一八六七年也同樣擴大了選舉權，但仍舊只有不到一半的成年男性居民獲得了這種權利。俾斯麥意識到，「群衆」是一個與強有力的政府共同反對利益集團的同盟者。他甚至與社會主義者進行談判。社會主義是近十年來隨著工業化而出現的，在這時的德意志主要是費迪南・拉薩爾的追隨者。拉薩爾派社會主義者與馬克思主義者不同，他們在理論上相信，透過現政府的行動，改善工人階級的生活境況是可能的。使當時在倫敦的馬克思（他的《資本論》最初是在一八六七年出版的）感到極其煩惱的是，大多數德意志社會主義者與俾斯麥達成了諒解。做爲對民主選舉制的回報，他們同意接受北德意志聯邦。在俾斯麥方面，他利用民主主義和社會主義的思想情緒，以此贏得了民衆對那個正在形成的帝國的全面支持。

普法戰爭，一八七〇年

毋庸置疑，整個形勢還是動盪不定的。南德意志諸小邦國處在空白地位，搖擺不定，它們遲早都要納入某個或其他勢力範圍，不管是奧地利的、普魯士的，還是法國的。當時法國國內到處都是對拿破崙三世對外政策的憤怒抨擊。事實已經證明，法國對墨西哥進行的干涉是一場慘敗。一個統一的義大利已經無可奈何地出現在法國邊界上。而如今，一個強大而獨立的政權卻被聽任在實際上擴張到了整個德意志，這是違背數百年來法國政府奉行的法蘭西民族利益的原則的。人們普遍開始感到，在普法兩國之間，戰爭日益迫近了。俾斯麥狡猾地利用了南德意志諸邦國對法國的恐懼心理。儘管德國南部從前常常心甘情願地充當法國的僕從國，但現在，民族主義卻足以讓人認識到，像這樣從屬於一個外國民族是極不光彩的。在俾斯麥看來，普魯士和法國之間發生一場戰爭，一定會使那些南德意志小邦國感到恐慌，進而與普魯士結成聯盟，最終將奧地利排斥在外——這就是他想要的東西。在拿破崙三世看來，或者至少在他的某些顧問看來，如果打贏這場戰爭，勢必恢復公衆對波拿巴帝國的支持。在這樣一個戰爭一觸即發的局勢裡，兩個對國家負有責任的人物都沒有爲和平而奔走。

與此同時，西班牙發生了一場革命，在位女王被驅逐出境；西班牙臨時政府請求普魯士國王的堂兄弟，霍亨索倫皇室的利奧波德親王擔任西班牙的立憲君主。讓普魯士王室牢固地立足於西班牙，當然是不合法國胃口的。霍亨索倫皇室三次拒絕了西班牙人的提議。俾斯麥雖然不能左右這樣的家族做出決定，但他預見到，這可能是一個可利用的事件；經他轉彎抹角地勸說，西班牙人繼而提出了第四次請求。一八七〇年七月二日，巴黎方面獲悉，利奧波德親王已

圖13-5　一八七〇年，短促的普法戰爭爆發，期間法國軍隊在法國東北部的色當遭遇慘敗，拿破崙三世及其軍隊成了普魯士的俘虜。從這幅德國雕版畫中可以看到法國逃避戰亂的民眾和繼續推進的普魯士軍隊，驚恐的民眾正跨越一座危險、擁擠的橋梁。（The Art Archive/Musee Carnavalet Paris/Dagli Orti）

接受這個請求；法國駐普魯士大使貝尼德第受本國政府的指示，到埃姆斯河浴場會見普魯士國王，他正式要求撤銷利奧波德親王的允諾。七月十二日，這個允諾予以撤銷。法國人如此爲所欲爲，使俾斯麥深感失望。

法國政府採取了更進一步的行動。它指示貝尼德第到埃姆斯河浴場再次會見普魯士國王，要求以後無論何時，霍亨索倫皇室的任何成員都不得成爲西班牙王位的候選人。國王有禮貌地拒絕任何這類承諾，並將會談的全部內容電告在柏林的俾斯麥。俾斯麥收悉這份以「埃姆斯急件」爲世人所知的電報後，從中發現一個新機會，用他自己的話說，就是在高盧公牛眼前揮舞紅巾。他將埃姆斯電文的摘要予以公布。經他刪減後的電文，就報紙讀者看來，在埃姆斯彷彿有過一次無禮的交會；普魯士人相信，他們的國王在打交道時受了侮辱，而法國人則認爲，他們的大使當時遭人故意怠慢。兩國的主戰派都要求洗雪恥辱，嚴懲對方。就爲了這些無關緊要的原因和已經解決了的西班牙王位這樣一

圖13-6　一八七一年一月，新的德意志帝國在法國有歷史意義的凡爾賽宮裡正式宣布成立。普魯士的威廉國王成為德國皇帝。這幅畫展現了俾斯麥如何召集他的軍事將領們和來自所有立憲的德意志邦國的代表們，集合在著名的「鏡廳」——它是法國過去榮耀的象徵性地點，這使得德國人的慶祝更顯出對法國人的羞辱。（Bismark Museum/Bildarchiv Preussicher Kulturbesitz/Art Resource, NY）

個表面上的爭端，一八七○年七月十九日，不負責任又腐敗無能的拿破崙三世政府向普魯士宣戰了。

這又是一次時間短促的戰爭。俾斯麥再次處心積慮地預先孤立他的敵人。英國人普遍都覺得法國人可能又在胡來，法國在墨西哥進行的軍事行動使他們感到驚慌，那表明法國人有野心要重建法屬美洲帝國。義大利人久已等待時機奪回羅馬，當法國人爲了與普魯士的戰爭而在一八七○年從羅馬撤走軍隊時，他們就下手了。俄國人早就在尋機推翻一八五六年那項禁止他們在黑海保持海軍艦隻的條款，他們的目的在一八七○年也達到了。

一八七○年的戰爭像當時別的戰爭一樣，沒有釀成一場全面的歐洲戰爭。普魯士有南德意志諸邦國的支持，法國卻沒有同盟者。與普魯士軍隊相比，法國軍隊證明在技術上是落後的。戰爭於七月十九日開始，到九月二日色當戰役之後，法軍主力已向德國人投降。連拿破崙三世本人也成了階下囚。九月四日，巴黎發生暴動，宣告成立第三共和國。普魯士和德意志軍隊開進法國，包圍了巴黎。儘管法國軍隊已經瓦解，但巴黎人民拒絕投降。巴黎被敵軍圍困達四個月之久。

德意志帝國，一八七一年

以大軍圍困著巴黎的德意志統治者或他們的代表，這時正聚集在凡爾賽。凡爾賽的城堡和庭園，自從一七八九年十月路易十六倉皇離棄它以後，早已是死氣沉沉，對社交界來講，比一個閒置的遺址好不了多少。在宮殿中最豪華的鏡殿大廳裡，太陽王曾接受過德意志君主們必恭必敬的朝覲；還是在同一個大廳裡，俾斯麥於一八七一年一月十八日宣布德意志帝國誕生，普魯士國王取得德國皇帝的世襲頭銜。其他德意志諸邦國的統治者承認了他的帝國威權（當然，除了奧地利的統治者和那些被俾斯麥親手推翻的統治者以外）。十天之後，饑寒交迫、孤立無援的巴黎人向敵軍開門投降。當時巴黎沒有俾斯麥能夠與之議和的政府，而這個國家究竟需要一個什麼樣的政府，人們心中也沒有明確的概念。

俾斯麥堅決主張要有一個經由普選產生的國民議會。他要求法國付給德意志帝國五十億金法郎的戰爭賠款（在當時是一個巨大而無先例的數目），並割讓阿爾薩斯與德國接壤的地區和洛林的大部分。雖然阿爾薩斯人說德語，但從十七世紀起他們就參與法國各方面的歷史活動，他們當中大多數人覺得自己是法國人。當地人強烈抗議把這個地區劃歸德國，而且，法國人從未甘心於這一次對他們的國土的無情閹割。一八七一年五月十日，雙方簽署了《法蘭克福條約》，該條約具體表現了由俾斯麥授意的和平。自此以後，法國國民議會在逐步地著手進行建設第三共和國的工作。

德國的統一從此改變了歐洲的面貌。它不僅推翻了維也納和平宣言，還推翻了威斯特伐利亞和平宣言。德意志帝國誕生後不久，就成了歐洲大陸上最強大的國家。一八七〇年後迅速的工業化，使它變得更加富強了。俾斯麥機敏地利用其他歐洲國家相互衝突的野心，打了三次短促的戰爭，就帶來了德國的統一，而德國的統一正是歐洲絕大多數政府長期以來不惜任何代價要加以阻止的。他巧妙地將每個對手一一戰勝，其中也包括德國人。民族主義運動產生的統一的全德意志國家，是由普魯士征服的一個德國。在帝國內部，普魯士占有大約三分之二的面積。普魯士的自由主義在俾斯麥不可否認的成就面前停止了對抗，普魯士議會還通過了一項《補償法案》，其要點是俾斯麥承認在憲法糾紛期間所採取的某些做法是專橫的，而議會在事後使有爭議的徵稅合法化。鑑於對奧戰爭的勝利及其結果，同意給予原諒並盡釋前嫌，自由主義就這樣在民族主義面前退縮了。

德意志帝國實質上接受了北德意志聯邦體制。這是一個君主政體的聯邦，每個君主政體在理論上均享有神授或是世襲的權利。同時，經由男性普選產生的議會要取決於民眾的願望，在某種意義上可以說是民主的。然而國家的大臣只向皇帝負責，而不是向民選議會負責。此外，它只是一個把各邦國的統治者結合起來的帝國，而不是把人民聯合在一起的國家。這裡沒有像義大利那樣的公民投票。每個邦國保持著自己的法律、政府和憲法。比如普魯士人民在普魯士事務上仍舊要遵守那部相對不那麼自由的、採取三級選舉制的一八五〇年憲法。而在帝國事務上，由於有普選權和享有平等的表決權，皇帝，同時也是普魯士國王，對帝國的對外政策和軍事政策擁有法定的統治權。德意志帝國實際上是擴大普魯士、普魯士軍隊和東易北河普魯士貴族政治在世界事務裡的作用的一種機構。

一八四八年以後的哈布斯堡帝國

俾斯麥統一了德國，但是，他把大約六分之一的德意志人排斥在他的德意志帝國之外，就此而言，他也分裂了德國。這時，正是這些奧地利和波希米亞的德意志人，不得不與生活在多瑙河流域的其他十二個民族一起，努力爭取共同的未來。舊哈布斯堡多民族帝國的笨拙早已是一目了然，但它那令人驚訝的經歷和生存能力給人的印象更加深刻。它歷經十八世紀、拿破崙戰爭和一八四八年革命中列強試圖瓜分它的幾次動盪，仍然維持著自身的完整，直到第一次世界大戰這樣的大變動後才終於消失。不過，在十九世紀五〇年代和六〇年代發生的一系列事件，卻大大地改變了它的特性。

在一個民族主義的時代，實質性的問題是，哈布斯堡政府對於由民族的自我表現所引起的一系列問題將如何做出反應。在這段時期，所謂哈布斯堡基本上是指法蘭西斯·約瑟夫本人；從一八四八年到一九一六年是他做爲皇帝的統治時期，這甚至比著名的同時代人維多利亞女皇的統治還要長久。法蘭西斯·約瑟夫像許多人一樣，從未能擺脫他因襲的傳統；他的思想老是放在他的家族和家族的權利方面。由於變革風潮無情的衝擊，他深深地厭惡自由主義、進步或現代的每一樣東西。就個人而言，法蘭西斯·約瑟夫不是一個眼界開闊，具有宏大計畫，敢於做出決斷和堅持採取行動的人；況且，他生活在一個浮華壯麗的空想世界裡，在宮廷裡又被大貴族、高級教會人士和軍隊中那些掛滿了閃

圖13-7 匈牙利和奧地利在二元君主國及大臣共同管理的原則下，結成政治聯盟，但是大多數人口仍然過著傳統的農耕生活。匈牙利畫家米克洛斯·巴拉巴什這幅《新娘的到來》（一八五六年），描繪了農業社會最持久的儀式之一。十九世紀的民族主義往往將這些傳統儀式加以浪漫化的處理。（Magyar Nemzeti Galeria, Budapest, Hungary/Bridgeman Art Library）

閃發光的勳章的顯貴們包圍著。

然而，這個政府也並不是無所作爲的。若要說有所作爲的話，那就是它極善於策劃新交易和進行新分配。一八四九年以後，政府曾試行過種種權宜之計，但沒有哪一種堅持下去，從而能夠看出究竟是否有效果。好些年來，它的統治思想都是中央集權——通過德國語言和德國人的效率來管理帝國，維護一八四八年完成的對農奴制的廢除（這個措施如果要起實際作用，就要對地主進行強有力的官方控制），以及支持鐵路的建設和其他物質裝備的進步。這種德國式和官僚主義的中央集權，使那些非德意志民族，尤其是馬扎爾人深感厭惡。重要的是馬扎爾人，而不是匈牙利人，因爲在民族成分十分複雜的匈牙利人當時生活的區域內，馬扎爾人占總人口的近半數。做爲最強悍的非德意志民族集團，馬扎爾人最有能力堅持他們本身的政治體制，因此，他們覺得德意志的影響最難忍受。

一八六七年妥協

一八六七年，在奧地利—波希米亞的德意志人與匈牙利的馬扎爾人之間達成了一項妥協。它對生活在這兩個地區內的斯拉夫人產生了同樣的不利作用。不管是德意志人還是馬扎爾人都認爲他們是落後的、不文明的種族。這次「妥協」創造了「奧匈二元君主國」，一種歐洲從未有過的形式：利斯河西岸是奧地利帝國，東岸是匈牙利王國。如今，兩個國家被認爲是絕對平等的；各有各的憲法和議會，各自的政府內閣從此只對本國議會負責；奧地利的行政工作語言是德語，匈牙利則是馬扎爾語；任何一國均不得干預另一國事務。就實際情況而言，這兩個國家的結合，是由於哈布斯堡的統治者將永遠同時是奧地利的皇帝和匈牙利的國王。然而這個聯盟又不僅僅是個人的；因爲雖然沒有共同的議會，但兩個議會的代表卻交替地在維也納和布達佩斯聚在一起開會；而且設有一個共同掌管財政、外交和戰爭的部會，不論是奧地利人或者是匈牙利人，都可以被任命爲奧匈帝國這個部會的大臣。

在奧匈帝國控制下的奧地利和匈牙利，形式上都是立憲議會國家，雖然內閣責任制不是始終如一地予以兌現的。另外，它們都不民主。在奧地利，利用選舉制度要盡花招之後，直到一九〇七年才眞正開始實行男性普選權；而匈牙利到一九一四年第一次世界大戰爆發時，還只有四分之一的成年男性居民有選舉權。在社會方面，一八四八年的大變革、農奴制的廢除，都沒能導致混亂結束。尤其是在匈牙利（當然也包括奧地利帝國的部分地區），那些大地產主毫無疑問依舊是統治階級，被沒有土地的農民包圍著。這個農業無產階級由兩部分人構成，其中一部分是本民族的下層階級，其他部分是諸如斯洛伐克人和塞爾維亞人的整個民族。這些民族的成員都是農民，自身內部沒有受過教育或富裕的階級。因此，民族問題和社會問題雙雙降臨這個國家。對有些民族來說，尤其是對馬扎爾人民族來說，不僅在民族方面，而且在社會和經濟方面的優勢都是處在危險之中。地主所有制成了基本的社會問題。一個受過教育和有文化的地主階級通常面對著愚昧、粗魯，和被當時的進步文明忽略了的農民。

沙皇俄國的自由化：亞歷山大二世

一八五六年以後的沙皇俄國

在俄國方面，克里米亞戰爭也引起了一系列變革。儘管這笨拙的帝國幅員遼闊，從波蘭一直延伸到太平洋，但如同人們早就說過，那是一個「巨大的村莊」。事實證明，它並沒有能力擊退來自法國和英國的局部性攻擊。不過，它那豐富的資源卻使這兩個西方強國望塵莫及。在戰爭期間成爲沙皇的亞歷山大二世本來就不是一個自由主義者，對自由主義也從未抱有堅定的信念，可是他發現，採取一些激烈的改革勢在必行。當時的西歐聲威顯赫、盛極一時，那裡有最成功的，甚至令人妒忌的國家。在這種情況下，以歐洲為楷模，但又有些差別的改革，在俄國發生了。

沙俄帝國是一個非常難以描述的政治組織，連它的臣民都不清楚它究竟是怎麼一回事。十九世紀中葉，那些主張西化的人相信，俄國注定要變得更像歐洲。另外那些斯拉夫文化優越論者則相信，俄國有它本身的特殊命運，模仿歐洲只會削弱它，或是使它墮落變質。

沒有人懷疑，俄國與歐洲之間至少存在著某種程度上的差異。俄國的領導體制就是沙皇獨裁，這是一種不為西方所確切了解的專制主義。在俄國，就連某些非常陳舊的歐洲觀念都未被接受，諸如即使是最有權勢的王公都不得侵犯宗教上的權力的思想，或者國王和國民彼此之間有著義務的這種舊的封建思想等等。人人有權從權力之手要求正義的概念，歐洲從未有人明確地否定過，而在俄國，這還只是從西方輸入的有點純理論的東西。沙皇是從來不根據法律來進行統治的，他用的是敕令、員警行動和軍隊。歷代沙皇，不管是彼得還是從前的哪一位，基本上可說都是依賴進口歐洲的工藝方法和技術專家來建設國家，而這常常面臨本國各階級人士的強烈反對，於是在必要時，這些新方法就乾脆強制執行。與歐洲其他任何一個國家相比，沙俄帝國更像一部加在人民頭上的國家機器，與人民之間沒有基本的聯繫——它是純粹和徹底的官僚政治。但是，許多俄國人在與歐洲的交往中，學到了自由、博愛、正義和無階級社會，以及個人性格上的豐富要靠高尚的文化和道德自由這一類思想，而獨裁政府對此是絲毫不感興趣的。很多持上述觀點的人，發現自己經常譴責政府和俄國本身。這個政府雖然貌似強大，卻害怕這樣的人民。任何來自官方人士以外的思想，似乎都是有害的；至於出版物和大學，照例要受到嚴格的審查。

另一個與沙皇專制統治一起得到加強的基本制度是合法奴役，即農奴制。俄國人口的大多數是依附於主人的農奴。與一八四八年前東歐中部的情況相比，俄國的農奴身分更負有法律義務。它類似美洲的奴隸制，因為農奴是被「占有的」，可以買賣，還可以在農業以外的工作上役使。部分農奴耕耘土地，無償地為貴族們操勞。另一些可能會被他們的主人弄到工廠或礦上做工，或是為了諸如此類的目的租與他人。再者就是比較獨立、像手藝人或技工那樣工作的人，他們流動於城市之間或是在城裡居住，但是他們必須從進項中提交一定費用給地主，或者在地主要求時回去。主人對他們的農奴負有某種家長式的責任，貴族們在村子裡還成立一種個人的地方政府。和美國南方一樣，法律

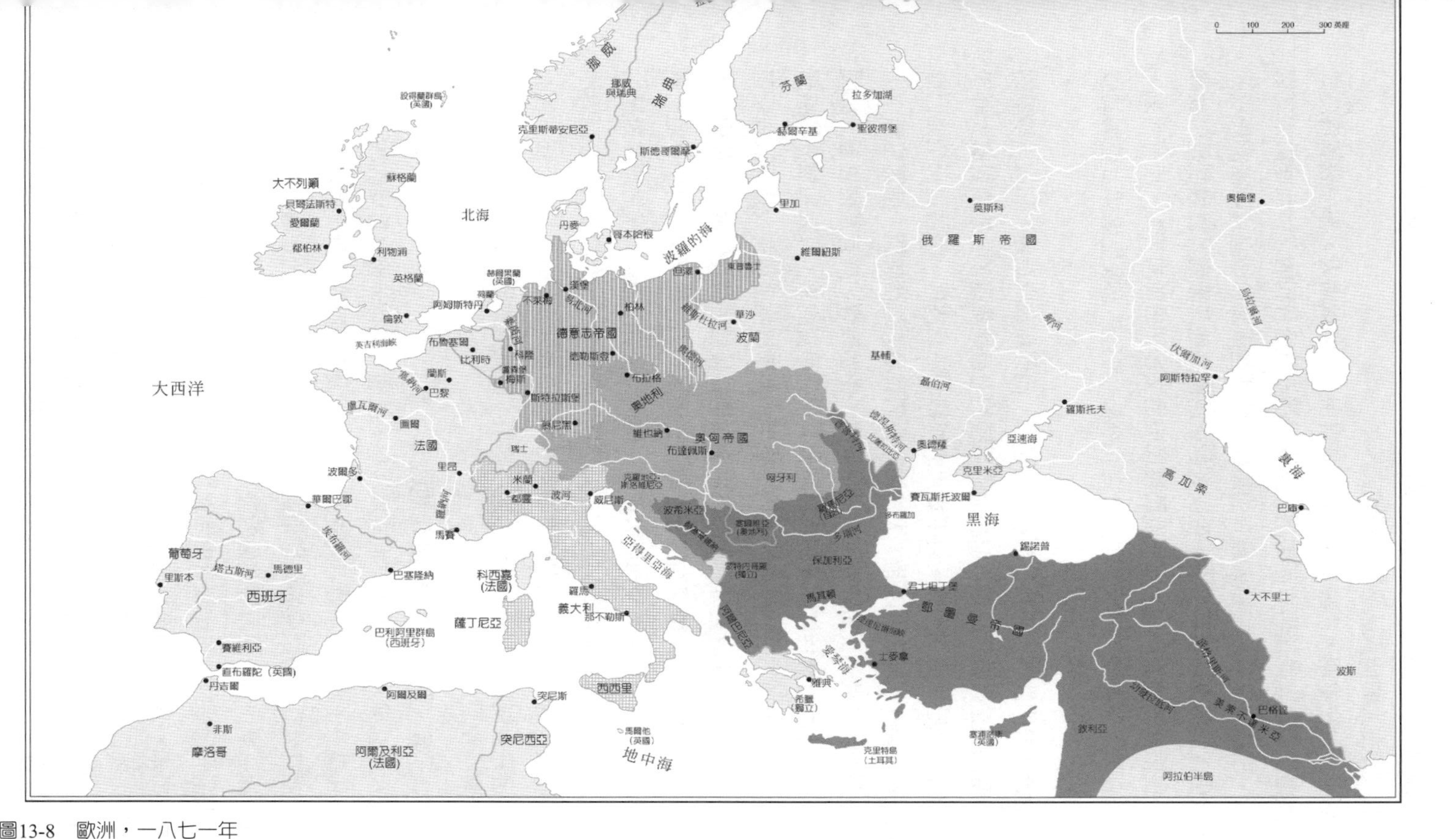

圖13-8　歐洲，一八七一年

這幅地圖展現了統一的德意志帝國和統一的義大利王國。由於合併了什列斯威（位於丹麥半島頸部）和合併了法國的阿爾薩斯和部分洛林地區（在地圖上圍繞著斯特拉斯堡和梅茨的區域），德國的領土擴大了。一八七一年到一九一四年之間，歐洲與它歷史上的任何其他時期相比較，國家分離的情況較少。除了挪威和瑞典在一九〇五年的自願分離、鄂圖曼帝國退出巴爾幹以後的各種重新安排，國家邊界在這一時期裡沒有進一步的變動。（Library of Congress）

從不干預或者只是極少地干預貴族與農奴之間的事務，因而農奴的命運每時每刻都取決於主人的個人品格和經濟狀況。

到十九世紀中期，不論是保守的還是自由主義的俄國人，都一致認爲農奴制必須盡快廢除。從任何方面來講，農奴制都不再是有利的了；亞歷山大二世即位時，已經有三分之二私人擁有的農奴（即那些不屬於沙皇或國家的農奴）被當做借款的擔保品抵押出去。俄國人越來越清楚地認識到，農奴制是勞動關係中一種糟糕透頂的制度；它使俄國農民成爲文盲和愚鈍的苦工，沒有刺激，沒有首創精神，缺乏自尊心或是工作自豪感，並且爲軍隊提供非常蹩腳的戰士。

受過教育的俄國人滿腦子都是西方思想。他們和政府疏遠，和做爲沙皇的一隻臂膀的東正教教會疏遠，還和他們祖國的老百姓疏遠了。他們對廣大群衆的無知和蒙昧感到惴惴不安，對事實上的奴隸制感到內疚，因爲這正是他們自身地位賴以存在的基礎。因此，大約就在我們討論的這個時期，俄國生活中出現另一個顯著特徵：「知識分子」。在俄國，受過教育、具有某種思想、訂閱雜誌，或是參加批評性談話，被認爲是教人十分興奮的事，以致知識分子感到自己成了一個與衆不同的階級。他們是學生、大學畢業生和有大量閒暇去學習的人。這些人雖然沒有充分的思想自由，但是相較於去做其他事情，他們在思想上擁有更多的自由。俄國知識分子傾向於總括的和包羅萬象的哲學。他們認爲知識分子應該在社會上發揮巨大作用。他們不切實際地誇大了思想家對歷史演變過程的直接影響。他們特有的姿態是反對派的立場。有的知識分子面對沙皇政權和農奴制的龐大和穩定時不知所措，轉而求助於革命的甚至恐怖主義的哲學。這只會使官僚們更加感到焦慮和害怕，從而招致政府更加頻繁的鎮壓。

一八六一年《解放法令》和其他改革

一八五五年，亞歷山大二世成爲沙皇，就通過推行一整套重要的改革，試圖謀求知識分子中自由主義者的支持。他准許人們到國外旅行，放鬆對大學的控制，並且允許審查制度的執行相對地鬆動一點。人們開始在國內創辦報紙和期刊，像亞歷山大・赫爾岑在倫敦發行的《北極星》這一類由在國外的俄國革命者編撰的出版物，也比較自由地進入到國內。其結果是，公衆輿論像火山一樣噴發出來。公衆輿論至少在一點上是一致的，那就是解放農民勢在必行。這在原則上簡直就不是個黨派問題。亞歷山大的父親尼古拉斯一世是個極端憎惡西方自由主義的著名反動分子，他組建了一個祕密政治員警系統，其專橫和審訊方法在歐洲前所未有。然而，就連尼古拉斯一世本人也曾採取過一些認眞的措施去緩和農奴制的矛盾。亞歷山大二世對待俄國事務的態度，基本上是因循守舊的，但也不得不著手建立一個政府的特別部門去研究這個問題。其實這個政府並不想把整個勞動制度和國家的經濟秩序搞亂，也不想毀滅貴族階級，因爲沒有這個階級的支持，進行統治是根本不可能的。在經過不計其數的討論、建議和提出備忘錄之後，一八六一年，帝國頒布法令宣布廢除農奴制，農民從此獲得了自由。

根據這個偉大的法令，從西方的意義上來看，農民獲得了合法的自由；從今以後，他們成了政府的臣民，不再隸屬於他們的主人。人們希望他們會被一種新的人類尊嚴感所激勵，正如一位熱心的官員在農奴解放後不久所說的：「人民挺起腰桿來了，樣子變了；面貌表情、步履姿勢、言論談吐，一切都變了。」地主們失掉了他們在村子裡的準莊園司法權，他們再不能強制施行無償的強迫勞動，或是獲得由奴役產生的收益了。

重要的在於了解《解放法令》已經做了什麼和還有什麼沒做。大致來說（地區之間有很大的差別），它把大約一半耕地分給了地主，另一半分給了從前的農奴；但後者必須爲他們所獲得的土地付贖金，以及賠償前者所損失的費用。俄國的貴族遠未被削弱，失去了農奴所有權（這些所有權已被大量抵押），如今他們手上反而有了一半土地的明確所有權，還有了贖金，並擺脫了對農民的義務。

在另一方面，農民現在手頭有了另一半可耕地的所有權——從任何一個歐洲國家的標準來衡量，都是相當可觀的數量。然而，他們並沒有按照在歐洲已經很流行的私有財產或獨立耕作的原則來支配土地。農民的這些土地一經贖回，就變成古老的農民村社（即米爾）的集體財產。村莊做爲一個單位，負責從它的個體成員那裡徵集必要數目的贖金，然後繳給政府。一旦有人拖欠贖金，村社有權對欠款者或其家庭的某一成員實行強迫勞動，而且它還可以阻止農民從村莊裡遷走，免得那些留下來的人負擔全部贖金。它能夠（從前也是如此）把一定的土地分配和重新分配給它的成員去耕種，或者當做大家的事對耕作加以監督。爲了保持村社的完整，政府不久就禁止把土地賣給或抵押給村子外面的人。這樣做有助於維護農民社會，反過來也阻止了外部資本的投入（因爲外部資本可能將固定資產收買），同時也妨礙了農業的發展和財富的增長。

在村社組織裡，並非所有農民都是平等的，與大革命前的法國一樣，有的人有權比其他人掌握更多的土地，有的人只是做做短工而已。另外有些人有土地繼承權（並非所有的土地都是屬於公社再分配的），或是再租幾塊屬於地主的土地。他們僱別的農民來耕種，然後付給他們工資。但是沒有哪個俄國農民在解放後享有充分的個人行動自由，他們在思想上、行動上和法律義務上，都受到村子的約束，就像當年曾受到他們的主人約束一樣。

亞歷山大二世開始徹底檢查這個國家的法律制度，並著手使它西方化。隨著地主失掉對農民行使的司法權，一個嶄新的地方法庭體制無論如何都是不可缺少的，而這個機會遂被利用來對法庭進行「完完全全」的改革。權力的專橫，國民的無保障，這些根深柢固的弊病，因一八六四年的法令而大爲減輕了。從此，審判公開進行，老百姓有權讓自己選擇的律師代表出庭。儘管農民實際上還是處於令人難以忍受的不利地位，但在司法依據上，所有的階級差別都廢除了。一個低級法庭和高級法庭的明確程序制定出來了。法官按規定要進行專業訓練，今後一律領取國家薪給，並要防止他們受到來自行政方面的壓力。同時，法庭上採用了一套英國式的陪審制度。

就在沙皇試圖全力建立法律秩序的時候，沙皇實際上也在朝著允許自治這個方向前進。他希望爭取自由主義者，並希望上流社會和中產階級肩負起一定程度的公衆責任。他又根據一八六四年法令創立了一套地方和區域的議會制度，稱爲「地方自治會」。由包括農民在內的各種人推選出來的地方自治會逐漸發揮了作用，它們開始處理當地的教育、醫療救護、公共福利、食物供應和道路養護各項事務。它們的巨大價值正逐步從那些參與其事的市民們的感情上顯現出來。許多自由主義者都強烈要求有一個全俄國的代表機構：杜馬，可是亞歷山大二世無論如何都拒絕對此做出讓步。一八六四年後，他的政策變得更加謹愼了。一八六三年在波蘭發生的一次起義，使他傾向於聽取那些主張鎭壓的人的意見。他開始撫慰那些早就對改革不滿、怨氣沖天的既得利益集團，並減少了一些已經許諾的讓步。但是，改革的實質仍然被沿襲下來了。

俄國的革命主義

這位致力於俄國自由化運動的獨裁者差點未能逃脫一八六六年那次暗殺；一八七三年，有人向他開了五槍；一八八〇年，他的豪華餐廳被炸毀，當時僅半小時之差，使他倖免於難；但是一八八一年，他終於在一枚炸彈下喪生。其實，革命者並不歡迎這些改革。他們認爲，如果改革成功的話，只會加強現存的社會制度。十九世紀六〇年代，不滿的知識分子開始自稱爲「虛無主義者」：他們除了科學以外，什麼都不相信，並且對這位實行改革的沙皇和他創辦的地方自治會採取懷疑和冷嘲熱諷的態度。當時，農民由於負擔著大量贖金，基本上還是抱著不滿情緒。知識分子則往來於村子之間，竭力煽動這種不滿情緒。隨著時間的推移，革命者逐步對俄國民衆所起的革命作用產生一種神祕觀念。在一八四八年革命中，社會主義在歐洲遭到的失敗，以及此後出現的很多情況，終於使社會主義者相信，正如亞歷山大・赫爾岑所寫的：社會主義合乎自然規律的眞正前途存在於俄國，因爲一方面資本主義在俄國十分虛弱，另一方面，在村社或公社裡，存在著某種已經建立起來的集體主義。

比赫爾岑更加激進的是無政府主義者巴枯寧及其信徒涅恰耶夫。在他們所寫的《人民的正義》一書裡，這兩個人認爲不僅要對沙皇的官員們採用恐怖主義，而且也要這樣對付自由主義者。正如他們在《革命教義問答》一書中寫道：眞正的革命者「是被一個目的、一種思想、一股激情——革命——所吸引的。……他已經割斷與這個社會制度和整個文明世界一絲一毫的聯繫。……任何促進革命成功的事情都是道德的，任何妨礙它的都是不道德的」。恐怖主義（正確地說是暗殺）遭到許多革命者的反對，特別是那些在十九世紀七〇年代接受了卡爾・馬克思的科學社會主義的革命者。對馬克思來說，狂熱的暴力是不會推進一個不可避免的社會進程的。但另外有一些集團自認爲受到像巴枯寧和涅恰耶夫這類人物的啓示，組織起了祕密的恐怖團體。其中有一個叫「民意黨」的，決定去暗殺沙皇。他們認爲，在一個獨裁的國度裡，沒有其他道路可以獲得正義和自由。

這種潛在的威脅當然逃不過員警的注意，對此感到驚恐的亞歷山大二世只得再次向自由主義者尋求支持。這些被革命者嚇壞的自由主義者，因爲政府未能將十九世紀六〇年代初期的改革貫徹到底，而早已和它疏遠。當時爲了爭取各方面的支持，沙皇在一八八〇年再次緩和獨裁統治手法。他撤銷了他父親建立、令人生畏的祕密員警；允許出版物自由討論大部分的政治問題，並鼓勵地方自治會也這樣做。他還打算進一步加強公衆代表與政府之

圖13-9　俄國農民的解放改變了原先農奴在法律上的地位，並為較富裕的農民群體開闢了進一步發展的機會。一八六一年以後，俄國的農村地區仍存在著大量的貧困，但是在這間俄國農村房屋外面飲酒和欣賞音樂的人們，看起來屬於農奴解放後較為富裕的農民階層。

間的聯繫，確切地講，不是建立一個議會，而是讓兩個由全國範圍推選出來的委員會與國務會議一道開會。一八八一年三月十三日，就在簽署法令使這個方案生效的當天，他被暗殺了。這不是一次發狂的個人單獨行動，而是由民意黨中受過高級訓練的成員合夥參與的謀殺。

亞歷山大三世在他父親死後立即放棄了民選委員會方案，並且從一八八一年到一八九四年，在他整個統治時期內都恢復了對自由主義者和革命者的殘酷鎮壓。不過，建立在農民解放、司法改革和地方自治會基礎上的新體制還是被沿襲下來了。究竟俄國是怎樣在一九〇五年接受議會這種形式的，將在後面有關「俄國革命」的一章中加以說明。到目前爲止，已經可以清楚地看出，甚至在亞歷山大二世領導下的沙皇俄國，是怎樣與當時處於鼎盛時期的自由主義運動一同共事的。而農奴制的廢除驅使貴族和農民都更加徹底地捲入貨幣經濟之中，爲資本主義在這個帝國內部的發展開闢了道路。歐洲的法治、自由和博愛的思想，以一種嘗試性的方式，嵌入了專制制度和革命主義——同樣的頑固不化——這兩堵狹窄的牆的間隙之中。

美利堅合衆國：美國內戰

長期以來，歐洲歷史就與世界上其他地區的歷史有著千絲萬縷的聯繫，到二十世紀初期，便完全地結合在一起了。同樣，非歐洲地區的發展，這些互不相干的故事彙集成一個長卷，也融合進單一的世界主題之中，本書後面幾章將專門對此予以大量敘述。此時此地，論述一下海外地區（當然是從歐洲的角度來看）完全談不上是猛然間跳到另一個話題，因爲正是它們當中的一些地區，在十九世紀六〇年代同樣經歷了在義大利、德國、奧地利、匈牙利和俄羅斯帝國已經出現了的民族統一或嘗試統一的過程。特別是兩個和歐洲那些國家一樣的新「列強」——美國和日本帝國，已經奠定了基礎。同時，幅員遼闊的加拿大自治領也應運而生。

美國的成長發展

正如在美國革命時期和拿破崙時代一樣，十九世紀的美國歷史，反映出它是歐洲世界歷史的一部分。最基本的事實除領土的擴張外，就是它本身的迅速壯大。這是如此明顯，法國觀察家亞歷西斯・德・托克維爾在十九世紀三〇年代據此做出一個有名的預斷：在一個世紀之內，美國將有一億人口，並將與俄國一起成爲世界上兩大強國。到一八六〇年，美國人口已達三千一百萬，在人口數量上幾乎與法國相等，且遠遠地超過了英國。

人口數量上的增長，應歸因於高出生率，同時也因為移民的到來，而他們又育有多位兒女。除了因為不合法而難以進行統計的奴隸輸入外，這些移民幾乎全都來自歐洲。在一八六〇年之前，他們差不多全部來自英國、愛爾蘭和德國。移民並不想放棄他們本國的生活方式，其中有部分人帶來了這個新國家非常需要的技藝。可是移民還帶來了一個實實在在的社會問題：沒有共同傳統的民族生活在一起。總的看來，那些定居較久的美國人寧願讓他們的國家平靜地接受新形式，雖然在表面上偶爾也有排外運動發生，但很快就會平息下來。做出的讓步是很少的。英語是公立學校、員警、法庭、地方政府和公共通知以及布告用語。在通常的情況下，移民不得不懂一些英語，以便保住工作。另一方面，沒有任何一個人是完全被迫「美國化」的——新來者可以在教堂、報紙和社交集會自由地使用他們的母語；實際上英國人、蘇格蘭人和愛爾蘭人原來就是說英語的，德國人也很容易就學會了英語，因而語言問題被緩和了。從歐洲人意義上說，移民並不構成少數民族。他們倒更願意接受美國人在十八世紀形成的民族態度——共和主義和自治的、個人自由的、自由經營，和對自我改進的機會不加限制的民族傳統。他們也接受樂觀的美國信條，該信條宣揚說，未來總會比現在和過去更美好。舊美國給新美國留下了深刻的影響，在這整個進程中，多少總帶有點它的痕跡。從這種意義上說，一個新民族正在鞏固。

北方與南方的疏遠

但與此同時，這個國家正陷於分裂。北方和南方完全疏遠了。工業革命在這兩個地區產生了截然相反的結果。它使南方成了英國的經濟夥伴之一，成了蘭開夏的棉紡廠主要的原棉產地。南方人依靠商品農作物出口維持生計，實際上不生產工業製成品，只希望盡可能便宜地買到工業製成品。正因為如此，他們贊成自由貿易，尤其是與英國進行自由貿易。在北方，工業革命導致工廠的建立，那裡的工廠主通常在工人支持下，要求禁止英國貨湧入這個國家，因為在當時來講，沒有哪個國家能夠輕易與英國競爭。在這種情況下，北方支援採取高額稅率，而南方則宣稱這是一個災難性措施。

更根本的差別在於勞動狀況。隨著對原棉的需求量達到一個極大的數字，南方更深地陷入美洲國家一個多年遺留下來的禍因之中——奴隸制和種植園制。十九世紀，大西洋兩岸有遠見的人們在道德良心上日益憎惡奴隸制。一八三三年，英屬殖民地廢除了奴隸制；一八四八年，法屬殖民地廢除了奴隸制；十九世紀前半期，拉丁美洲各個共和國相繼在不同的時間也廢除了奴隸制。同樣，哈布斯堡屬地在一八四八年，俄國在一八六一年都先後廢除了農奴制。可是美國南方沒有這樣做，更有甚者，大約在一八三〇年之後，它竟然不再打算擺脫這種制度。南方這個棉花王國的「特殊制度」是黑人不自由的勞動。其實白人也和黑人一樣受到這種制度的損害。只有少數自由民才能靠大量屈從性、實際上是無償的勞動發財致富。新來的歐洲人絕大多數都到北方定居，南方只留下比較純粹的「盎格魯—撒克遜人」——當然不算那些在人煙最稠密的居住區裡，占人口半數左右的非洲人後裔。

在北方和南方共同向西遷移的運動中，南方的壓力主要來自想開闢新種植園的種植園主；北方的壓力則來自希望建立小農場的人和一心想建立新城鎮、鋪設鐵路和開闢新市場的商人。既然法國和英國當年爲了奪取阿利根尼山脈那一帶地區的控制權而不惜刀兵相向，北方和南方爲了控制密西西比河以西的地區，也就大打出手了。一八四六年，美國對墨西哥發動了戰爭，使用了俾斯麥隨後用來擴充普魯士領土的侵略性策略。北方把這次行動當做南方的侵略而大加譴責，但又表現出保有這次征服的地區——從德克薩斯直到太平洋這整片土地——的願望。這個地區最先建立新州的加利福尼亞是禁止蓄奴的。自從一八二〇年以來，靠「密蘇里妥協案」結合在一起的美國顯然是不穩定的。根據該妥協案，西部新建立的州只能成雙做對地加入聯邦，如果一個是「蓄奴的」，另一個則應該是「自由的」，因而在參議院和總統選舉票上大致保持平等。

隨著加利福尼亞州的建立，這個力量均衡被打亂，變得有利於北方，因而做爲補償，根據「一八五〇年妥協案」，北方同意對潛逃奴隸實行法律制裁，以取悅南方。但是，對逃亡奴隸新採取的嚴厲措施，顯然違反了北方固有的思想感情。逮捕在自由州裡的奴隸，並把他們遣返蓄奴州的企圖，激起了廢奴主義者極大的憤慨。做爲當時風靡歐洲世界的人道主義運動的一支，廢奴主義者有點類似於歐洲一八四八年站在前列回應革命的激進民主主義者。他們要求立即徹底地消滅奴隸制，對奴隸主的財產權益不做任何讓步、妥協或賠償。廢奴主義者指責聯邦本身就像是一個令人憎惡的社會事物的有罪幫兇。

一八六〇年，一種「地方主義」意識在南方發展起來，它在原則上與歐洲許多民族所體會到的民族主義並沒有什麼不同。他們自傲地要堅持州的權利和憲法自由，堅持貴族和好戰的道德準則，堅持不受外來影響的獨立要求以及隨心所欲地統治所屬民衆的要求，南方白人精英在這些方面可以和奧地利帝國馬扎爾人相媲美。現在他們懷疑，在這個他們曾經協助創立的聯邦裡面，他們的生活方式是否還能安穩地維持下去。他們覺得北方人像是缺乏同情心的、不相干的、敵對的外來者，而南方則像是一個潛在的不同的獨立國家。他們意識到自己在聯邦內部正日益變成少數：南北雙方的人口在一七九〇年本來近似於相等，主要由於歐洲移民的大量湧入，到一八六〇年，北方的人口已超過南方。南方早期的民族主義是小民族與大帝國做鬥爭那種類型的民族主義。北方的民族主義則是一種支持維護美國現有領土完整的思想感情。到一八六〇年，除了少數人以外，北方人完全拒絕容許有任何一個州以任何藉口退出或是脫離聯邦。

一八六〇年，成立不久的共和黨候選人亞伯拉罕・林肯成爲當選總統。該黨提出以下綱領：把西部自由土地分給小農、採取保護性的高額稅率、修築橫貫美洲大陸的鐵路，在全國範圍內發展經濟和資本主義。該黨的激進派是激烈的廢奴主義者，他們在思想感情上是反南方的。林肯本人並不屬於激進派，但在他當選總統後，南方的領袖即率領從維吉尼亞到德克薩斯這些南方州正式退出聯邦，建立了「美國南部各州聯盟」。林肯命令軍隊去保衛美國領土的完整，結果爆發了「南北戰爭」或稱「南方獨立戰爭」。這場戰爭前後持續了四年，當中有好些像拿破崙時代一樣的大規模戰鬥，這是除了中國一八五三～一八六四年的太平天國起義[1]之外，在十九世紀發生的最慘痛的戰爭。

歐洲各國政府雖然未承認過南部聯盟，當時卻是偏袒南方的。由於美國所主張的原則在歐洲仍然被認爲是革命的，所以歐洲工人階級普遍支持北方，同時上流社會則幸災樂禍，希望美國北方的共和國在崩潰和失敗中毀滅。此外，當年從西班牙帝國的垮臺中得過好處的英法兩國，這時又以爲可以從美國的垮臺中撈到同樣的好處。英國人希望，而法國人在一個較低的程度上也希望，南部各州同盟是另一個自由貿易國，一個爲西歐提供原料和購買它的製成品的國家。簡言之，他們希望看到的不是像北方那樣的競爭者，而是舊世界工業的一個補充的夥伴。在美國內戰期間，拿破崙三世派遣法國軍隊入侵墨西哥，並在當地建立一個在奧地利大公統治下的傀儡帝國。這次行動是在美國處於分裂時期發生的，是唯一一次公然無視門羅主義的認眞嘗試，是破壞拉丁美洲的獨立，以及妄圖在美洲復活歐洲殖民主義。

但是，北方贏得了戰爭，聯邦得到了維護。美國的權力和影響繼續增長，美洲的人們重申了他們相對於舊世界的獨立。墨西哥人擺脫了他們不想要的皇帝。沙皇亞歷山大二世把阿拉斯加賣給了美國。這場戰爭最終清除了聯邦只是一個各州的聯盟，而其成員可以隨意退出的觀念。如今，成功地取代它的是另一種觀念，即美國不是由各成員州組成的，而是由一個不可改變地團結在一起的人民組成的整體，即一個民族國家。這個原則被明確地寫進「憲法第十四條修正案」之中，該修正案宣布：「全體美國人不僅是他們那幾個州裡的公民，也是美國的公民」；「禁止任何州不經過正當的法律程序就剝奪任何人的生命、自由或財產，『正當的程序』由國家政府制定」。南方首當其衝地感到來自中央政權的新壓力。一八六三年，林肯總統運用他的戰爭權力發布《解放宣言》，宣布在那些與合衆國爲敵的地區廢除奴隸制。一八六五年，根據「憲法第十三條修正案」，在這個國家的任何地方一概廢除了奴隸制。對奴隸主不做任何賠償，奴隸主因此在財政上毀滅了。爭取美洲黑人人權的廢奴主義運動勝過了美洲人民對於財產權的傳統尊重。

內戰之後：重建和工業的增長

一八六五年，林肯被一名南方狂熱分子暗殺，這個事件的出現，增強了那些認爲南方必須進行劇烈改革的激進共和黨人的力量。隨著南方原有的上流社會徹底毀滅，形形色色的北方人開始湧入那些戰敗地區。有的去代表聯邦政府，有的去參與地方政治，有的去掙錢，另外有很大部分的人出於民主和人道動機，去教導那些窮困的、以前曾經是奴隸的人們閱讀和書寫的基礎知識或基本的謀生技藝。黑人在南方參加選舉，在立法機關當代表，有的還擔任公職。

Les nègres affranchis colportant le décret d'affranchissement du président Lincoln.

圖13-10　美國內戰中聯邦軍隊的勝利保存了美國的統一，也給了聯邦政府足夠的權力廢除奴隸制。剛獲得解放的人們歡慶林肯總統的《解放宣言》，從他們曾被奴役的地方離開，刊登於一本法國雜誌上的這幅插圖表明了歐洲人對此的印象。林肯的宣言正貼在車廂的一旁。

這個時期被稱爲「重建時期」，它可以與法國大革命最激烈的時期相比擬：當年「激進共和主義者」就是用一支動員起來的軍隊，在高度集中的國家政府領導下，將反抗的地區置於緊急統治狀態下，最終迫使它接受了自由和平等的。南方白人拚命地反抗，加上北方激進分子自己懷疑起來，漸漸失掉熱情，十九世紀七〇年代的重建被放棄了。南方白人和一些種植園主逐漸掌握了控制權，歐洲人稱之爲反革命現象。

受到一八六一年《莫里爾關稅法》保護的北方商業集團——金融家、銀行家、企業家、鐵路承包商、製造商——由於戰爭期間對軍火和軍事給養的需求而大大地發展起來。一八六二年，部分做爲一種戰爭措施，聯合太平洋鐵路公司成立；一八六九年，在猶他州一個偏遠的地點，第一條橫貫美洲大陸的鐵路打入了最後一顆道釘。《宅地法》按照便利的條件爲開拓者提供了土地，加上把國有土地授予某些學院（此後就稱爲「政府贈與地的學院」），主要是爲了促進農業科學的發展，這樣就刺激人口和文明湧進西部。政府還把大片大片的土地拿出來資助鐵路建設。由於消除了南方奴隸主，一個戰前與新興實業家相抗衡的力量消失了，如今權力日益集中到聯邦政府，工業和金融控制了國家的政治。多年來，「憲法第十四條修正案」一直被看做是主要用來保護商業股份有限公司的財產權益不受各州限制性立法損害的立法，而不是主要用來保護平民百姓的公民權利的立法。政治權力從各州轉移到聯邦政府手中，造成並保證了經濟事業從地方性商業向範圍廣大的全大陸性公司轉化。與拿破崙三世統治下的法國一樣，這裡也有數不清的腐化、欺詐和投機取巧，以及對財富不正當或者說貪得無厭的巧取豪奪。但是，這裡工業繁榮，城市增加，美國這個大市場開闢出來了。在紐約第五大道上和其他北方城市裡，由於財富過多，那些矯飾、富麗而俗氣的大廈矗立起來了。

1853～1871年大事年表	
1853年	美國海軍准將到達江戶（東京）灣，「叩開」了日本，使其面向外國商業交換
1854～1856年	法國與英國聯合土耳其，在克里米亞戰爭中打敗了俄國
1861年	義大利人建立了統一的義大利王國
1861年	亞歷山大二世在俄國廢除農奴制
1861～1865年	美國內戰；聯邦的統一得以維護，奴隸制被廢除

1853～1871年大事年表	
1867年	奧地利和匈牙利統一在「二元君主國」中，以哈布斯堡家族法蘭西斯·約瑟夫爲統治者
1867年	獨立的加拿大自治領成立
1868年	新日本天皇明治開啓明治時期；日本開始進入快速的經濟與政治變化過程
1870年	普魯士在短促戰爭中打敗了法國；拿破崙三世退位，在巴黎成立法蘭西第三共和國
1871年	普魯士國王威廉成爲新成立的德意志帝國皇帝

總之，美國的內戰本來可能把說英語的美國變成各懷鬼胎、相互爭雄的小型共和國，結果反而出現了一個在經濟上和政治上得到統一鞏固的大民族國家，自由和民主成了它的政治原則，並且在經濟制度上熱中於發展私營企業。

加拿大自治領，一八六七年

在美國內戰期間，英國還有許多殖民地分布在美國的北面，它們互不關聯，在不同的程度上依附於英國。它們的居民有三個主要來源：第一部分是法國人，自從十七世紀以來他們就定居在聖羅倫斯河谷。第二部分是聯邦帝國親英分子的後裔，這些在美國革命時期逃出來的老沿海殖民者，仍然對英國保持著忠誠；他們集中住在濱海省和上加拿大，即當時被叫做安大略的地區內（見圖13-2）。第三部分由新近從英國本土來的移民所組成，這些男男女女是離開故園、到美洲來尋找改善生活機會的工人階級。

法國人頑強地抵抗包圍著他們的英語世界的同化。他們的自由法是一七七四年通過的「魁北克法令」。儘管十三個殖民地中那些被該法激怒的居民曾一度指責它是「不能容忍的」，事實上它倒是把法國民法、法語和法國天主教會都置於英國王室的監護之下。法國人對移民的流入憂心忡忡：大約從一七八〇年起，說英語的人和新教徒就源源不斷地湧入加拿大。在兩個民族之間，令人頭痛的麻煩事從未間斷過。

英國政府爲此試行過各種權宜之計。一七九一年，它在聖羅倫斯和大湖區建立兩個殖民地，叫下加拿大的區域仍舊留給法國人，另一塊區域叫上加拿大，給英國人。它們得到的政府形式與十三個殖民地從這個帝國分裂出來之前所享有的政府形式完全一樣，即每個殖民地都有一個由當地選舉產生的議會，議會有一定的徵稅和立法權，但要服從英國當局的否決，不管它是出於總督之意或是倫敦政府本身。多年來上加拿大和下加拿大對上述安排都未產生過任何異議。美國想利用一八一二年戰爭這個機會來征服加拿大，反而在當地的英國人和法國人之間激發出共同的民族感情，還造成一種爲了軍事安全而心甘情願在政治上信賴英國人的思想情緒。但是，內部的政治差異依然存在：在下加拿大，法國人擔心那少數講英語的人；在上加拿大，聯邦帝國親英分子中那些從荒野裡開拓這些殖民地的舊貴族，對於與英國來的新移民分享控制權是猶豫不決的。由於下加拿大擋住了上加拿大通往海洋的路，兩個殖民地之間免不了有抱怨。一八三七年，兩個殖民地表面發生了一場倉促的叛亂，而實際上未經流血即被平定下去。

達拉姆勳爵的報告

在英國，改革派輝格黨人當時正忙於對一些英國的古代制度進行革新。其中有些人對於殖民地的管理有著明確的看法。一般來講，他們認爲，爲了與一個地區進行貿易而在政治上控制它是不必要的。這是自由貿易主義、經濟脫離政治、商業脫離權力的一個方面。輝格黨的改革派人士對殖民地區頗有點漠不關心的樣子，他們對從軍事、海軍或戰略的角度來考慮問題毫無興趣。少數人甚至認爲，既然時機成熟了，殖民地就徹底脫離母國，這是很自然的事情。輝格黨人、自由主義者和激進派都希望節省軍事開支，指望用削減英國海外駐軍來減輕英國納稅人的負擔。

一八三七年加拿大人舉行起義後，輝格黨政府派達拉姆勳爵出任總督。達拉姆是一八三二年議會改革法案的制定人之一，一八三九年他發表了對加拿大事務的看法。他的報告被認爲是英聯邦興起以後經典的文件之一。達拉姆認爲，從長遠的觀點來看，加拿大法國人的分裂主義感情一定會消失，全體加拿大人將被引入一個共同的國籍感和民族特徵中。因此，他要求將兩個加拿大重新統一成一個殖民地。爲了鞏固這個殖民地，他提出一個詳盡的發展鐵路和運河的計畫。在政治事務上，他極力主張授予加拿大以實質上的自治，並採取英國的「責任政府」制度，也就是說，殖民地的民選議會將控制各行政部長，而總督將像英國國王那樣變成一種法律上和禮儀上的象徵。

達拉姆報告中的大部分提議立刻得到採納。一八四〇年，統一的加拿大獲得了自治政府機構。英國軍隊撤走後，加拿大人著手維持本身的軍事建設。這在當時還是有必要的，因爲在加拿大和美國之間有名的「邊界不設防」時代尚未到來。十九世紀四〇年代後期，加拿大總督允許民選議會根據它的選擇確定政策和任免部長，確立了責任政府的原則。雖然責任政府仍舊限於處理國內事務，但從一開始，它的工作就是令人滿意的。然而，新計畫中有一個特點，就是在說英語的移民仍然不斷湧入的情況下，兩個加拿大的聯合開始產生了摩擦。法國人顯然擔心他們在歷來生存的地區內會變成少數，因而許多加拿大人開始打算建立這樣一個聯邦：在裡面，法國人和英國人可以在各自的地區內自行處理當地事務，與此同時，爲了較大的目的，在一個上級政府裡仍舊保持聯合。

加拿大自治領的建立

加拿大的聯邦主義部分含有分權思想，藉由重新劃分兩個省分以取悅法國人，同時在某種程度上又計畫實行新的中央集權或統一，因爲它打算把整個英屬北美殖民地與聖羅倫斯和大湖地區組成聯邦；「加拿大」這個詞當時還只用於後一地區。當英屬北美人還在商討如何組成聯邦的事宜時，內戰正在分裂美國。面對這樣一個不愉快的例子，英屬北美人組成了一個堅強的聯邦。在聯邦裡，除了那些特別分配給各省的權力以外，全部權力歸中央政府。一八六七年，由加拿大人在加拿大起草的聯邦憲法，做爲英屬北美法在英國議會獲得通過，從而使加拿大自治領得以按憲法建立起來。東部沿海的省分（新斯科舍、新布倫瑞克和艾德華王子島）跟隨魁北克和安大略加入了自治領，新的政治安排更方便了加拿大直到太平洋沿岸的快速向西擴張。一九八二年一項新的法案取代了《英屬北美法案》，明確承認加拿大的主權獨立，承認它有爲自身制定一部憲法的權力。然而，到了二十世紀八〇年代，魁北克的說法語者更堅定地要捍衛他們

圖13-11　加拿大自治領在聯邦憲法下統一了原英屬和原法屬各省。這裡展現的是二十世紀早期的法裔加拿大人維爾弗雷德・勞瑞爾首相，他正處於漫長政治生涯的晚期。他促進了英裔人口與法裔人口的聯合，將原只存在於憲法文件中的聯合轉化為一個現代民族國家中的日常現實。（Getty Images）

自己省分和文化的自治，所以又有必要重新認識魁北克的特殊地位。西部的省分也在成長，也更關注於保護自己的利益。中央政府與地方政府的關係問題從來沒有完全得以解決。同樣，雙語制的問題，即對法語和英語給予同等看待，也從未得到完全解決。

根據一八六七年的立法，新自治領建立一個共同的聯邦議會，根據英國「責任政府」，或者說內閣政府的原則，一個內閣對議會裡的多數黨負責。加拿大的新政府最初大體上是由保守黨所控制，但是自由黨在精力充沛的法裔加拿大人維爾弗雷德・勞瑞爾的領導下，最後長期執政了一段時期（一八九六～一九一一年）。他政治上的顯著成績體現了法裔人口與英裔人口之間的合作正在增長。雖然加拿大自治領的人口不多，但從一開始，它的重要性就超過了僅僅在人口數量上的意義。它是在歐洲殖民帝國之一的內部成功地進行權力轉移，也就是被授予政治自由的第一個實例。它體現了一個世紀以前，為了讓十三個殖民地對英國保持忠誠，由艾德蒙・伯克和班傑明・富蘭克林徒勞地推薦過的那些原則。一八六七年之後，自治領開始從內部事務的獨立自主，朝著諸如關稅、外交、戰爭與和平的決定這些對外事務的獨立自主方面前進。於是它就成了朝著「自治領地位」這個方向發展的開創者，成為後來把這種方法應用在澳大利亞（一九〇一年）、紐西蘭（一九〇七年）和南非聯邦（一九一〇年），以及二十世紀二〇年代暫時應用在愛爾蘭的榜樣。二十世紀中葉，這種或許可以叫做「加拿大計畫」的辦法，當它影響非歐洲民族時，也被用在非殖民化的世界性進程上，特別是印度、巴基斯坦、錫蘭（即斯里蘭卡）以及非洲的前英屬殖民地。這些民族決意成立共和國，雖然它們還是鬆散地、自願地與英國結合在一個英聯邦裡。

很快，在美洲這塊土地上，隨著自治領的建立，一條堅固的紐帶把兩大洋之間廣袤的領土結合了起來，同時穩定了英屬北美與美國之間的關係。美國承認它的北部邊界是最終邊界，而英國人對加拿大事務控制的放棄，進一步增強了美洲大陸完全擺脫歐洲政治影響這個長期發展的觀念。

日本與西方

日本人容許西方人來發現他們的時候，他們早已是一個生活在複雜社會裡、具有高度文明的民族。他們有很多大城市，享受著自然景色的寧謐，他們上劇院看演出，還閱讀小說。他們已形成獨具風格的禮貌，他們的扇子和木結構的寺廟，他們的日本漆工藝品和屏風上的繪畫，他們一小塊一小塊的稻田和稀奇古怪、但不靈驗的火器，使歐洲人覺得好像他們的每一樣東西都離奇到了極點。這種感覺被不可磨滅地留在一八八五年首次上演的吉伯特和沙利文的《日本天皇》一劇中。可是過了不久，就像認為德國人主要喜歡音樂和形而上學因而是一個不切實際的民族觀念被糾正，日本人不可思議的觀念也不得不糾正過來。歐洲人「打開了」日本，同時，在他們面前展現了許多他們還茫然無知的東西。

一八五三年，美國海軍准將佩里率領一支海軍艦隊強行駛入江戶灣，一邊堅持要求上岸，一邊要求日本政府開展與美國和其他西方列強的商業往來。翌年，日本人開始遵照行事，而一八六七年發生了一場國內革命，其最惹人注目的結果是日本人在生活上和制度上迅速地現代化了。看起來這個國家似乎是被西方人「打開」的，實際上日本的變化早已從內部發生了。

背景：兩個世紀的孤立，一六四〇～一八五四年

在兩個多世紀的時間裡，日本人一直奉行著一種自我強加的鎖國政策。日本人不准離開這些島嶼，他們甚至不得建造能到大海裡航行的大船。除了少數荷蘭人和中國人外，外國人是不准進入這個國家的。對西方來說，日本依然是一部高深莫測的天書。反過來說就不那麼對，因為日本人了解歐洲要比歐洲人了解日本多得多。日本人閉關自守的政策並非單純建立在無知的基礎上，起碼最初是建立在經驗的基礎上的。

首批歐洲人——在一條中國帆船上的三名葡萄牙人——據稱一五四二年即已來到日本。在往後大約一個世紀裡，日本與外界往來頻繁。日本人流露出與外國人做買賣的強烈欲望，他們從後者手中獲得時鐘和地圖，學會印刷和造船，還習慣了吸菸和食用馬鈴薯。西班牙和葡萄牙的耶穌會會士向他們傳教，結果數以千計的人信奉了基督教。日本人不僅到荷屬印尼旅行，甚至到歐洲旅行。事實證明，日本人比別的亞洲民族更善於接受歐洲思想。但在一六〇〇年過後不久，政府開始迫使基督教徒轉入地下活動，並在一六二四年和一六三九年先後將西班牙人和葡萄牙人驅逐出境。到一六四〇年，除了少數在嚴密控制下獲准留在長崎的荷蘭人外，所有的歐洲人都遭驅逐。從一六四〇年到一八五四年，這寥寥可數留在長崎的荷蘭人，成了日本與西方世界唯一的通訊聯絡管道。

自我孤立和後來又放棄這種政策，都起因於日本政治事態的發展。日本歷史與歐洲歷史顯出一種奇怪的相似之處。和歐洲一樣，日本在封建戰爭時期之後，跟著就是政府專制主義時期。這個時期的國內和平是由官僚政治來維持的，其中行將沒落的武士階級仍然被看做是社會的一個特權階層，同時一個由

民族商賈形成的商人階級變得更加富有和強大，並更加堅決地要求得到其應有的地位。

在首批歐洲人來到這裡時，日本列島因各藩侯之間的戰爭和敵對，仍處於分裂割據狀態之中（日本人分別組織在這些藩裡）。隨著時間的推移，德川家族奪得全國的控制權，接任了「幕府將軍」一職。「幕府將軍」實際上是一種利用天皇的名義進行統治的軍事領袖。世襲的德川將軍的統治是在一六〇三年奠定基礎的，並一直維持到一八六七年。最初那幾位德川將軍根據大量證據斷定，在日本的歐洲人，不管是商人還是傳教士，都在參與列島上封建的（即各藩侯之間的政治活動）甚至企圖透過幫助基督徒或同情基督徒的日本人奪取政權來統治日本。爲了建立他們自己的王朝，平定和鞏固這個國家，確保日本不受歐洲人的滲透，頭三位德川將軍開始動手消滅基督教徒，同時採取與世界上其他地區不相往來的僵硬政策。

在德川統治下，日本享受著和平與安寧，這是多少世紀以來第一次長時間的和平。德川將軍們完成了把天皇從政治上分離的部署，逐步爲他樹立起一個神聖和傳奇的人物形象，過分莊嚴和遠離這個世界的喧鬧。於是天皇被幽禁在京都，與世隔絕，全靠幕府有節制的供給而得以繼續存在。德川將軍在江戶（後稱東京）建立起他們自己的宮廷和政府，並且像路易十四把貴族們帶到凡爾賽，彼得大帝強迫他那些粗野的貴族在聖彼得德堡修建市內住宅一樣，德川將軍也要大封建領主和他們手下的武士每年至少有部分時間住在江戶。

幕府對這個國家的統治，是透過一種軍事官僚政治，即軍事獨裁來維持的。由於大封建領主（他們被稱爲「大名」）在大都遠離江戶的地區內對他們管轄下的臣民還保留著大量封建特權，這部令人生畏的國家機器嚴密地監視著他們的一舉一動。這些大領主及其家臣（武士）沒有進一步的戰爭去打擾他們，遂變成把大量時間消耗在江戶和其他城市裡的土地貴族。做爲一個有閒階級，他們逐步養成新的嗜好，生活水準也提高了，因此，他們需要更多的收入來供自己揮霍。他們靠壓榨農民得來的收入，就從商人手上買東西時被花掉了。

由於迎合政府和貴族的需要，商人階級大大地膨脹起來。日本在十七世紀開始向貨幣經濟發展。許多領主深深地陷入商人的債務之中；而許多武士的行徑與當時法國和波蘭的小貴族一樣可笑，窮困潦倒但又死要裝門面，其實除了社會地位以外，他們已無異於一般人。和舊制度下的歐洲相同的是，法律也在階級間劃有一條明確的界線。貴族、商人和農民在稅收待遇上是有差異的，並且會因爲犯法者不同，受到的懲罰也不同。平民所犯的罪行，對於武士來說是可以赦免的，或者玷汙榮譽的事會使武士受到懲罰，但對於平民卻無妨。武士有權隨身攜帶兩把劍當做階級標誌，在理論上可以砍死無禮的百姓而不會引起進一步追究；雖然幕府在實際上約束了這類暴行，但比起舊制度下的歐洲君主政體來，這裡在法律和正義上的進展要小得多。在經濟方面，商人和手藝人生意興隆，一派繁榮景象。一七二三年，江戶已經是一個有五十萬人口的城市，到一八〇〇年更超過一百萬人；江戶比倫敦和巴黎還大，更比美國最大的城市大二十倍。一八〇〇年之後，有的商人已經能夠用錢買到武士的頭銜，舊的階級界限開始變得模糊起來。

儘管是蓄意地自我孤立，日本的經濟和社會生活並未因此一成不變。在智力生活上也是如此。在幕府時代，像佛教這樣歷史悠久的宗教對許多人已失去有效的影響，致使日本以它自己的方式經歷了一場與西方相類似的思想上的「世俗化」。在個人行爲準則上重新開始著重於「武士道」，這種非宗教的精神學說旨在頌揚榮譽和忠誠這樣的武士德行。隨著佛教的沒落，對神道的崇拜復興了。做爲日本自古就有的宗教，神道認爲只有天皇才是名副其實的天之驕子。關於歷史方面的研究和寫作活動十分活躍，就像在歐洲那樣，人們對國家的過去產生一種強烈的興趣。歷史記載與神道一樣，給人們造成了一種感覺：幕府是篡位者，而湮沒無聞地被放逐在京都的天皇，才是日本生活中一切至高無上的、永恆的事物的眞正象徵。

與此同時，藉由長崎這點縫隙，西方思想還是緩慢地滲透進來了。十八世紀中葉，將軍德川吉宗准許進口西方書籍，唯有與基督教有關的除外。少數通曉荷蘭語的日本人開始譯介外科醫學、解剖學、天文學和其他學科的荷語書籍。一七四五年，第一本荷日詞典編纂完成。有條不紊的荷蘭人盡可能地滿足這裡對歐洲製品——表、玻璃製品、天鵝絨、毛織品、望遠鏡、氣壓計——所表現出的渴求。日本人對西方政治倒不是一無所知的。在大多數勤奮好學的西方人對日本內部情況仍一竅不通的時候，一個受過教育的日本人，只要他願意，就能夠了解法國大革命的一些思想，或者知道誰是美國總統。

日本的開放

佩里在一八五三年的那次訪問是不受歡迎的，但過後他在日本反而有了許多潛在的盟友。貴族迫於沉重的債務，又不能從農業上獲得更多的收益，便想開展國外貿易和引進新的事業，以開闢自己的財富。赤貧的武士由於在舊制度下沒有前途，早想從事像軍官和文官這樣的新職業。商人希望經營西方貨物以擴大買賣。學者急於學會更多的西方科學和醫學。愛國者則擔心日本照此下去會變得無法對付西方武器。在精神上，這個國家已經從它原來的拋錨繫纜之處漂開，正在朝著堅持民族權利這個過程前進，並且不停頓地在許可的範圍內大致地了解著新思想。處於這樣的壓力下，以及對美國人炮轟江戶懷有無法掩飾的恐懼感——即使不能使日本屈服，至少也會使幕府政權日益低落的威望蕩然無存——將軍德川家定在一八五四年與美國簽訂了一項通商條約，不久後又與歐洲國家簽訂了一些同樣的條約。

隨後那些年裡，日本和西方之間產生了誤會。白種人——歐洲人和美國人——在這些日子裡有點嗜用軍艦炮轟來對付落後民族。像日本這樣一個驕傲的、有高度文化的民族，很快便發現白種人把他們看做一個不發達的民族。例如，通過學習和旅行，對西方有了較多的了解後，他們馬上發現，在十九世紀五〇年代簽訂的條約並非如西方所理解的那種相互平等的條約。最初這批條約規定，日本應對進口保持低額稅率，除非得到外國列強同意，否則不得將其更

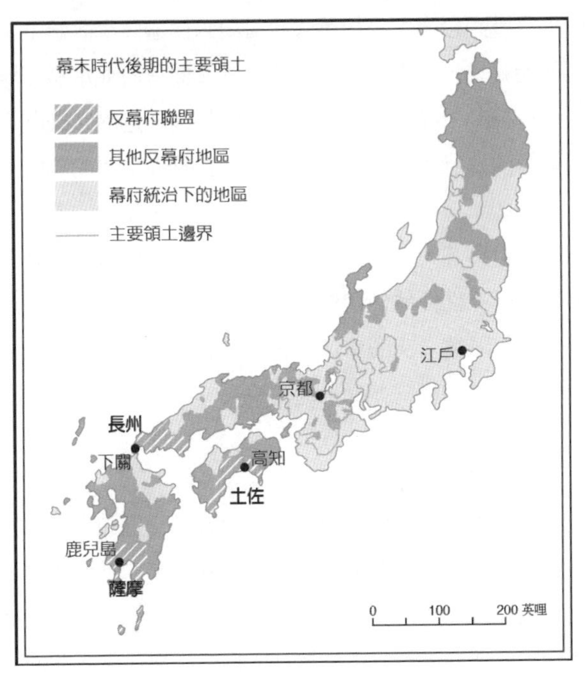

圖13-12　德川幕府晚期的日本

德川幕府的統治從一六〇三年持續到一八六七年。這幅地圖展現了那段時期日本內部的分裂和權力對抗，西方各國在十九世紀中期開始進入這個地區。德川幕府控制了江戶（後來成爲東京）附近的領土，但是長州藩、薩摩藩和其他控制日本較大領土的獨立貴族，都不在江戶的德川幕府權威控制之下。當西方列強於一八五四年進入日本以後，在長州和薩摩出現了要求改革的強烈呼聲，最終導致了德川幕府於一八六七年終結統治，並建立了新的（明治）政府，新的工業經濟快速發展起來了。

改；而給予外國人在決定關稅政策上的發言權，絕不是西方主權國家之間的一種習慣做法。早期的條約還規定有治外法權。這就意味著歐洲人和美國人在日本居留但不受日本法律管轄，而仍舊置於他們各自祖國的司法權之下，即由領事官員代表行使的司法權。這些有關治外法權的規定，早就在土耳其確立下來，而且當時正在中國成爲既成事實。一方面，歐洲人堅持要求在財產、債務、生命和人身保障這些歐洲原則尚未奏效的國家裡得到這些東西；另一方面，肯定沒有任何一個文明國家准許過一個外國政權在自己的國界之內行使司法權。治外法權即標誌著劣等，正如日本人很快就發現的那樣。

一八五四年後，一場猛烈的排外運動發展起來。最初，運動的領導者是西部島上那些貴族，長州藩和薩摩藩的領主；他們從未臣服過江戶的幕府，這時更一心想以天皇名義做爲這次運動團結的號召，推翻德川幕府的統治並領導一次民族的復興。一開始，他們想以驅逐西方人來制止西方的滲透（與兩個半世紀以前一樣）。可是在一八六二年，有幾個英國人無意中違反了一點日本人的禮節，其中一人竟遭到殺害。事後英國政府要求懲辦薩摩藩領主肇事的家臣。幕府證明對此無能爲力，英國軍艦隨即開赴薩摩藩首府並炮轟該城。同一年，長州藩領主下令用控制下關海峽的一些古代大炮向經過的軍艦開炮。英國、法國、荷蘭和美國等國政府當即對此提出抗議，並且在爲難的幕府感到無法懲戒長州藩之後，它們即派遣一支聯合艦隊進逼下關。長州藩的要塞和艦船均被摧毀，並被迫賠款三百萬美元。這些事件在歐洲和美國已被淡忘許久之後，日本人尚耿耿於懷。還有一件使他們懷恨在心的事，即西方列強在發現幕府不是該國的最高統治者後，派遣一支海軍遠征艦隊開赴京都，以海軍炮轟相威脅，要求天皇批准由幕府簽署的條約並降低進口稅。

明治時代：日本的現代化

長州和薩摩兩藩的領主終於領悟到，與西方打交道的唯一途徑，是採用西方本身的軍事和技術裝備。他們要爲日本人拯救日本，就要學習現代西方強國的祕密。首先，他們強迫德川幕府下臺。不管怎樣，德川幕府的威望早已是每況愈下，而如今由於與西方簽訂不受歡迎的條約，然後又未能使國家免遭外族蹂躪，以致信譽掃地。一八六七年，最後一位德川幕府將軍退位；改革者宣布天皇恢復他的全部權力，他們打算用帝國的全部力量來鞏固和增強日本在這個世界上的新地位。一八六八年，一位新天皇繼位；他名叫睦仁，但根據日本人對他的統治時期的習慣稱呼也叫「明治」，明治時代（一八六八～一九一二年）是日本現代化的偉大年代。

從此日本變成了一個現代的民族國家，封建主義被剷除，大多數大領主把他們轄下的武士和平民拱手交到天皇手中。一項帝國法令宣布：「我們廢藩，並置縣以代之。」法律制度的改革和在法律面前人人平等原則的採取，其意義在於所有的人均從屬於一個準則，而與階級無關。部分是出於廢除治外法權這樣一種願望，改革者沿用西方模式重新修訂刑法，剔除了那些古怪而又殘忍的刑罰，即在歐洲人眼中屬於野蠻的東西。一支主要是模仿普魯士人的新式軍隊建立起來了。一八七一年，武士失去可以攜帶兩把劍的歷史權利，今後，他做爲一名軍官在軍隊裡服役，而不再是藩主的家臣。稍後不久，一支仿效英國人的海軍建成了。貨幣和貨幣流通的控制權交由中央政府掌握，同時實行十進位制的國家單一貨幣制度。一個全國性的郵政機構開始發揮作用，而尤其是全國性的教育制度的建立，使日本迅速地達到高識字率。佛教不受鼓勵，佛教寺廟的財產被充公。搞狂熱崇拜的神道得到政府大力支持，這是因爲神道賦予民族感情以宗教色彩，並恢復對皇室的崇拜。

一八八九年頒布的一部憲法，進一步確定了當時在西方認爲很普通的公民

圖13-13　日本新工業經濟的獨具特色，在畫家一陽齋這幅軋絲廠圖畫中表現出來。西方風格的磚結構廠房中，在工廠領班的監督之下，婦女在現代工廠制度的結構中生產紡紗，但她們仍然衣著日本服飾（與畫面左前方的參觀者相反），表達了一個古老社會與一種新經濟秩序的文化混合。（Laurie Platt Winfrey, Inc.）

自由，同時規定建立一個兩院制議會；但議會也強調天皇至高無上和「永恆」的權力，大臣們對他負有法律責任。天皇實際上從未積極地參與過政事，他還是像過去一樣孤伶伶的；至於那些政治領袖，則從來沒有直接對議會負責過，他們往往隨心所欲地按照他們認爲符合國家利益的想法進行統治。

工業和金融的現代化與政治革命在同時進行著，甚至先於政治革命。一八五八年，日本從荷蘭購買了第一艘輪船；一八五九年，日本運用在英國發行債券的方式籌措到五百萬日元，借下了它的第一筆外債。一八六九年，第一次使用電報連通了橫濱和東京。一八七二年，連接這兩座城市的第一條鐵路竣工。一八七〇年，這個國家有了第一臺紡紗機。對外貿易在一八五四年簡直還等於零，而到了世紀之末，其總值已達一年兩億美元。人口則從一八七二年的三千三百萬增加到一九〇二年的四千六百萬。這個島上帝國也像英國一樣，全靠出口與進口，使其稠密的人口維持它所企求的生活水準。

儘管這麼短的時期內就發生了任何民族空前未經歷過的最不平常的變化，但日本的現代化還在繼續著。它令人回想起一個多世紀以前，在彼得大帝領導下的俄國的「西化」，不過，日本現代化的過程不像那麼蠻橫，而速度更快，在民衆當中得到更加廣泛的擁護。日本與當年的俄國之所以要實現現代化，在很大程度上都是爲了防止西方的滲透，以及欽佩西方管理國家事務的本領和成爲世界強國的野心。這種新的政治制度幫助了一種更爲團結的民族國家的產生，隨後這種類型還在歐洲和美洲繼續發展。日本人想從西方得到的，首先是科學、技術和組織管理。他們完全滿足於他們的文化、道德理想、家庭生活、藝術、娛樂方式和宗教觀念裡最根本的實質，但即使在這些方面，他們也顯出一種非比尋常的適應性。從根本上來講，他們接受屬於西方文明的舶來品，是爲了保護他們內在的實質和他們的日本文化。這些舶來品——科學、技術、機械、武器、政治和法律的組織形式——做爲西方文明的一部分，往往是其他民族所缺少的，是他們希望在不喪失本身的精神獨立的情況下所採用的。因此，雖然西方文明有時被相當輕蔑地斥爲「物質主義的」，但到十九世紀末期，它已經成爲整個世界上相互依存的文明的共同基礎了。

在結束這內容繁多的章節時，完全可以簡單地講：在一八五〇～一八七〇年間，這個世界在經濟上的革命，靠的是鐵路和輪船；在政治上的革命，靠的是統一的大民族國家的形成。所有這些國家在當時都體現了一定的自由和憲法的原則，或至少確立了議會機構和代議制政府。但是，這整個世界也已經變成一個競爭場所，在這裡，一些國家或列強在尋求擴充它們的經濟和政治利益。一八七一年當時的列強是英國、德國、法國、奧匈帝國和俄國。英國還在加拿大成立一個子國家。而義大利是否也算列強，這個問題尚未澄清。沒有一個人清楚日本人將會做些什麼。所有的人都同意，美國有朝一日會在國際政治上發揮巨大的作用，不過時候尚未到來罷了。

第十四章

歐洲文明，一八七一～一九一四年：經濟與政治

在上一章裡，我們敘述了民族國家的統一。從那時候起直到一九一四年第一次世界大戰爆發，半個世紀過去了。在這半個世紀裡，歐洲文明在世界政治中達到其最鼎盛，在世界經濟中發揮領導作用，並且對歐洲以外的各國人民施加最大限度的影響。

一八七一～一九一四年歐洲和歐洲人世界引人注目的特點，是迄今爲止在物質和工業上空前未有的發展，國際和平，國內穩定，立憲的、代議制的和民主的政府的進步，以及繼續對科學、理性和進步懷有的信心。可是，正是這些年裡，在政治、經濟、哲學及藝術諸領域也有了一些新動向，它們對歐洲文明自由主義的前提和宗旨起著破壞作用。與此同時，新一波的歐洲帝國主義浪潮在非洲和亞洲擴散，造就新的殖民帝國、新的世界經濟聯繫及新的國際衝突和文化衝突。所有這些進展促成了並反映出一九一四年前歐洲的支配地位，這一切還製造出一份遺產，此遺產決定性地影響了現代世界，直到我們自身所處的時代。

爲了進行歷史分析，我們有必要將這一複雜時代按不同主題分成幾個部分。因此，本章考察一八七一年以來歐洲的經濟和政治趨勢，第十五章講述這個時代裡歐洲的社會運動和文化運動，而在第十六章則探討歐洲帝國主義的世界性影響。及至一九一四年，現代歐洲文明的制度和思想已在世界大部分地區傳播著，但是，這些制度和思想同樣也面臨著新的批判性挑戰，挑戰既來自歐洲內部，也來自其他大陸上怨恨歐洲人支配著他們的經濟、政府和文化的人們。

現代「文明世界」

物質主義的和非物質主義的理想

由於民族國家體制的擴張，歐洲在政治上比以往任何時候都更加分崩離析了。歐洲的一致性，在於全體歐洲人都有著相同的生活方式和觀點，而這些東西同樣存在於美國、加拿大、澳大利亞和紐西蘭這些「歐洲人」國家。歐洲及其分支國家構成了歐洲人和北美人所指稱的「文明世界」或「西方」。其他地區——主要在亞洲、非洲和拉丁美洲——則被歐洲人說成是「落後的」。在一九一四年之前的那半個世紀裡，歐洲人及其餘西方人對他們的文明有著異乎尋常的意識並感到無比自豪。他們相信，這是歷經數個世紀不斷進步的必然結果。他們認爲自己就是人類努力的重要領域中最先進的一支，因而設想世界各民族都應該敬慕這同樣的社會理想。就此而言，只要誰不願意或是不能夠採用它們，誰就是「落後的」；一旦他們盡力採用這些文明的理想，他們也就會跟著變成「文明的」了。這樣的想法影響了帝國主義的意識形態與實踐，帝國主義在十九世紀後期進入到一個活躍的新階段。

這些歐洲或「西方」文明的理想，在某種程度上是物質主義的。如果歐洲人和西方人認爲他們的文明在一九〇〇年要優於一八〇〇年，或者一九〇〇年時在各方面都比同時期非西方民族要好得多的話，那只是因爲他們有較高的生活水準，吃得飽，穿得好，在柔軟的床上睡覺，有令人滿意的衛生設備；是因爲他們擁有遠洋輪船、鐵路、有軌電車，以及大約在一八八〇年後又有了電話和電燈。然而文明的理想絕不僅僅是物質主義的。譬如說知識，正確的或眞正的知識，同樣被認爲是文明的成就——自然科學知識代替了迷信和巫術；地理知識使文明的人據以開始從總體上來認識地球，知道了它大致的輪廓和各式各樣的居民。這種理想也有著深刻的道德淵源，它起源於基督教，不過，如今已經世俗化並且從宗教中分離了出來。英國人以撒・泰勒在他那本一八六〇年出版的名爲《基本的文明》一書裡，用對比的方式說明了這種道德理想，他列舉出「野蠻的遺風」，認爲應從人類生活中消失，如「一夫多妻，虐殺嬰兒，賣淫的合法化，反覆無常的離婚，殘忍和缺德的娛樂，酷刑的折磨，種姓制和奴隸制」。其中有一些是歐洲至少在基督教興起後就不曾贊同的風俗習慣（儘管賣淫現象幾乎在所有歐洲社會裡或多或少被默許）。大約在一八〇〇年左右，酷刑即使在思想褊狹的歐洲國家裡也已廢棄不用；合法化的種姓制和奴隸制在十九世紀逐漸被西方國家廢除。可是在一八六〇年那個時候，在一些非歐洲民族當中，只有那麼兩三種泰勒「遺風」已消失不見。

社會學家定出的其他某些純粹數量上的指標，可用來顯示一個特定社會的進步水準。其中一個指標就是死亡率，或者說一年之內每千人當中有多少人死亡。在英格蘭、法蘭西和瑞典這幾個國家，「確切的」死亡率（或者說是與嬰兒和老人的比例無關的死亡率，因爲這兩類人最易死亡）如衆所周知是在下降：一八五〇年以前大約是二十五人（每年每千人），一九一四年降到十九人，到二十世紀三〇年代更降到十八人。事實是，第二次世界大戰以前，在所有西北歐國家、美國和不列顚自治領國家裡，它似乎都穩定在十八人左右。即使在最好的年代，在那些不是「現代」的國家裡，死亡率都超過四十人。另一個密切相關的指標是嬰兒死亡率。由於醫藥科學發達的結果，在一八七〇年以後，這項指標在所有的國家都急劇地下降了。因此，一個生活在文明環境裡的婦女，用不著那麼經常地懷孕和分娩，就可以保持同樣數量活下來的小孩。另外一個指標是預期壽命，即一個人在同等機會下能活到的年齡。英格蘭人出生

圖14-1　雪中火車

作者：克勞德・莫內（法國人，一八四〇～一九二六年）

火車是十九世紀現代性的新象徵之一，但鮮有藝術家視之爲繪畫的恰當主題。然而，莫內與其他印象派藝術家卻渴望運用他們的藝術技法去表現日常生活中的常見物體，包括正在通過的火車頭的鋼鐵輪廓。在這幅描繪現代技術的印象派藝術代表作中，火車堅實龐大的軀體融化在跳動的光和陰沉冬日的模糊灰色裡。（Giraudon/Art Resource, NY）

時的預期壽命從一八四〇年代的四十歲，上升到一九三三年的五十九歲，進而提高到二十一世紀初的七十八歲。印度人的預期壽命在一九三一年還低於二十七歲，二〇〇一年就提高到了六十二歲左右。還有另一個指標是識字率，即超過一定年齡（如十歲）而能夠閱讀和書寫的人在人數上的比例。到一九〇〇年，西北歐國家的識字率已接近百分之百，而有一些國家則仍未比零高多少。另外還有一個基本指標是勞動生產率，即一個工人在指定的時間內所生產的數量。進行這方面的計算是困難的，尤其是在早期這種統計資料匱乏的時候。在二十世紀三〇年代，一個丹麥農民的生產率無論怎樣都要超過一個阿爾巴尼亞農民的十倍以上。從這方面來看，整個西北歐都高於歐洲的平均數，唯有愛爾蘭除外；而愛爾蘭、西班牙、葡萄牙、義大利和整個東歐都低於這個平均數。

什麼是文明生活的精髓，無疑是難以言明的。就其概念而言，不外乎指人們如何運用其智慧、他們對其他人形成的看法，或者是對其本身生活的狀況和計畫形成的某些觀念。對如何解釋這無形的概念，不同文化和不同意識形態的人，無論如何總是不會一致的。但在數量標準方面，他們卻很少有意見分歧，除了少數例外，無論誰都希望降低死亡率，提高識字率，提高人類創造的生產率。不管關於文明社會的無形品質我們怎麼難以言明，如果單是應用數量指標或社會學指標，我們可以說，在一八七〇年後大約四十年裡，並非僅僅在歐洲人看來，歐洲實際上確實算是在世界上快速擴張的現代文明的中心。

文明「地帶」

或者更確切地說，這個中心存在於歐洲的某一區域。因爲當時的確有兩個歐洲：一個內部地帶和一個外部地帶。在二十世紀二〇年代，法國人在描寫一八七〇年後上升的兩個歐洲時，把前者稱爲「蒸蒸日上的歐洲」，並且用一條想像出來的線把它限定起來，即從格拉斯哥、斯德哥爾摩、格但斯克、的里雅斯特、佛羅倫斯一直延伸到巴塞隆那。它不僅包括大不列顛，還包括比利時、德國、法國、義大利北部以及奧地利帝國西部某些地區。實際上歐洲所有的重工業全都集中在這個地帶。這裡的鐵路網是最密的，歐洲的財富都聚集於此，具體表現爲高度的生活水準和積聚在一起的資本。這裡還擁有幾乎全部的歐洲實驗室，歐洲所有的科學活動差不多都在這裡進行。立憲和議會政府的力量，五花八門的自由主義、人道主義、社會主義和改良主義運動的力量，都在這一地帶表現了出來。這裡的死亡率低，預期壽命高，健康狀況和衛生設施最好，人們差不多都識字，有非常高的勞動生產率。實際上，歐洲海外移民區的某些區域，特別是內戰之後的美國，也屬於這個地帶。

外部地帶包括大半個愛爾蘭、伊比利半島和義大利半島的大部分，還有位於當時德國、波希米亞和奧地利等國本土東面的整個東歐。外部地帶是一個農業地帶，儘管它的農業生產率，也就是說那裡的每一個農業工人，或者每英畝的生產量，要遠遠低於內部地帶。這裡人民較爲窮困，文盲較多，很可能死得比較早。富人是地主，往往是在外地主。該地帶靠著把穀物、家畜、羊毛或木材賣給工業化程度較高的內部地帶來維持生計，這種情況在一八七〇年後變得更加嚴重。不過，由於太窮，他們難於買回更多的工業製成品，遂向倫敦或巴黎借款，以此獲得資本。它的社會哲學和政治哲學從德國和西方國家輸入，因而帶有它們的色彩。它從內部地帶借來工程師和技術人員，建築橋梁、安裝電訊系統，派年輕人到內部地帶的大學裡去學習醫藥學或其他專業。許多歐洲人海外移民區，比如說拉丁美洲和美國農耕地區，也可認爲在當時是屬於外部地帶。

圖14-2　這幅肖像描繪維多利亞時代坐在自家花園裡的英國家庭，從中人們可以一窺十九世紀歐洲資產階級家庭的人口演變模式。孩子數量的減少讓婦女少受懷孕與子女撫育的漫長週期的羈絆，最終使得她們能有更多時間和自由從事形式多樣的活動。（Getty Images）

歐洲人世界之外還分布著一個第三地帶，即廣袤無際的亞洲和非洲大陸。除了正在現代化的日本以外，從歐洲的標準或文化假設來看，它們全都是「落後的」，並且注定要在一八七〇年以後那半個世紀之內嚴重依附於歐洲或被歐洲殖民化。一八七〇年以來的世界歷史，大都可以寫成這三個地帶之間關係的經歷；但是，必須防止讓全人類的歷史墮入太簡單的公式中。況且，所有人類社會歷史都既有連貫性，也總存在變化。

基本的人口統計：歐洲人口的增長

一六五〇年以後歐洲和世界人口的增長

除非洲外，自一六五〇年之後的三個世紀裡，每一個大陸的人口都在猛增，其中又以歐洲為最。從一八五〇年至第二次世界大戰期間，歐洲人口，包括其他大陸上的歐洲裔人口，在世界人口總數中所占的比例達到了其最大值，這是沒有多少疑問的。現將從一六五〇年開始的估計數字開列於下頁表格中。

對一六五〇年後世界人口增加的原因人們難以確切得知。顯而易見的只是其中某些因素，在亞洲所起的作用必定與歐洲一樣。歐洲那些機構健全的主權國家在十七世紀建立後，就結束了長期以來的內部爭戰，制止了蔓延許久的暴行和掠奪，以及隨之而來對農業生產造成的破壞和家庭生活的無保障。比起兩個政府之間的交戰，這些事情更為致命。同樣地，德川幕府維持了日本國內的和平，清王朝（一六四四～一九一二年）為中國帶來了一段長時期的安定。英國人在印度和荷蘭人在爪哇的統治，由於抑制了饑荒並對暴力加以約束，使人口得到迅速增長。所有這些因素使得更多的人生存得更長久，也有利於家庭的穩定及子女的生育和撫養。出於類似的原因，死亡率下降，出生率上升。人口膨脹的一個例外是非洲，奴隸貿易使那裡在三、四個世紀之內共被掠走超過一千萬人（甚或更大數量的他們的後代），對奴隸的搜捕還導致了非洲文明的瓦解。在美洲，土著印第安人遭到由歐洲傳入的、而他們起先毫無免疫力的疾病的摧殘。

在歐洲，另有一些人口增長的原因要比國內保持和平局面更加起作用，這些比起別的地方都要來得早。原因包括從某些地方性流行疾病中解脫出來，首先是在十七世紀抑制住了腺鼠疫，再就是十八世紀天花疫苗的使用；大約從一七五〇年起，歐洲的農作物產量不斷增加，其中以英格蘭較為顯著；包括公路、運河和鐵路在內的交通運輸的改進，使糧食得以運入食物暫時短缺的地區，局部饑荒得以解決；伴隨著工業革命，在歐洲更大數量的人口能夠通過從海外進口糧食而維持生活；到一九〇〇年，歐洲和北美的城市在潔淨飲用水的供應和垃圾、汙水處理的設施等方面，比過去要做得好。

因此，歐洲及其分支國家幾代人口增長比別的地方要可觀得多。有關比例已開列於表格之中。根據這些估計，在一六五〇年至一九〇〇年之間，亞洲人口增加不到三倍，而歐洲多達四倍；如果把那些已經遷移到其他大陸的歐洲人後裔也算在歐洲人口總數之內的話，則高達五倍。歐洲文明在一六五〇年後兩個半世紀內的統治地位，在某種程度上就歸因於人口增長。雖然到一九〇〇

世界各大洲人口估計						
	百萬人					
	1650	1750	1850	1900	1950	2000
歐洲	100	150	263	396	532	729
美國和加拿大	1	2	26	82	166	304
澳大利亞－大洋洲	2	2	2	6	13	53
「歐洲人」爲主地區	103	154	291	484	711	1,086
拉丁美洲	12	16	38	74	162	519
非洲	100	106	111	133	217	785
亞洲	330	515	822	959	1,396	3,683
「非歐洲人」爲主地區	442	637	971	1,166	1,775	4,987
全球總計	545	791	1,262	1,650	2,486	6,073
	百分比					
歐洲	18.3	19.1	20.8	24.0	21.5	12.0
美國和加拿大	.2	.2	2.1	5.0	6.7	5.0
澳大利亞－大洋洲	.4	.2	.2	.3	.5	1.0
「歐洲人」爲主地區	18.9	19.5	23.1	29.3	28.7	18.0
拉丁美洲	2.2	2.0	3.0	4.5	6.5	8.5
非洲	18.3	13.0	8.8	8.1	8.7	12.9
亞洲	60.6	65.0	65.1	58.1	56.1	60.6
「非歐洲人」爲主地區	81.1	80.0	76.9	70.7	71.3	82.0
全球總計	100.0	100.0	100.0	100.0	100.0	100.0

此表意在顯示現代時期生活在「歐洲人」爲主文化（即派生於使用歐洲語言和具有歐洲傳統的社會的文化）和「非歐洲人」爲主文化裡的人口數量和比例。它顯示從一七五〇年到一九〇〇年「歐洲人」所占的比例快速增加，而在二十世紀「歐洲人」所占的比例卻穩步下降。此表受制於重要的保留條件。前蘇聯的人口在歐洲和亞洲間做了劃分，但數以百萬計的俄國籍「歐洲人」早已長期定居在前蘇聯的亞洲部分。還有，必須記得，美國人口既包括歐洲人也包括非洲人和亞洲人；拉丁美洲國家的人們現在一般都講著某種歐洲語言，在種族構成上差別甚大；而在南部非洲生活著四百萬以上的歐洲裔人口。總之，此表與種族無關，因爲有許多白人並不生活在「歐洲」文化地帶，而在美洲和其他地方（包括歐洲）也有許多「非白人」人口，他們完全融入到源自歐洲的習俗和語言環境中。

資料來源：一六五〇～一九〇〇年的數字來自A. N.卡爾－桑德斯（A. N. Carr-Sanders）的《世界人口》（牛津大學出版社，1936年）。一七五〇年，一八五〇年和一九〇〇年的數字，見約翰・D・杜朗（John D. Durand）發表於《美國哲學協會學報》第111卷（1967年）的〈世界人口的現代擴張〉一文。關於一九五〇年和二〇〇〇年的數字，來自《聯合國人口年鑑》（紐約聯合國，1989年）和《紐約時報二〇〇一年綜合報告》（紐約，2000年）。

年，各個大陸上的「歐洲人」在比例上已接近人類的三分之一了，但是一九〇〇年之後，這個比例開始下滑。及至二十一世紀初，人們已能設想出，到二一〇〇年時「歐洲人」將只占這個地球上人類的十分之一。

歐洲人口的穩定

隨著出生率的降低，歐洲人口呈現出穩定和相對減少的景況。早在一八三〇年，法國的出生率就已經明顯地跌落下來，結果是法國這個長期以來都人煙最稠密的歐洲國家，在人口數量上大約在一八七〇年被德國超過；在一八九五年左右，被不列顛諸島超過；大約在一九三〇年更是被義大利超過。因爲這個原因，法國曾經被認爲已呈衰落之勢，實際上它不過是率先進入了歐洲國家看來都要經歷的一種人口迴圈而已。十九世紀三〇年代，法國的出生率已經跌落到千分之三十以下，瑞典在八〇年代也跌落到那個水平上，九〇年代輪到英國，再就是德國和尼德蘭，它們是在一九〇〇年至一九一〇年之間。第二次世界大戰之後，曾經有過暫時的回升；但是到二〇〇〇年，歐洲和北美的出生率已低於千分之十五，幾乎不足以維持現有的人口水平。而世界上其餘大部分地區出生率仍然超過千分之二十五甚至千分之三十。

下降的出生率並非純粹是一個枯燥乏味的統計項目，也不僅僅是在整體上影響人口數量而已。它做爲現代文明的指標之一，最先出現在歐洲內部地帶（那裡其他指標也是最高的），此後它就像波浪一樣地向外擴展開去。具體地說，十九世紀低出生率即意味著每個家庭平均只有二～四個小孩，而在從前家庭可能擁有十個孩子甚至更多。低出生率還意味著小家庭制，很少有其他東西比它更能夠體現基本的現代生活了。用來抑制出生率和控制家庭人數的主要方法是實行避孕。爲什麼父母希望限制他們的家庭人口，其眞正的原因或理由，已經深深嵌入現代社會準則之中。

人口史學家曾研究過早在十七世紀時的一種「歐洲家庭模式」。與其他社會比較，在這種模式裡，歐洲人結婚較晚，有數量相當多的人根本沒有結過婚。推遲結婚實際上縮短了一個婦女生育小孩的年限，使年輕人有可能在組成新家庭之前學到技術並儲蓄一筆錢（如購置工具和家庭用品等）。比起世界上某些其他地區來，其結果是較少出現人口爆發性猛增和極度饑荒。對上流階級的小孩在數量和時間間隔等方面進行的研究表明，十八世紀時，在他們父母中間已實行各種形式的避孕。法國大革命期間，實行避孕似乎已經擴展到其他社會階級。當時的《拿破崙法典》要求把繼承權在全體兒子與女兒中進行分配。法國農民，他們當中有許多人是土地擁有者，爲了使全部子女（在繼承權、婚姻、嫁妝等方面）繼續享有與他們的父母同樣高的經濟地位和社會地位，開始限制他們自己只要二～三個孩子。正是這樣一種對經濟安全和更高生活水準的追求，導致了法國、接著是歐洲其他地區出生率的降低。

在十九世紀的大城市裡，工人階級的生活水準時常下降，首先就應歸因於子女增多。不過，在城市裡生活，擁擠的居住條件下，也重視和鼓勵小家庭。城市裡有許多活動，那些多子女的人結果卻難以享受到。大約在一八八〇年之後，工人階級中常見的童工大爲減少。當孩子們停止爲家庭賺取部分收益時，父母們便傾向於少要些孩子了。大約就在這個時候，先進國家政府開始要求普及義務教育。花在教育上的年月，也就是在經濟上依附父母的時間越來越長，甚至成年的年輕人忙於學習的現象變得普遍起來。對父母來說，每個孩子都相當於多年的開銷。必須爲自己的孩子們做些事情這樣不斷增強的觀念，以及父母希望給孩子們準備好每一個可能的有利條件，以立足於這個競爭的世界，這些或許是自願限制家庭人口最基本的原因。另一個幾乎不容忽視的基本原因，是希望減輕母親們身上的負擔。有了嬰兒死亡率的降低和小家庭制，婦女便被從生育和照料嬰兒這種沒完沒了的重擔中解放出來，因而上述兩點在改善婦女於現代社會所處的地位而起的作用比別的任何東西都要大。至少部分地因爲從懷孕和照料孩子的傳統週期脫身了，中產階級婦女終於能夠追求高等教育，從事新的職業，並進行新型式的社會或政治活動。二十世紀早期避孕措施在工人階級當中也廣爲流傳；例如在英格蘭進行的人口統計學研究表明，到二十世紀三〇年代，差不多百分之七十的工人階級夫婦採用避孕措施（而在一九〇〇年，此數值少於百分之二十）。

但是，小家庭制對總人口的影響效果是很緩慢地展現出來。中老年人口的增加、出生率的下降都是逐漸的，因而在所有的主要國家裡，總人口數還是在不斷地增長著，唯有法國不在此列，這個國家在一九〇〇～一九四五年之間，人口幾乎保持原狀。人口過分地增多乃是一個不變的特徵。從一八〇〇年到一九五〇年，不過經過五個世代，歐洲人就由兩億左右增加到七億。因爲生產力甚至發展得更快些，儘管人口在增長，這些「歐洲人」當中大多數人的生活水準還是提高了，並不存在因人口過剩而產生的問題。

城市的發展和都市生活

這麼多人到哪裡去了呢？其中有一部分居住在鄉村地區，那是大多數人歷來生活的地方。在「內部地帶」，農村人口變得更稠密，轉而經營更加精耕細作的蔬菜農場或牛奶場這類集約農業，而讓別的地方去生產諸如羊毛和穀物類的產品，然後再把它們購買進來。據估計，西歐國家人口每增加七個人，只有一個人留在農村，至於其餘六個人，一個完全離開歐洲，五個則走向不斷擴大的城市。

十九世紀的城市多半是鐵路的產物，因爲隨著鐵路的出現，第一次把製造業集中到大城市變成可能，現在能夠將食物和燃料這類笨重的貨物大量地運進城市。一八五〇年至一九一四年間城市的擴大，實在是一個奇蹟。在一八三〇年，英格蘭三分之二的人口居住在有兩萬人或者不到兩萬人的地方，到一九一四年，三分之二的人口居住在有兩萬人或超過兩萬人的地方。德國，這片布滿中世紀遺留下來的古代城鎮，富有歷史意義的土地，在一八七〇年以後，現代工業都市化方面已經堪與英國匹敵。一八四〇年時，只是倫敦和巴黎有一百萬人口。到一九一四年，柏林、維也納、聖彼得堡和莫斯科也都有一百萬人口了。在歐洲以外，還有紐約、芝加哥、費城、里約熱內盧、布宜諾斯艾利斯、加爾各答、東京和大阪等人口達百萬的城市。有些地方，像英國中部和德國魯爾河流域，聚集了衆多相鄰的小城市，這些龐大的都市聚集點只能靠市政界線來劃分。

這類大城市樹立了現代社會的風氣。城市生活是非個人和無個性特徵的；人們的生活方式被改變，比起在鄉間那時，與家庭或教堂的聯繫少了。他們缺乏鄉下人尊敬貴族家庭的感情，缺少做爲舊式農村公社特徵的自助意識。正是在城市，日報業隨著一八五〇年後電報問世而得到迅速的傳播，而有了最忠實的讀者。所謂聳人聽聞或轟動社會的出版物在一九〇〇年左右開始出現。有影響力的公共輿論是在城市裡形成的，城市居民一般不尊重傳統，他們善於接受新思想、新觀念。有許多例子說明，他們從農村或較小的城鎮遷進大城市，透過這種方式來有意識地改變自己的生活。新的都市生活環境助長了社會主義在歐洲城市的產業工人群衆之間的傳播，這簡直是不足爲奇的。一八七〇年後出現的某種更加顯眼的民族主義也是受了城市生活的激勵，因爲人們對於除了國家以外的任何一種制度，都有著日益增強的超然感。同時，憑藉著在教育、閱讀和討論等方面有較好的設備，城市生活中形成了一種啓蒙式的更爲敏銳、更爲靈通的公衆輿論。

從歐洲遷移，一八五〇～一九四〇年

與城市的上升時期同時，總共大約有六千萬人離開了歐洲，雖然他們當中可能有五分之一的人或遲或早又返回來。「大西洋移民潮」——這是一個恰如其分的稱呼，因爲除了那些從歐洲俄羅斯部分移居亞洲俄羅斯部分的人以外，

從歐洲遷出的移民，1850～1940年	
大不列顛群島	18,300,000
義大利	10,200,000
俄國	9,000,000
德國	5,000,000
西班牙	4,500,000
奧匈帝國	4,200,000
葡萄牙	2,500,000
瑞典	1,200,000
挪威	750,000
丹麥	470,000
芬蘭	390,000
法國	390,000
瑞士	340,000
荷蘭	210,000
比利時	150,000
總計	57,600,000

資料來源：威廉·伍德拉夫（William Woodruff）《西方人的衝擊》（紐約聖馬丁出版社，1966年），第106頁。

遷入新興國家的移民，1850～1940年	
美國	32,300,000
亞洲俄羅斯部分	7,000,000
阿根廷	6,600,000
巴西	4,700,000
加拿大	4,300,000
澳大利亞	2,900,000
新西蘭	650,000
烏拉圭	600,000
古巴	600,000
南非	250,000
墨西哥	250,000

資料來源：伍德拉夫《西方人的衝擊》，第108頁。

全都是越海遷移的——其規模要超過歷史上任何一次遷移，或許在意義上也是如此。正因爲有了這麼一種方式，歐洲的早期殖民地分支才轉型成爲具有極強勢力的歐洲政治、社會、宗教和文化諸方面傳統的新社會。歐洲各地區遷出的人口數如上表所示，它包括的年代從一八五〇年起，到一九四〇年止。在一八五〇年以前，這個運動可以說幾乎還沒有開始，儘管從拿破崙戰爭結束以來的那段時間裡，已有一百多萬移民進入美國。一九四〇年後，大陸間移民的特徵發生了顯著變化。第二次世界大戰後數十年裡，大批移民從非洲、中東和亞洲湧入歐洲，並從歐洲以外的各地方湧入美洲。然而，在一九四〇年之前的這個世紀裡，歐洲人民的遷徙是歐洲制度和文明得以傳播的關鍵力量。

要從歐洲遷出的移民給出令人滿意的資訊是很困難的。在統計來源中，英格蘭人、蘇格蘭人、威爾斯人和愛爾蘭人是合併在一起的；在第一次世界大戰之前，也就是一九一四年以前，波蘭人、捷克人、其他斯拉夫人、匈牙利人、東歐猶太人和別的人並沒有如此計算，而是包含在俄國、奧匈帝國和德意志帝國的移出人口當中。因此，數以百萬的猶太人、愛爾蘭人、波蘭人以及成千上萬的其他人是隱含在資料裡的，資料中也包含數百萬從俄國歐洲部分遷移到俄國亞洲部分的俄國人。還有一點必須記得，那就是大陸間某些移民並不包括歐洲人。在一八五〇年後的一些年裡，黑奴仍然被非法挾帶到美國和巴西。來自印度的工人去到了西印度群島和南非，而許多華人在美國和東南亞定居下來。在這些保留條件下，上頁的表格顯示了第二次世界大戰之前的九十年裡歐洲向外移民的模式。

英國人和愛爾蘭人一般是遷往英國的自治領和美國。義大利人則分別遷往美國和拉丁美洲。絕大多數西班牙人殖民於那些西班牙屬美洲共和國，而葡萄牙人則前往巴西定居。絕大部分德國人是移居美國，雖然有些人前往阿根廷和巴西。美國在這方面占有無比的優勢是顯而易見的。與此同時，值得注意的是，差不多一半的歐洲移民移居到了世界其他地方。這些新興國家所分別接受的移民人數如前頁左上方表格所示。

人們成群地從歐洲遷離，是出於顯著和暫時兩者並存的原因。一個根本原因，或者說先決條件，是那些新國家在一九一四年之前都歡迎移民，各方面都需要人手去耕種土地、建築房屋和開發礦藏。這種情況卻極少適用於澳大利亞和紐西蘭。它們寧願只接受講英語的移民，而且它們也提倡社會民主，甚至早在一九〇〇年之前就立法保護工人階級，這在當時是很突出的。這樣做的結果就是沒有要求外來者蜂擁而入，以低工資去競爭就業機會。在一九二一年和一九二四年的美國，大同小異的民族優先權和就業保護主義聯合起來，制定法律，限制移民遷入。從此以後，移民只能按限額入境，而對東歐和南歐國家的限額是最低的，因爲當時即將到來的大多數移民正是來自這些國家。

歐洲有很多情況在推動移民外流。在物質方面，輪船使飄洋過海變得更爲容易和便宜；有了鐵路，人們去到港口十分方便，而當他們在新國家上岸後，沿著鐵路，又很方便地被分送到各個地方。在經濟方面，整體來說人們第一次能夠負擔得起長途跋涉的費用了。人們移居國外是爲了改善自己的物質環境；但是移民潮的高峰往往又與歐洲商業週期性高潮有機地結合在一起，即正當歐洲的就業機會很充分，工資也是最高的時候。而完全與之相反的情況是躲避經濟崩潰或饑饉，一八四六年後從愛爾蘭的遷出就是這種情況最好的說明。在一八四五～一八四九年的「馬鈴薯大饑荒」中，近百萬愛爾蘭人死於饑餓和疾病，隨後若干年裡就有超過一百五十萬愛爾蘭人移民美國。在一八四八年革命之後，有很大一部分人離開歐洲是出於政治原因，稍後一些時候，則是爲了逃避兵役。爲了躲避種族隔離與歧視，爲了避免政府慫恿的種族大屠殺的直接迫害，這方面最能說明問題的例子莫過於俄國猶太人和俄屬波蘭猶太人的逃難，在第一次世界大戰之前那十五年之內，他們當中就有一百五十萬人逃到了美國。

圖14-3　移民大潮是現代世界獨特的社會模式之一。圖中於一九〇〇年左右來到紐約的義大利婦女及其子女，就是從歐洲遷出的移民大潮中的成員，這一波移民大潮影響了各大洲的社會和經濟。（Snark/Art Resource, NY）

但是，在歐洲人的整個遷移過程中，最根本的原因或許是當時基本的自由主義。在這以前，不曾有過（此後也沒有過）讓人們這樣自由合法地遷離的事。要求熟練工人留在自己國家裡的舊法律被廢除了，如一八二四年在英格蘭。除了俄國以外，舊式半公社制農業村落，以集體權利和義務把個人束縛在本地的做法也不再行得通。農奴制的消滅，使東歐農民能夠變動其住處而毋需獲得地主的許可。各國政府允許它們的國民移居國外，帶走他們積蓄的先令、馬克、克朗或里拉，允許他們在取得新居留地的國籍後改變其原有的國籍。歐洲本土上個人自由的加強，還有人們對在美洲享有這種自由的期望，使得大規模移民成爲可能。就如此規模巨大的一次群衆運動而言，最值得注意的事實是，它的發生是出於個人的主動性，並且是由個人自己出錢。個人、家庭和地方小集團（讓我們借用一個權威性的比喻）像一個接一個的原子，從歐洲這塊土地上分離出來，依靠自己飄洋過海，又像原子一樣一個接一個地重新聚集在新世界的那塊土地上。因此，十九世紀後期的大規模移民引發了世界範圍的人口運動，這種運動延續至今，意義深遠，並依然是現代世界最具特色的社會模式之一。

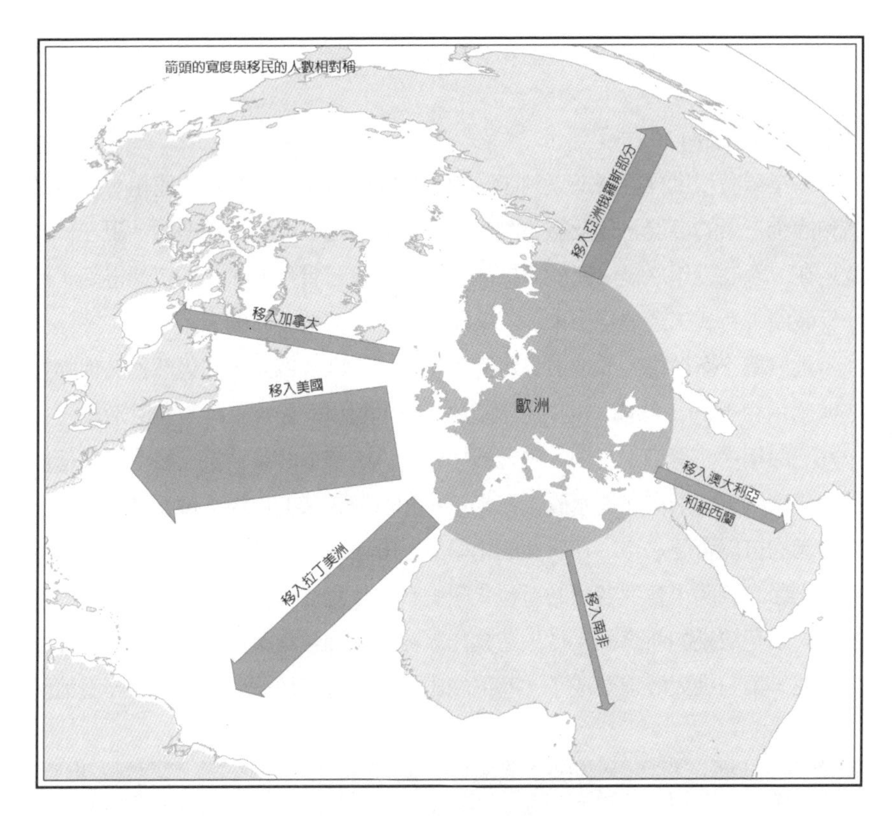

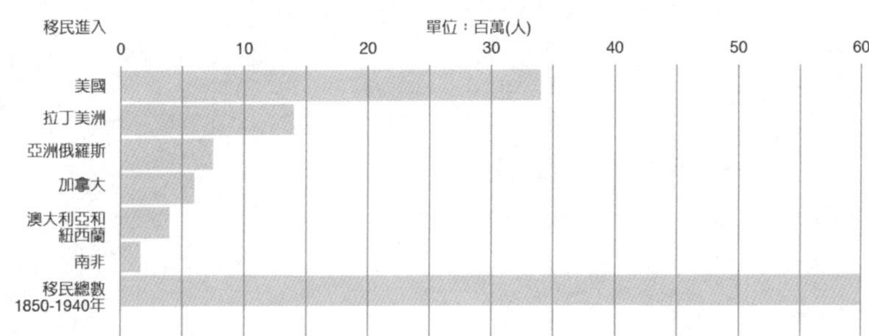

圖14-4　遷出歐洲的移民，一八五〇～一九四〇年

在第二次世界大戰之前的那個世紀裡，大約有六千萬人離開歐洲，上面的圖表顯示了他們的去向。其中大約一半去了美國，但歐洲移民也在世界其他地區建設起「歐洲人」社會。海外「歐洲人」社會爲歐洲生產糧食和原材料，而從歐洲借入資本或購買工業製成品，由此助力歐洲經濟的發展及世界經濟體系的擴張。

十九世紀的世界經濟

歐洲日益膨脹的人口是怎樣設法養活自己的呢？又是怎樣在事實上不僅養活了自己，而且在一九〇〇年享受到比一八〇〇年時要高得無法比擬的生活水準的呢？靠的是科學、工業、運輸、交通通訊和世界貿易體系的擴張，靠的是有系統的組織——在商業、金融和勞務方面。

「新工業革命」

工業革命和世界經濟進入到了一個嶄新的階段。蒸汽動力的應用、紡織工業和冶金工業的發展，以及鐵路的出現，都是這個世紀初期的特徵。現在，也就是在一八七〇年之後，新能源被開發出來，原已實現機械化的工業得到了進一步發展，新式工業湧現出來，工業開始按地理需要分布開來了。

蒸汽機不斷地得到改進並日臻完善，直到一九一四年，它仍然比其他動力機械應用得普遍。然而，電力已經以它無與倫比的優越性進入實用階段。在一九一四年之前那二十年裡，內燃機（亦即汽油機）和柴油機的發明，給這個世界帶來汽車、飛機和潛水艇；汽車工業和航空工業的出現，使石油成了最令人垂涎的自然資源之一。在新興的化學工業裡，工業研究室正在取代個人發明家。化學家發明了各種各樣的新型化學肥料，單是從煤焦油裡面就提煉出一大批令人眼花繚亂的新產品，從人造食物調味品到烈性炸藥應有盡有。由於使用了炸藥，第一批大隧道建成了。塞尼峰山口隧道竣工於一八七三年，辛普龍隘

圖14-5　貝塞麥煉鋼法使鋼產量大幅提高，並迅速得到推廣，成為十九世紀後期數十年工業擴張的要素。此插圖表現的是，一八七五年在謝菲爾德，未來的國王愛德華七世夫婦從包廂座位觀看煉鋼新法，足見貝塞麥煉鋼法對英國的重要意義。（Getty Images）

口隧道在一九〇六年完工——它們都位於阿爾卑斯山脈。還有那些巨大的新運河，如蘇伊士運河在一八六九年通航，基爾運河是一八九五年，巴拿馬運河則是在一九一四年。化學使生產合成纖維織品不再是虛構的神話，像曾經引起紡織工業革命性變革的人造絲就是這時生產出來的。電力徹底地改善了室內室外照明，而通訊系統的革命也是在這時發生的。十九世紀七〇年代，電話誕生了。一九〇一年馬可尼成功地把無線電信號發送過大西洋，從而把各大陸更加緊密地聯繫在一起。在一九一四年之前，電影和收音機的出現令人耳目一新。醫學上有了一系列的新成就，按字母順序排列，從麻醉劑直到X光；黃熱病被人們制服。鐵礦石精煉流程的改進，使鋼這個新工業時代的關鍵產品的生產得到蓬勃發展成為可能。鋁以及其他金屬合金也已被冶煉出來。鐵路里程的長度在成倍地增加；包括俄國在內的歐洲鐵路網，從一八九〇年的十四萬英哩增加到一九一四年的二十一萬三千英哩。

在工業革命的新階段裡，機器製造業的地理分布從英國和比利時——在一八七〇年，只有它們算得上眞正的工業國家——擴展到了法國、義大利、俄國和日本，而最引人注目的是德國和美國。在歐洲，工業生產被集中在「內部地帶」。一九一四年，單單是三個強國——英國、德國和法國——就占了全歐洲製造業的十分之七，它們生產的煤、鋼鐵和機械占到了全歐洲的五分之四以上。在主要的歐洲強國中，德意志當時正在加速迎頭趕上。單獨用鋼來做一個評判標準的話，一八七一年，德國鋼的年產量只有英國的五分之三，到一九〇〇年開始超過英國，到一九一四年，它的年產量已經是英國的兩倍，但是僅僅相當於工業新巨人美國的一半。一九一四年，美國的鋼產量比德、英、法三國的總和還要多。英國這個機械化的開拓者，正被舊世界和新世界拋在後面。在一九一四年之前的二十年裡，這三個歐洲強國的工業生產增長了百分之五十左右。可是，從一八七〇年至一九一三年，美國卻有著比這三個強國要高得多的百分之四・三的年增長率，德國是百分之二・九，英國只達到百分之二・二，法國才百分之一・六。到一九一四年，美國已經在農業機械化、製造業，以及煤炭與鋼鐵生產等方面走在歐洲前頭，在這些項目上，它正在生產出超過世界產量五分之二的東西。不僅如此，美國人同時還是開創大量生產汽車和種類繁多的消費品的裝配線、傳送帶技術的先驅者。

自由貿易和歐洲的「收支平衡」

正是英國這個當時的「世界工廠」，在十九世紀中葉發起了向自由貿易進軍的運動。人們不難想起，由於廢除了《穀物法》，英國人在一八四六年著手

圖14-6　典型風景

作者：查理斯・席勒（美國人，一八八三～一九六五年）

這幅風景畫描繪的是一九三一年福特汽車製造公司的一家美國工廠，但它同樣象徵了第二次工業革命。在工業化的這一階段，電、內燃機和汽車尤爲重要，工業由早期在英國和西歐的中心向外擴散，及至遙遠。此畫的「典型」之處在於其明晰的描繪，常見數學形體的排列，其寓意廣泛。工廠看似合理精確，卻不見人的存在，好像機器自己有生命，沒有人手都能幹活。〔Collection of Mr. and Mrs. Barney A. Ebsworth, Photograph c 2000 Board of Trustees, National Gallery of Art, Washington, 1931 (2000. 39.2)〕

制定了一項系統的自由貿易政策，在食品上故意選擇依賴從海外進口。一八六○年，法國實行了自由貿易政策。緊跟著其他國家也採取了同樣的行動。不錯，除了英國、荷蘭和比利時之外，一八八○年那時確實有一個退回到保護性關稅政策的運動存在。但是，這些關稅與其說是障礙，倒不如說是限制，而且直到一九一四年，經濟體制的特點仍然是貨物不受國界所限，具有極大的流動性。在政治方面，歐洲流露出比以往任何時候都更加強烈的國家主義；不過，經濟活動處於普遍的自由主義環境裡，在這種環境下，商業被認爲應該不受政治國家限制，因而經濟活動依然主要是國際性的和全球性的。

概括地講，在一九一四年之前，歐洲經濟的偉大成就，在於創建了這樣一個體制，即靠著它，工業的歐洲能夠取得數量龐大的進口物資供它本身消耗，並且支付自如。除了俄國、奧匈帝國和巴爾幹國家以外，所有的歐洲國家在進口上無一不超過它們的出口，而在這方面帶頭的又是英國人。從十八世紀末起，英國就是一個進口占優勢的國家，也就是說，儘管棉製品和工業革命的其他產品擴大了出口，英國消耗掉的進口貨還是要比它出口的多。十九世紀的工業化和都市化進一步證實了上述情況。從一八〇〇年至一九〇〇年，英國的出口總值增加了八倍，而進口總值卻增加了十倍，在一九一四年之前那十年裡，英國人每年入超達七．五億美元左右。在二十世紀剛開始那段時間，大不列顛與歐洲工業化國家（大致上指歐洲「內部地帶」）一道成了貿易逆差國，用美元計算則幾乎是每年二十億美元（美元在當時可購買的貨物遠比後來爲多）。這些進口到歐洲「內部地帶」的貨物，不但有它的工業所短缺的原料，還有它的人民所需要的食物和奢侈品。

怎樣支付這些進口呢？既然歐洲有著「貿易入超」，它又是怎樣享受「支付順差」的呢？歐洲用工業品來支付大部分進口，但不是全部。這個差額由所謂的無形輸出彌補了。這類輸出包括給外國人運貨、辦理保險業務、借錢和投資所得的利息，而所有這一切賺來的都是外匯。貨運和保險業無疑起著舉足輕重的作用。一個阿根廷商人爲了從布宜諾斯艾利斯把皮革運往德國，可能會僱一條英國船，他會用阿根廷比索來支付運費，而這些比索便可能被存入阿根廷銀行那位英國船主的戶頭內；這位英國船主會在英國或者在歐洲其他地方，把這些比索賣給某個需要用它們去購買阿根廷肉類的人。就這樣，這些遍布全世界的英國商船，賺來了數量相當可觀的食物和原料，而這些東西都是英國所缺少的。爲了確保自己能夠對付一切可以想像得到的危險，世界各地的人都求助於倫敦勞埃德商船協會。用出售保險業務所提取的利潤，英國就能買到它想買的東西。各國政府或商業機構向歐洲借錢，主要是向英國借貸；爲此支付的利息，又使外國貨幣落入歐洲國家或英國之手，從而形成了另一種無形輸出，一部分入超正是靠它得到了填補。其實，這種把錢借給外國人的做法，還只是一種更爲廣泛的現象——資本輸出的一部分罷了。

歐洲的資本輸出

數以百萬計歐洲人移居的結果是創立了一些新社會，這些新社會的特徵是它們基本上都是由歐洲人所組成，無一例外。它們全都是從歐洲購買工業製成品，同時生產歐洲需要的糧食、羊毛、棉花和礦產品。如果歐洲僅僅是輸出人口的話，它不會有這種結果，尤其是在大多數移民都是收入低微者的情況下。歐洲還輸出必要的資本，以便讓那些新的定居者們能夠發展生產性經濟。

輸出資本即意味著一個歷史悠久和比較富裕的國家，不再用它的全部收入去提高本身的生活水準，或者擴充和改進它的住房、工廠、機械、礦山和交通運輸等等，以增加本身擁有的資本，而是從本身的收益中分出一部分去擴充和改進外國的住房、工廠、機械、礦山以及交通運輸。它還意味著英國、法國、荷蘭、比利時、瑞士，最後還有德國的投資者，他們購買外國商業機構的股票、外國商業和外國政府的債券；或者是組織由他們自己掌握的公司到國外辦工廠；或者是他們的銀行轉讓貸款給紐約或東京的銀行，然後再由後者把這些錢借給當地用戶。

歐洲資本在某種程度上是產生於收入十分低微者的個人存款上的，特別是在法國，該國農民和質樸的中產階級家庭的節儉是出了名的。但大部分資本是由富裕者的儲蓄累積而成。例如，一個商業企業的業主們，不是把企業的收入都用於支付較高的工資，而是拿出一部分做爲利潤或股息，同時不是把全部利潤或股息都花在他們自身的生活上，而是拿出一部分重新投資於本國或外國的企業。這種貧富之間的差距，正是資本得以迅速積累的原因之一。不過，十九世紀資本的累積卻也使工人階級的生活水準得到逐步的提高。然而，從某種意義看來，西歐的一般民衆，由於捨棄了一個更加民主和建立在消費基礎上的社會可能爲他們設計更好的住房、飲食、教育以及其他享受，就有可能進行資本輸出，而世界其他地區也有可能因此而引進資金和進行建設。

英國是資本的主要輸出者，其後是有一些差距的法國人，在十九世紀末則是德國人。早在十九世紀四〇年代，英國每年的增益就有一半被用於海外投資。到一九一四年，英國人已經有兩百億美元的海外投資，法國人有大約八十七億美元，德國人大約有六十億美元左右。在一九一四年，英國居民四分之一的財產是由國外的資產組成。法國人幾乎把自己六分之一的國民財產投資在法國以外的地方。這三個國家都已經聽天由命了，但命運證明是無情的，因爲在第一次世界大戰期間，英國人損失了大約四分之一的海外投資，法國人是三分之一左右，德國人則是全部。

在一九一四年之前那一個世紀裡，大筆大筆的錢源源不斷地從歐洲內部地帶傾瀉出來，最初主要是爲美洲國家和歐洲不富裕的地區提供資金；歐洲資本也投向了亞洲和非洲，尤其是在十九世紀九〇年代歐洲各殖民帝國快速擴張之後。除了英國，沒有哪個國家是完全用自己的資產敷設鐵路的。美國的鐵路系統在建設過程中就利用了數量異常龐大的英國資本。在中歐和東歐，英國公司先承建好第一批鐵路，然後將這些鐵路賣給當地的營業公司或政府，往後就由它們自己進行經營管理。在阿根廷共和國，英國人不僅提供資金修築了鐵路，在鐵路建成後還長時間繼續經營和擁有它們。不僅如此，直到一九一四年，爲

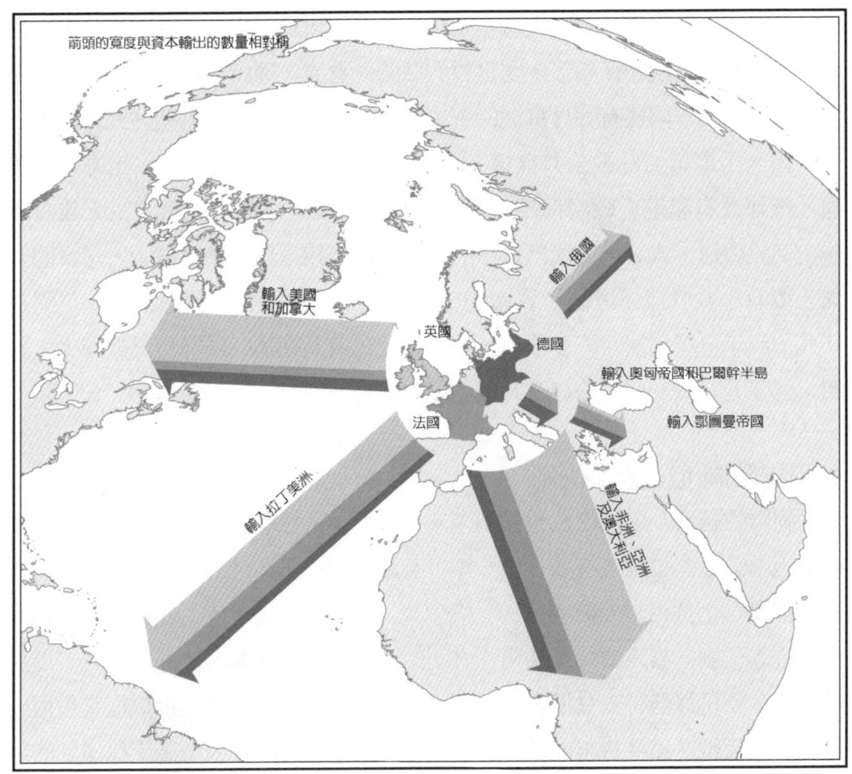

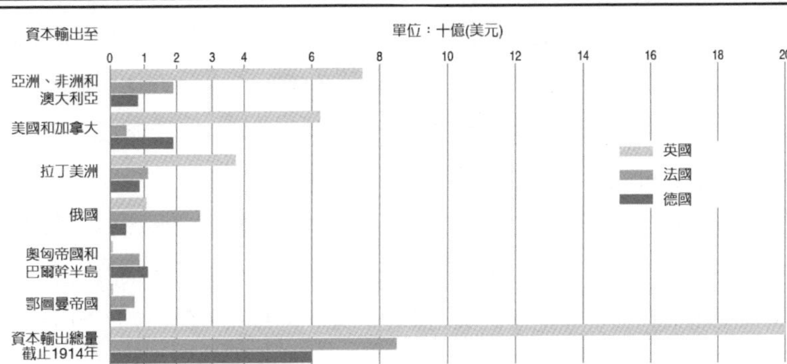

圖14-7　截至一九一四年歐洲資本的輸出

截至一九一四年，英國人、法國人和德國人手中握有超過三百億美元對外國和殖民地的貸款及投資，其分布如圖所示。如果算上荷蘭人的投資（尤其是在西印度群島的），連同瑞士人、比利時人和斯堪的那維亞人擁有的資產，那還得加上數十億美元。由這些投資帶來的收益，幫助歐洲人支付進口多於出口的差額。英國資本在海外世界占據著統治地位，而東歐和中東不那麼發達的地區，則主要由德國和法國提供資本。這裡所顯示的許多投資，皆損失或消耗在第一次世界大戰。

了保持鐵路運行正常，英國人每年要賣給南美洲大約七千五百萬噸煤，更不用說各項設備的更換和保養了。全世界的碼頭、倉庫、礦山、種植場、加工業和製造業的建設，同樣有賴於歐洲的資本。同時，歐洲資本還幫助移民在新國家裡開拓公用事業並建設公共機構，這可是需要大量資金投入的。比方說在美國，聯邦政府和地方政府都相當普遍地在歐洲出售它們的公債，用來建設道路、鋪設街道，或者爲向西部遷移的居民創辦學校系統。事實證明，這樣的美國公債有一些就成了歐洲投資者的部分甚或完全的損失。整個講來，美國在一九一四年已經償清了許多債務。即使如此，美國在那時候仍舊欠歐洲人大約四十億美元——一個三倍於當時美國國家債務的數目。

國際貨幣制度：金本位制

國際性經濟全仗國際貨幣體制來支撐，而這種體制的基礎又是要人們幾乎普遍地承認金本位制。在一八二一年，英國已經採用了金本位制，當時每英鎊法定標準含金量相當於純金——三格令。十九世紀七〇年代，西歐和美國都採用了金本位制。誰只要持有任何「文明的」貨幣——英鎊、法郎、美元、馬克等等——就可以隨時去兌換黃金，反過來，一個黃金持有者亦可以把它兌換成任何一種貨幣。這些貨幣就像許許多多不同的語言，都在表示著毫無區別的東西。它們全都有實際上相同的價值，而且直到一九一四年，貨幣之間的兌換率都保持著極高的穩定性。現代工業國家的貨幣被設想爲在任何情況下都是不會「貶值」的；貶值的事情可能發生在土耳其或中國，再不就發生在法國大革命時期，但不可能在現代進步和文明開化的世界裡發生。

主要貨幣全都是自由兌換的。一個法國人把絲綢衣服賣給一個德國人，由此得到德國馬克，他可以將它們換成法郎、英鎊或美元。也就是說，他不會被迫從德國買東西，或是在德國花掉他的錢，而是只要他願意，便可以用德國人付給他的貨幣去購買不管是法國的、英國的還是美國的貨物或服務。貿易是多邊的。一個國家需要從另一個國家進口貨物，比如說美國的棉花，並不非要賣東西給那個國家才能獲得它們；它可以把自己的貨物賣到任何地方去，然後再根據自己的需要組織進口。

正是對金本位制的認可，以及所有主要國家都有足夠的黃金來支持本國貨幣這個事實，使得如此流暢的一種交換變爲可能。與此同時，金本位制也有不完全令人滿意的效果。它對於缺乏黃金的國家來說是艱難的。另外它還產生了物價逐步下跌的問題，特別是在一八七〇年至一九〇〇年間，因爲（直到十九世紀九〇年代在南非、澳大利亞和阿拉斯加發現黃金時爲止）世界黃金生產落後於正在不斷擴大的工農業生產。物價持續不斷地下跌，對那些習慣於靠借錢辦事的人——眾多的農民、商人和一整批債務國來說，無疑是一種苦難。一八九六年，威廉・詹寧斯・布萊恩在美國發表一次著名的演說，他宣布人類是不會被釘在這「金十字架」上的，一語道出了當時世界各地普遍對於給債務人和債務國帶來消極影響的金融體系的憤怒心情。但是，物價下跌對支薪階級來說顯然是個有利條件，他們在這些年裡普遍改善了自己的境況。這對有錢人、資本家、債權人、銀行家和金融家也是有利的，只要物價在下跌，那麼，償還給他們的那些錢的實際價值，就會超過他們原來所借出的錢。

這個全球性經濟和金融體制的中心是倫敦。舊金融中心原在阿姆斯特丹，但早已毀於法國大革命和拿破崙戰爭。拿破崙的失敗給倫敦銀行業帶來發展的機會。人們或許記得，那些一八一五年的勝利者強迫法國賠款七億法郎，這項賠款在一八一八年被一個私人銀行家財團接管；倫敦銀行界在這件事情裡扮演了主要的角色，因此便與許多政府的財政部門建立起聯繫。一八五四～一八五六年，當英國與俄國在克里米亞酣戰時，倫敦銀行界還爲俄國政府籌措貸款——那時候，政治和商業竟是如此互不相干。英國早期採取的金本位制意味著許許多多的人，不管是英國人還是外國人，都用標準含金量的形式把他們的資金存放在倫敦，因此，大量可用的資本就被聚集在那裡了。倫敦成爲一座金融金字塔的制高點，而整個世界就是這座金字塔的基部。它是貨幣兌換的主要中心，是世界債務票據交換所，是全世界都伸手向它借錢的貨幣貯存處，是銀行家的銀行，同時也是世界海運中心和許多國際性大公司的總部所在地。

一個世界市場：聯合、競爭，以及毫無保障

由於各個地區在一個全球性專業化生產中發揮著各自應有的作用，於是，地球在經濟上前所未有地統一起來了。英國，在一八七〇年主要是西歐的「世界工廠」，地球上其他地區在滿足它的各式各樣的需求。一八六六年，英國一位經濟學家深感驚奇地看到，今天的英國在芝加哥和奧德薩有它的糧倉，在加拿大和波羅的海有它的森林，它的養羊場在澳大利亞，它的金礦和銀礦在加利福尼亞和祕魯，它喝從中國運來的茶葉，飲從東印度種植場弄來的咖啡。到第一次世界大戰時，大多數歐洲「內部地帶」國家可以說也都同樣是如此。

一個名副其實的世界市場業已創立起來。貨物、勞務、金錢、資本和民間往來，差不多不再顧及國界。商品買賣的價格是世界一致的。比方說，在小麥買賣中，商人們每天透過電報和海底電纜，追蹤明尼亞波里斯、利物浦、布宜諾斯艾利斯和格但斯克的價格，他們到最便宜的地方去買，到最貴的地方去

圖14-8 新世界市場有力地促進了先前主要生產糧食的農業社會的出口工業和商品生產的發展。在一九一四年之前的數十年裡，位於亞洲、非洲和美洲的殖民地區，迅速提高諸如茶葉、咖啡、糖和可可等商品的生產，這些商品的大部分流入了歐洲和北美工業化程度更高的資本主義經濟體。圖中那些印度工人採集茶葉以出口，儘管工錢很少，但他們也由此參與到全球貿易體系中，這一貿易體系改變著世界幾乎每個地方的農業和日常生活。（The Art Archive）

賣。這樣，世界小麥的供應大體上就依照需求和支付能力來進行分配。如果說義大利收成不好，價格昂貴，米蘭的工人就從其他來源獲得食物。在另一方面，義大利的小麥種植者在這種情況下將感受到世界性競爭的壓力。世界性的市場在把世界組織成一個統一經濟體的同時，也首度把相隔遙遠的地區帶入競爭之中。商品貨物的生產者——不管是企業家、工廠雇員、農民還是咖啡種植者——對自己的產品是否有出路毫無把握，而在過去，產品的出路通常是確切的。他們不僅要與對街或者馬路另一端的人競爭，還要與全世界的其他生產者競爭。正是這種生產與消費世界體系，確立了現在被稱爲「全球化」的現代經濟基礎。

一個完整的世界市場的創立，非歐洲國家得到資金和進行建設，以及隨之而來的對歐洲日益增長的人口供養，這些都是十九世紀「自由」資本主義制度的偉大勝利。由於數以千計甚至數以百萬計的個人和廠商在沒有中央計畫的情況下互相供應需求，因而這個體系是錯綜複雜的。但是，它極不穩定，在這樣一個世界經濟交流網路裡，大多數人的境況弱不禁風。地區與地區競爭，人與人競爭。美國中西部穀物的一次跌價，除了使少數投機分子破產外，還可能迫使德意志或者阿根廷的小麥種植者以一個使人絕望的價格出售自己的產品。如果一個工廠老闆的競爭對手比他成功地廉價售出產品，或者有一種新產品使他的產品過時，那他就可能在買賣中被排擠掉。勞動者只有在雇主需要時才可能被僱用，當生意蕭條時，或者當由於有了節省勞動力的新發明而工作消失時，他們就會面臨失業。

這個體系歷經週期性的繁榮與蕭條，後者最著名的例子就是在一八七三年左右發生，而大約持續到一八九三年的長期蕭條。新的世界經濟倚仗擴張和信用貸款，可是有時候人們未能償還他們的債務，信用貸款因而收縮；有時候擴張沒能與期望值並駕齊驅，而預期的利潤結果變成了虧損。爲了與私人制資本主義的根本無保障做鬥爭，所有對策都用上了。政府制定保護性關稅抵制來自別國的競爭；商業企業開始從事兼併活動，有時是向著壟斷靠攏。政府爲工人階級採取社會保險措施來對付事故、疾病和失業。同時，工聯主義和社會主義運動方興未艾。所有這一切清楚地表明，十九世紀無節制的、自由放任的資本主義在一八八〇年之後的那些年代裡，逐漸地衰落下去了。

組織的改變：大規模經營

大約在一八八〇年或一八九〇年，一個巨大的變化席捲了資本主義社會。從前的特點是非常小的經營單位數不勝數，由個人、合股，或者小公司進行小規模的經營管理。後來，規模龐大和非個人的有限公司成了越來越突出的特徵。做爲商業組織的一種形式和鼓勵投資的一種手段，「有限責任」公司的吸引力來自法律。大多數國家在十九世紀立法規定，萬一破產，私人投資者的個人損失只限於他在企業裡所持有股票的總股數。有限公司的現代形式最初與鐵路同時出現，隨後便成爲工業和商業組織的尋常結構。隨著機械變得越來越複雜，只有一筆巨大的合夥資本才能爲它提供資金。有限公司在規模和數量方面同時發展（依賴出售股票和發行債券），因而造成銀行界和金融界的影響扶搖直上。與其說金融家是在用他們自己的錢，不如說是在用別人的積蓄，從而他們在各行各業裡擁有一種新力量，足以創立或消滅，促進、阻礙或聯合那些合股企業。顯而易見，工業資本主義同時帶動了金融資本主義。

合股組織使經濟過程集中於統一管理之下成爲可能。在零售業裡，大約一八七〇年，美國和法國出現了規模巨大的百貨商店，它們出售各種各樣先前只在小商店出售的商品，並確立每一樣商品的定價。在工業方面，鋼提供了一個很有說服力的實例。大型高爐問世以後，鋼從任何方面來講都成了一宗大買賣。依賴獨立的生產者供應煤和鐵，對於鋼的經營或者高爐生產都不再是穩妥的了。因此，煉鋼工廠開始經營它們自己的礦山，或者買下礦山的全部產權，要不然就將煤礦和鐵礦置於附屬地位。部分鋼鐵廠爲了確保它們的市場，開始不只是生產鋼，同時還生產鋼鐵製品，如輪船、鐵路設備、軍艦和軍火。於是，從採礦到結束生產，全部過程就集中在一個「縱向的」整體裡了。

按「橫向的」整合，企業在同等水平上互相聯合起來減少競爭，對付價格和市場的波動，保護自己。一些產品固定其價格，一些產品商定限制生產，一些產品在它們自己當中劃分市場。它們在美國被稱爲托拉斯，在歐洲被稱爲卡特爾。本世紀結束的時候，在鋼鐵業和多數新興工業裡，比方說化學、製鋁和石油工業，它們已經是很普遍的。大規模經營在美國發展得最爲顯著，爲首的有工業「巨頭」和金融「巨頭」。安德魯・卡內基原來不過是一個窮苦的蘇格蘭移民男孩，他生產出的鋼竟然比整個英國還要多；一九〇一年，他把他的企業統統賣給了一個甚至還要龐大的組織——金融家J. P.摩根創辦的美國鋼鐵公司。一般來講，對壟斷集團的憂慮，對大商業的力量，在美國也是感覺最強烈的。以一八九〇年的《謝爾曼法》爲先聲的反托拉斯立法，雖然已經制定出來，卻從未有過實質性的效果。

許多這樣的新聯盟體對減少做買賣時出現無規律的上下波動是有利的，因而能夠提供比較穩定的物價、比較有連續性和有保障的就業。它們往往可以降低生產成本；至於省下來的錢是否會變成較高的利潤、較高的工資，或較低的物價，就有賴於多種因素了。有些托拉斯比另一些顯得更貪婪，或者面對的只是一些組織鬆散甚至是無組織的勞工。總之，是好是壞，全仗管理和財政來決定。一種新的私營力量已經出現，它的評論家喜歡把它稱做「封建的」。因爲經濟體系從未像當時那樣集中過，事實上也從未有過這樣少的人，在遍及這樣廣闊的領域裡，運用過如此之大的經濟力量。隨著大型有限公司的興起，中產階級由支薪雇員組成就成了典型的現象；這些支薪者很可能終生與一家公司相伴，並且在公司與勞工或政府發生爭執時，對公司還有忠誠之心，這種忠誠未必見於一個封建時代君主的侍從。勞動者階級是很少服服貼貼的；工人們試圖組織起工會，以便有能力與實力日增的雇主打交道。而且，大約一八八〇年以後，在所有的發達國家裡，勞動者階級在政治上都發揮著越來越具有決定性的作用。

圖14-9　新興大商店開始取代小商鋪和獨立經營的商人，巴黎玻瑪榭百貨商店就是著名的例子。這幅十九世紀後期的插圖描繪出商店空間寬闊，買賣興隆，顧客雲集，足見新時代盛況。百貨商店不僅使品種琳琅滿目的工業時代新產品價格低廉，同時還是婦女聚會的安全場所。（Picture Collection, The New York Public Library, Astor, Lenox and Tilden Foundations）

民主的進步：法蘭西共和國、英國、德意志帝國

從一八一五年到一八七〇年這些歲月裡，歐洲政治生活的顯著特徵，是爲爭取立憲政體、代議制議會、責任內閣和個人自由之保障而進行自由主義的宣傳鼓動。在一八七一年到一九一四年之間，最引人注目的政治發展，就是選

舉權民主地擴大到了工人階級——男性普選權的採納。它意味著群衆性政黨第一次得以創立，然後就是那些政治領袖必須求助於一批廣泛的選民。儘管一九一四年之前的幾十年裡，爭取婦女投票權的呼聲日益高漲，但那樣的改革直到第一次世界大戰之後才得以實現。男性選舉權的擴展和民主化往往發生在堅持君主制和貴族體制的地方，但到一九一四年，歐洲幾乎每一個地方至少都已經建立起民主的自治政府機構。除此之外，爲了對抗在一八七一年後日益增強的社會主義力量，以及出於人道主義的考慮，各國政府承擔起了解決由於工業化引起的社會問題和經濟問題的責任。現代福利國家的結構正在初具雛形。

法蘭西：第三共和國的建立

在法國建立民主共和國並非輕而易舉，而且，早年的動亂在這個國家內部留下了深刻的裂痕。人們定會記得，一八七〇年九月，當拿破崙三世的帝國在普法戰爭中暴露出它已處於孤立無援的境地時，就像一七九二年和一八四八年那時一樣，巴黎爆發了起義，再一次宣布成立共和國。一個臨時國防政府鋌而走險，繼續尋求戰爭。但形勢是絕望的。到一八七一年一月份，對巴黎的猛烈圍攻已告結束，一項停戰協定得以簽訂。但俾斯麥堅持只有一個正式任命的政府才能講和，他允許舉行男性普選，由此組成國民議會來考慮他的和平條件，並爲新的法蘭西國家草擬一部憲法。當選舉在二月份舉行時，人們發現，與一八四八年那時毫無兩樣（當然，一七九七年實際上也是一樣），從整體來看，共和主義是那樣不爲法國人民所信賴，尤其以外省和鄉村地區爲然。因此，一場自由選舉反而使保皇黨人進入了權力機構。共和主義者仍舊被認爲是激烈的——它好鬥的對外政策、狂熱的政治工作、對教會懷有的敵意、對所有權和私人財產持有的社會主義的，至少是平均主義的觀點。這個議會總共有六百多名議員，但他們當中僅有大約兩百名共和主義者。

但是，在拿破崙三世無能爲力的時候，巴黎的共和主義者就已經擔負起保衛法蘭西的責任。他們被德國圍攻達四個月之久，受凍受餓，仍然拒絕在俾斯麥強加的苛刻條件下講和，而國民議會卻打算接受這些條件；當然，共和主義者拒絕承認後者的權力地位。在遷至凡爾賽的國民議會與已經成立革命市政委員會（即「公社」）的巴黎市之間爆發了一場內戰。巴黎，這座不久前才備受德國軍隊蹂躪的城市，現在來糟蹋它的卻是法國人自己。

從一八七一年三月堅持到五月的巴黎公社，似乎在爆發另一次社會革命，其實不然，它實質上是一七九三年雅各賓主義的一次復活。公社有著強烈的愛國熱忱，並且是共和政體。它反對德國，反對富有的資產階級、貴族和牧師，

圖14-10　照片中的街壘及其保衛者顯示在一八七一年春占領法國首都的巴黎公社的革命熱忱。巴黎公社從多方面看並不是社會革命的先導，而是革命性雅各賓主義的一次復活，但它在法國社會更保守一些的勢力中煽動起強烈的恐懼情緒和殘暴的鎮壓衝動。街巷中巴黎激進分子的革命形象——如照片所見——使得巴黎公社在許多社會主義者看來是政治理想主義和殉難的象徵，而在中上層階級看來卻是可怕的社會威脅的象徵。（akg-images）

贊成由政府控制物價、工資和工作環境，但從整體的或系統的角度來看，他們還不是社會主義者。不過，在公社的領導人物之中，也還是有少數新型的國際革命社會主義者，他們把雅各賓或者民主共和看成是朝著他們的新制度前進了一步。在英格蘭的馬克思，還有別的地方的其他人，都滿懷希望地認爲公社時代即意味著資產階級的滅亡即將來臨。這恰恰使保守分子更加惶恐不安。在法國的中產階級和農民階級中的許多人看來，以及在遍布全歐洲那些與他們一樣的人看來，「公社社員」像是十九世紀文明的毀滅者，既瘋狂又野蠻。巴黎發生的這場戰鬥，其殘忍程度令人髮指，超過從前任何一次法國革命當中人們所知道的任何事情。最後，公社社員絕望地燒掉一批公共建築物，殺害了曾被他們扣做人質的巴黎大主教。國民議會軍隊在取得勝利之後，決心剷除根深柢固的巴黎革命主義。足有三十三萬人被告發，三萬八千人被逮捕，兩萬人被槍決，七千五百人被放逐到新喀里多尼亞。第三共和國就誕生在這樣一片階級仇恨和社會恐怖之中。

爲新政體效勞的政府機構仍須建立。議會中多數派保皇黨分子本身卻分裂成勢均力敵的兩派，一派贊成波旁家族復辟，另一派則支持奧爾良分子。於是，保皇黨人互相拆臺，實際上就打開了通往法國新共和政體的道路。與此同時，在對各種憲法草案進行廣泛討論後，議會在一八七五年採用的依然不是一部憲法，而只是某些基本的法律。一項事實上等於是建立共和國的決議案僅以一票之差獲得通過。新法律規定設立總統職位，議會分爲上下兩院，設立一個由總理領導的部長會議，亦即內閣。立法機構兩部分由不同選舉程序產生。上議院議員由一套複雜的間接選舉制產生，下議院議員則經由男性普選直接選出。

第一位總統馬歇爾．麥克馬洪企圖將他不喜歡、但得到議會支持的一位總理解除職務，他的這個打算落了空。麥克馬洪進而解散議會，並舉行了一次新的選舉。可是拿破崙三世變第二共和國爲個人獨裁的事實人們尚記憶猶新，其結果是在一八七七年，即在兩年之內，總統、內閣和議會的責任得到進一步澄清。這次選舉維護了議會至上的原則，以及總理與其內閣對立法機關負責的原則。在法國，這種「負責」即意味著一般地而不是專門地對下議院而言。在共和制的法蘭西，很長時間內眞正的執政者並非成了正式的總統，而是總理和他的內閣，他們嚴格地對立法機關的多數負責。不幸的是，一個議會裡往往有許多黨派存在，而難以形成多數。如要形成多數，就只有依靠不穩定、暫時且變幻莫測的黨派聯合、聯盟或集團。從此以後，總統不能，且實際上總理也不能如英國所能做的那樣，爲了舉行新的選舉和重新聽取選民的意見而解散議會。的確，在第三共和國之下實際存在著的國家機器——內閣、地方行政當局、法庭、員警、軍隊和官僚機構，全都被置於高度中央集權的控制之下——如同在拿破崙一世時代以後那些重大變動中一樣，事實上它們都被原封不動地繼續了下來。十九世紀的法國，從外表上看起來是那樣反覆無常，但實際上比歐洲其他主要的國家都更少經歷廣泛的改革。

法蘭西第三共和國的煩惱

迄今爲止，第三共和國仍然是動盪不安的。自從一七八九年以來，政府更迭是如此頻繁，以至於似乎所有的政府形式都可能是暫時的。其他國家僅僅存在一些政黨問題，到法國就變成了「政體」問題——君主制對共和制。有許多人，尤其是那些受上層階級影響的人、天主教教士和職業軍官，還是對共和制抱有反感。另一方面，看到對「公社」復仇似的殘酷鎮壓，很多中產階級人士開始同情共和主義者。許多人轉向共和，其單純的動機僅僅是因爲並未建立起其他形式的政府，或是因爲這種政權形式使這個國家分裂的因素最少。當共和主義囊括了更加廣泛的社會成分之後，它變得不那麼革命和面目猙獰了。一八七九年，共和主義者第一次贏得對議會兩院的控制。十九世紀八〇年代，他們的激進政策只不過是創辦一個由政府開支實施的民主和義務的教育制度，以及通過一項反對教士涉政的立法，以此抑制教會對教育施加的影響。

然而，在比四分之一個世紀多點的時間裡，爲確保政權生存，共和主義者不得不把精力耗費在保衛共和制度上。最初那一次危機發生在一八八六～一八八九年。當時，布朗吉將軍在他周圍聚集了一幫追隨者，裡面三教九流無所不包：不僅有波拿巴分子、保皇黨人和貴族，還有希望發動一場戰爭以對德復仇的極端激進共和主義者，以及普遍對自己的遭遇心懷不滿的工人。布朗吉成了一位受人擁戴的人物，一時間他似乎距離政權只有咫尺之遙。可是，這位將軍卻在緊要關頭張惶失措地潛逃國外，這次陰謀滑稽地失敗了，威脅也隨之而消失。與此同時，即十九世紀八〇年代和九〇年代，對共和主義者高層集團腐化墮落醜行的揭露和由此產生的反感，給了反共和主義分子有可乘之機。與此同時，一八九二年，在法蘭西主教團和教皇利奧十三世推動下，將持敵視態度的法蘭西天主教徒重新「團結」在共和國周圍的希望，由於德雷福斯案件的出現而破滅了。這個案件在十九世紀九〇年代後期不僅動搖了這個國家，而且實際上還憾動了世界。

一八九四年，猶太人軍官艾爾佛雷德・德雷福斯上尉被軍事法庭控告犯有叛國罪，將祕密軍事文件洩漏給德國駐巴黎使館，結果被終生放逐到德維爾島。有大量證據證明他是無辜的，並指出罪犯是另一位軍官艾斯特哈希少校，他是一個冒險家，因負有累累賭債而聲名狼藉。可是軍隊卻拒絕重新審理，無意承認這個業已鑄成的錯誤；一位少校參謀亨利竟然僞造文件來證實德雷福斯犯了罪。與此同時，反猶太人士、保皇黨人、傳統主義者、軍國主義分子，以及大多數「最優秀」的人都四處活動，反對重新審判。他們認爲，動搖國民對軍隊的信心，有損國家利益，同時還想以此使共和政體蒙受恥辱。德雷福斯的同情者堅定不移地支持他，因爲他們既相信正義，又希望毀損他們的反共和主義對手的名譽。這個國家深陷於政治上和文化上的派系傾軋，捍衛或抨擊共和主義，爲此爭辯不已，重複著一七八九年以來每一次法國革命中激烈的意識形態衝突。最終，因爲由艾米爾・左拉這位作家所發起的一場聲勢浩大的聲援德雷福斯的運動，德雷福斯在一八九九年被法國總統特赦，但直到一九〇六年才被宣告完全無罪。左翼共和主義者和社會主義者利用這個事件造成的後果控制住議會權力，並乘機報復，他們阻止反共和的官員提升，通過反教士涉

圖14-11　艾爾佛雷德·德雷福斯的這張照片展示了一八九四年被判犯有叛國罪後的這位法軍上尉。他被剝奪軍銜並被放逐到靠近法屬圭亞那的一座小島上蹲監。對他的不公正定罪引起了激烈的爭議、一波反猶浪潮和法律界曠日持久的運動，這場運動最終導致德雷福斯被宣告完全無罪，他也得以重返法國軍界。（Getty Images）

政法案。一九〇五年，在一系列世俗法律裡，他們「分離」教會和國家，結束了一個世紀以前由拿破崙和教皇就宗教事務達成協定而建立起來的政教緊密關係。政教之間的所有聯繫被割斷，牧師和主教不再由國家支付俸祿，教會財產（「甚至水晶吊燈」）由政府接管，而且天主教俗家人士可掌管教區。教皇則以牙還牙，將所有投票贊成這些措施的議員逐出教會。後來雙方逐步進行了妥協，有些規定不那麼嚴厲了；緊張狀態雖未消除，至少也得以緩和。

共和國的力量和弱點

直到第一次世界大戰在一九一四年爆發，第三共和國成功地受住了各種考驗，維持了自一七八九年以來任何其他法蘭西政體所生存的兩倍以上的時間。儘管敵對勢力依然存在，這個初時不受歡迎的意外誕生的共和國，現在博得了絕大多數法國人民的忠誠。一八七一年以後，是它在歐洲培育了民主的共和制。直到一八七〇年爲止，共和主義向來都是最好鬥的革命運動之一，如今在法國卻已經顯示出與秩序、法律、議會政府和經濟繁榮的和諧性，以及一種階級間的相互容忍，至少他們沒有再度落到在街頭自相殘殺的地步。產業工人在很多方面都比不上英國工人和德國工人來得幸運，好在這裡他們的人數較少；對大多數人來說，法國在這些年裡是個適意的國度。這裡到處都是畫家、作家、學者和科學家，銀行家、資產階級和富裕自足的農民可以自由地追求他們的經濟利益。這是一個舒適和安然地生活在數代人的儲蓄上的國家，這裡，在緊密結合的家庭群裡，普通人都能夠為他自己和孩子們的未來訂立穩妥的計畫。

但是，資產階級法蘭西的舒適和重要性並不會使它成為現代技術和工業時代的領導。雖然有實實在在的經濟發展，但在工業發展方面，這個國家還是大大落後於德國；法國企業家很少為了工業的發展在經營上進行必要的冒險。在政治方面，各個黨派的四分五裂，這本身就民主地反映出一個分裂的公眾輿論；由於歷史原因，人們向來不信任一個強有力的行政權力，這種不信任導致在一八七一～一九一四年將近五十年時間內，有過許許多多短命的內閣。無論是在一九一四年之前或以後，內閣不穩定是第三共和國一個長期的問題；無論如何，政府政策的連續性，往往倚靠某些關鍵部門的穩定和持久的文官制度。

法國勞動者依舊是個不滿的源泉。儘管在一八九〇年之後的二十年裡，法國工人從勞動立法裡得到了不少好處，他們還是因為未能建立起一個「社會共和國」而感到灰心喪氣。議會中社會主義者的代表增加了，法國政府中反保皇派的力量得以增強。不過，共和國唯一最重要的政黨激進黨或激進社會主義者，他們實質上是激進共和主義者，他們愛國，反教士涉政，是小業主和小資產者的代言人，他們不去制定勞動者所盼望的進步的社會立法，同時，他們的領導人有時甚至採取明確的手段去阻止成立工會和鎮壓罷工。鑑於有部分激進黨人已開始像社會主義者那樣行事，法國工人對所有的政客，甚至對國家的政治進程的懷疑更加強烈了。共和國的困難越來越深重。共和國的政治家們已經在致力於肅清過去的殘餘，抑制保皇黨人、教會和軍隊的政治力量；在十九世紀和二十世紀之交，甚至在這些問題得到徹底解決之前，共和國已被迫領教勞動者的挑戰和面對國內外壓力這些劇烈的考驗。第三共和國度過了第一次世界大戰這個危機，卻沒能度過第二次世界大戰的危機。

英國的君主立憲制

在一九一四年之前的半個世紀裡，英國的君主立憲制是通過議會制度施政，明智、秩序井然、和睦的自治政府的光輝範例。維多利亞女王統治了六十多年（一八三七～一九〇一年），足足占去十九世紀三分之二的時間，並且把她的名字與物質進步、文學作品豐富和政局穩定的著名時代聯繫在一起。基本上脫胎於輝格黨和托利黨的兩大政黨——自由黨和保守黨，在十九世紀五〇年代相繼成立。前者產生的偉大領袖是威廉・E・格萊斯頓；後者一連串領袖當中最富特色的是班傑明・迪斯雷利。

英國邁向平等的政治民主的步伐比法國要來得謹慎和緩慢。一八三二年的

圖14-12 大碗島上的星期日下午

作者：喬治・秀拉（法國人，一八五九～一八九一年）

此畫創作於一八八六年，那種明媚陽光，那種安詳平靜，傳達著十九世紀後期許多歐洲人所享受的幸福。這裡所描繪的人們似乎生活在一個平和的世界裡，它與後世的快節奏和呆板消遣極不相同。從技法上看，這是繪畫史上最非同凡響的畫作之一。藝術家創作時，不用線條，而是用無數原色微小圓點來填充畫布，它們模糊、混合於觀者眼中，從而產生出自然界的形體、色彩、光線和影子。〔George Seurat, French, 1859-1891, A Sunday on La Grande Jatte-1884, 1884-1886, oil on canvas, 207.6×308 cm., photograph © 2001, The Art Institute of Chicago, 1926.224 (E28490)〕

選舉改革法只准許大約八分之一的成年男性居民有選舉權。民主的憲章派在十九世紀三〇年代和四〇年代的宣傳鼓動吸引了民眾的廣泛支持，卻沒能導致選舉制度的進一步改革。民眾繼續要求更加廣泛的選舉權，而保守黨人與自由黨人都競相努力取悅選民，爲本黨爭取新的政治實力，於是乎，第二次改革法案在一八六七年得以通過。在迪斯雷利的保守黨內閣執政期間通過的這項法案，使有投票權的合格選民從一百萬人左右擴大到兩百萬人左右，也就是說超過聯合王國成年男子的三分之一，但還是遠未達到足以把大多數城市工人包括在內的數目，後者被迪斯雷利的同僚德比勳爵稱之爲「不可預測的行動」。一八八四年，在自由黨主持下，選舉權再度得到擴大。鄉村地區這次額外增加約兩百萬選民，從而使這個國家不止四分之三的成年男子獲得了選舉權。正如大家都清楚的，英國直到一九一八年才實現男性普選權；就在那一次，超過三十歲的婦女也被授予了選舉權，長期以來爭取婦女政治權利的運動至少獲得了部分的勝利。

在十九世紀與二十世紀之交，英國領導權仍舊掌握在上層階級和有產階級手中。直到一九一一年，政府從未支付過薪金給下議院議員，因而兩大政黨中的這些人一般都是有私人收入的紳士，具有同樣的家庭背景和受過同等的教育。公正、果敢、不氣餒的氣質和富有同情心，是英國政治的特徵。兩個政黨每隔一定時間輪流執政，互相寬容，執政後寧願將其前任的政策繼續下去和加以發展，也不願予以徹底改變。兩黨都在他們可能的地方尋求支持。自由黨比較傾向於工商業者，保守黨則立足於土地貴族；兩黨都尋求並贏得了自己那一部分工人階級的新選票。

一般來講，自由黨人比較願意創新。在這方面，格萊斯頓領導的四屆內閣中最初那一屆顯得特別突出。格萊斯頓的第一屆內閣（一八六八～一八七四年）援引一八七〇年的《福斯特教育法案》，發展了國家資助公眾教育的原則；採取了祕密投票制；正式使工會合法化；對文官職位實行選拔性考試制度；改組了高級法院；廢除了軍隊中的官職買賣（一種憑藉財產任職的制度）；取消了宗教測驗，從而使那些不是英國國教會成員的人也能夠從牛津大

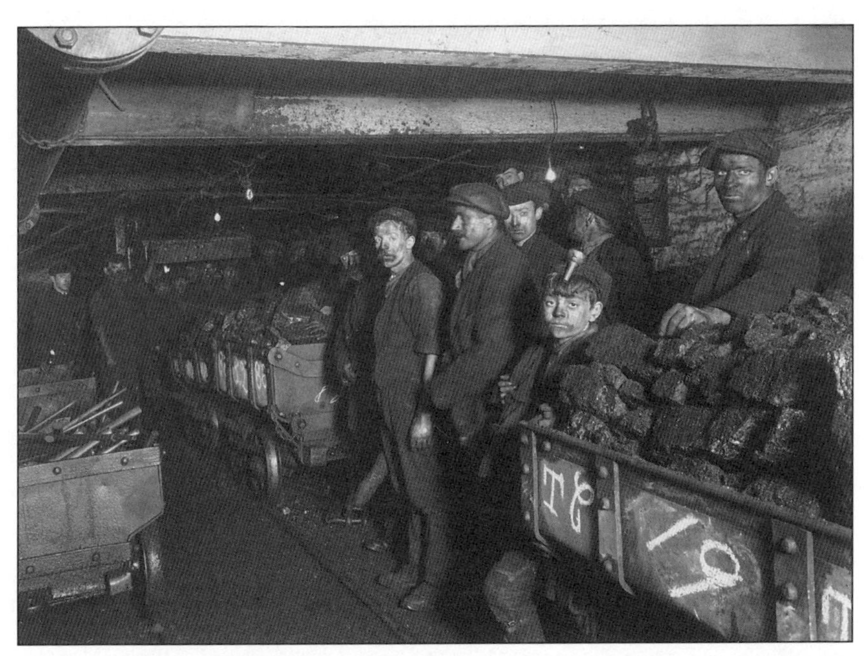

圖14-13　二十世紀頭十年，英國工人的實際工資趨於下降，對於威爾斯煤礦工人這類的人們造成生活困難。礦工們參與一九一〇年後遍及英國各地的罷工，促成經濟危機和政治危機。危機改變著貿易自由主義的舊原則和舊政策。（Getty Images）

學和劍橋大學畢業。保守黨對於商業界要求在經濟事務上有自由貿易政策的壓力不太敏感，他們繼承早期托利黨改革家們的傳統，主動地進一步完善了勞動法規。在迪斯雷利的第二屆內閣（一八七四～一八八〇年）領導下，管理礦山和工廠公共衛生和環境的現存法規被擴充並編纂成法典；制定了保護海員的安全措施；還破天荒地第一次打算爲貧窮階級的居住環境訂立標準。但是應該補充一點，自由黨也是維護工人利益的。例如，在格萊斯頓第二屆內閣（一八八〇～一八八五年）任期內，工人們獲得保證，對於非他們自身責任而受到的傷害將得到賠償。格萊斯頓後來還參加過縮短工時和在意外事故中增加雇主義務的運動。

一九〇〇年以後英國的政治變動

十九世紀與二十世紀之交，完全可以察覺到在英國政治舞臺上發生的重要變動。在一九〇〇年之後不久，工黨建成，勞動者開始做爲一支獨立的政治力量嶄露頭角。勞動者地位的上升，給自由黨、實際上也給自由主義本身以深刻的影響。有很多人堅持認爲保護法規因爲英國勞動人民的健康不佳、低收入以及經濟無保障而被抵消，在這種情況下，黨人只得放棄自由放任這個傳統立場，而倡議一項由國家居間調停的政策和爲了工人利益制定社會立法。儘管自由黨人的行動部分是出於人道的原因，他們也意識到，隨著工黨的出現，原來習慣投他們票的工人們可能會迅速地改變立場。

從一九〇六年至一九一六年，正是在此期間的大部分時間裡，在以赫伯特·阿斯奎斯爲首相和以大衛·勞合·喬治爲財政大臣的政府控制下，自由黨人通過一整套蔚爲壯觀的社會福利計畫，對疾病、意外事故、老年和某種程度的失業實行保險；制定了一項適當的最低工資法；職業介紹所（即就業局）在全國各地到處建立起來；對罷工和工會其他活動的限制被取消了。爲了應付政府的各項開支，以及新計畫所必需的費用，勞合·喬治提出的一九〇九年度預算，要求繳納累進所得稅和遺產稅：納稅人越富有，他應繳納的稅率則越高。他實際上發展了當時關於應用稅收來緩和貧富兩極分化的新穎思想。這是個「戰爭預算」，他打算「進行一場反貧窮的戰爭」。預算的斂財方法主要指向土地貴族，因而引起他們激烈的反對，尤其是在上議院。那裡圍繞著預算進行的爭論，導致在憲法上進一步削減上議院的權力。一九一一年通過的議會法，剝奪了上議院對財政事務的全部否決權；至於對下議院其他法案的否決權，也被全部剝奪，只有延緩兩年的擱置權。就在此時，政府同意給下議院議員支付薪金，結果使工人和另外那些沒有獨立收入的人有了進入議會的可能性。

自由黨人正在接受一個由國家積極干預社會事務和經濟事務的綱領，那正是以自由放任主義和曼徹斯特學說爲基礎的舊自由主義所斷然反對的。鑑於自由黨人在積極地尋求勞動者的支持和大幅度修改他們的傳統綱領，致使保守黨在二十世紀不但成了土地所有者的黨，還成了工業有產者的黨，同時取代自由黨成爲經濟自由主義和自由貿易的擁護者。第一次世界大戰之後，經過一個世代的時間，保守黨仍然是這個國家的兩大政黨之一，而自由黨則已經被工黨遠遠地超過了。

與此同時，勞動者雖然得到一些好處，卻還是心懷不滿。在一九〇〇年之後，實際工資顯示出下降的趨勢。一九一一年和一九一二年，煤礦工人和鐵路工人爆發了大規模罷工。雖然可以明顯地看出，當時英國仍然有能力不使用暴力就度過這些危機，但這種能力正在被耗盡，因爲還有來自愛爾蘭的更爲嚴重的威脅。

愛爾蘭問題

使英國遭受困擾的可以說是歐洲最尖銳的少數民族衝突之一，英國稱之爲愛爾蘭問題。一八〇一年後，當時英國眾所周知的全稱是「大不列顛及愛爾蘭聯合王國」。把愛爾蘭併入聯合王國是在法國大革命戰爭時期，對愛爾蘭的親法傾向所採取的一個防範措施。愛爾蘭人在議會裡的代表，從他們的策略來講，往往是些故意妨礙議案通過者。愛爾蘭人是有很多不滿，這並非言過其實，其中有兩種是明擺著的：首先，愛爾蘭農民在地主面前毫無保障可言，這要更甚於一七八九年之前的法國農民；再者，雖然愛爾蘭人主要是天主教徒，卻被迫繳納農產品什一稅給愛爾蘭國教會（英國聖公會的姊妹教會），而該教會本身同時還擁有大量土地。

格萊斯頓在他的第一屆內閣任期內廢除了愛爾蘭國教會，並開始實行一些保護愛爾蘭佃農的措施。一九〇〇年，由保守黨贊助，愛爾蘭佃農在英國政府扶持下，買下了他們的地主原來占有的地產——這些地主通常都是英國人，或是英國化的不住在本地的愛爾蘭人。愛爾蘭人還希望有自己的政府，或者有一個他們自己的議會。一八八六年，格萊斯頓因爲打算滿足他們的要求而導致自由黨分裂。有部分自由黨人不願看到不列顛諸島鬧政治不和，開始附和保守黨人。愛爾蘭終於在一九一四年獲准自治。然而愛爾蘭北方人，那些北愛爾蘭長老會教友，激烈地反對加入自治的愛爾蘭，因爲在那樣一個行政實體裡面，他們的人數要比南方的天主教徒少得多，而後者說什麼也不希望愛爾蘭陷入政治分裂，同樣激烈地堅持要把北愛爾蘭包括進他們那個自治的愛爾蘭裡面去。

北愛爾蘭人在英國保守黨支持下，開始武裝起來，他們進行訓練，準備以武力反抗議會授權自治的法案。一九一四年，英國差一點就要經歷一場在家門口爆發的內戰。這時，它遇到的是一些傷透腦筋也無法解決的民族爭執問題，就像當年也曾使奧匈帝國一籌莫展的問題一樣。第一次世界大戰期間，地方自治延緩實施。可是在一九二二年，當愛爾蘭南北兩地接二連三地發生了嚴重的暴力行動之後，天主教的愛爾蘭（一度稱自己爲Eire）接受了自治領的地位，但最終切斷了與英國的一切聯繫，愛爾蘭共和國成立了。北愛爾蘭仍舊留在聯合王國內，從而被置於新教徒控制之下，其結果是在不列顛天主教徒少數派心中埋下了不滿。「愛爾蘭問題」依舊是個未能解決的問題，在整個二十世紀乃至其後，都造成痛楚的仇怨和激烈的衝突。

俾斯麥和德意志帝國，一八七一～一八九〇年

在俾斯麥和普魯士國王威廉一世領導下，於一八七一年實現統一，並以威廉一世爲其皇帝的德意志帝國，是一個君主政體的聯邦，即有二十五個德意志邦國的聯盟。普魯士王國的勢力、軍隊和土地貴族，在帝國內部無疑占據著統治地位。這個帝國既不發展英國式的強有力的立憲政體，也不借鑑做爲法國特徵的民主與平等。俾斯麥爲了爭取公衆支持他的計畫，利用當時存在的民主政治和社會主義者的思想感情，許諾下議院議員由男性普選選出。從一八七一～一八九〇年，俾斯麥在他任聯邦帝國宰相的二十年間，往往設法在下議院自己這一方取得多數，不過他並不認爲在原則上非依賴多數不可，他奉行的信條是：只有皇帝和他的宰相才有權統治這個國家。此外，下議院的立法權實際上受到嚴格的限制。在政府支持下，代表王公們而不是代表老百姓的上議院變得越來越重要。普魯士保守派，那些易北河東岸的容克地主，不顧這個帝國的發展趨勢，最初對俾斯麥統一德國根本不熱心；他們反對俾斯麥對民主政治讓步，當他在一八七二年著手取消他們手中尙保留著的對屬下的農民行使的莊園司法權時，他們感到惶恐不安。

因此，在十九世紀七〇年代，俾斯麥依靠的不是保守黨人，而是民族自由黨人。由於他們的幫助，他得以通過若干旨在鞏固這個新帝國的統一的經濟和法律議案。俾斯麥首先與天主教會發生了嚴重的衝突。當時，俾斯麥正全力以赴，務必要使國內各個集團都服從新帝國至高無上的權力，正在這關鍵時刻，教會竟肆無忌憚地對此表示反對。一八六四年，教會在《謬論彙編》中指責所有的政府都在侵犯教育和教會事務。到一八七〇年，教皇無謬論的新信條，使得天主教徒毫無保留地接受教皇在宗教信仰事務上和倫理方面的見解成爲義不

容辭的責任。對很多人來說，其言外之意就是，這個新帝國不可能再指望它的天主教臣民對它懷有一致的忠誠了。為了維護天主教的利益和天主教勢力占優勢的南德意志諸邦國的利益，天主教分子曾組織勢力強大的中央黨；該黨現在成了教會見解的擁護者。一八七一年，俾斯麥發動所謂的「文化鬥爭」，或稱做「為現代文明而戰」。自由黨人熱心地參加了這場鬥爭。像十九世紀其他地方的自由黨人一樣（如剛才敘述過的格萊斯頓反對英國聖公會特權的運動，以及法國的世俗化法律），他們強烈地反對教士涉政，不滿組織良好的教會對公共生活和私人生活施加影響。對天主教在禮拜和教育方面的活動加以限制的一些法律獲得通過；耶穌會會員被驅逐出境；在德國各地，有許多天主教主教遭到逮捕或被流放。但俾斯麥逐漸得出結論，反天主教立法是毫無成果的，他高估了組織完善的天主教教會對國家的危險性，況且他也需要中央黨支援他的計畫其他部分。與此同時，這個國家在工業上令人眼花繚亂的快速發展，促進了德國工人階級隊伍的壯大，而使俾斯麥焦慮不安的是社會主義正在擴展。

德國社會民主黨早在一八七五年便已成立。這是一個馬克思主義的社會主義者與費迪南・拉薩爾的改良主義追隨者的融合體，它還算溫和的綱領曾遭到馬克思的指責。但是，即使是這樣一種溫和的社會主義，也免不了受到俾斯麥的猜忌。他和歐洲都同樣對不久前的巴黎公社感到恐懼，他像害怕無政府狀態一樣害怕社會主義；何況他清楚，社會主義說來說去就是共和主義，也是君主制帝國內部潛在的一種革命運動。兩名激進分子圖謀暗殺皇帝的行動（不管怎樣牽強附會，這兩個人都不是社會民主黨人），為他提供了所需要的全部藉口。在一八七八年與天主教和解後，他開始著手消滅社會主義。從一八七八～一八九〇年，反社會主義法明文禁止社會主義者集會和發行社會主義報紙。整整有十二年，社會主義被迫轉入地下活動。當然，鎮壓不是他唯一的武器，他也開始採用其他策略。他想方設法說服工人們，與其把希望寄託在馬克思和社會主義預言家身上，不如寄託在他和德意志帝國身上。為了達到這個目的，他在十九世紀八〇年代首創了一項內容廣泛的社會立法計畫。國家向工人們保證：國家將與疾病、意外事故以及年老喪失勞動力做鬥爭。「當人民看到君主們在關心他們的福利時」，俾斯麥說道：「我們的民主朋友們就只能徒然尖叫了。」且不論其動機如何，專橫的德國在社會保險方面，比起較為民主的英國、法國和美國來，要先進若干年。

1850～1914年大事年表	
1850～1940年	大約六千萬人從歐洲遷出
1869年	埃及蘇伊士運河的開通促進世界貿易
1870年	代西歐和美國採納「金本位制」，用於全球貨幣兌換
1871年	革命的巴黎公社在法國遭粗暴鎮壓
1890年	皇帝威廉二世罷免俾斯麥，並著手設計德意志帝國的政策
1894～1899年	在法國，德雷福斯案件分裂了共和派和反共和派
大約1900年	歐洲人口在世界人口的比重達到其最高百分比
1906～1916年	英國自由黨政府採用大規模社會福利計畫
1914年	巴拿馬運河的開通，便利了美洲的全球貿易

俾斯麥扼殺社會主義的行動最後失敗了。在一八九〇年被選入下議院的社會主義者遠多過一八七八年。可是，在十九世紀八〇年代後期，俾斯麥似乎比以往任何時候都更加擔心他的帝國將會被社會革命毀掉，他的議會將會被某種形式的政變給扼殺。其實他再不能達成這一點，因爲在一八九〇年他七十五歲時，新皇帝威廉二世迫使他辭去了宰相職務。

一八九〇年以後的德意志帝國：威廉二世

威廉一世死於一八八八年，皇位由他的兒子——與英國女王維多利亞的大女兒維多利亞結婚多年的佛烈德里克三世繼承。但佛烈德里克三世患有不治之症，登位僅僅三個月就逝世了。佛烈德里克的兒子威廉二世，一個二十九歲的年輕人，開始了他的統治生涯（一八八八～一九一八年）。他是普魯士最後一位國王和最後一位德意志皇帝。他滿腦子都是有關個人權力和特權的驚人想法，在這方面，某種程度上與他的父親相反。他討厭在他面前有一位年老的政治家，這個人竟然創建了德意志帝國，曾充任過自己祖父的助手和顧問，而自己也曾帶有幾分崇拜的心情敬慕過這位被自己認爲部分是守舊的人。威廉二世很快就因爲繼續實施反社會主義法和對外事務問題與俾斯麥發生了爭吵。俾斯麥禁止他的大臣就政策事務去和皇帝接觸，除非他本人在場。威廉則決定，只有他而不是俾斯麥，有權統治這個帝國。一八九〇年，他用「丟棄領航員」這句有名的話命令俾斯麥辭職。繼俾斯麥之後，先後共有四位宰相任職，但是在此期間，全盤掌握政策的是威廉本人。

一八九〇年後，德國開始實行一條所謂「新路線」。在國外事務上，這意味著實行更加富有侵略性和野心勃勃的殖民、炮艦和外交政策；在國內事務上，則意味著以更加和解的姿態面對勞動階層。反社會主義法被放棄，增訂了社會保險立法制度，並將其編纂成法典。但進行民主調整看來是不可能的。威廉二世信奉霍亨索倫家族的神授特權，而德意志帝國仍舊依賴君主們的聯合，以及容克地主、軍隊和新興的工業巨頭們。可是，社會民主黨、進步黨及其他民主力量正在成長壯大。他們要求，就普魯士而論，應當改革一八五〇年那部令人壓抑的憲法；就帝國而論，應當由上議院多數黨眞正控制聯邦宰相。一九一二年的選舉使社會民主黨人達到一個新的高峰，他們獲得四百二十五萬張選票，約占總數的三分之一，有一百一十人被選入下議院。社會民主黨現在成了下議院裡面最大的單一政黨；然而，迄今爲止，他們仍被排斥在政府最高職務之外。再清楚不過的是，即使一九一四年未爆發戰爭，這個爲俾斯麥所創建、現在由威廉二世統治的德意志帝國，也正朝著憲法危機前進，而政治民主問題必然是其中心內容。

圖14-14　皇帝威廉二世決定革除俾斯麥在德意志帝國政府中權傾一時的職務，這被說成是「丟棄德意志帝國的領航員」。英國漫畫家約翰．坦尼爾轉達了這一主題，在英國雜誌《狂敲猛擊》中出現的這幅插圖裡，他生動地勾畫出威廉將俾斯麥逐出「國務之舟」。（Getty Images）

其他地方的發展：一般評論

一九一四年之前，歐洲其他國家在政治方面的發展情況，在前面一章我們已經講過一些。十九世紀六〇年代，義大利變成一個立憲君主制國家，並在一八七〇年由對羅馬採取強大的軍事占領而完成了全國的統一。雖然有了議會方面的一些改革，義大利政治生活的基本特徵卻是不穩定占多數，以及由黨魁們操縱的聯合和他們玩弄的機會主義花招。這些溫和的自由派政治領袖在一個相當長的時期內藉由對政治聯合進行攪局和重新洗牌，保住了他們自己的職位。這些自由派政治領袖都是反教會的，他們與教皇政權就教皇的保留問題發生的爭吵一直懸而未決。教皇拒絕承認義大利王國，禁止天主教徒參與其事務，即便是在選舉中投票也罷。不過，天主教徒還是去參加選舉，而且在一九〇七年，當這樣做的人越來越多的時候，各個教區的主教都被准許放鬆這個禁令。

一些像米蘭這樣的北方城市，在工業方面早已顯露出一定規模。與其說是出於任何民主動機，毋寧說是權宜之計，政府逐步擴大了工人階級的選舉權。一八六一年那種有限制的選舉權在一八八二年第一次被放寬，然後在一九一二年再次被放寬。這些新改革使合格選民從三百萬人增加到八百萬人，即使說是實際上的男性普選權也不過分。由於文盲和政治惰性，並不是所有新近得到選舉權的人都急於利用他們的投票權。儘管這裡有適當的勞工立法，社會問題還是很嚴重。貧困和文盲一直是令人頭痛的事情，尤其是在經營農業的南方。而且，在工業城市裡出現了激進派的騷動。反議會觀念、民族沙文主義和粗暴的無理性主義最早的表現形式，開始出現在一些文人的政治行動主義和著作之中，如像加布列·德安農齊奧和菲利波·馬里內蒂等人。後者在一九〇九年發表了一個極端虛無主義運動的聲明，他稱之爲「未來主義」。雖然義大利的政治民主機構業已建立起來，但是關於義大利議會民主正在選擇什麼方向，還是很難說的。

在由一八六七年政治妥協而產生的奧匈帝國內，奧地利和匈牙利在形式上都是立憲議會國家。皇帝兼國王的法蘭西斯·約瑟夫在理論上是透過各自對立法機關負責的內閣，對兩個國家進行統治。然而，在對整個帝國有重大影響的領域裡，如外交事務和軍事問題，議會對皇帝沒有什麼約束力。對於這些事情，他實際上有最終決定權；而且，對所有的一切，他仍然擁有廣泛的權力依靠頒布命令來實施統治。與當時的德國一樣，迫使社會主義潮流暫時消退，既靠鎮壓性法律，又靠社會保險和慈善立法。可是在這個帝國內部依然存在的最嚴重的問題，不是社會主義，而是各個附屬民族的騷動，如捷克人和其他斯拉夫民族。奧地利和匈牙利對政治民主各自採取了一條不同的路線。前者竭力在一定程度上安撫民族主義者，並在一九〇七年實行了男性普選權。這種做法在後者卻遭到馬扎爾人痛苦而成功的反抗，他們看出，這將是被斯拉夫人利用來與他們競爭並毀滅他們的優勢的一種武器。儘管實行男性普選權，但奧地利政府根本不把民主選舉放在眼裡，它玩弄的統治手法與德意志帝國大同小異，即立法機關可以討論和批評政策，但無權控制它們。

至於其他國家，完全可以說，民主的政治結構在每一個地方都顯示出進步的跡象。瑞士在一八七四年實行了男性普選權，比利時是在一八九三年，荷蘭是在一八九六年，挪威和瑞典在短短幾年之後也實行了男性普選權（挪威在一九〇五年和平地脫離了瑞典）。在歐洲南部，不單單是義大利，連西班牙、希臘、保加利亞、塞爾維亞以及經過一九〇八年叛亂之後的土耳其，也先後實行了男性普選權。甚至是沙皇俄國，在一九〇五年革命之後也接受了一個「杜馬」，亦即國民議會，它的選舉是在廣泛的投票權基礎上進行的，但同時也是一種間接的、在不民主的階級基礎上行使有限權利的選舉。位於俄羅斯帝國西面的那些國家當中，只有匈牙利和羅馬尼亞在第一次世界大戰前夕實行了高度控制性的選舉。婦女選舉權的實現來得相當緩慢，在一九一四年之前，僅在美國西部某些州、澳大利亞、紐西蘭、芬蘭和挪威實行。直到第一次世界大戰結束之後，在實行女性選舉權方面才開始取得有重大意義的進展，不過在法國和義大利，婦女獲得投票權是第二次世界大戰之後的事情。

代議制和民主制度的發展，並不意味著君主政體、土地貴族以及其他少數既得利益者統治的完結。因為，第一，除了法國和瑞士，整個歐洲都保留著君主制。第二，儘管議會的重要性日益增加，但它對政治生活的控制還非常沒有保證；皇帝和國王仍然透過他們的宰相和首相進行統治。民主和民眾的支配權，在世界上舉足輕重的大國中，主要是在美國（嚴格地說是屬於白人）、英國和法國，成了多少屬於現實的東西。由於對財產資格放鬆限制，擴大選舉權本身就有了動力，並且在到處改變著現行的政治結構；民眾的政黨，包括社會主義的黨和懺悔的或者帶有宗教性質的黨團，正在取代舊式、狹隘的寡頭政治組織，同時，各政黨還不得不在一種更加廣泛的選舉基礎上尋求支持。在幾乎整個歐洲和很多由歐洲人後裔居住的邊遠地區，哪怕是在陳舊落後的組織結構裡，民主都在發展。到一八七一年，大多數歐洲國家（只有俄國是特殊的例外），都已經爭取到成文的憲法、個人自由之保障、議會和代表制度，以及對專制主義的限制。從一八七一～一九一四年之間，這些年來最重要的政治新因素就是男性選舉權的進展。

至此，歐洲各國人口的增加，經濟的日益發展，造就了穩定的社會局面，政治制度逐漸變得更加民主，對民意更易做出應答。財富和資源從世界各地湧入歐洲，於是，中產階級甚至工人比從前過得更加舒適，享有更多的物質商品，並且有了更多的機會參與他們各自國家的政治機構。歐洲對世界經濟的支配地位、歐洲人的大規模移民和歐洲民族國家的軍事力量，使得歐洲文明在一八七一年之後的數十年裡發揮出非凡的世界性影響。

然而，在這同樣的歲月裡，工業企業和資本主義金融制度愈益增加的力量，以及歐洲舊社會等級制度和舊文化觀點的傳統力量，也招致了反對；反對既表露在大衆政治運動（如社會主義運動）中，也呈現於對帝國主義的批判裡。評論家們最終感化了歐洲之外的許多人，在歐洲經濟和文化制度所到之處贏得追隨者。歐洲人對西方的資本主義、傳統和思想的抨擊，成爲十九世紀末歐洲的世界性影響的另一個面向。

注釋

推薦序

1 本文摘自羅榮渠著《現代化新論續篇—東亞與中國的現代化進程》，北京大學出版社1997年版，第19～21頁。題目爲編者加。原文中的注釋也一一保留。

2 A History of the Modern World，中譯本名爲《近現代世界史》，商務印書館1988年版，嚴格地說與原書的立意不盡相符。

3 《近現代世界史》中冊，第752頁。

4 《近現代世界史》，1971年原文版第4頁，此處與1978年版中譯本的行文有較大出入。

5 《近現代世界史》上冊，第292-305頁；中冊，第745-748頁。

6 《近現代世界史》下冊，第1145頁。譯文略有改動。

7 陳獨秀：《法蘭西人與近世文明》，《新青年》第1卷第1期（1915年）。

8 羅榮渠主編：《從「西化」到現代化》，北京大學出版社1990年版，第338頁。

9 （美）阿普爾比等：《歷史的眞相》，中央編譯出版社，1999年，第61-62頁。

第一章

1 荷馬，西元前九世紀左右的古希臘詩人，相傳史詩《伊利亞特》和《奥德賽》爲他所作。——譯註

2 巨石陣，由粗糙巨石組成的石柱群，排列成環形，在英國索爾茲伯里。——譯註

3 以前有時以「雅利安語」來指印度語。在希特勒統治下的德國，寫了許多關於雅利安族的胡言亂語，雅利安一詞實際上變成單指「非猶太人」的意思。那些說法中只有一點是事實，即希伯來語不屬印歐語，而是閃語的一種，它與阿拉伯語（亦屬閃語）有密切的關係，而與古埃及語的關係則不甚密切。並不存在什麼印歐（雅利安）「族」，也沒有什麼閃「族」，講這些語言的人們也不必是同一血統，正如今日講英語的人，其祖先未必相同。

4 蘇格拉底（西元前四六九～前三九九年），希臘哲學家。——譯註

5 柏拉圖（西元前四二七～前三四七年），希臘哲學家。——譯註

6 亞里士多德（西元前三八四～前三二二年），希臘哲學家。——譯註

7 希羅多德，西元前五世紀的希臘史學家，著有《歷史》九卷。——譯註

8 修昔底德（西元前四六〇或四五五～前四〇〇或三九五年），希臘歷史學家，著有《伯羅奔尼撒戰爭史》八卷。——譯註

9 帕德嫩神廟，古希臘雅典城邦保護神雅典娜。帕德嫩的神廟，建成於西元前四四七～前四三一年。——譯註

10 畢達哥拉斯（約西元前五八〇～前五〇〇年），希臘哲學家與數學家。——譯註

11 斯特拉波（西元前六四或六三～公元二三年），希臘地理學家和歷史學家。——譯註

12 蓋倫（西元一二九～約一九九年），希臘醫生和作家。——譯註

13 托勒密，希臘人，生於埃及，在西元二世紀寫有一部天文學著作。——譯註

14 現在人們在使用B.C.（即西元前，是Before Christ的縮寫，直譯爲「基督前」）和A.D.（即公元，是Ann Domini的縮寫，直譯爲「耶穌後」）這兩個詞時，很少關心其宗教淵源。在現代世界，使用這一計算日期的規則有衆多的信條和信仰，但有越來越多讀者使用它的替代詞——B.C.E（Before the Common Era的縮寫）和C.E.（Common Era的縮寫），意思也爲西元前和西元。

15 阿提拉（西元四〇六～四五三年），約在西元四三三～四五三年爲匈奴王，被稱爲「上帝之鞭」或「天罰」。——譯註

16 此處英文原文爲「God」。基督教和伊斯蘭教實際上信仰的是同一個神。——編註

17 哈里發，阿拉伯語的音譯，意爲「代理者」、「繼位者」，指穆罕默德事業的繼承人；中世紀阿拉伯國家和鄂圖曼帝國統治者的頭銜。——譯註

18 《馬太福音・第十六章第十八和十九節》：

「你是彼得，我要把我的教會建造在這磐石上；陰間的權柄不能勝過他，我要把天國的鑰匙給你；凡你在地上所捆綁的，在天上也要捆綁；凡你在地上所釋放的，在天上也要釋放。」彼得之名，希臘文意爲「磐石」，這裡涉及雙關語。某些現代語言仍然存在這個雙關語，例如法文中意爲磐石的pierre，就與意爲彼得的pierre相同。——譯注

19 于格・卡佩（九八七～九九六年在位），法蘭西卡佩王朝的第一代國王。——譯註

20 即鄂圖一世（九三六～九七三年在位）。——譯注

21 阿爾比派，是發生於十二世紀中葉，以阿爾比城爲中心的「異端」運動。他們反對正宗教會和封建秩序，反映了城市下層群衆對現實的不滿。——譯注

22 聖典被認爲是一種精神施恩的外部儀式。在天主教教義中，聖典過去和現在都有七種：洗禮、堅信禮、贖罪、聖餐、臨終塗油、結婚和聖職。除洗禮外，其他聖典都可由一名神父單獨主持。教義是教會的共同信條，所有虔誠的教徒只要是教會成員。就必須共同遵守。各種年齡的人對各種教義都要同樣盲從；教義雖不能被創造或發展，但可以一次又一次地被澄清、解釋、頒布和公布。

第二章

1 貞德，法國民族女英雄。出身農家，1429年率領法軍重創英軍，扭轉戰局，後被教會法庭誣爲「女巫」，活活燒死。1920年羅馬天主教宣布貞德爲聖徒。——譯註

2 訓令以它的第一個或頭二個拉丁字命名，這裡的意思就是「一個聖堂」（天主教會）；「訓令」固然是教皇敕令最莊嚴的形式，但本身並不使一項教義具體化，在今天天主教布道中，也未肯定鮑尼法斯八世的這項政策。

3 威克利夫（一三二〇～一三八四年），英國牛津大學神學教授，英國宗教改革運動領袖，主張建立脫離羅馬的英國教會。——譯註

4 胡斯（一三六九～一四一五年），捷克宗教改革運動領袖，出身窮苦家庭，認爲教會占有大量土地是一切罪惡的根源，主張沒收教會土地，一四一五以異端罪被處死。——譯註

5 西塞羅（西元前一〇六～前四三年），古羅馬政治家、哲學家，主張社會「等級和睦」。——譯註

6 但丁（一二六五～一三二一年），義大利文藝復興的先驅，《神曲》是他的代表作。——譯註

7 佩脫拉克（一三〇四～一三七四年），義大利文藝復興先驅者之一，抒情詩人，代表作有《歌集》。——譯註

8 薄伽丘（一三一三～一三七五年），義大利文藝復興時期代表人物之一，代表作爲《十日談》。——譯註

9 馬基雅維利（一四六九～一五二七年），義大利政治家，代表作爲《君主論》。——譯註

10 布魯尼（一三六九～一四四四年），義大利文藝復興時期的人文主義者，曾任佛羅倫斯執政官，主要著作有十二卷的《佛羅倫斯史》。——譯註

11 徹里尼（一五〇〇～一五七一年），義大利金匠、雕刻家。——譯註

12 亞瑟，中世紀傳說中的英國國王，據說他曾領導不列顛人反對撒克遜人。——譯註

13 羅蘭，法國傳說中的英雄人物，歌劇《羅蘭之歌》描述了他的一生。——譯註

14 李維（西元前五九～西元一七年），古羅馬史歷史家，著有《羅馬史》一百四十二卷。——譯註

15 斯佛爾扎（一四五一年～一五〇八年），義大利米蘭公爵，一四九四年他說服法國國王查理八世共同出兵那不勒和佛羅倫斯，後又與法國斷絕關係。一四九九年法國將其逐出米蘭，一五〇八年死於法國獄中。——譯註

16 莫爾（一四七八～一五三五年），英國空想社會主義者，著有《烏托邦》一書，譴責資本主義帶來的災難，提出取消私有制，實現公有制的理想。——譯註

17 伊拉斯莫斯（1466～1536年），荷蘭人文主義者，代表作有《愚人頌》等。——譯註

18 拉伯雷（一四九四～一五五三年），法國文

學家，代表作有《巨人傳》等。——譯註

19 喀爾文（一五〇九～一五六四年），法國宗教改革派領袖，因宣傳路德新教被控爲異端而亡命瑞士，著有《基督教原理》等書，主張「因信得救」，反映新興資產階級的利益。——譯註

20 路德（一四八三～一五四六年），德國宗教改革運動領袖。——譯註

21 杜勒（一四七一～一五二八年），文藝復興時期德國著名雕刻家、畫家，作品多以宗教爲主題。——譯註

22 霍爾班兄弟（兄一四六〇～一五二四年，弟一四九七～一五四三年），德國畫家。——譯註

23 馬洛（一五六四～一五九三年），英國詩人。——譯註

24 歌德（一七四九～一八三二年），德國詩人。——譯註

25 關於達文西、哥白尼以及現代科學興起的概況，可以參閱第七章。

26 猶太人離開西班牙後，大部分人（西班牙猶太人）去中東，少部分人到尼德蘭甚至法國西南部（上面已提到的例外情況之一）。早期離開英國和法國的猶太人一般是到德國——中世紀東歐猶太人的聚集的城市。十四世紀從德國被逐出的猶太人集中到波蘭。在二十世紀四〇年代納粹大屠殺以前，波蘭一直是歐洲猶太人聚集的城市。

27 「新教」一詞的出現可說是宗教鬥爭中的一個小插曲。起初，這詞意指一些路德教徒，他們於一五二九年起草過一份反對帝國議會某一行動的正式抗議書。反羅馬教會的各種改革者團體日後才逐漸地把自己統稱爲新教。（「新教」的英語是Prtotestant，它的另一個意思就是「抗議者」。——譯註）

第三章

1 畢斯科・伽馬（一四六〇～一五二四年），一四九七～一四九九年發現不經由好望角從歐洲到亞洲的新航路。——譯註

2 麥哲倫（一四八〇～一五二一年），葡萄牙航海家。——譯註

3 即一四九四年簽訂的西葡《托德西拉斯條約》，規定在佛得角群島以西370里格處劃線，線以西歸西班牙，以東歸葡萄牙。——譯註

4 卡布拉爾（一四六七～一五二〇年），葡萄牙航海家。——譯註

5 弗洛林，英國金幣；里亞爾，西班牙和拉丁美洲通用的小銀幣；利佛爾，法國貨幣單位。——譯註

6 蒲式耳，計算穀物的容量單位，在英國等於三六・三六八公升，在美國等一五・二三八公升。——譯註

7 塞萬提斯（一五四一～一六一六年），西班牙文學家。——譯註

8 洛佩・德・維加（一五六二～一六三五年），西班牙文學家。——譯註

9 埃爾・葛雷柯（一五四一～一六一四年），西班牙畫家。——譯註

10 牟里羅（一六一七～一六八二年），西班牙畫家。——譯註

11 維拉斯奎茲（一五九九～一六六〇年），西班牙畫家。——譯註

12 蘇亞雷斯（一五四八～一六一七年），西班牙耶穌會哲學家、神學家。——譯註

13 瑪麗・斯圖亞特是伊利莎白之後英國王位的第一合法繼承人，因爲伊利莎白沒有孩子，而瑪麗・斯圖亞特是亨利七世的曾孫女。

14 波旁家族的亨利（一五五三～一六一〇年），一五七二～一六一〇年爲納瓦爾王國國王，稱亨利三世，一五八九～一六一〇年爲法國國王，稱亨利四世。——譯註

第四章

1 雨果・格勞秀斯（一五八三～一六四五年），荷蘭哲學家和法學家，有「國際法之父」的稱號。——譯註

2 克里斯多夫・雷恩（一六三二～一七二三年），英國建築設計師、天文學家和幾何學家。——譯註

3 普桑（一五九四～一六六五年），法國畫家，古典主義繪畫的奠基人。——譯註

4 克勞德・洛倫（一六〇〇～一六八二年），法國畫家，擅長歷史風景畫。——譯註

5 高乃依（一六〇六～一六八四年），法國悲

劇作家，有「法國古典悲劇之父」的稱號。——譯註

6 拉辛（一六三九～一六九九年），法國詩人和悲劇作家。——譯註

7 拉特丹（一六二一～一六九五年），法國寓言作家。——譯註

8 拉洛奇福高（一六一三～一六八〇年），法國格言作家。——譯註

9 聖西蒙（一六七五～一七五五年），法國回憶錄作家。——譯註

第五章

1 斯拉夫tsar這個詞與德文Kaiser一樣，都是Caesar派生詞，在羅馬、神聖羅馬和拜占庭（即東羅馬）帝國，這個稱號做爲皇帝的同義詞使用。在英語中也通用的Czar的拼寫法，揭示出其詞源和現代英語發音爲zar的原因。

第六章

1 佛洛伊德（一八五六～一九三九年），奧地利心理學家、精神病理學家。——譯註

2 愛因斯坦（一八七九～一九五五年），生於德國，物理學家。——譯註

3 達爾文（一八〇九～一八八二年），英國博物學家，進化論的奠基人。——譯註

4 諾斯特拉達姆士（一五〇三～一五六六年），法國占星學家。——譯註

5 帕拉塞爾蘇斯（一四九三～一五四一年），瑞士醫生和煉丹術士。——譯註

6 維賽留斯（一五一四～一五六四年），比利時醫生和解剖學家，現代解剖學的奠基人。——譯註

7 威廉·哈維（一五七八～一六五七年），英國醫生，實驗生理學的創始人之一。——譯註

8 帕斯卡（一六二三～一六六二年），法國數學家、物理學家、哲學家、散文學。——譯註

9 托勒密體系爲了說明行星視運動的現象，還採用了一套所謂本輪、均輪的理論：日、月、行星等天體不是簡單地繞地球運行，而是沿著本輪（一個小圓）在做勻速運動，本輪的中心又沿著均輪（一個大圓）繞地球做勻速運動。如果這兩個輪子還不足以說明天體運動的情況，那麼可再往上加輪子。到了哥白尼時代，那些輪子已經增加到七十九個之多。——譯註

10 似指皮卡爾（一六二〇～一六八二年），天文學家，第一個精確測出一條子午線的長度，從而算出地球大小的人。——譯註

12 儒略曆，公元前四六年，羅馬統帥儒略。凱撒決定採用的曆法，故名。——譯註

13 格里曆，即現今大多數國家通用的公曆，即陽曆，由儒略曆修訂而成。——譯註

第七章

1 笛福（一六六〇～一七三一年），英國作家，代表作爲《魯濱遜漂流記》一七一九年。——譯註

2 齊本德爾（一七一八～一七七九年），英國家具設計家。——譯註

3 納瓦布，蒙兀兒帝國時代各邦總督的稱號。——譯註

4 鑲有金邊的股票，由政府進行擔保。——譯註

5 馬拉他是印度中部和西部一個伊斯蘭民族的舊稱。——譯註

第八章

1 這裡法語是philosophe；英語裡的「哲學家」是philosopher。——譯註

2 易洛魁人，是北美印第安人的一支。——譯註

3 尙·卡拉斯（一六九八～一七六二年），法國布店商人，一七六二年三月九日被冤枉處死。由於伏爾泰四處奔走，一七六五年三月原判推倒，政府付給卡拉家屬撫恤金，補償損失。此案的甄別平反，曾促進法國刑法改革和信仰自由運動。——譯註

4 指一七九一年法國建立君主立憲制後，路易十六在次年六月企圖潛逃叛國。——譯註

5 西敏寺，英國議會所在地。——譯註

6 限定繼承權，是對長子繼承權的一種補充，

即只有法定繼承人及其嗣子能繼承土地，曾在美國南部農業地區和中部種植園流行。——譯註

7 《邦聯條例》，一七七七年十一月十五日爲大陸會議通過，一七八一年三月一日開始生效，一七八九年三月四日成立聯邦國會時終止。——譯註

8 亞歷山大·漢彌爾頓（一七五五～一八〇四年），美國第一任財政部長（一七八九～一七九五年）。——譯註

第九章

1 指券是以土地爲擔保的紙幣。——譯註

2 拉吉舍夫（一七四九～一八〇二年），俄國作家，啓蒙運動者，出身於貴族家庭，主張摧毀專制制度和農奴制，一八〇二年在沙皇政府陷害下被迫自殺。——譯註

3 米蘭達（一七五〇～一八一六年），委內瑞拉人，曾參加法國革命戰爭，一八一〇年領導委內瑞拉人民反對西班牙殖民者的鬥爭，一八一二年被俘，死於獄中。——譯註

4 雖然一七九三年十月以前尚未採用此曆法，但革命曆法確定一七九二年九月二十二日爲法蘭西共和國元年元旦。月份的名稱，按次序爲：葡月，霧月，霜月（秋季）；雪月，雨月，風月（冬季）；芽月，花月，牧月（春季）；獲月，熱月，果月（夏季）。

5 巴貝夫（一七六〇～一七九七年），法國資產階級革命時期平等派運動的思想家和組織者，主張消滅私有制，建立人人平等和普遍幸福的社會。這反映出不成熟的無產階級的利益與要求。——譯註

第十一章

1 「康士迪杜淳」是法語「憲法」（Constitution）一詞的譯音。——譯註

2 資產階級學者將工人出賣勞動力說成是出賣勞動。——譯註

第十二章

1 原文如此。《共產黨宣言》第一次以單行本形式發表是一八四八年二月。——譯註

第十三章

1 原文如此，實則爲一八五一～一八六四年。——編註

國家圖書館出版品預行編目(CIP)資料

現代世界史. 前篇 : 從歐洲興起到一八七〇年 ／ R. R. 帕爾默(R. R. Palmer), 喬. 柯爾頓(Joel Colton), 勞埃德. 克萊默(Lloyd Kramer)著；孫福生, 陳敦全, 周鴻臨譯. -- 初版. -- 臺北市：麥格羅希爾, 五南, 2012. 11
面； 公分
譯自：A history of the modern world Vol.1, 10th ed.
ISBN 978-986-157-895-8 (平裝)

1. 世界史 2. 現代史

712 101021128

現代世界史前篇：從歐洲興起到一八七〇年

作　　者　R. R. Palmer, Joel Colton, Lloyd Kramer
譯　　者　孫福生 陳敦全 周鴻臨
主　　編　陳姿穎
責任編輯　牟怡蓁 吳如惠
封面設計　井十二設計研究室
合作出版暨發行所　美商麥格羅希爾國際股份有限公司台灣分公司
台北市中正區博愛路 53 號 7 樓
TEL: (02) 2383-6000　FAX: (02) 2388-8822
http://www.mcgraw-hill.com.tw

五南圖書出版股份有限公司
台北市和平東路二段 339 號 4 樓
TEL: (02) 2705-5066　FAX: (02) 2706-6100
http://www.wunan.com.tw
E-mail：wunan@wunan.com.tw

總 代 理　五南圖書出版股份有限公司
劃撥帳號　0106895-3
出版日期　西元 2015 年 2 月 初版二刷
定　　價　新台幣 800 元

ISBN：978-986-157-895-8